CUADERNO DE EJERCICIOS

STECK-VAUGHN

Segunda edición

Aztec Paxen Publishing

Razonamiento a través de

LAS ARTES DEL LENGUAJE

PREPARACIÓN para la prueba de GED®

- ▶ Leer textos informativos y literarios
- ▶ Escribir una respuesta extensa
- ▶ Aplicar las reglas gramaticales de estructura de oraciones, uso y mecánica del español

CONTENT
GED
TESTING SERVICE®
ALIGNED

Aztec Paxen Publishing

Printed in the U.S.A.

ISBN   978-1-954456-11-2

1 2 3 4 5 6 7 8 9 10   PX2030   30 29 28 27 26 25 24 23

A B C D E

Reconocimientos

For each of the selections and images listed below, grateful acknowledgment is made for permission to excerpt and/or reprint original or copyrighted material, as follows:

Credits

7 From The New York Times. "Some Progress on Kids and Jails" © 2008 The New York Times Company. All rights reserved. Used under license. **9** The Perils of Indifference by Elie Wiesel. Copyright © 1999 by Elie Wiesel. Reprinted by permission of Georges Borchardt, Inc., on behalf of the author's estate. **18** From CNN.com. "Holiday shoppers share tips for buying American" by Grinberg, Emanuella © 2012 Turner Broadcasting Systems, Inc. All rights reserved. Used under license. **19** From CNN.com. "Holiday shoppers share tips for buying American" by Grinberg, Emanuella © 2012 Turner Broadcasting Systems, Inc. All rights reserved. Used under license. **21** From The New York Times. "The Claim: Violent Video Games Make Young People Aggressive" by O'Connor, Anahad © 2005 The New York Times Company. All rights reserved. Used under license. **25** From reuters.com. "Organic food no more nutritious than non-organic: study finds" by Pittman, Genevra © 2012 reuters.com. All rights reserved. Used under license. **31** From DECLARATION OF CONSCIENCE by Margaret Chase Smith, 1950. Reprinted by permission of Margaret Chase Smith Library. **32** From The New York Times. "The Back-Door Physicians" © 1981 The New York Times Company. All rights reserved. Used under license. **33** From The New York Times. "A Stay of Execution for the Wolves" © 2008 The New York Times Company. All rights reserved. Used under license. **36** From NOBEL PRIZE ACCEPTANCE SPEECH by Al Gore, © 2007. Albert A. Gore's Nobel Lecture © The Nobel Foundation (Oslo, December 10, 2007). **37** From SPEECH ACCEPTING THE NOBEL PRIZE IN LITERATURE by William Faulkner, © 1950. William Faulkner's Nobel Lecture © The Nobel Foundation (Oslo, December 10, 1950) **38** From the DEMOCRATIC NATIONAL CONVENTION KEYNOTE ADDRESS by Barbara Jordan, © 1976. Reprinted by the permission of Texas Southern University. **40** Excerpt from "The Rorschach Chronicles" by Margaret Talbot, first published in THE NEW YORK TIMES. Copyright © 1999, used by permission of The Wylie Agency LLC. **46** From Forbes. "Failure to Launch: Adult Children Moving Back Home" by Dunn, Alan © 2012 Forbes. All rights reserved. Used under license. **48** From Newsweek's article RETHINKING FATHERS' RIGHTS by Dahlia Lithwick, © 2008. Reprinted by permission of Newsweek. **49** From The New York Times. "School Vs. Education" by Baker, Russell © 1975 The New York Times Company. All rights reserved. Used under license. **63** From MIAMI-NEW YORK by Martha Gellhorn, © 1948. Used with the permission of the Estate of Martha Gellhorn. **95** Excerpt(s) from THE TIGER IN THE GRASS: STORIES AND OTHER INVENTIONS by Harriet Doerr, copyright © 1995 by Harriet Doerr. Used by permission of Viking Books, an imprint of Penguin Publishing Group, a division of Penguin Random House LLC. All rights reserved. **97** "Pie Dance" from Rough Translations by Mollie Giles. Originally published by The University of Georgia Press © 1985. **103** Excerpt from "The Legacy" from A HAUNTED HOUSE AND OTHER SHORT STORIES by Virginia Woolf. Copyright © 1944, and renewed 1972 by Houghon Mifflin Harcourt Publishing Company. Reprinted by permission of Houghton Mifflin Harcourt Publishing Company. All rights reserved. **105** "In the Gloaming" by Alice Elliott Dark, The New Yorker © 1993 Alice Elliott Dark. Reprinted with permission by Dunow, Carlson and Lerner Literary Agency. **107** From THE PRICE OF TEA IN CHINA by Eileen Goudge, © 1998. Used with the permission of Eileen Goudge. **131** Excerpt from SEGREGATION NOW, SEGREGATION FOREVER: INAUGURAL ADDRESS by George Wallace, 1963. Reprinted with permission of Alabama Department of Archives and History. **132** From madeintheusaforever.com, "Top Ten Reasons To Buy American," by Todd Lipscomb, accessed 2013. Reprinted by permission of MadeinUSAForever.com. **137** From the filmpreservation.org article WHY PRESERVE FILM?, accessed 2013 Reprinted with permission from the National Film Preservation Foundation. **141** From The Sacramento Bee. "Death penalty deters murders? Evidence doesn't bear that out" by The Sacramento Bee Editorial Board © 2012 McClatchy. All rights reserved. Used under license. **154** From the Massachusetts Historical Society's Thomas Jefferson Papers: An Electronic Archive: Garden Book, 1766–1824, by Thomas Jefferson, © 2003. Reprinted with permission of Massachusetts Historical Society. **166** Excerpt from the article IDENTIFYING WHOLE GRAIN PRODUCTS, accessed 2013. Courtesy of Oldways Whole Grains Council, www.wholegrainscouncil.org. **170** Clemmit, M. "Social Media Explosion." CQ Researcher Vol. 23 (4). Copyright © 2013 by CQ Press. Reprinted by permission of SAGE Publications, Inc. **171** Clemmit, M. "Social Media Explosion." CQ Researcher Vol. 23 (4). Copyright © 2013 by CQ Press. Reprinted by permission of SAGE Publications, Inc. **172** Clemmit, M. "Social Media Explosion." CQ Researcher Vol. 23 (4). Copyright © 2013 by CQ Press. Reprinted by permission of SAGE Publications, Inc. **295–297** Excerpt from Assessment Guide for Educators, published by GED Testing Service LLC. Text copyright © 2014 by GED Testing Service LLC. GED® and GED Testing Service® are registered trademarks of the American Council on Education (ACE). They may not be used or reproduced without the express written permission of ACE or GED Testing Service. The GED® and GED Testing Service® brands are administered by GED Testing Service LLC under license from the American Council on Education. Translated and reprinted by permission of GED Testing Service LLC.

Images

Cover (l) iStock.com/ihsanyildizli, **Cover (r)** iStock.com/BlackJack3D, **127** Photograph by Dorothea Lange, National Archives at College Park

Razonamiento a través de las Artes del Lenguaje

Contenido

UNIDAD 4 *Edición*

LECCIÓN

APÉNDICE

RESPUESTAS
ÍNDICE

Acerca de la prueba de GED®

En la actualidad, la prueba de GED® es muy diferente de la que tal vez realizaron tus abuelos. La prueba de GED® de hoy se ajusta a los Estándares Estatales Comunes y otros rigurosos estándares de contenido. La prueba de GED® es tanto una credencial de equivalencia de educación secundaria como un indicador del nivel de preparación para la universidad y las carreras profesionales. La prueba de GED® incluye cuatro asignaturas: Razonamiento a través de las Artes del Lenguaje (RAL), Razonamiento Matemático, Ciencias y Estudios Sociales.

Cada asignatura se presenta en formato electrónico y ofrece, como indica la tabla, ejercicios de opción múltiple y una serie de ejercicios reforzados por tecnología.

Prueba de	Áreas de contenido	Ejercicios	Tiempo
Razonamiento a través de las Artes del Lenguaje	Textos informativos: 75% Textos literarios: 25%	opción múltiple, menú desplegable, arrastrar y soltar, respuesta extensa	150 minutos
Razonamiento Matemático	Resolución de problemas algebraicos: 55% Resolución de problemas cuantitativos: 45%	opción múltiple, menú desplegable, completar los espacios, arrastrar y soltar, punto clave	115 minutos
Ciencias	Ciencias de la vida: 40% Ciencias físicas: 40% Ciencias de la Tierra y del espacio: 20%	opción múltiple, menú despegable, completar los espacios, arrastrar y soltar, punto clave, respuesta breve	90 minutos
Estudios Sociales	Educación cívica y gobierno: 50% Historia de los Estados Unidos: 20% Economía: 15% La geografía y el mundo: 15%	opción múltiple, menú despegable, completar los espacios, arrastrar y soltar, punto clave	70 minutos

Los ejercicios de cada asignatura se relacionan con tres factores:

- **Temas/Objetivos de evaluación:** Los temas y los objetivos describen y detallan el contenido de la prueba de GED®.
- **Prácticas de contenido:** Las prácticas describen los tipos y métodos de razonamiento necesarios para resolver ejercicios específicos de la prueba de GED®.
- **Niveles de conocimiento (NDC):** El modelo de los Niveles de conocimiento detalla el nivel de complejidad cognitiva y los pasos necesarios para llegar a una respuesta correcta en la prueba. La prueba de GED® aborda tres Niveles de conocimiento:
  - **Nivel 1:** Debes recordar, observar, representar y hacer preguntas sobre datos, y aplicar destrezas simples. Por lo general, solo debes mostrar un conocimiento superficial del texto.
  - **Nivel 2:** El procesamiento de información no consiste simplemente en recordar y observar sino también en resumir, ordenar, clasificar, identificar patrones y relaciones, y conectar ideas. Necesitarás examinar detenidamente el texto.
  - **Nivel 3:** Debes inferir, elaborar y predecir para explicar, generalizar y conectar ideas. Por ejemplo, es posible que necesites resumir información de varias fuentes, sintetizar información o expresar tus pensamientos de manera escrita.

Aproximadamente el 80 por ciento de los ejercicios de todas las áreas de contenido pertenecen a los Niveles de conocimiento 2 y 3, mientras que los ejercicios restantes forman parte del Nivel 1. El ejercicio de respuesta extensa de Razonamiento a través de las Artes del Lenguaje (45 minutos) forma parte del Nivel de conocimiento 3.

Acerca de la prueba de Razonamiento a través de las Artes del Lenguaje de GED®

La prueba de Razonamiento a través de las Artes del Lenguaje de GED® evalúa algo más que tu conocimiento de las palabras. De hecho, refleja el intento de incrementar el rigor de la prueba de GED® a fin de satisfacer las demandas propias de una economía del siglo XXI. Con ese propósito, la prueba de Razonamiento a través de las Artes del Lenguaje de GED® ofrece una serie de ejercicios reforzados por tecnología. Se puede acceder a todas las preguntas través de un sistema de evaluación por computadora y estas reflejan el conocimiento, las destrezas y las aptitudes que un estudiante desarrollaría en una experiencia equivalente, dentro de un marco de educación secundaria.

Las preguntas de opción múltiple aún constituyen la mayor parte de los ejercicios que conforman la prueba de Razonamiento a través de las Artes del Lenguaje de GED®. Sin embargo, una serie de ejercicios reforzados por tecnología, como ejercicios en los que el estudiante debe arrastrar y soltar elementos; elegir la respuesta correcta a partir de un menú desplegable; e ingresar una respuesta extensa, te desafiarán a dominar y transmitir conocimientos de maneras más profundas y completas.

- Los ejercicios que incluyen preguntas de opción múltiple evalúan virtualmente cada estándar de contenido. Las preguntas de opción múltiple incluyen cuatro opciones de respuesta con el siguiente formato: A./B./C./D.
- Los ejercicios de arrastrar y soltar consisten en actividades interactivas en las que debes mover palabras, imágenes u oraciones breves a zonas designadas de la pantalla. Puedes tener que arrastrar y soltar para clasificar y ordenar información, analizar los argumentos de un autor y reordenar las oraciones de un párrafo para corregirlo.
- El menú desplegable ofrece una serie de opciones de respuesta incluidas directamente en el texto. Puede usar el menú desplegable para demostrar tu dominio de destrezas del lenguaje como las convenciones del español y el uso y la puntuación estándares. Estos ejercicios están diseñados para reflejar el proceso de edición.
- El ejercicio de la prueba de Razonamiento a través de las Artes del Lenguaje de GED® en el que debes ingresar una respuesta extensa es una actividad de 45 minutos en la que debes analizar uno o más textos fuente para escribir un texto. El texto fuente no tendrá más de 650 palabras. Los ejercicios de respuesta extensa se calificarán según tu rendimiento en tres áreas clave:
  - analizar argumentos y recopilar evidencia de textos fuente,
  - organizar y desarrollar tu escritura y
  - demostrar fluidez en las convenciones del español.

Tendrás un total de 150 minutos (incluido un descanso de 10 minutos) para responder aproximadamente 54 ejercicios y escribir una respuesta extensa. El 75 por ciento de los textos de la prueba serán tomados de fuentes informativas (incluyendo pasajes de no ficción de ciencias, estudios sociales y ámbitos laborales). El 25 por ciento restantes provendrán de la literatura. En total, el 75 por ciento de los ejercicios de la prueba de Razonamiento a través de las Artes del Lenguaje de GED® formarán parte de los Niveles de conocimiento 2 y 3.

Prueba de GED® en la computadora

La prueba de GED® está disponible en formato electrónico, y solo se podrá acceder a ella a través de los Centros Autorizados de Evaluación de Pearson VUE. Además de conocer el contenido y poder leer, pensar y escribir de manera crítica, debes poder realizar funciones básicas de computación –hacer clic, hacer avanzar o retroceder el texto de la pantalla y escribir con el teclado– para aprobar la prueba. La pantalla que se muestra a continuación es muy parecida a una de las pantallas que te aparecerán en la prueba de GED®.

El botón de **RESALTAR** te permite resaltar texto en la pantalla. Aquí, al hacer clic en el botón de resaltar aparecerán los colores que puedes usar para resaltar el texto. En la prueba de Razonamiento Matemático, los botones **HOJA DE FÓRMULAS** y **REFERENCIAS DE CALCULADORA** proporcionan información que te servirá para resolver ejercicios que requieren el uso de fórmulas o de la calculadora TI-30XS.

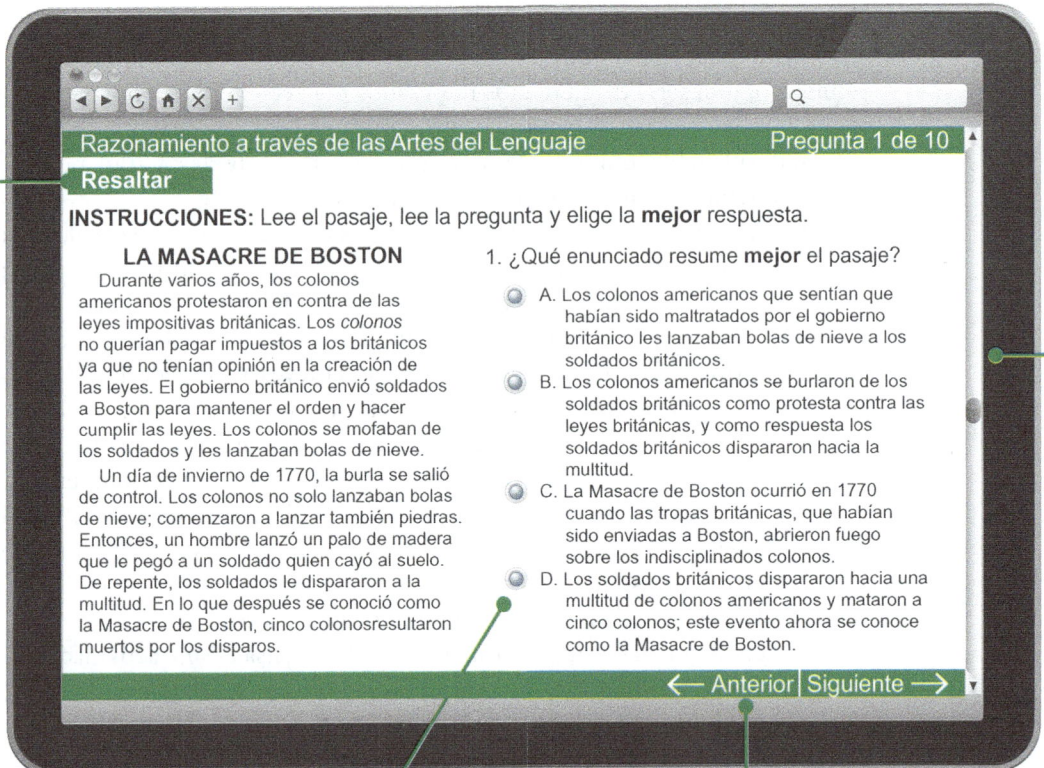

Resaltar

INSTRUCCIONES: Lee el pasaje, lee la pregunta y elige la **mejor** respuesta.

LA MASACRE DE BOSTON

Durante varios años, los colonos americanos protestaron en contra de las leyes impositivas británicas. Los *colonos* no querían pagar impuestos a los británicos ya que no tenían opinión en la creación de las leyes. El gobierno británico envió soldados a Boston para mantener el orden y hacer cumplir las leyes. Los colonos se mofaban de los soldados y les lanzaban bolas de nieve.

Un día de invierno de 1770, la burla se salió de control. Los colonos no solo lanzaban bolas de nieve; comenzaron a lanzar también piedras. Entonces, un hombre lanzó un palo de madera que le pegó a un soldado quien cayó al suelo. De repente, los soldados le dispararon a la multitud. En lo que después se conoció como la Masacre de Boston, cinco colonos resultaron muertos por los disparos.

1. ¿Qué enunciado resume **mejor** el pasaje?

A. Los colonos americanos que sentían que habían sido maltratados por el gobierno británico les lanzaban bolas de nieve a los soldados británicos.

B. Los colonos americanos se burlaron de los soldados británicos como protesta contra las leyes británicas, y como respuesta los soldados británicos dispararon hacia la multitud.

C. La Masacre de Boston ocurrió en 1770 cuando las tropas británicas, que habían sido enviadas a Boston, abrieron fuego sobre los indisciplinados colonos.

D. Los soldados británicos dispararon hacia una multitud de colonos americanos y mataron a cinco colonos; este evento ahora se conoce como la Masacre de Boston.

← Anterior | Siguiente →

Para seleccionar una respuesta, haz clic en el botón que está junto a la respuesta. Si deseas cambiar tu respuesta, haz clic en otro botón. La selección anterior desaparecerá.

Cuando no puedas ver la totalidad de un pasaje o de una gráfica en una ventana, debes hacer clic en la barra de desplazamiento y moverla hacia abajo hasta mostrar la parte del texto o de la gráfica que deseas ver. La parte de la barra de color gris claro muestra la parte del texto o de la gráfica que no puedes ver en ese momento.

Para volver a la pantalla anterior, haz clic en **ANTERIOR**. Para avanzar a la pantalla siguiente, haz clic en **SIGUIENTE**.

En algunos ejercicios de la prueba de GED®, tales como los que te piden completar los espacios o ingresar respuestas breves o extensas, deberás escribir las respuestas en un recuadro. En algunos casos, es posible que las instrucciones especifiquen la extensión de texto que el sistema aceptará. Por ejemplo, es posible que en el espacio en blanco de un ejercicio solo puedas ingresar un número del 0 al 9, junto con un punto decimal o una barra, pero nada más. El sistema también te dirá qué teclas no debes presionar en determinadas situaciones. La pantalla y el teclado con comentarios que aparecen abajo proporcionan estrategias para ingresar texto y datos en aquellos ejercicios en los que se te pide completar los espacios en blanco e ingresar respuestas breves o extensas.

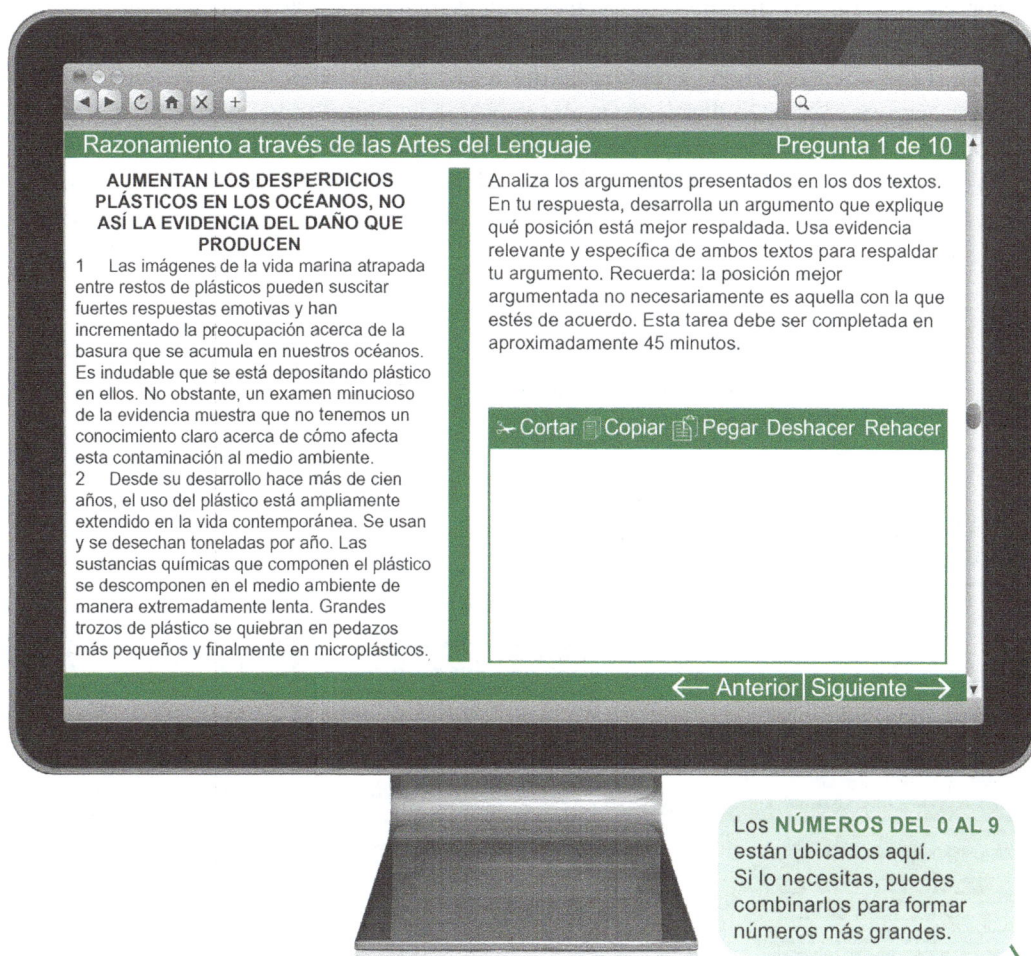

Razonamiento a través de las Artes del Lenguaje — Pregunta 1 de 10

AUMENTAN LOS DESPERDICIOS PLÁSTICOS EN LOS OCÉANOS, NO ASÍ LA EVIDENCIA DEL DAÑO QUE PRODUCEN

1 Las imágenes de la vida marina atrapada entre restos de plásticos pueden suscitar fuertes respuestas emotivas y han incrementado la preocupación acerca de la basura que se acumula en nuestros océanos. Es indudable que se está depositando plástico en ellos. No obstante, un examen minucioso de la evidencia muestra que no tenemos un conocimiento claro acerca de cómo afecta esta contaminación al medio ambiente.

2 Desde su desarrollo hace más de cien años, el uso del plástico está ampliamente extendido en la vida contemporánea. Se usan y se desechan toneladas por año. Las sustancias químicas que componen el plástico se descomponen en el medio ambiente de manera extremadamente lenta. Grandes trozos de plástico se quiebran en pedazos más pequeños y finalmente en microplásticos.

Analiza los argumentos presentados en los dos textos. En tu respuesta, desarrolla un argumento que explique qué posición está mejor respaldada. Usa evidencia relevante y específica de ambos textos para respaldar tu argumento. Recuerda: la posición mejor argumentada no necesariamente es aquella con la que estés de acuerdo. Esta tarea debe ser completada en aproximadamente 45 minutos.

✂ Cortar 📋 Copiar 📋 Pegar Deshacer Rehacer

← Anterior | Siguiente →

Para escribir una respuesta breve o extensa, es posible que necesites mover palabras de un lugar a otro. Si es así, primero selecciona las palabras relevantes y, luego, haz clic en **CORTAR**. Luego, mueve el cursor hacia la parte correspondiente de la ventana de texto y haz clic en **PEGAR**. Si no estás convencido de mover el texto, puedes seleccionar **COPIAR**, lo que te permitirá conservar el texto en su posición original mientras pruebas cómo queda en otra parte del documento. Si haces una edición y luego cambias de opinión, puedes hacer clic en **DESHACER** para revertirla. Si decides conservar la edición que has hecho, haz clic en **REHACER** para mantenerla.

Los **NÚMEROS DEL 0 AL 9** están ubicados aquí. Si lo necesitas, puedes combinarlos para formar números más grandes.

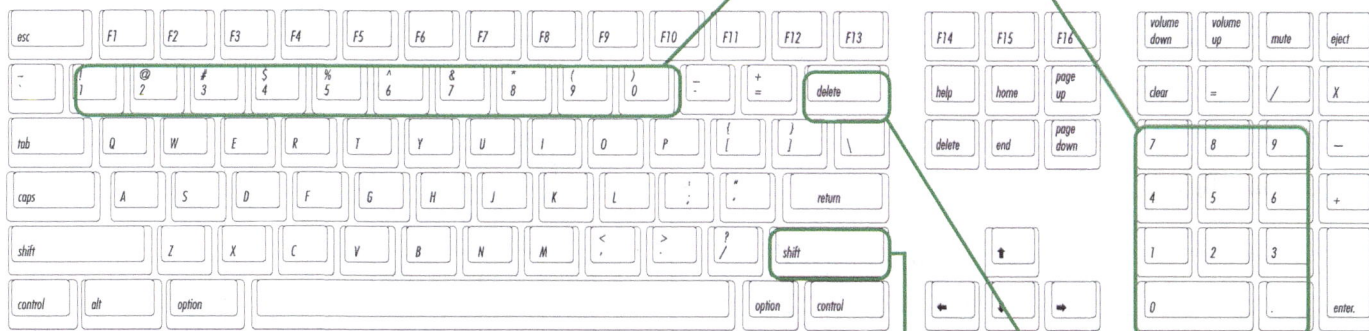

Es posible que necesites usar los caracteres secundarios de algunas de las teclas. Si es así, mantén presionada la tecla **SHIFT** y presiona la tecla que representa el carácter secundario que deseas usar, por ejemplo, el signo de interrogación.

Usa la tecla **DELETE** para eliminar lo que escribiste, y luego escribe una nueva respuesta.

Acerca de la *Preparación para la prueba de GED® de Steck-Vaughn, Segunda edición*

La *Preparación para la prueba de GED® de Steck-Vaughn* se centra en la adquisición de conceptos clave de lectura y razonamiento que te proporcionan las destrezas y estrategias necesarias para tener éxito en la prueba de GED®.

El Programa de Preparación para la prueba de GED® de Steck-Vaughn consiste en un Libro del estudiante y un Cuaderno de ejercicios para cada área temática. Para ayudar a los estudiantes a desarrollar una comprensión más profunda del contenido, las lecciones del Cuaderno de ejercicios explican conceptos de manera diferente y ofrecen el doble de práctica. Al igual que los Libros del Estudiante, cada Cuaderno de ejercicios brinda ejercicios de práctica guiada, recuadros informativos y consejos para la prueba, que ayudan a desarrollar destrezas críticas. Además, las ***Lecciones de alto impacto*** de dos páginas abordan Indicadores de alto impacto identificados por el Servicio de Pruebas de GED como destrezas de razonamiento críticas que pueden ayudar a los estudiantes a mejorar su desempeño en la prueba de GED®. A lo largo de las unidades, es posible hallar secciones llamadas *Ítem en foco*, que corresponden a uno de los tipos de ejercicios reforzados por tecnología que aparecen en la prueba de GED®.

La sección **REPASA LA DESTREZA** enseña nuevamente la destreza.

Cada lección incluye correlaciones con los **TEMAS** y las **PRÁCTICAS**, lo que te ayudará a centrarte en tus estudios.

Los **RECUADROS** proporcionan estrategias e información que puedes usar para entender e interpretar diferentes pasajes o gráficas.

Los **CONSEJOS PARA REALIZAR LA PRUEBA** y otros tipos de notas, tales como **USAR LA LÓGICA**, ofrecen apoyo específico para tener éxito en la prueba de GED®.

Los **MAPAS Y ELEMENTOS VISUALES DE COLORES** te ofrecen una experiencia similar a la que puedes experimentar en la prueba de GED®.

Las secciones de ***En acción*** al final de cada unidad incluyen ejercicios de práctica que reflejan las destrezas de la unidad en contextos laborales. Las actividades de ***En acción*** están dirigidas a grupos de carreras relevantes para el área de las artes del lenguaje.

Una sección muy detallada de respuestas proporciona la respuesta correcta y su justificación para que los estudiantes sepan exactamente por qué una respuesta es correcta.

Comprensión de la lectura en acción

MERCADEO, VENTAS Y SERVICIOS

INSTRUCCIONES: Lee el pasaje, lee cada pregunta y elige la **mejor** respuesta.

Te acaban de contratar como encargado de ventas en la casa mayorista de repuestos automotores GRIP. Parte de tu capacitación incluye leer estas instrucciones sobre los recibos de venta.

1   Los recibos de venta son una parte esencial del proceso de venta. Los recibos de venta cumplen diversas funciones. Los recibos de venta confirman el pago de un producto y brindan una prueba de la propiedad de este. Las empresas los usan para detallar los gastos con fines fiscales. También brindan una información de contacto para los productos que deban ser devueltos. La casa mayorista de repuestos automotores GRIP espera que todos sus empleados consideren a los recibos de venta como una parte importante de su trabajo.

2   Cada venta requiere un recibo de venta. El sistema de ventas de la casa mayorista de repuestos automotores GRIP está diseñado para generar recibos de venta automáticamente para cada compra. En el caso de que el sistema falle y no genere un recibo de venta, los encargados de ventas deben completar un formulario de recibo de venta y rellenar a mano la información. Aquellos empleados que no completen correctamente los recibos de venta pueden ser objeto de medidas disciplinarias, incluyendo ser suspendidos.

3   El formulario de recibo de venta de la casa mayorista de repuestos automotores GRIP tiene cinco componentes. Todos los componentes deben ser legibles.

1. **Nombre y número de empleado del encargado de ventas**. Asegúrate de escribir tu nombre y número de empleado de manera legible.
2. **Fecha de venta**. Anota el mes, el día y el año.
3. **Información del cliente**. Anota el nombre del cliente y su número de cuenta.
4. **Artículos**. Anota la cantidad vendida de cada artículo, el precio unitario y el precio total. Asegúrate de que las cuentas estén bien hechas.
5. **Pago**. Rellena la casilla correcta para indicar si la venta se realizó en efectivo, cheque o tarjeta de crédito.

4   Los encargados de ventas deben familiarizarse con el formulario de recibo de venta de la casa mayorista de repuestos automotores GRIP. Deben estar preparados para completarlo cuando sea necesario. Para obtener más información, o si tienes preguntas o inquietudes sobre esta política, por favor, ponte en contacto con el responsable de la tienda mayorista de repuestos automotores GRIP.

1. En el párrafo 1, el autor escribe: "Los recibos de venta confirman el pago de un producto y brindan una prueba de la propiedad de este". ¿A qué idea principal apoya este detalle?

A. "Los recibos de venta son una parte esencial del proceso de venta".
B. "También brinda una información de contacto para los productos que deban ser devueltos".
C. "Las empresas los usan para detallar los gastos con fines fiscales".
D. "La casa mayorista de repuestos automotores GRIP espera que todos sus empleados consideren a los recibos de venta como una parte importante de su trabajo".

2. ¿Cuál es la idea principal del párrafo 2?

A. Los empleados que no completen un recibo de venta por una venta pueden ser despedidos.
B. El sistema de ventas de la casa mayorista de repuestos automotores GRIP genera recibos de venta automáticamente.
C. Se requiere un recibo de venta para cada venta realizada.
D. Los encargados de ventas de casa mayorista de repuestos automotores GRIP deben rellenar un formulario de recibo de venta por cada venta realizada.

3. ¿Cuál es la conclusión **más** lógica que se saca a partir de la información del párrafo 3?

A. Los encargados de ventas deben saber los números de cuenta de todos los clientes.
B. Los encargados de ventas deben completar los cinco componentes enumerados.
C. Los encargados de ventas solo deben preocuparse de enumerar los artículos y el precio total.
D. Los encargados de ventas solo deben completar recibos de venta por los artículos comprados en efectivo.

4. ¿Cómo cambiaría el significado de la primera oración del párrafo 4 si el autor hubiera usado la palabra **memorizar** en lugar de **familiarizarse**?

A. La oración implicaría que los recibos de ventas eran opcionales.
B. La oración implicaría que olvidarse del recibo de venta podría llevar a ser despedido.
C. La oración implicaría que recordar cada detalle del recibo de venta no era importante.
D. La oración implicaría que era necesario recordar cada detalle del proceso de recibo de venta.

CIENCIAS DE LA SALUD

INSTRUCCIONES: Lee el pasaje, lee las preguntas y elige la **mejor** respuesta.

Eres un estudiante que quiere llegar a ser higienista dental. Este fragmento pertenece a un texto sobre equipos odontológicos.

INTRODUCCIÓN A LOS SISTEMAS DE ASPIRACIÓN

1   Los sistemas de aspiración dental son una parte esencial de todas las clínicas y consultorios odontológicos. La cavidad bucal humana contiene saliva, bacterias y posiblemente varios virus. El aspirador es un tubo que succiona la saliva que se acumula en la cavidad bucal.

2   Los sistemas de aspiración reducen o eliminan la contaminación cruzada entre los pacientes y los profesionales odontológicos. Si se usan correctamente, los sistemas de aspiración disminuyen la nube microbiana que se expele de la cavidad bucal a un radio menor de 30 centímetros. Esta distancia es menor a la distancia promedio entre un paciente y el profesional odontológico.

3   Los sistemas de aspiración incluyen el equipo odontológico (aquellas partes que entran en contacto con los pacientes) y la sala de máquinas (un rotor que genera la succión). Los sistemas que separan el líquido del aire de la sala de máquinas se denominan de succión húmeda. Los sistemas que separan el líquido del equipo odontológico se denominan de succión seca. Tanto los instrumentos de succión seca como de succión húmeda presentan distintas ventajas y desventajas, incluyendo la fuerza de succión que generan y la cantidad de agua que necesitan para funcionar correctamente.

4   Como están diseñados para recolectar bacterias, los sistemas de aspiración requieren constantemente limpieza y mantenimiento. Dependiendo de la cantidad de pacientes, deben desinfectarse a diario para evitar olores desagradables y obstrucciones en el sistema. Esto implica desmontar o desarmar ciertas secciones del sistema.

5. Según las claves del pasaje, la **contaminación cruzada** es

A. la nube microbiana expelida de la cavidad bucal.
B. la acumulación de saliva, bacterias y virus de la cavidad bucal.
C. la eliminación de bacterias entre los pacientes y los profesionales odontológicos.
D. la transferencia de bacterias entre los pacientes y los profesionales odontológicos.

6. ¿Cómo categoriza el autor los distintos tipos de sistemas de aspiración?

A. saliva, bacteria y virus
B. equipo odontológico y sala de máquinas
C. succión húmeda y succión seca
D. limpieza y mantenimiento

7. ¿Qué función tiene la palabra **Como** en el párrafo 4?

A. Presenta una relación de causa y efecto entre la acumulación de bacterias y la necesidad de limpiar el equipo.
B. Genera un contraste entre los tipos de equipos del párrafo 3 y la necesidad de limpiar el equipo del párrafo 4.
C. Señala la secuencia continua de sucesos iniciada en el párrafo 2.
D. Refuerza la información del párrafo 3 presentando un ejemplo.

8. ¿Cuál es la conclusión **más** lógica que se saca a partir de la información del último párrafo?

A. Aumentar la cantidad de pacientes evitará obstrucciones en el sistema.
B. Se debe desinfectar el equipo a diario para desmontar ciertas secciones.
C. Luego de desmontar ciertas secciones del equipo, se acumulan bacterias.
D. Luego de desmontar ciertas secciones del equipo, se limpian con desinfectante.

Comprensión de la lectura

4. D; Nivel de conocimiento: 2; **Objetivo de evaluación de lectura:** R.4.2. La palabra *memorizar* significa aprender de memoria, lo cual tiene una connotación mucho más fuerte que la palabra familiarizarse. Debido a esta connotación más fuerte, las respuestas A y C son incorrectas. Además, si bien el párrafo 2 dice que quienes no completen un recibo de venta pueden ser objeto de medidas disciplinarias, no hay motivos para creer que exigir a los empleados a memorizar el proceso modificaría las consecuencias para quienes se olviden de hacer un recibo. La respuesta D es incorrecta.

Consejos para realizar la prueba

La prueba de GED® incluye más de 160 ejercicios distribuidos en los exámenes de las cuatro asignaturas: Razonamiento a través de las Artes del Lenguaje, Razonamiento Matemático, Ciencias y Estudios Sociales. Los exámenes de las cuatro asignaturas requieren un tiempo total de evaluación de un poco más de siete horas. Si bien la mayoría de los ejercicios consisten en preguntas de opción múltiple, hay una serie de ejercicios reforzados por tecnología. Se trata de ejercicios en los que los estudiantes deben: elegir la respuesta correcta a partir de un menú desplegable; completar los espacios en blanco; arrastrar y soltar elementos; ingresar una respuesta breve e ingresar una respuesta extensa.

A través de este libro y los que lo acompañan, te ayudamos a elaborar, desarrollar y aplicar destrezas de comprensión de lectura y razonamiento indispensables para tener éxito en la prueba de GED®. Como parte de una estrategia global, te sugerimos que uses los consejos para realizar la prueba que se detallan aquí, y en todo el libro, para mejorar tu desempeño en la prueba de GED®.

> **Siempre lee atentamente las instrucciones para saber exactamente lo que debes hacer.** Como ya hemos mencionado, la prueba de GED® tiene un formato electrónico que incluye diversos ejercicios reforzados por tecnología. Si no sabes qué hacer o cómo proceder, pide al examinador que te explique las instrucciones.

> **Lee cada pregunta con detenimiento para entender completamente lo que se te pide.** Por ejemplo, algunos ejercicios pueden presentar más información de la que se necesita para responder correctamente una pregunta específica. Otras preguntas pueden contener palabras en negrita para enfatizarlas (por ejemplo, "¿Qué enunciado expresa **mejor** la idea principal del pasaje?").

> **Administra bien tu tiempo para llegar a responder todas las preguntas.** Debido a que la prueba de GED® consiste en una serie de exámenes cronometrados, debes dedicar el tiempo suficiente a cada pregunta, pero no *demasiado* tiempo. Por ejemplo, en la prueba de Razonamiento a través de las Artes del Lenguaje de GED®, tienes 95 minutos para responder aproximadamente 51 preguntas, es decir, un promedio de dos minutos por pregunta. La prueba de Razonamiento a través de las Artes del Lenguaje también incluye un ejercicio de escritura de 45 minutos. Obviamente, algunos ejercicios requerirán más tiempo y otros menos, pero siempre debes tener presente el número total de ejercicios

y el tiempo total de evaluación. La interfaz de la prueba de GED® te ayuda a administrar el tiempo. En la esquina superior derecha de la pantalla hay un reloj que te indica el tiempo restante para completar la prueba. Además, puedes controlar tu progreso a través de la línea de **Pregunta**, que muestra el número de pregunta actual, seguido por el número total de preguntas del examen de esa asignatura.

> **Responde todas las preguntas, ya sea que sepas la respuesta o tengas dudas.** No es conveniente dejar preguntas sin responder en la prueba de GED®. Recuerda el tiempo que tienes para completar cada prueba y adminístralo en consecuencia. Si deseas revisar un ejercicio específico al final de una prueba, haz clic en **Marcar para revisar** para señalar la pregunta. Al hacerlo, aparece una bandera amarilla. Es posible que, al final de la prueba, tengas tiempo para revisar las preguntas que has marcado.

> **Haz una lectura rápida.** Puedes ahorrar tiempo si lees cada pregunta y las opciones de respuesta antes de leer o estudiar el pasaje o la gráfica que las acompañan. Una vez que entiendes qué pide la pregunta, repasa el pasaje o el elemento visual para obtener la información adecuada.

> **Presta atención a cualquier palabra desconocida que haya en las preguntas.** Primero, intenta volver a leer la pregunta sin incluir la palabra desconocida. Luego intenta reemplazarla por otra palabra.

> **Vuelve a leer cada pregunta y vuelve a examinar el texto o la gráfica que la acompaña para descartar opciones de respuesta.** Si bien las cuatro respuestas son *posibles* en los ejercicios de opción múltiple, recuerda que solo una es *correcta*. Aunque es posible que puedas descartar una respuesta de inmediato, seguramente necesites más tiempo, o debas usar la lógica o hacer suposiciones, para descartar otras opciones. En algunos casos, quizás necesites sacar la mejor conclusión para decidirte por una de dos opciones.

> **Hazle caso a tu intuición al momento de responder.** Si tu primera reacción es elegir la opción *A* como respuesta a una pregunta, lo mejor es que te quedes con esa respuesta, a menos que determines que es incorrecta. Generalmente, la primera respuesta que alguien elige es la correcta.

Destrezas de estudio

A 4 semanas...

> **Establece un cronograma de estudio para la prueba de GED®.** Elige horarios en los que estés más despierto y lugares, como una biblioteca, que te brinden el mejor ambiente para estudiar.

> **Repasa en detalle todo el material de la *Preparación para la prueba de GED® de Steck-Vaughn: Razonamiento a través de las Artes del Lenguaje*.** Usa el Cuaderno de ejercicios de *Razonamiento a través de las Artes del Lenguaje* para ampliar la comprensión de los conceptos del Libro del estudiante de *Razonamiento a través de las Artes del Lenguaje*.

> **Usa un cuaderno para cada asignatura que estés estudiando.** Las carpetas con bolsillos son útiles para guardar hojas sueltas.

> **Al tomar notas, expresa tus pensamientos o ideas con tus propias palabras en lugar de copiarlos directamente de un libro.** Puedes expresar estas notas como oraciones completas, como preguntas (con respuestas) o como fragmentos, siempre y cuando los entiendas.

A 2 semanas...

> **Estudia tus resultados en los repasos de las unidades en el libro del estudiante y presta atención a las áreas que te generaron inconvenientes.** Dedica el tiempo de estudio restante a esas áreas. Para práctica adicional, puedes tomar los exámenes GED Ready™.

Los días previos...

> **Traza la ruta para llegar al centro de evaluación, y visítalo uno o dos días antes de la prueba.** Si manejas, busca un lugar para estacionar en el centro.

> **Duerme una buena cantidad de horas la noche anterior a la prueba de GED®.** Los estudios demuestran que los estudiantes que descansan lo suficiente se desempeñan mejor en las pruebas.

El día de la prueba...

> **Toma un desayuno abundante con alto contenido en proteínas.** Al igual que el resto de tu cuerpo, tu cerebro necesita mucha energía para funcionar bien.

> **Llega al centro de evaluación 30 minutos antes.** Si llegas temprano, tendrás suficiente tiempo en caso de que haya un cambio de salón.

> **Empaca un almuerzo abundante y nutritivo**, especialmente si planeas quedarte en el centro de evaluación la mayor parte del día.

> **Relájate.** Has llegado muy lejos y te has preparado durante varias semanas para la prueba de GED®. ¡Ahora es tu momento de brillar!

1 Determinar la idea principal y los detalles

Usar con el *Libro del estudiante,* págs. 2–3.

OBJETIVOS DE EVALUACIÓN DE LECTURA: R.2.1, R.2.4, R.2.5, R.3.5, R.5.1, R.5.2, R.5.4

UNIDAD 1

1 Repasa la destreza

La **idea principal** es el concepto más importante de un pasaje. Suele aparecer cerca del comienzo y reformularse cerca del final. Cada párrafo de un pasaje también tiene una idea principal, que se encuentra en la oración principal. La oración principal suele aparecer al comienzo del párrafo pero puede aparecer en el medio o al final. Los **detalles de apoyo** proporcionan más información sobre la idea principal.

Una idea principal puede ser **explícita** o estar expresada de manera directa, o puede ser **implícita** o no estar expresada. Los detalles de apoyo, como las explicaciones, descripciones, hechos, citas o estadísticas, te ayudan a determinar ideas principales implícitas.

2 Perfecciona la destreza

Al perfeccionar la destreza de determinar la idea principal y los detalles, mejorarás tus capacidades de estudio y evaluación, especialmente en relación con la prueba de Razonamiento a través de las Artes del Lenguaje de GED®. Lee el pasaje que aparece a continuación. Luego responde las preguntas.

a Un título suele proporcionar claves importantes acerca de la idea principal del pasaje. El primer párrafo de este pasaje presenta el concepto de que nunca se es demasiado grande para hacer actividad física.

b La oración principal del segundo párrafo responde la pregunta que plantea el autor al comienzo del primer párrafo: "¿Pero sabías que para la gente mayor resulta tan beneficiosa como para cualquier otro grupo de edad?"

a NUNCA ERES DEMASIADO GRANDE

1   Todos sabemos que la actividad física nos hace bien. ¿Pero sabías que para la gente mayor resulta tan beneficiosa como para cualquier otro grupo de edad? Nunca se es demasiado grande para comenzar.

2   Los expertos recomiendan 4 tipos de ejercicio para los adultos mayores: resistencia, equilibrio, fuerza y flexibilidad. Las caminatas enérgicas, el baile y otros ejercicios de resistencia mejoran la salud del corazón, de los pulmones y del sistema circulatorio. Estos ejercicios permiten que cortar el césped, subir escaleras y llevar a cabo otras actividades diarias sea más fácil. Los ejercicios de fuerza incluyen el levantamiento de pesas y el uso de bandas de resistencia, que pueden aumentar la fuerza muscular y hacer que resulte más fácil llevar las bolsas de las compras o alzar a los nietos. Los ejercicios de equilibrio pueden ayudar a evitar caídas: un riesgo importante de salud en adultos mayores. Los ejercicios de estiramiento o flexibilidad pueden dar una mayor libertad de movimiento a la hora de agacharse para amarrarse los cordones de los zapatos o de mirar hacia atrás cuando se retrocede con el carro.

3   "Incluso si nunca antes se ha llevado una vida activa, es importante comenzar de una buena vez y seguir activo", sostiene el Dr. Richard J. Hodes. (...) "Sabemos que la gente quiere vivir con independencia durante la mayor cantidad de tiempo posible. Si se ejercitan con regularidad, las personas mayores pueden preservar su función física, lo que resulta clave para que puedan llevar a cabo las actividades diarias que desean".

Fragmento traducido de NUNCA ERES DEMASIADO GRANDE, de nih.gov, visitado en 2021

CONSEJOS PARA REALIZAR LA PRUEBA

Toma nota de la oración principal de cada párrafo. En un pasaje con muchos párrafos, estas oraciones principales pueden ayudarte a comprender la idea principal de todo el pasaje.

1. ¿Cuál es la idea principal del pasaje?

    A. El autor es un experto en actividad física.
    B. La actividad física puede ayudar a prevenir caídas.
    C. Los adultos mayores reciben grandes beneficios de la actividad física.
    D. La actividad física ayuda a los jóvenes a mejorar su salud.

2. El párrafo 2 desarrolla la idea principal del primero mediante

    A. ejemplos de ejercicios y sus beneficios
    B. una descripción de ejercicios de resistencia para la salud del corazón
    C. sugerencias sobre las maneras de aumentar la fuerza muscular
    D. una explicación de cómo esto te ayuda a amarrarte los cordones

2   Lección 1 | Determinar la idea principal y los detalles

INSTRUCCIONES: Lee el pasaje, lee cada pregunta y elige la **mejor** respuesta.

¡NO TE QUEDES AHÍ SENTADO!

1   ¿Tuviste un día agotador? ¿Piensas que mereces relajarte? Te conviene pensarlo dos veces. Si tu caso es como el de la mayoría, en todo el país, has permanecido sentado o inactivo durante largos tramos de tiempo (ya sea en el trabajo, en la escuela, en el carro o frente al televisor u otro tipo de pantalla) durante más de la mitad de las horas que estás despierto. Tal vez sea hora de que te pongas de pie en lugar de que pongas los pies en alto.

2   Los científicos estiman que los estadounidenses de 12 años en adelante pasan la mayor parte de su tiempo (entre 8 y 10 horas por día) sentados y haciendo cosas que requieren poca energía. Los grupos que permanecen más tiempo sentados son los adolescentes y los adultos mayores.

3   ¿Por qué es tan negativo quedarse sentado? La conducta sedentaria, que suele implicar permanecer sentado o seguir acostado cuando se está despierto, ha sido asociada a una menor expectativa de vida y a una amplia variedad de problemas médicos.

4   Ciertos estudios han revelado que cada vez que te levantas y te mueves, mejoras tus posibilidades de tener buena salud. "Algunos estamos obligados a llevar estilos de vida sedentarios por nuestros trabajos, por la escuela o por tener que viajar todos los días", afirma la Dra. Donna Spruijt-Metz, que estudia la obesidad en niños en la Universidad de California del Sur. "Pero la investigación sugiere que interrumpir un momento de sedentarismo incluso con breves tandas de actividad (como levantarse del escritorio y caminar) permite conservar una medida menor de la circunferencia de la cintura y lograr otros indicadores de buena salud".

5   Cuando estás parado y activo, aunque sea por un breve lapso, tu cuerpo está trabajando. "Cuando te mueves a lo largo del día, pones en funcionamiento una amplia variedad de sistemas en el cuerpo", dice el Dr. Charles E. Matthews, que estudia la actividad física y el riesgo de cáncer en NIH. "Los músculos se contraen, mantienes el equilibrio y resistes la fuerza de la gravedad".

6   Cuando estás sentado, "las contracciones musculares disminuyen y la resistencia del cuerpo a la gravedad también disminuye", sostiene Matthews. Cuando permaneces sentado por largos períodos, tu cuerpo se adapta a la demanda física reducida y ralentiza su metabolismo. Cuando el metabolismo se vuelve más lento, quemas menos calorías y aumentas la posibilidad de que la energía extra se almacene como grasa.

7   La mejor manera de aumentar tu metabolismo es sencilla: tienes que moverte. Cuanto más te muevas, mejor. Un nuevo estudio conducido por el Dr. Steven Moore, de NIH, observó datos de más de 650,000 adultos, principalmente de 40 años en adelante. Los investigadores hallaron que la actividad física en momentos de ocio estaba relacionada con una expectativa de vida mayor, independientemente de cuánto pesaban las personas. (...)

Fragmento traducido del artículo ¡NO TE QUEDES AHÍ SENTADO!, de nih.gov, visitado en 2021

3.   El pasaje menciona que la mayoría de las personas pasan más de la mitad del día inactivas. Este detalle respalda la idea principal de que las personas deberían

A.   permanecer más tiempo sentadas en el trabajo.
B.   permanecer más tiempo sentadas en la escuela.
C.   mirar más televisión.
D.   moverse más.

4.   ¿De qué manera los detalles del párrafo 3 respaldan la idea principal del pasaje?

A.   Muestran que los efectos de permanecer sentado todo el día pueden revertirse.
B.   Explican los efectos negativos de permanecer inactivo.
C.   Comparan los efectos de estar sentado con los efectos de estar activo.
D.   Explican los beneficios a largo plazo de ser una persona sedentaria.

5.   ¿Cuál es la idea principal del párrafo 4?

A.   Ciertos estudios han revelado que moviéndote mejoras tus posibilidades de tener buena salud.
B.   Muchas personas están obligadas a llevar estilos de vida sedentarios.
C.   La Dra. Donna Spruijt-Metz estudia la obesidad en niños.
D.   Una medida menor de la circunferencia de la cintura es indicadora de buena salud.

6.   El autor dice: "Cuando el metabolismo se vuelve más lento, quemas menos calorías y aumentas la posibilidad de que la energía extra se almacene como grasa". Este enunciado es

A.   una idea implícita del párrafo 6.
B.   una idea principal explícita del párrafo 6.
C.   un detalle de apoyo del párrafo 6.
D.   una oración principal del párrafo 6.

INSTRUCCIONES: Lee la carta, lee cada pregunta y elige la **mejor** respuesta.

AVES EN PELIGRO DE EXTINCIÓN

1 Estimado Sr. Chapman:

2   No hace falta decir con cuánto entusiasmo apoyo los propósitos de la Sociedad Audubon. Es mi deseo ver a todos los seres salvajes inofensivos, pero en especial a todas las aves, a salvo de todo peligro. No concibo que un hombre o una mujer que realmente aman la naturaleza no hagan el intento de ejercer todo tipo de influencia a favor de objetivos de la magnitud de los de la Sociedad Audubon.

3   La primavera no sería primavera sin el canto de las aves, tal como no sería primavera sin los capullos y las flores, y tan solo deseo que, además de proteger a los pájaros cantores, a las aves del bosquecillo, de los huertos, los jardines y las praderas, también pudiéramos proteger a las aves de las costas marítimas y de las tierras salvajes. El somorgujo debería ser —y, con una legislación sensata, podría ser— característico de cada lago de Adirondack; las águilas pescadoras, como todos saben, resultan de lo más dóciles si se las domestica; y las golondrinas de mar deberían colmar nuestras costas así como lo hacen las golondrinas en rededor de nuestros graneros. Una tanagra o un cardenal es un resplandeciente punto de belleza en los verdes bosques, así como lo es el cardenal entre las blancas nieves.

4   Cuando los azulejos estuvieron a punto de desaparecer a causa del inclemente invierno hace ya unas estaciones, la pérdida fue como la pérdida de un viejo amigo, o al menos como el incendio de una casa que conoces y a la que amas profundamente. ¡Cuánto más hermosos serían nuestros bosques si el grandioso pájaro carpintero aún viviera en ellos! La destrucción de la paloma silvestre y del periquito de Carolina ha implicado una pérdida tan grave como si nos hubieran quitado las montañas Catskill o el parque Palisades. Cuando me entero de la destrucción de una especie, siento como si pereciera toda la obra de un gran escritor; como si hubiésemos perdido todo, en lugar de tan solo una parte de Polibio o de Livio.

   Muy cordialmente,
   Theodore Roosevelt

Traducción de CARTA A FRANK MICHLER CHAPMAN, de Theodore Roosevelt, © 1899

7. ¿Cuál es la idea principal de esta carta?

  A. Las personas que aman la naturaleza deberían protegerla.
  B. Sin el canto apropiado de las aves, las estaciones no serían como tienen que ser.
  C. Toda la fauna inofensiva, especialmente las aves, debería protegerse.
  D. La legislación debería proteger a las aves cantoras al igual que a otras clases de aves.

8. ¿Cuál es la idea principal del párrafo 3?

  A. Las aves son parte del ciclo de las estaciones.
  B. Deben crearse leyes para proteger a todas las aves.
  C. Las aves marítimas están en mayor peligro que las aves de las praderas y jardines.
  D. Las aves de invierno y las aves de primavera son igual de coloridas.

9. ¿Qué detalle del párrafo 3 respalda **mejor** la idea principal del párrafo?

  A. "La primavera no sería primavera sin el canto de las aves, tal como no sería primavera sin los capullos y las flores,"
  B. "y tan solo deseo que, además de proteger a los pájaros cantores, a las aves del bosquecillo, de los huertos, los jardines y las praderas, también pudiéramos proteger a las aves de las costas marítimas y de las tierras salvajes."
  C. "El somorgujo debería ser —y, con una legislación sensata, podría ser— característico de cada lago de Adirondack;"
  D. "Una tanagra o un cardenal es un resplandeciente punto de belleza en los verdes bosques, así como lo es el cardenal entre las blancas nieves".

10. ¿De qué manera apoya la idea principal de la carta la comparación entre la pérdida de la paloma y la pérdida de las montañas Catskill?

  A. Tanto las palomas como las montañas Catskill están en peligro de extinción.
  B. Las aves tienen la misma importancia para el medio ambiente que los elementos más grandes y magníficos, como las montañas.
  C. Ni las palomas ni las montañas Catskill se pueden proteger a sí mismos.
  D. Tanto las palomas como las montañas Catskill son elementos salvajes.

11. ¿Qué oración enuncia la idea principal **implícita** del párrafo 4?

  A. La destrucción de una especie es como la pérdida de la familia, del medio ambiente y de la cultura.
  B. Las aves como el grandioso pájaro carpintero han contribuido a la belleza de los bosques estadounidenses.
  C. La destrucción de una especie es como la destrucción de las obras de un gran escritor.
  D. Ciertas especies, como la paloma silvestre y el grandioso pájaro carpintero, ya han sido destruidas.

INSTRUCCIONES: Lee el pasaje, lee cada pregunta y elige la **mejor** respuesta.

BROWN CONTRA CONSEJO DE EDUCACIÓN

1   Hoy en día, la educación es quizás la función más importante de los gobiernos estatales y locales. (...) Es un instrumento primordial para promover en el niño valores culturales, para prepararlo para una posterior formación profesional y para que pueda adaptarse normalmente a su entorno. En la actualidad, es poco probable que un niño logre triunfar en la vida si se le niega la oportunidad de una educación. Tal oportunidad, que el estado se ha comprometido a brindar, es un derecho del que debemos gozar todos por igual.

2   Llegamos, así, a la pregunta que se plantea: ¿La segregación de los niños en las escuelas públicas meramente por una cuestión de razas —más allá de que las capacidades físicas y otros factores "tangibles" sean los mismos— priva a los niños del grupo minoritario de oportunidades igualitarias de educación? Creemos que sí. (...)

3   Diferenciar [a ciertos estudiantes] de otros de similar edad y aptitud solamente por su raza genera un sentimiento de inferioridad en cuanto a su categoría en la comunidad que puede afectar sus corazones y sus mentes de un modo probablemente irreparable. El efecto de esta diferenciación en sus oportunidades de educación fue bien planteado [en un caso anterior]:

4   "La segregación de niños blancos y de color en las escuelas públicas tiene un efecto perjudicial sobre los niños de color. El impacto es mayor cuando se tiene la autorización de la ley; puesto que la política de separar las razas suele interpretarse como denotación de la inferioridad del grupo de color. Un sentimiento de inferioridad afecta la motivación de un niño para aprender. La segregación con la autorización de la ley, por lo tanto, tiene una tendencia a [retrasar] el desarrollo educativo y mental de los niños de color y a privarlos de algunos de los beneficios de los que gozarían en un sistema escolar integrado racial[mente]".

5   Concluimos que en el campo de la educación pública no hay lugar para la doctrina de "separados pero iguales". Las instalaciones educativas separadas son intrínsecamente desiguales.

Fragmento traducido de BROWN CONTRA CONSEJO DE EDUCACIÓN, de la Corte Suprema de los Estados Unidos, 1954

12. ¿Qué enunciado formula **mejor** la idea principal del pasaje?

   A. Todo niño necesita una buena educación para triunfar.
   B. Las instalaciones de las escuelas segregadas para niños de color son inferiores a las instalaciones de las escuelas de blancos.
   C. La segregación priva a los niños de la minoría de una oportunidad igualitaria de buena educación.
   D. La educación es la función más importante de los gobiernos estatales y locales.

13. ¿De qué manera los detalles del párrafo 3 apoyan la idea principal del pasaje?

   A. Explican que separar a los niños de color por su raza daña su autoestima.
   B. Muestran que la mayoría de las personas blancas quieren mandar a sus hijos a escuelas segregadas.
   C. Describen los efectos de tener instalaciones separadas sobre la capacidad de aprender que tienen los niños blancos.
   D. Explican que se desconoce el efecto de la segregación en los niños de cualquier raza.

14. ¿Qué detalle apoya **mejor** la idea de que separar a los niños por su raza tiene sus orígenes en el prejuicio racial? La sentencia establece que

   A. "un sentimiento de inferioridad afecta la motivación de un niño para aprender".
   B. "El impacto [de la política] es mayor cuando se tiene la autorización de la ley".
   C. la segregación priva a los niños de algunos de los "beneficios de los que gozarían en [una escuela integrada]".
   D. "suele interpretarse como denotación de la inferioridad del grupo de color".

15. El párrafo 4 establece: "Un sentimiento de inferioridad afecta la motivación de un niño para aprender". ¿De qué manera este enunciado apoya la idea principal del pasaje?

   A. Los niños que carecen de motivación no tienen la posibilidad de obtener una buena educación.
   B. Los niños blancos no aprenden tan bien en escuelas segregadas.
   C. Los niños con un sentimiento de inferioridad siempre abandonan la escuela.
   D. Todos los niños tienen menor sentimiento de inferioridad en escuelas segregadas.

2 LECCIÓN

Resumir

Usar con el *Libro del estudiante,* págs. 4–5.

OBJETIVOS DE EVALUACIÓN DE LECTURA: R.2.1, R.2.2, R.5.1, R.5.2, R.5.3, R.5.4, R.6.1, R.6.4

1 Repasa la destreza

Un **resumen** resalta brevemente los conceptos principales y los detalles importantes de un texto. En un resumen debes reformular las ideas del texto con tus propias palabras. Los resúmenes no deben contener tus propias opiniones, creencias o juicios.

Podrías resumirle un cuento a un amigo o resumirle tu historial laboral a un posible empleador. Piensa en tu resumen. Probablemente incluiste solamente la información más importante y la contaste de la manera más sencilla posible. Estos elementos son clave para un buen resumen.

2 Perfecciona la destreza

Al perfeccionar la destreza de resumir, mejorarás tus capacidades de estudio y evaluación, especialmente en relación con la prueba de Razonamiento a través de las Artes del Lenguaje de GED®. Lee el pasaje que aparece a continuación. Luego responde las preguntas.

LA CADENA ALIMENTICIA

a Este párrafo resume detalles clave sobre lo que hace que un organismo sea consumidor. La primera oración da la idea principal del párrafo en general y luego el autor usa las palabras **primario, secundario** y **terciario** para explicar los niveles de consumidores.

b Comprender la idea principal del pasaje te ayudará a resumirlo. Esta sección le ofrece al lector un ejemplo explícito para explicar la idea principal.

Todos los seres vivos necesitan energía para llevar a cabo procesos biológicos. Los organismos que obtienen energía de la luz solar a través de la fotosíntesis se denominan productores. Todas las plantas verdes, como las hierbas y las algas marinas, son productores.

Los organismos que se alimentan de otros organismos para obtener energía se denominan consumidores. Los <u>consumidores primarios,</u> como los conejos y los erizos de mar, se alimentan de productores para obtener energía. Los <u>consumidores secundarios,</u> como los zorros y las focas, se alimentan de consumidores primarios para obtener energía. En ocasiones, hay <u>consumidores terciarios</u> (de tercer nivel) como los búhos y las orcas que se alimentan de consumidores secundarios.

Por ejemplo, la cadena alimenticia de un zorro mostraría el flujo de energía del sol al pasto (productor) a un conejo (consumidor primario) a un zorro (consumidor secundario). Una cadena alimenticia muestra el modo en que puede fluir la energía de productores a consumidores.

1. ¿Qué enunciado resume **mejor** el pasaje?

   A. Los consumidores secundarios se alimentan de consumidores primarios para obtener energía.
   B. Los consumidores terciarios se alimentan de consumidores secundarios.
   C. En una cadena alimenticia, la energía fluye del sol a los productores y luego a los consumidores.
   D. Todas las plantas verdes son productoras.

2. ¿Cuál es la función de la última oración del pasaje?

   A. Es un detalle importante que apoya la idea principal.
   B. Resume el segundo párrafo.
   C. Resume el primer párrafo.
   D. Resume el pasaje.

USAR LA LÓGICA

Un buen resumen *debe* captar la idea principal del párrafo, sección o pasaje, no solamente sus detalles específicos. Para elegir el mejor resumen, descarta respuestas que no enuncian la idea principal.

INSTRUCCIONES: Lee el pasaje, lee cada pregunta y elige la **mejor** respuesta.

PREOCUPACIÓN POR LA DELINCUENCIA JUVENIL

1   La cantidad de menores detenidos en cárceles y prisiones de adultos en este país ha disminuido considerablemente, según un nuevo estudio basado en datos federales. Eso es más que alentador. Los criminólogos advierten que los delincuentes juveniles que se entremezclan con prisioneros adultos están expuestos a presiones sociales y desarrollan contactos personales que hacen que sea mucho más probable que se terminen convirtiendo en delincuentes expertos que los detenidos en centros juveniles.

2   El estudio (...) muestra que la cantidad de menores detenidos en instalaciones para adultos ha disminuido en un 38 por ciento desde 1999. Debido a la disminución de la delincuencia y los arrestos juveniles, entre otros factores, la cantidad de niños detenidos en centros juveniles también ha disminuido.

3   El Congreso puede consolidar estos logros usando ayuda para imponer un claro estándar federal: para poder obtener fondos federales para la justicia juvenil, los estados deberían certificar que las personas menores de 18 años no son apresadas como adultos, excepto en casos relacionados con delitos atroces como violación y asesinato.

4   Desafortunadamente, no todos los datos nuevos resultan igual de alentadores. Parece que los estados siguen reteniendo en centros juveniles a una gran cantidad de niños que en realidad deberían recibir tratamiento mediante programas terapéuticos, cerca de sus hogares y familias. Los niños con problemas de drogas o alcohol deberían participar de programas de tratamiento, no estar encerrados en reformatorios. Los programas terapéuticos pueden cambiar por completo la vida de los jóvenes y reducir el delito. (...)

5   Los datos también muestran que demasiados niños siguen siendo confinados por delitos menores como el ausentismo escolar, que deberían abordarse mediante programas comunitarios. Encerrar en centros juveniles a aquellos que faltan a clase aumenta la probabilidad de que vuelvan a terminar detenidos y se vean envueltos en el sistema de manera permanente. El Congreso, que intentó ponerle fin a esta práctica con la Ley de Justicia de Menores y de Prevención de la Delincuencia de 1974, debería cerrar la laguna jurídica que permite a los estados seguir (...) confinando a quienes falten a clase.

6   Otra causa de preocupación son las significativas disparidades raciales y étnicas que aparecen en los datos de la justicia de menores. La disminución de la tasa de prisión preventiva juvenil fue significativamente mayor para los blancos que para los afroamericanos, que constituyen menos del 15 por ciento de la población juvenil, pero casi el 40 por ciento de los confinados.

Fragmento traducido del editorial CIERTO PROGRESO CON RESPECTO A LOS NIÑOS Y LAS CÁRCELES, *The New York Times*, © 2008

3.   ¿Qué oración resume **mejor** los resultados del estudio?

A. La disminución de la delincuencia juvenil hizo que se destinara a menos menores a la población de prisioneros adultos.
B. Hay cada vez menos detenidos menores tanto en instalaciones de detención juveniles como de adultos.
C. El número de menores detenidos en instalaciones de detención para adultos ha disminuido en un 38 por ciento desde 1999.
D. Los delincuentes juveniles que se entremezclan con los prisioneros adultos probablemente se conviertan en delincuentes expertos.

4.   ¿Qué oración resume **mejor** la información del párrafo 4?

A. No todos los resultados del estudio fueron positivos, pero no estoy de acuerdo con ellos.
B. Muchos delincuentes juveniles necesitan terapia en lugar de tiempo en reformatorios.
C. Los niños con problemas de drogas o alcohol deberían estar en instalaciones cerca de sus hogares.
D. La terapia puede contribuir a reducir el delito ayudando a los jóvenes a conseguir empleo.

5.   ¿Qué oración formula **mejor** la idea principal del párrafo 5?

A. El estudio demuestra que se está deteniendo a demasiados menores por no asistir a clase.
B. El Congreso debería cerrar la laguna jurídica que permite a los estados detener a menores por faltar a clase.
C. El ausentismo escolar es una causa importante por la que se confina a menores como delincuentes juveniles.
D. Las organizaciones comunitarias deberían abordar los delitos menores de los niños.

6.   ¿De qué manera el párrafo 6 está relacionado con el resto del pasaje?

A. Resume los resultados del estudio.
B. Se centra en un detalle del resumen del párrafo 5.
C. Añade más información acerca de los resultados del estudio.
D. Resume el único resultado negativo del estudio.

INSTRUCCIONES: Lee el pasaje, lee cada pregunta y elige la **mejor** respuesta.

SIGAMOS ADELANTE

1   Durante 32 años, Capitol Hill ha sido mi hogar. He compartido con ustedes muchos momentos de orgullo, orgullo por la capacidad del Congreso de los Estados Unidos para actuar, para hacerle frente a cualquier crisis, para extraer de nuestras diferencias fuertes programas de acción nacional. La bala de un asesino ha clavado en mí la impresionante carga de la presidencia. Hoy estoy aquí para decir que necesito su ayuda. No puedo cargar solo con esto. Necesito la ayuda de todos los estadounidenses y de los Estados Unidos en su totalidad.

2   Esta nación ha sufrido una conmoción y, en este momento crítico, es nuestro deber, el suyo y el mío, como el gobierno de los Estados Unidos, erradicar la incertidumbre, la duda y el retraso, y demostrar que somos capaces de una acción decisiva; que la brutal pérdida de nuestro líder no nos hará débiles, sino fuertes; que podemos actuar y que actuaremos y que será ahora mismo.

3   Desde esta cámara del gobierno representativo, quiero que todo el mundo sepa y que nadie malinterprete, que vuelvo a consagrar este gobierno al apoyo inquebrantable de las Naciones Unidas, al cumplimiento honorable y decidido de nuestros compromisos para con nuestros aliados, al mantenimiento del incomparable poderío militar, a la defensa de la fortaleza y la estabilidad del dólar, a la expansión de nuestro comercio exterior, al refuerzo de nuestros programas de asistencia y cooperación mutua en Asia y en África, y a nuestra Alianza para el Progreso en este hemisferio.

4   El vigésimo día del mes de enero, en 1961, John F. Kennedy dijo a sus compatriotas que nuestra labor nacional no estaría terminada "tampoco en los primeros mil días, ni durante toda esta administración, quizá ni siquiera en nuestra vida en este planeta". "Pero empecemos", dijo.

5   Hoy, en este momento de nueva determinación, les diría a todos mis compañeros estadounidenses que sigamos adelante.

Fragmento traducido de SIGAMOS ADELANTE, de Lyndon Baines Johnson, 1963

7.   ¿Qué oración resume **mejor** el mensaje de Johnson en el párrafo 1?

A. Capitol Hill ha sido su hogar durante 32 años.
B. No puede llevar la carga de la presidencia él solo durante un momento crítico.
C. Siente gran orgullo por el Congreso y por el país.
D. Necesita el apoyo de los estadounidenses en este momento crítico.

8.   ¿Qué oración resume **mejor** la información del párrafo 2?

A. El asesinato de John F. Kennedy fue un acontecimiento terrible para la nación.
B. La nación debe actuar con fortaleza y decisión a pesar de la muerte de su líder.
C. La falta de predisposición del Congreso para actuar ha dejado paralizado al país.
D. El Gobierno tiene el deber de actuar sin más retrasos.

9.   ¿Cuál es el propósito del párrafo 3 en este discurso?

A. Resume los programas y políticas para los que Johnson busca apoyo.
B. Resume cambios importantes en la política estadounidense cuya responsabilidad le pertenece a Johnson.
C. Resume los mayores logros de Kennedy como presidente.
D. Resume los logros pasados de Johnson como vicepresidente.

10. ¿De qué manera las últimas palabras del discurso, "sigamos adelante", resumen el mensaje general? Las palabras finales

A. expresan la esperanza de Johnson de que Kennedy no sea olvidado.
B. enfatizan el concepto de Johnson acerca de que no puede soportar el peso de la presidencia sin ayuda.
C. se refieren a la necesidad de continuar con las políticas y los programas que inició Kennedy.
D. expresan la necesidad de volver a comenzar como nación.

INSTRUCCIONES: Lee el pasaje, lee cada pregunta y elige la **mejor** respuesta.

INDIFERENCIA

1 Allí, detrás de los negros portales de Auschwitz, los más trágicos de todos los prisioneros eran los "muselmanner", como se los llamaba. Envueltos en sus rasgadas mantas, se sentaban o se acostaban en el suelo, con la mirada perdida, ausente, ignorando quiénes eran o dónde estaban: sin conciencia de su entorno. Ya no sentían dolor, hambre, sed. No le temían a nada. No sentían nada. Estaban muertos y no lo sabían.

2 Arraigados en nuestra tradición, algunos de nosotros sentíamos que el abandono por parte de la humanidad no era lo último. Sentíamos que el abandono por parte de Dios era peor que su castigo. (...)

3 En cierta forma, ser indiferente a ese sufrimiento es lo que torna inhumano al ser humano. La indiferencia, después de todo, es más peligrosa que la ira y el odio. La ira puede en ocasiones ser creativa. Puedes terminar escribiendo un gran poema, una gran sinfonía. Terminas haciendo algo especial por el bien de la humanidad porque estás enojado ante la injusticia de la que eres testigo. Pero la indiferencia jamás es creativa. Incluso el odio puede en ocasiones provocar una respuesta. Lo combates. Lo denuncias. Lo desarmas.

4 La indiferencia no provoca ninguna respuesta. La indiferencia no es una respuesta. La indiferencia no es un comienzo; es un final. Y, por lo tanto, la indiferencia es siempre la amiga del enemigo, ya que beneficia al agresor, nunca a su víctima, cuyo dolor se magnifica al sentirse olvidada. El prisionero político en su celda, los niños hambrientos, los refugiados sin hogar (...) No responder a su difícil situación, no aliviar su soledad ofreciéndoles una chispa de esperanza es exiliarlos de la memoria misma de la humanidad. Y al negarles su humanidad, traicionamos la nuestra.

5 La indiferencia, por lo tanto, no es solo un pecado, es también un castigo.

6 Y es esta una de las lecciones más importantes de los amplios experimentos sobre el bien y el mal de este siglo que se nos va.

Fragmento traducido de LOS PELIGROS DE LA INDIFERENCIA, de Elie Wiesel, © 1999

11. La idea principal del autor en el párrafo 1 es que los muselmanner son desgraciados porque

A. son prisioneros de Auschwitz.
B. están por morir.
C. sienten hambre, sed y dolor.
D. han perdido su conexión con la vida.

12. ¿Qué enunciado resume **mejor** por qué el autor cree que la indiferencia es más peligrosa que la ira o el odio?

A. De la indiferencia no surge ninguna creatividad o respuesta.
B. La ira y el odio se van rápidamente.
C. La indiferencia puede generar acciones creativas.
D. La ira y el odio son emociones más simples que la indiferencia.

13. ¿Qué enunciado resume **mejor** qué quiere decir el autor al plantear que la indiferencia es un "final"?

A. La indiferencia se produce después de la ira y el odio.
B. La indiferencia es el último paso antes de la muerte.
C. La indiferencia no genera una acción o resultado como respuesta al sufrimiento.
D. La indiferencia es el objetivo de las personas que se proponen dañar a otros.

14. ¿Qué enunciado resume **mejor** la visión del autor acerca de la indiferencia?

A. La indiferencia castiga a las personas negándoles su humanidad.
B. La indiferencia puede ser tanto buena como mala.
C. La indiferencia es igual al odio porque ambos dañan a las personas.
D. La indiferencia es algo que debe ser combatido por los agresores.

15. ¿De qué manera respaldan las palabras del autor en el párrafo 5 el argumento general del pasaje?

A. El autor considera que la indiferencia debe ser un delito castigado por la ley.
B. El autor considera que las consecuencias de la indiferencia castigan más a los demás que a los indiferentes.
C. El autor considera que debemos combatir la indiferencia con todo lo que tenemos.
D. El autor considera que las consecuencias de la indiferencia son tan severas que además de ser destructivas para otros, son destructivas para uno mismo.

Determinar la secuencia

OBJETIVOS DE EVALUACIÓN DE LECTURA: R.3.1, R.3.2 , R.5.3

UNIDAD 1

1 Repasa la destreza

Conocer la **secuencia** o el orden de los sucesos al leer un texto puede ayudarte a comprender de qué manera están relacionados los sucesos. Busca palabras clave como *primero, a continuación, luego, después* y *por último*. Estas palabras identifican el orden en que ocurren los sucesos o pasos. La secuencia es importante para comprender la progresión del texto. A veces la progresión no es sencilla, por lo que comprender cómo hallar la secuencia de sucesos puede ayudarte a entender lo que lees.

2 Perfecciona la destreza

Al perfeccionar la destreza de determinar la secuencia, mejorarás tus capacidades de estudio y evaluación, especialmente en relación con la prueba de Razonamiento a través de las Artes del Lenguaje de GED®. Lee el pasaje que aparece a continuación. Luego responde la pregunta.

EL PRIMER CARTEL DE "BUSCADO" DEL FBI

El 2 de diciembre de 1919, un soldado de 23 años llamado William N. Bishop se escapó de la prisión del campamento A. A. Humphreys (actualmente Fort Belvoir) en el norte de Virginia.

Poco después de la fuga de Bishop, la División de inteligencia militar del Ejército solicitó la ayuda del FBI para hallarlo. Uno de sus primeros subdirectores, Frank Burke, respondió con una carta a "Todos los agentes especiales, empleados especiales y oficiales locales" en la que les pedía que "hicieran todo lo posible" para capturar a Bishop. (...)

Burke etiquetó ese documento, fechado el 15 de diciembre de 1919, como "Orden de identificación No. 1". En esencia, era el primer cartel de "buscado" de la agencia y metió a la organización de lleno en la tarea de capturar fugitivos tras solo 11 años de historia. Ha estado en eso desde entonces.

En pocos años, la Orden de identificación, o lo que pronto se hizo conocido entre los organismos de seguridad como "IO" (por sus siglas en inglés) se había convertido en un elemento esencial de la lucha contra el delito. A finales de la década de 1920, estos carteles de "buscado" circulaban no solo en Estados Unidos, sino también en Canadá y Europa (y posteriormente, por todo el mundo). (...) Para la década de 1930, las IO se enviaban a estaciones de policía en toda la nación, con el fin de captar la atención del público en la búsqueda de fugitivos. En 1950, a partir del concepto de los "carteles de buscado", el FBI creó su lista "Los diez fugitivos más buscados".

Adaptado del artículo de fbi.gov UNA BREVE HISTORIA, visitado en 2021

a Conocer el orden de los sucesos te ayuda a entender cómo se relacionan. El pasaje enuncia que la carta se escribió "tras solo 11 años de historia", lo cual significa que el FBI fue creado en 1908.

b Frases como *A finales de la década de 1920* y *Para la década de 1930* indican un paso adelante en la "línea cronológica" de un texto. Esta frase indica un intervalo aproximado de tiempo, lo cual es común en un texto de estudios sociales.

USAR LA LÓGICA

Los autores pueden incluir fechas exactas o usar lenguaje de transición, como *dos años más tarde*, para indicar un intervalo de tiempo. Puedes determinar el tiempo entre sucesos sobre la base de fechas o lenguaje de transición.

1. De acuerdo con el pasaje, ¿cuánto tiempo pasó entre la primera Orden de identificación y la creación de la lista "Los diez fugitivos más buscados"?

   A. 42 años
   B. 31 años
   C. 22 años
   D. 11 años

★ Ítem en foco: **ARRASTRAR Y SOLTAR**

INSTRUCCIONES: Lee el pasaje y la pregunta. Luego usa las opciones de arrastrar y soltar para completar la tabla.

COLIN L. POWELL

1   Colin L. Powell fue nombrado Secretario de Estado por George W. Bush el 20 de enero de 2001, tras recibir la confirmación unánime del Senado de los Estados Unidos. Permaneció en su cargo durante cuatro años, hasta el 26 de enero de 2005. Fue el primer afroamericano que tuvo el cargo de secretario de Estado.

Ascenso

2   Powell nació el 5 de abril de 1937 en el barrio de Harlem de la ciudad de Nueva York. Hijo de dos inmigrantes jamaiquinos, fue criado en el South Bronx. Asistió al City College de Nueva York y fue allí donde comenzó su servicio militar al unirse al Cuerpo de Entrenamiento de Oficiales de Reserva (ROTC, por sus siglas en inglés). Después de graduarse en 1958, Powell fue nombrado oficial subteniente en el Ejército de los Estados Unidos. Durante sus 35 años en el ejército, sirvió en Vietnam en dos oportunidades, estuvo emplazado en Alemania Occidental y en Corea del Sur y fue consejero de Seguridad Nacional del presidente Ronald Reagan desde 1987 hasta 1989. En 1989 fue ascendido al rango de general, y el presidente George H.W. Bush lo nombró jefe del Estado Mayor Conjunto. En los cuatro años que ejerció en ese cargo, Powell supervisó 28 crisis, incluida la Operación Tormenta del Desierto en 1991. Tras su retiro en 1993, fundó *America's Promise*, una organización que ayuda a los niños en riesgo. Fue nominado para secretario de Estado por el presidente George W. Bush el 16 de diciembre de 2000.

Influencia sobre la diplomacia de los Estados Unidos

3   Al comienzo de su mandato, Powell hizo hincapié en reafirmar las alianzas diplomáticas en todo el mundo, apoyando un sistema nacional de defensa de misiles, trabajando en pos de la paz en Medio Oriente y priorizando las sanciones en lugar de la fuerza en puntos de conflicto potenciales como Irak. También hizo hincapié en revitalizar la diplomacia de los Estados Unidos a través de reformas en la cultura organizacional del Departamento de Estado y de una inyección de recursos para personal, tecnología de la información, seguridad e infraestructura.

4   El mandato de Powell, sin embargo, fue rápidamente dominado por los desafíos que debió enfrentar el gobierno de Bush tras los ataques terroristas del 11 de septiembre de 2001.

Fragmento traducido de la serie BIOGRAFÍAS DE LOS SECRETARIOS DE ESTADO: COLIN L. POWELL, de state.gov, visitado en 2021

2. Arrastra y suelta los sucesos en la tabla para mostrar el orden en el que ocurrieron.

Secuencia de sucesos

↓

↓

↓

George W. Bush nombra a Powell secretario de Estado.	Powell funda *America's Promise*.
Powell oficia como jefe del Estado Mayor Conjunto.	Powell oficia como consejero de Seguridad Nacional.

★ Ítem en foco: **ARRASTRAR Y SOLTAR**

INSTRUCCIONES: Lee el pasaje y la pregunta. Luego usa las opciones de arrastrar y soltar para completar la línea cronológica.

WASHINGTON EN VALLEY FORGE

1   El Dr. Albigence Waldo nació en Pomfret, Connecticut, en 1750. Se alistó como cirujano en el Primer Regimiento de Infantería de Connecticut el 1 de enero de 1777. En septiembre de ese mismo año, se le ordenó a ese regimiento que se sumara al ejército en Pensilvania. Renunció al servicio activo el 1 de octubre de 1779 y murió el 20 de enero de 1794.

2   Durante el invierno de 1777-1778, mientras prestaba servicios en Valley Forge, el Dr. Waldo llevó un diario de los sucesos de esa época, en el que describía que los hombres acampaban en chozas frías e incómodas. En el diario, también se lamentaba sobre "pocos alimentos, duras condiciones de alojamiento, clima frío, fatiga, ropa sucia, comida desagradable" y condiciones deprimentes en general.

3   Su diario de Valley Forge comienza el 10 de noviembre de 1777 y su anotación de ese día termina con "Sin sal para acompañar la cena". El 8 de diciembre, su regimiento, junto a otros dieciséis, fue llamado a formar delante de los cuarteles de Washington bajo el comando de Sullivan y Wayne. Alrededor de la una de la mañana, llegaba la noticia de que el enemigo había hecho una retirada precipitada a la ciudad de Filadelfia. El 18 de diciembre, después de padecer enfermedades y mucho sufrimiento personal, el Dr. Waldo escribió: "El ejército tiene pocas provisiones debido, según se dice, a la negligencia del comisario de Compras. (...) El Congreso no ha hecho que sus cometidos fueran suficientemente valiosos. ¡Dios nos libre de las negativas consecuencias de esto!". Su última anotación de diario del 8 de enero de 1778 consigna: "Conseguí una licencia inesperada. Salgo para casa".

3.   Arrastra y suelta los sucesos en la línea cronológica para mostrar el orden en el que ocurren en el pasaje.

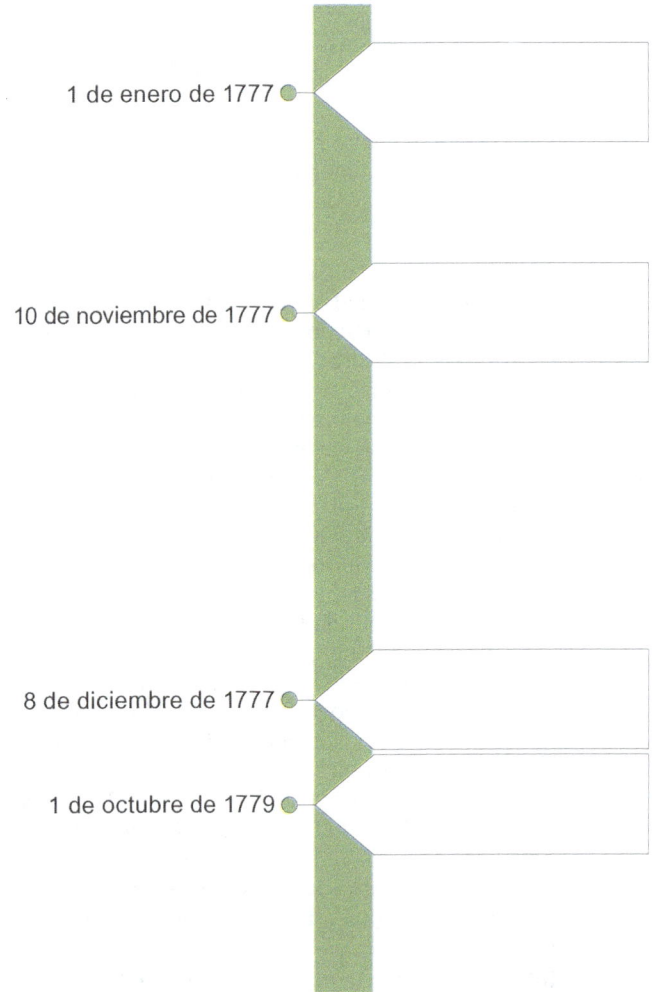

1 de enero de 1777 ●

10 de noviembre de 1777 ●

8 de diciembre de 1777 ●

1 de octubre de 1779 ●

El Dr. Waldo se une al Primer Regimiento de Infantería de Connecticut.	El regimiento del Dr. Waldo es llamado a formar delante de los cuarteles de Washington.
El Dr. Waldo renuncia al servicio activo.	El Dr. Waldo comienza a escribir su diario en Valley Forge.

INSTRUCCIONES: Lee el pasaje y la pregunta. Luego usa las opciones de arrastrar y soltar para completar la tabla.

CÓMO SE CONVIERTE EN LEY UN PROYECTO DE LEY QUE SE ORIGINA EN LA CÁMARA DE REPRESENTANTES

1   Un proyecto de ley es la forma que utiliza la mayoría de las leyes, ya sean permanentes o temporarias, generales o especiales, públicas o privadas. El secretario le asigna al proyecto de ley su número legislativo y se lo deriva al comité correspondiente.

2   Es durante la actuación del comité que se le brinda la consideración más intensa a las medidas propuestas; es este también el momento en el que las personas tienen la oportunidad de ser escuchadas. Cada proyecto es derivado al comité que tiene jurisdicción sobre el área que afecta la medida.

3   Una vez completadas las audiencias, se considera que el proyecto de ley está en una sesión que es popularmente conocida como la sesión "de reevaluación". Los miembros del comité estudian los puntos de vista presentados en detalle. Pueden ofrecerse enmiendas para el proyecto de ley, y los miembros del comité votan para aceptar o rechazar estos cambios.

4   Al final del debate, se lleva a cabo un voto de miembros del comité o subcomité para determinar cómo proceder con respecto a la medida. Si el comité vota para presentar un proyecto de ley, se redacta el Informe de Comité. Este informe describe el propósito y el alcance de la medida y las razones para recomendar su aprobación.

5   [Luego toda la Cámara debate el proyecto de ley.] Una vez que ha finalizado el debate y se han decidido todas las enmiendas, la Cámara está en condiciones de votar para la aprobación definitiva.

6   Luego de que una medida es aprobada en la Cámara de Representantes, pasa al Senado para su consideración. Una vez que una medida ha sido aprobada de idéntica manera tanto por la Cámara como por el Senado, se la considera "inscripta". Es enviada al presidente, quien puede firmar la medida como ley, vetarla y devolverla al Congreso, hacer que se convierta en ley sin firma o, al final de una sesión, hacer un veto indirecto de ella.

Fragmento traducido del artículo EL PROCESO LEGISLATIVO, house.gov, visitado en 2013

4.   Arrastra y suelta los pasos en la tabla para mostrar el orden en el que ocurren para el proceso en el que un proyecto de ley se convierte en ley.

Secuencia de pasos

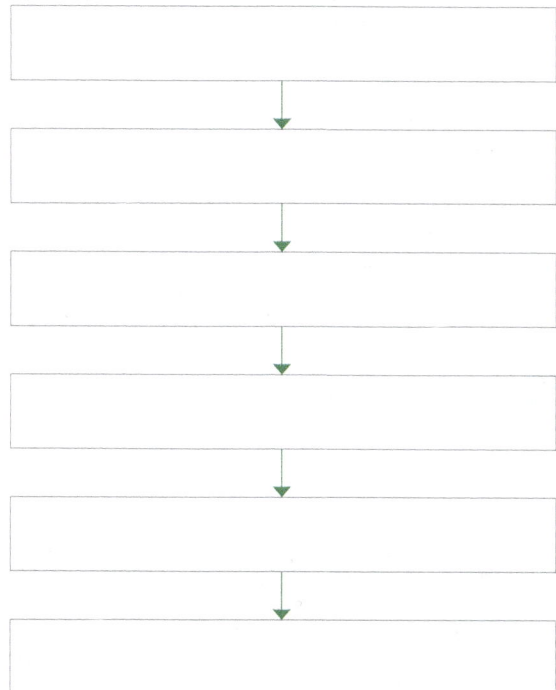

El Senado vota para aprobar el proyecto de ley.	El presidente firma el proyecto de ley para que se convierta en ley.
El proyecto de ley se deriva a un comité.	La Cámara vota para aprobar el proyecto de ley.
El comité vota para presentar el proyecto de ley.	El comité lleva a cabo audiencias con respecto al proyecto de ley.

Lección de alto impacto: Secuencia de sucesos

Usar con el *Libro del estudiante,* págs. 8–11.

OBJETIVO DE EVALUACIÓN DE LECTURA: R.3.1

1 Repasa la destreza

El orden en el cual tienen lugar los sucesos es la **secuencia de sucesos**. Algunos textos informativos estarán en orden cronológico, lo que significa que los sucesos ocurren en un orden temporal, es decir, primer suceso, segundo suceso, tercer suceso y así sucesivamente. Algunos textos informativos pueden usar un orden no cronológico, lo que significa que los sucesos no se desarrollan en orden temporal. El escritor puede volver a un tiempo anterior, puede adelantarse a un tiempo posterior o puede dar saltos en el orden temporal.

Palabras indicadoras

Al leer textos informativos, las palabras indicadoras te ayudan a entender el orden de los sucesos y cómo se relacionan unos con otros. Los textos instructivos, de procedimientos y científicos con frecuencia explican cómo hacer una tarea o cómo funciona algo. Estos tipos de texto a menudo incluirán palabras indicadoras como *primero, segundo, tercero, después, antes* y *finalmente*. Los pasajes biográficos y los textos de historia generalmente incluyen fechas específicas en las que ocurren los sucesos, como 3 de marzo de 1914. Estos textos suelen incluir también referencias a otras fechas u otros sucesos, como *Tres años después* o *Antes de ser elegido*.

Cuando los textos informativos no siguen un orden cronológico, los autores de todas maneras incluirán palabras indicadoras tales como *en, para, durante, mientras* y *hasta*, que ayuden a los lectores a identificar cómo se relacionan los sucesos con el paso del tiempo.

En la prueba de Razonamiento a través de las Artes del Lenguaje de GED®, se espera que muestres comprensión de la secuencia de sucesos. Es posible que encuentres preguntas que te pidan que ubiques en un texto un suceso específico, que identifiques el orden de los sucesos en un texto, que describas de qué manera un suceso lleva al siguiente, que ordenes sucesos no cronológicos en un orden cronológico o que ordenes sucesos cronológicos de manera diferente.

2 Perfecciona la destreza

a Observa que, en la última oración del primer párrafo, el texto les dice a los lectores que explicará cómo funcionan los servidores de red. Esto indica que presentará un proceso o una secuencia de sucesos.

b La información se presenta aquí en una lista numerada. Los números ayudan a los lectores a entender el orden secuencial.

Busca en la lista las palabras clave *reúne* y *contenido*. Están en el paso 3. ¿Qué ocurre en el paso anterior? La respuesta correcta es **C**.

CÓMO FUNCIONAN LOS SERVIDORES DE RED

Los servidores hacen funcionar la internet. Son computadoras diseñadas para proporcionar datos a otras computadoras. Algunos operan sistemas de correo electrónico, organizan y administran archivos de datos o permiten realizar transacciones financieras seguras. Hay diferentes tipos de servidores. Uno de los más comunes es el servidor de red. Estos están diseñados para brindar acceso a los sitios web. Los servidores de red funcionan así:

1. Tu computadora envía una solicitud a través de internet al servidor de red.
2. El servidor recibe la solicitud y la interpreta.
3. Entonces el servidor reúne todo el contenido necesario para mostrar el sitio, lo que incluye texto, imágenes, video e incluso contenido de otros servidores.
4. El servidor transmite la información a tu navegador en diminutas porciones de datos nuevamente a través de Internet.
5. El navegador web de tu computadora interpreta los datos que recibe del servidor y los presenta.

1. ¿Qué pasos tienen que ocurrir antes de que un servidor de red reúna el contenido necesario para mostrar un sitio web?

   A. El servidor permite realizar transacciones financieras seguras.
   B. El servidor busca texto, imágenes y videos relacionados con el sitio web.
   C. El servidor recibe la solicitud y la interpreta.
   D. El navegador interpreta los datos del servidor.

INSTRUCCIONES: Lee el pasaje, lee cada pregunta y elige la **mejor** respuesta.

CÓMO SE HACEN LOS DISCOS DE VINILO

Los discos de vinilo son algo más que reliquias de una época pasada. Son artefactos tangibles, representaciones físicas de la música que la gente ama. Y aunque el vinilo ha sido en su gran mayoría reemplazado por lo que algunos consideran la calidad superior de los archivos de música digital, una serie de compañías sigue fabricando discos. Veamos cómo lo hacen.

Paso 1: Componer la música. Los músicos trabajan con productores e ingenieros para grabar la música. El equipo de un estudio de grabación se usa para añadir o eliminar voces, instrumentos y otros elementos. Se ajustan los volúmenes.

Paso 2: Grabar el disco maestro. Las vibraciones de sonido de la música se transfieren a un disco maestro a través de una herramienta de corte o torno. El torno hace surcos en un disco de aluminio, llamado disco maestro.

Paso 3: Crear el estampador. El disco maestro se cubre con una capa de sustancias químicas y se coloca en un tanque con un líquido que contiene níquel disuelto. Se hace pasar electricidad a través del líquido, la cual hace que el níquel se fusione con la capa química en un proceso llamado galvanización. La capa de metal crea una imagen positiva de los surcos del disco maestro. Como los discos tienen dos lados, se necesitan dos estampadores por separado.

Paso 4: Preparar las etiquetas. Las etiquetas adhesivas que aparecen en el producto final se imprimen por separado.

Paso 5: Prensar los discos. Los estampadores de metal se colocan en las prensas para discos. Se colocan gránulos de cloruro de polivinilo (PVC) en una tolva. Desde allí, el plástico pasa a través de tubos y se calienta. En el otro extremo hay un extrusor, que comprime el PVC y le da forma de pequeños círculos, a los que se les da el nombre de tortas. Se colocan las etiquetas sobre la torta y luego se hace que avance hacia la prensa. El estampador de metal aplica presión al vinilo caliente, creando las impresiones de los surcos que reproducen la música. Los discos se dejan enfriar, se recortan y se ensobran.

2. ¿En qué instancia del proceso se ajustan los niveles de volumen de la música?

   A. después de grabar las pistas musicales, pero antes de cortar el disco maestro
   B. después de recortar el disco maestro, pero antes de cubrirlo con la capa de sustancias químicas
   C. después cubrir el disco maestro con la capa de sustancias químicas, pero antes de hacer el estampador
   D. después de hacer el estampador, pero antes de producir las tortas de vinilo

3. ¿Por qué se pone un disco de aluminio en el torno?

   A. Se usa el torno para añadir o eliminar voces, instrumentos y otros elementos.
   B. El torno crea etiquetas adhesivas que aparecen en los productos finales.
   C. El torno usa galvanizado para crear un estampador.
   D. El torno corta surcos en el disco de aluminio.

4. Según el pasaje, ¿para qué paso se necesita la capa química sobre el disco maestro?

   A. para el proceso de edición de la música que añade o quita pistas
   B. para el proceso de galvanizado que fusiona el níquel con la plata
   C. para el proceso de torneado que corta surcos en el disco maestro
   D. para el proceso de extrusión que comprime el vinilo en tortas

5. Según el pasaje, ¿cuándo es demasiado tarde para crear las etiquetas adhesivas?

   A. después de grabar y compilar la música en el estudio
   B. después de crear el estampador de metal mediante la galvanización
   C. después de colocar los gránulos de PVC en una tolva
   D. después que el estampador de metal prensa las tortas para convertirlas en discos terminados

6. ¿Cuál es el paso final que hay que llevar a cabo antes de ensobrar los discos?

   A. Hay que crear las etiquetas adhesivas.
   B. Hay que prensar las tortas.
   C. Hay que recortar los discos.
   D. Hay que colocar en la tolva los gránulos de PVC.

4

LECCIÓN

Categorizar

Usar con el **Libro del estudiante,** págs. 12–13.

OBJETIVOS DE EVALUACIÓN DE LECTURA: R.2.1, R.2.3, R.2.4, R.2.5, R.2.7, R.2.8, R.5.1, R.5.2, R.5.3, R.5.4

UNIDAD 1

1 Repasa la destreza

La mayoría de las personas **categorizan**, u organizan, distintos tipos de objetos e ideas todos los días. Pueden organizar una lista de compras según los sectores del supermercado, como carnes, lácteos o cereales, o pueden colocar juntos distintos tipos de herramientas, como martillos, llaves inglesas y clavos, en un lugar en particular. Categorizar es una destreza de lectura útil porque te permite agrupar información según ideas principales y resumir un texto.

2 Perfecciona la destreza

Al perfeccionar la destreza de categorizar, mejorarás tus capacidades de estudio y evaluación, especialmente en relación con la prueba de Razonamiento a través de las Artes del Lenguaje de GED®. Lee el pasaje que aparece a continuación. Luego responde las preguntas.

TENDENCIAS DE VOTACIÓN EN LOS ESTADOS UNIDOS

a La idea principal del autor suele identificar las categorías clave que se describen o comparan. Aquí, el autor hace referencia a ciudadanos **mayores** y **jóvenes**.

b La primera oración, que es la oración principal y contiene la frase distintiva **en cambio**, te indica que esperes un contraste. Aquí, el autor proporciona información importante acerca de los votantes más jóvenes.

La Oficina del Censo, al igual que encuestas y estudios privados, hace un seguimiento de las tendencias de votación en los Estados Unidos. Un descubrimiento —para nada sorprendente— es que los ciudadanos mayores, particularmente aquellos mayores de 65 años, votan con mayor regularidad que los ciudadanos más jóvenes en el rango de edad de entre 18 y 29 años. Una razón es la movilidad o, por el contrario, la estabilidad. El registro de votantes en los Estados Unidos está sujeto a la residencia del votante. Como los votantes mayores cambian de residencia con menor frecuencia que los votantes más jóvenes, el registro de votantes para los ciudadanos mayores no se modifica. Están registrados de forma permanente en el mismo domicilio y no tienen que preocuparse por registrarse antes de una elección.

Los votantes más jóvenes, en cambio, suelen mudarse con mayor frecuencia. Ya sea que se unan al servicio militar, que comiencen la universidad o que se muden a otro distrito electoral o a otro estado, tienden a no permanecer en un mismo lugar por tanto tiempo como lo hacen los votantes mayores. Por lo tanto, los votantes más jóvenes necesitan obtener los papeles para un voto en ausencia o registrarse en su nuevo lugar de residencia. Si el estado no ofrece registro el día de las elecciones, es posible que los nuevos residentes no se registren dentro del marco de tiempo apropiado, y por lo tanto, terminen no registrándose. Los investigadores y encuestadores deberían considerar que el sistema de registro de votantes por residencia es, en parte, responsable de la baja concurrencia de votantes más jóvenes el día de las elecciones.

1. ¿Con qué otra categoría está relacionada la edad de un votante?

   A. interés en política
   B. movilidad
   C. tiempo libre
   D. lugar de residencia

2. ¿De qué manera el segundo párrafo se relaciona con el primero? En el segundo párrafo, el autor

   A. proporciona detalles exactos acerca del proceso de registro.
   B. brinda ejemplos de otras categorías de votantes.
   C. explica las situaciones de votantes categorizados como más jóvenes.
   D. define la categoría de edad de los votantes.

CONSEJOS PARA REALIZAR LA PRUEBA

Una pregunta puede plantear cómo un párrafo apoya o se relaciona con otro. Identificar la idea principal del primer párrafo te ayudará a elegir la respuesta correcta.

Lección 4 | Categorizar

⭐ Ítem en foco: **ARRASTRAR Y SOLTAR**

INSTRUCCIONES: Lee el pasaje y la pregunta. Luego usa las opciones de arrastrar y soltar para completar la red.

ARROZ MÁS NUTRITIVO

1   Investigadores estadounidenses han descubierto variedades de arroz que aparentemente tienen mayor contenido de calcio y otras variedades que impiden que los granos en germinación se contaminen con arsénico. Estos descubrimientos, sin duda, podrían llegar a beneficiar a agricultores y consumidores de arroz de todo el mundo.

2   El calcio es un mineral importante para la estructura ósea del ser humano y puede generar mayor resistencia a las enfermedades y a condiciones ambientales difíciles. El arsénico, por su parte, es un mineral presente en los granos pero, consumido en exceso, puede resultar nocivo para la salud humana. Afortunadamente, existen grupos de investigadores genetistas especialistas en arroz que buscan genes que afectan la forma en que las variedades de arroz captan o almacenan uno o más de los 16 minerales esenciales para la alimentación, como el hierro y el zinc. Del mismo modo, y en torno a este tema, buscan hallar los factores que puedan impedir que el arsénico contamine la cadena alimenticia.

3   El estudio se propone brindar a los cultivadores el conocimiento que necesitan para desarrollar de forma tradicional variedades nuevas de arroz que contengan mayor valor nutricional. Teniendo en cuenta que la mejora genética convencional no requiere de ingeniería, para muchos consumidores esto resulta aceptable.

4   El arroz proporciona más del 40 por ciento de las calorías diarias a la población mundial y es bajo en grasa y de fácil digestión. Este grano podría, sin duda, ser la principal fuente de proteínas en ciertas partes del mundo en las que el arroz es un producto básico de la dieta.

3.   Arrastra y suelta cuatro minerales en la red.

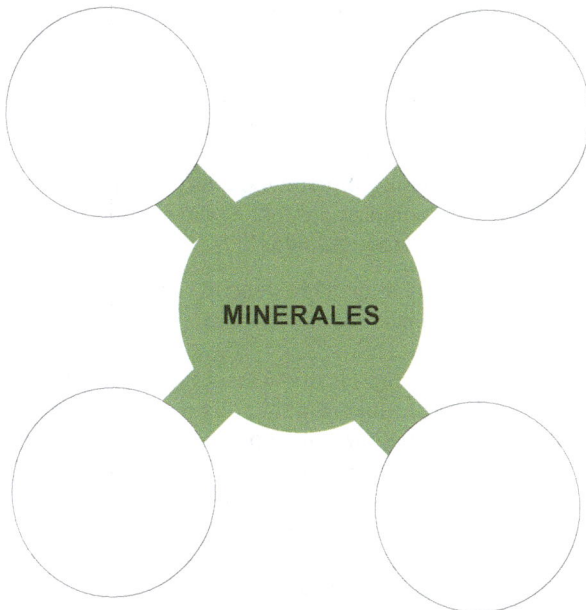

calcio	zinc
arroz	grasa
arsénico	hierro

INSTRUCCIONES: Lee el pasaje, lee cada pregunta y elige la **mejor** respuesta.

COMPRAR PRODUCTOS ESTADOUNIDENSES

1   El interés de Sarah Wagner por la producción de origen estadounidense comenzó con un viaje en familia. En el verano de 2011, junto a su esposo, cargaron su autocaravana y visitaron pequeños pueblos a lo largo del país cuyo destino parecía estar ligado a la presencia de la industria.

2   Donde habían cerrado plantas y fábricas, encontraron calles principales desoladas con fachadas de tiendas clausuradas. En otros lugares, como Forest City, Iowa, cuna de la fábrica Winnebago, encontraron comunidades llenas de vida donde podían recorrer plantas de producción y ver el orgullo que tenían los empleados por su trabajo.

3   Una vez terminado el viaje, ella abrió una cuenta de Twitter para compartir recursos para todos los productos fabricados en los Estados Unidos. A medida que USA Love List se fue convirtiendo en un sitio web, Wagner comprendió que por más que pueda encontrar muchos productos fabricados en los Estados Unidos, es imposible vivir de ellos.

4   Pero ella decía que la época navideña es el momento perfecto para experimentar qué tan lejos se puede llegar. Por segundo año consecutivo, Wagner se ha propuesto comprar la mayor cantidad posible de regalos fabricados en los Estados Unidos. Saber por dónde comenzar puede ser todo un desafío, pero Wagner y otros para los que el consumo consciente implica comprar productos de origen estadounidense dicen que hay muchos lugares para tener en cuenta, desde ferias de artesanías, Etsy y tiendas especializadas hasta comercio electrónico.

5   "La época de hacer regalos es la oportunidad perfecta para intentar comprar productos de origen estadounidense. Tienes tiempo extra para investigar y tienes flexibilidad en cuanto a lo que elijas comprar", dijo la esposa y madre de dos hijos oriunda de Filadelfia.

6   "Soy realista. Sé que es imposible comprar todo el año solamente productos de origen estadounidense, pero también sé que hay muchísimos productos maravillosos hechos en los Estados Unidos, fabricados por estadounidenses orgullosos, y siento que vale la pena dedicar tiempo a buscarlos".

Fragmento traducido del artículo COMPRADORES EN ÉPOCA NAVIDEÑA COMPARTEN CONSEJOS PARA COMPRAR PRODUCTOS ESTADOUNIDENSES, de Emanuella Grinberg, cnn.com, © 2012

4. En el párrafo 2, Sarah Wagner describe un tipo de pueblo estadounidense con calles principales desoladas. ¿Qué tienen estos pueblos en común?

   A. Están en Iowa o cerca de allí.
   B. Son comunidades llenas de vida.
   C. Están fuertemente ligados a la agricultura.
   D. Han perdido trabajos en el sector de la producción.

5. ¿Dentro de qué categoría de pueblo ubica la autora a Forest City, Iowa?

   A. un pueblo con una comunidad activa y una industria exitosa
   B. un pueblo con una comunidad activa y una industria de servicios fuerte
   C. un pueblo lleno de vida que prospera gracias a la industria del turismo
   D. una comunidad que prospera, similar a otras comunidades de Iowa

6. Según el pasaje, ¿quién entraría **mejor** en la categoría de "consumidor consciente"?

   A. una persona que compra en sitios de comercio electrónico
   B. una persona a la que le importa cómo y dónde se fabrica un producto
   C. una persona que es flexible en lo que compra
   D. una persona que sabe dónde comprar productos estadounidenses

7. De acuerdo con el pasaje, ¿cómo que podemos hacer para apoyar los productos hechos en los Estados Unidos?

   A. comprar obsequios hechos en los Estados Unidos
   B. comprar automóviles hechos en los Estados Unidos
   C. comprar tecnología hecha en los Estados Unidos
   D. comprar productos alimenticios hechos en los Estados Unidos

8. ¿Qué enunciado describe **mejor** la categoría de "realista" en este pasaje?

   A. personas que tratan, en lo posible, de comprar productos fabricados en los Estados Unidos
   B. personas que consideran que los productos fabricados por estadounidenses son superiores a los productos importados
   C. personas que compran productos fabricados por estadounidenses sin importarles lo costosos que pueden llegar a ser
   D. personas que asignan tiempo y dedicación a la búsqueda de productos fabricados en los Estados Unidos

UNIDAD 1

INSTRUCCIONES: Lee el pasaje, lee cada pregunta y elige la **mejor** respuesta.

NUEVA POPULARIDAD PARA PRODUCTOS FABRICADOS EN LOS ESTADOS UNIDOS

1   Motivados por un deseo de fomentar la economía del país o por dudas con respecto a la tercerización, algunos estadounidenses están haciendo un esfuerzo por comprar productos locales para sus regalos navideños de este año. Es un nicho de mercado, pero ha venido creciendo en los últimos años, y las marcas están comenzando a darse cuenta de ello.

2   Una cantidad cada vez mayor de pequeñas empresas han venido satisfaciendo el deseo de conseguir indumentaria y accesorios fabricados en los Estados Unidos, motivados en gran parte por blogs de estilo que dan a conocer los beneficios de las marcas tradicionales.

3   En una mayor escala, Apple anunció (. . .) que devolvería parte de su producción a los Estados Unidos debido a la demanda de los clientes de productos fabricados por estadounidenses. Si bien hay quienes caracterizaron el anuncio como una estrategia publicitaria que no alterará demasiado las operaciones de producción de Apple, sigue un patrón continuo de empresas estadounidenses que devuelven la producción a su origen debido a un aumento de costos de mano de obra, abastecimiento y producción en China.

4   Hay quienes dicen que comprar productos estadounidenses es apenas un grano de arena en lo que respecta a fomentar la economía del país, pero los expertos coinciden en que todo cuenta. La producción tiene un efecto multiplicador más alto que cualquier otra industria, lo que significa que beneficia a otros sectores que apoyan sus operaciones.

5   "Siempre que algo se fabrique en los Estados Unidos, será mayor la creación de empleos que en un producto fabricado en el exterior", dijo Chad Moutray, economista principal de la Asociación Nacional de Fabricantes. (. . .)

6   Según comentó [Sarah Wagner], es difícil conseguir productos electrónicos y aparatos eléctricos fabricados en los Estados Unidos, pero conseguir alhajas, indumentaria, accesorios, productos de belleza e incluso decoraciones navideñas es fácil.

7   Comprar productos de origen estadounidense para las fiestas navideñas no ha cambiado demasiado su presupuesto, según dijo. Gastará unos $700 en regalos y chucherías, aproximadamente lo mismo que gastó en los últimos años. La única diferencia es que invierte un poco más de tiempo en la búsqueda.

Fragmento traducido del artículo COMPRADORES EN ÉPOCA NAVIDEÑA COMPARTEN CONSEJOS PARA COMPRAR PRODUCTOS ESTADOUNIDENSES, de Emanuella Grinberg, cnn.com, © 2012

9. Según este pasaje, ¿qué producto entra **mejor** en la categoría de "marca tradicional"?

    A. una computadora fabricada en China y usada en los Estados Unidos
    B. un suéter fabricado en los Estados Unidos por una compañía estadounidense fundada hace mucho tiempo
    C. una camisa fabricada en Italia y vendida por una compañía estadounidense en tiendas de los Estados Unidos
    D. una popular marca de jeans que se usa en todos los Estados Unidos

10. ¿Qué enunciado explica **mejor** cómo se relacionan el párrafo 1 y el párrafo 3?

    A. El párrafo 1 explica el concepto de "nicho de mercado", en cuanto se refiere a productos fabricados en los Estados Unidos.
    B. El ejemplo de Apple en el párrafo 3 contradice las ideas de fomentar la economía local mencionadas en el párrafo 1.
    C. Tanto el párrafo 1 como el párrafo 3 explican tendencias crecientes en blogs de estilo.
    D. El párrafo 3 apoya el párrafo 1 utilizando a Apple como ejemplo de una industria que considera la demanda de los clientes de productos fabricados en los Estados Unidos.

11. La autora sostiene que la producción es la categoría de industria que tiene el mayor impacto en la creación de empleos en los Estados Unidos. ¿Qué detalle del pasaje apoya **mejor** esta afirmación?

    A. La producción beneficia a otros sectores de la economía que apoyan sus operaciones.
    B. Apple está devolviendo parte de su producción a los Estados Unidos.
    C. Los costos de mano de obra, abastecimiento y producción están aumentando en China.
    D. Un número creciente de pequeñas empresas han venido satisfaciendo el deseo de conseguir indumentaria y accesorios fabricados en los Estados Unidos.

12. Según el pasaje, ¿qué producto fabricado en los Estados Unidos sería más difícil de conseguir?

    A. una pulsera de plata
    B. un par de botas vaqueras
    C. una cámara digital
    D. una bufanda de lana

Identificar causa y efecto

Usar con el *Libro del estudiante,* págs. 14–15.

OBJETIVOS DE EVALUACIÓN DE LECTURA: R.2.1, R.2.5, R.2.7, R.2.8, R.3.4, R.5.2

UNIDAD 1

1 *Repasa la destreza*

Una **causa** es el suceso o la condición que hace que ocurra algo. Un **efecto** es lo que ocurre. Una causa puede tener varios efectos y un efecto puede tener varias causas. Una causa puede estar formulada explícitamente o de manera directa: *El incendio de la casa se produjo por una vela encendida*. En ocasiones, sin embargo, la causa puede estar implícita o formulada de manera indirecta: *El incendio de una casa esta madrugada dejó a tres personas sin hogar. Tenían velas encendidas*. En ambos ejemplos, la vela encendida es la causa y el incendio de la casa es el efecto.

2 *Perfecciona la destreza*

Al perfeccionar la destreza de identificar causa y efecto, mejorarás tus capacidades de estudio y evaluación, especialmente en relación con la prueba de Razonamiento a través de las Artes del Lenguaje de GED®. Lee el pasaje que aparece a continuación. Luego responde las preguntas.

CICLO DEL CARBONO

a Este pasaje trata acerca de los ciclos del carbono, entre los que se incluye la fotosíntesis, la respiración y la descomposición. A medida que lees, busca claves que puedan guiarte para comprender por qué hay carbono en toda la Tierra.

b Puedes hacer una suposición acerca de cómo los seres humanos afectan al ciclo del carbono. A partir de la información del pasaje, piensa de qué manera la destrucción de bosques y la consiguiente disminución de la cantidad de plantas que absorben dióxido de carbono de la atmósfera afectaría este ciclo natural y el cambio climático.

El carbono se mueve por el medio ambiente en un proceso denominado ciclo del carbono. Parte de ese ciclo del carbono es un ciclo breve en el cual las plantas, las algas y ciertas bacterias convierten el dióxido de carbono de la atmósfera o de los océanos en azúcares y almidones mediante un proceso llamado fotosíntesis. Las plantas usan estas sustancias para obtener energía y liberan dióxido de carbono en el aire. Otros organismos comen las plantas para obtener el carbono. Al igual que las plantas, los organismos descomponen los azúcares, que son fuente de energía, mediante un proceso llamado respiración y liberan algo de carbono nuevamente en el aire. Cuando los animales y las plantas mueren, sus restos contienen carbono. Estos restos pasan a formar parte de la tierra y se convierten en una fuente de energía para los microbios del suelo. A medida que estos microbios descomponen el carbono en un proceso llamado descomposición, liberan nuevamente carbono en la atmósfera o en el suelo.

En contraste, el ciclo largo se mueve por el sistema terrestre durante períodos muy largos. Los restos de animales y plantas quedan enterrados en la tierra o se hunden hasta el fondo de los océanos donde se mantienen a salvo de los microbios. Con el paso de millones de años, estos restos que quedan enterrados bajo tierra se van comprimiendo. Los tejidos y huesos se terminan destruyendo, pero el carbono perdura y forma hidrocarburos. Los hidrocarburos son el principal componente de los combustibles fósiles.

1. ¿Por qué cuando los animales y las plantas mueren, se convierten en fuente de energía para los microbios?

   A. porque convierten el dióxido de carbono en azúcares
   B. porque convierten el azúcar en dióxido de carbono
   C. porque se comprimen y forman hidrocarburos
   D. porque están en la tierra y contienen carbono

2. Según el pasaje, ¿de qué manera la compresión de los restos de animales que quedan enterrados bajo tierra afecta a los huesos y a los tejidos?

   A. Los tejidos y huesos se infectan con microbios.
   B. Los tejidos y huesos se destruyen.
   C. Los tejidos y huesos se hunden hasta el fondo de los océanos.
   D. Los tejidos y huesos se liberan en la atmósfera.

MIRADA DE CERCA A ÍTEMS

Las preguntas acerca de relaciones de causa y efecto suelen comenzar con la frase *por qué*. La palabra *resultado* en una pregunta se refiere al efecto. El verbo *afectar* significa "influir" y plantea una pregunta acerca de un efecto.

INSTRUCCIONES: Lee el pasaje, lee cada pregunta y elige la **mejor** respuesta.

VIDEOJUEGOS VIOLENTOS

1   Tanto republicanos como demócratas se escandalizaron cuando el pasado mes de marzo, en el gobierno, un grupo de senadores sugirió invertir $90 millones para estudiar de qué manera los videojuegos "y otros medios electrónicos" influían en el comportamiento de los niños. Sin duda una cuestión importante, dijeron los críticos del plan, ¿pero $90 millones?

2   Algunos creen que, en todo caso, el veredicto ya está dado. Este mes, la Asociación Estadounidense de Psicología solicitó una reducción de la violencia en todos los videojuegos, sosteniendo que la evidencia de 20 años de investigación en la materia era clara. Basaron su conclusión, en gran parte, en el trabajo de Kevin M. Kieffer, un psicólogo de la Universidad St. Leo, cerca de Tampa, Fla., quien preparó un análisis de docenas de estudios relevantes.

3   El doctor halló que, en general, los niños expuestos a la matanza virtual mostraban mayores aumentos de hostilidad "a corto plazo" hacia sus pares y figuras de autoridad en comparación con aquellos expuestos a juegos más benignos. Y muchos de los estudios incluidos en el análisis fueron aleatorios, lo que refuta la noción de que las personas agresivas simplemente tienen predilección por los juegos violentos, según halló el Dr. Kieffer. (...)

4   Al fin y al cabo, las conclusiones del estudio tal vez estén más de acuerdo con la opinión pública. El día que se anunciaron sus conclusiones, un jurado en Alabama llegó a un veredicto de culpabilidad en el caso de Devin Moore, quien mató a tres personas cuando tenía 18 años y quien, en su propia defensa, culpó al videojuego *Grand Theft Auto*.

5   Los estudios por lo general muestran que los videojuegos violentos pueden tener efectos a corto plazo o momentáneos en los niños, pero hay pocas pruebas de que existan cambios a largo plazo.

Fragmento traducido del artículo LA AFIRMACIÓN: LOS VIDEOJUEGOS VIOLENTOS TORNAN AGRESIVOS A LOS JÓVENES, de Anahad O'Connor, *The New York Times*, © 2005

3. ¿Por qué republicanos y demócratas no querían invertir $90 millones en un estudio sobre los videojuegos? Coincidían en que

    A. era demasiado dinero para invertirlo en un estudio de ese tipo.
    B. ya se había encontrado una solución.
    C. el tema de los videojuegos violentos no ameritaba mayor estudio.
    D. un estudio de medios electrónicos, pero no de videojuegos, sí ameritaría invertir ese dinero.

4. El pasaje dice que "[La Asociación Estadounidense de Psicología basó] su conclusión, en gran parte, en el trabajo de Kevin M. Kieffer, un psicólogo de la Universidad St. Leo, cerca de Tampa, Fla., quien preparó un análisis de docenas de estudios relevantes" (párrafo 2). Los resultados de estos estudios demostraron

    A. que no había ninguna conexión entre los videojuegos violentos y la hostilidad en los niños.
    B. un aumento "a corto plazo" y "a largo plazo" de la hostilidad en niños expuestos a videojuegos violentos.
    C. un aumento "a corto plazo" de la hostilidad en niños expuestos a videojuegos violentos.
    D. que no había cambios en la hostilidad "a corto plazo" entre los niños.

5. ¿De qué manera el veredicto del caso judicial apoya la conclusión del estudio acerca de los efectos de ver videojuegos violentos?

    A. El jurado coincidió en que mirar videos violentos tenía efectos a largo plazo y fue una defensa para un asesinato.
    B. El jurado coincidió en que el asesinato no pudo haber sido causado por los efectos a corto plazo de mirar videos violentos.
    C. El jurado coincidió en culpar a los efectos a corto plazo de los videos violentos, ya que el asesinato ocurrió inmediatamente después de que el acusado mirara un video violento.
    D. El jurado coincidió en que los videos violentos afectaban solamente a los niños, por lo que el acusado fue considerado culpable porque no era un niño.

⭐ Ítem en foco: **ARRASTRAR Y SOLTAR**

INSTRUCCIONES: Lee el pasaje y la pregunta. Luego usa las opciones de arrastrar y soltar para completar el organizador.

MANTENTE FRESCO

1   Muchas personas adoran los cálidos meses de verano. Pero los días calurosos y húmedos pueden, en ocasiones, resultar peligrosos. No es bueno para el cuerpo permanecer caliente demasiado tiempo. Demasiado calor puede lesionar tu cerebro y otros órganos. Es importante mantenerse fresco en los días calurosos.

2   Tu cuerpo tiene su propio sistema de enfriamiento. El sudor es clave para el enfriamiento cuando el clima caluroso o la actividad física hacen que aumente tu temperatura corporal. Cuando el sudor se seca, elimina el calor de la superficie de tu cuerpo y disminuye tu temperatura. Cuando el sudor no es suficiente para ayudar a mantenerte fresco, corres el riesgo de presentar una enfermedad relacionada al calor denominada hipertermia.

3   La hipertermia puede ocurrirle a cualquiera. Quienes se ven más afectados son las personas mayores, los bebés, los niños pequeños y la gente enferma, obesa o que toma ciertos medicamentos. Estas personas pueden ser más sensibles a los efectos del calor extremo y ser menos capaces de sentir o responder a los cambios en la temperatura.

4   "Las altas temperaturas pueden hacer que distintos órganos dentro del cuerpo no funcionen de manera óptima", dice la Dra. Marie Bernard, directora adjunta del Instituto Nacional de la Vejez, que pertenece a los Institutos Nacionales de la Salud. El exceso de calor corporal puede hacer que el corazón se esfuerce y dañar el cerebro. Podría incluso generar un estado de coma.

5   La hipertermia puede causar varias enfermedades relacionadas al calor, desde leves hasta graves. Entre ellas se incluyen los calambres, los edemas y el agotamiento por calor y los golpes de calor. (...)

6   Los acondicionadores de aire son la mejor manera de protegerse contra la hipertermia. Si no tienes acondicionador de aire, trata de permanecer en lugares frescos durante los días calurosos y húmedos. Puedes ir a centros comunitarios, centros comerciales, cines, bibliotecas o casas de amigos o familiares.

7   Las enfermedades relacionadas con el calor son evitables. Aun así, en los Estados Unidos se producen cientos de muertes por calor extremo cada año. Es importante saber quiénes corren el mayor riesgo y poder así tomar precauciones para combatir el calor.

Fragmento traducido del artículo PERMANECER FRESCO: EL EXCESO DE CALOR PUEDE SER PELIGROSO, nih.gov, visitado en 2021

---

6.   Arrastra y suelta en los recuadros cada efecto posible de la hipertermia.

EFECTOS DE LA HIPERTERMIA

| menor temperatura corporal |
| edema por calor |
| órganos que funcionan mal |
| sensibilidad al calor extremo |
| dolor de piernas |
| daño cerebral |
| sudor |

Lee el pasaje, lee cada pregunta y elige la **mejor** respuesta.

SOBRE LA HIEDRA VENENOSA

1   Cada año, la hiedra venenosa afecta a adultos y niños por igual. Las hojas un tanto irregulares de esta planta venenosa crecen en grupos de tres y pueden aparecer en cualquier lugar de zonas boscosas o incluso en tu propio jardín.

2   La erupción provocada por la hiedra venenosa es una reacción alérgica al urushiol, una sustancia aceitosa presente en la hiedra venenosa. No todos son alérgicos a la hiedra venosa; de hecho, muchas personas no experimentan reacción alguna. Sin embargo, quienes sí son susceptibles pueden sufrir fuertes molestias asociadas a una erupción cutánea con escozor.

3   Las personas suelen entrar en contacto con la hiedra venenosa al tocar parte de la planta misma; no obstante, como la causa de la reacción es el pegajoso urushiol presente en la planta, el contacto con cualquier cosa que contenga urushiol (ropa, accesorios, herramientas, maquinarias, pelaje animal) puede generar la reacción.

4   La erupción puede comenzar como una serie de pequeñas ampollas que aparecen en una línea recta. La razón de que adquiera tal aspecto es que la planta probablemente haya rozado la piel en forma lineal. La erupción luego puede aparecer en otras áreas de la piel, causando hinchazón, enrojecimiento y ampollas. Por lo general, a mayor cantidad de urushiol en la piel, más grave resulta la erupción. En la mayoría de los casos no se requiere ningún tratamiento especial, aunque existen tratamientos de venta libre para aliviar la dolorosa picazón que en ocasiones se torna constante. Casos graves, sin embargo, pueden requerir del uso de un corticoesteroide.

5   Si una persona afectada por la hiedra venenosa se rasca la erupción y las ampollas se rompen, las bacterias que están debajo de las uñas pueden hacer que la piel se infecte. Un doctor probablemente recete antibióticos ante tal infección.

6   La erupción por hiedra venenosa no es contagiosa ni se propaga a través de ampollas abiertas. Se propaga por contacto con el urushiol, por lo que tocar algo que contenga urushiol y luego tocar otra parte del cuerpo puede hacer que la erupción se propague. A pesar de lo molesta que resulta la erupción por hiedra venenosa, es más grave aspirar los gases del urushiol que el contacto físico directo con él. Si la planta se quema, el humo que se inhala puede afectar los pulmones.

7.   ¿Qué es lo que ocasiona la erupción causada por la hiedra venenosa?

A. el contacto directo con plantas de tres hojas
B. el urushiol presente en la hiedra venenosa
C. ampollas que hacen que el urushiol se propague
D. la inhalación del humo de plantas que se queman

8.   Una gran cantidad de urushiol en la piel puede ocasionar

A. una protección efectiva contra la hiedra venenosa.
B. menor susceptibilidad a infecciones bacterianas.
C. más ampollas pero menos enrojecimiento e hinchazón.
D. casos más graves de la erupción causada por la hiedra venenosa.

9.   ¿Qué hace que la erupción causada por la hiedra venenosa se propague a otras partes del cuerpo?

A. el pus de las ampollas rotas
B. el roce contra un gato o un perro
C. el contacto con elementos contaminados por el urushiol
D. el contacto directo con una persona que tiene erupción causada por la hiedra venenosa

10.   De acuerdo con el texto, ¿por qué las ampollas aparecen en línea recta?

A. La reacción al contacto con la hiedra venenosa es una erupción en línea recta.
B. La planta roza la piel en línea recta.
C. La piel reacciona al contacto con cualquier alergeno con una serie de ampollas en línea recta.
D. La única manera de entrar en contacto con la hiedra venenosa es tocarla con la piel en línea recta.

11.   ¿Cuál es uno de los efectos posibles de rascarse una erupción causada por la hiedra venenosa?

A. Las ampollas pueden explotar y propagarse de un área a otra.
B. La piel puede infectarse con bacterias.
C. El urushiol se puede esparcir, causando fiebre e hinchazón.
D. Los pulmones y los conductos nasales pueden irritarse.

12.   Teniendo en cuenta la causa de la erupción por hiedra venenosa, lavarse bien inmediatamente luego del contacto con esta planta venenosa podría contribuir a

A. eliminar el urushiol de la piel.
B. evitar la propagación de la infección.
C. mantener limpia la piel.
D. lubricar áreas de piel seca.

6 Comparar y contrastar

Usar con el *Libro del estudiante,* págs. 16–17.

OBJETIVOS DE EVALUACIÓN DE LECTURA: R.2.1, R.2.2, R.2.3, R.2.4, R.2.5, R.2.7, R.2.8, R.3.2, R.3.4, R.3.5, R.5.1, R.5.2, R.5.3

1 Repasa la destreza

Cuando **comparas** elementos, buscas aspectos en los que son semejantes. Cuando **contrastas** elementos, buscas aspectos en los que se diferencian. Ciertas palabras clave pueden indicar cuándo dos elementos se están comparando o contrastando. Algunas palabras clave de comparación pueden ser *como, tal como, además de, del mismo modo* y *asimismo*. Algunas palabras clave de contraste pueden ser a *diferencia de, mientras que, sin embargo, por el otro lado, pero, no obstante* y *por el contrario*.

2 Perfecciona la destreza

Al perfeccionar la destreza de comparar y contrastar, mejorarás tus capacidades de estudio y evaluación, especialmente en relación con la prueba de Razonamiento a través de las Artes del Lenguaje de GED®. Lee el pasaje que aparece a continuación. Luego responde las preguntas.

RECONSTRUIR UNA NACIÓN

a A menudo, los autores usan la estructura de un texto para organizar los detalles que proporcionan para comparar y contrastar. Aquí, el autor primero presenta el plan del presidente Lincoln en el párrafo 1 y luego el plan de los republicanos radicales en el párrafo 2.

b Frases como *por otro lado* indican contraste; en este caso, de qué manera los puntos de vista de los republicanos radicales del Congreso diferirían de los puntos de vista de Lincoln.

1   Cuando la Guerra Civil llegó a su fin, el presidente Abraham Lincoln comenzó a considerar cómo debían reconstruirse los Estados Unidos. En su segundo discurso inaugural, resumió las ideas sobre las que basaba su plan, diciendo "(...) luchemos para completar la labor en la que estamos; para subsanar las heridas de la nación. (...)". Tenía la esperanza de curar a la nación con la menor animosidad posible entre el Norte y el Sur. Según su plan, se ofrecerían indultos a los ex confederados que estuvieran de acuerdo en apoyar la Constitución y los Estados Unidos. Los estados confederados podrían reintegrarse a la Unión si establecían gobiernos antiesclavistas. Más aún, una vez que se reintegraran, los estados del Sur podrían elegir a los ex confederados para el Congreso.

2   Los republicanos radicales del Congreso, por otro lado, tenían otro punto de vista. En una explicación con respecto a la postura de los republicanos radicales, el congresista Thaddeus Stevens declaró: "Nuestros padres (...) proclamaron la igualdad de los hombres ante la ley. Sobre la base de eso, crearon una revolución y construyeron la Nación. Es nuestro deber completar su labor". De acuerdo con su plan, no se les permitiría ingresar al Congreso a los ex confederados, y se pondría a los estados del Sur bajo control militar. Los republicanos radicales esperaban además que los estados permitieran a los ex esclavos ciertos derechos otorgados a los ciudadanos blancos.

CONSEJOS PARA REALIZAR LA PRUEBA

Al responder una pregunta, puedes encontrar toda la información junta en un lugar o en distintos lugares del texto. Aquí necesitas leer distintas partes del texto para determinar las maneras en que los planes se asemejan y se diferencian.

1. Los planes de Reconstrucción de Lincoln y los republicanos radicales

   A. apuntaban a reconstruir la nación lo más pronto posible.
   B. presentaban distintos objetivos para el proceso de la Reconstrucción.
   C. delegaban mucha responsabilidad a los estados para la Reconstrucción.
   D. imponían castigos igual de severos a la Confederación.

2. En contraposición con el plan de los republicanos radicales para la Reconstrucción, ¿cómo se describe **mejor** el plan de Lincoln?

   A. indulgente
   B. severo
   C. audaz
   D. ambicioso

INSTRUCCIONES: Lee el pasaje, lee cada pregunta y elige la **mejor** respuesta.

ELEGIR ALIMENTOS ORGÁNICOS O CONVENCIONALES

1   "Las personas se vuelcan a comprar alimentos orgánicos por muchas razones diferentes. Una de ellas son los beneficios que se perciben en la salud", dijo la Dra. Crystal Smith-Spangler. (...)

2   "Nuestros pacientes, nuestras familias preguntan: '¿Existen razones relacionadas con la salud para optar por alimentos orgánicos en cuanto a su contenido nutricional o a sus resultados sobre la salud humana?'".

3   Para intentar responder esa pregunta, ella y sus colegas revisaron más de 200 estudios que comparaban la salud de las personas que comían alimentos orgánicos y las que comían alimentos convencionales o, más comúnmente, los nutrientes y niveles de contaminantes de los alimentos en sí.

4   Entre ellos se incluían frutas, verduras, granos, carne, carne de ave, huevos y leche orgánicos y no orgánicos. (...)

5   Según los estándares del Departamento de Agricultura de los Estados Unidos, las granjas orgánicas tienen que evitar el uso de pesticidas y fertilizantes sintéticos, hormonas y antibióticos. El ganado orgánico también debe tener acceso a los pastos durante la época de pastoreo.

6   Muchas granjas convencionales de los Estados Unidos, por el contrario, usan pesticidas para repeler a los insectos y crían animales en condiciones de hacinamiento bajo techo con antibióticos en sus alimentos para fomentar el crecimiento y evitar las enfermedades. La Administración de Alimentos y Medicamentos ha estado examinando ese tipo de uso de antibióticos y su contribución a enfermedades resistentes a los antibióticos en seres humanos.

7   Smith-Spangler y sus colegas hallaron que no había diferencia en la cantidad de vitaminas en productos vegetales o animales producidos de manera orgánica y los producidos en forma convencional, y la única diferencia en cuanto a nutrientes fue apenas un poco más de fósforo en los productos orgánicos. (...)

8   Hubo diferencias más significativas según la práctica de cultivo en cuanto a la cantidad de pesticidas y bacterias resistentes a los antibióticos en los alimentos.

9   Más de un tercio de la producción convencional tenía residuos detectables de pesticidas, en comparación con el siete por ciento de las muestras de producción orgánica. El pollo y la carne de cerdo orgánicos tenían un 33 por ciento menos de probabilidad de contener bacterias resistentes a tres o más antibióticos que la carne producida convencionalmente.

Fragmento traducido del artículo SEGÚN ESTUDIO, LOS ALIMENTOS ORGÁNICOS NO SERÍAN MÁS NUTRITIVOS QUE LOS NO ORGÁNICOS, reuters.com, © 2012

3.   ¿De qué manera la información de los párrafos 3 y 4 se relaciona **mejor** con la idea principal del pasaje?

A. Explica la razón por la que las personas eligen alimentos orgánicos.
B. Presenta los elementos que se comparan en el estudio.
C. Explica las citas del primer y segundo párrafo.
D. Muestra que no hay una diferencia significativa entre los alimentos orgánicos y no orgánicos.

4.   ¿Qué enunciado explica **mejor** una diferencia importante entre las granjas orgánicas y las granjas convencionales?

A. Las granjas convencionales tratan mejor a los animales que las granjas orgánicas.
B. Las granjas convencionales utilizan fertilizantes, pero no así las granjas orgánicas.
C. En las granjas orgánicas les dan antibióticos a los animales, pero en las granjas convencionales les dan hormonas de crecimiento.
D. Las granjas orgánicas deben evitar los productos sintéticos, pero las granjas convencionales pueden usarlos.

5.   ¿Qué descubrió Smith-Spangler que tenían en común los productos orgánicos y los no orgánicos?

A. Los productos vegetales y animales tenían el mismo contenido de vitaminas.
B. Los alimentos tenían el mismo sabor cuando se los preparaba de la misma manera.
C. Los animales mostraron los mismos niveles de bacterias resistentes a los antibióticos.
D. Los productos vegetales tenían los mismos niveles de fósforo.

6.   ¿Qué enunciado apoya **mejor** la conclusión de que los alimentos orgánicos pueden ser más saludables que los alimentos no orgánicos?

A. Las granjas convencionales tienen mayor cuidado al usar pesticidas para repeler a los insectos.
B. Los niveles de pesticida en la producción no orgánica eran significativamente mayores.
C. Las carnes orgánicas no contenían bacterias resistentes a los antibióticos.
D. El nivel de nutrientes en los productos orgánicos era mayor.

⭐ Ítem en foco: **ARRASTRAR Y SOLTAR**

INSTRUCCIONES: Lee el pasaje y la pregunta. Luego usa las opciones de arrastrar y soltar para completar el diagrama de Venn.

GRASAS SALUDABLES

1   La grasa es un nutriente esencial para nuestro cuerpo. Nos proporciona energía. Ayuda a nuestro intestino a absorber ciertas vitaminas de los alimentos. Pero, ¿qué tipos de grasas debemos comer? ¿Hay grasas que debemos evitar?

2   Las recomendaciones sobre la grasa en la dieta han cambiado en las últimas dos décadas. Desde la década de 1970 hasta la de 1990, los investigadores en nutrición resaltaron la importancia de una dieta baja en grasas.

3   Esto se debió en gran medida a los reparos contra las grasas saturadas, según explica la doctora Alice H. Lichtenstein, quien estudia la dieta y la salud cardíaca en la Universidad Tufts. La grasa saturada en los vasos sanguíneos aumenta los niveles de colesterol LDL, el colesterol "malo". Este, a su vez, aumenta el riesgo de enfermedades cardíacas.

4   —Todavía sigue vigente la idea equivocada de que comer grasas, cualquier tipo de grasa, es malo y de que esto provoca ataques cardíacos o aumento de peso. Eso no es verdad. Se debe animar a la gente a comer grasas saludables —dice el doctor Frank Sacks, especialista en nutrición de la Universidad de Harvard.

5   Las investigaciones han demostrado que las grasas no saturadas son buenas. En su mayoría, estas grasas son de origen vegetal. Los aceites de cocina que son líquidos a temperatura ambiente, como los de colza, cacahuate, cártamo, soja y oliva, contienen en su mayoría grasas no saturadas. También las nueces, las semillas y los aguacates son buenas fuentes de grasas saludables. Además, los pescados grasos–como el salmón, las sardinas y el arenque–son ricos en grasas no saturadas.

6   Estudios detallados han descubierto que reemplazar en la dieta las grasas saturadas por grasas no saturadas puede reducir el riesgo de contraer enfermedades cardíacas casi en la misma medida que los medicamentos destinados a bajar el colesterol.

7   —Las personas deberían hacer de las gasas no saturadas una parte activa de su dieta —dice Sacks —. No hace falta que evites las grasas saludables para perder peso— añade.

Del artículo de nih.gov NUEVOS DATOS ACERCA DE LAS GRASAS, visitado en 2020

---

7.   Arrastra y suelta cada característica en el lugar correcto del diagrama de Venn.

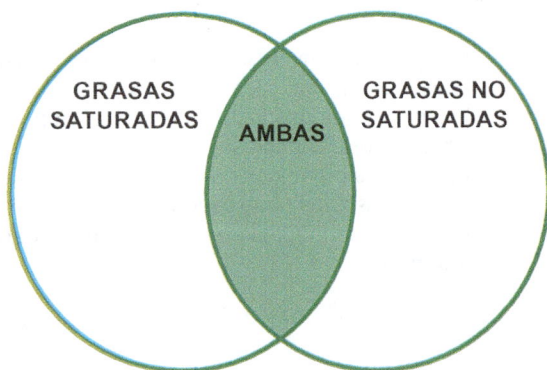

aumentan el LDL
aumentan las enfermedades cardíacas
proporcionan energía
ayudan a la absorción de las vitaminas
son de origen vegetal en su mayoría
reducen las enfermedades cardíacas

LOS ARTÍCULOS DE LA CONFEDERACIÓN Y LA CONSTITUCIÓN DE LOS ESTADOS UNIDOS

1   Tras declarar la independencia de Gran Bretaña, las colonias estadounidenses debieron gobernarse a sí mismas. En 1776 y 1777, los líderes de las colonias escribieron los Artículos de la Confederación, con el objeto de limitar el poder del gobierno nacional para crear leyes y hacerlas cumplir. Los Artículos fueron adoptados por el Congreso el 15 de noviembre de 1777 y fueron totalmente ratificados por todos los estados el 1 de marzo de 1781.

2   Si bien ocurrieron ciertos logros importantes durante la vigencia de los Artículos, incluido un plan para colonizar nuevos estados mediante la Ordenanza del Noroeste de 1787, el gobierno central débil dificultaba que los estados funcionaran como una nación. En particular, el gobierno nacional no podía gravar o regular el comercio entre los estados.

3   Por lo tanto, en el verano de 1787, un grupo de 55 delegados participó de la Convención Constitucional en Filadelfia para redactar un documento de gobierno más efectivo. La Constitución que presentaron para ratificación en septiembre establecía un gobierno nacional fuerte, con un presidente, una asamblea legislativa bicameral en lugar de unicameral y una corte suprema, que podía resolver conflictos entre estados. La asamblea legislativa era una mezcla de representación igualitaria y proporcional. Las tres ramas de gobierno eran poderosas pero tenían que controlarse unas a otras.

4   Otras diferencias entre los Artículos y la Constitución estaban relacionadas con recaudar impuestos, admitir nuevos estados, agregar enmiendas y acuñar dinero. Según los Artículos, los estados recaudaban impuestos, pero según la Constitución, solamente el gobierno nacional recaudaba impuestos. Según los Artículos, se admitían nuevos estados por acuerdo de al menos nueve estados. Según la Constitución, se admitían nuevos estados por acuerdo del Congreso. Los Artículos podían enmendarse solamente por acuerdo de todos los estados; la Constitución podía enmendarse por acuerdo de tres cuartos de los estados. La Constitución eliminó el poder de los estados de acuñar dinero.

5   Al momento de la ratificación, la Constitución de los Estados Unidos no tenía disposiciones que protegieran las libertades personales. Si bien a los estados les preocupaba la creación de un gobierno nacional fuerte que no asegurara libertades, la Constitución de los Estados Unidos se convirtió en ley tras ser ratificada por nueve estados en 1788. La Declaración de Derechos fue añadida en 1791.

8.   Según el pasaje, tanto los Artículos de la Confederación como la Constitución de los Estados Unidos fueron

   A. ratificados por todos los estados.
   B. firmados por 55 representantes.
   C. escritos para gobernar los estados originales.
   D. enmiendas a la Ordenanza del Noroeste.

9.   A diferencia de la Constitución de los Estados Unidos, los Artículos de la Confederación

   A. crearon un plan para admitir nuevos estados.
   B. les conferían a los estados más poder que al gobierno nacional.
   C. establecieron tres ramas de gobierno.
   D. contenían una Declaración de Derechos para proteger las libertades individuales.

10.   Una diferencia entre el poder legislativo en los Artículos de la Confederación y la Constitución de los Estados es que los Artículos

   A. contemplaban dos cámaras en el Congreso, mientras que la Constitución contemplaba una.
   B. establecían la presidencia, mientras que la Constitución establecía una corte suprema.
   C. tenían tres ramas legislativas, mientras que la Constitución tenía una sola rama legislativa.
   D. tenían una sola asamblea legislativa, mientras que la Constitución estipulaba dos cámaras.

11.   ¿Qué hecho hubiese sido posible solamente según los Artículos de la Confederación?

   A. que miembros del Senado gravaran un impuesto
   B. que diez estados ratificaran una enmienda constitucional
   C. que Pensilvania eligiera dos representantes más que Virginia
   D. que el estado de New Hampshire recaudara impuestos

12.   Una importante diferencia entre los Artículos de la Confederación y la Constitución de los Estados Unidos es que los Artículos de la Confederación

   A. enumeraban derechos y responsabilidades individuales, mientras que la Constitución añadió la Declaración de Derechos más adelante.
   B. permitían a los estados funcionar más como naciones individuales, mientras que la Constitución les permitía funcionar como una sola unión.
   C. imitaban el gobierno francés, mientras que la Constitución imitaba el gobierno británico.
   D. protegían contra el poder de la monarquía británica, mientras que la Constitución protegía contra un gobierno nacional fuerte.

Lección de alto impacto: Lenguaje de transición y palabras indicadoras

Usar con el *Libro del estudiante*, págs. 18–21.

1 *Repasa la destreza*

OBJETIVO DE EVALUACIÓN DE LECTURA: R.5.3

Los autores emplean **lenguaje de transición** y **palabras indicadoras** para mostrar cómo se relacionan las ideas. El lenguaje de transición puede aparecer al principio, a la mitad o al final de una oración. Algunas de las palabras y frases indicadoras más usadas son *después, además,* y, *porque, pero, antes, primero, sin embargo, al igual que, luego* y *a continuación.* Al leer textos informativos, puedes usar las palabras indicadoras que ayuden a determinar cómo se relacionan las ideas.

Los autores relacionan las ideas de distintas maneras. Comparar ideas muestra en qué se parecen. Contrastar ideas muestra en qué se diferencian. El lenguaje de transición y las palabras indicadoras sirven para añadir información, dar ejemplos o para organizar las ideas, ya sea presentando una secuencia o mostrando una causa y un efecto.

En la prueba de GED® de Razonamiento a través de las Artes del Lenguaje, se espera que demuestres haber comprendido el lenguaje de transición y las palabras indicadoras. Es posible que te encuentres con preguntas que te pidan que identifiques lenguaje de transición y su función en un texto. Algunas preguntas podrían pedirte que expliques cómo el lenguaje de transición transmite el significado al relacionar ideas. Otras preguntas quizá te pidan que expliques de qué manera el lenguaje de transición ayuda a comprender un texto, o cómo apoya al propósito del autor o a la idea principal.

2 *Perfecciona la destreza*

AGRUPACIONES EMPRESARIALES

1   Una agrupación o clúster empresarial es una concentración de empresas relacionadas que se ubican en la misma área. Pueden incluir empresas que formen parte de una misma manufacturera y cadena de suministro o que trabajen en una misma industria. Las agrupaciones más conocidas son Silicon Valley en California, los distritos financieros de las ciudades de Nueva York y de Londres, y la industria automotriz en Detroit. Sin embargo, a nivel local, es posible ver agrupaciones en los centros comerciales o en las intersecciones muy concurridas.

a La frase *Sin embargo* contrasta las agrupaciones más conocidas con las agrupaciones "a nivel local".

2   Las agrupaciones se forman cuando aparece una ventaja generada a partir de los recursos compartidos. Por ejemplo, las empresas tecnológicas de Silicon Valley comparten un conjunto de trabajadores con formación académica. La industria automotriz de Detroit forma parte de una cadena de suministro de autopartes y materiales. Y las tiendas situadas en un centro comercial comparten consumidores. Si bien las empresas de una agrupación a menudo compiten unas contra otras, los beneficios de compartir los recursos compensan dicha competencia.

b La frase *Por ejemplo* deja bien en claro que la idea a continuación es un ejemplo de cómo comparten recursos estas empresas.

Busca en el párrafo 2 la frase *Si bien.* Está en la última oración. Vuelve a leer la oración y determina qué tipo de relación genera esta frase. La respuesta correcta es **C**.

1.   ¿Qué función tiene la frase **Si bien** en el párrafo 2?

A. Vincula la causa de un beneficio con su efecto.
B. Da un ejemplo de un beneficio.
C. Contrasta los beneficios de las agrupaciones con sus desventajas.
D. Compara los beneficios de las agrupaciones.

INSTRUCCIONES: Lee el pasaje, lee cada pregunta y elige la **mejor** respuesta.

LA NUTRICIÓN Y LA SALUD ESTÁN MUY RELACIONADAS

1   Durante el siglo pasado disminuyó notablemente la desnutrición. Muchas enfermedades infecciosas se han erradicado. La mayoría de los estadounidenses ahora pueden esperar vivir una vida larga y productiva. Sin embargo, si bien la tasa de las enfermedades infecciosas ha disminuido, la tasa de las enfermedades no contagiosas (específicamente, las enfermedades crónicas relacionadas con la alimentación) ha aumentado. Esto se debe en parte a los cambios en los hábitos y comportamientos de los estilos de vida.

2   Con el paso del tiempo han aumentado los patrones de mala alimentación e inactividad física. Estos comportamientos, además, se suman a los importantes desafíos en materia de salud que actualmente enfrenta la población de los EE. UU. Alrededor de la mitad de los adultos estadounidenses (117 millones de habitantes) presentan una o más enfermedades crónicas que podrían prevenirse, muchas de las cuales están relacionadas con patrones de mala alimentación e inactividad física. Entre ellas se incluyen las enfermedades cardiovasculares, la presión arterial alta, la diabetes tipo 2, ciertos tipos de cáncer y las enfermedades óseas.

3   Más de dos tercios de los adultos y casi un tercio de los niños y jóvenes tienen sobrepeso o son obesos. Estas altas tasas de sobrepeso y obesidad, y las enfermedades crónicas vinculadas a estas condiciones, se han mantenido durante más de dos décadas. Las consecuencias han sido mayores riesgos para la salud, amén de los altos costos financieros.

4   En 2017, el costo total estimado de casos de diabetes diagnosticados ascendió a $327,000 millones. Esto incluye $237,000 millones en costos médicos directos y $90,000 millones en pérdida de productividad.

Adaptado de un artículo de health.gov LA NUTRICIÓN Y LA SALUD ESTÁN MUY RELACIONADAS, consultado en 2020

2.   En el párrafo 1, ¿qué contraste señalan las palabras indicadoras **sin embargo**?

   A. Las enfermedades crónicas relacionadas con la alimentación han aumentado a medida que las enfermedades infecciosas han disminuido.
   B. Tanto las enfermedades crónicas relacionadas con la alimentación como las enfermedades infecciosas han disminuido.
   C. Las enfermedades infecciosas han aumentado mientras que las enfermedades crónicas relacionadas con la alimentación han disminuido.
   D. Las enfermedades infecciosas y las enfermedades crónicas relacionadas con la alimentación han aumentado.

3.   En el párrafo 1, ¿qué función cumple en el pasaje la frase **se debe en parte**?

   A. Presenta un ejemplo de una enfermedad crónica relacionada con la alimentación.
   B. Hace una comparación entre las enfermedades crónicas relacionadas con la alimentación y los comportamientos de los estilos de vida.
   C. Relaciona de qué manera los cambios en los comportamientos de los estilos de vida son parcialmente la causa de las enfermedades crónicas relacionadas con la alimentación.
   D. Refuerza el contraste entre los comportamientos de los estilos de vida y las enfermedades crónicas relacionadas con la alimentación.

4.   En el párrafo 2, la palabra **además** añade información sobre

   A. las enfermedades crónicas relacionadas con la alimentación.
   B. los importantes desafíos en materia de salud que actualmente enfrentan las personas.
   C. los patrones que han aumentado con el paso del tiempo.
   D. la mala alimentación e inactividad física.

5.   ¿Cómo se relaciona la última oración del párrafo 2 con la oración previa?

   A. La frase "muchas de las cuales" en la oración previa muestra una comparación con la última oración.
   B. La frase "muchas de las cuales" en la oración previa crea una secuencia cronológica con la última oración.
   C. La frase "Entre ellas se incluye" crea un contraste con patrones de mala alimentación e inactividad física.
   D. La frase "Entre ellas se incluye" señala una lista de ejemplos de enfermedades crónicas que podrían prevenirse mencionadas en la oración previa.

6.   ¿Cuál es la función de la frase **amén de** en el párrafo 3?

   A. Vincula los resultados de estas condiciones con su causa.
   B. Añade más información sobre los resultados de estas condiciones.
   C. Contrasta los resultados de estas condiciones con sus beneficios.
   D. Compara los distintos resultados de estas condiciones.

Determinar el punto de vista del autor

Usar con el *Libro del estudiante,* págs. 22–23.

UNIDAD 1

1 Repasa la destreza

OBJETIVOS DE EVALUACIÓN DE LECTURA: R.2.3, R.2.7, R.3.4, R.3.5, R.4.3/L.4.3, R.5.1, R.5.2, R.6.1, R.6.2, R.6.3, R.6.4

El **punto de vista** de un autor suele influir en la forma en que él o ella escribe acerca de un tema. Los lectores pueden determinar el punto de vista de un autor de acuerdo con el tipo de texto, el tema, ciertos detalles que proporciona el texto y las palabras que el autor usa para describir sucesos o situaciones. Busca palabras o ideas que evoquen sentimientos positivos o negativos. Para tener una idea del punto de vista de un autor, piensa también en los títulos y en el periódico, la revista o el sitio de Internet en que se encuentra el texto.

2 Perfecciona la destreza

Al perfeccionar la destreza de determinar el punto de vista de un autor, mejorarás tus capacidades de estudio y evaluación, especialmente en relación con la prueba de Razonamiento a través de las Artes del Lenguaje de GED®. Lee el pasaje que aparece a continuación. Luego responde las preguntas.

b **DECLARACIÓN DE MICHAEL CONAWAY, REPRESENTANTE DE LOS EE. UU., TEXAS**

a El autor usa ejemplos que tienen significados emocionales como *tenemos que poder vivir y mantener vivas a nuestras familias.*

b Los antecedentes de un autor te pueden ayudar a determinar su punto de vista. El autor de este fragmento representaba a un distrito del oeste de Texas, una zona famosa por su producción petrolera.

Recientemente, cuando el precio del petróleo se desplomó en marzo, noté que algunos de los antipetróleo se alegraron. La verdad es que deberían querer que el precio del petróleo fuera realmente alto, que el precio de la gasolina fuera realmente alto, porque eso hace que todas estas otras alternativas sean competitivas contra el sistema actual. Cualquiera que sea la utopía que no utilice combustibles fósiles (y tal vez eso ocurra dentro de siglos), ya llegaremos a ella. Pero mientras tanto, tenemos que costearlo. Tenemos que poder vivir. Tenemos que ser capaces de sustentarlo, de mantener vivas a nuestras familias y ese tipo de cosas. A medida que avancemos en estos proyectos, descifrando quién paga por ello, dónde se liquidan en última instancia los costos, es realmente clave para hacer que esto funcione.

Fragmento traducido AUDIENCIA EN EL CONGRESO 116–35, ACERCA DE LA PRODUCCIÓN DE ENERGÍA AGRÍCOLA: IMPACTOS SOBRE LOS INGRESOS AGRÍCOLAS Y LAS COMUNIDADES RURALES, 23 de julio de 2020

1. ¿Cuál es el punto de vista del autor respecto de las fuentes alternativas de energía?

   A. Las fuentes alternativas de energía se usarán de manera masiva recién cuando su costo sea competitivo en relación con las actuales fuentes de energía existentes.
   B. El costo de los combustibles fósiles siempre será menor que las formas alternativas de energía.
   C. Las fuentes alternativas de energía serán de uso masivo dentro de unos siglos.
   D. El gobierno federal debería financiar proyectos que ayuden a las personas a adoptar combustibles alternativos.

2. Una *utopía* es un lugar imaginario donde todo es perfecto. ¿Cómo usa el autor el término *utopía* para favorecer su punto de vista?

   A. para hacer hincapié en que el uso masivo de combustibles alternativos nunca será realidad
   B. para cuestionar el valor de investigar fuentes alternativas de energía
   C. para hacer hincapié en que el uso masivo de energías alternativas no refleja la realidad actual o los requerimientos de energía
   D. para cuestionar la necesidad de fuentes alternativas de energía

USAR LA LÓGICA

Evalúa la fuente del pasaje. Si el pasaje proviene de un editorial o de un artículo de opinión, es posible que el autor use lenguaje fuerte para mostrar sus pensamientos o sentimientos.

★ Ítem en foco: **ARRASTRAR Y SOLTAR**

INSTRUCCIONES: Lee el pasaje y la pregunta. Luego usa las opciones de arrastrar y soltar para completar la tabla.

DECLARACIÓN DE CONCIENCIA

La senadora de Maine, Margaret Chase Smith, ofreció este discurso ante el Senado para expresar su fuerte oposición a las tácticas del Comité de la Cámara sobre actividades antiestadounidenses. Smith fue una de las primeras en hablar en contra del comité y de su líder, el senador Joseph McCarthy.

1   Hablo como republicana. Hablo como mujer. Hablo como senadora de los Estados Unidos. Hablo como estadounidense.

2   El Senado de los Estados Unidos ha disfrutado por mucho tiempo del respeto de todo el mundo, que lo consideraba el cuerpo deliberativo más grande del mundo. Pero en los últimos tiempos, ese carácter deliberativo ha sido rebajado al nivel de un foro de odio y difamación que se ampara bajo el escudo de la inmunidad del Congreso. (...)

3   Resulta extraño que podamos atacar verbalmente a cualquiera sin restricciones y con total protección y que sin embargo nos situemos por encima de esas críticas aquí en el recinto del Senado. Seguramente, el Senado de los Estados Unidos es lo suficientemente grande para soportar la autocrítica. Seguramente, deberíamos ser capaces de soportar los mismos tipos de ataques a la persona que hacemos a quienes no pertenecen al Senado.

4   Pienso que ya es hora de que el Senado de los Estados Unidos y sus miembros realicen un examen de conciencia; que consideremos en nuestras conciencias cómo estamos cumpliendo con nuestro deber hacia el pueblo de los Estados Unidos, cómo estamos haciendo uso o abuso de nuestros poderes individuales y privilegios. (...)

5   Ya sea un proceso penal en un tribunal o una difamación en el Senado, hay muy poca distinción práctica cuando la vida de una persona ha sido arruinada.

6   Los que afirmamos con más fuerza nuestra condición de estadounidenses cuando hacemos difamaciones somos frecuentemente los que, con nuestras propias palabras y actos, ignoramos algunos de los principios básicos de la condición estadounidense:

7   el derecho a criticar;

8   el derecho a sostener creencias no populares;

9   el derecho a protestar;

10   el derecho al pensamiento independiente.

11   El ejercicio de estos derechos no debe costarle a ningún ciudadano estadounidense su reputación o su derecho a trabajar ni tampoco debe peligrar su reputación o su trabajo meramente por conocer a alguien que tiene creencias no populares. ¿Quién de nosotros no conoce a alguien así? De otra manera, no podríamos llamar nuestras a nuestras almas. De otra manera, el control del pensamiento ya se habrá instalado.

Fragmento traducido de DECLARACIÓN DE CONCIENCIA, de Margaret Chase Smith, 1950

3.   Arrastra y suelta las frases en los lugares apropiados de la tabla.

Smith apoya	Smith se opone a

el tratamiento especial para los líderes políticos.	los ideales tradicionales estadounidenses.
la libertad de expresión.	el control del pensamiento.
realizar afirmaciones sin fundamento.	el debate político reflexivo.

UNIDAD 1

3 Domina la destreza

INSTRUCCIONES: Lee el pasaje, lee cada pregunta y elige la **mejor** respuesta.

POR LA PUERTA DE ATRÁS

1   Miles de estudiantes rechazados por facultades de medicina estadounidenses asisten a facultades de segundo nivel en el extranjero para luego regresar, recibir entrenamiento clínico y conseguir una licencia para practicar medicina en los Estados Unidos. La situación ha despertado una amarga controversia. Los padres de los estudiantes que están en el extranjero están ejerciendo presiones para facilitar su regreso al tiempo que las facultades de medicina estadounidenses se resisten.

2   Ahora la batalla se desarrolla en el estado de Nueva York. El Consejo de Regentes ha propuesto recientemente calificar algunas de las facultades extranjeras y admitir algunos de sus estudiantes para darles entrenamiento clínico (el tercer y cuarto año de la facultad de medicina) en los hospitales escuela de Nueva York. La Asociación de Facultades de Medicina de los Estados Unidos objetó que esto produciría médicos de calidad inferior. Hasta el momento, ninguno ha presentado argumentos convincentes.

3   Los docentes médicos han hecho notar algunos puntos reveladores en contra del plan de los regentes. Las facultades extranjeras no pueden ser calificadas de manera confiable por medio de cuestionarios, que es lo que se planea hacer en la mayoría de los casos. Y una oleada de estudiantes con una preparación mediocre puede reducir la calidad de la atención prestada a los pacientes en hospitales escuela. Por otra parte, a causa de que las vacantes en los mejores hospitales son menores que el número de inscriptos para ocuparlas, los estudiantes que regresan del extranjero podrían terminar en hospitales con programas de enseñanza y supervisión de baja calidad.

4   Peor aún, una vez que Nueva York reciba a estos estudiantes, alentará a más aspirantes a médicos a inscribirse en estos dudosos períodos de entrenamiento de dos años en el extranjero. Entre 10,000 y 11,000 estudiantes estadounidenses ya asisten a facultades de medicina extranjeras, la mayoría en México, el Caribe y Europa. Ahora que las facultades de medicina estadounidenses y las autoridades federales sienten que el país ya está produciendo suficientes doctores, ¿por qué habría que alentar a los postulantes rechazados por esas facultades a entrar en la profesión por la puerta de atrás?

Fragmento traducido del editorial LOS MÉDICOS DE LA PUERTA DE ATRÁS, *The New York Times*, © 1981

4. En el párrafo 1, ¿cuál es el punto de vista del autor respecto de las facultades de medicina extranjeras? El autor piensa que las facultades de medicina extranjeras

A. no son tan buenas como las facultades de medicina de los Estados Unidos.
B. entrenan a sus estudiantes tan bien como lo hacen las facultades de medicina de los Estados Unidos.
C. superan a las facultades de medicina de los Estados Unidos.
D. son mucho mejores que las facultades de medicina de los Estados Unidos.

5. ¿Cuál de las siguientes afirmaciones explica **mejor** el punto de vista del autor respecto de la propuesta del Consejo de Regentes?

A. La propuesta beneficiará a los estudiantes de medicina que se educan en el extranjero.
B. La propuesta ofrece un buen acuerdo.
C. La propuesta tiene sus fallas, tal como lo afirma la Asociación de Facultades de Medicina de los Estados Unidos.
D. La propuesta adolece de un razonamiento sólido.

6. ¿De qué manera la propuesta del Consejo de Regentes refleja el punto de vista de los padres de los estudiantes de medicina que estudian en facultades de medicina extranjeras? La propuesta

A. ignora el punto de vista de los padres acerca de los estudiantes que regresan.
B. trata algunas preocupaciones que tienen los padres acerca de los estudiantes que regresan.
C. concuerda totalmente con las preocupaciones que tienen los padres acerca de los estudiantes que regresan.
D. no está de acuerdo con las preocupaciones que tienen los padres acerca de los estudiantes que regresan.

7. ¿Con el punto de vista de qué grupo concuerda el autor?

A. con el del Consejo de Regentes de Nueva York
B. con los padres de los estudiantes que estudian en facultades de medicina en el extranjero
C. con los estudiantes que estudian en facultades de medicina en el extranjero
D. con la Asociación de Facultades de Medicina de los Estados Unidos

UNIDAD 1

INSTRUCCIONES: Lee el pasaje, lee cada pregunta y elige la **mejor** respuesta.

SALVEN A LOS LOBOS GRISES

1   Un juez federal de Missoula, Mont., les ha dado a los lobos grises de las montañas Rocosas una prórroga bien merecida. En febrero, el Servicio de Pesca, Fauna y Flora Silvestre federal había sentenciado a muerte efectiva a miles de lobos al levantar las protecciones que proveía la Ley de Especies en Peligro de Extinción. Desde entonces, a causa de protecciones mucho más débiles en Wyoming, Montana e Idaho, más de 100 lobos de un total de 1,500 han desaparecido. Este otoño, 500 más estaban condenados a muerte por cazas autorizadas por el estado.

2   El juez Donald Molloy emitió una orden preliminar la semana pasada mediante la cual restauraba las protecciones federales. Eso pone punto final a la matanza, al menos por ahora. Y si bien el caso está lejos de resolverse, la decena de grupos de conservación que presentaron la demanda esperan que esta orden supere más pruebas en los tribunales y que el Servicio de Pesca, Fauna y Flora Silvestre se vea forzado a proveer de un mejor plan para proteger a los lobos.

3   El punto fuerte de la sentencia del juez Molloy fue que el Servicio de Pesca, Fauna y Flora Silvestre no pudo cumplir con sus propios estándares para eliminar los lobos de la lista de especies en peligro de extinción. Antes de despojar a los lobos de la protección federal, a la agencia se le requirió que mostrara que las subpoblaciones de lobos de la zona se estaban cruzando, lo cual es una necesidad genética para sostener números altos y saludables. El juez concluyó que la agencia no presentó esa evidencia.

4   El juez Molloy también llegó a la conclusión de que la caza de este otoño podría dañar irreparablemente la especie. El juez se mostró particularmente enojado con la incapacidad de la agencia para explicar por qué había adoptado el plan de Wyoming, que permite la caza desregulada en la mayoría de las tierras del estado. La agencia había rechazado con anterioridad el plan por no ofrecer suficiente protección. (...)

5   Esta profunda hostilidad tiene poco que ver con la ganadería. Lo que la mueve realmente es la competencia entre los cazadores humanos y los lobos por los mismos animales silvestres: los alces y los ciervos. Y debajo de todo se esconde un falso mito: el que muestra al lobo como una especie de asesino feroz, cobarde e indiscriminado, que dice menos acerca de la naturaleza real del lobo que lo que dice del temor humano.

Fragmento traducido del editorial UNA PRÓRROGA EN LA EJECUCIÓN DE LOS LOBOS, *The New York Times*, © 2008

8. ¿Cuál de los siguientes enunciados explica **mejor** los antecedentes del autor que refleja el pasaje?

    A. El autor no tiene un gran conocimiento del problema.
    B. El autor no ha estado nunca de acuerdo con la opinión del juez.
    C. El autor ha investigado sobre el tema.
    D. El autor tiene un gran prejuicio contra los cazadores.

9. ¿Qué afirmación del texto respalda **mejor** la idea de que el autor apoya firmemente la protección del lobo gris?

    A. "más de 100 lobos de un total de 1,500 han desaparecido".
    B. "El juez Donald Molloy emitió una orden preliminar la semana pasada mediante la cual restauraba las protecciones federales".
    C. "Eso pone punto final a la matanza, al menos por ahora".
    D. "El juez concluyó que la agencia no presentó esa evidencia".

10. En el párrafo 4, el autor describe el punto de vista del juez como

    A. satisfecho con el Servicio de Pesca, Fauna y Flora Silvestre.
    B. molesto con el Servicio de Pesca, Fauna y Flora Silvestre.
    C. indiferente respecto del caso.
    D. poco conocedor del Servicio de Pesca, Fauna y Flora Silvestre.

11. ¿Qué oración afirma **mejor** el punto de vista del autor?

    A. El autor cree que la gente debe estar informada acerca de las leyes relacionadas con la vida silvestre.
    B. El autor favorece a los alces y venados por encima de los lobos.
    C. El autor está de acuerdo con los estados de Wyoming, Montana e Idaho respecto de la eliminación de los lobos.
    D. El autor no está de acuerdo con los estados acerca de la caza de lobos y cree que los animales deben ser protegidos.

12. ¿Qué afirmación refleja **mejor** el punto de vista del Servicio de Pesca, Fauna y Flora Silvestre acerca de los lobos grises?

    A. Los lobos grises ya no necesitan la protección de la Ley de Especies en Peligro de Extinción.
    B. Las leyes que protegen a los lobos grises en Wyoming, Montana e Idaho no son lo suficientemente estrictas.
    C. Se deben elaborar mejores planes para proteger a los lobos grises.
    D. Se debe prohibir la caza desregulada en tierras estatales.

Hacer inferencias

Usar con el *Libro del estudiante,* págs. 24–25.

OBJETIVOS DE EVALUACIÓN DE LECTURA: R.2.3, R.2.4, R.2.5, R.3.5, R.4.1/L.4.1, R.4.3/L.4.3, R.5.1, R.5.4, R.6.1, R.6.3, R.6.4

UNIDAD 1

1 Repasa la destreza

Como aprendiste en la Lección 1, algunas ideas principales y algunos detalles pueden estar implícitos o expresados de manera indirecta. Cuando un autor no expresa sus ideas de manera directa, debes **hacer inferencias** para determinar qué información importante quiere comunicar el autor. Las sugerencias, las claves, los hechos, el lenguaje y el tono que usa un autor, combinados con tus conocimientos previos, pueden ayudarte a hacer inferencias.

2 Perfecciona la destreza

Al perfeccionar la destreza de hacer inferencias, mejorarás tus capacidades de estudio y evaluación, especialmente en relación con la prueba de Razonamiento a través de las Artes del Lenguaje de GED®. Lee el pasaje que aparece a continuación. Luego responde la pregunta.

a Puedes inferir que después de pagar el deducible de $50 por familia, tendrás que pagar el 10 por ciento restante de los cargos cubiertos.

BENEFICIOS DEL PLAN "EYECARE VISION"

El plan exige el pago de un deducible de $50 al año por familia, después de lo cual la cadena paga el 90 por ciento de los cargos cubiertos. Para recibir el 90 por ciento del plan de coseguro, los empleados deben atenderse con los oftalmólogos, optometristas u ópticos que forman parte de la cadena "EyeCare". Los empleados que elijan profesionales que no formen parte de la cadena, recibirán un reembolso del 75 por ciento de los cargos.

b Fíjate que el autor da detalles específicos de las reglas que aplican a la cobertura. Te da pistas sobre el mejor uso que puedes hacer de la cobertura.

Dentro del plan, el reemplazo de cristales (gafas o lentes de contacto) se permite cada 12 meses, pero solo si es necesario por un cambio en la prescripción o por daño de los cristales. Los armazones se pueden reemplazar cada 24 meses. El plan no cubre la cirugía láser solo por motivos estéticos. Por favor, contacta a Recursos Humanos para solicitar un formulario de inscripción, una descripción de los beneficios y la lista de los profesionales de la oftalmología que forman parte de la cartilla.

CONSEJOS PARA REALIZAR LA PRUEBA

Pueden pedirte que hagas inferencias acerca de personas, ideas, situaciones, acciones o significados de palabras. Recuerda que la información que se expresa de manera directa en el pasaje no es una inferencia.

1. ¿Qué puedes inferir sobre los beneficios del plan?

A. Los armazones de marca estarán sujetos a un mayor copago.
B. La cirugía láser necesaria por razones médicas probablemente estará cubierta.
C. Un asociado puede cambiar de gafas a lentes de contacto después de 12 meses, si lo desea.
D. El departamento de Recursos Humanos asignará un oftalmólogo a cada empleado.

INSTRUCCIONES: Lee el pasaje, lee cada pregunta y elige la **mejor** respuesta.

PENSAMIENTOS SOBRE LA TIERRA DE MUSKETAQUID

1   Cuando camino por los campos de Concord y medito sobre el destino de esta próspera rama de la familia sajona, las energías inagotables de este nuevo país, olvido que esto que es ahora Concord fue una vez Musketaquid, y que la raza americana ha tenido también su destino. En todas partes del campo, en las tierras de maíz y cereal, la tierra está colmada con las reliquias de una raza que se ha desvanecido como si hubiera sido pisada hasta quedar debajo de la tierra.

2   Me parece bueno recordar la eternidad detrás de mí, tanto como la eternidad delante de mí. A cualquier sitio que vaya, piso las huellas del indígena. Cojo la flecha que ha caído justo a mis pies. Y si considero el destino, estoy en su camino. Disperso las piedras del hogar con mis pies y levanto de las brasas de su fuego los simples pero resistentes sostenes de las tiendas indígenas; al plantar mi maíz en el mismo surco que produjo sus cosechas para sostenerlos por tanto tiempo, corro de lugar un monumento de él. (...)

3   La naturaleza tiene sus tonos rojizos y sus tonos verdes. De hecho, nuestro ojo se divide sobre cada objeto y podemos tomar tanto un camino como el otro: si considero su historia, es muy viejo; si considero su destino, este es nuevo. Puedo ver una parte de un objeto o su totalidad. No me acobardaré y pensaré que la naturaleza es vieja porque la estación está avanzada. Estudiaré la botánica de los musgos y hongos sobre la madera podrida, y recordaré que la madera podrida no es vieja, sino que ha comenzado a ser justo lo que es. No necesito pensar en las almendras del pino, en las bellotas y en el joven árbol cuando me encuentro con un pino o un roble caídos, más que en las generaciones de pinos y robles que han alimentado a los jóvenes árboles".

Fragmento traducido de DIARIOS, de Henry David Thoreau

2.   De acuerdo con la primera oración de este pasaje, ¿qué podemos inferir sobre el autor?

A. Se lamenta de que la tierra donde se encuentra antes pertenecía a otro grupo.
B. Piensa en la manera en que percibimos el tiempo y el espacio a partir de nuestras experiencias.
C. Contempla la manera en que Musketaquid se convirtió en Concord.
D. Celebra la historia del lugar donde se encuentra.

3.   A partir de la información del párrafo 1, ¿de quién está hablando Thoreau cuando hace referencia a "las reliquias de una raza que se ha desvanecido"?

A. a los miembros de su familia que han muerto
B. a los colonos que trabajaron la tierra antes que él
C. a los vecinos que se mudaron lejos de su cabaña
D. a los indígenas norteamericanos que vivieron antes en la tierra

4.   ¿Qué sugiere el autor cuando escribe: "al plantar mi maíz en el mismo surco que produjo sus cosechas para sostenerlos por tanto tiempo, corro de lugar un monumento de él" (párrafo 2)?

A. Ha plantado maíz en el mismo lugar que sus ancestros.
B. Al plantar su propio maíz, se deshace de los rastros de los indígenas norteamericanos.
C. Está reconociendo que otros han plantado antes en este lugar.
D. Está reclamando la tierra como suya mediante su ritual de plantación.

5.   ¿Cuál es la inferencia **más** lógica que se puede hacer acerca del significado de la afirmación "la madera podrida no es vieja" (párrafo 3)?

A. Hay formas mucho más viejas de madera que la madera podrida.
B. La descomposición es un proceso natural.
C. La madera podrida es el comienzo de un nuevo ciclo de vida.
D. La madera podrida es joven en comparación con los musgos y los hongos.

6.   De acuerdo con la primera oración del párrafo 3, el autor **más probablemente** coincidiría en que

A. las plantas eran para sus ancestros.
B. al estudiar la vida de las plantas, la gente puede entender su lugar en el mundo.
C. nuestra percepción de la naturaleza depende de nuestro estado de humor y experiencia.
D. la muerte es inevitable.

INSTRUCCIONES: Lee el pasaje, lee cada pregunta y elige la **mejor** respuesta.

LA BÚSQUEDA DEL AUTOR

1   A veces, sin avisarnos, el mañana nos llama a la puerta y nos muestra un adelanto muy precioso y doloroso de lo que podría llegar a suceder. Hace ciento diecinueve años, un inventor adinerado leía su propio obituario, erróneamente publicado años antes de su muerte. Al creer por error que el inventor había muerto, un periódico publicó una dura crítica acerca de la obra de su vida, en la cual se lo llamaba injustamente "el mercader de la muerte" debido a su invento: la dinamita. Conmocionado por esta condena, el inventor tomó la decisión de contribuir con la causa de la paz. Siete años más tarde, Alfred Nobel creó este premio y otros más que llevan su nombre.

2   Mañana se cumplirán siete años del momento en el que leí mi propio obituario político en una crítica que me pareció muy dura y equivocada, si no prematura. Pero ese veredicto no deseado trajo consigo un precioso, aunque doloroso, regalo: la oportunidad de buscar nuevas maneras de servir a mi propósito. Inesperadamente, esa búsqueda me ha traído hasta aquí. Aunque temo que mis palabras no pueden describir este momento, rezo porque lo que siento dentro de mi corazón pueda ser expresado con claridad para que aquellos que me oigan puedan decir: "Debemos actuar". (...)

3   Nosotros, la raza humana, nos enfrentamos a una emergencia planetaria. Una amenaza para la supervivencia de nuestra civilización que está adquiriendo un potencial siniestro y destructivo incluso mientras estamos aquí reunidos. Pero también hay una noticia esperanzadora: tenemos la capacidad para resolver esta crisis y evitar lo peor, aunque no todo, de sus consecuencias, si actuamos con valentía, decisión y rapidez. (...)

4   Así que en la actualidad, botamos otros 70 millones de toneladas de contaminación causante de calentamiento global en la delgada capa de atmósfera que rodea a nuestro planeta, como si se tratase de una cloaca abierta. Y mañana, botaremos una cantidad un poco mayor; las concentraciones acumuladas atraparán más y más calor del Sol.

5   Como resultado, la Tierra tiene fiebre. Y la fiebre está creciendo. Los expertos nos dijeron que la enfermedad no es pasajera y que no se curará por sí sola. Pedimos una segunda opinión. Y una tercera. Y una cuarta. Y la conclusión constante, reiterada con creciente alarma, es que algo fundamental está mal. Nosotros somos lo que está mal, y debemos corregirlo.

Fragmento traducido del ACTO DE ENTREGA DEL PREMIO NOBEL DE LA PAZ, de Al Gore, © 2007

7. De la información proporcionada en el párrafo 1, ¿cuál es la inferencia **más** lógica que se puede hacer? Nobel creó el premio

   A. en conmemoración por sus logros como inventor.
   B. para que la gente lo recordara después de su muerte.
   C. para continuar con su legado y alentar a otros a buscar nuevos inventos.
   D. porque no quería que se le conociera como el "mercader de la muerte".

8. ¿A qué suceso es **más probable** que haga referencia el orador al comienzo del párrafo 2?

   A. a un suceso que ocurrió cuando él asumió como vicepresidente en 1992
   B. a su derrota en las elecciones presidenciales de 2000
   C. a la muerte de un amigo que estaba involucrado en la política
   D. a que un periodista escribió por error acerca de la muerte de Gore

9. ¿Qué sugiere el autor cuando dice "la enfermedad no es pasajera y que no se curará por sí sola" (párrafo 5)?

   A. La gente debe tomar medidas y hacer cambios para arreglar el problema.
   B. No se puede hacer nada para resolver el problema.
   C. La gente no hará cambios salvo que sea por la fuerza.
   D. El problema se corregirá naturalmente con el tiempo.

10. ¿Qué afirmación explica **mejor** el significado de la última oración del párrafo 5?

   A. Varias personas están enfermas por los efectos del calentamiento global y deben curarse.
   B. Los seres humanos causaron el calentamiento global y ahora deben reparar todos los daños que este ha causado.
   C. Las personas que han hecho mal las cosas deberían ser castigadas por ello.
   D. La gente se rehúsa a reconocer estar equivocada.

INSTRUCCIONES: Lee el pasaje, lee cada pregunta y elige la **mejor** respuesta.

LA OPINIÓN DEL ESCRITOR

1   Nuestra tragedia actual es el miedo físico universal y general que ha perdurado tanto tiempo que hasta lo podemos soportar. Ya no existen problemas del espíritu. Tan solo una pregunta: ¿Cuándo estallaré? Debido a esto, el escritor o escritora joven de hoy ha olvidado los problemas del corazón humano en conflicto consigo mismo que es lo único que puede dar origen a una buena escritura, porque solo sobre eso vale la pena escribir, solo eso justifica la agonía y el sudor.

2   El escritor debe compenetrarse con ellos de nuevo. Debe enseñarse a sí mismo que lo más sórdido de todo es tener miedo; y una vez aprendido esto, debe olvidarlo para siempre, sin dejar espacio en su taller para nada más que las verdades y certezas del corazón, las verdades universales sin las cuales todo relato es efímero y está condenado al fracaso: el amor, el honor, la piedad, el orgullo, la compasión y el sacrificio. Mientras no haga esto, su trabajo estará bajo una maldición. No escribirá sobre el amor sino sobre la lujuria, escribirá sobre derrotas en las cuales nadie pierde nada valioso, sobre victorias sin esperanza y, lo peor de todo, sin piedad ni compasión. Su dolor no tocará fibras universales ni dejará huella. No escribirá sobre el corazón sino sobre las glándulas.

3   Mientras no aprenda estas cosas, escribirá como si fuese un simple espectador del fin del hombre. Me rehúso a aceptar el fin del hombre. Es muy fácil decir que el hombre es inmortal simplemente porque perdurará; que cuando haya sonado el último campanazo de la destrucción y su eco se haya apagado entre las últimas rocas inservibles que deja la marea en el fulgor del último atardecer, incluso entonces se oirá un sonido: el de su voz débil pero inextinguible, que seguirá hablando. Me niego a aceptarlo. Creo que el hombre no solo perdurará sino que también prevalecerá. Es inmortal, no solo porque es la única de las criaturas que tiene una voz inextinguible, sino porque tiene un alma, un espíritu con capacidad de compasión, sacrificio y fortaleza.

4   El deber del poeta, del escritor, es escribir acerca de estas cosas. Tiene el privilegio de ayudar al hombre a perdurar aligerándole el corazón, recordándole el coraje, el honor, la esperanza, el orgullo, la compasión, la piedad y el sacrificio que han sido la gloria de su pasado. La voz del poeta no tiene que ser solo un registro sobre el hombre, puede ser también su apoyo, el pilar que lo ayude a resistir y prevalecer.

Fragmento traducido de DISCURSO EN LA ENTREGA DEL PREMIO NOBEL DE LITERATURA, de William Faulkner, © 1950.

11. A partir de la información del pasaje, el autor piensa que los escritores jóvenes de hoy carecen de

   A. intrepidez.
   B. fortaleza.
   C. desolación.
   D. victorias.

12. En el párrafo 1, el autor aclara que los jóvenes escritores han "olvidado los problemas del corazón humano en conflicto consigo mismo que es lo único que puede dar origen a una buena escritura". ¿Cuál es la **mejor** inferencia que se puede hacer acerca de esta afirmación?

   A. Los escritores jóvenes están más preocupados por publicar que por escribir.
   B. Una buena escritura por lo general contiene elementos trágicos.
   C. A los lectores ya no les interesan las historias de amor.
   D. Los escritores no se centran en las emociones humanas.

13. En el párrafo 2, Faulkner sugiere que los escritores jóvenes están creando obras que son

   A. violentas.
   B. apasionadas.
   C. superficiales.
   D. difíciles.

14. En el párrafo 3, ¿qué sugiere el autor acerca de la humanidad?

   A. El espíritu es lo que le da al hombre la capacidad de trascender.
   B. Todo hombre seguramente morirá.
   C. Los nuevos escritores perecerán al igual que el hombre.
   D. El hombre no tiene espíritu ni alma.

15. En el párrafo 4, ¿cuál es la inferencia **más** lógica que se puede hacer acerca de cómo Faulkner ve a los poetas y escritores? Los ve como

   A. mensajeros de las emociones humanas.
   B. potenciales fuentes de apoyo para la sociedad.
   C. proveedores de datos importantes.
   D. artistas respetados e inteligentes.

9 LECCIÓN

Analizar el estilo y el tono

Usar con el *Libro del estudiante,* págs. 26–27.

1 Repasa la destreza

OBJETIVOS DE EVALUACIÓN DE LECTURA: R.3.4, R.4.1/L.4.1, R.4.2/L.4.2, R.4.3/L.4.3, R.5.1, R.5.2, R.5.4

Un autor escribe con el **estilo** específico que mejor encaja con el tema, la audiencia y el propósito. El estilo de un autor se construye con las palabras y estructuras de las oraciones y párrafos dentro de un texto. Por ejemplo, un estilo puede ser formal, informal, directo, poético, humorístico, serio o una combinación de estos y de otras formas de expresión.

El **tono** de un autor está directamente relacionado con su estilo. El tono muestra a los lectores cómo piensa o siente el autor acerca del tema. Intenta determinar el tono del autor mediante el análisis de las palabras usadas en el pasaje. Determina si las palabras tienen emociones o sentimientos subyacentes y si tienen connotaciones positivas o negativas, o significados más allá del significado literal.

2 Perfecciona la destreza

Al perfeccionar la destreza de analizar el estilo y el tono, mejorarás tus capacidades de estudio y evaluación, especialmente en relación con la prueba de Razonamiento a través de las Artes del Lenguaje de GED®. Lee el pasaje que aparece a continuación. Luego responde las preguntas.

LOS FUNCIONARIOS PÚBLICOS DEBEN DAR EL EJEMPLO

a La autora usa las palabras *participar* y *sufrir* para apelar al sentido de responsabilidad y patriotismo del público. Estas palabras son un ejemplo del estilo y del tono que usa la autora en su discurso.

b La autora emplea cierto estilo al poner las palabras *funcionarios públicos* entre comillas. Este tratamiento indica que ella se enfocará en lo que la idea de "funcionarios públicos" significa para ella.

Una nación se forma con la voluntad de cada uno de nosotros de compartir la responsabilidad de sostener el bien público. Un gobierno se fortalece cuando cada uno de nosotros está dispuesto a participar en dar forma al futuro de esta nación. En este año electoral, debemos definir el "bien público" y comenzar nuevamente a dar forma a un futuro para todos. Que cada uno de nosotros haga su parte. Si un solo ciudadano no tiene voluntad de participación, todos sufriremos. Pues la idea estadounidense, si bien es compartida por todos, se realiza en cada uno de nosotros.

Ahora, ¿qué se supone que debemos hacer aquellos que somos elegidos como funcionarios públicos? Nos hacemos llamar "funcionarios públicos", pero les diré esto: Nosotros, como funcionarios públicos, debemos dar el ejemplo al resto de la nación. Resulta hipócrita que un funcionario público exhorte al pueblo a sostener el bien público si él mismo lo hace con negligencia. (...) Debemos hacernos estrictamente responsables. Debemos dar al pueblo una visión del futuro.

Fragmento traducido de DISCURSO INAUGURAL DE LA CONVENCIÓN NACIONAL DEMÓCRATA, de Barbara Jordan, © 1976

1. Al usar el término **funcionarios públicos** en lugar de **políticos**, la autora hace que los "funcionarios públicos" parezcan

   A. más interesados en ganar las elecciones que en servir al público.
   B. menos preocupados con el presente que con una visión del futuro.
   C. más dedicados al público que a la política.
   D. menos interesados en rendir cuentas que en la política.

2. ¿Qué palabra describe **mejor** el tono del pasaje?

   A. apasionado
   B. indiferente
   C. optimista
   D. sarcástico

CONSEJOS PARA REALIZAR LA PRUEBA

Recuerda que el tono de un autor suele estar estrechamente relacionado con su estilo. Si se te pide identificar el propósito de un autor o sus razones para escribir, puedes prestar atención a su estilo y tono para obtener pistas.

INSTRUCCIONES: Lee el pasaje, lee cada pregunta y elige la **mejor** respuesta.

DISCURSO DE INVESTIDURA

1 Hoy es el día de los Estados Unidos. Es el día de la democracia. Un día de historia y de esperanza. De renovación y determinación. A través de tribulaciones que quedarán en los anales, se puso a prueba nuevamente a los Estados Unidos y el país estuvo a la altura del desafío. Hoy no celebramos el triunfo de un candidato, sino de una causa: la causa de la democracia. Se escuchó la voluntad del pueblo y se acató la voluntad del pueblo. Aprendimos una vez más que la democracia es un bien preciado. La democracia es frágil. Y en esta hora, amigos míos, la democracia ha prevalecido.

2 Por lo tanto ahora, en este suelo sagrado donde hace apenas unos días la violencia intentó sacudir los cimientos mismos del Capitolio, nos unimos como una nación indivisible, ante Dios, para llevar a cabo el traspaso pacífico de poder, tal y como lo hemos hecho más de dos siglos. Miramos hacia delante a nuestro modo tan estadounidense: inquieto, audaz, optimista, y ponemos la mira en la nación que sabemos que podemos y debemos ser.

3 Agradezco a mis predecesores de ambos partidos su presencia aquí. Les agradezco de todo corazón. Ustedes conocen la resiliencia de nuestra Constitución y la fortaleza de nuestra nación. (...)

4 Acabo de prestar el mismo juramento sagrado de cada uno de estos patriotas, el juramento que prestó por primera vez George Washington. Pero la historia de los Estados Unidos no depende de uno cualquiera de nosotros, ni de algunos de nosotros, sino de todos nosotros. De "Nosotros, el pueblo" que buscamos una Unión más perfecta.

5 Esta es una gran nación y nosotros somos un buen pueblo. A lo largo de los siglos, contra viento y marea, en la paz y en la guerra, hemos llegado muy lejos. Pero debemos ir aún más lejos. Avanzaremos con velocidad y urgencia, porque tenemos mucho que hacer en este invierno de peligros y posibilidades. Mucho que reparar. Mucho que restaurar. Mucho que sanar. Mucho que construir. Y mucho que ganar.

6 Pocos períodos de la historia de nuestra nación fueron tan desafiantes o difíciles como el que atravesamos ahora. Un virus de esos que solo aparecen una vez en un siglo acecha sigilosamente al país. Se ha llevado tantas vidas en un año como las que Estados Unidos perdió en total en la Segunda Guerra Mundial. Se perdieron millones de empleos. Cientos de miles de empresas cerraron. Nos moviliza un grito de justicia racial que ha venido gestándose durante 400 años. El sueño de justicia para todos dejará de posponerse. El planeta mismo lanza un grito de supervivencia. Un grito que no puede ser más desesperado ni más claro. Y ahora, un aumento del extremismo político, la supremacía blanca, el terrorismo doméstico que debemos enfrentar y al que derrotaremos.

7 Superar estos desafíos —restaurar el alma y asegurar el futuro de los Estados Unidos— requiere más que palabras. Requiere una de las cosas más escurridizas en una democracia: la unidad.

8 Otro enero en Washington, el día de Año Nuevo de 1863, Abraham Lincoln firmó la Proclamación de la Emancipación. Al apoyar el bolígrafo en el papel, el presidente dijo: "Si mi nombre pasa a la historia, será por este acto y en él pongo toda mi alma". En él pongo toda mi alma.

9 Hoy, en este día de enero, pongo toda mi alma en esto: Unir a los Estados Unidos. Unir a nuestro pueblo. Y unir a nuestra nación.

Del DISCURSO DE INVESTIDURA del presidente Biden, 2021

3. ¿Cuál es el tono del párrafo 1?

    A. desvinculación profesional
    B. esperanza y triunfo
    C. determinación y hostilidad
    D. ironía sentenciosa

4. ¿En qué se diferencia el estilo del párrafo 7 del estilo del párrafo 6? En el párrafo 6

    A. se usan oraciones completas para describir los desafíos que enfrenta la nación, pero en el párrafo 7 se usan fragmentos para describir una solución.
    B. se mezclan oraciones completas y fragmentos para describir los desafíos que enfrenta la nación, pero en el párrafo 7 se usan oraciones completas para describir una solución.
    C. se mezclan oraciones completas y fragmentos para describir los desafíos, pero en el párrafo 7 se usan solo fragmentos para describir una solución.
    D. se usan solo fragmentos para describir los desafíos que enfrenta la nación, pero en el párrafo 7 se mezclan oraciones completas y fragmentos para describir una solución.

5. Según lo pronunciado en los párrafos 3 y 4, ¿cuál es la palabra que **mejor** describe al autor?

    A. humilde
    B. orgulloso
    C. cohibido
    D. arrogante

⭐ Ítem en foco: **ARRASTRAR Y SOLTAR**

INSTRUCCIONES: Lee el pasaje y la pregunta. Luego usa las opciones de arrastrar y soltar para completar la red.

LOS TESTS DE PERSONALIDAD

1   El test de personalidad moderno —que incluye desde ejercicios de interpretación creativos como el test de Rorschach hasta cuestionarios exhaustivos como el Inventario Multifásico de Personalidad de Minnesota (MMPI, por sus siglas en inglés)— nació a partir de la psicología de investigación del siglo XX, que surgió a partir del sueño de descifrar el código del comportamiento humano mediante la elaboración del conjunto de preguntas correcto. Estos tests crecieron con la ayuda de las burocracias modernas, como las corporaciones y las fuerzas armadas, que necesitaban medios eficientes de categorizar a las personas por su temperamento, la mejor manera de predecir su comportamiento laboral.

Fragmento traducido del artículo LAS CRÓNICAS DE RORSCHACH, de Margaret Talbot, *The New York Times*, © 1999

6.   Arrastra y suelta en la red las tres palabras que **más** contribuyen con el tono del párrafo.

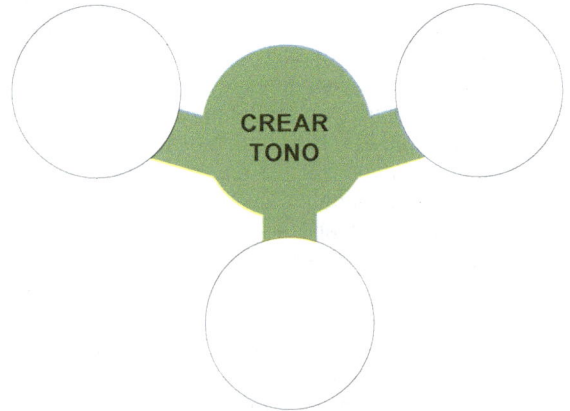

| tests | exhaustivos | creativos | elaboración |

INSTRUCCIONES: Lee el pasaje, lee la pregunta y elige la **mejor** respuesta.

SUJETOS A LOS TESTS

1   Los psicólogos se han alegrado de acceder a esta búsqueda, pues les ha permitido satisfacer una de sus fantasías: que la evaluación de la personalidad pudiera algún día alcanzar la autoridad y el respeto de los exámenes médicos, que son más objetivos, lo que ayudaría, a su vez, a que la psicología obtuviera algo del estatus de las ciencias duras. De hecho, a partir de la década de 1920, los inventores de estos tests han recurrido a una de las metáforas reveladoras favoritas del mundo de la medicina. "Generalmente", escribió Henry Murray, el psicólogo de Harvard que inventó el Test de Apercepción Temática (un test psicológico en el cual una persona observa fotos y cuenta una historia sobre ellas) a principio de la década de 1940, "el sujeto termina el test felizmente inconsciente de que le ha ofrecido al psicólogo algo que equivale a una radiografía de su personalidad". (...)

2   Por todo eso, los tests de personalidad han llegado para quedarse, no solo por la cantidad de instituciones sujetas a ellos, sino también porque prometen satisfacer una profunda curiosidad humana, aunque sea de manera un tanto banal. Mucho antes de la aparición de estos tests científicos, intentábamos clasificar el temperamento y el carácter según las formas de los cráneos de las personas o según el color de sus fluidos. Antes del test de Rorschach,

un popular juego de salón del siglo XIX llamado Blotto invitaba a los jugadores a evaluar el nivel de creatividad de los demás a partir de interpretaciones de manchas de tinta. Leonardo da Vinci usaba un método similar para juzgar el potencial de imaginación de sus estudiantes.

Fragmento traducido del artículo LAS CRÓNICAS DE RORSCHACH, de Margaret Talbot, *The New York Times*, © 1999

7.   En el párrafo 1, la autora compara la psicología con las ciencias "duras". ¿Qué connotación tiene **duras** en este pasaje?

A. Sugiere que estas ciencias son rígidas.
B. Sugiere que estas ciencias son más difíciles de entender que la psicología.
C. Sugiere que estas ciencias se basan más en la realidad que la psicología.
D. Sugiere que estas ciencias son más antiguas que la psicología.

8.   ¿Qué afirmación se aplica mejor al párrafo 2?

A. Los ejemplos apoyan el punto de vista del autor.
B. El autor cambia de parecer respecto de los tests.
C. El tono se vuelve más emocional.
D. El autor realiza más juicios personales.

INSTRUCCIONES: Lee el pasaje, lee cada pregunta y elige la **mejor** respuesta.

LECCIONES APRENDIDAS

1   Soy científica. A menudo me equivoco y no tiene importancia.

2   Tal vez hayas oído hablar de graves errores de la ciencia y la ingeniería que llegaron a los titulares de los medios, como el colapso del puente de Tacoma Narrows, también conocido como "*Galloping Gertie*", o el choque del Orbitador climático de Marte en 1999. O, quizás, has visto el video reciente de SpaceX: "Cómo no aterrizar un acelerador de cohete orbital". Puede ser que no notes la frecuencia con que se equivocan los científicos, pero, en realidad, equivocarse forma parte del proceso científico. El truco es advertir los errores antes de abandonar el laboratorio y, ciertamente, antes de que ocupen la primera plana de los periódicos, aunque, obviamente, eso no ocurre siempre. (...)

3   Yo me he equivocado en muchos momentos de mi carrera científica. Uno de los momentos más memorables fue cuando, durante un examen práctico de la escuela, me dieron un equipo para observar y medir la desintegración radioactiva de cierto isótopo. (...) Yo había asumido incorrectamente que este experimento tendría la misma propiedad que la mayoría de los experimentos de ciencias: que los resultados (en este caso, el índice de desintegración) no cambiarían con el tiempo. (...)

4   Si miro hacia atrás, esta experiencia me aportó varias lecciones. En primer lugar, aprendí que la ciencia puede enseñarle a ser humilde. No debería haber estado excesivamente confiada en mis conclusiones porque siempre existe la posibilidad de equivocarse. (...) Lo más importante, sin embargo, es que la experiencia me enseñó que está bien equivocarse si estás dispuesto a aceptar esa posibilidad y a hacer correcciones. (...)

5   En mi trabajo actual, suelo seguir el mismo esquema básico. Tengo una hipótesis que quiero probar. Hago experimentos y analizo los datos para hallar evidencia que confirme o refute la hipótesis. Muchas veces, la tendencia que hallo no concuerda con mis expectativas, así que retrocedo y vuelvo a examinar mi hipótesis o reviso si estoy haciendo el experimento correctamente. Tener problemas con un experimento es común, ya que es muy fácil pasar por alto factores como la estabilidad o la uniformidad de la temperatura dentro de un horno, o la alineación de un láser en la configuración experimental. En el laboratorio se invierte mucho esfuerzo en solucionar problemas y repetir experimentos antes de llegar a una conclusión.

6   Pensar como científico implica reconocer que ocasionalmente (o más que ocasionalmente) estarás equivocado e implica también saber cómo averiguar por qué. La ciencia es un recorrido y parte de ese recorrido es cometer errores y atreverse a hacer cambios a partir de las lecciones aprendidas.

7   Aun los errores científicos que fueron noticia generaron impactos duraderos y positivos. Del colapso del puente de Tacoma Narrows los científicos aprendieron que el viento y la aerodinámica son importantes para los puentes. Después del choque del orbitador de Marte, la NASA hizo cambios que posibilitaron el éxito de dos *rovers* de Marte: *Spirit* y *Opportunity*. Cometer errores es solo una parte del proceso científico y nos permite aprender y ampliar lo que sabemos. Solo a través de los errores aprendemos lo que es correcto.

8   Entonces, todos ustedes, científicos y no científicos, ¡avancen y equivóquense! Probablemente descubrirán algo nuevo en su recorrido.

Del artículo de nist.gov ESTÁ BIEN EQUIVOCARSE EN LA CIENCIA de Paulina Kuo, 2018

9. ¿Cuál es la palabra que **mejor** describe el estilo de la autora en este pasaje?

   A. emotivo
   B. argumentativo
   C. anecdótico
   D. misterioso

10. La autora dice: "A menudo me equivoco y no tiene importancia". ¿Qué indica este enunciado sobre la actitud de la autora?

   A. La autora cree estar por debajo de las personas a las que se dirige.
   B. La autora tiene poca experiencia en el tema.
   C. La autora muestra una actitud nerviosa y le incomoda el tema.
   D. La autora muestra humildad, honestidad y apertura.

11. En el párrafo 4, la autora dice que aprendió que "la ciencia puede **enseñar a ser humilde**". ¿Cómo cambiaría el tono del párrafo si hubiera sustituido la frase **ser humilde** por **ser humillante**?

   A. El párrafo haría más hincapié en la lección aprendida que en el error.
   B. El párrafo haría más hincapié en el error que en la lección aprendida.
   C. El tono sería más sarcástico.
   D. El tono sería menos formal.

10 Sacar conclusiones

LECCIÓN

UNIDAD 1

Usar con el *Libro del estudiante,* págs. 28–29.

1 Repasa la destreza

OBJETIVOS DE EVALUACIÓN DE LECTURA: R.2.4, R.2.5, R.2.8, R.3.2, R.3.3, R.3.4, R.3.5, R.4.3/L.4.3, R.5.1, R.6.3

Cuando **sacas conclusiones**, emites juicios a partir de la información que brinda un texto o de inferencias. Recuerda que una inferencia es una conclusión lógica que se basa en hechos o evidencia y en tu propio conocimiento previo. Identifica los detalles importantes de un pasaje y luego usa esos detalles para hacer inferencias y sacar conclusiones. Encontrarás que diferentes hechos respaldan diferentes conclusiones pero que estas conclusiones pueden ayudarte a llegar a una conclusión más general acerca de todo el texto.

2 Perfecciona la destreza

Al perfeccionar la destreza de sacar conclusiones, mejorarás tus capacidades de estudio y evaluación, especialmente en relación con la prueba de Razonamiento a través de las Artes del Lenguaje de GED®. Lee el pasaje que aparece a continuación. Luego responde las preguntas.

PRODUCCIÓN DE CAÑA DE AZÚCAR EN LOS ESTADOS UNIDOS

a Observa el uso de la palabra *limita* en la última oración del párrafo 1. ¿Qué pueden inferir los lectores acerca de los otros 47 estados en donde se produce muy poca caña de azúcar?

b Observa que el segundo párrafo les dice a los lectores qué estado produce más caña de azúcar y luego brinda una descripción del estado. ¿Qué conclusión puede sacarse de estos dos hechos?

1   Una de las fuentes principales de materia prima para el azúcar manufacturado es la caña de azúcar. La planta de caña de azúcar es una forma de pasto alto que crece en climas cálidos y lluviosos. Esto limita las plantaciones de caña de azúcar en los Estados Unidos, el país que ocupa el 10° lugar en la producción mundial de caña de azúcar, mayormente a Florida, Luisiana y Texas

2   Florida es el cultivador de caña de azúcar más grande del país. El sur del estado tiene un suelo rico y largas temporadas de cultivo. La producción de Florida se expandió significativamente luego de que se prohibiera en los Estados Unidos la importación de azúcar cubana en 1960. En Luisiana, la producción de caña de azúcar tiene lugar sobre todo a lo largo del delta del río Misisipi. En Texas, la caña de azúcar se cultiva en el valle bajo del río Grande.

USAR LA LÓGICA

Para sacar conclusiones, debes hacer suposiciones o estimaciones lógicas. Si un tema o el propósito de un autor no son claros, lee el texto con mucha atención y haz suposiciones lógicas a partir de lo que has leído y de tus conocimientos previos.

1. De acuerdo con el pasaje, la conclusión **más** lógica que se puede sacar acerca del cultivo de caña de azúcar es que

   A. se beneficia de un suelo rico y de largas temporadas de cultivo.
   B. se beneficia de climas con cuatro estaciones bien diferenciadas.
   C. no crece bien cerca de sistemas fluviales.
   D. no genera empleo para mucha gente en los Estados Unidos.

2. ¿Qué conclusión lógica respalda este pasaje?

   A. El cultivo de caña de azúcar emplea a personas de todo el país.
   B. La caña de azúcar es uno de los cultivos más importantes del país.
   C. Estados Unidos se ve obligado a importar grandes cantidades de caña de azúcar.
   D. Estados Unidos es en gran parte inadecuado para cultivar caña de azúcar.

⭐ Ítem en foco: **ARRASTRAR Y SOLTAR**

INSTRUCCIONES: Lee el pasaje y la pregunta. Luego, usa las opciones de arrastrar y soltar para completar la tabla.

LA NUEVA ECONOMÍA DE TRABAJAR DESDE EL HOGAR

1   Mientras la pandemia del COVID-19 se expandía desde las costas del Noreste y el Oeste hacia el Sur y el Medio oeste, se les pidió a las personas que se quedaran en sus casas. Muchos lo hicieron. Restaurantes, gimnasios, tiendas, salones de belleza y escuelas cerraron sus puertas. Millones de personas quedaron desempleadas.

2   Pero otros tantos millones tuvieron la oportunidad de trabajar desde su casa. Pese a las discrepancias en los estudios, los datos sugieren que más de la mitad de la fuerza laboral de los EE.UU. trabajó de forma remota durante el verano de 2020. Aun con la reducción de las restricciones, muchos estadounidenses siguieron trabajando desde sus oficinas improvisadas. Aunque fue la preocupación por la seguridad la que desencadenó los cambios, es posible que las empresas hallen muchas razones para continuar con esta tendencia.

3   Las compañías se benefician de la posibilidad de atraer trabajadores de diferentes lugares. Esto es particularmente útil para las empresas que no están situadas en ciudades grandes que cuentan con amplias fuentes de reclutamiento laboral.

4   Los empleados se benefician con frecuencia de horarios laborales más flexibles y de la disminución de traslados al trabajo. Seguro, todavía tienes que presentarte a la reunión diaria del equipo. Pero, no tienes que padecer un largo viaje al volante en medio del tráfico. Cuando la reunión acaba, puedes atender los asuntos del hogar.

5   La menor dependencia de un lugar físico y la flexibilidad de los horarios laborales permiten a las compañías promover prácticas de contratación más inclusivas. Muchos más padres que trabajan y empleados calificados de diferentes demografías pueden aportar diversidad a la fuerza laboral de una compañía.

6   Menos viajes al trabajo significa menos dinero en combustible y estacionamiento. Además, menos tiempo en una oficina central reduce otros gastos de los empleados, como ropa y comidas en restaurantes. Las empresas pueden invertir menos dinero en espacio de oficinas. Estos ahorros en costos combinados con empleados más felices significan un incremento en la productividad.

7   Por último, menos tráfico de traslado al trabajo reduce la contaminación vehicular, lo cual beneficia al medio ambiente.

8   Estos beneficios no vienen sin desafíos. Por ejemplo, no todos tienen una conexión confiable a Internet o un espacio exclusivo de trabajo. Aunque muchos avances tecnológicos posibilitan el trabajo remoto, aún puede ser problemático para algunas empresas y sus empleados.

3.   Arrastra y suelta las **mejores** conclusiones para cada categoría en el lugar correcto dentro de la tabla.

Beneficios de la economía de trabajar desde el hogar

Desafíos de la economía de trabajar desde el hogar

Atraer trabajadores de muchos lugares	Prácticas de contratación inclusivas
Horarios laborales flexibles	Falta de una conexión confiable a Internet
Disminución de traslados al trabajo	Falta de un espacio exclusivo de trabajo

INSTRUCCIONES: Lee el pasaje, lee cada pregunta y elige la **mejor** respuesta.

ACORTAR LA BRECHA DE GÉNERO EN STEM

1   El número de mujeres que se gradúan con títulos universitarios relacionados con STEM (ciencias, tecnología, ingeniería y matemáticas, por sus siglas en inglés) se incrementó en las dos últimas décadas. No obstante, también se elevó el número de hombres que obtuvieron esos títulos. Esto significa que la brecha entre mujeres y hombres en carreras relacionadas con STEM se mantuvo constante. Aunque las mujeres conforman la mitad de la población, representan menos del 30 por ciento de los empleos en estas áreas. Esta brecha es aún más pronunciada entre las mujeres negras e hispánicas, que representan alrededor de un 5 por ciento de los trabajos en STEM.

2   A las mujeres en STEM se les paga aproximadamente un 10 por ciento menos que a los hombres y se las encuentra en muchas menos posiciones de liderazgo. Por ejemplo, los datos muestran que las mujeres conforman menos del 15 por ciento de los directorios de compañías de tecnología informática.

3   Los expertos ofrecen diferentes soluciones para acortar esta brecha. Existe una serie de programas en todo el país diseñados para motivar a jóvenes mujeres a optar por una formación y carreras relacionadas con STEM. Estas organizaciones brindan recursos para ayudar a que las mujeres superen obstáculos sociales y ganen confianza. Muchos de estos programas también abogan por las mujeres que sufren discriminación y hostilidad en sus lugares de trabajo.

4   Otra acción importante para acortar esta brecha es destacar el trabajo realizado por diversas mujeres en el ámbito de las ciencias, la tecnología, la ingeniería y las matemáticas. Albert Einstein, Steve Jobs y muchos otros hombres son nombres reconocidos por su trabajo en STEM. Donna Strickland, Frances Arnold y Tu Youyou ganaron premios Nobel de física, de química y de medicina respectivamente. Todas ellas deberían ser más ampliamente reconocidas por sus logros.

5   Por último, los que abogan por más mujeres en STEM afirman que un factor importante que hace falta desarrollar mejor son los programas de tutorías y las redes laborales entre colegas. Es necesario que las mujeres que han triunfado en estas áreas generen lazos más fuertes entre ellas y brinden mayor respaldo a las jóvenes promesas. Los grupos de apoyo en las compañías y en las universidades acrecientan el prestigio de las mujeres en estas organizaciones y reducen la sensación de aislamiento que sienten muchas de ellas.

4.   Según la información del párrafo 1, ¿cuál es la **mejor** conclusión que se puede sacar acerca de la brecha de género en carreras relacionadas con STEM?

A. Las mujeres están obteniendo mejores notas que los hombres en cursos de STEM.
B. Se otorgan menos títulos en STEM tanto a mujeres como a hombres.
C. El número de mujeres que ingresan a carreras en STEM no ha sido suficiente para acortar la brecha.
D. La brecha de género en carreras relacionadas con STEM es difícil de medir.

5.   ¿Qué enunciado explica **mejor** la conclusión del autor acerca de la brecha de género en carreras relacionadas con STEM?

A. La brecha persiste porque menos hombres deciden seguir estas carreras.
B. La brecha persiste debido a una serie de problemas sociales, entre ellos la discriminación.
C. La brecha no es lo suficientemente importante como para abordar el tema.
D. La brecha solo puede ser eliminada por mujeres que ya trabajan en estas áreas.

6.   Según el pasaje, ¿qué conclusión puedes sacar acerca de la opinión del autor sobre los grupos de apoyo para mujeres?

A. Brindan apoyo necesario para mujeres que están comenzando sus carreras de STEM.
B. No son útiles para mujeres que ya se encuentran en posiciones de liderazgo.
C. No ayudan a reducir la brecha de género en las áreas de STEM.
D. Son la razón por la cual muchas mujeres se sienten aisladas en sus carreras.

7.   ¿Cuál es la conclusión **más** lógica que se puede sacar sobre el punto de vista general del autor en este pasaje? El autor cree que

A. las mujeres ya hacen contribuciones significativas en carreras relacionadas con STEM.
B. la brecha de género en carreras relacionadas con STEM nunca se acortará.
C. la discriminación y la hostilidad en los lugares de trabajo son las causas principales de la brecha de género.
D. debería haber más mujeres exitosas en carreras relacionadas con STEM.

INSTRUCCIONES: Lee el pasaje, lee cada pregunta y elige la **mejor** respuesta.

EL ÉXITO DEL ORADOR

1   Cuando me levanté para hablar, hubo numerosos aplausos, sobre todo entre la gente de color. Ahora que lo recuerdo, sé que una cosa me preocupaba por encima de todas las demás: decir algo que pudiera contribuir a cimentar la amistad entre las razas y a establecer una cooperación cordial entre sus individuos. En lo que se refiere a las circunstancias exteriores, lo único que recuerdo con claridad es que, al levantarme, vi miles de ojos atentamente clavados en mí. (...)

2   Lo primero que recuerdo es que, después de que hube acabado de hablar, el gobernador Bullock atravesó el estrado para estrecharme la mano y que otros lo imitaron. Recibí tantas y tan cordiales felicitaciones que me resultó difícil salir de la sala. Sin embargo, yo no tomé dimensión, ni remotamente, de la impresión que mi discurso había producido hasta la mañana siguiente, cuando fui al área de negocios de la ciudad. Apenas me reconocieron, me sorprendió que me señalaran y que me rodeara una multitud para estrecharme la mano. La cosa continuó durante todo el trayecto, al punto que me avergonzó tanto que tuve que regresar a la pensión. A la mañana siguiente regresé a Tuskegee. En la estación de Atlanta, y en casi en todas las estaciones en que el tren se detuvo entre la ciudad y Tuskegee, encontré una multitud de personas que venían a estrecharme la mano. (...)

3   Pronto comencé a recibir toda suerte de propuestas de agencias de conferencias y de editores de revistas y periódicos, para dar conferencias o escribir artículos.

Fragmento traducido de SALIR DE LA ESCLAVITUD, de Booker T. Washington

8. Según el contenido del párrafo 1, ¿cuál es la **mejor** conclusión que se puede sacar sobre el contexto del deseo del autor de "cimentar la amistad entre las razas"?

   A. El autor siente alegría porque las relaciones entre las razas parecen estar mejorando.
   B. El autor se siente ofendido porque la audiencia está segregada.
   C. El autor no tiene interés en las relaciones entre las razas.
   D. El autor está satisfecho porque pudo lograr que las razas cooperaran entre sí.

9. Según la información del pasaje, ¿cuál es la **mejor** conclusión que se puede sacar sobre la personalidad del autor? El autor es una persona

   A. olvidadiza.
   B. pesimista.
   C. humilde.
   D. arrogante.

10. ¿Qué afirmación del pasaje respalda **mejor** la conclusión sobre la personalidad del autor?

   A. "Cuando me levanté para hablar, hubo numerosos aplausos..."
   B. "Lo primero que recuerdo es que, después de que hube acabado de hablar, el gobernador Bullock atravesó el estrado para estrecharme la mano y que otros lo imitaron".
   C. "Recibí tantas y tan cordiales felicitaciones que me resultó difícil salir de la sala".
   D. "Apenas me reconocieron, me sorprendió que me señalaran y que me rodeara una multitud para estrecharme la mano".

11. ¿Cuál es la conclusión **más** lógica que se puede sacar sobre por qué el autor recibió invitaciones "de agencias de conferencias y de editores de revistas y periódicos"?

   A. Su discurso fue entretenido.
   B. Su discurso fue exitoso.
   C. Su discurso fue causa de debate.
   D. Su discurso originó malestar racial.

Hacer generalizaciones

Usar con el *Libro del estudiante,* págs. 30–31.

OBJETIVOS DE EVALUACIÓN DE LECTURA: R.2.4, R.2.5, R.2.7, R.2.8, R.3.5, R.5.2, R.8.3

1 Repasa la destreza

Una **generalización** es una afirmación amplia que se aplica a principios, ideas, personas, lugares y sucesos. Las palabras clave como *todo, todos, poco, ninguno, algunos* o *generalmente* pueden funcionar como indicadores cuando buscas o haces tus propias generalizaciones. Las generalizaciones pueden ser válidas o inválidas. Las generalizaciones válidas son respaldadas por hechos creíbles y suficientes, pero las inválidas no lo son. Los estereotipos suelen ser generalizaciones demasiado simplificadas y, por lo tanto, inválidas.

2 Perfecciona la destreza

Al perfeccionar la destreza de hacer generalizaciones, mejorarás tus capacidades de estudio y evaluación, especialmente en relación con la Prueba de Razonamiento a través de las Artes del Lenguaje de GED®. Lee el pasaje que aparece a continuación. Luego responde las preguntas.

REGRESAR A CASA PUEDE SER UNA DECISIÓN INTELIGENTE

a El autor hace una afirmación amplia sobre las personas que viven con sus padres. La palabra clave *mayoría* indica una generalización sobre este grupo de personas.

Hay otro aspecto del debate sobre los hijos adultos que regresan a casa. En algunos casos, volver a casa de mamá y papá puede ser, de hecho, la decisión más inteligente que una persona puede tomar. La mayoría de las personas que viven en casa de sus padres continúan con sus trabajos de tiempo completo o de tiempo parcial, lo que les permite sumar sus recursos a los de otros miembros de su familia. Esto incrementa los ingresos generales del hogar y ayuda a reducir el estrés de los miembros de la familia.

b Las generalizaciones pueden ser útiles para respaldar el punto de vista del autor. El autor afirma que las personas pueden ahorrar una suma de dinero **considerable** al vivir en la casa de sus padres.

Regresar a casa también permite (a los jóvenes) reducir sus gastos y concentrarse en ahorrar dinero. En lugar de luchar contra las dificultades de llegar a fin de mes, pueden poner su dinero en cuentas de ahorro o en inversiones y hacer crecer sus ahorros. Si se considera el alto costo de vida a lo largo de toda la nación, se puede ahorrar una suma considerable de dinero si cada persona no tiene que hacerse cargo de todo el costo de vida por cuenta propia.

Fragmento traducido del artículo LA PARTIDA FALLIDA: LOS HIJOS ADULTOS REGRESAN A CASA, de Alan Dunn, *Forbes,* © 2012

1. A partir de este pasaje, ¿cuál es la **mejor** generalización que se puede hacer para justificar que volver a la casa paterna es una decisión inteligente?

   A. Anima a las personas a ahorrar dinero.
   B. Permite a las personas tomar trabajos de tiempo parcial y cultivar sus intereses.
   C. Reduce los gastos y ayuda a las personas a ahorrar dinero.
   D. Permite que los padres se hagan cargo de una mayor proporción de los gastos.

2. ¿Qué información ayudaría a la validez de la generalización que hace el autor sobre el costo de vida?

   A. datos que respalden el hecho de que el costo de vida es alto a lo largo de toda la nación
   B. datos que respalden el hecho de que existen diferencias regionales
   C. una definición del término *costo de vida*
   D. un ejemplo de lo que cuesta algo

USAR LA LÓGICA

A veces, un autor puede generalizar demasiado al hacer una afirmación amplia sin aportar el respaldo suficiente. Usa la lógica y pregúntate si una generalización de un autor es siempre válida o lo es solo algunas veces.

INSTRUCCIONES: Lee el pasaje, lee cada pregunta y elige la **mejor** respuesta.

DISCRIMINACIÓN EN EL ÁMBITO LABORAL

1   Hay leyes federales que prohíben la discriminación laboral. La discriminación laboral es el tratamiento desfavorable que reciben algunos trabajadores en virtud de ciertos rasgos, como la raza, el sexo, la edad o cuestiones médicas. Se discrimina con demasiada frecuencia porque la mayoría de los empleadores no comprenden qué comportamientos están prohibidos.

2   La discriminación racial en el ámbito laboral continúa siendo muy común. Es posible que algunas compañías contraten personas de color para mantener una apariencia de igualdad de oportunidades laborales. Sin embargo, una vez contratados, puede ser que estos empleados no reciban las mismas oportunidades ni el mismo apoyo que otros trabajadores, o peor aún, que se vean sometidos a abusos físicos o emocionales.

3   De la misma manera, las mujeres históricamente han sufrido discriminación, bajo la forma de maltratos, falta de respaldo o falta de oportunidades. Aunque no sea tan común, los hombres también denuncian discriminación en el ámbito laboral por su sexo y sus reclamos no se toman en serio porque son hombres. La discriminación en virtud del sexo también abarca a los empleados que son tratados injustamente por su preferencia sexual o su identidad de género.

4   La discriminación laboral denunciada con más frecuencia se basa en las represalias. Este tipo de discriminación ocurre cuando una empresa u otra organización actúa de forma ilegal contra los empleados porque están involucrados en una actividad protegida. Por ejemplo, a los empleados que participan en una investigación o presentan cargos por discriminación contra una compañía se les ofrecen ciertas protecciones. Es ilegal que los empleadores tomen represalias contra ellos.

5   Como la discriminación laboral es una cuestión legal, es importante que los trabajadores que sienten que la han sufrido consulten a un experto en el área. Los empleados deben, por lo menos, familiarizarse con las leyes estatales y federales que rigen la discriminación laboral.

6   También es importante documentar y denunciar los casos. Tomar notas detalladas de los incidentes tan pronto como sea seguro hacerlo. Luego determinar ante quién denunciar la situación, ya sea dentro de la compañía o ante un organismo externo.

3. En el párrafo 1, ¿qué generalización hace el autor?

A. Hay leyes federales que prohíben la discriminación laboral.
B. La discriminación laboral es el tratamiento desfavorable que reciben algunos trabajadores.
C. La discriminación puede ocurrir en virtud de la raza, el sexo, la edad u otros rasgos.
D. La mayoría de los empleadores no comprenden qué comportamientos están prohibidos.

4. ¿Cómo se relaciona el párrafo 3 con el párrafo anterior?

A. Da ejemplos adicionales sobre estereotipos que pueden darse en el ámbito laboral.
B. Hace una generalización sobre las mujeres en el ámbito laboral.
C. Hace una generalización sobre los hombres en el ámbito laboral.
D. Explica que la discriminación en virtud del sexo no incluye cuestiones de preferencia sexual o de identidad de género.

5. Según el pasaje, ¿cuál es la generalización **más** exacta que se puede hacer sobre los empleados que sufren discriminación en el ámbito laboral?

A. Las leyes protegen contra la discriminación laboral a todos los empleados.
B. La discriminación de género ocurre mucho más seguido que la discriminación racial.
C. Las compañías y sus empleados no necesitan estar familiarizados con las leyes de discriminación.
D. Denunciar discriminación tendrá como consecuencia que el empleador tome represalias.

6. De acuerdo con la información del pasaje, ¿cuál es la **mejor** generalización que se puede hacer sobre por qué los empleados que se sienten objeto de discriminación deben consultar a un experto?

A. Los expertos documentan y denuncian mejor los casos.
B. Los empleadores pueden no saber que están discriminando y un experto puede capacitarlos.
C. La discriminación provoca daño emocional y un experto puede ayudar a los empleados a comprender mejor sus sentimientos.
D. Las cuestiones legales pueden ser complicadas y un experto en el área posiblemente sepa cómo proceder.

INSTRUCCIONES: Lee el pasaje, lee cada pregunta y elige la **mejor** respuesta.

LOS HOMBRES, LAS MUJERES Y LA CUSTODIA DE LOS HIJOS

1   Cada tantos años, algún padre que cree que ha sido perjudicado por el sistema de juzgados familiares, llega a las noticias y llama la atención acerca de la forma errónea en la cual dividimos las familias. Los procesos de custodia generalmente son brutales y contenciosos. Personas normales en todo sentido pueden llegar a peleas encarnizadas con sus cónyuges para dirimir quién constituye la mayor amenaza para los niños. (...)

2   A pesar de que los divorcios rara vez se dan por violencia o maltratos, los incentivos para alegar que un hombre es grosero y que pierde el control son innegables. Ellos derivan de viejos estereotipos sobre los hombres y aseguran que la mamá sea elegida como custodia principal. Incluso sin acusaciones de maltrato, las simples reglas de la física (un niño no puede ser dividido en dos y dos no pueden ser divididos en cuatro) hacen que sea probable que muchos buenos padres sean rebajados de padres de tiempo completo a padres de fin de semana alternativos. También se les pedirá que paguen un tercio de sus salarios en pensión alimenticia para disfrutar ese privilegio. Las simples reglas de la vida moderna hacen que sea probable que una ex esposa decida algún día que un empleo o un nuevo marido requieran su mudanza a un estado lejano. En ese caso, el padre de fin de semana alternativo se ve rebajado nuevamente a "padre de día de Acción de Gracias", si es lo suficientemente afortunado.

3   Reconozco que algunos hombres se sienten atraídos por la narrativa sobre hombres que son presionados hasta que explotan. Mi marido también alquila ese tipo de películas. Pero (...) hay decenas de padres no violentos que creen que el mero hecho de sus divorcios no debería terminar en un arreglo por el cual deben pagar por el derecho de ver a sus hijos cada dos domingos. Para mejorar el sistema de tribunales de familia debemos escuchar sus historias, no fábulas de secuestros y asesinatos. Gran parte de lo que está mal en el derecho de familia hoy en día yace en esos estereotipos recalentados que muestran a los hombres como incapaces de cuidar a sus hijos.

Fragmento traducido del artículo UNA REVISIÓN DE LOS DERECHOS DE LOS PADRES, de Dahlia Lithwick, *Newsweek* © 2008

7.   De acuerdo con la información del párrafo 1, ¿qué generalización hace el autor sobre los procesos de custodia?

    A. En general, son amigables.
    B. En general, son combativos.
    C. Se resuelven fácilmente.
    D. Son extremadamente complejos.

8.   ¿Qué generalización hace la autora sobre cuál de los dos progenitores obtiene la custodia de los hijos después de un divorcio?

    A. Los padres casi siempre obtienen la custodia total.
    B. Las madres casi siempre obtienen la custodia primaria.
    C. Las madres y los padres siempre se dividen la custodia equitativamente.
    D. Los padres nunca obtienen la custodia.

9.   De acuerdo con el pasaje, ¿con que estereotipo se relaciona a los hombres después de un divorcio?

    A. Es probable que los hombres estén menos interesados que las mujeres en tener la custodia de sus hijos.
    B. Los hombres están más interesados en sus carreras que en sus familias.
    C. Los hombres no suelen luchar por obtener la custodia legal de sus hijos.
    D. Se supone que los hombres son groseros solo por ser hombres.

10.   La autora menciona el atractivo de las películas violentas (párrafo 3). Según el pasaje, ¿qué enunciado es la **mejor** generalización que se puede hacer sobre los hombres y las películas violentas?

    A. Las películas violentas llevan a los padres que son custodios de sus hijos a ser violentos.
    B. Los padres que disfrutan de las películas violentas no deberían obtener la custodia de sus hijos.
    C. Probablemente, las películas violentas tienen muy poco efecto en los padres que son custodios de sus hijos.
    D. Los niños expuestos a películas violentas suelen tener mal comportamiento.

11.   ¿Cuál es la generalización **más** lógica que se puede hacer a partir de la información de este pasaje?

    A. Todos los acuerdos de custodia deberían dividir equitativamente el tiempo que los hijos pasan con los padres.
    B. Los hombres pueden cuidar bien de sus hijos y tienen derecho a obtener acuerdos de custodia justos.
    C. Ahora se considera que los hombres cuidan a sus hijos mejor que las mujeres.
    D. Los hombres y las mujeres que tienen hijos deberían permanecer casados hasta que sus hijos sean adultos.

INSTRUCCIONES: Lee el pasaje y la pregunta. Luego usa las opciones de arrastrar y soltar para completar la tabla.

LO QUE APRENDEMOS EN LA ESCUELA

1   A la edad de seis años, un niño promedio habrá completado la educación básica estadounidense y estará listo para ingresar en la escuela. Si ha prestado atención durante los años previos a la escuela, ya habrá dominado muchas destrezas.

2   A través de la televisión, ya habrá aprendido a forzar una cerradura, a llevar a cabo un complicado asalto a un banco, a evitar mojarse durante todo el día, a conseguir que la ropa quede el doble de blanca y a matar personas con una gran variedad de armamentos complejos. (...)

3   A lo largo de los años de educación formal, el niño aprende que la vida consiste en rendir exámenes. Esta etapa dura doce años, un período durante el cual el niño aprende que el éxito se logra al decirles a los examinadores lo que ellos quieren oír.

4   Al principio de esta etapa, el niño se entera de que es torpe o inteligente. Si el maestro le plantea exigencias inteligentes, el niño se entera de que es inteligente. Si el maestro no espera mucho del niño, el niño se entera de que es torpe y rápidamente deja de preocuparse por decirles a los examinadores lo que ellos quieren oír. (...)

5   En esta etapa de la educación a todos se les plantea una nueva pregunta. Si el propósito de la educación primaria y secundaria era ingresar a la universidad, ¿cuál es el propósito de la universidad? La respuesta se aprende rápidamente. El propósito de la universidad es preparar al estudiante—que ya no es más un niño—para ingresar a la universidad de posgrado. En la universidad, el estudiante aprende que ya no es suficiente limitarse a decir a los examinadores lo que ellos quieren oír. Son muchos los que se presentan a examen para la universidad de posgrado; muy pocos logran entrar.

6   A los que no logran entrar se les niegan valiosos certificados que les permitirían prosperar en medicina, en abogacía o en el directorio de una corporación. El estudiante aprende que la carrera la ganan los astutos y, con frecuencia, los que no tienen principios.

7   Así, el estudiante aprende la importancia de destruir a sus competidores y sale bien preparado para representar su papel en el turbulento melodrama de la vida estadounidense.

8   Más tarde, ya cumplido el destino del ex estudiante, y con una vida en la cual no se priva de tener alfombras orientales, exóticas porcelanas y cuentas bancarias abultadas, es posible que se encuentre un día con el tiempo libre y la inclinación de abrir un libro con mente inquisitiva y comience a educarse.

Fragmento traducido del artículo LA ESCUELA CONTRA LA EDUCACIÓN, de Russell Baker, *The New York Times* © 1975

12.   Arrastra y suelta cada generalización a la posición correcta en la tabla, de acuerdo con la etapa de la educación estadounidense.

Etapa de educación	Generalización
Años previos a la escuela	
Los doce años de educación formal	
Universidad	
Universidad de posgrado	

Los estudiantes reciben un rótulo de acuerdo con las notas que obtienen en los exámenes que determinan su educación formal.
Los estudiantes impresionan a sus maestros para lograr pasar al siguiente nivel educativo.
Los estudiantes deben ser astutos y hacer lo que sea necesario para lograr más que sus compañeros.
Este grupo aprende mucho de su exposición a los medios de comunicación.

12 LECCIÓN

Sintetizar información

Usar con el *Libro del estudiante,* págs. 32–33.

1 Repasa la destreza

OBJETIVOS DE EVALUACIÓN DE LECTURA: R.2.7, R.2.8, R.3.4, R.3.5, R.4.3/L.4.3, R.6.4, R.9.1/R.7.1, R.9.2

Cuando **sintetizas** información, combinas ideas de una o más fuentes para formar una nueva idea. Sintetizar te permite extender ideas al aplicarlas a nuevas situaciones. Puedes sacar conclusiones y hacer generalizaciones sobre las ideas que lees. También puedes sacar conclusiones y hacer generalizaciones sobre nuevas ideas que se relacionan con las que lees.

2 Perfecciona la destreza

Al perfeccionar la destreza de sintetizar información, mejorarás tus capacidades de estudio y evaluación, especialmente en relación con la prueba de Razonamiento a través de las Artes del Lenguaje de GED®. Lee los pasajes que aparecen a continuación. Luego responde la pregunta.

DISCURSO "UNA CASA DIVIDIDA", DE LINCOLN

"Una casa dividida en contra de sí misma no puede seguir en pie". Creo que este gobierno no puede continuar, de forma permanente, mitad esclavo y mitad libre. No espero que la Unión se disuelva; no espero que la casa se caiga; pero sí espero que deje de estar dividida. Se convertirá en una cosa o en la otra. O los que se oponen a la esclavitud detendrán la expansión de esta y la ubicarán en un lugar donde la opinión pública descansará en la creencia de que se encuentra en proceso de extinción definitiva, o sus defensores impulsarán su avance hasta que sea legal en todos los estados, tanto en los viejos como en los nuevos, así en el Norte como en el Sur.

Fragmento traducido de UNA CASA DIVIDIDA, de Abraham Lincoln, 1858

a Lincoln usa la analogía de "una casa dividida en contra de sí misma" para describir la situación del país. La idea se vuelve a expresar, de manera más literal, en la oración final.

EL DISCURSO DE GETTYSBURG, DE JOHNSON

En esta hora, no son nuestras respectivas razas las que están en peligro, sino nuestra nación. Dejemos que aquellos que se preocupan por su nación den un paso adelante. En el Norte y en el Sur, blancos y negros, para guiarnos a través de este momento de desafíos y decisiones. (...)

Hasta que la justicia sea ciega al color, hasta que la educación no preste atención a la raza, hasta que las oportunidades no tengan en cuenta el color de piel de los hombres, la emancipación será una proclamación pero no un hecho. En la medida en que la proclamación de la emancipación no se concrete en hechos, en esa medida habremos fallado en asegurar la libertad a los libres.

Fragmento traducido del DISCURSO DE GETTYSBURG, de Lyndon Baines Johnson, 1963

b Johnson pronunció este discurso para celebrar el aniversario de la Proclamación de Emancipación, que terminó con la esclavitud en los Estados Unidos. Su discurso es un reflejo del estado de los derechos civiles de los afroamericanos 100 años después.

CONSEJOS PARA REALIZAR LA PRUEBA

Cuando respondes una pregunta de una prueba que te pide que identifiques información o un tipo de lenguaje que se aplica a dos pasajes, empieza por descartar las opciones de respuesta que se aplican a solo uno de los pasajes.

1. ¿Qué comparación describe **mejor** la situación de **ambos** pasajes?

A. una persona que se despierta a la mañana
B. un puente que se interrumpe a mitad de un río
C. una persona ciega que recupera la visión
D. una llamada de teléfono que no es respondida

INSTRUCCIONES: Lee el pasaje, lee cada pregunta y luego elige la **mejor** respuesta.

LA PANDEMIA DE LA GRIPE H1N1

1   El 15 de abril de 2009 se descubrió que un nuevo virus de gripe A había infectado a un niño de 10 años en California.

2   Dos días después de que los CDC (Centros para el Control y la Prevención de Enfermedades) confirmaran el primer caso, un examen de laboratorio confirmó una segunda infección con el mismo virus en otro paciente. El 21 de abril los CDC solicitaron que los laboratorios de salud pública estatal les enviaran todas las muestras positivas en gripe A que no pudieran ser clasificadas en subtipos. En tres días, llegaron a los CDC para su análisis muestras adicionales de pacientes infectados con el nuevo virus. Los exámenes de laboratorio de la División Influenza de los CDC confirmaron que estas muestras también dieron positivo en el virus al que le darían el nombre de "H1N1 2009". El 22 de abril de 2009, los CDC activaron su Centro de operaciones de emergencia.

3   El nuevo virus se diseminó rápidamente en la primavera y el verano. En semanas, se reportaron casos en todo el país y en el mundo. El 11 de junio de 2009 la Organización Mundial de la Salud (OMS) declaró una pandemia de gripe global.

4   La respuesta de los CDC duró casi un año. Durante esos largos meses, los CDC permanecieron a la vanguardia de la respuesta global: compartieron reactivos de laboratorio para las pruebas de diagnóstico con estados y ministerios de salud, usaron secuencias genéticas, estimaron la cantidad de casos, internaciones y muertes por la pandemia mes a mes en los Estados Unidos y trabajaron para implementar un programa de vacunación nacional, para incrementar el uso de drogas antivirales y para asegurar directivas claras acerca del equipamiento de protección para el personal.

5   Al igual que en pandemias previas, la comunidad científica, incluyendo a los expertos de los CDC, hizo un gran aprendizaje que repercutirá en cómo nos preparamos y controlamos para futuras pandemias.

6   La Herramienta de evaluación del riesgo de influenza (IRAT, por sus siglas en inglés) constituye un ejemplo de esto. La IRAT evalúa el riesgo potencial de pandemia que suponen los virus de gripe A que circulan actualmente en los animales. La IRAT evalúa los virus de gripe de origen animal sobre la base de su riesgo de emergencia y de su impacto potencial en la salud pública. No predice pandemias. Los virus de la gripe son demasiado impredecibles.

7   Los científicos de los CDC también desarrollaron una herramienta para evaluar la severidad de una pandemia futura: el Marco de evaluación de la gravedad de una pandemia (PSAF, por sus siglas en inglés). Una vez que se identifica un nuevo virus de gripe A que se está propagando de persona a persona de manera constante, los funcionarios de salud pública usan el PSAF para determinar el impacto de la pandemia, para tomar decisiones oportunas e informadas, y para emprender las acciones que correspondan.

8   Las pandemias de influenza son poco comunes; solo hubo tres desde la pandemia de 1918. Aun así, las pandemias de influenza son una de las amenazas más grandes a la salud pública mundial a causa de su potencial para saturar la salud pública y los sistemas de atención médica y para causar enfermedad, muerte y alteración social generalizadas.

Adaptado del artículo de cdc.gov 10 AÑOS DESPUÉS: LA RESPUESTA AL DURADERO IMPACTO DE LA PANDEMIA DE GRIPE H1N1, 2019

2. ¿Qué enunciado representa la conclusión **más** lógica sobre la importancia de confirmar la propagación de una nueva cepa de virus?

A. Confirmar que se está propagando un nuevo virus acelera el proceso de creación de una vacuna.
B. Confirmar la propagación de una cepa nueva de virus disminuye la tasa de infección.
C. Confirmar la propagación de una cepa nueva de virus evita la saturación de los sistemas de atención sanitaria.
D. Confirmar la propagación de una cepa nueva de virus es necesario antes de declarar una pandemia global.

3. Según el párrafo 6, se puede concluir que

A. los virus de gripe animal pueden propagarse a los seres humanos.
B. los virus de gripe animal son responsables de las últimas tres pandemias.
C. los virus de gripe animal son más contagiosos que los virus de gripe humana.
D. los virus de gripe animal son más predecibles que los virus de gripe humana.

4. ¿Cuál de las siguientes reacciones a la pandemia causaría la **mayor** alteración social?

A. Las personas pueden preocuparse por contraer el virus.
B. Se les puede pedir a las personas que usen mascarillas y se laven las manos.
C. Los gobiernos locales, estatales y nacionales pueden disponer toques de queda para evitar la propagación del virus.
D. Se puede animar a la gente a vacunarse.

INSTRUCCIONES: Lee el pasaje, lee cada pregunta y luego elige la **mejor** respuesta.

CUIDADO CON LOS *RICKSHAWS* ELÉCTRICOS

1 Posiblemente, al oír la palabra *rickshaw,* te imagines a una persona que empuja un carro de dos ruedas a través de las atestadas calles de la India. Los *rickshaws* modernos tienen pedales o, para recorridos más largos, funcionan con motores diésel que ofrecen mucha más velocidad y resistencia que sus precursores de tracción a sangre. Los *rickshaws* modernos son de uso extendido en las grandes ciudades de la India.

2 Las innovaciones en tecnología eléctrica y las inversiones por parte de una de las corporaciones multinacionales más grandes del mundo posiblemente sean un impulso para los *rickshaws* eléctricos.

3 Los *rickshaws* eléctricos están disponibles desde hace varios años. Usan motores eléctricos con baterías recargables. Los partidarios de estos vehículos afirman que son mejores para el medio ambiente. Hay estudios que estiman que la contaminación del aire causa más de un millón de muertes prematuras en la India. No obstante, los detractores hacen notar que no han sido tan accesibles en precio como los *rickshaws* de motor diésel y que los vehículos eléctricos pueden resultar poco prácticos en ciudades sin una infraestructura eléctrica confiable.

4 Los fabricantes, como Altigreen y Saarthi, han anunciado nuevos modelos de *rickshaws* eléctricos. Aunque el costo inicial puede ser mayor que el de un *rickshaw* de motor diésel, el costo diario de combustible es mucho más bajo. Los datos sugieren que un vehículo que gasta $4.70-$5.40 por día en gasóleo podría ser reemplazado por un *rickshaw* que gasta apenas 90 centavos en cubrir la misma distancia. Esta es una diferencia sustancial en un país donde los conductores de *rickshaws* ganan alrededor de $8-$9 por día.

5 Estos nuevos vehículos pueden beneficiarse de un plan del gobierno indio que exigiría que todos los vehículos de dos y tres ruedas fueran eléctricos a partir del año 2025.

6 A raíz del anuncio del gobierno, Amazon, una de las más grandes corporaciones multinacionales, dijo que lanzaría al mercado 10,000 nuevos vehículos eléctricos de 3 y 4 ruedas para su flota de entregas. La compañía dijo que esto es parte de una iniciativa más amplia para reducir las emisiones de carbono.

5. ¿Qué enunciado explica **mejor** por qué los conductores de *rickshaws* prefieren *rickshaws* de motor diésel?

A. Los *rickshaws* eléctricos generan menos contaminación del aire.
B. Los *rickshaws* de motor diésel son más económicos para comprar.
C. Los *rickshaws* de motor diésel son más económicos en cuanto al combustible.
D. Los *rickshaws* eléctricos son de uso extendido en las grandes ciudades de la India.

6. ¿De qué manera un cambio en el costo del gasóleo tiene **más probabilidad** de afectar la venta de *rickshaws* eléctricos?

A. Un aumento en los costos del gasóleo probablemente no tendría efecto en las ventas de *rickshaws* eléctricos.
B. Una reducción en los costos del gasóleo probablemente llevaría a un incremento en las ventas de *rickshaws* eléctricos.
C. Un aumento en los costos del gasóleo probablemente llevaría a un incremento en las ventas de *rickshaws* eléctricos.
D. Una reducción en los costos del gasóleo probablemente no tendría efecto en las ventas de *rickshaws* eléctricos.

7. ¿Qué será necesario para implementar el plan del gobierno indio en el año 2025?

A. Una infraestructura eléctrica más confiable para abastecer a los *rickshaws* eléctricos.
B. Motores diésel qué ahorren más gasóleo para reducir la contaminación que generan.
C. Un mayor gasto en reparación y construcción de carreteras con capacidad para los nuevos *rickshaws*.
D. Un mayor gasto en programas educativos que les recuerden a todos que los *rickshaws* de motor diésel son ilegales.

8. ¿Cuál es la relación **más probable** entre el plan del gobierno indio respecto de los *rickshaws* eléctricos y el lanzamiento de Amazon de vehículos de entrega eléctricos?

A. La decisión de Amazon probablemente no se vio afectada por el plan de gobierno.
B. El plan de gobierno fue un factor en la decisión de Amazon de lanzar su flota eléctrica en la India.
C. El gobierno anunció su plan a causa de la decisión de Amazon.
D. El gobierno probablemente desalentó a Amazon en su plan de lanzar la flota eléctrica.

INSTRUCCIONES: Lee los pasajes, lee cada pregunta y elige la **mejor** respuesta.

EL CEREBRO Y EL SENTIDO DEL OLFATO

1   Estudios recientes realizados en roedores han establecido que los mismos sectores del cerebro que procesan nuestros sentidos también son responsables, al menos parcialmente, de almacenar recuerdos emocionales. Por ejemplo, el olor a pavo asado podría hacer que una persona sonriera al recordar un jubiloso día de Acción de Gracias de su niñez.

2   Y el olfato tiene otra característica especial. En todos los otros sentidos (la vista, el oído, el gusto, el tacto) la información se desplaza desde los órganos sensoriales (los ojos, los oídos, la piel, la lengua) hacia una estructura cerebral denominada tálamo. El tálamo es una especie de portal de nuestra conciencia. Si nos enfocamos en un sentido (por ejemplo en la visión, mientras leemos), podemos bloquear la información de otros sentidos y, por ejemplo, no escuchar a quien nos habla. Como la información de los olores es independiente del tálamo, no podemos anular el acto de oler.

3   Además, según algunas investigaciones, estudiar información ante la presencia de un olor intensifica el recuerdo de esa información cada vez que se vuelve a oler el mismo olor. Indudablemente, los olores están ligados a los recuerdos.

LOS OLORES DESENCADENAN EMOCIONES

1   Los olores pueden traer a nuestra memoria recuerdos importantes del pasado que están conectados con nuestras emociones. Cuanto más emotivo haya sido el suceso, más lo recordaremos, como así también los olores relacionados a él.

2   En un estudio realizado entre 985 personas, aproximadamente un 80 por ciento dijo que los olores le traían recuerdos de objetos, personas o situaciones de su infancia. El olor del pan recién horneado provocó la mayor cantidad de recuerdos. Sin embargo, los olores y los recuerdos asociados variaron según el lugar donde habían crecido las personas. Aquellos que habían crecido en granjas tenían más recuerdos al sentir los olores de los animales que había allí. Los adultos mayores lograban recordar más situaciones al sentir el olor de la lluvia o del pasto recién cortado. Entre los jóvenes, los olores que provocaron más recuerdos placenteros fueron los de sus velas favoritas y el olor de combustible para aviones.

9. Según la información presentada en ambos pasajes, ¿qué generalización es la **más** apropiada?

   A. Los olores crean menos respuestas emocionales a medida que las personas envejecen.
   B. La descripción de un olor puede ser tan fuerte como su sensación.
   C. Las emociones asociadas a un olor tienden a cambiar a medida que una persona asocia el olor a nuevas experiencias.
   D. Un olor puede crear fuertes respuestas incluso antes de que una persona reconozca de qué olor se trata.

10. Según ambos pasajes, ¿qué experiencia es probable que desencadene las respuestas emocionales más rápidas?

   A. la foto del primer amor de una persona
   B. el perfume de la colonia que usaba el primer amor
   C. una flor fragante que una persona huele por primera vez
   D. las primeras notas de una canción favorita

11. Según la información de ambos pasajes, ¿qué tipo de recuerdo positivo sería **más probable** que desencadene el olor a cloro?

   A. el recuerdo de observar una fotografía de una hermosa piscina en una revista
   B. el recuerdo de escuchar una historia de un amigo sobre un divertido viaje al parque acuático
   C. el recuerdo de disfrutar los veranos de la infancia en la piscina local
   D. el recuerdo del olor de la lavandina que se usa como desinfectante para tapar los olores de un hospital

12. La explicación **más probable** de cómo el olor de los animales de granja desencadena un recuerdo instantáneo en ciertas personas es que

   A. el olor de los animales de granja es muy intenso y queda grabado en la memoria de las personas que crecieron en granjas.
   B. los olores no se procesan en el tálamo y, por ende, se experimentan muy rápido.
   C. las familias que veranean en granjas pasan mucho tiempo con los animales.
   D. el cerebro procesa los olores con mayor exactitud que otras percepciones sensoriales.

13 LECCIÓN

Usar las claves del contexto

Usar con el *Libro del estudiante,* págs. 34–35.

OBJETIVOS DE EVALUACIÓN DE LECTURA: R.4.1/L.4.1, R.4.2/L.4.2, R.4.3/L.4.3

1 Repasa la destreza

Los lectores pueden usar las **claves del contexto** para hacer conjeturas con fundamento acerca del significado de palabras desconocidas si examinan los detalles que rodean una oración o un párrafo. Otras palabras, frases o explicaciones pueden ayudar a los lectores a comprender la palabra o la expresión desconocida.

Los escritores suelen usar palabras que tienen **connotaciones**. Esas palabras tienen significados que van más allá de sus definiciones. Las connotaciones pueden ser positivas o negativas. Por ejemplo, una persona que les indica a otros lo que deben hacer se puede describir como una persona "autoritaria" (negativa) o "con dotes de liderazgo" (positiva).

2 Perfecciona la destreza

Al perfeccionar las destrezas de usar las claves del contexto, mejorarás tus capacidades de estudio y evaluación, especialmente en relación con la prueba de Razonamiento a través de las Artes del Lenguaje de GED®. Lee el pasaje que aparece a continuación. Luego responde las preguntas.

UN OASIS EN LONDRES

a La palabra *cañada* puede resultar desconocida, pero el contexto indica que se trata de un tipo de valle.

b Puedes no conocer la palabra *derrotero*, pero el contexto describe una manera de caminar.

No queda lejos de Temple Bar.

Ir hasta allí, por el camino de siempre, es como pasar de una calurosa llanura a alguna cañada fresca y profunda rodeada de montañas.

Asqueado del barullo y sucio del barro de Fleet Street, por donde pululan los comerciantes casados, con las líneas de los libros de cuentas trazadas en el entrecejo, mientras cavilan acerca del aumento del precio del pan y la caída de los bebés, doblas con agilidad al llegar a una mística esquina, no a una calle, y te deslizas por un pasaje sombrío y monástico flanqueado por edificios oscuros, sobrios y solemnes, y continúas tu derrotero hasta escapar de las preocupaciones del mundo y te plantas, libre, ante los apacibles claustros del Paraíso de los solteros.

Los oasis del Sahara serán muy amenos; los bosquecillos en las praderas de agosto, encantadores (...) pero aún más agradable, más encantador y más delicioso es el soñado Paraíso de los solteros que se encuentra en el corazón de la asombrosa Londres.

Fragmento traducido de EL PARAÍSO DE LOS SOLTEROS, de Herman Melville

MIRADA DE CERCA A ÍTEMS

Lee las preguntas de la prueba en busca de claves. La pregunta 1 da una pista acerca del ruido. Observa que en el pasaje se usa la palabra *barullo* para describir una calle ruidosa. Las otras opciones no se refieren al ruido.

1. El autor contrasta un lugar ruidoso con un lugar tranquilo. ¿Qué palabra indica **mejor** la presencia de ruido?

   A. barullo
   B. sucio
   C. sobrios
   D. claustros

2. ¿Qué lugares podrían describirse **mejor** como oasis?

   A. las calles llenas de gente en las ciudades inglesas
   B. los campos cubiertos de polvo en climas secos
   C. los jardines con sombra en ciudades atestadas de gente
   D. el suelo bajo entre las altas montañas

INSTRUCCIONES: Lee el pasaje, lee cada pregunta y elige la **mejor** respuesta.

UNA TARDE DE MIEDO

1   Un día volvía de una larga caminata con mi maestra. Durante la mañana había hecho buen tiempo, pero cuando nos disponíamos a regresar a casa, se puso pesado y sofocante. Dos o tres veces nos detuvimos para reposar a la sombra de un árbol al costado del camino. Nuestra última parada la hicimos bajo un cerezo, a poca distancia de la casa. La sombra era agradable y el árbol era tan fácil de escalar que, con la ayuda de mi maestra, logré trepar y sentarme en las ramas. Estaba tan fresco allí arriba en el árbol que la maestra Sullivan propuso que almorzáramos ahí. Le prometí no moverme mientras ella iba a la casa a buscar el almuerzo.

2   De pronto, el árbol se transformó. El sol ya no caldeaba el aire. Supe que el cielo se había oscurecido, porque ya no se sentía en la atmósfera todo el calor, que para mí era luz. Un olor extraño emanaba de la tierra. Lo conocía; era el olor que siempre precede a la tormenta. Me comprimió el corazón un temor indescriptible. Me sentí completamente sola, apartada de mis amigos y de la tierra firme. Me envolvía lo inmenso, lo desconocido. Me quedé inmóvil y expectante; un escalofriante terror se apoderó de mí. No veía la hora de que regresara mi maestra. Pero, por sobre todas las cosas, deseaba bajarme de ese bendito árbol.

3   Hubo un momento de siniestro silencio, seguido del movimiento de muchas hojas. Sentí que el árbol se estremecía y el viento lanzó una ráfaga que me habría derribado de no haberme abrazado a una rama con todas mis fuerzas. El árbol osciló y tironeó bajo mi peso. Las ramas pequeñas se quebraron y cayeron sobre mí en cantidad. Me dominó un impulso salvaje de saltar, pero el terror me contuvo. Me acuclillé entre las ramas, que me azotaban. Sentí un intermitente estremecimiento que venía a intervalos, como si algo pesado hubiera caído y la sacudida ascendiera hasta alcanzar la rama en la que estaba sentada. Mi ansiedad trepó al punto más alto y justo cuando pensaba que el árbol y yo caeríamos juntos, la maestra me sujetó la mano y me ayudó a bajar. Me aferré a ella y temblé de alegría al sentir otra vez la tierra bajo mis pies. Había aprendido una nueva lección: la naturaleza "libra una guerra abierta contra sus criaturas y bajo el contacto más delicado esconde sus traidoras garras".

De LA HISTORIA DE MI VIDA de Helen Keller

3. En el párrafo 1, la narradora dice que "volvía de una larga caminata". ¿Qué significa la palabra **caminata** en esta oración?

    A. vacaciones en un lugar lejano
    B. una carretera sin asfaltar
    C. un relato sin objetivo
    D. un paseo sin prisa

4. En el párrafo 1, la autora describe el clima como "pesado y sofocante". ¿Qué sugiere el uso de la palabra **sofocante** sobre el clima?

    A. Está tormentoso y atemorizante.
    B. Está húmedo y desagradable.
    C. Está fresco y agradable.
    D. Está radiante y estimulante.

5. En la primera oración del párrafo 3, la narradora describe el silencio como "siniestro". ¿Cómo cambiaría el significado de la oración si la autora hubiera usado la palabra **perturbador** en lugar de **siniestro**?

    A. Disminuiría el tono amenazante de la oración.
    B. Aumentaría el tono amenazante de la oración.
    C. Cambiaría el tono amenazante por un tono divertido.
    D. Cambiaría el tono divertido por un tono amenazante.

6. En el párrafo 3, la narradora dice "el árbol se estremecía", En este contexto, ¿qué refuerza la palabra **estremecía** sobre los sentimientos de la narradora?

    A. que la narradora se siente sola
    B. que la narradora está emocionada
    C. que la narradora tiene frío
    D. que la narradora tiene miedo

INSTRUCCIONES: Lee el pasaje, lee cada pregunta y elige la **mejor** respuesta.

EN EL JARDÍN

1   Giovanni, todavía acodado en la ventana, oyó un crujido entre las hojas y comprendió que alguien trabajaba en el jardín. No tardó en comprobar que no se trataba de un vulgar jardinero, sino de un hombre alto, escuálido, cetrino y de aspecto enfermizo, ataviado con el negro atuendo de un catedrático. Era un hombre de cierta edad, de cabellos grises y barba rala, también gris, en cuyo rostro estaban marcados el intelecto y el estudio, pero que jamás, ni siquiera en la juventud, había expresado la ternura o el afecto. (...)

2   El receloso jardinero se protegía las manos con un par de guantes gruesos, mientras arrancaba las hojas secas o podaba para poner un límite al crecimiento demasiado exuberante de los arbustos. Esos guantes no eran su única protección. Durante su paseo por el jardín, al llegar a la espléndida planta de la que colgaban gemas moradas junto a la fuente de mármol, se colocó una especie de mascarilla sobre la boca y la nariz, como si semejante belleza en verdad ocultara una letal malignidad; mas, como todavía hallaba su tarea demasiado peligrosa, retrocedió, se quitó la mascarilla y llamó con intensidad, pero con la temblorosa voz de una persona afectada por un malestar interno: —¡Beatrice! ¡Beatrice!

3   No tardó en aparecer, por el pórtico esculpido, una muchacha joven cuyo atavío superaba en riqueza y elegancia a la más espléndida de las flores; era bella como el día y tenía una lozanía tan profunda y viva que un poco más de tono habría resultado excesivo. Se la veía rebosante de vida, salud y energía. (...) Giovanni, no obstante, debió ser presa de una mórbida fantasía mientras miraba el jardín: creyó ver otra flor en la hermosa desconocida, una hermana de carne y hueso de aquellas otras del reino vegetal, tan bella como ellas, más hermosa que la más exquisita de todas, pero a la que no se podía tocar sin guantes ni acercarse sin mascarilla. A medida que Beatrice avanzaba por el sendero del jardín, era evidente que ella rozaba e inhalaba el aroma de varias de las plantas que su padre había evitado con la mayor diligencia. (...)

De LA HIJA DE RAPPACCINI, de Nathaniel Hawthorne

7.   El narrador usa la palabra **escuálido** para describir al jardinero. Si el narrador hubiera usado **esbelto** en lugar de **escuálido** en la descripción, ¿cómo cambiaría el sentido?

A. Hubiera parecido que el jardinero estaba bien compuesto y en forma.
B. Hubiera parecido que el jardinero estaba sano y lleno de energía.
C. Hubiera parecido que el jardinero padecía una enfermedad reciente o leve.
D. Hubiera parecido que el jardinero estaba en la etapa final de una enfermedad y próximo a la muerte.

8.   En el contexto del extracto, ¿qué significa la expresión **de cierta edad?**

A. Parecía más joven de lo que era en realidad.
B. Parecía mayor de lo que era en realidad.
C. Era muy joven.
D. Ya no era joven.

9.   Según el contexto, ¿qué significa la frase **rebosante de vida?**

A. aburrida de la vida
B. llena de vida
C. temerosa de la vida
D. divertida con la vida

10. Mientras Giovanni observa a la joven, el narrador dice que "debió ser presa de una mórbida fantasía". Según el contexto del pasaje, ¿qué insinúa esta expresión?

A. Su imaginación hace que la escena parezca perturbadora y siente que debería evitar a la joven.
B. Su imaginación hace que la escena parezca alegre y siente que debería acercarse a la joven en el jardín.
C. Su imaginación hace que la escena parezca mortuoria y que la joven parezca amenazante.
D. Su imaginación hace que la escena parezca inquietante y que la joven parezca espectral.

INSTRUCCIONES: Lee el pasaje, lee cada pregunta y elige la **mejor** respuesta.

EL NARRADOR DESCRIBE A ZELIG

1   Al viejo Zelig sus hermanos lo miraban con recelo. Ninguno se dignaba a llamarlo "Reb" Zelig, ni a anteponer a su nombre el equivalente "Sr.". —El viejo es un barril al que le falta una duela — declaraban de manera cómplice sus vecinos —. Nunca gasta un céntimo; y no pertenece a ningún lugar—. En efecto, "pertenecer", en el *East Side* de Nueva York no era un tema sin importancia. (...)

2   En la tienda de capas en la que trabajaba, Zelig permanecía de pie día tras día, blandiendo su plancha pesada sobre ardiente ropa, prácticamente sin mirar a su alrededor. Los obreros lo despreciaban porque durante una huelga volvió al trabajo después de ausentarse solo dos días. No podía darse el lujo de estar sin trabajo y le aterraba la idea de que llegara el sábado y no recibiera un sobre con su paga.

3   Ya de por sí su aspecto era extraño en comparación con el de los hermanos. Era alto y parecía moldeado en hierro fundido. Cuando se quedaba mirando algo como un tonto, parecía un Sansón ciego. Su cabello gris era largo y caía en rizos alborotados sobre sus hombros gigantescos, que estaban un tanto encorvados. Su ropa gastada le quedaba suelta; y, sin importar que fuera verano o invierno, siempre usaba la misma gorra vieja en la cabeza, que era enorme. (...)

4   En la tienda donde al fin halló empleo, los trabajadores al principio le temían; pero con el tiempo lo consideraron un gigante inofensivo al que más de una vez hacían víctima de sarcasmos a propósito de su cabeza. (...)

5   Pero Zelig hacía poco caso a lo que decían de él. Dedicaba su existencia a ahorrar lo que ganaba y su único temor era verse obligado a gastar algo de sus ahorros. Más de una vez, la silueta del viejo Zelig en camisa de dormir, sentado en la cama y contando un fajo de billetes que siempre volvía a colocar bajo la almohada, horrorizó a su esposa en la oscuridad de la noche. Ella a menudo le recriminaba su naturaleza miserable, su negativa a cualquier pedido más allá de la nimiedad que le daba para los gastos de la casa. La mujer imploraba, exigía, gemía. Él invariablemente respondía: —Por mi alma que no tengo un centavo—. Ella señalaba las paredes vacías, los muebles rotos, sus atuendos miserables.

De ZELIG de Benjamin Rosemblatt

11. El narrador dice que los vecinos nunca llamaban "Reb" Zelig al personaje principal. El hecho de no usar ese título indica los sentimientos de los vecinos para con él. El término **Reb**

   A. es el equivalente de *hermano*.
   B. es el equivalente de *Señor*.
   C. es el título que se le da a un herrero.
   D. es el título que se le da a un sastre.

12. Los vecinos de Zelig lo describen como "un barril al que le falta una duela". ¿Qué expresión idiomática se acerca en sentido a esta frase?

   A. sin una gota de maldad
   B. más listo que el hambre
   C. que no las tiene todas consigo
   D. de proporciones épicas

13. El aspecto de Zelig se describe como "extraño" en comparación con el de otras personas. En este contexto, ¿qué significa **extraño**?

   A. diferente o raro
   B. original o interesante
   C. de otro planeta
   D. atemorizador o amenazante

14. Se describe a Zelig como "moldeado en hierro fundido". En este contexto, ¿qué insinúa esta descripción sobre Zelig?

   A. Es temperamental.
   B. Es testarudo e inflexible.
   C. Es ruidoso y obstinado.
   D. Es fuerte y macizo.

15. El estado del cabello y la ropa de Zelig se describen como "alborotados". ¿Cuál de las palabras siguientes es sinónimo de **alborotado**?

   A. grande
   B. desordenado
   C. pulcro
   D. torpe

Lección de alto impacto: Significados connotativos

OBJETIVO DE EVALUACIÓN DE LECTURA: R.4.1/L.4.1

UNIDAD 1

1 Repasa la destreza

Todas las palabras tienen denotación y connotación. La **denotación** es la definición o el significado básico de la palabra. La **connotación** es la idea o el sentimiento asociado a una palabra y añade un nivel de significado más allá de su denotación. El significado connotativo de una palabra es diferente de su significado denotativo o literal. Los autores usan significados connotativos para crear asociaciones positivas, negativas o neutrales. La comprensión de los significados connotativos puede ayudar a los lectores a entender el propósito o la intención de un autor.

El significado denotativo de una palabra y frase pueden determinarse con frecuencia mediante el uso de **claves del contexto** de la oración o el pasaje. Las claves del contexto pueden abarcar sinónimos, antónimos, explicaciones o ejemplos. Estas claves posiblemente aparezcan en la misma oración de la palabra que tratas de comprender o en otra parte del texto. Aunque determinar la connotación de una palabra puede ser más difícil, ya que la connotación a menudo depende del contexto cultural, las claves del contexto también pueden usarse para determinar el significado connotativo de una palabra.

En la prueba de Razonamiento a través de las Artes del Lenguaje de GED®, se espera que muestres comprensión del significado connotativo. Es probable que te encuentres con preguntas que te pidan que identifiques qué significa una palabra específicamente en el contexto de una oración, que distingas entre el significado denotativo o literal de una palabra y su significado connotativo, y que expliques cómo afecta el contexto de la oración al significado de una palabra.

2 Perfecciona la destreza

a Observa que la primera oración describe dos ideas en contraste: "una serie de victorias estratégicamente significativas" y "un portentoso revés inicial". Comprender las connotaciones de estas descripciones ayuda a los lectores a entender el pasaje.

PLANES DE GUERRA

Detrás de la decisión de ir a Leyte yace una serie de victorias estratégicamente significativas, que habían seguido a un portentoso revés inicial. Los planes de preguerra estadounidenses para el Pacífico habían estado originalmente fundados en la suposición de que solo los Estados Unidos y Japón estarían en guerra y que existiría la Flota del Pacífico de los Estados Unidos. Pero la destrucción de la flota en Pearl Harbor y la entrada de Alemania e Italia en la guerra anularon esos planes. Por lo tanto, la estrategia del Estado Mayor Conjunto a principios de 1942 estuvo dirigida principalmente a tratar de limitar el rápido avance de los japoneses y a mantener abierta la línea de comunicaciones con Australia. El teatro de operaciones del Pacífico estaba dividido en áreas de comando: el área del sudoeste del Pacífico con el general Douglas Mc Arthur como comandante supremo (aunque él se refería a sí mismo como comandante en jefe) y el área del Océano Pacífico (que abarcaba el Pacífico central), con el almirante Chester W. Nimitz como comandante en jefe.

Fragmento traducido de LEYTE: EL REGRESO A LAS FILIPINAS, de M. Hamlin Cannon

Busca en la primera oración la palabra *portentoso*. Vuelve a leer la oración sustituyendo las diferentes opciones de respuesta. La respuesta correcta es **A**.

1. ¿Qué definición coincide **mejor** con el uso de la palabra **portentoso** en la primera oración?

   A. extremadamente agobiante
   B. extraño
   C. singular
   D. que causa admiración o asombro

INSTRUCCIONES: Lee el pasaje, lee cada pregunta y elige la **mejor** respuesta.

BUSCANDO RESPUESTAS

1   Lo primero que le chocó a David Rudinsky sobre sus maestras estadounidenses fue el hecho de que eran mujeres y, en segundo lugar, que no se enfadaban si alguien hacía preguntas. Este fenómeno trastocó su experiencia previa. Cuando iba al *heder* (escuela hebrea) en Rusia, sus maestros siempre eran hombres y no les gustaba que los interrumpieran con preguntas que no formaban parte de la lección. Todo era diferente en los Estados Unidos y a David le gustaba la diferencia.

2   Las maestras estadounidenses, por su parte, también hacían comparaciones. Decían que David no era como otros niños. No se trataba simplemente de que su mente funcionaba como un rayo; esos niños abandonados rusos eran casi siempre rápidos para aprender, tal vez porque tenían que compensar el tiempo perdido. Despertaba comentarios la calidad de su interés, más que la rapidez de su progreso. La Srta. Ralston, maestra de sexto grado de David, a la que este conoció en su segundo año en la escuela, decía de él que jamás dejaba de lado una lección hasta no haber alcanzado la esencia del asunto. —No creo que la gramática sea gramática para él —decía ella—, o que las fracciones sean mera aritmética. No me convence el modo en que enseño estas cosas desde que tuve como estudiante a David. Siento que, si él estuviera en la tarima en mi lugar, la geografía y la gramática empalmarían con el núcleo del universo.

3   La única dificultad con la que se encontraban las maestras de David era su extrema reserva. En una conversación privada era difícil sacarle algo más que "sí, señora" y "no, señora" o "Por favor, no comprendo". En la clase no parecía estar consciente de que existiera nadie, excepto la maestra y él. Hacía preguntas tan rápido como podía formularlas y la maestra tenía que utilizar mucho tacto para satisfacerlas sin despreciar al resto de los alumnos. No reaccionaba a los acercamientos de tipo personal, como si la amistad no estuviera entre las cosas que anhelaba.

Fragmento traducido de LA MENTIRA, de Mary Antin

2. ¿Qué definición coincide **mejor** con el uso de la palabra **chocó** en el párrafo 1?

    A. peleó
    B. golpeó su atención
    C. dio un golpe
    D. colisionó

3. En el párrafo 1 la autora usa la palabra **fenómeno**. ¿Cómo cambiaría el sentido de la oración si la autora hubiera usado en su lugar la palabra **hecho**?

    A. Sugeriría que David no veía el sentido de hacer preguntas.
    B. Sugeriría que David no creía que las maestras fuesen sinceras.
    C. Sugeriría que David estaba asombrado por la diferencia.
    D. Sugeriría que David notó la diferencia, pero no le pareció significativa.

4. En el párrafo 2, la autora declara que la mente de David "funcionaba como un rayo". Las connotaciones de la frase **funcionaba como un rayo** en lugar de la descripción neutral **inteligente** sugieren que la autora

    A. está enfatizando la capacidad de David para aprender rápido.
    B. está planteando que David tiene poderes sobrenaturales.
    C. está insinuando que la inteligencia de David atemoriza a sus maestras.
    D. está planteando que la conducta de David es temperamental.

5. ¿Cuál de las frases siguientes coincide **mejor** con la connotación de la palabra **empalmarían** en el párrafo 2?

    A. combinarían de manera permanente
    B. explicarían de un modo confuso
    C. se unirían para una mejor comprensión
    D. se dividirían entre ciencia y arte

6. ¿Cuál de las definiciones siguientes coincide **casi totalmente** con el significado de la palabra **formular** en el párrafo 3?

    A. poner en palabras sin cuidado ni reflexión
    B. poner en palabras con cuidado y reflexión
    C. expresar ideas de un modo insultante
    D. expresar ideas de un modo humilde

14 LECCIÓN

Identificar causa y efecto en la ficción

Usar con el *Libro del estudiante,* págs. 40–41.

1 Repasa la destreza

OBJETIVOS DE EVALUACIÓN DE LECTURA: R.2.1, R.2.5, R.2.7, R.2.8, R.3.2, R.3.3, R.3.4, R.3.5, R.4.3/L.4.3, R.5.1, R.5.3

Las acciones, los pensamientos y las conversaciones de los personajes de los cuentos tienen consecuencias que afectan o influyen en los sucesos a medida que avanza la historia. Estas acciones, pensamientos y conversaciones son ==causas== que conducen a otras acciones o situaciones, denominadas ==efectos==. Una causa puede crear más de un efecto y un efecto puede tener más de una causa. Estas causas y efectos determinan el desarrollo de un cuento.

2 Perfecciona la destreza

Al perfeccionar la destreza de identificar causa y efecto en la ficción, mejorarás tus capacidades de estudio y evaluación, especialmente en relación con la prueba de Razonamiento a través de las Artes del Lenguaje de GED®. Lee el pasaje que aparece a continuación. Luego responde las preguntas.

LA NARRADORA NO SE SIENTE BIEN

a La descripción de John tiene una clara estructura de causa y efecto, en la que se da primero una causa y una serie de efectos que le suceden.

John se ríe de mí, claro, pero eso pasa en el matrimonio.

John es extremadamente práctico. No tiene paciencia en cuestiones de fe; le horroriza la superstición; y se burla abiertamente de cualquier conversación sobre cosas que no puede tocar, ver y convertir en cifras.

John es médico, y quizás (claro que no se lo diría a nadie, pero esto lo escribo solamente para mí, lo cual es un gran alivio para mi mente) quizás esa sea una de las razones por la que no me mejoro más rápido.

¡Es que no cree que esté enferma!

¿Y qué se le va a hacer?

Si un médico de mucho prestigio, que además es tu esposo, les asegura a los amigos y a los familiares que no tienes nada grave, solamente una depresión nerviosa pasajera (una ligera tendencia a la histeria), ¿qué se le va a hacer?

Mi hermano que también es médico, y que también tiene mucho prestigio, dice lo mismo.

Fragmento traducido de EL PAPEL PINTADO AMARILLO, de Charlotte Perkins Gilman

b La narradora da "una razón" por la que no se recupera más rápido. La palabra *razón* indica una causa. En este caso, la razón, sorprendentemente, es que su esposo es médico.

1. ¿Qué es lo que causa que John quiera que las cosas se puedan "convertir en cifras"?

    A. John no tiene paciencia en cuestiones de fe.
    B. A John le horroriza la superstición.
    C. John es extremadamente práctico.
    D. John es médico.

CONSEJOS PARA REALIZAR LA PRUEBA

Al buscar relaciones de causa y efecto, completa este enunciado: "Debido a [causa], ocurrió [efecto]". Un suceso conduce al siguiente. Busca conexiones, más allá de las meras secuencias de tiempo.

2. ¿Por qué la narradora siente que no puede hacer nada?

    A. Sabe que no tiene nada grave.
    B. Su esposo y su hermano no creen que esté enferma.
    C. Tiene una depresión nerviosa pasajera.
    D. No se mejora a pesar del tratamiento de su esposo.

UNIDAD 1

⭐ Ítem en foco: **ARRASTRAR Y SOLTAR**

INSTRUCCIONES: Lee el pasaje y la pregunta. Luego usa las opciones de arrastrar y soltar para completar la tabla.

LA INVITACIÓN AL BAILE

1   Matilde Loisel era una de esas bonitas y encantadoras criaturas que nacen, como por un error del destino, en una familia de empleados. No tenía dote ni esperanzas de casarse con un hombre rico y distinguido, así que contrajo matrimonio con un empleado del Ministerio de Instrucción Pública.

2   Matilde sufría constantemente, porque sentía que había nacido para disfrutar todas las delicadezas y todos los lujos. La afligían la pobreza de su casa, la desnudez de las paredes, lo desgastado de las sillas, la fealdad de las cortinas. Todas esas cosas, en las cuales ni siquiera hubiera reparado otra mujer de su condición, a ella la torturaban e indignaban. No tenía vestidos ni joyas, nada. Y eran las únicas cosas que le gustaban. Sentía que había sido creada para eso. Le hubiera encantado ser envidiada y deseada. Tenía una amiga rica, llamada Jeanne Forestier, a la que ya no quería visitar por lo triste que se sentía al regresar a su casa.

3   Una tarde, su marido volvió a casa con aire triunfante y un ancho sobre en la mano. —Aquí hay algo para ti —dijo—. *El ministro de Instrucción Pública, George Ramponneau, y señora tienen el honor de invitar al señor y a la señora Loisel al baile del Ministerio la velada del lunes 18 de enero.*

4   En lugar de alegrarse, como había esperado su marido, la esposa arrojó irritada la invitación sobre la mesa. Se secó las mejillas húmedas y dijo: —No tengo ningún vestido y, por lo tanto, no puedo ir al baile. —Su marido, que había ahorrado algún dinero para sus propios fines, le aseguró que podría comprar un bonito vestido con ese dinero.

5   El día del baile se acercaba y *Madame* Loisel parecía triste e inquieta, aunque su vestido estaba listo. Su marido le preguntó: —¿Qué te pasa?

6   Ella respondió: —Me disgusta no tener ni una joya. Parecerá que estoy en la miseria.

7   —Ve con tu amiga Jeanne —le dijo el marido—. Y pídele que te preste unas joyas.

8   Al día siguiente, ella se dirigió a casa de su amiga y le contó el apuro en que se hallaba. Jeanne sacó un gran joyero y le dijo a Matilde que eligiera. Matilde escogió un espléndido collar de diamantes.

Fragmento adaptado de EL COLLAR DE DIAMANTES, de Guy de Maupassant

3.   Arrastra y suelta en el lugar correcto de la tabla la causa o el efecto **más probable**.

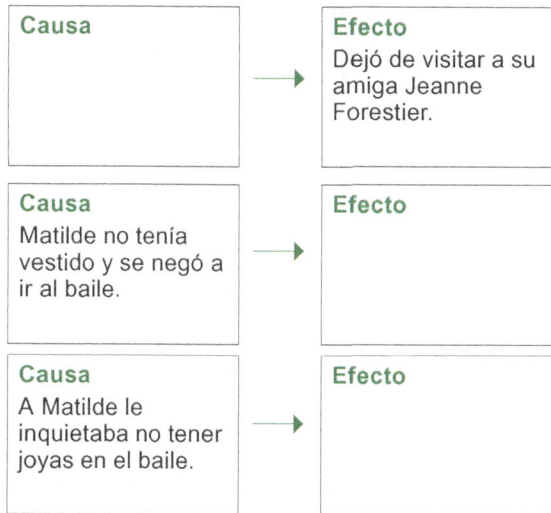

Causa		Efecto
	→	Dejó de visitar a su amiga Jeanne Forestier.
Matilde no tenía vestido y se negó a ir al baile.	→	
A Matilde le inquietaba no tener joyas en el baile.	→	

Matilde no tenía dote.
Matilde era infeliz por su falta de riquezas.
El marido de Matilde trajo a casa una invitación a un baile.
El marido de Matilde le dio dinero para que se compre un vestido.
Matilde le pidió prestado un collar a Jeanne Forestier.

INSTRUCCIONES: Lee el pasaje, lee cada pregunta y elige la **mejor** respuesta.

EL HUÉSPED QUIERE INFORMACIÓN

1   "¡Sylvy, Sylvy!", gritaba una y otra vez la atareada abuela, pero nadie contestaba, y la pequeña cama de cascarillas estaba vacía y Sylvia había desaparecido.

2   El huésped se despertó de su sueño y, recordando el placer del día, se apresuró a vestirse para que comenzara pronto. Por el modo en que la tímida niña lo había mirado ayer una o dos veces, estaba convencido de que por lo menos había visto a la garza blanca, y ahora debía convencerla para que se lo contara. Aquí llega ella, más pálida que nunca, y su viejo y gastado vestido está rasgado y manchado de resina de pino. La abuela y el cazador están de pie en la puerta juntos, y le hacen preguntas, y ha llegado el espléndido momento de hablar del árbol seco de cicuta de la verde marisma.

3   Pero después de todo, Sylvia no habla, aunque la anciana abuela, fastidiosa, la reprende y los ojos amables y suplicantes del joven muchacho la miran directamente a los suyos. Puede hacerlas ricas, lo ha prometido, y ahora son pobres. Vale la pena hacerlo feliz, y él espera escuchar la historia que ella puede contarle.

4   ¡No, debe guardar silencio! ¿Qué es lo que de repente la frena y la deja muda? Ha estado creciendo nueve años y ahora, cuando el gran mundo por primera vez le tiende una mano, ¿debe rechazarlo por un pájaro? Sylvia no puede hablar; no puede contar el secreto de la garza y entregarla a la muerte. En sus oídos está el murmullo de las ramas verdes del pino; recuerda cómo apareció la garza blanca cruzando el aire dorado y cómo miraron el mar y la mañana juntas, y Sylvia no puede hablar; no puede contar el secreto de la garza y entregarla a la muerte.

Fragmento traducido de UNA GARZA BLANCA, de Sarah Orne Jewett

4.   Como Sylvia no les dice a su abuela y al huésped lo que quieren saber,

A. el huésped le paga a la abuela por el alojamiento y se va.
B. la abuela de Sylvia la anima para que sea más sociable.
C. la abuela de Sylvia la reprende por no contar dónde está la garza.
D. el huésped intenta cazar a la garza por sus propios medios.

5.   ¿Qué lleva al huésped a pensar que Sylvia ha visto a la garza blanca?

A. la incapacidad de Sylvia para hablar
B. el vestido rasgado de Sylvia
C. la confesión de la abuela
D. la manera en que lo mira Sylvia

6.   ¿Por qué la abuela quiere que Sylvia le cuente al huésped acerca de la garza blanca?

A. A Sylvia le gusta entretener a los huéspedes con relatos.
B. El huésped les ha ofrecido dinero.
C. La abuela quiere saber más sobre la garza blanca.
D. Sylvia sabe mucho sobre las aves locales.

7.   ¿Por qué la autora describe los recuerdos que tiene Sylvia de la garza en el párrafo 4?

A. Sylvia piensa dónde podría estar la garza para poder ayudar a su abuela.
B. Sylvia tiene recuerdos cálidos de su tiempo con la garza y quiere que permanezca libre.
C. Sylvia quiere enviar al cazador al lugar equivocado.
D. Sylvia cree que el cazador conoce todos estos lugares y que será el próximo lugar donde buscará.

8.   ¿Por qué Sylvia se queda callada?

A. No está segura de dónde está la garza.
B. Le cuesta hablar con extraños.
C. Quiere que su abuela pida más dinero.
D. Tiene miedo de que el huésped le haga daño a la garza.

9.   ¿Cuál de los siguientes sucesos es **más** probable que ocurra debido a que Sylvia guarda su secreto?

A. La abuela de Sylvia se hace rica.
B. El huésped encuentra a la garza blanca.
C. La garza blanca se salva de ser capturada.
D. La abuela de Sylvia la elogia.

INSTRUCCIONES: Lee el pasaje, lee cada pregunta y elige la **mejor** respuesta.

UN VUELO DESDE MIAMI

1   Una mujer que había viajado mucho en avión, un medio en el que nunca había confiado porque no entendía nada acerca de su funcionamiento, estaba sentada en el asiento delantero doble que está detrás del revistero. Ese era el mejor asiento, por lo que sabía, porque había suficiente espacio para estirar las piernas. Además, desde allí tenías una buena vista, si quisieras mirar. Ahora, miró un momento por la ventanilla y vio que las pocas palmeras en el extremo más alejado del campo soplaban en fuertes columnas contra el cielo. Miami tenía un defecto tan grande que incluso una noche preciosa, llena de estrellas, parecía una mera publicidad de bienes raíces. La mujer se arrancó los aretes y los arrojó en el bolsillo de su abrigo. Se pasaba las manos por ese cabello cortísimo, ondulado y oscuro que tenía, tratando deliberadamente de quedar desalineada para la noche que le esperaba. Encorvó los hombros para aliviar el entumecimiento que tenía en el cuello, de tanto cansancio, y se echó en el asiento. Apenas había vuelto a apoyar su cabeza contra el asiento, con la mente en blanco, cuando la voz del hombre dijo: "¿Está ocupado este asiento?". "No", dijo ella, sin mirarlo y se corrió más hacia la ventanilla. De todos modos, se decía a sí misma, no son más de ocho, diez horas, o lo que sea, hasta Nueva York; incluso si ronca, no va a roncar todo el tiempo.

Fragmento traducido de MIAMI-NUEVA YORK, de Martha Gellhorn, © 1948

10. Como la mujer es una viajera experimentada, sabe

    A. llegar a tiempo al aeropuerto.
    B. cuál de los asientos es el más cómodo.
    C. que no tiene que preocuparse por las demoras.
    D. cuánto durará el viaje.

11. ¿Por qué la narradora dice que Miami tiene un "defecto tan grande"?

    A. Miami no es tan hermosa como otras ciudades.
    B. A la mujer del cuento le desagrada Miami.
    C. Miami está en una ubicación tropical peligrosa, propensa a los huracanes.
    D. Miami parece más una publicidad de bienes raíces que una ciudad.

12. La mujer le habla al hombre y después se corre un poco más hacia la ventanilla. La razón **más probable** por la que cambia de posición es que quiere

    A. escuchar la conversación del hombre.
    B. ser desagradable con el hombre.
    C. hacerle lugar al hombre.
    D. tener una mejor vista desde la ventanilla.

13. Más adelante en el cuento, el hombre intenta hablar con la mujer después de que el avión despega. Teniendo en cuenta el comportamiento de la mujer en este pasaje, ¿cuál es el efecto **más probable** que tendrá sobre la mujer el intento del hombre de entablar una conversación?

    A. La mujer intentará ignorar al hombre.
    B. La mujer tendrá una larga conversación con el hombre.
    C. La mujer comenzará a roncar.
    D. La mujer inmediatamente pedirá cambiarse de asiento.

14. Los viajeros podrían comportarse como la mujer del cuento porque

    A. quieren conocer a otros viajeros.
    B. quieren que los dejen tranquilos.
    C. disfrutan de mirar el paisaje.
    D. no disfrutan de viajar.

15. ¿Qué conclusión se puede sacar sobre la mujer a partir de los comportamientos descritos por la autora?

    A. Gracias a su experiencia con vuelos, había planificado cómo quería vivir el vuelo. El hombre del asiento de al lado no era parte de ese plan, pero ella se ajustaría.
    B. Había establecido su plan para el vuelo, había indicado a la tripulación que quería que la dejaran en paz y con su lenguaje corporal buscó evitar que alguien tomara el asiento junto a ella, hasta que el hombre insistió en ocupar el asiento vacío.
    C. Esperaba un vuelo tranquilo a Nueva York, pero recibió con gusto la compañía, para no sentirse sola como a veces ocurre con los viajes.
    D. Esparció sus pertenencias en el asiento para evitar que alguien lo ocupara y fingió estar dormida para evitar compartir el espacio con otros pasajeros.

15
LECCIÓN

Comparar y contrastar en la ficción

Usar con el *Libro del estudiante,* págs. 42–43.

OBJETIVOS DE EVALUACIÓN DE LECTURA: R.2.1, R.2.2, R.2.5, R.2.6, R.2.7, R.2.8, R.3.2, R.3.3, R.3.4, R.3.5, R.4.3/L.4.3, R.5.1, R.5.3, R.6.1

1 Repasa la destreza

Comparar es mostrar en qué se parecen dos o más elementos. **Contrastar** es mostrar en qué se diferencian estos elementos. En los relatos, los autores pueden comparar y contrastar personajes, entornos o puntos de vista. El autor compara o contrasta para ayudar a los lectores a comprender mejor una parte determinada del relato.

2 Perfecciona la destreza

Al perfeccionar la destreza de comparar y contrastar en la ficción, mejorarás tus capacidades de estudio y evaluación, especialmente en relación con la prueba de Razonamiento a través de las Artes del Lenguaje de GED®. Lee el pasaje que aparece a continuación. Luego responde las preguntas.

MARGARET, JO, BETH Y AMY

a La narradora, para hacer una descripción del aspecto de las hermanas, utiliza adjetivos e imágenes que implícitamente terminan comparándolas.

b Teniendo en cuenta la descripción detallada del aspecto de cada una de las hermanas, podrás encontrar semejanzas y diferencias entre ellas.

Margaret, la mayor de las cuatro, tenía dieciséis años; era muy bonita, regordeta y pálida; tenía ojos grandes, abundante pelo castaño claro, boca delicada y manos blancas, de las cuales se vanagloriaba un poco. Jo, que tenía quince años, era muy alta, esbelta y morena, y lo hacía a uno pensar en un potrillo; nunca parecía saber qué hacer con sus largas extremidades, que se le atravesaban en el camino. Tenía la boca marcada, la nariz graciosa y ojos grises muy penetrantes, que parecían verlo todo, y por momentos se veían feroces, divertidos o pensativos. Su única belleza era su cabello, largo y tupido, pero generalmente lo llevaba recogido en una redecilla para que no le estorbara. Jo tenía los hombros cargados, las manos y los pies grandes y un aire de descuido en su vestido y la tosquedad de una chica que se hacía rápidamente mujer a su pesar. Elizabeth, o Beth, como todos le decían, tenía unos trece años; su cara era rosada, el pelo liso y los ojos claros; había cierta timidez en el ademán y en la voz; y una expresión llena de paz, que rara vez se turbaba. (…) Amy, aunque era la más pequeña, se consideraba sumamente importante. Parecía una doncella de las nieves, con ojos azules y cabello rubio enrulado que le caía sobre los hombros.

Fragmento traducido de MUJERCITAS, de Louisa May Alcott

HACER SUPOSICIONES

Los autores comparan y contrastan para resaltar algo. Supongamos que las diferencias enfatizadas son significativas. Este pasaje señala que, a pesar de ser hermanas, las muchachas no son iguales en cuanto a su aspecto físico.

1. Cuando la narradora compara a Jo con un potrillo, ¿qué está resaltando?

   A. que Jo tiene el cabello largo
   B. que Jo tiene brazos y piernas largos que no sabe manejar
   C. que Jo tiene una boca marcada
   D. que Jo es muy alta

2. ¿De qué manera puedes contrastar a Margaret y Jo en cuanto a su belleza?

   A. Margaret y Jo son hermosas.
   B. Margaret es muy bonita, pero Jo no lo es.
   C. Margaret tenía dieciséis años, mientras que Jo tenía quince años.
   D. Margaret tenía las manos blancas, mientras que Jo tenía las extremidades muy largas.

INSTRUCCIONES: Lee el pasaje, lee cada pregunta y elige la **mejor** respuesta.

EL RECHAZO A LAS NIÑAS KELVEY

1   Llegó la hora del recreo y rodearon a Isabel. Las niñas de su clase prácticamente se peleaban por abrazarla, por caminar con ella, por sonreírle de forma halagadora, por ser su mejor amiga. Ella presidía una corte bastante numerosa bajo los grandes pinos del costado del patio. A los codazos, mientras se reían todas juntas, las niñas se apretujaban a su alrededor. Y las dos únicas que se mantenían fuera del círculo eran las dos que estaban siempre afuera, las pequeñas Kelvey. Ellas sabían bien que era mejor no acercarse a las Burnell.

2   Pues, de hecho, la escuela a la que iban las niñas Burnell no era el tipo de institución que sus padres hubieran elegido si hubieran tenido alguna opción. Pero no la tenían. Era la única escuela en muchas millas. Y, en consecuencia, todos los niños del vecindario, las hijas pequeñas del juez, las del médico, los niños del tendero, los del lechero estaban obligados a entremezclarse. (...) Pero en algún punto había que trazar un límite. Y se trazó en las Kelvey. Muchos niños, incluidas las Burnell, no tenían ni siquiera permiso de hablarles. Pasaban junto a ellas con la cabeza alta y, como las Burnell marcaban las normas de conducta, todos rechazaban a las Kelvey. Hasta la maestra tenía una voz especial para ellas y una sonrisa especial para los otros niños, cuando Lil Kelvey se acercaba a su escritorio con un ramo de flores espantosamente ordinario.

3   Las Kelvey eran hijas de una pequeña lavandera, muy enérgica y trabajadora, que iba de casa en casa durante el día. Esto ya era bastante desagradable de por sí. Pero, ¿dónde estaba el señor Kelvey? Nadie lo sabía con certeza. No obstante, todo el mundo decía que estaba en la cárcel. De modo que eran las hijas de una lavandera y un presidiario. ¡Bonita compañía para los hijos de otras personas! Y se les notaba. Era difícil comprender por qué la señora Kelvey las ponía tan en evidencia. Lo cierto es que iban vestidas con los "pedazos" que le daban las personas para las que trabajaba.

Fragmento traducido de LA CASA DE MUÑECAS, de Katherine Mansfield

3. ¿Qué tienen en común las Kelvey y las Burnell?

   A. Van a la misma escuela.
   B. Juegan con las mismas niñas.
   C. Les gustan las flores silvestres.
   D. Son rechazadas por los demás.

4. En el párrafo 1, el narrador contrasta las niñas que están dentro del círculo de Isabel con las que están fuera de él para

   A. mostrar la diferencia de posición social.
   B. indicar la diferencia de edad.
   C. enfatizar la diferencia de tamaño.
   D. revelar que no a todas las niñas les agrada Isabel.

5. El narrador dice que la escuela no es de ninguna manera el tipo de institución que los padres Burnell "hubieran elegido". ¿En qué podría diferenciarse una escuela de su elección de la del pasaje?

   A. Ofrecería una mejor educación.
   B. Quedaría más cerca de su casa.
   C. No aceptaría niños pobres.
   D. Eliminaría las diferencias de clase social.

6. ¿Qué insinúa el narrador acerca de los niños que no hablan con las Kelvey?

   A. Sus familias se preocupan más por la moda que las Kelvey.
   B. A sus familias les va mejor que a las Kelvey.
   C. La posición social de las Kelvey es mejor que la de esas familias.
   D. Las Kelvey son más instruidas que esas familias.

7. En el párrafo 2, el narrador afirma que "Hasta la maestra tenía una voz especial para las niñas Kelvey". ¿Qué revela la palabra indicadora **hasta** sobre la actitud de la maestra hacia las niñas?

   A. Siempre es igual de justa con todos los niños.
   B. Siente lástima por las niñas Kelvey.
   C. Ella, a diferencia de otros, es amable con las niñas Kelvey.
   D. Ella, como los otros, rechazaba a las niñas Kelvey.

INSTRUCCIONES: Lee el pasaje, lee cada pregunta y elige la **mejor** respuesta.

DOS AMIGOS ASISTEN A UN BAILE

1   El señor Bingley era apuesto y tenía el aspecto de un caballero; su semblante era agradable y sus modales, sencillos y poco afectados. Sus hermanas eran mujeres hermosas, con un aire de indudable elegancia. Su cuñado, el Sr. Hurst, no era más que un caballero como cualquier otro, pero su amigo, el Sr. Darcy, atrajo pronto la atención del salón por su atractiva figura —era un hombre alto, de bellas facciones y porte noble— y por el rumor, que ya circulaba a los cinco minutos de su entrada, de que contaba con diez mil libras al año. Los caballeros afirmaban que era un hombre espléndido; las damas declaraban que era mucho más guapo que el Sr. Bingley; y fue admirado aproximadamente la mitad de la velada, hasta que sus modales causaron tal disgusto que cambiaron el curso de su buena fama: se descubrió que era un hombre orgulloso que se consideraba superior a todos los que lo rodeaban y nada lo satisfacía; ni siquiera su extensa propiedad en el condado de Derby podía ya salvarlo de tener el semblante más odioso y desagradable, y de ser incluso indigno de ser comparado con su amigo.

2   El Sr. Bingley pronto trabó relación con las personas más importantes del salón; era franco y vivaz, bailó todas las piezas, lamentó que el baile acabara tan temprano y habló de dar él uno en Netherfield. Tan agradables cualidades hablaban por sí solas. ¡Qué diferencia entre él y su amigo! El Sr. Darcy solo bailó una vez con la Sra. Hurst y otra con la Srta. Bingley, se negó a que le presentaran a ninguna otra dama y se pasó el resto de la velada paseándose por el salón y hablando de vez en cuando con alguno de sus amigos. Su carácter quedaba demostrado: era el hombre más orgulloso y desagradable del mundo, y todos esperaban que no volviera más por allí. Entre los más indignados estaba la Sra. Bennet, cuyo disgusto por su comportamiento general había aumentado hasta convertirse en resentimiento personal porque había despreciado a una de sus hijas.

3   Elizabeth Bennet se había visto obligada, debido a la escasez de caballeros, a permanecer sentada durante dos piezas y, parte de ese tiempo, el Sr. Darcy había estado tan cerca de ella que pudo escuchar una conversación entre él y el Sr. Bingley, que había dejado el baile unos minutos para convencer a su amigo de que se uniese a ellos.

4   —Ven, Darcy —le dijo—. Tienes que bailar. Sabes que no soporto verte ahí de pie, solo y con esa estúpida actitud…

5   —No pienso hacerlo. Sabes lo mucho que lo detesto, a no ser que conozca personalmente a mi pareja… y sería un castigo para mí bailar con cualquiera de las mujeres que hay en este salón.

6   —Yo no sería tan quisquilloso como tú —exclamó el Sr. Bingley—. ¡Por nada del mundo! Palabra de honor, jamás he conocido a tantas muchachas encantadoras como esta noche, y algunas son extraordinariamente hermosas.

7   —¿A quién te refieres? —y, volviéndose, miró por un instante a Elizabeth hasta que sus miradas se cruzaron; apartó entonces la suya y dijo fríamente: —No está mal, pero no es lo suficientemente hermosa como para tentarme; ahora no estoy de humor para hacer caso a las jóvenes que otros hombres han desdeñado. Es mejor que vuelvas con tu pareja y disfrutes de sus sonrisas, porque estás perdiendo el tiempo conmigo.

Fragmento traducido de ORGULLO Y PREJUICIO, *de Jane Austen*

8   ¿Qué enunciado describe **mejor** al Sr. Bingley y al Sr. Darcy?

   A. El Sr. Bingley es vehemente y distante, y el Sr. Darcy es vivaz y simpático.
   B. Al Sr. Bingley le agrada conocer personas nuevas y el Sr. Darcy es tímido y reservado.
   C. Ambos, el Sr. Bingley y el Sr. Darcy, son apuestos, pero el Sr. Bingley es más simpático y afable que el Sr. Darcy.
   D. Ambos, el Sr. Bingley y el Sr. Darcy, son caballeros admirados, pero el Sr. Darcy es más popular porque es rico.

9   ¿Cómo se relaciona la conversación que escucha Elizabeth con la descripción que hace el narrador del Sr. Bingley y el Sr. Darcy?

   A. La conversación confirma la apreciación que hizo el narrador sobre el Sr. Darcy pero contradice la que hizo sobre el Sr. Bingley.
   B. La conversación confirma la apreciación que hizo el narrador sobre el Sr. Bingley pero contradice la que hizo sobre el Sr. Darcy.
   C. La conversación contradice la apreciación que hizo el narrador sobre los dos personajes.
   D. La conversación confirma la apreciación que hizo el narrador sobre los dos personajes.

INSTRUCCIONES: Lee el pasaje, lee cada pregunta y elige la **mejor** respuesta.

LA BÚSQUEDA DE UN SOLDADO

1   En ocasiones, los de la infantería contemplaban una pradera bastante pequeña que se desplegaba a sus pies. El césped largo y verde se mecía suavemente con la brisa. Más allá se avistaba la silueta gris de una casa medio venida abajo por los proyectiles y por las atareadas hachas de soldados en busca de leña. La línea de un viejo cerco aparecía ahora apenas marcada por largas hierbas y por algún poste ocasional. Un proyectil había hecho añicos la casa tan bien construida. (...)

2   Collins, de la Compañía A, dijo: —Qué gana de bebé algo. ¡Debe habé agua allí en ese pozo viejo!

3   —Sí, ¿pero cómo la va sacá?

4   Puesto que la pequeña pradera que se interponía estaba sufriendo ahora un terrible ataque de proyectiles, su verde y hermosa calma había desaparecido por completo. Se lanzaba una amarronada tierra en monstruosos puñados. Y había una masacre de las jóvenes briznas de césped. Las hacían pedazos, las quemaban, las destruían por completo. (...)

5   Hubo una pelea en la Compañía A. Collins agitaba su puño en los rostros de unos compañeros burlones. —¡Demonios! No tengo miedo de ir. ¡Digan lo que digan, voy p' allá!

6   —¡Claro que sí! Va pasá por todo ese desastre, ¿no?

7   Collins dijo, con una terrible voz: —¡Ya van a vé! —Ante esta siniestra amenaza, sus compañeros volvían a mofarse de él.

8   Collins frunció el ceño con un gesto amenazante y fue en busca de su capitán. Este último estaba conversando con el coronel del regimiento.

9   —Capitán —dijo Collins, haciendo la venia y parándose en posición de firme (en aquella época todos los pantalones hacían bolsas a la altura de las rodillas)—, ¡Capitán, deme permiso para ir y sacá agua de ese pozo que t' ahí!

10   El coronel y el capitán giraron al mismo tiempo y miraron la pradera. El capitán se rio. —Se ve que tienes bastante sed, Collins, ¿verdad?

11   —Sí, señor, así es.

12   —Bueno... —dijo el capitán. Después de un momento, preguntó—: ¿No puedes esperar?

13   —No, señor.

14   El coronel observaba el rostro de Collins. —Mira, muchacho —dijo, con una voz piadosa—. Mira, muchacho —Collins no era un muchacho—, ¿no crees que es correr demasiado riesgo por apenas un poco de agua?

15   —Que se ió —dijo Collins incómodamente.

Fragmento traducido de UN MISTERIO DE HEROÍSMO, de Stephen Crane

10. ¿Qué detalle enfatiza **mejor** el contraste implícito entre las condiciones antes y después de la guerra?

   A. Una casa está hecha pedazos por una lucha en tiempos de guerra.
   B. El pozo podría contener agua para que beban los soldados.
   C. Los soldados discuten como si se conocieran desde hace tiempo.
   D. El capitán y el coronel se consultan entre sí en lugar de consultar a los soldados.

11. ¿En qué se parecen Collins y los soldados con los que está discutiendo?

   A. A todos los soldados les importa el bienestar de los otros soldados.
   B. A Collins y a los otros soldados les molestaban el capitán y el coronel.
   C. La forma de hablar de Collins y de los otros soldados hace que parezcan incultos.
   D. Todos los soldados están dispuestos a correr grandes riesgos durante la guerra.

12. ¿En qué se diferencia Collins del capitán y del coronel?

   A. Collins es optimista; el capitán y el coronel están desesperanzados.
   B. Collins es ingenuo e impulsivo; el capitán y el coronel son experimentados y cautos.
   C. Collins es valiente y audaz; el capitán y el coronel son impacientes y dudan de sí mismos.
   D. Collins es astuto; el capitán y el coronel son francos.

13. ¿De qué manera el contraste entre el paisaje natural y la actividad en los tiempos de guerra realza el relato?

   A. El contraste entre el entorno del paisaje natural y la devastadora actividad en los tiempos de guerra enfatiza la belleza y el poder de la naturaleza.
   B. El entorno natural y pacífico enfatiza que la actividad de los tiempos de guerra terminará pronto.
   C. El entorno natural simple contrasta con las complejas tácticas requeridas durante los tiempos de guerra y las enfatiza.
   D. El contraste entre el entorno natural tranquilo y la violenta actividad de los tiempos de guerra enfatiza la naturaleza destructiva de la guerra.

Lección de alto impacto: Lenguaje de transición y palabras indicadoras en la ficción

Usar con el *Libro del estudiante*, págs. 44–47.

1 Repasa la destreza

OBJETIVO DE EVALUACIÓN DE LECTURA: R.5.3

En la ficción, el <mark>lenguaje de transición</mark> y las <mark>palabras indicadoras</mark> pueden ayudar a los lectores a mantener un registro de épocas, lugares o puntos de vista diferentes. Las historias rara vez suceden durante un marco temporal único o en un solo lugar. Cuando los autores cambian el marco temporal o el lugar entre segmentos, pueden crear una transición fácil mediante el uso de lenguaje de transición o de palabras indicadoras. Estos segmentos pueden abarcar escenas, capítulos (o subsecciones dentro de un capítulo), actos o cualquier denominación que el autor desee darle.

Las escenas de un relato de ficción detallan acciones y diálogo que ocurren en un breve período de tiempo. Cuando la escena termina, los autores usan lenguaje de transición o palabras indicadoras para mostrar que ha transcurrido el tiempo. A veces solo son momentos; otras veces pueden ser años. Con frecuencia, los cambios de escena mueven la acción a diferentes lugares.

Los autores también usan lenguaje de transición o palabras indicadoras para señalar cuando una escena se cuenta desde un punto de vista diferente. Por ejemplo, un capítulo puede contarse desde el punto de vista del personaje principal y el siguiente desde el punto de vista de un personaje secundario. Los cambios de punto de vista con frecuencia ocurren al cambiar una sección, escena o capítulo, pero los autores pueden también usar lenguaje de transición o palabras indicadoras para señalar un cambio.

En la prueba de Razonamiento a través de las Artes del Lenguaje de GED® se espera que muestres comprensión de lenguaje de transición y palabras indicadoras. Es probable que te encuentres con preguntas que te pidan que identifiques lenguaje de transición y palabras indicadoras, que expliques cómo funcionan en un relato o que expliques cómo trasmiten significado o facilitan la comprensión de un relato.

2 Perfecciona la destreza

a El pasaje comienza con la indicación del narrador a los lectores de que este es el "presente". Esto proporciona información clara sobre el marco temporal de la escena.

Busca en el párrafo las palabras o frases que aparecen en las opciones de respuesta. Piensa cómo se usa cada palabra o frase en el párrafo. La palabra indicadora *primera* muestra el inicio de una secuencia. La respuesta correcta es **D**.

UNA PARTIDA FURIOSA

1   <u>Mi situación presente</u> era tal que me imposibilitaba y anulaba todo pensamiento sereno. Me sentía dominado por el furor; solo la venganza me calmaba y me daba fuerzas y compostura, modelaba mis sentimientos y me permitía ser frío y calculador en momentos en que, de no haber sido así, el delirio o la muerte habrían hecho presa de mí.

2   Mi primera decisión fue abandonar Ginebra para siempre; mi país, al que tanto quería cuando era feliz y amado, me resultaba odioso ahora en la adversidad. Tomé algún dinero, junto con unas cuantas joyas que habían pertenecido a mi madre, y me marché.

Fragmento traducido de FRANKESTEIN, de Mary Shelley

1. ¿Cómo ayuda el lenguaje de transición del párrafo 2 a que la autora avance con la trama?

   A. La palabra *junto* muestra que el narrador reunió todas sus pertenencias.
   B. La palabra *ahora* indica que la acción tiene lugar fuera de Ginebra.
   C. La frase *cuando era feliz y amado* da inicio a una narración retrospectiva.
   D. La frase *Mi primera decisión* muestra el comienzo de una secuencia de acciones.

Domina la destreza

INSTRUCCIONES: Lee el pasaje, lee cada pregunta y elige la **mejor** respuesta.

INCURSIÓN NOCTURNA

1   Una vez terminado el desayuno y amarrado el escaso equipo del campamento en el trineo, los hombres dieron la espalda al fuego y se lanzaron hacia la oscuridad. En seguida comenzaron a levantarse aullidos ferozmente melancólicos, aullidos que eran llamadas cruzadas en la oscuridad de aquella helada desolación. La conversación cesó. La luz del día apareció a las nueve en punto. Al mediodía el cielo comenzó a teñirse de un color rosado que señalaba el lugar en que la redondez de la Tierra se interponía entre el sol del meridiano y el mundo septentrional. Pero aquel tono rosado desapareció rápidamente. Una luz grisácea se mantuvo hasta las tres, momento en el que también se diluyó y el palio de la noche ártica descendió sobre las solitarias y silenciosas tierras.

2   Mientras la noche caía, los aullidos de caza a derecha, a izquierda y en la retaguardia se hicieron más cercanos, tan cercanos que más de una vez provocaron que cundiera el miedo entre los agotados perros, sumiéndolos en efímeros ataques de pánico.

3   Al final de uno de aquellos ataques de pánico, cuando él y Henry habían vuelto a colocar las correas a los perros, Bill dijo:

4   —Ojalá encuentren caza en otra parte y se vayan y nos dejen en paz.

5   —Le ponen a uno la piel de gallina —afirmó Henry.

6   Y no volvieron a conversar hasta que montaron el campamento.

7   Henry estaba agachado añadiendo un trozo de hielo a la olla en la que preparaban los frijoles cuando se sobresaltó al oír un golpe, una exclamación de Bill y el agudo chillido de uno de los perros. Se irguió a tiempo para observar una forma difusa que desaparecía en la nieve al abrigo de la oscuridad. Luego vio a Bill, de pie entre los perros, medio triunfante, medio alicaído, en una mano un grueso palo y en la otra la cola y parte del cuerpo de un salmón curado al sol.

Fragmento traducido de COLMILLO BLANCO, de Jack London

2. En base al lenguaje de transición usado en el párrafo 1, ¿cuánto tiempo transcurrió desde el comienzo hasta el final del párrafo?

A. un año
B. un día
C. tres meses
D. tres días

3. "Al mediodía el cielo comenzó a teñirse de un color rosado que señalaba el lugar en que la redondez de la Tierra se interponía entre el sol del meridiano y el mundo septentrional". ¿Cuál de las afirmaciones siguientes describe **mejor** cómo funciona esta oración en el pasaje?

A. Indica que ha transcurrido el tiempo.
B. Indica que ha cambiado el clima.
C. Indica que ha cambiado el lugar.
D. Indica un cambio en el punto de vista.

4. ¿Cómo ayuda el lenguaje de transición del párrafo 2 a que el autor avance con la trama?

A. La frase *Mientras la noche caía* marca el final de una narración retrospectiva.
B. La frase *Mientras la noche caía* muestra el paso del tiempo y genera tensión.
C. La frase *a derecha, a izquierda y en la retaguardia* muestra que los hombres se han separado.
D. La frase *a derecha, a izquierda y en la retaguardia* muestra que los hombres están apiñados.

5. ¿Qué lenguaje de transición en el párrafo 7 muestra un giro inesperado de los acontecimientos y genera tensión?

A. "cuando se sobresaltó"
B. "a tiempo para observar"
C. "en la nieve"
D. "Luego miró"

Analizar los elementos de la trama

Usar con el *Libro del estudiante,* págs. 48–49.

OBJETIVOS DE EVALUACIÓN DE LECTURA: R.2.7, R.2.8, R.3.2, R.3.3, R.3.4, R.3.5, R.5.1 , R.5.4

UNIDAD 1

1 Repasa la destreza

La trama de un relato está compuesta por una serie de sucesos. Los **elementos de la trama** incluyen **exposición**, **acción creciente**, **complicaciones** (también llamadas conflictos), **clímax**, **acción descendente** y **resolución**. La exposición provee el contexto del relato y establece los sucesos que vendrán. La acción creciente incluye los eventos que llevan al clímax. Durante la acción creciente, los personajes enfrentan complicaciones, que son las dificultades con las que se encuentran e intentan superar. Las complicaciones suelen ser el resultado de conflictos entre personajes o de conflictos internos de una persona. El clímax es el punto de máxima tensión del relato. La acción descendente incluye los eventos que llevan a la resolución. La resolución es el final de un relato, donde finalmente se atan los cabos sueltos.

2 Perfecciona la destreza

Al perfeccionar la destreza de analizar los elementos de la trama, mejorarás tus capacidades de estudio y evaluación, especialmente en relación con la prueba de Razonamiento a través de las Artes del Lenguaje de GED®. Lee el pasaje que aparece a continuación. Luego responde las preguntas.

PROBLEMA RESUELTO

a La exposición revela la tristeza de la oradora. A ella le preocupa que las personas que ella conoce y recuerda no sean recordadas después de que ella muera.

b La otra oradora, Anna, ofrece una solución para el conflicto que enfrenta su tía. Este ofrecimiento marca el clímax del relato.

—Están todas esas pobres muchachas que nadie recuerda excepto yo, y pronto ni siquiera yo estaré para eso. A veces parecen rogar que no se las olvide, así que tengo que mantenerlas vivas en mi recuerdo. (...) ¡Qué tristeza que tenga que abandonarlas! Morirán ahora, porque ya nadie puede recordarlas.

Anna (...) se inclinó hacia adelante con un entusiasmo juvenil.

—Tía Margaret —suspiró, con una renovada ternura—, aún te queda mucho tiempo. Yo estaré sentada aquí a tu lado todas las noches al atardecer y puedes mostrarme a las chicas que tienes en tus recuerdos. (...) Las veré tan claro como tú las ves, pues hay una parte de mis pensamientos donde las imágenes son tan nítidas y claras como las estrellas de una noche helada. Entonces, con ayuda de mis recuerdos, ellas permanecerán bailando y deambulando hasta el juicio final.

De esta manera, la anciana pudo cumplir con el deseo de su corazón.

Fragmento traducido de NOSOTROS MISMOS, de Mary Lerner

TEMAS

Hay varios tipos de conflicto. Los conflictos más comunes son: personaje contra sí mismo, personaje contra personaje, personaje contra la naturaleza y personaje contra la sociedad.

1. ¿Cuál es el conflicto que enfrenta la tía?

   A. Desea ser joven otra vez.
   B. Quiere que su sobrina la ayude a escribir sus memorias.
   C. Teme morir sola.
   D. Teme que nadie recuerde lo que ella recuerda.

2. La tía está feliz por la resolución porque

   A. su pasado permanecerá en secreto.
   B. se siente tranquila gracias al ofrecimiento de su sobrina.
   C. ella y Anna armarán álbumes con fotos.
   D. su sobrina se mudará con ella.

INSTRUCCIONES: Lee el pasaje, lee cada pregunta y elige la **mejor** respuesta.

EL CANARIO DA UNA PISTA

1   Cuando las dos mujeres quedaron solas en la cocina de Minnie Wright, Martha Hale, en voz baja y despacio, dijo:

2   —Ella quería a ese pájaro. Iba a enterrarlo en esa bonita caja.

3   La señora Hale observó lentamente todo el lugar, como para ver lo que esa cocina había significado durante todo ese tiempo.

4   —No; a Wright no le gustaría el pájaro —y agregó—, una cosa que canta. Ella solía cantar. Él acabó con eso también. —Su voz se tensó.

5   La Sra. Peters, la esposa del comisario, se movió de manera incómoda y respondió:

6   —No sabemos quién mató al pájaro.

7   —Yo conocía a John Wright —respondió la Sra. Hale.

8   —Fue algo horrible lo que ocurrió en esta casa aquella noche, Sra. Hale —dijo la esposa del comisario—. Matar a un hombre mientras dormía, deslizarle una soga por el cuello para quitarle la vida.

9   La Sra. Hale no se había movido.

10   —Si hubiera habido años y años de silencio y después un pájaro cantase, todo se quedaría horriblemente silencioso si el pájaro dejase de cantar de nuevo.

11   Se detuvieron y comenzaron a hacer cosas cuando escucharon el sonido de los hombres bajando las escaleras. Esperaron hasta que el comisario hubo seguido al fiscal del condado desde la cocina hasta el cuarto contiguo. Entonces estuvieron solas en la cocina por última vez.

12   Martha Hale se levantó repentinamente con las manos apretadas entre sí y mirando a la otra mujer. Lentamente y sin quererlo, la Sra. Peters se volvió hasta que sus ojos se encontraron. Hubo un momento durante el cual se observaron detenidamente, con una ardiente mirada que no permitía titubeos. Entonces, los ojos de Martha Hale hicieron una seña hacia la canasta donde se ocultaba lo que aseguraría la condena de Minnie Wright, la mujer que no estaba allí y que, sin embargo, había estado presente con ellas durante toda esa hora.

13   Por un momento, la Sra. Peters permaneció inmóvil. De repente se movió. Se precipitó hacia adelante, tiró las colchas, tomó la caja e intentó ponerla en su bolso. Era muy grande. La abrió desesperadamente e intentó sacar el pájaro, pero en ese momento se quebró; no pudo tocarlo. Así se quedó; desesperanzada, torpe.

14   Se oyó el sonido de un picaporte moviéndose en la puerta interna. Martha Hale tomó rápidamente la caja de las manos de la esposa del comisario y la puso en el bolsillo de su enorme abrigo, justo en el momento en que el comisario y el fiscal del condado entraban en la cocina.

15   La mano de la Sra. Hale permanecía apoyada sobre el bolsillo de su abrigo.

Fragmento traducido y adaptado de UN JURADO DE SUS IGUALES, de Susan Glaspell

3.   De acuerdo con las acciones de las mujeres, ¿qué complicación es **más probable** que haya ocurrido antes del comienzo de este extracto?

A.   Las mujeres robaron el canario de una amiga.
B.   El comisario arrestó al Sr. Peters.
C.   El comisario y el fiscal del condado interrogaron a las mujeres.
D.   Las mujeres encontraron un canario muerto en una caja.

4.   Las mujeres oyeron "el sonido de un picaporte moviéndose en la puerta interna" (párrafo 14). Este suceso podría ser descrito **mejor** como

A.   una complicación.
B.   la exposición.
C.   la acción descendente.
D.   la resolución.

5.   ¿Cuál es el clímax de este pasaje?

A.   La Sra. Peters permanece desesperanzada.
B.   Las manos de Martha Hale esconden la caja en el bolsillo de su abrigo.
C.   Martha Hale saca la caja de las manos de la Sra. Peters y la pone en su bolsillo.
D.   Los hombres entran en la cocina.

6.   A partir de este pasaje, ¿cuál es la resolución **más probable**?

A.   La Sra. Hale les contará al comisario y al fiscal del condado sobre el canario.
B.   El comisario y el fiscal del condado no llegarán a saber del canario.
C.   La Sra. Peters contará al comisario y al fiscal del condado que la Sra. Hale está escondiendo el canario.
D.   El comisario y el fiscal del condado notarán la caja en el bolsillo de la Sra. Hale.

INSTRUCCIONES: Lee el pasaje, lee cada pregunta y elige la **mejor** respuesta.

MARY RECIBE SORPRENDENTES NOTICIAS

1   De nuevo hubo un rápido llamado en la puerta de calle. Temiendo que su hermana fuera perturbada también, Mary se envolvió en una capa con capucha, tomó la lámpara del hogar y se precipitó a la ventana. Por algún descuido había quedado destrabada y cedió fácilmente a su mano.

2   —¿Quién está ahí? —preguntó Mary, temblando, mientras miraba hacia fuera.

3   La tormenta había terminado y la luna estaba alta; brillaba arriba entre las nubes que se habían separado y debajo sobre las casas ennegrecidas por la humedad. Un joven vestido de marinero, mojado como si hubiera salido de las profundidades del mar, estaba parado solo bajo la ventana. Mary lo reconoció como alguien que se ganaba la vida haciendo viajes cortos a lo largo de la costa; no olvidaba que, antes de su matrimonio, él había sido su infructuoso pretendiente.

4   —¿Qué buscas aquí, Stephen? —dijo.

5   —Alégrate, Mary, porque busco consolarte —respondió el rechazado amante—. Debes saber que llegué a casa no hace diez minutos y lo primero que mi buena madre me contó fue la noticia acerca de tu esposo. Así que, sin decir una palabra a la anciana, me puse el sombrero y salí corriendo de la casa. No podría haber dormido ni un instante antes de hablar contigo, Mary, por los viejos tiempos.

6   —¡Stephen, pensaba mejor de ti! —exclamó la viuda, disponiéndose a cerrar la ventana.

7   —Espera y escucha mi historia —gritó el joven marinero—. Te diré que vimos una embarcación ayer por la tarde, que venía desde la vieja Inglaterra. ¿Y a quién crees que vi parado en la cubierta, vigoroso y sano, solo un poco más delgado de lo que estaba hace cinco meses?

8   Mary se inclinó fuera de la ventana, pero no pudo hablar. —Bueno, era tu marido en persona —continuó el generoso marino—. Él y otros tres se salvaron sobre un madero, cuando el Blessing se dio vuelta. El barco llegará a la bahía apenas aclare, con este viento, y tú lo verás aquí mañana. Este es el consuelo que te traigo, Mary; buenas noches.

9   Se alejó apresuradamente, mientras Mary lo miraba dudando de la realidad que la despertaba, que parecía más fuerte o más débil a medida que él atravesaba alternativamente las sombras de las casas o aparecía en los trechos del claro luna. Gradualmente, sin embargo, un dichoso torrente de convicción inundó su corazón, con tanta fuerza que la habría abrumado si su intensificación hubiera sido más abrupta.

Fragmento traducido y adaptado de LAS ESPOSAS DE LOS MUERTOS, de Nathaniel Hawthorne

7. El pasaje afirma que Stephen había sido el "infructuoso pretendiente" de Mary (párrafo 3). Esta información sobre el pasado de Mary y Stephen es parte

A. de la exposición del relato.
B. del conflicto del relato.
C. del clímax del relato.
D. de la resolución del relato.

8. De acuerdo con los detalles en el pasaje, ¿cuál es el origen **más probable** del conflicto de Mary?

A. Ella aún ama a Stephen.
B. Stephen la ha decepcionado.
C. Ella piensa que su marido ha muerto.
D. La madre de Stephen ha esparcido chismes sobre Mary.

9. Una complicación en el pasaje es que, al principio, Mary duda de los motivos que tiene Stephen para visitarla. Al decir: "pensaba mejor de ti" (párrafo 6), ¿qué quiere decir Mary?

A. Mary piensa que Stephen fue allí a llevarle más noticias sobre su marido.
B. Mary piensa que Stephen debería haber encontrado un mejor momento para visitarla.
C. Mary piensa que Stephen ha venido a consolarla y que tiene intenciones románticas.
D. Mary no aprueba la forma en que Stephen se dirige a su madre.

10. A partir de los detalles del pasaje, ¿cuál es el final **más probable**?

A. Stephen le pedirá casamiento a Mary.
B. El marido de Mary regresará a casa.
C. Mary abandonará a su marido.
D. Stephen rescatará al marido de Mary.

INSTRUCCIONES: Lee el pasaje, lee cada pregunta y elige la **mejor** respuesta.

LA HISTORIA DE UNA HORA

1   Sabiendo que la Sra. Mallard padecía del corazón, se tomaron muchas precauciones antes de darle la noticia de la muerte de su marido. Fue su hermana Josephine quien se lo dijo, con insinuaciones veladas que lo revelaban y ocultaban a medias. El amigo de su marido, Richards, estaba también allí, cerca de ella. Fue él quien se encontraba en la oficina del periódico cuando recibieron la noticia del accidente ferroviario y el nombre de Brently Mallard encabezaba la lista de "muertos".

2   Inmediatamente se echó a llorar con repentino y violento abandono, en brazos de su hermana. Cuando la tormenta de dolor amainó, se retiró a su habitación, sola. Agobiada por el agotamiento físico que rondaba su cuerpo y parecía alcanzar su espíritu, se hundió en un sofá. Se sentó casi inmóvil, excepto cuando un sollozo le subía a la garganta y la sacudía. Era joven, de rostro hermoso y tranquilo, y sus facciones revelaban contención y cierta fortaleza. Pero sus ojos tenían ahora una expresión opaca.

3   Sentía que algo llegaba a ella y lo esperaba con temor. ¿De qué se trataba? Empezaba a reconocer aquello que se aproximaba y luchaba con voluntad para rechazarlo. Cuando se abandonó, sus labios entreabiertos susurraron una palabrita. La dijo en voz baja una y otra vez: "libre, libre, ¡libre!". La mirada vacía y la expresión de terror que la había seguido desaparecieron de sus ojos. Ahora permanecían agudos y brillantes.

4   Sabía que lloraría de nuevo al ver que el rostro que siempre la había mirado con amor estaría inmóvil, gris y muerto. Pero más allá de aquel momento amargo, vio una larga procesión de años por llegar que serían solo suyos. No habría nadie para quien vivir; ella tendría las riendas de su propia vida. Ella lo había amado, a veces; otras, no. ¡Pero qué importaba!

5   Por fin, se levantó y abrió la puerta. Tenía en la mirada un triunfo febril y se conducía como una diosa de la Victoria. Descendió las escaleras. Richards, erguido, las esperaba al final.

6   Alguien intentaba abrir la puerta con una llave. Fue Brently Mallard quien entró, un poco sucio del viaje, llevando su maletín y el paraguas. Había estado lejos del lugar del accidente y ni siquiera sabía que había ocurrido. Permaneció de pie, sorprendido por el penetrante grito de Josephine y el rápido movimiento de Richards para que su esposa no lo viera.

7   Pero Richards tardó demasiado.

8   Cuando los médicos llegaron dijeron que ella había muerto del corazón, de la alegría que mata.

Fragmento traducido y adaptado de LA HISTORIA DE UNA HORA, de Kate Chopin

11. En la primera oración, el narrador dice que "la Sra. Mallard padecía del corazón". ¿Este enunciado es un ejemplo de qué elemento de la historia?

A. la resolución
B. el clímax
C. el conflicto
D. la exposición

12. ¿Cuál de las siguientes opciones representa el clímax de la historia?

A. "Fue su hermana Josephine quien se lo dijo, con insinuaciones veladas que lo revelaban y ocultaban a medias".
B. "Se sentó casi inmóvil, excepto cuando un sollozo le subía a la garganta y la sacudía".
C. "La dijo en voz baja una y otra vez: "libre, libre, ¡libre!".
D. "Sabía que lloraría de nuevo al ver que el rostro que siempre la había mirado con amor estaría inmóvil, gris y muerto".

13. ¿Los eventos de los párrafos 3, 4 y 5 respaldan o contradicen la afirmación final?

A. La contradicen; la Sra. Mallard estaba contenta de haberse librado de su marido, por lo que no le dio gusto verlo con vida.
B. La contradicen; la Sra. Mallard le temía a su marido, por lo tanto no le dio gusto verlo con vida.
C. La respaldan; a la Sra. Mallard le daba miedo estar sola, por lo que le dio gusto verlo con vida.
D. La respaldan; la Sra. Mallard estaba triste por la pérdida de su marido, por lo que le dio gusto verlo con vida.

Lección de alto impacto: Secuencia y trama

Usar con el *Libro del estudiante*, págs. 50–53.

1 Repasa la destreza

OBJETIVO DE EVALUACIÓN DE LECTURA: R.3.1

Un orden cronológico de sucesos crea una **secuencia**. La **trama** es la disposición de sucesos y escenas en la ficción que conforma el relato. No obstante, los sucesos de la trama no siempre se presentan en orden cronológico. Los autores a veces disponen sucesos fuera de secuencia para respaldar un tema o una idea principal o para influir en los estados emocionales de los lectores.

La trama tiene cinco etapas: exposición, acción ascendente, clímax, acción descendente y resolución. La exposición presenta a los personajes principales del relato, el entorno, el tema y el conflicto. Durante la acción ascendente, los protagonistas enfrentan obstáculos a medida que se incrementa el conflicto. Durante el clímax, el conflicto alcanza su mayor intensidad cuando el protagonista enfrenta y supera el obstáculo más difícil. Durante la acción descendente, se resuelven todos los conflictos menores que quedan. La resolución es la conclusión o el final de la historia.

Los autores pueden crear relatos fuera de un orden cronológico para generar tensión. Lo hacen mediante relatos de fondo, narraciones retrospectivas y relatos paralelos. Los relatos de fondo describen sucesos previos con frecuencia a través de un diálogo externo o interno. Las narraciones retrospectivas describen sucesos previos mediante el relato de acciones y diálogos. Los relatos paralelos suponen el tramado de diferentes líneas de relato de períodos de tiempo diferentes.

En la prueba de Razonamiento a través de las Artes del Lenguaje de GED®, se espera que muestres comprensión de la secuencia y la trama. Es probable que te encuentres con preguntas que te pidan que identifiques qué significa una palabra específicamente en el contexto de una oración, que ubiques un suceso específico en un texto, que describas cómo un suceso lleva al siguiente, que ordenes sucesos no cronológicos en orden cronológico o que ordenes sucesos cronológicos de una manera diferente.

2 Perfecciona la destreza

a La primera oración muestra una relación de causa y efecto entre dos sucesos: el príncipe acosado y perseguido, y luego abandonado y librado a su suerte.

b Observa que en la segunda oración hay información que no está en orden cronológico. Brinda detalles de por qué el populacho dejó solo al príncipe.

Busca en el párrafo las palabras indicadoras de las opciones de respuesta: *silencio, se cansó, librado a su suerte*. La segunda oración menciona "el cansancio lo obligó finalmente al silencio". ¿Cómo se relaciona esto con los otros sucesos de las opciones de respuesta? La respuesta correcta es **B**.

ABANDONADO

Después de horas de constante acoso y persecución, el pequeño príncipe fue al fin abandonado por la chusma y librado a su suerte. Mientras había podido bramar contra el populacho, amenazarlo regiamente y proferir mandatos que eran materia de risa, fue muy entretenido; pero cuando el cansancio lo obligó finalmente al silencio, ya no les sirvió a sus atormentadores, que buscaron diversión en otra parte. Ahora miró a su alrededor, mas no pudo reconocer el lugar. Estaba en la ciudad de Londres: eso era todo lo que sabía. Se puso en marcha, a la ventura, y al poco rato las casas escasearon y los transeúntes fueron menos frecuentes. Bañó sus pies ensangrentados en el arroyo que corría entonces donde hoy está la calle Farrington; descansó unos instantes, continuó su camino y pronto llegó a un gran espacio abierto con solo unas cuantas casas dispersas y una iglesia maravillosa. Reconoció esta iglesia.

Fragmento traducido de EL PRÍNCIPE Y EL MENDIGO, de Mark Twain

1. ¿Qué enunciado describe **mejor** la relación entre dos sucesos de este fragmento?

   A. Después de que el príncipe se quedó en silencio, se cansó.
   B. Después de que el príncipe se quedó en silencio, el populacho lo dejó librado a su suerte.
   C. Después de que el populacho dejó al príncipe librado a su suerte, él se quedó en silencio.
   D. Después de que el populacho dejó al príncipe librado a su suerte, él profirió mandatos.

INSTRUCCIONES: Lee el pasaje, lee cada pregunta y elige la **mejor** respuesta.

MADRE E HIJO

1   Robert hablaba mucho de sí mismo. Era muy joven y no se le ocurría nada mejor. Por idéntica razón, la señora Pontellier hablaba poco de sí misma. Cada uno estaba interesado en lo que el otro decía. Robert habló de su intención de ir a México en otoño, donde la fortuna lo esperaba. Siempre estaba planeando ir a México pero, por un motivo u otro, nunca iba. Mientras tanto, se aferraba a su modesto empleo en una empresa comercial de Nueva Orleans, en la que su pareja familiaridad con el inglés, el francés y el español le concedía no poco valor a su tarea de oficinista y corresponsal.

2   Como siempre, estaba pasando sus vacaciones de verano en compañía de su madre, en Grand Isle. Tiempo atrás, más del que Robert podía recordar, "la casa" había sido un lujo veraniego de los Lebrun. Ahora, flanqueada por una docena o más *cottages* siempre ocupados por distinguidos huéspedes del "*Quartier Français*", permitía a *madame* Lebrun mantener la cómoda y fácil existencia que parecía corresponderle por derecho de nacimiento.

3   La señora Pontellier hablaba de la plantación de su padre en Misisipi y de la casa de su niñez en los campos de hierba azulada del viejo Kentucky. Era estadounidense, con unas gotitas de sangre francesa que parecían haberse perdido al diluirse. Leyó una carta de su hermana, que vivía en el este, en la que anunciaba su compromiso matrimonial. A Robert le interesaba saber qué clase de muchachas eran las hermanas, cómo era el padre y cuánto hacía que la madre había muerto.

4   —Ya veo que Leonce no va a regresar —dijo mirando en la dirección en la que su marido se había marchado. Robert supuso que no, dada la cantidad de miembros del club de Nueva Orleans que había en el local de Klein.

Fragmento traducido de EL DESPERTAR, de Kate Chopin

2.   ¿Cuál es la primera acción descrita en el pasaje?

  A. La señora Pontellier habló un poco de sí misma.
  B. La señora Pontellier habló sobre su niñez en los campos de hierba azulada del viejo Kentucky.
  C. Robert viajó a México en busca de su destino.
  D. Robert habló de sí mismo

3.   En el párrafo 2, ¿qué frase muestra mejor que la información está presentada en un orden no cronológico?

  A. *en compañía de su madre*
  B. *tiempo atrás*
  C. *siempre ocupados*
  D. *parecía corresponderle por derecho de nacimiento*

4.   En el párrafo 3, ¿a qué conduce la lectura de la carta que hace la señora Pontellier?

  A. Robert quiere saber más sobre la señora Pontellier y su hermana.
  B. Robert explica por qué se mudó al este.
  C. La señora Pontellier habla sobre la plantación de su padre en Misisipi.
  D. La señora Pontellier anuncia su compromiso matrimonial.

5.   ¿Qué enunciado explica **mejor** la razón por la que la señora Pontellier guarda la carta?

  A. La hermana anunció su compromiso matrimonial.
  B. Robert quería saber sobre la señora Pontellier y su hermana.
  C. Era hora de vestirse para la cena.
  D. Su esposo Leonce no iba a regresar.

6.   ¿Qué respuesta presenta un orden cronológico correcto de dos sucesos descritos en el pasaje?

  A. Leonce se marchó. Regresó a tiempo para la cena.
  B. Robert se fue a México. Tenía un empleo en una empresa comercial.
  C. Madame Lebrun mantenía una cómoda existencia. Habló sobre la plantación de su padre.
  D. La señora Pontellier hablaba poco de sí misma. Leyó una carta de su hermana.

Analizar los personajes

Usar con el *Libro del estudiante,* págs. 54–55.

OBJETIVOS DE EVALUACIÓN DE LECTURA: R.3.2, R.3.3, R.3.4, R.3.5, R.4.3/L.4.3

UNIDAD 1

1 Repasa la destreza

Los **personajes** son personas imaginarias que hacen que los relatos sean interesantes y, a menudo, incluso memorables. Los lectores que analizan las acciones de los personajes logran comprender mejor la trama y la acción de un relato. Al analizar los personajes, no solo se tiene en cuenta lo que dicen o hacen, sino también cómo lucen o cómo se comportan y lo que otros personajes dicen o piensan sobre ellos. Incluso los detalles más pequeños sobre el aspecto de un personaje o uno de sus gestos pueden proporcionar claves sobre lo que piensa o siente ese personaje.

2 Perfecciona la destreza

Al perfeccionar la destreza de analizar los personajes, mejorarás tus capacidades de estudio y evaluación, especialmente en relación con la prueba de Razonamiento a través de las Artes del Lenguaje de GED®. Lee el pasaje que aparece a continuación. Luego responde las preguntas.

EL REVERENDO HOOPER

a Frases como "estaba vestido con pulcritud clerical (...)" y "(...) un poco encorvado (...) como suelen hacer los hombres abstraídos" indican que el reverendo Hooper es pulcro, metódico y que está absorto en sus pensamientos.

b La manera en que un personaje reacciona ante otro proporciona información sobre ambos personajes. Los feligreses apenas devolvían el saludo del señor Hooper porque estaban perplejos por su apariencia.

La causa de semejante asombro puede parecer bastante trivial. El reverendo Hooper, un hombre caballeroso, de unos treinta años, aún era soltero pero estaba vestido con pulcritud clerical, como si una prolija esposa hubiera almidonado su cuello y cepillado el polvo de la semana de su vestimenta del domingo. Solo un detalle de su apariencia llamaba la atención. El reverendo Hooper llevaba un velo negro ceñido a su frente que ocultaba su rostro hasta tan abajo que su aliento lo movía. Al verlo de cerca, parecía estar formado por dos pliegues de tul que ocultaban completamente sus facciones, con excepción de la boca y el mentón, pero que probablemente no obstruía su visión sino que oscurecía a todas las personas y objetos. Con lúgubre velo delante de su rostro, el buen señor Hooper avanzaba con paso pausado y sereno, un poco encorvado y mirando el suelo, como suelen hacer los hombres abstraídos; pero sin dejar de saludar amablemente a los feligreses que todavía estaban en la escalinata de la iglesia. Pero ellos estaban tan impresionados que apenas atinaban a devolver el saludo.

Fragmento traducido de EL VELO NEGRO DEL PASTOR, de Nathaniel Hawthorne

1. A partir de la descripción de la vestimenta y la forma de caminar del reverendo Hooper, él parece una persona

    A. extraña y retraída.
    B. pulcra y reservada.
    C. vergonzosa y tímida.
    D. preocupada y poco amigable.

2. ¿Qué enunciado confirma **mejor** que el velo del reverendo Hooper le da un aspecto escalofriante?

    A. Camina mirando el suelo.
    B. El velo oculta completamente sus ojos.
    C. Los feligreses no le devuelven el saludo.
    D. El velo es lo único que llama la atención en el reverendo.

HACER SUPOSICIONES

Las personas hacen suposiciones acerca de alguien que entra a un cuarto. El cabello, la ropa, la actitud y el estilo influyen en la primera impresión. Los personajes pueden causar impresiones similares.

★ Ítem en foco: **ARRASTRAR Y SOLTAR**

INSTRUCCIONES: Lee el pasaje y la pregunta. Luego usa las opciones de arrastrar y soltar para completar la red.

EL PODER DE ATRACCIÓN DE NICK

1   Resulta difícil explicar con palabras el encanto que poseía Nick. A simple vista, era simplemente un joven mecánico de contextura mediana que en su taller usaba ropas de trabajo bastante deterioradas. Cuando no estaba trabajando, vestía pantalones ajustados, una chaqueta ajustada, una camisa de seda y una gorra verde con una larga visera. Su piel era algo pálida debido a la naturaleza de su trabajo. Sus manos eran grandes y hábiles, bastante parecidas a las de un cirujano: cuadradas y con dedos cuadrados espatulados. De hecho, al verlo en su trabajo con una bombilla eléctrica protegida con rejilla de alambre en una mano y la otra en el interior de la maquinaria de un carro, podía uno imaginarse a un cirujano realizando una operación importante. (...)

2   Sin duda, todo esto no le serviría para ganarse el cariño de las muchachas. Por el contrario, se podría pensar que el solo hecho de que sus manos nunca estaban totalmente libres de grasa y suciedad causaría una cierta repulsión entre las poseedoras de dedos blancos como los lirios. Sin embargo, ellas parecían estar siempre buscando una excusa para tocarlo: su corbata, su cabello, la manga de su chaqueta. Parecía incluso que sentían una emoción indirecta cuando sostenían su sombrero o su gorra durante una salida. Sacaban pelusas imaginarias de la solapa de su chaqueta. (...)

3   No, resulta imposible explicar esta poderosa atracción que sentían por él. Y la clave tampoco estaba en su conversación: era una conversación ordinaria, limitada, incluso aburrida. (...)

4   Su indiferencia debería haber enfurecido a las muchachas, pero solo lograba aumentar su interés. En realidad, Nick no era tan indiferente como parecía, pero había aprendido a muy temprana edad que esforzarse por conseguir su atención era completamente innecesario. Nick tenía poca imaginación; un magnífico egoísmo y un despectivo gusto por el sexo opuesto. Sin embargo, su actitud hacia las mujeres se había tornado algo rencorosa por verse obligado a observar su forma de manejar cuando entraban y sacaban sus carros del taller. Su propia forma de conducir era lisa y llanamente mágica.

Fragmento traducido de LA TARDE DE UN FAUNO, de Edna Ferber

3. Arrastra y suelta en la red de personajes que aparece a continuación las características de Nick que **más probablemente** contribuyen a aumentar su poder de atracción sobre las mujeres.

EL PODER DE ATRACCIÓN DE NICK

Parece un cirujano cuando trabaja.
Es un mago conduciendo.
Su cutis es pálido.
Se comporta de manera egoísta.
No se esfuerza por conseguir mujeres.
Tiene poca imaginación.

INSTRUCCIONES: Lee el pasaje, lee cada pregunta y elige la **mejor** respuesta.

UNA VISITA DE LA POLICÍA

1   Al sonar las campanadas de la hora, se oyeron golpes en la puerta de la calle. Bajé a abrir con tranquilidad, ya que ¿qué podía temer ahora? Eran tres hombres que se presentaron al entrar, muy cordialmente, como policías. Dijeron que un vecino había oído un grito durante la noche, y eso había despertado sospechas de algún acto delictivo. Se había hecho una denuncia en la comisaría, y ellos, los policías, habían sido enviados a registrar el lugar.

2   Me sonreí, porque ¿qué podía temer ahora? Les di la bienvenida a los caballeros. El alarido, les dije, había sido mío, a causa de una pesadilla. El anciano, les comenté, estaba en el campo. Guie a los visitantes por toda la casa. Les pedí que revisaran, que revisaran bien. Por último, los llevé a su habitación, les enseñé sus tesoros, seguros e intactos. Entusiasmado por mi confianza, llevé sillas al cuarto y les dije que descansaran allí mientras yo, con la temeraria audacia derivada de mi triunfo perfecto, colocaba mi silla sobre el mismo lugar donde yacía el cadáver de la víctima.

3   Los policías estaban satisfechos. Mis modales los habían convencido. Yo me sentía particularmente cómodo. Se sentaron y, mientras yo respondía alegremente, hablaron de temas de la vida cotidiana. Pero, de pronto, sentí que empalidecía y deseé que se fueran. Me dolía la cabeza y me pareció oír un zumbido; pero ellos seguían sentados y todavía conversaban. El zumbido se hizo más nítido, continuaba y cada vez con mayor nitidez. Yo hablaba con más soltura, para liberarme de esa sensación; pero continuaba y cada vez se hacía más definida... hasta que por fin me di cuenta de que el ruido no estaba en mis oídos. (...)

4   —¡Malvados! —grité—. ¡No disimulen más! ¡Confieso que lo maté! ¡Levanten esas tablas!... ¡Aquí..., aquí! ¡Son los latidos de su espantoso corazón!

Fragmento traducido de EL CORAZÓN DELATOR, de Edgar Allan Poe

4. A partir de los detalles del párrafo 3, ¿cuál de las siguientes palabras describe **mejor** cómo se sentía el narrador cuando llamaron a la puerta?

   A. temeroso   C. confiado
   B. vacilante   D. emocionado

5. El narrador sugiere que no siente miedo alguno cuando llegan los policías. ¿Qué afirmación del narrador da a entender que en realidad siente más miedo del que dice tener?

   A. "El alarido, les dije, había sido mío, a causa de una pesadilla. El anciano, les comenté, estaba en el campo".
   B. "Les pedí que revisaran, que revisaran bien. Por último, los llevé a su habitación, les enseñé sus tesoros, seguros e intactos".
   C. "Entusiasmado por mi confianza, llevé sillas al cuarto y les dije que descansaran allí...".
   D. "Los policías estaban satisfechos. Mis modales los habían convencido. Yo me sentía particularmente cómodo".

6. Los policías se sentaron y hablaron de temas de la vida cotidiana. ¿Qué es lo que **más probablemente** revelan estas acciones acerca de los policías?

   A. No sospechan nada.
   B. Son desconfiados.
   C. Tratan de disculparse.
   D. Son meticulosos.

7. A partir de los detalles del párrafo 3, ¿cuál de las siguientes palabras describe **mejor** cómo se sentía el narrador tras haber estado sentado por un rato con los oficiales?

   A. homicida   C. confiado
   B. culpable   D. alegre

8. Cuando el narrador escucha el ruido, los policías se quedan sentados y continúan conversando. Los policías **más probablemente**

   A. se preguntan por qué el narrador tiene jaqueca.
   B. se sienten enfadados por la locuacidad del narrador.
   C. no escuchan el ruido que escucha el narrador.
   D. aún intentan encontrar evidencia sobre algún delito.

9. El narrador siente el impulso de confesar **más probablemente** porque piensa que

   A. la casa está viva.
   B. los policías son criminales.
   C. los policías lo están engañando.
   D. el corazón del anciano está latiendo.

INSTRUCCIONES: Lee el pasaje, lee cada pregunta y elige la **mejor** respuesta.

MATTIE

1   Siempre había sido más sensible al encanto de la belleza natural que la gente que le rodeaba. Sus estudios inconclusos habían moldeado esa sensibilidad y, hasta en los momentos de mayor desdicha, el campo y el hielo le hablaban con persuasión profunda y convincente. Pero la emoción había sido hasta entonces como un dolor silencioso que velaba de tristeza la belleza que evocaba.

2   Ni siquiera sabía si existía en el mundo otra persona que se sintiera como él, o si él era la única víctima de este triste privilegio. Y entonces descubrió que otro espíritu temblaba con la misma sensación de asombro: que a su lado, viviendo bajo su techo y comiendo su pan, había una criatura a quien podía decirle: "*La de allá es Orión; aquella grande a la derecha, Aldebarán; y ese grupo de estrellitas que parece un enjambre de abejas... son las Pléyades*". (...)

3   El hecho de que la admiración de Mattie por sus conocimientos se mezclase con el asombro por lo que le enseñaba no era en modo alguno lo que menos le complacía. Y había otras sensaciones no tan definibles pero más sutiles, que los unían con un estremecimiento de júbilo silencioso: (...), las sombras azul oscuro de los abetos en la nieve iluminada por el sol. Cuando ella le dijo una vez: "*¡Parece que estuvieran pintados!*", Ethan pensó que el arte de la definición no podía llegar más lejos y que al fin se habían encontrado las palabras que expresaban su alma oculta (...)

Fragmento traducido de ETHAN FROME, de Edith Wharton

10. Los detalles de las dos primeras oraciones del párrafo 1 revelan que Ethan Frome era **más** probablemente

A. un viajero incansable.
B. un hombre alegre y sociable.
C. un hombre sensible y solitario.
D. un profesional serio.

11. A partir de la primera oración del párrafo 2, se puede inferir que Ethan sentía que su capacidad de emocionarse ante la naturaleza

A. era una característica única que lo llenaba de felicidad.
B. era una característica que solo él podía disfrutar.
C. era una característica que compartía con sus amigos.
D. era una pesada carga.

12. En el segundo párrafo, ¿qué palabra describe **mejor** lo que siente Ethan con respecto a Mattie?

A. amistad
B. fascinación
C. sorpresa
D. aburrimiento

13. A partir de la información sobre Mattie que se presenta en los últimos párrafos, podríamos inferir que Mattie **probablemente** es

A. astuta y eficiente.
B. seria y controladora.
C. entusiasta y sensible.
D. alegre y jovial.

14. A partir de los detalles del párrafo 3, Ethan **probablemente**

A. se aburrirá rápidamente de Mattie.
B. buscará nuevas compañías para ampliar su círculo social.
C. intentará convencer a Mattie de que comience a pintar.
D. se sentirá cada vez más atraído hacia Mattie.

15. ¿Qué enunciado del narrador implica que Mattie tuvo un gran efecto sobre Ethan?

A. "Siempre había sido más sensible al encanto de la belleza natural que la gente que le rodeaba".
B. "Pero la emoción había sido hasta entonces como un dolor silencioso que velaba de tristeza la belleza que evocaba".
C. "Ni siquiera sabía si existía en el mundo otra persona que se sintiera como él, o si él era la única víctima de este triste privilegio".
D. "Y había otras sensaciones no tan definibles pero más sutiles, que los unían con un estremecimiento de júbilo silencioso".

16. Los detalles del párrafo 3 revelan que en el momento descrito, Ethan Frome **probablemente**

A. haya finalmente encontrado la felicidad en la compañía de Mattie.
B. haya hallado la inspiración para pintar las imágenes que Mattie admiraba para lograr que ella lo quiera.
C. no haya desarrollado sentimientos profundos o un vínculo emocional hacia los momentos que pasaron juntos.
D. tenga miedo de acercarse a Mattie por temor a ser rechazado, por lo cual no se acercó demasiado a ella.

18 Analizar el entorno

Usar con el *Libro del estudiante,* págs. 56–57.

OBJETIVOS DE EVALUACIÓN DE LECTURA: R.2.1, R.2.7, R.3.2, R.3.3, R.3.4, R.3.5, R.4.1/4.1, R.4.3/L.4.3

UNIDAD 1

1 Repasa la destreza

Un autor construye un **entorno** mediante los detalles que describen un lugar y un tiempo. Por ejemplo, las plantas que crecen en un lugar determinado o la manera de hablar de los personajes ayudan a los lectores a imaginar dónde se desarrolla un relato. El entorno puede afectar la forma de pensar o de actuar de los personajes. Algunos personajes se encuentran a gusto en un determinado entorno, mientras que otros no. El entorno también afecta la manera en que se siente un relato, o la atmósfera de un relato. Por ejemplo, un lugar que es estéril o con condiciones de vida difíciles crea una atmósfera diferente de la de un entorno exuberante y fértil.

2 Perfecciona la destreza

Al perfeccionar la destreza de analizar el entorno, mejorarás tus capacidades de estudio y evaluación, especialmente en relación con la prueba de Razonamiento a través de las Artes del Lenguaje de GED®. Lee el pasaje que aparece a continuación. Luego responde las preguntas.

EL PAISAJE DE LA CAÑA DE AZÚCAR

a Las oraciones y frases subrayadas muestran cómo usa el autor los detalles sensoriales (detalles relacionados con los cinco sentidos) para crear el entorno.

b Durante el siglo XIX y principios del siglo XX, las plantaciones de caña de azúcar dependían de la mano de obra forzada y barata. Aquí la descripción contrasta la dulzura de la caña con la pobreza de los trabajadores.

Desde la penumbra profunda de un lugar abierto donde finalizaba la selva se elevaba el dulce brillo que el viento esparcía entre los bajos nubarrones. Y todo en derredor el aire estaba cargado del aroma de la caña hirviendo. Una enorme pila de cañas yacía sobre el suelo, como listones de sombras. Una mula, atada a un poste, daba vueltas y vueltas perezosamente alrededor del pivote del molino. Bajo la luz de la lámpara de aceite que se balanceaba, un negro azotaba a la mula al mismo tiempo que arrojaba cañas al molino. Un niño gordo llevaba cubos del jugo recién molido desde el molino hasta la estufa que hervía. El vapor salía de la ardiente olla de cobre. El aroma de la caña de azúcar emanaba de la olla de cobre e inundaba con su fragancia la selva y la colina que descendía hasta la ciudad fabril. También empapaba a los hombres (...) sentados alrededor de la estufa.

Fragmento traducido de LUNA ARDIENTE DE SANGRE, de Jean Toomer

USAR LA LÓGICA

Observa cómo el autor usa frases con connotaciones o asociaciones similares para los lectores: "los bajos nubarrones", "el aire estaba cargado" y "listones de sombras". Estas frases proporcionan claves sobre el entorno.

1. Los detalles del entorno revelan

   A. un entorno opresivo.
   B. un procedimiento de labranza moderno.
   C. la dulzura de la tierra.
   D. el amor por la agricultura del narrador.

2. La descripción del entorno ayuda a explicar por qué

   A. el hombre azota a la mula.
   B. el niño lleva los cubos.
   C. los hombres se sienten atrapados.
   D. la mula camina perezosamente.

INSTRUCCIONES: Lee el pasaje, lee cada pregunta y elige la **mejor** respuesta.

LA VIDA EN LAS ROCALLOSAS

1   Cerca de Rattlesnake Creek, al costado de un sendero, se encontraba la cabaña de Canute. En todas direcciones se extendía la llanura de Nebraska, una extensión de pastizales rojizos que ondulaban constantemente con el viento. Hacia el oeste, la tierra estaba accidentada y escabrosa, y una angosta fila de árboles se extendía a la vera de (...) un arroyo barroso con tan poca ambición que apenas se arrastraba sobre su negro lecho. Si no hubiera sido por los pocos álamos y olmos raquíticos que crecían en sus orillas, Canute se hubiera quitado la vida hace ya varios años. Los noruegos son personas que aman los árboles, y si ven un pequeño estanque con unos pocos arbustos de ciruelas creciendo a su alrededor, se sienten irremediablemente atraídos hacia ellos. (...)

2   En lo que respecta a la cabaña, Canute la había construido sin ayuda alguna, ya que, cuando llegó por primera vez a orillas de Rattlesnake Creek, no había un alma en veinte millas a la redonda. Estaba construida con troncos partidos a la mitad cuyas rendijas estaban cubiertas con lodo y yeso. El techo estaba cubierto de tierra y lo sostenía una enorme viga curva con forma de arco redondeado.

Fragmento traducido de EN LAS ROCALLOSAS, de Willa Cather

3. ¿Qué enunciado describe **mejor** la vista desde la cabaña de Canute?

   A. Desde la cabaña se ven llanuras verdes.
   B. Solo hay lodo alrededor de la cabaña.
   C. Canute puede ver el río hacia el este.
   D. La vista en una dirección es diferente de todas las demás.

4. ¿Qué afirmación describe **mejor** el efecto que tiene el entorno sobre Canute?

   A. Todo lo deprime profundamente, menos los árboles.
   B. Disfruta de su vida rústica al aire libre a pesar del viento.
   C. Su casa le aporta una sensación de comodidad y satisfacción.
   D. El paisaje desnudo, sin árboles, lo hace extrañar la vida en la ciudad.

INSTRUCCIONES: Lee el pasaje, lee cada pregunta y elige la **mejor** respuesta.

UNA NIÑEZ INOLVIDABLE

1   Un tipi de lona desteñida por la intemperie se encontraba en la base de unas colinas desiguales. Un sendero se abría camino colina abajo hasta el lecho del ancho río; deslizándose entre los altos pastizales que se encorvaban a los lados, desembocaba en la margen del Misuri.

2   Aquí venía mi madre a la mañana, al mediodía y al atardecer, para buscar agua en el barroso arroyo para usar en nuestro hogar. Y siempre que mi madre partía hacia el río, yo dejaba de jugar para correr tras ella. (...)

3   Yo era una pequeña salvaje de siete años. Con apenas una camisola suelta de gamuza color café, mis pies envueltos en mis mocasines suaves, era libre como el viento que alborotaba mi cabello y tenía el mismo entusiasmo que un ciervo saltarín. Mi madre se sentía orgullosa de esas cualidades: mi salvaje libertad y mi espíritu desbordante. Me enseñó a no temerle a nada, excepto a importunar a los demás.

Fragmento traducido de RECUERDOS DE UNA INDIA SIOUX, de Zitkala-Sa

5. ¿Qué descripción refleja **mejor** el paisaje?

   A. colinas a la vera de un río
   B. seco y llano con escasez de agua
   C. fértiles tierras de cultivo
   D. bosques espesos y vírgenes

6. El hogar y la vestimenta de la niña indican que la niña vive **más probablemente**

   A. en una pequeña ciudad cerca de un río en Misuri.
   B. cerca de una gran ciudad del Medio Oeste en la década de 1880.
   C. en una comunidad rural de indígenas norteamericanos.
   D. en una zona ventosa poblada por muchos ciervos.

7. ¿De qué manera la conducta de la niña refleja el entorno?

   A. La niña no muestra interés alguno por la vida al aire libre y prefiere la lectura.
   B. A la madre le preocupa que la niña disfrute de andar sola por los bosques.
   C. La niña es un espíritu libre, como el viento y el ciervo.
   D. Las acciones de la niña reflejan el suave fluir del río.

INSTRUCCIONES: Lee el pasaje, lee cada pregunta y elige la **mejor** respuesta.

LA FILA DEL PAN

1   La calle estaba muy oscura y completamente desierta. Era un distrito de "South Side", cerca del río Chicago, en su mayoría ocupado por comercios mayoristas, y al caer la noche ya nadie caminaba por allí. Por aquí y por allá se escuchaban los ecos de sonidos casi imperceptibles: la mínima pisada, el menor ruido, podían despertar ecos que clamaban a lo largo del pavimento entre las cortinas metálicas de los comercios. La única luz que podía verse provenía de la puerta lateral de una panadería llamada "Vienna", donde a la una de la mañana se repartían hogazas de pan a quien las pidiera. Cada noche, aproximadamente a las nueve, los marginados comenzaban a agruparse alrededor de la puerta lateral. Los rezagados llegaban apurados y comenzaban a formarse en fila: la fila del pan, como la llamaban. Para la medianoche la fila generalmente alcanzaba unas cien yardas, casi la extensión total de la cuadra.

2   Hacia las diez de la noche, Sam Lewiston se acercaba y ocupaba silenciosamente su lugar al final de la fila, con el cuello de su chaqueta levantado para protegerse de la fina llovizna que caía, con las manos en los bolsillos y los codos pegados a los costados.

3   Estaba ahora de pie en la fila, empapado bajo la llovizna y aturdido por el cansancio. La fila se extendía hacia adelante y por detrás de él. Nadie hablaba. Ni un sonido. La calle estaba desierta. El silencio era tal que el tranvía que pasaba por la calle vecina retumbaba como prolongadas explosiones que comenzaban y terminaban a distancias inconmensurables. La llovizna caía sin cesar. Tras un largo rato, llegó la medianoche.

4   Había algo inquietante y muy impresionante en esta interminable fila de oscuras figuras, apiñadas, mudas: una multitud que, sin embargo, parecía inmóvil. Una multitud silenciosa esperando, esperando en la vasta y desierta calle oscura; esperando sin una palabra, sin un movimiento, allí en medio de la noche y de la llovizna que no cesaba.

Fragmento traducido de LA EPOPEYA DEL TRIGO, de Frank Norris

8. ¿Qué frase describe **mejor** el entorno en este pasaje?

    A. pobre y rural
    B. pobre y urbano
    C. rico y cosmopolita
    D. de clase media y residencial

9. "Por aquí y por allá se escuchaban los ecos de sonidos casi imperceptibles: la mínima pisada, el menor ruido, podían despertar ecos que clamaban a lo largo del pavimento entre las cortinas metálicas de los comercios". ¿De qué manera se establece la atmósfera a través de estos detalles en el párrafo 1?

    A. El texto da la impresión de tristeza tan extrema que nadie se atreve a moverse en este solemne lugar.
    B. El texto da la impresión de temor, donde cualquier ruido generará peligro.
    C. El texto da la impresión de silencio absoluto, donde cualquier ruido se escuchará por las calles.
    D. El texto da la impresión de quietud pacífica, que cualquier movimiento alteraría.

10. En este pasaje, ¿de qué manera afecta el entorno a la atmósfera del relato? El entorno crea una atmósfera

    A. activa y con un propósito.
    B. cálida y atractiva.
    C. distante, casi de otro mundo.
    D. lúgubre e intimidatoria.

11. ¿A qué lugar iría **más probablemente** un hombre en las condiciones de Sam Lewiston?

    A. a un refugio
    B. a un banco en el parque
    C. a un restaurante
    D. a otra panadería

12. A partir de los detalles sobre el South Side, ¿qué conclusión podrías sacar? Probablemente, el vecindario es

    A. un enérgico distrito comercial.
    B. un distrito de depósitos de alto nivel.
    C. un destino suburbano.
    D. un distrito de espectáculos.

13. ¿De qué manera la descripción del estado del tiempo colabora con la creación de la atmósfera general del pasaje?

    A. Muestra la gratitud de los hombres de la fila.
    B. Resalta las dificultades de hacer pan.
    C. Enfatiza la incomodidad de los personajes.
    D. Contrasta con lo lúgubre de la calle.

INSTRUCCIONES: Lee el pasaje, lee cada pregunta y elige la **mejor** respuesta.

EL VELO NEGRO

1   La apariencia de los lugares por donde caminó esa mañana el joven cirujano no era la indicada para levantarle el ánimo ni para disipar los sentimientos de ansiedad y tristeza que la extraña visita que iba a hacer habían despertado en él. Al salir del camino principal, tenía que cruzar una zona pantanosa por irregulares callejuelas. Solo se veían cada tanto cabañas desmanteladas y ruinosas, que se desmoronaban rápidamente a causa del deterioro y el abandono. Algún árbol raquítico o un charco de agua estancada, sucio de lodo por la fuerte lluvia de la noche anterior, orillaban el camino de tanto en tanto. Y, a intervalos, un miserable trozo de jardín, (...) y una vieja empalizada arreglada con estacas robadas de los setos vecinos, daban testimonio tanto de la pobreza de los habitantes como de los escasos escrúpulos que tenían para apropiarse de lo ajeno.

2   En ocasiones, una mujer de aspecto enfermizo aparecía en la puerta de una sucia casa para vaciar el contenido de algún utensilio de cocina en la alcantarilla de enfrente o para gritarle a una muchacha en chancletas que se había ingeniado para alejarse unas pocas yardas de la puerta, con paso vacilante bajo el peso de un niño pálido, casi tan grande como ella. Pero apenas se movía algo por aquellos lugares. Y todo el panorama que podía vislumbrarse vagamente a través de la niebla fría y húmeda que caía pesadamente ofrecía un aspecto solitario y tenebroso, que concordaba a la perfección con los objetos que hemos descrito.

3   Después de afanarse cansinamente a través del barro, de hacer varias preguntas acerca del lugar que se le había indicado y de recibir otras tantas respuestas contradictorias e insuficientes, el joven llegó por fin a la casa señalada como su destino. Era un inmueble pequeño y bajo, de un piso, con una fachada aún más desoladora y menos promisoria que cualquiera de las que él ya había pasado. Una vieja cortina amarilla ocultaba una puerta de vidrio al final de unos peldaños y los postigos del salón estaban entornados. La casa se hallaba separada de las demás y, como estaba en la esquina de una estrecha callejuela, no se veía otra vivienda en los alrededores.

Fragmento traducido de EL VELO NEGRO, de Charles Dickens

14. La primera oración del párrafo 1 sugiere que

   A. el protagonista estaba feliz.
   B. el estado de ánimo del protagonista mejoró al salir de su casa.
   C. el protagonista tiene miedo.
   D. el protagonista se sentía deprimido.

15. El entorno que describe el autor es **más probablemente**

   A. un lugar de gente adinerada.
   B. el campo.
   C. un suburbio pobre.
   D. un lugar aislado.

16. ¿Cómo impacta la descripción de la mujer del párrafo 2 en el entorno?

   A. Demuestra que las personas de la ciudad no se cuidaban a sí mismas.
   B. Demuestra que la mujer desprecia a la muchacha que lleva en brazos al niño pequeño.
   C. Demuestra que la vida difícil de las personas contribuye a que el entorno sea tenebroso.
   D. Demuestra que, a pesar de los tiempos difíciles, en la ciudad cuidaban unos de otros.

17. La primera oración del párrafo 3 sugiere que

   A. el médico halló la casa enseguida.
   B. el camino a la casa fue desagradable y complicado.
   C. el médico nunca llegó a destino.
   D. muchas personas lo demoraron en el camino.

18. Lo **más probable** es que cuando el protagonista vio la casa haya tenido una sensación

   A. de felicidad.
   B. de desesperación.
   C. de cólera.
   D. de envidia.

Interpretar el lenguaje figurado

Usar con el *Libro del estudiante,* págs. 58–59.

UNIDAD 1

① Repasa la destreza

OBJETIVOS DE EVALUACIÓN DE LECTURA: R.2.7, R.3.2, R.3.5, R.4.1/L.4.1, R.4.2/L.4.2, R.4.3/L.4.3 , R.5.1, R.5.2

Los autores usan **lenguaje figurado** cuando comparan una cosa con algo muy diferente para explicar una idea o crear un efecto en particular. Los **símiles** hacen comparaciones mediante el uso de palabras clave como *al igual que* o *como*.

Las **metáforas** hacen el mismo tipo de comparaciones pero sin las palabras clave. Las **analogías** son comparaciones más largas o extensas.

Los autores también usan otros tipos de lenguaje figurado. Una **hipérbole** es una exageración extrema. La **personificación** otorga cualidades humanas a un animal, un objeto inanimado o un elemento de la naturaleza. La **onomatopeya** se vale de palabras que provienen del sonido que describen, como *achís* y *puf*.

② Perfecciona la destreza

Al perfeccionar la destreza de interpretar el lenguaje figurado, mejorarás tus capacidades de estudio y evaluación, especialmente en relación con la prueba de Razonamiento a través de las Artes del Lenguaje de GED®. Lee el pasaje que aparece a continuación. Luego responde las preguntas.

LA ENFERMEDAD DE DENCOMBE

ⓐ En esta descripción, se les da a los objetos características humanas. El **banco miraba al sur** y la **pendiente que se deslizaba suavemente**.

ⓑ Aquí, el *abismo de la ilusión humana* es una metáfora que significa que la habilidad que tiene el narrador para mentirse a sí mismo es tan grande como las profundidades del océano.

El día de abril era suave y brillante, y el pobre Dencombe, feliz en la presunción de sus renovadas fuerzas, estaba de pie en el jardín. (...) El amable cartero rural, que pasó por su jardín, acababa de darle un paquete pequeño que llevó consigo afuera, dejando el hotel a la derecha y acercándose al banco que ya había rondado antes, un lugar seguro en el acantilado. El banco miraba al sur, hacia los coloridos muros de la Isla, y estaba protegido por detrás por la pendiente que se deslizaba suavemente. Se sentía muy cansado cuando llegó allí y por un momento se sintió desanimado; se sentía mejor, claro, pero ¿mejor comparado con qué? Nunca volvería a estar mejor que sí mismo, como le había ocurrido en una o dos grandes ocasiones en el pasado. La infinitud de la vida había desaparecido y lo que quedaba de la dosis era un pequeño vaso marcado como el termómetro de un boticario. Se sentó y observó el mar, que parecía superficial y brillante, mucho más superficial que el espíritu de un hombre. Era el abismo de la ilusión humana lo único real, la profundidad sin mareas.

Fragmento traducido de LA EDAD MADURA, de Henry James

1. El narrador compara lo que resta de vida para Dencombe con "la dosis era un pequeño vaso marcado como el termómetro de un boticario" para

   A. indicar el poco tiempo de vida que le queda a Dencombe.
   B. tranquilizar a Dencombe diciéndole que su medicina funciona.
   C. mostrar que el mar es menos profundo de lo que parece.
   D. mostrar que el termómetro que usa Dencombe es exacto.

2. La comparación entre el espíritu del hombre y el mar significa que

   A. Dencombe tiene profundos pensamientos sobre la vida.
   B. el espíritu humano es más profundo que la profundidad del océano.
   C. la habilidad de Dencombe para engañarse a sí mismo es menos profunda que el océano.
   D. el espíritu humano es poco profundo y superficial.

TEMAS

El lenguaje figurado no aparece solo en textos de ficción. Muchos escritos de no ficción contienen símiles, metáforas y analogías usadas para explicar información, para describir lugares o simplemente para lograr que el texto sea más agradable.

INSTRUCCIONES: Lee el pasaje, lee cada pregunta y elige la **mejor** respuesta.

UNA NOCHE TORMENTOSA

1   El vacío del cuarto de estar de la Sra. Pearce quedó completamente expuesto cuando una poderosa lámpara de aceite fue colocada en el medio de la mesa a las diez de la noche. La luz cruda caía sobre el jardín, atravesaba directamente el césped e iluminaba el balde de un niño y un aster púrpura para alcanzar el seto. La Sra. Flanders había dejado su costura sobre la mesa. Allí estaban sus grandes carretes de algodón blanco y sus gafas de acero, su caja de agujas, su ovillo de lana marrón alrededor de una vieja postal. Allí estaban las aneas y las revistas Strand , y el linóleo con arena de las botas de los muchachos. Una típula atravesó de rincón a rincón y golpeó el cristal de la lámpara. El viento trazaba contra la ventana líneas oblicuas de lluvia que cruzando la zona iluminada destellaban brillos plateados. Una hoja solitaria tamborileaba rápida y persistentemente contra el vidrio. Había un huracán al fondo del mar.

2   Archer no podía dormir.

3   La Sra. Flanders se encorvó sobre él: —Piensa en las hadas —dijo Betty Flanders—. Piensa en los pajaritos, los encantadores pajaritos posándose en sus nidos. Ahora cierra tus ojos y mira a la vieja mamá pájaro con un gusano en su pico. Ahora date la vuelta y cierra tus ojos —murmuraba—, y cierra tus ojos.

4   El alojamiento parecía lleno de borboteos y ráfagas, la cisterna rebalsaba; agua burbujeando y chirriando y corriendo a lo largo de los caños y ondeando hacia abajo en las ventanas. (...)

5   —Pensé que nunca se iba a quedar dormido... semejante huracán —susurró a Rebecca que se inclinaba sobre una lámpara de bencina en el pequeño cuarto vecino. Fuera soplaba el viento, pero la pequeña llama de la lámpara de bencina ardía tranquilamente, un libro colocado de canto protegía la cuna con su sombra.

6   —¿Tomó bien su biberón? —murmuró la Sra. Flanders, y Rebecca asintió con la cabeza, fue a la cuna y dobló el edredón, y la Sra. Flanders se inclinó y miró ansiosamente al bebé, dormido, pero con el ceño fruncido. La ventana se sacudió, y Rebecca se escabulló como un gato y la calzó.

7   Las dos mujeres murmuraban sobre la lámpara de bencina, tramando la conspiración eterna de silencio y limpios biberones mientras el viento se enfurecía y daba un tirón a las cerraduras baratas.

Fragmento traducido de EL CUARTO DE JACOB, de Virginia Woolf

3. En el párrafo 1, una hoja "tamborileaba rápida y persistentemente contra el vidrio". Este es un ejemplo de

    A. una metáfora.
    B. una hipérbole.
    C. una personificación.
    D. una onomatopeya.

4. ¿Qué oración del pasaje incluye una onomatopeya?

    A. "Piensa en los pajaritos, los encantadores pajaritos posándose en sus nidos".
    B. "El alojamiento parecía lleno de borboteos y ráfagas, la cisterna rebalsaba; agua burbujeando y chirriando y corriendo a lo largo de los caños y ondeando hacia abajo en las ventanas".
    C. "Fuera soplaba el viento, pero la pequeña llama de la lámpara de bencina ardía tranquilamente, un libro colocado de canto protegía la cuna con su sombra".
    D. "... la Sra. Flanders se inclinó y miró ansiosamente al bebé, dormido, pero con el ceño fruncido".

5. En el párrafo 6, "Rebecca se escabulló como un gato" hacia la ventana. Este símil implica que Rebecca

    A. se movió haciendo ruido, sin importarle si despertaba al niño.
    B. se movió rápida y silenciosamente, con cuidado de no despertar al niño.
    C. se movió para ocupar el sitio donde estaba otra persona.
    D. se movió para llamar la atención.

6. ¿Qué oración del pasaje incluye un ejemplo de personificación?

    A. "La luz cruda caía sobre el jardín, atravesaba directamente el césped...".
    B. "Una típula atravesó de rincón a rincón y golpeó el cristal de la lámpara".
    C. "El viento trazaba contra la ventana líneas oblicuas de lluvia que cruzando la zona iluminada destellaban brillos plateados".
    D. "... el viento se enfurecía y daba un tirón a las cerraduras baratas".

INSTRUCCIONES: Lee los pasajes, lee cada pregunta y elige la **mejor** respuesta.

EL DÍA DE LA BODA DE MEG

1   —De veras que luces como nuestra Meg de siempre, solo que tan dulce y bonita que te abrazaría si eso no fuese a arrugarte el vestido —exclamó Amy, contemplándola encantada cuando todo estuvo listo.

2   —Entonces estoy satisfecha. Pero por favor, abrácenme y bésenme todo lo que quieran y no se preocupen por mi vestido. Hoy quiero muchas arrugas de ese tipo en mi vestido. —Y Meg abrió los brazos a sus hermanas, que la abrazaron felices (...) seguras de que el nuevo amor no había cambiado en nada el antiguo.

3   —Ahora voy a hacerle el nudo de la corbata a John y luego me quedaré unos minutos tranquila con papá en el escritorio. —Y Meg bajó corriendo a cumplir con esas pequeñas ceremonias y luego siguió a su madre por todos lados, consciente de que, a pesar de las sonrisas en su rostro, había una pena secreta oculta en el corazón maternal ante el vuelo de la primera ave que abandonaba el nido. (...)

LA VIDA DE JO EN PLUMFIELD

4   Nunca fue una escuela a la moda (...) pero era justo lo que Jo quería que fuera: "un lugar alegre y acogedor para los niños que necesitaban educación, cuidados y cariño". Pronto, cada habitación de la casa estuvo poblada. (...) Tenía suficientes niños ahora y nunca se cansaba de ellos, a pesar de que no eran ángeles, y algunos causaban (...) malestar y ansiedad. Pero su fe en ese punto de bondad que existe en el corazón (...) le dio paciencia, destreza y, con el tiempo, logró triunfar, ya que ningún niño mortal puede resistirse a un profesor que brilla sobre él como un sol benevolente y a una Jo que lo perdona setenta veces siete. Para Jo, la amistad de los muchachos era muy importante. (...)

5   Sí, Jo era una mujer muy feliz en ese lugar, a pesar del trabajo duro, de la ansiedad y el barullo incesante. Lo disfrutaba de corazón, y el aplauso de sus muchachos la satisfacía más que cualquier elogio del mundo, ya que ahora solo guardaba sus relatos para su grupo de creyentes y admiradores entusiastas. Con el correr de los años, tuvo dos niños propios que llegaron para aumentar aún más su felicidad: Rob, llamado así por el abuelo, y Teddy, un bebé feliz que deambulaba por todos lados. Teddy parecía haber heredado el carácter afable de su padre y el entusiasmo de su madre. Para su abuela y sus tías era un misterio cómo esos niños lograron sobrevivir en medio de ese torbellino de niños, pero ellos florecieron como dientes de león en primavera. (…)

Fragmento traducido de MUJERCITAS, Louisa May Alcott

7.   Cuando Meg dice: "Hoy quiero muchas arrugas de ese tipo en mi vestido", quiere decir que

A.   no le importa que se arrugue su vestido.
B.   le interesa más el amor que las arrugas en su vestido.
C.   está preocupada porque luce diferente en su vestido de novia.
D.   preferiría quedarse con sus hermanas que casarse.

8.   La comparación del párrafo 3 indica que la madre de Meg

A.   sonríe, pero en realidad no le parece adecuado el hombre que Meg eligió como esposo.
B.   teme que Meg ya no se ocupe de las aves del jardín.
C.   está preocupada por la economía familiar ahora que Meg se va.
D.   demuestra una mezcla de alegría y tristeza porque su hija mayor se va de la casa.

9.   En el párrafo 4, el narrador dice "ya que ningún niño mortal puede resistirse a un profesor que brilla sobre él como un sol benevolente y a una Jo que lo perdona setenta veces siete". ¿Qué enunciado explica **mejor** esta hipérbole?

A.   El profesor y Jo tratan a los niños con mucha paciencia y cariño.
B.   A los niños con problemas les va bien en Plumfield por su estricta disciplina y su enfoque académico.
C.   Plumfield es un lugar permisivo donde no se presta demasiada atención al enfoque académico.
D.   El profesor no da demasiada instrucción académica y Jo está perdiendo la paciencia.

10.   ¿Qué sugiere la metáfora "un torbellino de niños"?

A.   un grupo de niños en la playa
B.   niños estudiando el movimiento del agua
C.   el movimiento y la actividad constantes de los niños
D.   el movimiento de un trompo o juguete que gira

11.   La comparación de los niños floreciendo "como dientes de león en primavera" muestra que los niños

A.   crecen rápida y constantemente.
B.   ayudan a mantener el césped prolijo.
C.   disfrutan de jugar al aire libre en la primavera.
D.   prefieren las flores silvestres a los jardines cultivados.

INSTRUCCIONES: Lee el pasaje, lee cada pregunta y elige la **mejor** respuesta.

SENTENCIADO A MUERTE

El narrador ha sido sentenciado a muerte por los jueces de la Inquisición.

1   Estaba AGOTADO, agotado hasta no poder más, por aquella larga agonía. Cuando, finalmente, me desataron y me permitieron sentarme, sentí que perdía el conocimiento. La sentencia, la espantosa sentencia de muerte, fue la última frase que llegó claramente hasta mis oídos. Luego, el sonido de las voces de los inquisidores pareció mezclarse en el zumbido indefinido de un sueño. Ese ruido me provocaba la sensación de estar dando vueltas, quizá porque lo asociaba (...) con una rueda de molino. Pero aquello duró poco tiempo, porque, de pronto, no oí nada más. No obstante, durante algún rato pude ver; pero, ¡con qué terrible exageración! Veía los labios de los jueces vestidos de negro: eran blancos, más blancos que la hoja [de papel] sobre la que estoy escribiendo estas palabras (...); les vi pronunciar las sílabas de mi nombre, y me estremecí al ver que el sonido no seguía al movimiento. Durante varios momentos de espanto frenético vi también la blanda y casi imperceptible ondulación de las negras colgaduras que cubrían las paredes de la sala, y mi vista cayó entonces sobre los siete grandes cirios que se habían colocado sobre la mesa. Al principio, representaron para mí la caridad, y los imaginé ángeles blancos y esbeltos que me salvarían. Pero entonces, y de pronto, una náusea mortal invadió mi alma, y sentí que cada fibra de mi ser se estremecía como si hubiera hecho contacto con el cable de una batería (...). Y las formas angelicales se convirtieron en insignificantes espectros con cabeza de llamas, y claramente comprendí que no debía esperar de ellos ayuda alguna. Entonces, como una magnífica nota musical, se insinuó en mi imaginación la idea del dulce reposo que nos espera en la tumba. Este pensamiento llegó suave, furtivamente; creo que necesité un gran rato para apreciarlo por completo. Pero en el preciso instante en que mi espíritu comenzaba a sentir claramente esa idea, y a acariciarla, las figuras de los jueces se desvanecieron como por arte de magia; los grandes cirios se redujeron a nada; sus llamas se apagaron por completo, y sobrevino la negrura de las tinieblas; todas las sensaciones parecieron desaparecer como en un descenso alocado y precipitado del alma en el Averno. Y el universo fue solo noche, silencio y quietud.

2   Estaba desvanecido. (...)

Fragmento traducido de EL POZO Y EL PÉNDULO, de Edgar Allan Poe

12. En el primer párrafo, la frase "Luego, el sonido de las voces de los inquisidores pareció mezclarse en el zumbido indefinido de un sueño" significa que

   A. el narrador ya no escucha nada.
   B. el narrador escucha ruidos demasiado fuertes.
   C. el narrador no puede distinguir sonidos individuales.
   D. el narrador está preso en un molino.

13. ¿Qué sentimiento es **más probable** que represente la comparación de los cirios con ángeles caritativos?

   A. calidez
   B. arrepentimiento
   C. esperanza
   D. miedo

14. Cuando el narrador dice que sintió que cada fibra de su ser se estremecía como si hubiera hecho contacto con el cable de una batería, ¿qué es lo que **más probablemente** intenta expresar?

   A. Su pavor le causa dolor físico.
   B. Está emocionado por estar vivo.
   C. Los jueces lo sentenciaron a ser electrocutado.
   D. Sus captores finalmente lo habían desatado.

15. La idea de la muerte entrando en la mente del narrador "como una magnífica nota musical" indica que la muerte es algo que el narrador **probablemente**

   A. se niegue a aceptar.
   B. acepte con placer.
   C. encuentre difícil de entender.
   D. considere un acto creativo.

16. Cuando el narrador pierde el conocimiento, compara su desmayo con el descenso de un alma en el Averno. A partir de otros detalles del pasaje, ¿qué oración describe **mejor** el efecto de esta comparación?

   A. Confirma que el narrador merece ser condenado.
   B. Enfatiza la situación desesperanzada del narrador.
   C. Predice la muerte del narrador.
   D. Sugiere que los jueces de la Inquisición son demonios.

Lección de alto impacto: Significados figurados

Usar con el *Libro del estudiante*, págs. 60–63.

1 Repasa la destreza

OBJETIVOS DE EVALUACIÓN DE LECTURA: R.4.1/L.4.1

Los autores usan el **significado figurado** para comunicar ideas complicadas o abstractas. El **lenguaje figurado** es el uso de una palabra o frase para representar algo diferente de su significado denotativo o literal. El significado figurado de una palabra posiblemente difiera también de cualquier connotación, o valor emocional, que pueda tener la palabra.

Por ejemplo, *acero* es un tipo de metal hecho de hierro y carbono. Según el contexto, la palabra acero puede tener las connotaciones de sólido, fuerte o insensible. Cuando se usan figuradamente, estas connotaciones pueden ser más claras: *Jordan tenía una mirada de acero*. Jordan no tiene literalmente ojos de acero. Este lenguaje figurado significa que la mirada de Jordan era seria y no revelaba emoción.

Hay muchas formas diferentes de lenguaje figurado. Una **metáfora** compara directamente dos cosas diferentes. Un **símil** compara dos cosas diferentes por medio de las palabras *como* o *semejante a*. La **personificación** les da a las cosas inanimadas sentimientos, características o cualidades humanas. La **onomatopeya** es una palabra o frase que se aproxima al sonido de algo. Las **imágenes** se crean con palabras que apelan a los sentidos del lector para describir algo. Un **símbolo** representa algo en sí mismo y al mismo tiempo otra cosa con un significado más profundo. La **ironía** consiste en usar palabras para expresar algo que es diferente, y con frecuencia lo contrario, de su significado literal. El **sarcasmo** es una forma específica de ironía verbal que tiene como fin ser satírica o hiriente. La **hipérbole** es el uso de la exageración para lograr un efecto. La **sutileza** se usa para representar algo como más pequeño o menos intenso para lograr un efecto. Las **expresiones idiomáticas** son frases con significados que no se pueden deducir del significado de base de las palabras que las forman. Si un significado figurado no es claro, puedes buscar claves del contexto en el pasaje que te ayuden a entender su sentido.

En la prueba de Razonamiento a través de las Artes del Lenguaje de GED®, se espera que muestres comprensión de los significados figurados. Es probable que te encuentres con preguntas que te pidan que distingas entre el significado figurado y los significados denotativos o connotativos de una palabra.

2 Perfecciona la destreza

a En el pasaje se usa lenguaje figurado de diferentes maneras. La primera oración enuncia: "Jurgis hablaba a la ligera del trabajo". La frase *hablaba a la ligera* es una expresión idiomática que significa que hablaba de trabajo sin tomárselo en serio.

b La segunda oración contiene otra expresión idiomática: *ponerle a alguien la piel de gallina*. Para los lectores que no están familiarizados con su significado, es importante mirar el resto de la oración en busca de claves del contexto.

Busca la frase en el párrafo. Se usa para describir la reacción de la gente al oír esas historias sobre "obreros reducidos a la desesperación". ¿Cómo reaccionaría posiblemente la gente a estas historias? La respuesta correcta es **C**.

JOVEN Y FUERTE

Jurgis hablaba a la ligera del trabajo, porque era joven. Inútil fue que le contasen historias de obreros reducidos a la desesperación ahí, en los mataderos de Chicago, y de lo que les había sucedido después, historias capaces de poner la piel de gallina a cualquiera. Jurgis solo se reía de todo aquello. No hacía más de cuatro meses que estaba en la ciudad; era joven y fuerte como un coloso, rebosaba de salud. No podía siquiera imaginar cómo se sentiría caer agotado.

—Todo eso es bueno para hombres como ustedes —decía—, que son *slipnas*[1], alfeñiques; pero yo tengo espaldas fuertes.

[1]slipnas—"débil" en lituano

Fragmento traducido de LA JUNGLA, de Upton Sinclair

1. En la segunda oración, el autor usa la expresión idiomática **ponerle a alguien la piel de gallina**. ¿Qué definición coincide **mejor** con el significado figurado de la frase?

   A. quedarse helado por el enfado
   B. sacudirse de risa de manera incontrolable
   C. estremecerse de desagrado o miedo
   D. doblarse o encogerse de dolor

INSTRUCCIONES: Lee el pasaje, lee cada pregunta y elige la **mejor** respuesta.

ATLANTA

1   Al sur del Norte, pero al norte del Sur, se extiende la Ciudad de las cien colinas, que se asoma de las sombras del pasado a la promesa del futuro. La he visto en la mañana, cuando el primer rubor del día la había despertado a medias; ella estaba gris y calma sobre el suelo carmesí de Georgia; luego, el humo azul comenzó a elevarse en volutas desde las chimeneas, el tintineo de una campana y el chillido de un silbato quebraron el silencio, el traqueteo y el rugido de la vida agitada lentamente se unieron y aumentaron, hasta que el agitado bullicio de la ciudad pareció algo extraño en una tierra dormida.

2   Dicen que, en otro tiempo, incluso Atlanta dormía embotada, como en un letargo, a los pies de las colinas de las Alleghanies, hasta que, con sus aguas tormentosas, el bautismo de hierro de la guerra la despertó con una violenta sacudida, la excitó y la enloqueció y la dejó escuchando el mar. Y el mar les gritó a las colinas y las colinas le respondieron al mar, hasta que la ciudad se puso en pie como una viuda, desechó sus ropas de luto y se procuró el pan de cada día, trabajó incesantemente, trabajó astutamente, tal vez con algo de amargura, con una pizca de actuación, pero también con real honestidad y con real sudor.

3   Es algo difícil vivir turbado por el fantasma de un falso sueño; ver la amplia visión de un imperio desvanecerse en cenizas reales y sucias; sentir el espasmo de lo conquistado, pero también saber que con todo lo malo que cayó en un solo día negro, se derrotó algo que merecía vivir, se mató algo que en justicia no se había permitido morir; saber que, al triunfar el Bien, triunfó algo del Mal, algo sórdido y malvado, algo menos que lo más vulgar y lo mejor. Todo esto es amargamente duro; y muchas veces un hombre, una ciudad y la gente han hallado en ello excusa para enfurruñarse, darle vueltas y esperar con apatía.

4   Esos no son hombres de constitución tan recia; los de Atlanta se volvieron resueltamente hacia el futuro; y ese futuro sostuvo en alto vistas de morado y oro: Atlanta, reina del reino del algodón; Atlanta, entrada a la Tierra del Sol; Atlanta, la nueva Láquesis, hilandera de la tela y la trama del mundo.

Fragmento traducido de LAS ALMAS DEL PUEBLO NEGRO, de W.E.B. Du Bois

2.   ¿De qué manera el uso de la personificación en el pasaje respalda el propósito del autor?

   A. La descripción de la ciudad "que se asoma" crea una sensación de premonición y miedo.
   B. La atribución de cualidades humanas a Atlanta facilita la identificación con la complicada ciudad.
   C. La descripción de la ciudad como "una tierra dormida" enfatiza que allí no pasa gran cosa.
   D. La comparación de Atlanta con una reina insinúa que la gente que vive allí es rica y poderosa.

3.   En el párrafo 1, el autor escribe **el tintineo de una campana y el chillido de un silbato**. ¿Cómo cambiaría el tono de esta oración si hubiera usado la frase **los ruidos quebraron el silencio**?

   A. El tono sería menos gracioso.
   B. El tono sería más descriptivo.
   C. El tono ruidoso se volvería más calmo.
   D. El tono expresivo se volvería chato.

4.   En el párrafo 2, el autor usa el símil **la ciudad se puso en pie como una viuda**. ¿Qué enunciado coincide **mejor** con el significado figurado de la frase?

   A. Los sobrevivientes continuaron con sus vidas después de la guerra.
   B. Los sobrevivientes se pusieron ropa negra y estuvieron de duelo.
   C. La ciudad incrementó su altura.
   D. La ciudad se abrió a los forasteros.

5.   En el párrafo 3, el autor usa la frase **el fantasma de un falso sueño**. ¿Cuál de los siguientes coincide **mejor** con el significado figurado de la frase?

   A. los sobrevivientes que estaban cubiertos de cenizas
   B. el humo de los edificios que estaban quemados
   C. los espíritus de los soldados que murieron en la guerra
   D. el recuerdo de una idea que resultó equivocada

6.   ¿Qué revela el uso de la frase **Esos no son hombres de constitución tan recia** en el párrafo 4 sobre el punto de vista del autor acerca de los ciudadanos de Atlanta?

   A. El autor usa sarcasmo para explicar cómo es la gente de Atlanta.
   B. El autor explica con exactitud que los hombres de Atlanta son inestables.
   C. El autor contrasta las imágenes de debilidad con la fuerza que ve en Atlanta.
   D. El autor asocia con debilidad a Atlanta que pierde la guerra.

20 LECCIÓN

Determinar el punto de vista de la narrativa

Usar con el *Libro del estudiante,* págs. 64–65.

OBJETIVOS DE EVALUACIÓN DE LECTURA: R.2.7, R.2.8, R.3.2, R.3.3, R.3.5, R.5.1, R.6.3

1 Repasa la destreza

Todo relato está determinado por el ==narrador==, o la persona que lo relata. El ==punto de vista== del narrador determinará la perspectiva que tendrán los lectores sobre los hechos. Un narrador **limitado** en tercera persona puede compartir los pensamientos y sentimientos de un solo personaje. Un narrador **omnisciente** en tercera persona puede compartir todos o casi todos los pensamientos y sentimientos de un personaje. Un narrador en ==primera persona== proporciona solo una visión parcial de los sucesos: la forma en que él o ella ve o interpreta los sucesos. Al analizar el punto de vista de un relato podrás identificar quién está contando la historia y de qué manera el método que usa el narrador para contarla afecta al relato.

2 Perfecciona la destreza

Al perfeccionar la destreza de determinar el punto de vista de la narrativa, mejorarás tus capacidades de estudio y evaluación, especialmente en relación con la prueba de Razonamiento a través de las Artes del Lenguaje de GED®. Lee el pasaje que aparece a continuación. Luego responde las preguntas.

EN LA HORCA

a El lenguaje que usa el narrador es distante y describe la escena como lo haría un observador. Esta objetividad probablemente indique que el narrador del cuento es omnisciente.

b Un narrador en primera persona también podría describir todos los detalles, pero estos se basarían en cómo los percibe el narrador.

Un hombre estaba de pie sobre el puente de un ferrocarril en el norte de Alabama, mirando hacia abajo al río que corría veinte pies debajo de él. Tenía las manos atadas en la espalda, las muñecas unidas con una soga. Tenía una soga alrededor del cuello. Estaba atada a una viga cruzada sobre su cabeza; la soga restante caía hasta la altura de sus rodillas. Algunas tablas algo sueltas que estaban sobre las barras que soportaban las vías servían de apoyo para él y sus verdugos (dos soldados rasos del ejército federal) bajo el mando de un sargento que en su vida civil podría haber sido ayudante de un comisario. A una corta distancia se encontraba un oficial armado con el uniforme correspondiente a su rango: era capitán. Había un centinela a cada lado del puente, con sus rifles en una posición conocida como "de apoyo" —es decir, en posición vertical frente al hombro izquierdo, con el martillo descansando sobre el antebrazo y apoyado en el pecho— una posición formal y forzada, que los obligaba a mantenerse bien derechos. Parecía que no era obligación de estos hombres saber lo que ocurría en el centro del puente: estaban meramente para bloquear los dos extremos del entablonado que lo atravesaban.

Fragmento traducido de INCIDENTE EN EL PUENTE DE OWL CREEK, de Ambrose Bierce

1. En este pasaje, el narrador proporciona información sobre

   A. lo que piensan los personajes.
   B. lo que sienten los personajes.
   C. por qué están sucediendo las cosas.
   D. cómo se ve la escena.

2. Si el hombre a punto de ser ejecutado estuviera describiendo la escena, incluiría **más probablemente**

   A. los sentimientos de los centinelas sobre las ejecuciones.
   B. sus propios pensamientos y sentimientos sobre la situación.
   C. los sentimientos de los verdugos sobre su tarea.
   D. los pensamientos del capitán sobre el suceso.

CONSEJOS PARA REALIZAR LA PRUEBA

Los narradores en primera persona usan el pronombre *yo* para contar la historia. Los narradores en tercera persona usan los pronombres *él, ella* y *ellos/ellas* para contar la historia.

INSTRUCCIONES: Lee el pasaje, lee cada pregunta y elige la **mejor** respuesta.

LAS NIÑAS RECIBEN REGALOS

1   En esa mañana gris de Navidad la primera en despertar fue Jo. No había medias colgadas en la chimenea y por un momento se sintió tan desilusionada como hacía mucho tiempo, cuando su pequeña media se había caído por la cantidad de regalos que había en ella. Entonces recordó la promesa de su madre: buscó con la mano debajo de la almohada y sacó un librito con tapas rojas. Lo conocía muy bien, era ese hermoso cuento de la mejor vida jamás vivida y Jo sintió que era una verdadera guía para cualquier peregrino que deseara emprender un largo viaje. Despertó a Meg diciendo "¡Feliz Navidad!" y le dijo que mirara debajo de su almohada. Meg encontró un libro verde y unas palabras de su madre. Eso convertía al libro en un regalo muy preciado. Luego se despertaron Beth y Amy y encontraron también sus libritos gris perla y azul, respectivamente. Todas se sentaron a contemplar y comentar sus regalos, mientras el cielo se tornaba rosa bajo el amanecer del nuevo día.

2   A pesar de sus pequeñas vanidades, Meg tenía una naturaleza dulce y piadosa, que influía sobre sus hermanas, en especial sobre Jo, que la amaba tiernamente y la obedecía por su gran dulzura.

3   —Niñas —dijo Meg, gravemente, dirigiendo la mirada desde la cabeza desordenada que estaba a su lado hasta las cabecitas del cuarto próximo—. Mamá desea que leamos, amemos y cuidemos de estos libros, y tenemos que comenzar inmediatamente. Solíamos hacerlo fielmente, pero desde que papá se marchó y con la pena que nos causó esta guerra, hemos descuidado muchas cosas. Pueden hacer lo que gusten, pero yo tendré mi libro aquí sobre la mesita, y todas las mañanas, cuando despierte, leeré un poquito, porque sé que me hará bien y me ayudará para el resto del día.

Fragmento traducido de MUJERCITAS, de Louisa May Alcott

3.   El narrador de la historia sabe que Jo está desilusionada por la falta de regalos y que "Meg [Margaret] tenía una naturaleza dulce y piadosa" (párrafo 2). El narrador es

A. Jo.
B. Meg.
C. omnisciente.
D. en primera persona.

4.   En el pasaje se dice que Meg [Margaret] tiene "pequeñas vanidades" (párrafo 2). A partir del pasaje, ¿quién ve a Meg desde esa perspectiva?

A. el narrador
B. Jo
C. la madre de Meg
D. Beth

5.   Al usar este punto de vista, la intención **más probable** del autor fue

A. mostrar cómo eran los hábitos de lectura de las niñas del siglo XIX.
B. analizar las reacciones de las niñas ante sus regalos de Navidad.
C. mostrar la angustia de Jo ante la falta de dinero en la familia.
D. presentar los pensamientos de todos los personajes.

6.   En la última línea del fragmento, Meg dice: "tendré mi libro aquí sobre la mesita, y todas las mañanas, cuando despierte, leeré un poquito, porque sé que me hará bien". ¿De qué manera apoya este enunciado el punto de vista del narrador en relación a Meg?

A. El enunciado muestra que tiene pequeñas vanidades, tal como el narrador había dicho.
B. El enunciado muestra que Meg ya no se siente desilusionada.
C. El enunciado muestra que es una niña dulce y piadosa, como dijo el narrador.
D. El enunciado muestra que Meg siente que el libro es una verdadera guía.

DEXTER Y LA NIÑA

1   Dexter adivinaba algo lúgubre en aquella primavera nórdica, así como intuía en el otoño algo maravilloso. El otoño lo obligaba a frotarse las manos, a tiritar y repetirse a sí mismo frases estúpidas y a dirigir bruscos y enérgicos ademanes de mando a públicos y ejércitos imaginarios. Octubre lo colmaba de esperanzas que noviembre elevaba a una especie de triunfo extático y, en aquel estado de ánimo, se alimentaba de las efímeras y brillantes impresiones del verano en la isla Sherry. (...)

2   Y un día sucedió que el señor Jones —el mismísimo señor Jones y no su espíritu— se acercó a Dexter con lágrimas en los ojos y dijo que Dexter era el mejor *caddie* del club y que seguro no renunciaría si el señor Jones le pagaba como se merecía, porque todos los otros *caddies* del club, sin excepción, le perdían una pelota en cada hoyo.

3   —No, señor —respondió Dexter con decisión—. No quiero seguir siendo *caddie* —y añadió tras un instante de silencio—. Ya soy demasiado mayor.

4   —Solo tienes catorce años.

5   (...) La responsable de todo era una niña de once años, perfectamente fea, como suelen serlo todas las chiquillas destinadas a ser, en pocos años, indeciblemente encantadoras y a causar desdichas sin fin a un gran número de hombres. Pero la chispa ya era perceptible. Había algo pecaminoso en el modo en que descendían las comisuras de sus labios cuando sonreía, y —¡Dios nos asista!— en el brillo, casi apasionado, de sus ojos. La vitalidad nace temprano en este tipo de mujeres. Ya era del todo evidente ahora: fulguraba a través de su cuerpo delgado como una especie de resplandor.

6   Había salido impaciente al campo a las nueve en punto con una niñera de uniforme blanco y cinco pequeños palos de golf nuevos en una bolsa de lona blanca que llevaba la niñera. Dexter la vio por primera vez cerca del vestuario de los *caddies*; estaba nerviosa e intentaba disimularlo manteniendo con la niñera una conversación evidentemente forzada, a la que agregaba gestos fuera de lugar.

7   —Bueno, es un día verdaderamente espléndido, Hilda —la oyó decir Dexter. Movió las comisuras de sus labios, sonrió y miró furtivamente a su alrededor. (...)

8   Otra vez la sonrisa (...) radiante, descaradamente artificial, convincente.

9   —No sé qué debemos hacer ahora —dijo la niñera sin mirar hacia ningún sitio en particular.

10 —Ah, no te preocupes. Ya decidiré yo.

11 Dexter permanecía absolutamente inmóvil, con la boca ligeramente entreabierta. Sabía que, si daba un paso adelante, su mirada se encontraría con la de ella y, si retrocedía, dejaría de verle toda la cara. Había tardado un instante en notar lo joven que era. Ahora recordaba haberla visto varias veces el año anterior: llevaba blúmers.

Fragmento traducido de SUEÑOS DE INVIERNO, de F. Scott Fitzgerald

7. En este pasaje, el narrador brinda información sobre

A. lo que piensa y siente Dexter.
B. lo que piensa y siente la niña.
C. lo que piensa y siente Hilda.
D. lo que piensa y siente el señor Jones.

8. Se describe a la niña como "perfectamente fea, como suelen serlo todas las chiquillas destinadas a ser, en pocos años, indeciblemente encantadoras, y a causar desdichas sin fin a un gran número de hombres". ¿Quién tiene esta opinión de la niña?

A. Hilda
B. Dexter
C. el señor Jones
D. el narrador

9. En el fragmento, la sonrisa de la niña es "radiante, descaradamente artificial, convincente" (párrafo 8). Esta descripción indica que el narrador

A. solo conoce los pensamientos de la niñera.
B. conoce los pensamientos de la niña.
C. puede describir las acciones de la niña, pero no sus sentimientos.
D. describirá a la niña comprensivamente.

10. Si Dexter fuera el narrador de este pasaje,

A. no podría escuchar lo que dice la niña.
B. usaría los pronombres *él* y *ella* para describirse a sí mismo y a la niña.
C. usaría el pronombre *yo* para describir sus sentimientos.
D. podría escuchar toda la conversación entre la niña y la niñera.

INSTRUCCIONES: Lee el pasaje, lee cada pregunta y elige la **mejor** respuesta.

UNA PÉSIMA CONDUCTORA

1   Al principio me halagaba ir con [Jordan Baker] a diferentes lugares porque era campeona de golf y todo el mundo la conocía. Y luego hubo algo más. No es que estuviera enamorado, pero sentía una especie de curiosidad, de ternura. La altiva cara de aburrimiento que ofrecía al mundo ocultaba algo —casi todas las poses terminan ocultando algo, si no lo hacen desde el principio— y un día descubrí lo que era. Habíamos ido juntos a una fiesta en Warwick y Jordan dejó bajo la lluvia, sin subirle la capota, un automóvil que le habían prestado; luego mintió sobre el incidente. Entonces me vino a la cabeza de repente lo que contaban de ella y yo no había conseguido recordar aquella noche en lo de Daisy. En su primer gran torneo de golf hubo una disputa que estuvo a punto de salir en los periódicos: alguien insinuó que en las semifinales Jordan había movido una pelota que había caído en un mal sitio. El caso alcanzó proporciones de escándalo y luego se desinfló. Un *caddie* se retractó de sus declaraciones y el único testigo admitió que podría haberse equivocado. Yo había retenido, sin embargo, el incidente y el nombre.

2   Jordan Baker evitaba instintivamente a los hombres astutos y perspicaces; entonces comprendí que lo hacía porque se sentía más segura en un ámbito en el que se creyera que apartarse de la norma era imposible. Era una mentirosa incurable. (...)

3   En esa misma fiesta tuvimos una curiosa conversación sobre cómo conducir un automóvil. Empezó porque ella pasó tan cerca de unos obreros que nuestro guardabarros rozó un botón del abrigo de uno de ellos.

4   —Eres una pésima conductora —protesté—. Tendrías que tener más cuidado o no deberías conducir.

5   —Tengo cuidado.

6   —No, no lo tienes.

7   —Bueno, ya otros tienen cuidado —dijo sin pensarlo dos veces.

8   —¿Y eso qué tiene que ver?

9   —No se cruzarán en mi camino —insistió—. Hacen falta dos para que haya un accidente.

10   —Supón que te encuentras con alguien tan imprudente como tú.

11   —Espero no encontrármelo nunca —respondió—. Detesto a los imprudentes. Por eso me gustas.

12   Sus ojos grises, afectados por el sol, miraban hacia adelante, impertérritos, pero Jordan le había dado un giro deliberado a nuestra relación y por un momento creí que la amaba. Pero soy de pensar las cosas detenidamente y me someto a una considerable cantidad de reglas interiores que actúan como freno a mis deseos, así que sabía que mi primera obligación era liberarme por completo de la atadura que tenía en mi ciudad natal. Escribía cartas una vez a la semana y seguía firmando: "Con amor, Nick", pero no recordaba más que a una muchacha a la que se le formaba un leve bigote de sudor sobre el labio superior, cuando jugaba al tenis. Y, sin embargo, existía un vago compromiso que debía romper con delicadeza para sentirme libre.

13   Todo el mundo se cree poseedor de al menos una de las virtudes cardinales. La mía es esta: soy una de las pocas personas honestas que he conocido en mi vida.

De EL GRAN GATSBY de F. Scott Fitzgerald

11. El relato se narra desde un

    A. punto de vista en primera persona.
    B. punto de vista en segunda persona.
    C. punto de vista en tercera persona parcial.
    D. punto de vista en tercera persona omnisciente.

12. Los pensamientos y las acciones de Jordan Baker se revelan a través de

    A. los otros personajes.
    B. la misma Jordan Baker.
    C. Daisy.
    D. el narrador.

13. El párrafo 12 incluye la declaración "Pero soy de pensar las cosas detenidamente y me someto a una considerable cantidad de reglas interiores que actúan como freno a mis deseos (...)". ¿Qué revela esta cita sobre Nick?

    A. Espera que los demás sigan las reglas.
    B. Se enamora y desenamora fácilmente.
    C. No le gusta mentir a los demás.
    D. No valora la honestidad.

14. ¿Qué cualidad del narrador enfatiza el punto de vista?

    A. honestidad
    B. experiencia
    C. cinismo
    D. imprudencia

Hacer inferencias en la ficción

Usar con el *Libro del estudiante,* págs. 66–67.

OBJETIVOS DE EVALUACIÓN DE LECTURA: R.2.7, R.3.2, R.3.3, R.3.4, R.3.5

UNIDAD 1

1 Repasa la destreza

Para **hacer inferencias**, los lectores deben buscar sugerencias o pequeños detalles que proporcionan claves sobre los sucesos, los personajes u otros elementos de un relato. Estos pequeños detalles pueden dar información sobre el entorno de un cuento, por ejemplo, o sobre los antecedentes o las motivaciones de un personaje. Al hacer inferencias, puedes comprender mejor a un personaje, una situación y otras partes del relato que no se mencionan explícitamente.

2 Perfecciona la destreza

Al perfeccionar la destreza de hacer inferencias en la ficción, mejorarás tus capacidades de estudio y evaluación, especialmente en relación con la prueba de Razonamiento a través de las Artes del Lenguaje de GED®. Lee el pasaje que aparece a continuación. Luego responde las preguntas.

EL ENOJO DE MAMÁ

a Los detalles sobre Sarah Penn indican que había sido una mujer obediente y sumisa durante su matrimonio. Puedes inferir que ahora habla sin rodeos porque ha perdido la paciencia.

b A partir de los comentarios de Sarah sobre la condición en que se encuentra la habitación y por cómo la compara con las casas de otras personas, puedes inferir que ya no aguanta la tacañería de su esposo.

—Pues bien, padre —Sarah Penn no se sentó; estaba de pie ante su esposo con la humildad característica de una mujer bíblica—, te hablaré claramente. Jamás lo hice desde que nos casamos, pero lo haré ahora. Nunca me quejé antes y no lo haré ahora, pero te hablaré con franqueza. Mira esta habitación, papá, y mírala bien. Verás que no hay alfombra sobre el piso y que el empapelado está sucio y rasgado. No lo hemos renovado en diez años y en esa oportunidad lo coloqué yo misma, y entonces casi no gastaste dinero. Observa esta habitación, hombre, es donde yo he trabajado y comido y donde vivo desde que nos casamos. Hay otras mujeres que, con esposos que ganan menos que tú, tienen mejores cosas. Es la única habitación que tiene Nanny para recibir a sus amigos, y no hay ni uno de sus amigos que no tengan una habitación mejor, y ninguno de ellos tiene padres tan capaces. Es la única habitación que tendrá para casarse. (…) ¿Es que no tienes nada para decir? —dijo la Sra. Penn.

—Debo irme después de todo lo que dije. No puedo seguir aquí parada hablando todo el día.

Fragmento traducido de LA REBELIÓN DE MAMÁ, de Mary E. Wilkins

1. ¿Cuál es la inferencia **más** lógica que se puede hacer sobre el deseo de Sarah de mejorar la condición de su casa?

   A. Su hija se casará en esa habitación.
   B. Sarah siente frío sin una alfombra sobre el piso.
   C. Su esposo estará más a gusto si mejora la habitación.
   D. Se ha quejado sobre este tema durante años y ahora quiere hacer algo al respecto.

2. La inferencia **más** lógica sobre el esposo de Sarah es que

   A. le gusta recibir a sus amigos.
   B. no le gusta gastar dinero.
   C. gana solo lo necesario para vivir.
   D. está dispuesto a discutir los problemas.

CONSEJOS PARA REALIZAR LA PRUEBA

Busca evidencia sobre las referencias que hacen los personajes a los sucesos del pasado. A menudo estas claves te ayudan a entender los conflictos del presente.

INSTRUCCIONES: Lee el pasaje, lee cada pregunta y elige la **mejor** respuesta.

EDIE TOMA EL TÉ CON LOS NIÑOS

1   Una noche de mediados de abril de 1919, una simple mujer llamada Edith Fisk, que vino desde Inglaterra a California en un período de paz mundial, llegó a la casa Ransom para criar a cinco niños medio huérfanos.

2   Pocas horas después, a las siete de la mañana, esta mujer Edith, comúnmente llamada Edie, invitó a los tres mayores a su habitación para tomar el té. Ellos eran James, de siete años, Eliza, de seis, y Jenny, de cuatro. Recibir sus tazas de té, aunque casi completamente diluido por la leche, les hizo sentir que habían crecido de repente.

3   —Aquí tienen azúcar —dijo Edie, y colocó una cuchara en la azucarera. Minutos más tarde dijo: —Beban otra taza. —Pero su forma de hablar era diferente, afectada, y sus rebuscadas palabras se amontonaban en los rincones de la casa como suspiros.

4   En la habitación de al lado, los mellizos, únicos responsables de la muerte de su madre, habían terminado sus biberones y se habían dormido nuevamente sin sentir culpa alguna. En el otro lado de la casa, el viudo, Thomas Ransom, que había pasado la noche en pena por su amada esposa, yacía sobre su lecho, entre dormido y despierto, soñando.

Fragmento traducido de EDIE: UNA VIDA, de Harriet Doerr, © 1995

3. ¿Cuál es la inferencia **más probable** que se puede hacer sobre Edie?

A. Es de Inglaterra.
B. Es de California.
C. No le gusta el té.
D. No le gustan los niños.

4. De acuerdo con el párrafo 2, ¿qué se puede inferir sobre la invitación al té?

A. Los niños fueron convocados al té porque había problemas.
B. Los niños sintieron que la invitación al té era una señal de que se les trataba como adultos.
C. Los niños no disfrutaron el té, por lo que agregaron leche a sus tazas.
D. Los niños estaban nerviosos por conocer a Edie.

5. A partir de la información del pasaje, ¿qué es **más probable** que haya sucedido con la Sra. Ransom?

A. Se mudó a Inglaterra.
B. Abandonó a sus niños.
C. Murió en el parto.
D. Se divorció de su esposo.

6. A partir de la descripción de Edie en el pasaje, ¿cuál es la **mejor** inferencia que se puede hacer sobre su personalidad? Edie es

A. una persona que necesita atención desesperadamente.
B. una persona enojadiza y aburrida.
C. una persona acongojada.
D. una persona amable y capaz.

7. ¿Cuál podría ser la relación entre Edie y la familia Ransom?

A. Probablemente es la tía de los niños que llegó para criarlos.
B. Probablemente es la abuela de los niños que llegó para criarlos.
C. Probablemente es una institutriz, o niñera, que fue contratada para ayudar en la crianza de los niños.
D. Probablemente es la nueva esposa del Sr. Ransom.

8. ¿Cuál es la inferencia **más probable** que se puede hacer sobre el estado emocional del Sr. Ransom?

A. Los cinco niños lo agotan.
B. Está devastado por el dolor.
C. Las nuevas responsabilidades lo abruman.
D. Sus sueños lo reconfortan.

9. ¿Cuál de las siguientes situaciones es **más** parecida a la de este pasaje?

A. Una suegra que viene de visita en el verano.
B. Una sobrina vive con su tía mientras asiste a la escuela.
C. Un abuelo enseña a sus nietos a jugar al ajedrez.
D. Una abuela llega para ayudar en la crianza de un recién nacido.

INSTRUCCIONES: Lee el pasaje, lee cada pregunta y elige la **mejor** respuesta.

UNA CORTA AMISTAD

1 (…) —No hay ser viviente que haya visto a un Znaeym [Georg] y a un Von Gradwitz [Ulrich] hablándose amistosamente. Y qué paz reinaría entre las gentes de los bosques si pusiéramos fin a nuestro pleito esta noche. Y si decidimos hacer las paces entre los nuestros, no hay nadie que interfiera, no hay intrusos ajenos. (…)

2 Durante un rato, los dos hombres permanecieron en silencio, pensando en las maravillosas transformaciones que obraría esta dramática reconciliación. Yacían en medio de aquel bosque frío y tenebroso, con el viento soplando en rachas espasmódicas por entre las desnudas ramas y silbando en torno a los troncos de los árboles, esperando la ayuda que traería rescate y socorro para ambos. (…)

3 —Gritemos para pedir ayuda —dijo [Ulrich]—. Con esta calma, nuestras voces pueden llegar lejos.

4 —No irán muy lejos entre los troncos y la maleza —dijo Georg—, pero podemos intentarlo. A un tiempo, pues.

5 Ambos elevaron sus voces en un prolongado grito de caza.

6 —Otra vez a un tiempo —dijo Ulrich unos minutos más tarde, después de escuchar en vano a la espera de una voz de réplica.

7 —Creo que esta vez oigo algo —dijo Ulrich.

8 —Yo no oigo más que este inmundo viento —dijo Georg con voz ronca.

9 Hubo un nuevo silencio de varios minutos y luego Ulrich emitió un grito de alegría:—Veo siluetas que se acercan por el bosque. Van siguiendo el camino por el que descendí la ladera.

10 Los dos hombres alzaron sus voces con todas las fuerzas que fueron capaces de reunir.

11 —¡Nos oyen! Se han detenido. Ahora nos ven. Bajan corriendo por la ladera hacia nosotros —exclamó Ulrich.

12 —¿Cuántos son? —preguntó Georg.

13 —No lo distingo bien —dijo Ulrich—. Nueve o diez.

14 —Entonces son los tuyos —dijo Georg—. Solo venían siete conmigo.

15 —Vienen a toda velocidad, valientes muchachos —dijo Ulrich con alegría.

16 —¿Son tus hombres? —preguntó Georg—. ¿Son tus hombres?

17 —No —dijo Ulrich con una risotada, la risotada estridente de un hombre desencajado a causa del pánico.

18 —¿Quiénes son? —preguntó Georg rápidamente, haciendo un esfuerzo por ver lo que el otro de buena gana hubiera deseado no haber visto.

19 —Lobos.

Fragmento traducido de LOS INTRUSOS, de Saki

10. ¿Cuál es la inferencia **más** lógica que se puede hacer sobre la relación entre Ulrich y Georg?

A. Han sido buenos amigos durante varios años.
B. Sus familias han estado enemistadas durante años.
C. Los miembros de sus familias han sido socios comerciales.
D. Han vivido muchas aventuras juntos.

11. Ulrich y Georg no abandonan el bosque probablemente porque

A. sienten frío.
B. están cazando.
C. están heridos.
D. están peleando.

12. ¿Cómo se sentían Georg y Ulrich en su situación antes de que aparecieran los lobos?

A. enojados con sus hombres por haberse rezagado
B. agradecidos por haber logrado hacerse amigos
C. enojados por continuar enemistados
D. esperanzados ante la posibilidad de un futuro pacífico

13. Georg le dice a Ulrich que "no hay nadie que interfiera, no hay intrusos ajenos" para resaltar los cambios que resultarían de su reconciliación. A partir de la información del pasaje, puedes inferir que Georg se equivoca porque los hombres probablemente

A. rompan su pacto cuando sean rescatados.
B. mueran atacados por los lobos.
C. se peleen con los hombres del bosque.
D. mueran congelados en el bosque.

14. ¿Por qué la alegría de Ulrich se convierte en terror?

A. Ulrich ve lobos que se aproximan hacia ellos.
B. Los hombres de Georg pronto amenazarán a Ulrich.
C. Ulrich se da cuenta de los riesgos de caminar solo en el bosque.
D. Georg cree que no serán rescatados.

INSTRUCCIONES: Lee el pasaje, lee cada pregunta y elige la **mejor** respuesta.

LA VISITA DE PAULINE

1   No sé qué hacer con la nueva esposa de mi marido. No entra. Se sienta en la galería del frente y fuma. No llama a la puerta ni toca timbre, y solo sé que se encuentra allí porque el perro se para en alerta en la sala de estar. En cuanto veo a Stray parado con una pata en alto y la cola extendida, le digo "Silencio, es Pauline". Acaricio su pelaje tosco y me apoyo sobre la escoba, y esperamos juntos. Escuchamos el crujir de una tabla, luego un bolso que se abre, un cigarrillo que se enciende y una tos ahogada. Finalmente me doy por vencida y abro la puerta.

2   —¿Pauline? —la luz de la tarde me lastima los ojos—. ¿Quieres pasar?

3   —No —dice Pauline.

4   A veces se sienta en la entrada y saca la pintura con las uñas y otras veces se sienta en el borde de una maceta vacía. Hoy se apoya en la baranda. Frunce el ceño cuando me ve y levanta su pequeña barbilla. Trae la misma chaqueta de terciopelo negro que siempre usa, la misma blusa de seda formal, los mismos enormes lentes oscuros. —Solo pasaba por aquí —explica.

5   Asiento con la cabeza. Pauline vive treinta millas al este, en la ciudad, con Konrad. Para "pasar" por mi casa debe atravesar un peaje, una autopista y dos caminos de campo desde su apartamento. Pero las mentiras son el menor de nuestros problemas, de manera que otra vez asiento, me ajusto la bata e intento esconder uno de mis pies descalzos con el otro. Luego repito mi invitación. Ella niega con la cabeza tan vigorosamente que la baranda se sacude.

6   —Konrad me espera —dice con su joven y potente voz—. Ya sabes cómo es.

Fragmento traducido de LA DANZA DEL PASTEL, de Molly Giles, © 1985

15. ¿Cómo sabe la narradora que Pauline está en su galería?

   A. La narradora escucha una tabla crujir en la galería.
   B. La narradora ve a su perro "señalar" hacia la puerta.
   C. La narradora huele el humo de cigarro.
   D. La narradora la escucha toser.

16. La narradora describe que Pauline tiene una "joven y potente voz". ¿Qué implica esto sobre Pauline?

   A. Pauline irrita a la narradora.
   B. Paulina le miente a la narradora.
   C. Pauline es más joven que la narradora.
   D. Pauline se considera mejor que la narradora.

17. De acuerdo con los detalles del pasaje, ¿quién es Konrad?

   A. el perro de la narradora
   B. el hermano de la narradora
   C. el vecino de la narradora
   D. el ex esposo de la narradora

18. De acuerdo con el tono y las acciones de la narradora, ¿cuál es la inferencia **más** lógica sobre cómo se siente la narradora sobre las visitas de Pauline?

   A. Está preocupada por Pauline.
   B. Le tiene envidia a Pauline.
   C. Pauline le divierte.
   D. Está enojada con Pauline.

19. Pauline dice de Konrad: "Ya sabes cómo es", y la narradora entiende. La inferencia **más** lógica que se puede hacer a raíz de esta afirmación es que

   A. Konrad es paciente y comprensivo.
   B. Konrad es rico y trabajador.
   C. Konrad es amoroso y solidario.
   D. Konrad es degradante y difícil.

20. A partir de los detalles del pasaje, ¿qué se puede inferir sobre las visitas de Pauline?

   A. Esta es la primera vez que Pauline visita a la narradora por la mañana.
   B. Esta es la primera vez que Pauline visita a la narradora.
   C. Pauline ha visitado a la narradora más de una vez.
   D. Pauline visita a la narradora todas las noches.

22

Identificar el tema

Usar con el *Libro del estudiante,* págs. 68–69.

OBJETIVOS DE EVALUACIÓN DE LECTURA: R.2.6, R.2.7, R.3.3, R.3.5, R.4.3/L.4.3, R.5.1, R.5.4

UNIDAD 1

1 Repasa la destreza

El **tema** de un cuento es una idea acerca del mundo en el que vivimos, o acerca de la vida en general. Generalmente, los temas no están enunciados de manera explícita: se los debe inferir a partir de detalles y claves incluidos en el relato. El tema de un cuento, en general, se puede expresar con un enunciado breve.

Piensa en el cuento "El patito feo". Un polluelo se queda solo y cree que es un pato, aunque los otros patos ven que es diferente y poco agraciado. Al final del cuento, el "patito" crece y se transforma en un hermoso cisne. El tema de este cuento podría enunciarse de esta manera: *No juzgues a los demás por su apariencia.*

2 Perfecciona la destreza

Al perfeccionar la destreza de identificar el tema de un cuento, mejorarás tus capacidades de estudio y evaluación, especialmente en relación con la prueba de Razonamiento a través de las Artes del Lenguaje de GED®. Lee el pasaje que aparece a continuación. Luego responde las preguntas.

JUEGOS DE INVIERNO

a Al comienzo del pasaje, el narrador describe la escena. Las descripciones les dan a los lectores una noción de cómo viven los niños.

b El narrador describe las actividades de los niños y los diferentes juegos que juegan juntos, pese al frío.

Cuando llegaron los cortos días de invierno, anochecía antes de que hubiéramos terminado de cenar. Cuando nos juntábamos en la calle, las casas estaban sombrías. El cielo que se veía sobre nuestras cabezas era de un color violeta cambiante y las lámparas de la calle elevaban hacia él sus débiles focos. El aire frío hería nuestra piel, pero jugábamos hasta que nuestros cuerpos irradiaban calor. Nuestros gritos resonaban en la calle silenciosa. Las carreras de nuestros juegos nos llevaban por los oscuros callejones barrosos detrás de las casas, donde nos acosaban las rudas tribus de las casuchas, por las puertas traseras de los jardines oscuros y húmedos, donde emanaban olores de la basura quemada, y hasta los establos oscuros y olorosos donde un cochero cepillaba y alisaba el pelo de su caballo o hacía sonar musicalmente al arnés con hebillas. Cuando volvíamos a la calle, las luces de las ventanas de las cocinas iluminaban el lugar. Si veíamos a mi tío asomar por la esquina, nos escondíamos en la oscuridad hasta asegurarnos de que había entrado en la casa.

Fragmento traducido de ARABY, de James Joyce

1. ¿Cuál de estas oraciones explica **mejor** el tema del pasaje?

   A. Los niños son capaces de divertirse en diferentes situaciones.
   B. El aire frío del invierno es malo para los jardines.
   C. Es peligroso que los niños se escondan de sus familiares.
   D. El invierno es deprimente y nada atractivo para las personas que viven en las ciudades.

CONSEJOS PARA REALIZAR LA PRUEBA

Busca detalles que contribuyan a una idea más amplia. Estos detalles pueden ser descripciones, acciones, pensamientos o palabras. Los narradores a menudo revelan claves temáticas significativas.

2. ¿Cuál de las oraciones del pasaje respalda **mejor** el tema?

   A. "Cuando llegaron los cortos días de invierno, anochecía antes de que hubiéramos terminado de cenar".
   B. "Cuando nos juntábamos en la calle, las casas estaban sombrías".
   C. "El aire frío hería nuestra piel, pero jugábamos hasta que nuestros cuerpos irradiaban calor".
   D. "Si veíamos a mi tío asomar por la esquina, nos escondíamos en la oscuridad hasta asegurarnos de que había entrado en la casa".

INSTRUCCIONES: Lee el pasaje, lee cada pregunta y elige la **mejor** respuesta.

PENSAMIENTOS DE RAY ACERCA DE LAS INJUSTICIAS

1   La belleza del paisaje de los alrededores de Winesburg fue demasiado para Ray en aquel atardecer de otoño. No había más que decir. No podía soportarla. Repentinamente, olvidó que era un tranquilo y viejo peón, se desembarazó del abrigo roto y comenzó a correr a través del campo. Mientras corría, gritaba protestando contra su vida, contra toda la vida, contra todo aquello que afea la vida.

2   —No hice promesa alguna —gritó a los espacios vacíos que lo rodeaban—. No le prometí nada a mi Minnie y Hal tampoco le prometió nada a Nell. Sé que no lo hizo. Ella fue al bosque con él porque quiso. Ella deseaba lo mismo que él. ¿Por qué debo pagar yo? ¿Por qué debe pagar Hal? ¿Por qué debe pagar cualquier persona? No quiero que Hal envejezca y se desgaste. Voy a decírselo. No voy a permitir que siga adelante. Alcanzaré a Hal antes de que llegue al pueblo y se lo diré. (…)

3   Luego, mientras corría, recordó a sus hijos y tuvo la fantasía de sentir que sus manos se aferraban a él. Todo lo que pensaba de sí mismo se entrelazaba con sus pensamientos sobre Hal y pensó que los niños intentaban aferrarse también al hombre más joven.

4   —Son accidentes de la vida, Hal —gritó—. No son ni míos ni tuyos. No tuve nada que ver con ellos.

5   La oscuridad empezó a cubrir los campos mientras Ray Pearson corría y corría. Su respiración se mezclaba con breves sollozos. Al llegar a la cerca que bordeaba el camino y enfrentarse con Hal Winters, muy bien vestido y fumando una pipa mientras caminaba desenfadadamente, no pudo decirle lo que pensaba ni lo que quería. (…)

6   —Viniste a decírmelo, ¿no? —dijo Hal—. Bueno, no te preocupes por decirme nada. No soy un cobarde y ya me decidí —se rio nuevamente y saltó la zanja—. Nell no es ninguna tonta —agregó—. No me pidió que me casara con ella. Soy yo el que se quiere casar. Quiero sentar cabeza y tener hijos.

Fragmento traducido de LA MENTIRA NO CONTADA, de Sherwood Anderson

3.   ¿Qué oración explica **mejor** el tema del pasaje?

A. Incluso en un hermoso paisaje campestre, los dueños de las granjas dan un trato injusto a sus empleados.
B. Un matrimonio apresurado suele terminar en tragedia.
C. Las personas que están desilusionadas pueden intentar evitar que otros cometan errores similares de los de ellos.
D. Los buenos amigos intentarán ayudarse mutuamente cuando se presenten problemas.

4.   Ray se pregunta: "¿Por qué debo pagar yo?" (párrafo 1). ¿Cómo se relaciona la protesta de Ray con el tema del pasaje? Él se queja de

A. sus responsabilidades.
B. su trabajo como peón de campo.
C. su abrigo roto.
D. su breve amistad con Hal.

5.   ¿Cuál de estos detalles sobre Ray respalda **mejor** el tema?

A. Se quita el abrigo roto de un tirón.
B. Corre para alcanzar a Hal antes de que él haga algo con lo que Ray no está de acuerdo.
C. Le gusta vivir en un lugar hermoso y tranquilo como Winesburg.
D. Es un tranquilo y viejo peón.

6.   ¿Cuál es la relación temática entre el párrafo 1 y el párrafo 5?

A. El párrafo 5 resume los pensamientos y sentimientos de Ray presentados en el párrafo 1.
B. El párrafo 5 describe el paisaje de Winesburg.
C. El párrafo 5 revela que Ray no piensa compartir sus pensamientos.
D. El párrafo 5 muestra que Hal se viste a la moda.

7.   ¿Cómo se refleja el tema del pasaje en el hecho de que Hal dice que ha tomado una decisión?

A. Mientras que Ray trata de impedir que Hal repita sus errores, Hal ya ha decidido no escuchar sus consejos.
B. Hal ha decidido casarse con Nell con la bendición de Ray.
C. Ray trata de desalentar a Hal, pero lo hace porque está celoso.
D. Hal cree que Ray es infeliz y por lo tanto quiere que él sea infeliz también.

INSTRUCCIONES: Lee el pasaje, lee cada pregunta y elige la **mejor** respuesta.

UNA CIUDAD ÍNTEGRA

1   Esto sucedió hace ya muchos años. Hadleyburg era la ciudad más honrada y recta de toda la región. Había conservado una impecable reputación durante tres generaciones y estaba más orgullosa de esto que de cualquier otra de sus posesiones. Estaba tan orgullosa de ese prestigio y tan ansiosa por asegurar que se perpetuara que empezó a enseñar a los bebés desde la cuna los principios de la honradez en el trato, e hizo de esta enseñanza la base cultural a lo largo de todos los años dedicados a su formación. (…) Las ciudades vecinas estaban celosas de esta honorable supremacía y eran afectas a burlarse del motivo de orgullo de Hadleyburg, diciendo que era vanidad; sin embargo, todas ellas se veían obligadas a reconocer que Hadleyburg era realmente una ciudad incorruptible. (…)

2   Pero, al fin, con el correr del tiempo, Hadleyburg tuvo el infortunio de ofender a un forastero de paso, tal vez sin darse cuenta y, sin duda, sin que le importara, ya que Hadleyburg era totalmente autosuficiente y no le importaban los forasteros ni sus opiniones. Sin embargo, hubiera sido conveniente que hiciera una excepción en ese caso, ya que se trataba de un hombre resentido y vengativo. Durante un año, en todas sus andanzas, no olvidó la ofensa recibida y dedicó todo su tiempo libre a imaginar una satisfacción que lo compensara. (…) Finalmente, dio con la idea apropiada y su cerebro se iluminó con perversa alegría. Inmediatamente comenzó a formular un plan, mientras se decía:

3   —Eso es lo que hay que hacer: voy a corromper la ciudad.

4   Seis meses después, viajó a Hadleyburg y fue en una calesa a la casa del viejo cajero del banco, a las diez de la noche aproximadamente. Tomó un saco de la calesa, lo cargó al hombro y, tras atravesar el jardín tambaleándose, llamó a la puerta. Una voz de mujer lo invitó a entrar y el forastero entró y dejó el saco detrás de la estufa de la sala, diciendo cortésmente a la anciana dama que leía El Heraldo del Misionero a la luz de la lámpara:

5   —Por favor, no se levante, señora. No la molestaré. Listo, ahora está bien oculto; nadie sospecharía que está ahí. Solo quería que su marido me guarde este saco, para entregárselo a su legítimo dueño cuando lo encuentre. Soy forastero; su marido no me conoce; esta noche estoy de paso en la ciudad para arreglar un asunto que hace tiempo tengo en mente. He realizado mi trabajo y me voy satisfecho y un algo orgulloso; usted nunca volverá a verme. (…) Hay un papel atado al saco que lo explica todo. Buenas noches, señora. (…)

6   La anciana señora, asustada por el corpulento y misterioso forastero, se alegró mucho al ver que se marchaba. Pero, roída por la curiosidad, se fue sin perder tiempo al talego y echó mano al papel. El papel empezaba con las siguientes palabras:

7   "PARA SER PUBLICADO, o para que se busque al hombre indicado mediante una investigación privada, lo que resulte más conveniente. Este saco contiene monedas de oro que pesan ciento sesenta libras y cuatro onzas en total".

8   —¡Dios misericordioso! ¡Y la puerta no está cerrada con llave!

Fragmento traducido de EL HOMBRE QUE CORROMPIÓ A HADLEYBURG, de Mark Twain

8. ¿Qué oración describe **mejor** el tema del pasaje?

A. El orgullo conduce a la corrupción.
B. La venganza rápida es la mejor.
C. Los forasteros con frecuencia juzgan ciudades de manera equivocada.
D. Lo honestidad debe resistir desafíos.

9. ¿Qué implica la última oración sobre la ciudad?

A. Los habitantes desconfían de todos los forasteros.
B. Los habitantes tal vez no sean tan honestos o derechos como se afirmaba.
C. La ciudad no tiene un banco de verdad.
D. El pueblo carece de financiamiento para dar mantenimiento a edificios.

10. ¿Por qué el hombre buscaba vengarse de Hadleyburg?

A. Lo ofendieron cuando pasó por Hadleyburg en el pasado.
B. Era de una ciudad vecina y quería probar que su ciudad era mejor.
C. Le había prestado dinero a alguien de la ciudad y no le habían pagado.
D. Creció allí y no le gustó tener que aprender los principios de honestidad.

INSTRUCCIONES: Lee el pasaje, lee cada pregunta y elige la **mejor** respuesta.

EL EXPERIMENTO DE LOS JUGUETES

1   —Harvey —dijo Eleanor Bope y le tendió a su hermano un recorte de un periódico matutino de Londres del 19 de marzo—, lee esto acerca de los juguetes para niños, por favor; transmite exactamente algunas de nuestras ideas sobre la influencia y la crianza.

2   —En la Exposición de Bienestar infantil, el Consejo para la Paz propondrá una alternativa a los padres. Se trata de una exhibición de "juguetes de paz", como figuras de civiles y arados en miniatura.

3   —Definitivamente, es una idea muy interesante y bien intencionada —dijo Harvey—; pero de ahí a que tenga éxito en la práctica...

4   —Debemos intentarlo —lo interrumpió su hermana—; vendrás a visitarnos en Pascua y siempre les traes algunos juguetes a los niños, así que será una excelente oportunidad para que inaugures el nuevo experimento. Estoy cansada de los soldados de juguete y las constantes batallas. (...)

5   —Su tío les ha traído la última novedad en juguetes —había dicho Eleanor para impresionarlos.

6   —Aquí hay un modelo del edificio de la rama femenina de Manchester de la Asociación Cristiana de Jóvenes. Este es un contenedor de basura municipal —dijo Harvey apresuradamente—; verán, todos los desechos y la basura de una ciudad se recolectan aquí, en vez de estar tirados en cualquier sitio y perjudicar la salud de los ciudadanos. Ese —dijo— es un distinguido civil, John Stuart Mill. Fue una autoridad en economía política.

7   (...) Al asomarse por la puerta, Harvey observó que el basurero municipal había sido agujereado para acomodar las bocas de los cañones imaginarios y ahora representaba la principal posición fortificada de Manchester. (...)

8   —Sangra terriblemente —exclamó Bertie, mientras echaba abundante tinta roja por toda la fachada del edificio de la Asociación.

9   —Los soldados se precipitan hacia el interior y vengan su muerte con la mayor fiereza. Matan a cien niñas (...) y las quinientas sobrevivientes son llevadas a rastras a los barcos franceses.

10   Harvey se escabulló de la habitación y buscó a su hermana.

11   —Eleanor —dijo—, el experimento...

12   —¿Sí?

13   —Ha fracasado. Comenzamos demasiado tarde.

Fragmento traducido y adaptado de LOS JUGUETES DE PAZ, de Saki

11. ¿Qué opina Harvey sobre los juguetes de paz?

A. Está completamente a favor.
B. No está seguro de que vayan a tener éxito.
C. Piensa que son ridículos.
D. Piensa que fracasarán.

12. ¿Qué hacen los niños con los juguetes de paz?

A. Los ignoran y juegan con sus otros juguetes.
B. Los usan con entusiasmo para lo que estaban destinados.
C. Los convierten en juguetes de guerra.
D. Los regalan a sus amigos.

13. ¿Qué opina Eleanor Bope sobre los juguetes en general?

A. Considera que los juguetes deben influir en las ideas de un niño.
B. Considera que se debe entregar juguetes solo en vacaciones.
C. Considera que los juguetes son divertidos y frívolos.
D. Considera que los juguetes son un desperdicio de dinero.

14. ¿Qué oración expresa **mejor** el tema del pasaje?

A. Estar al tanto de las últimas tendencias de la crianza garantiza que los niños aprendan valores importantes.
B. Los niños usarán los juguetes de acuerdo con el propósito para el que fueron creados.
C. A medida que los niños crecen, los padres logran influir más en ellos con sus obsequios.
D. Las opiniones y los hábitos de los niños no cambian instantáneamente.

Sacar conclusiones en la ficción

Usar con el *Libro del estudiante,* págs. 70–71.

OBJETIVOS DE EVALUACIÓN DE LECTURA: R.2.8, R.3.2, R.3.3, R.3.5, R.4.3/L.4.3, R.5.1

UNIDAD 1

1 Repasa la destreza

Para **sacar conclusiones en la ficción**, presta atención a los detalles del cuento. A menudo, puedes combinar detalles de un relato con tus propias experiencias y hacer una observación importante que te ayudará a comprender lo que sucede en un cuento, o lo que quiere decir un autor. Esa observación es la conclusión.

2 Perfecciona la destreza

Al perfeccionar la destreza de sacar conclusiones en la ficción, mejorarás tus capacidades de estudio y evaluación, especialmente en relación con la prueba de Razonamiento a través de las Artes del Lenguaje de GED®. Lee el pasaje que aparece a continuación. Luego responde las preguntas.

RIP VAN WINKLE Y SU ESPOSA

a A partir de la descripción de la actitud de Rip Van Winkle como *feliz* y *tonto*, puedes inferir que se trata de una persona que no quiere complicaciones en su vida.

b Al ser reprendido por su esposa, Rip Van Winkle "(...) encogía los hombros, sacudía la cabeza y levantaba los ojos al cielo sin pronunciar una palabra". Su reacción demuestra que las críticas le molestaban, pero no respondió a ellas.

Rip Van Winkle era, sin embargo, <u>uno de esos felices mortales de disposición fácil y bobalicona que toman el mundo descuidadamente,</u> para quienes es lo mismo comer pan blanco o pan negro, el que sea que consigan con el menor esfuerzo físico o mental, y que preferirían morir de hambre con un penique a trabajar por una libra. Si le hubieran dejado vivir a su manera, nada le hubiera pedido a la vida, sumido en una perfecta satisfacción; pero la voz de su mujer no cesaba de repiquetear en sus oídos por su pereza, su descuido y la ruina a la que llevaba a su familia. Mañana, tarde y noche trabajaba su lengua sin cesar, y cada cosa que él decía o hacía provocaba en todos los casos un torrente de doméstica elocuencia. Rip tenía solamente una única respuesta a estas reprimendas y, a fuerza de tanto usarla, se le había convertido en un hábito. <u>Encogía los hombros, sacudía la cabeza y levantaba los ojos al cielo sin pronunciar una palabra</u>. Esta mímica, sin embargo, siempre daba lugar a una nueva andanada de parte de su mujer; por lo que, de buen grado, debía reunir fuerzas y salir al exterior de la casa, único recurso que queda, en verdad, al marido dominado por su mujer.

Fragmento traducido de RIP VAN WINKLE, de Washington Irving

1. ¿Cuál es la conclusión **más** lógica que se puede sacar a partir del pasaje?

   A. Rip Van Winkle y su esposa tienen un matrimonio feliz.
   B. Rip Van Winkle y su esposa pasan dificultades económicas.
   C. Rip Van Winkle y su esposa tienen valores similares
   D. Rip Van Winkle y su esposa son ricos.

2. La conclusión **más** lógica que se puede sacar sobre Rip Van Winkle es que

   A. es un hombre poco dedicado al trabajo.
   B. se siente a gusto y relajado en su casa.
   C. escucha con atención a su esposa.
   D. rara vez sale de su casa.

USAR LA LÓGICA

En este pasaje, puedes tomar la *descripción de Rip Van Winkle y su esposa*, y sumarla a tus propios conocimientos para sacar conclusiones sobre las relaciones de la pareja.

UNIDAD 1

INSTRUCCIONES: Lee el pasaje, lee cada pregunta y elige la **mejor** respuesta.

LOS REGALOS DE ÁNGELA

1   "Para Sissy Miller". Gilbert Clandon recogió el broche de perlas que estaba entre varios anillos y broches en la pequeña mesa del cuarto de estar de su esposa y leyó la inscripción: "Para Sissy Miller, con amor".

2   Era típico de Ángela haberse acordado incluso de Sissy Miller, su secretaria. Sin embargo, era extraño, volvió a pensar Gilbert Clandon, que Ángela hubiera dejado todo tan bien ordenado: un pequeño regalo para cada una de sus amistades. Parecía haber previsto su propia muerte. Sin embargo, su salud era perfecta cuando dejó la casa aquella mañana, seis semanas atrás; cuando bajó de la acera en Piccadilly y el carro la embistió y la mató.

3   Él esperaba a Sissy Miller. Le había pedido que viniera; Gilbert pensó que le debía, después de tantos años a su servicio, una muestra de consideración. Sí, siguió pensando, mientras la esperaba sentado, era extraño que Ángela hubiera dejado todo tan bien ordenado. A cada uno de sus amigos le había legado una pequeña muestra de su afecto. Sobre cada uno de los anillos, collares y pequeñas cajas chinas (sentía pasión por esas cajitas) había dejado escrito un nombre. Y cada objeto representaba un recuerdo para él. Esto era un regalo que él le había hecho; esto otro —el delfín de esmalte con ojos de rubí— había sido descubierto por ella en una callejuela de Venecia. Él todavía recordaba el gritito de alegría de Ángela al verlo. A Gilbert, por supuesto, no le había dejado nada en particular, a menos que eso fuera su diario. Quince pequeños volúmenes, encuadernados en cuero verde, estaban alineados detrás de él, sobre el escritorio. Desde el mismo día de su casamiento, Ángela había llevado un diario. Algunas de sus escasas —no podía llamarlas peleas, sino solo rencillas— habían sido provocadas por ese mismo diario. Cuando Gilbert llegaba a casa y la encontraba escribiendo, ella siempre cerraba el diario o lo cubría con la mano. "No, no, no", a Gilbert le parecía escucharla, "tal vez cuando me haya muerto". Y sí, se lo había dejado a él, como su legado. Era lo único que no habían compartido mientras ella vivió. Pero él siempre había dado por sentado que viviría más que él. Si ella se hubiera detenido solo un instante, si hubiera pensado lo que hacía, ahora estaría viva. Pero había bajado de la acera repentinamente, tal como dijo el conductor del carro en su declaración judicial. No le había dado tiempo a frenar. (...)

Fragmento traducido de EL LEGADO, de Virginia Woolf, © 1944

3. A partir de los detalles del pasaje, ¿cuál es la conclusión **más** lógica que se puede sacar sobre Ángela?

    A. Trataba mal a Sissy Miller.
    B. Tenía joyas valiosas.
    C. Era rica y famosa.
    D. Era considerada y ordenada.

4. Si bien murió repentinamente, Ángela había dejado "un pequeño regalo para cada una de sus amistades" (párrafo 2). A partir de los hechos que rodearon su muerte, puedes sacar la conclusión de que Ángela

    A. confiaba sus secretos a Sissy Miller.
    B. olvidó dejar un regalo a su marido.
    C. no le había contado a nadie de su enfermedad.
    D. planeó su propia muerte.

5. El narrador dice: "A Gilbert, por supuesto, no le había dejado nada en particular, a menos que eso fuera su diario". A partir de esta afirmación y otros detalles del pasaje, la conclusión **más** lógica que se puede sacar sobre el diario de Ángela es que

    A. revela problemas en su matrimonio.
    B. incluye poemas de amor dedicados a su marido.
    C. probablemente se publicará como libro.
    D. es el regalo que más quería recibir su marido.

6. El diario de Ángela fue la causa de que Gilbert Clandon y Ángela tuvieran "no podía llamarlas peleas, sino solo rencillas" (párrafo 3). ¿Cuál es la conclusión **más** lógica que se puede sacar a partir de esta situación?

    A. Ángela compartía todo con Gilbert.
    B. Es normal que en un matrimonio haya discusiones.
    C. Gilbert intenta minimizar sus problemas matrimoniales.
    D. Los diarios, como las joyas, causan problemas matrimoniales.

7. El narrador dice: "Pero él siempre había dado por sentado que viviría más que él". De acuerdo con esta afirmación, ¿cuál es la conclusión **más** lógica sobre los sentimientos de Gilbert Clandon respecto al diario?

    A. El diario era algo que no debió haber leído nunca.
    B. El diario podría dar alguna pista sobre lo que le ocurrió a Ángela.
    C. El diario estaba lleno únicamente de recuerdos felices.
    D. El diario debió ser publicado.

INSTRUCCIONES: Lee el pasaje, lee cada pregunta y elige la **mejor** respuesta.

VECINOS

1   Aun después de poner el pie en el peldaño de la puerta y la mano en el picaporte, Martha Hale sintió por un momento que no podía cruzar el umbral. Y parecía que simplemente no podía cruzarlo ahora porque antes no lo había hecho. Lo había pensado una y otra vez. "Debo ir a ver a Minnie Foster", todavía pensaba en ella como Minnie Foster, aunque hacía ya veinte años que era la Sra. Wright. Y luego siempre había algo que hacer y se olvidaba de Minnie Foster. Pero ahora podía ir. (...)

2   El abogado del condado estaba inspeccionando la cocina. (...) Se golpeó el pie contra unas sartenes sucias que había debajo del fregadero.

3   —Hay mucho trabajo para hacer en una granja —dijo la Sra. Hale fríamente.

4   —Por supuesto. Y, sin embargo —replicó él, con una pequeña reverencia—, sé que algunas casas de campo del condado de Dickson no tienen ese tipo de toallas de rodillo. Le dio un tirón para exponer toda su extensión de nuevo.

5   —Esas toallas se ensucian muy rápido. Las manos de los hombres no siempre están tan limpias como debieran.

6   —Ah, leal a su sexo, veo —se rio él. Se detuvo y le dirigió una mirada punzante—. Pero usted y la Sra. Wright eran vecinas. Supongo que también eran amigas.

7   —La he visto poco en los últimos años. No he estado en esta casa... ha pasado más de un año.

8   —Y, ¿a qué se debe? ¿Ella no le agradaba?

9   —Sí, me agradaba—respondió ella con energía—. Las esposas de los granjeros tienen mucho que hacer, Sr. Henderson. Y además… — Recorrió la cocina con la mirada.

10   —¿Sí? —la animó él.

11   —Nunca me pareció una casa demasiado alegre —dijo ella, más para sí misma que para él.

12   —No —coincidió él—; creo que nadie la llamaría alegre. No diría que ella tuviera el instinto del ama de casa hogareña.

13   —Bueno, no sé si Wright tenía un instinto hogareño, tampoco —murmuró ella.

14   —¿Quiere decir que no se llevaban demasiado bien? —se apresuró a preguntar él.

15   —No, no quiero decir nada —respondió ella con firmeza. Al tiempo que se apartaba un poco de él, agregó: —Pero no creo que la presencia de John Wright pudiera alegrar ningún sitio.

Fragmento traducido de UN JURADO DE SUS PARES, de Susan Glaspell

8.   ¿Qué conclusión puedes sacar de los comentarios del hombre en el párrafo 4?

    A. Piensa que la Sra. Hale y las esposas de otros granjeros cuidan mejor sus cocinas.
    B. El hombre prefería las toallas de mano a las toallas de rodillo.
    C. El hombre nunca había visto antes una toalla de rodillo.
    D. El hombre pensaba que las esposas de los granjeros no tenían mucho trabajo que hacer.

9.   Parece que lo que **más** le interesa averiguar al abogado es

    A. si la Sra. Wright era animada.
    B. si la Sra. Wright era una buena ama de casa.
    C. si los Wright se llevaban bien.
    D. si la Sra. Hale es una buena ama de casa.

10.   El comentario de la Sra. Hale sobre John Wright en el párrafo 15 lleva al lector a creer que

    A. el Sr. Wright no ayudaba a su esposa a mantener la casa limpia.
    B. la Sra. Wright era la causa de la infelicidad de su esposo.
    C. era difícil convivir con el Sr. Wright.
    D. la Sra. Hale piensa que la Sra. Wright es culpable de algo.

INSTRUCCIONES: Lee el pasaje, lee cada pregunta y elige la **mejor** respuesta.

LAIRD HABLA CON SU MADRE

1 —Papá huyó rápidamente —dijo una noche. Ella se había estado preguntando cuándo mencionaría a él ese episodio.

2 —Tenía que hacer una llamada telefónica —respondió automáticamente.

3 Laird la miró directamente a los ojos, con una expresión de amable reproche. Estaba haciéndole saber que había descubierto la mentira central de la vida de ella, es decir, que entendía la obsesión de Martin por su trabajo. Ella desvió la mirada. La verdad era que nunca la había entendido. Por qué no podía él quedarse con ella media hora después de la cena, o, si no con ella, por qué no quedarse con su hijo moribundo (...)

4 —No creo que papá pueda soportar estar cerca de mí.

5 —Eso no es verdad. —Sí era verdad.

6 —Pobre papá, siempre fue hipocondríaco; tenemos eso en común. Debe odiar esto.

7 —Solo quiere que te mejores.

8 —Si eso es lo que quiere, me temo que voy a desilusionarlo una vez más. Por lo menos, será la última vez que lo decepcione.

9 Él dijo eso alegremente, con ese brillo tan familiar danzando en sus ojos. Ella se permitió divertirse con el comentario. A él siempre le había gustado tomarle el pelo y ningún tema le parecía tabú. Como figura de autoridad de facto de la casa —Martin no pasaba suficiente tiempo en la casa como para imponer una verdadera disciplina— ella se había visto obligada a reprender a Laird a menudo, pero, la verdad, compartía su sentido del humor. Ahora, como respuesta, se acercó a él para darle un golpecito en el brazo. Fue una respuesta automática, nacida de un brote de buen humor que no se fijó en las circunstancias. Fue un error. Incluso a través de la espesa bata de felpa, sus nudillos tocaron hueso. No quedaba nada de él.

10 —Él se lo pierde —dijo ella; el impacto de la delgadez de Laird le había devuelto la seriedad.

Fragmento traducido de EN EL CREPÚSCULO, de Alice Elliott Dark, © 1993

11. ¿Cuál es la conclusión **más** lógica que se puede sacar a partir de la conversación de Laird con su madre?

   A. Laird está enojado con su madre.
   B. Laird usa el humor como excusa para no hablar de temas que lo incomodan.
   C. Laird es cauteloso a la hora de expresar sus verdaderos sentimientos.
   D. Laird intenta ser franco y honesto con ella.

12. Laird se refiere a su padre y dice: "Por lo menos, será la última vez que lo decepcione" (párrafo 8). La conclusión **más** lógica que se puede sacar a partir de este enunciado y de otros detalles del pasaje es que

   A. Martin está orgulloso de los logros de Laird.
   B. Laird y Martin no se llevan bien.
   C. Martin siempre animó a Laird.
   D. a Laird y a su madre no les cae bien Martin.

13. En el último párrafo, la madre de Laird dice de Martin: "Él se lo pierde". ¿Cuál es la conclusión **más** lógica que se puede sacar a partir de esta afirmación, según los detalles del pasaje?

   A. Ella cree que Martin tiene razón en ser indiferente a Laird.
   B. Cree que Martin se está perdiendo de algo por no prestarle atención a Laird.
   C. Ella quiere a Martin más de lo que quiere a Laird.
   D. Ella quiere que Laird sea más respetuoso con Martin.

14. A partir de la información del pasaje, ¿cuál es la conclusión **más** lógica acerca de Martin?

   A. Martin siempre trabajó duro para mantener a su esposa y a su hijo enfermizo.
   B. La disciplina estricta de Martin hizo que Laird se volviera contra él.
   C. Martin fue distante y estuvo absorto en sus asuntos antes y durante la enfermedad de Laird.
   D. Martin y su esposa compartieron equitativamente la tarea de criar a su hijo.

Aplicar ideas

Usar con el *Libro del estudiante,* págs. 72–73.

OBJETIVOS DE EVALUACIÓN DE LECTURA: R.2.7, R.2.8, R.3.2, R.3.3, R.3.4, R.3.5, R.4.1/L.4.1, R.4.3/L.4.3

UNIDAD 1

1 Repasa la destreza

Al **aplicar ideas**, puedes hacer predicciones o generalizaciones según tu propio conocimiento y los detalles presentes en el relato. Cuando aplicas ideas, identificas patrones y usas la lógica para determinar qué podría hacer o decir un personaje en otra situación. También puedes hacer predicciones acerca de lo que podría ocurrirle al personaje o establecer paralelismos entre la situación del personaje y otras circunstancias.

2 Perfecciona la destreza

Al perfeccionar la destreza de aplicar ideas, mejorarás tus capacidades de estudio y evaluación, especialmente en relación con la prueba de Razonamiento a través de las Artes del Lenguaje de GED®. Lee el pasaje que aparece a continuación. Luego responde las preguntas.

PAUL PARTE HACIA NUEVA YORK

a Paul había estado "malhumorado" el día anterior. Este comportamiento indica que probablemente estaba molesto por algo antes de quedarse con el dinero.

Hacía solo un día que había estado malhumorado; pero ayer por la tarde lo habían mandado al banco con el depósito de Denny & Carson, como siempre, aunque esta vez le habían ordenado que dejara el libro para que le hicieran el balance. Había más de dos mil dólares en cheques, y casi mil en los pagarés que había tomado del libro y transferido discretamente a su bolsillo. En el banco, había extendido un nuevo boleto de depósito. Sus nervios habían estado lo suficientemente bajo control para volver a la oficina, donde había terminado su trabajo y solicitado licencia por una jornada completa para mañana, sábado, fundamentándola con un pretexto perfectamente razonable. La libreta de depósitos, sabía, no sería devuelta antes del lunes o martes, y su padre estaría fuera de la ciudad durante la semana siguiente. Desde el momento en que se quedó con los pagarés hasta que se tomó el tren de la noche hacia Nueva York, no había dudado ni un solo momento. No era la primera vez que Paul navegaba las aguas de la traición.

b El narrador dice que "no era la primera vez que Paul navegaba las aguas de la traición". Paul parece estar acostumbrado al problema y al peligro.

Fragmento traducido de EL CASO DE PAUL, de Willa Cather

1. Después de que Paul regresó al trabajo, sus compañeros **más probablemente**

   A. observaron que se lo veía particularmente ansioso.
   B. no notaron nada inusual acerca de su comportamiento.
   C. observaron la exactitud inusual de su trabajo.
   D. notaron que su pedido de licencia fue excesivo.

2. ¿Cuál es la predicción **más** precisa que se puede hacer acerca de cómo resultará la situación para Paul?

   A. Usará el dinero para comenzar una vida honesta en Nueva York.
   B. Después de disfrutar de su viaje, volverá a su trabajo.
   C. Se sentirá culpable y admitirá lo que hizo.
   D. Las cosas probablemente terminen mal cuando se descubra su delito.

HACER SUPOSICIONES

Puedes hacer suposiciones con respecto a los personajes a partir de lo que sabes acerca de su comportamiento pasado. A menos que un autor explique que un personaje ha cambiado, puedes inferir un comportamiento futuro a partir del comportamiento pasado.

INSTRUCCIONES: Lee el pasaje, lee cada pregunta y elige la **mejor** respuesta.

EL PROCESO DE ENVEJECER

1   En la gran casa de estilo español que ella y mi padre han compartido durante treinta y cinco años de los casi cincuenta que llevan de matrimonio, un retrato —en blanco y negro, y al estilo de Hollywood— de mi madre como una ingenua de labios húmedos, de alrededor de 1940, cuelga enmarcado sobre la pared de estuco arriba de la chimenea. Si no fuera por eso, jamás adivinarías lo orgullosa que alguna vez estuvo de su belleza. Nada de estiramiento facial o cirugía estética en los ojos para Margaret Pierce; a los setenta y cuatro, no se sometería al cuchillo para parecer cinco o seis años más joven, así como no se compraría un vestido simplemente porque fue rebajado. Lo mismo corre para la ropa interior reforzada, para los costosos humectantes que te venden la promesa de la eterna juventud y para los enjuagues capilares que te venden los variados tonos acabados de un costoso equipaje. "Prefiero verme vieja", suele decir con desdén, "antes que patética".

2   Mi madre es un espécimen de primera calidad de lo que la mayoría de las mujeres dicen querer incluso mientras, desesperadamente, hacen todo lo que tienen a su alcance para evitarlo: envejecer con gracia. Apenas rastros quedan de aquella reina del glamour de párpados ceniza que se ve sobre la chimenea, que alguna vez se mofara de mi propio paso acomplejado y malhumorado hacia la femineidad. Su erosionada belleza ha adquirido una especie de estatus monolítico más comparable al monte Rushmore que a Rita Hayworth.

Fragmento traducido de EL PRECIO DEL TÉ EN CHINA, de Eileen Goudge, © 1998

3.   A partir de la información del pasaje, ¿qué opinión esperarías que tuviera la narradora acerca del aspecto actual de su madre?

   A. Está avergonzada por el aspecto actual de su madre.
   B. Esta celosa del aspecto actual de su madre.
   C. Admira la perspectiva de su madre sobre el envejecimiento.
   D. No aprueba de la perspectiva de su madre sobre el envejecimiento.

4.   Margaret dice que "prefiere verse vieja antes que patética" (párrafo 1). ¿Qué ejemplo ilustra **mejor** este enunciado?

   A. un carro deportivo nuevo y personalizado
   B. un carro con tecnología híbrida
   C. un convertible de la década de 1950 restaurado a su estado original
   D. un sedán de diez años de antigüedad bien conservado

5.   La narradora dice que su madre está "envejeciendo con gracia" (párrafo 2). Según el tono del pasaje, la narradora **más probablemente** describe a su madre como

   A. anticuada.
   B. práctica.
   C. arrogante.
   D. patética.

6.   A partir de la descripción de la narradora, Margaret es una persona que **más probablemente**

   A. se alimente de comidas saludables.
   B. pase largas horas en el gimnasio.
   C. disfrute de eventos sociales de Hollywood.
   D. suela salir de compras a buscar ofertas.

7.   La narradora dice que su madre no utiliza costosos humectantes o enjuagues capilares. A partir de sus preferencias, ¿qué respuesta es **más probable** que le dé Margaret al vendedor de una tienda que ofrece muestras gratis de productos de belleza?

   A. "¡Justo mi color!".
   B. "Es muy caro para mí".
   C. "No, pero le agradezco".
   D. "¡Fantástico! ¿Me daría otro más?".

8.   Cuando Margaret Pierce mira la imagen sobre la chimenea, lo **más probable** es que sienta

   A. nostalgia por los días pasados.
   B. frustración por los cambios que el tiempo le ha dado.
   C. alegría por el pasado y el presente.
   D. temor porque sus mejores días han pasado.

★ Ítem en foco: **ARRASTRAR Y SOLTAR**

INSTRUCCIONES: Lee el pasaje y la pregunta. Luego usa las opciones de arrastrar y soltar para completar la tabla.

OTRA VUELTA DE TUERCA

No sufrí ninguna decepción hasta el día siguiente, ya que en el curso de las horas que siguieron a mi llegada fui como hechizada por la presencia y el conocimiento que hice del más joven de mis alumnos: la niña que acompañaba a la señora Grose, que me pareció a primera vista una criatura encantadora cuyo trato debía ser una delicia. Era la más hermosa que había visto en mi vida, y más tarde me pregunté cómo era posible que quien me empleaba no me hubiera hablado más de ella (...)

Pero era alentador que no hubiera dificultades para entrar en contacto con un ser tan beatífico como aparentaba ser mi radiante niñita, cuya angelical belleza fue probablemente el factor que más colaboró al desasosiego que me hizo levantarme antes del amanecer y dar repetidas vueltas por mi alcoba, examinando todos los detalles y perspectivas de la situación; observar desde mi ventana abierta el hermoso amanecer de verano, examinar todo lo que pude del resto de la casa y escuchar, mientras los pájaros iniciaban los primeros trinos en la decreciente oscuridad, la posible repetición de un par de ruidos poco naturales, procedentes no del exterior sino del interior, que me había imaginado. Hubo un momento en que creí reconocer, débil y lejano, el llanto de un niño; hubo otro en que, dándome perfecta cuenta, me asusté al sentir pasar por delante de mi puerta unos ligeros pasos. Pero estas fantasías no me impresionaron hasta el punto de ser indelebles, y si ahora me vuelven a la cabeza es a la luz o, mejor dicho, a las tinieblas de los posteriores acontecimientos. Cuidar, enseñar y «formar» a la pequeña Flora constituía, sin duda, una vida útil y feliz. En la planta baja habíamos convenido que desde aquel mismo momento yo me ocuparía de ella por la noche, y su camita blanca ya estaba dispuesta en mi cuarto con este fin. Yo me encargaría por completo de ella y, si había permanecido por última vez con la señora Grose, solo había sido en consideración a nuestro inevitable desconocimiento y a su natural timidez. A pesar de esta timidez (…), estaba absolutamente segura de que pronto me querría.

Fragmento traducido de OTRA VUELTA DE TUERCA, de Henry James

9. Arrastra y suelta las posibles acciones de la persona a cargo de la pequeña Flora en la ubicación correcta de la tabla.

La persona a cargo de Flora

La persona a cargo de Flora no

la descuidaría
la cuidaría con mucho esmero
procuraría hacerla feliz
despotricaría contra tal responsabilidad

INSTRUCCIONES: Lee el pasaje, lee cada pregunta y elige la **mejor** respuesta.

PREPARACIÓN PARA LA FIESTA

1   —Buenos días —dijo, imitando la voz de su madre. Pero sonó tan fingido que le dio vergüenza y tartamudeó como una niña: —¡Oh! Ustedes vienen... ¿es por la marquesina?

2   La sonrisa de él era tan natural, tan amistosa, que Laura recobró su aplomo. (...) Y ahora observaba a los otros.

3   —Anímate, no te morderemos —parecían decir con su sonrisa.

4   —¡Qué obreros tan simpáticos! ¡Y qué hermosa mañana! —No debía mencionar la mañana; debía parecer una chica seria. (...)

5   —Bueno ¿les parece bien instalarla en ese prado de lirios? (...)

6   —No me parece —dijo él—. No es un lugar muy visible. Usted sabe, tratándose de una marquesina (...) es necesario instalarla en un lugar que sea como un golpe directo en el ojo, ¿me entiende?

7   La crianza de Laura le hizo dudar por un momento si acaso sería irrespetuoso de parte del trabajador hablar acerca de golpes en el ojo. Pero claro que lo entendió perfectamente.

8   —En una esquina de la cancha de tenis —sugirió ella—. Pero la banda estará en una esquina.

9   —¿Así que habrá músicos? —comentó otro trabajador. Estaba pálido. Tenía una mirada demacrada mientras sus ojos oscuros examinaban la cancha de tenis. ¿En qué estaría pensando?

10   —Será solo una banda pequeña —dijo Laura amablemente. Tal vez al hombre no le molestaría tanto si la banda fuera pequeña. Pero el trabajador alto la interrumpió.

11   —Mire, señorita. Ese es el lugar ideal. Contra esos árboles de allí. Se verá muy bien.

12   Contra las karakas. Entonces los árboles de karakas quedarían ocultos. Y eran tan adorables, con sus grandes hojas brillosas y sus racimos de frutos amarillos. Eran como árboles que te imaginarías creciendo en una isla desierta, orgullosos, solitarios, elevando sus hojas y sus frutos al sol en una especie de silencioso esplendor. ¿Debían quedar ocultos tras una marquesina?

13   Sí debían. Los trabajadores ya habían cargado los aperos y avanzaban hacia el lugar. Solo quedaba el tipo alto. Se inclinó, arrancó una ramita de lavanda, se llevó a la nariz el pulgar y el índice y aspiró la fragancia. Cuando Laura observó ese gesto, se olvidó por completo de las karakas, en su asombro al verlo dándole importancia cosas como esa: dándole importancia a la fragancia de la lavanda. ¿Cuántos hombres que ella conocía habrían hecho algo así?

14   "¡Qué encantadores eran los trabajadores!", pensó. ¿Por qué no podía tener amigos trabajadores en lugar de los ridículos jóvenes con los que bailaba y que venían a cenar los domingos? Se llevaría mucho mejor con hombres como estos.

Fragmento traducido de FIESTA EN EL JARDÍN, de Katherine Mansfield

10. ¿Qué situación se asemeja **más** a la del trabajador (párrafo 13)?

   A. Dirigiéndose a la sala del tribunal, un ajetreado abogado se detiene a ver cómo trabaja un artista.
   B. La directora de una banda tiene que decidir dónde colocar un cartel para promocionar su banda.
   C. Mientras planta un nuevo cantero de flores, un jardinero ve a un niño que recoge una de las flores recién plantadas.
   D. Un trabajador de una fábrica pasa su hora de almuerzo caminando por el parque.

11. Lo **más probable** es que Laura haya pasado su tiempo libre

   A. en una oficina.
   B. trabajando en una granja.
   C. en un club de campo.
   D. vendiendo provisiones de jardinería.

12. ¿Qué enunciado es la predicción **más probable** acerca de cómo reaccionaría Laura si los trabajadores hicieran un trabajo deficiente?

   A. Se negaría a pagarles.
   B. Exigiría que terminaran el trabajo de una manera que la dejara satisfecha.
   C. Los justificaría.
   D. Probablemente no se daría cuenta.

13. A partir de la información del pasaje, ¿cuál es la predicción **más probable** acerca de la trama de este relato? La trama incluiría

   A. a la banda contratada para tocar en la fiesta.
   B. la atracción de Laura por los trabajadores.
   C. las afectaciones de la madre de Laura.
   D. los jóvenes con los que baila Laura.

Comprensión de la lectura en acción

MERCADEO, VENTAS Y SERVICIOS

INSTRUCCIONES: Lee el pasaje, lee cada pregunta y elige la **mejor** respuesta.

Te acaban de contratar como encargado de ventas en la casa mayorista de repuestos automotores GRIP. Parte de tu capacitación incluye leer estas instrucciones sobre los recibos de venta.

1   Los recibos de venta son una parte esencial del proceso de venta. Los recibos de venta cumplen diversas funciones. Los recibos de venta confirman el pago de un producto y brindan una prueba de la propiedad de este. Las empresas los usan para detallar los gastos con fines fiscales. También brindan una información de contacto para los productos que deban ser devueltos. La casa mayorista de repuestos automotores GRIP espera que todos sus empleados consideren a los recibos de venta como una parte importante de su trabajo.

2   Cada venta requiere un recibo de venta. El sistema de ventas de la casa mayorista de repuestos automotores GRIP está diseñado para generar recibos de venta automáticamente por cada compra. En el caso de que el sistema falle y no genere un recibo de venta, los encargados de ventas deben completar un formulario de recibo de venta y rellenar a mano la información. Aquellos empleados que no completen correctamente los recibos de venta pueden ser objeto de medidas disciplinarias, incluyendo ser suspendidos.

3   El formulario de recibo de venta de la casa mayorista de repuestos automotores GRIP tiene cinco componentes. Todos los componentes deben ser legibles.

1. **Nombre y número de empleado del encargado de ventas.** Asegúrate de escribir tu nombre y número de empleado de manera legible.
2. **Fecha de venta.** Anota el mes, el día y el año.
3. **Información del cliente.** Anota el nombre del cliente y su número de cuenta.
4. **Artículos.** Anota la cantidad vendida de cada artículo, el precio unitario y el precio total. Asegúrate de que las cuentas estén bien hechas.
5. **Pago.** Rellena la casilla correcta para indicar si la venta se realizó en efectivo, cheque o tarjeta de crédito.

4   Los encargados de ventas deben familiarizarse con el formulario de recibo de venta de la casa mayorista de repuestos automotores GRIP. Deben estar preparados para completarlo cuando sea necesario. Para obtener más información, o si tienes preguntas o inquietudes sobre esta política, por favor, ponte en contacto con el responsable de la tienda mayorista de repuestos automotores GRIP.

1. En el párrafo 1, el autor escribe: "Los recibos de venta confirman el pago de un producto y brindan una prueba de la propiedad de este". ¿A qué idea principal apoya este detalle?

   A. "Los recibos de venta son una parte esencial del proceso de venta".
   B. "También brinda una información de contacto para los productos que deban ser devueltos".
   C. "Las empresas los usan para detallar los gastos con fines fiscales".
   D. "La casa mayorista de repuestos automotores GRIP espera que todos sus empleados consideren a los recibos de venta como una parte importante de su trabajo".

2. ¿Cuál es la idea principal del párrafo 2?

   A. Los empleados que no completen un recibo de venta por una venta pueden ser despedidos.
   B. El sistema de ventas de la casa mayorista de repuestos automotores GRIP genera recibos de venta automáticamente.
   C. Se requiere un recibo de venta por cada venta realizada.
   D. Los encargados de ventas de casa mayorista de repuestos automotores GRIP deben rellenar un formulario de recibo de venta por cada venta realizada.

3. ¿Cuál es la conclusión **más** lógica que se saca a partir de la información del párrafo 3?

   A. Los encargados de ventas deben saber los números de cuenta de todos los clientes.
   B. Los encargados de ventas deben completar los cinco componentes enumerados.
   C. Los encargados de ventas solo deben preocuparse de enumerar los artículos y el precio total.
   D. Los encargados de ventas solo deben completar recibos de venta por los artículos comprados en efectivo.

4. ¿Cómo cambiaría el significado de la primera oración del párrafo 4 si el autor hubiera usado la palabra **memorizar** en lugar de **familiarizarse**?

   A. La oración implicaría que los recibos de ventas eran opcionales.
   B. La oración implicaría que olvidarse del recibo de venta podría llevar a ser despedido.
   C. La oración implicaría que recordar cada detalle del recibo de venta no era importante.
   D. La oración implicaría que era necesario recordar cada detalle del proceso de recibo de venta.

UNIDAD 1

CIENCIAS DE LA SALUD

INSTRUCCIONES: Lee el pasaje, lee las preguntas y elige la **mejor** respuesta.

Eres un estudiante que quiere llegar a ser higienista dental. Este fragmento pertenece a un texto sobre equipos odontológicos.

INTRODUCCIÓN A LOS SISTEMAS DE ASPIRACIÓN

1   Los sistemas de aspiración dental son una parte esencial de todas las clínicas y consultorios odontológicos. La cavidad bucal humana contiene saliva, bacterias y posiblemente varios virus. El aspirador es un tubo que succiona la saliva que se acumula en la cavidad bucal.

2   Los sistemas de aspiración reducen o eliminan la contaminación cruzada entre los pacientes y los profesionales odontológicos. Si se usan correctamente, los sistemas de aspiración disminuyen la nube microbiana que se expele de la cavidad bucal a un radio menor de 30 centímetros. Esta distancia es menor a la distancia promedio entre un paciente y el profesional odontológico.

3   Los sistemas de aspiración incluyen el equipo odontológico (aquellas partes que entran en contacto con los pacientes) y la sala de máquinas (un rotor que genera la succión). Los sistemas que separan el líquido del aire de la sala de máquinas se denominan de succión húmeda. Los sistemas que separan el líquido del equipo odontológico se denominan de succión seca. Tanto los instrumentos de succión seca como de succión húmeda presenten distintas ventajas y desventajas, incluyendo la fuerza de succión que generan y la cantidad de agua que necesitan para funcionar correctamente.

4   Como están diseñados para recolectar bacterias, los sistemas de aspiración requieren constantemente limpieza y mantenimiento. Dependiendo de la cantidad de pacientes, deben desinfectarse a diario para evitar olores desagradables y obstrucciones en el sistema. Esto implica desmontar o desarmar ciertas secciones del sistema.

5. Según las claves del pasaje, la **contaminación cruzada** es

   A. la nube microbiana expelida de la cavidad bucal.
   B. la acumulación de saliva, bacterias y virus de la cavidad bucal.
   C. la eliminación de bacterias entre los pacientes y los profesionales odontológicos.
   D. la transferencia de bacterias entre los pacientes y los profesionales odontológicos.

6. ¿Cómo categoriza el autor los distintos tipos de sistemas de aspiración?

   A. saliva, bacteria y virus
   B. equipo odontológico y sala de máquinas
   C. succión húmeda y succión seca
   D. limpieza y mantenimiento

7. ¿Qué función tiene la palabra **Como** en el párrafo 4?

   A. Presenta una relación de causa y efecto entre la acumulación de bacterias y la necesidad de limpiar el equipo.
   B. Genera un contraste entre los tipos de equipos del párrafo 3 y la necesidad de limpiar el equipo del párrafo 4.
   C. Señala la secuencia continua de sucesos iniciada en el párrafo 2.
   D. Refuerza la información del párrafo 3 presentando un ejemplo.

8. ¿Cuál es la conclusión **más** lógica que se saca a partir de la información del último párrafo?

   A. Aumentar la cantidad de pacientes evitará obstrucciones en el sistema.
   B. Se debe desinfectar el equipo a diario para desmontar ciertas secciones.
   C. Luego de desmontar ciertas secciones del equipo, se acumulan bacterias.
   D. Luego de desmontar ciertas secciones del equipo, se limpian con desinfectante.

Determinar el propósito del autor

Usar con el *Libro del estudiante,* págs. 88–89.

OBJETIVOS DE EVALUACIÓN DE LECTURA: R.2.7, R.2.8, R.3.2, R.3.4, R.3.5, R.4.3/L.4.3, R.5.1, R.5.2, R.5.4, R.6.1, R.6.2, R.6.3, R.6.4, R.8.2

1 Repasa la destreza

Identificar el **público** previsto de un pasaje te puede ayudar a entender el **propósito del autor**. Un autor que escribe para informar a un público general, por ejemplo, incluirá suficiente información para que cualquiera entienda el tema. Cuando escribe específicamente para persuadir a un grupo en particular para que haga algo o piense de cierta forma, un escritor podría incluir detalles que serían especialmente persuasivos para los integrantes de ese grupo.

2 Perfecciona la destreza

Al perfeccionar la destreza de determinar el propósito del autor e identificar el público, mejorarás tus capacidades de estudio y evaluación, especialmente en relación con la prueba de Razonamiento a través de las Artes del Lenguaje de GED®. Lee el pasaje que aparece a continuación. Luego responde las preguntas.

UNIDAD 2

a La frase "preguntas frecuentes" te proporciona una clave del público previsto de este pasaje. Es probable que los autores escriban para un público general si responden preguntas frecuentes. La información debería ser bastante sencilla de entender.

b El formato del pasaje te proporciona claves del propósito del autor. El pasaje es una serie de preguntas y respuestas. Como los autores están respondiendo preguntas, es probable que su propósito sea informar.

PREGUNTAS FRECUENTES SOBRE LA GRIPE

¿Qué tiene de nuevo esta temporada de gripe?

1   Para la temporada de gripe 2019-2020, el CDC recomienda que se ofrezca la vacunación para fines de octubre y se brinde información adicional sobre lo que podría considerarse una vacunación demasiado temprana. "La vacunación temprana, por ejemplo, en julio o agosto, puede provocar que más avanzada la temporada se reduzca la protección contra la influenza, particularmente entre los adultos mayores".

¿Qué tan a la par de la circulación de los virus de la gripe están los virus de la vacuna 2019-2020?

2   El CDC aún no tiene estimaciones de la efectividad de la vacuna de la gripe en esta temporada. Mientras tanto, los datos de caracterización de antígenos pueden proporcionar alguna percepción de qué tan bien podrían funcionar las vacunas.

3   Durante las temporadas pasadas en que los virus de la vacuna eran antigénicamente "similares" a la mayoría de los virus en circulación, se observó una efectividad de la vacuna del rango de un 40% a un 60%. Esto significa que la gente que se vacuna todavía puede enfermarse, pero tienen alrededor de la mitad de posibilidades que alguien que no se vacunó. Otra cosa importante para recordar es que la vacunación puede hacer que la enfermedad sea menos severa en las personas que se vacunaron y que sin embargo se enferman. En general, las personas que se vacunan están en mejor situación que las que no se vacunan.

Adaptado del artículo de cdc.gov PREGUNTAS FRECUENTES SOBRE LA INFLUENZA (GRIPE), TEMPORADA 2019-2020, visitado en 2020

1. ¿En qué se diferenciaría el pasaje si el público previsto fueran los médicos?

    A. Podría incluir vocabulario médico más avanzado.
    B. Podría contar una anécdota graciosa sobre alguien que teme recibir una inyección.
    C. Podría informar a los lectores qué esperar al recibir una inyección.
    D. Podría responder una pregunta sobre el costo de las vacunas contra la gripe.

2. ¿Qué detalle muestra que el propósito del autor también es persuadir?

    A. El CDC está ofreciendo pautas adicionales.
    B. El CDC aún no tiene datos acerca de la efectividad de la vacuna.
    C. La vacuna de la gripe no protege contra otras enfermedades.
    D. Las personas que se vacunan están en mejor situación que las que no lo hacen.

CONSEJOS PARA REALIZAR LA PRUEBA

Puede que necesites usar el conocimiento previo para hacer una inferencia y responder una pregunta. Por ejemplo, en la pregunta 1, piensa sobre lo que sabes acerca de los médicos y en qué se podrían diferenciar de un público general.

INSTRUCCIONES: Lee el pasaje, lee cada pregunta y elige la **mejor** respuesta.

PLANES ESTRATÉGICOS PARA ATLANTA

1   GENERAL (J.B. Hood, al mando del ejército de Tennessee, Ejército Confederado): Tengo el honor de acusar recibo de su carta de hoy (...) mediante la cual accede al acuerdo que yo había propuesto de facilitar el traslado al sur de la población de Atlanta que prefiere ir en esa dirección. Adjunto (...) una copia de mis órdenes que lograrán mi propósito a la perfección, de lo cual me doy por satisfecho.

2   Usted dice que las medidas propuestas "no tienen precedentes" y apela a la historia oscura de la guerra para establecer un paralelo, como un acto de "crueldad estudiada e ingeniosa". Tiene precedentes, porque el mismo general Johnston con gran sabiduría adecuadamente trasladó familias desde Dalton hacia el sur y no veo ninguna razón por la que Atlanta debería ser exceptuada. Tampoco es necesario apelar a la oscura historia de la guerra, cuando hay ejemplos recientes y modernos a mano. Usted mismo quemó casas a lo largo de su parapeto, y hoy he visto cincuenta casas que dejó inhabitables porque se interponían en el camino de sus fuertes y sus hombres. Usted defendió Atlanta en una línea tan cercana al pueblo que todos los cañonazos y muchos disparos de mosquete que pasaban de su marca entraban a las viviendas de las mujeres y los niños. El general Hardee hizo lo mismo en Jonesboro y el general Johnston hizo lo mismo, el verano pasado, en Jackson, Misisipi. No lo he acusado de desalmado, pero sencillamente cito estos casos muy recientes y podría seguir enumerando cientos más y desafiar a cualquier hombre justo a juzgar quién de nosotros tiene piedad por las familias de un "pueblo valiente".

3   (...) En nombre del sentido común, le pido que no apele a un Dios justo de una manera tan sacrílega. ¡Usted que, en medio de la paz y la prosperidad, sumergió a una nación en la guerra, guerra oscura y cruel, que se atrevió a insistirnos para ir a la batalla, insultó nuestra bandera y se apoderó de nuestro arsenal y fuertes, (...) expulsó familias de la Unión de a miles, quemó sus casas y declaró, mediante una ley de su Congreso, la confiscación de todas las deudas por bienes que los hombres del Norte tuvieron y recibieron!

4   Si debemos ser enemigos, seamos hombres y resolvámoslo como nos proponemos, y no hagamos esas apelaciones hipócritas a Dios y a la humanidad. Dios nos juzgará a su debido tiempo y decidirá si es más humano luchar con un pueblo lleno de mujeres y de las familias de un pueblo valiente a nuestras espaldas o trasladarlos finalmente a lugares seguros con sus propios amigos y su propia gente. Muy respetuosamente, su humilde servidor,

   W.T. Sherman, comandante en jefe del Ejército de la Unión.

De CUARTEL GENERAL, DIVISIÓN MILITAR DEL MISISIPI, EN EL CAMPO, ATLANTA, GEORGIA, del general William T. Sherman, 10 de septiembre de 1864

3. Este es un fragmento de una carta escrita durante la Guerra civil de los Estados Unidos. ¿Cuál de las oraciones siguientes identifica al autor y al destinatario de la carta?

A. El autor es el general Sherman, del Ejército de la Unión. El destinatario es el general Hood, del Ejército Confederado.
B. El autor es el general Hood, del Ejército Confederado. El destinatario es el general Sherman, del Ejército de la Unión.
C. El autor es el general Sherman, del Ejército de la Unión. El destinatario es el general Johnston, del Ejército Confederado.
D. El autor es el general Johnston, del Ejército Confederado. El destinatario es el general Sherman, del Ejército de la Unión.

4. ¿Cuál de los siguientes describe el propósito explícito de la carta?

A. identificar precedentes para sus planes
B. acusar al general Hood de crueldad
C. confirmar los planes de evacuación de Atlanta
D. reconocer que la guerra implicará bajas y destrucción de la propiedad

5. Según la información del párrafo 2, el general Hood acusó al general Sherman de

A. piedad
B. crueldad
C. valentía
D. hipocresía

INSTRUCCIONES: Lee el pasaje, lee cada pregunta y elige la **mejor** respuesta.

LA NECESIDAD DE LOS ESTADOUNIDENSES DE TENER MÁS

1   A muchos de nosotros nos parece que necesitamos más cosas de las que podemos pagar. Nuestros amigos más adinerados están constantemente mostrando qué indispensables son estas cosas y seguimos comprándolas hasta que gastamos por encima de nuestros ingresos o descuidamos las cosas más importantes de la vida. Lo más triste de todo es que, en gran medida, es un desarrollo estadounidense y nosotros, los estadounidenses, seguimos inventando nuevas necesidades. Por supuesto, todo se trata del "progreso" y nadie lo quiere frenar.

2   Pensemos en las casas, por ejemplo. Un ideal de comodidad terrenal es comprar una casa tan grande que cueste mantenerla y llenarla de tantos extras que ordenarla sea una ocupación constante. Sin embargo, cuando la naturaleza provee de una casa, esa casa se ajusta al ocupante. Los animales, que construyen por instinto, construyen solo lo que necesitan. Pero el instinto de construcción del hombre no tiene límites. La naturaleza nunca le indica cuándo ha terminado. Y tal vez no debería sorprendernos que en tantos casos no lo sepa. Tan solo sigue adelante mientras le duren los materiales.

3   Si otro hombre intenta oprimirlo, entiende esta clase de tiranía. (...) Está dispuesto a luchar y sacrificar todo lo que tiene, antes que someterse. Pero la tiranía de las cosas es tan sutil, tan gradual en su abordaje, y se presenta tan oculta por aparentes beneficios, que lo envuelve totalmente antes de que lo sospeche. Dice: "Construiré esta ampliación a mi casa", "Tendré uno o dos caballos más", "Haré un pequeño invernadero en mi jardín", y sigue teniendo cosas e imaginando que es más rico por poseerlas. Es solo con el tiempo que empieza a darse cuenta de que las cosas lo poseen a él.

Adaptación de LA TIRANÍA DE LAS COSAS, de Edward Sanford Martin

6. ¿Cuál es el propósito **principal** del autor?

  A. contar una anécdota sobre la ampliación de una casa
  B. informar a los lectores sobre los instintos animales
  C. persuadir a los lectores para que piensen cuáles son sus necesidades reales
  D. describir las últimas comodidades para la casa

7. ¿De qué manera el párrafo 1 respalda el propósito del autor?

  A. El autor da varios ejemplos de cómo y por qué la gente gasta en objetos que no necesita.
  B. El autor regaña a la gente por gastar en cosas que desean.
  C. El autor se queja de los hábitos de gasto de los ricos.
  D. El autor ruega a las personas que sean más frugales y no compren los objetos que desean.

8. ¿De qué forma contrastar la tiranía de las cosas con la opresión de otra persona (párrafo 3) promueve el propósito del autor? El contraste muestra que

  A. las personas no son conscientes de la manera en que las cosas llegan a dominarlos.
  B. las personas confunden lo que quieren con lo que necesitan.
  C. la opresión de un gobernante es mucho más común.
  D. los seres humanos a menudo se autodestruyen sin necesidad o sin saberlo.

9. ¿Cómo podría responder un lector si encuentra convincente el argumento del autor?

  A. El lector podría intentar vivir sin posesiones materiales.
  B. El lector podría buscar derrocar al gobierno.
  C. El lector podría comprar menos bienes de lujo o comodidad.
  D. El lector podría intentar estudiar la naturaleza y aprender de ella.

10. ¿De qué forma la estructura de las dos últimas oraciones enfatiza una idea clave del pasaje?

  A. La última oración resume las citas de la oración anterior para enfatizar que las personas no tienen buenos instintos.
  B. La última oración invierte la redacción de la oración anterior para enfatizar que las posesiones pueden limitar la libertad de una persona.
  C. La última oración parafrasea la oración anterior para enfatizar que las personas reaccionan rápidamente ante la tiranía.
  D. La última oración agrega detalles a la oración anterior para enfatizar que las personas quieren tener estilos de vida que no pueden costear.

INSTRUCCIONES: Lee el pasaje, lee cada pregunta y elige la **mejor** respuesta.

DEDUCCIÓN IMPOSITIVA DE LA OFICINA EN CASA

1   Como parte de los esfuerzos continuos de la Administración para reducir la carga del papeleo, el Servicio de Impuestos Internos (IRS, por sus siglas en inglés) anunció hoy que ofrecerá una opción nueva y más simple de calcular la deducción de impuestos de la oficina en el hogar. Esto permitirá que los dueños de pequeñas empresas y empleados que trabajan desde su casa y que mantienen una oficina que califica como oficina en casa deduzcan hasta $1,500 por año.

2   El IRS también espera que los contribuyentes ahorren más de 1.6 millones por año en tiempo de preparación de impuestos con este método de cálculo más simple.

3   La nueva opción permite que los contribuyentes que califican deduzcan anualmente $5 por pie cuadrado de espacio de la oficina en casa de hasta 300 pies cuadrados y obtengan deducciones de hasta $1,500. Para beneficiarse con la nueva opción, los contribuyentes completarán una versión mucho más simple del actual formulario de 43 renglones.

4   El anuncio se funda en el compromiso del Presidente de optimizar y simplificar el código fiscal para las pequeñas empresas y reducir la carga del cumplimiento impositivo. Forma parte de políticas más amplias diseñadas para facilitar la interacción con el gobierno federal y hacerla más eficiente para las empresas de todos los tamaños.

5   Estas nuevas reglas ayudan a que nuestro código fiscal refleje mejor las necesidades de la población activa estadounidense en el siglo XXI y especialmente las pequeñas empresas que tienen un papel vital en nuestra economía. En la actualidad, más de la mitad de la población estadounidense activa posee una pequeña empresa o trabaja para ella. Aproximadamente el 52 por ciento de las pequeñas empresas funcionan en el hogar y muchas de ellas tienen espacio dedicado a la oficina en casa que califica para la deducción. Y, a medida que la tecnología se perfecciona, más empresas, grandes y pequeñas, se convierten en empresas virtuales y contratan empleados de todo el país, muchos de los cuales trabajan desde sus oficinas en casa.

Fragmento traducido del artículo DEDUCCIÓN IMPOSITIVA DE LA OFICINA EN CASA: SIMPLIFICAR LAS REGLAS Y AYUDAR A TRIUNFAR A LOS PROPIETARIOS DE PEQUEÑAS EMPRESAS, de Neal S. Wolin y Karen G. Mills, treasury.gov, visitado en 2021

11.   ¿Cuál es el propósito explícito del anuncio del IRS?

A.   informar a los lectores sobre la nueva deducción impositiva para la oficina en casa
B.   persuadir a los contribuyentes a hacer la deducción por la oficina en casa
C.   describir el tamaño y el plano de una oficina en casa
D.   persuadir a los contribuyentes a trabajar desde sus casas

12.   ¿Cuál es el propósito implícito del pasaje?

A.   informar a los lectores sobre los formularios impositivos que tienen que presentar
B.   persuadir a los lectores para que respalden la administración actual
C.   explicar los cambios propuestos al código fiscal
D.   contar una anécdota sobre una empresa exitosa que funciona en la casa

13.   ¿Qué evidencia respalda **mejor** la afirmación de que las pequeñas empresas "tienen un papel vital en nuestra economía"?

A.   El gobierno está intentando simplificar el código fiscal para las pequeñas empresas.
B.   Los propietarios de pequeñas empresas podrían deducir hasta $1,500 por año.
C.   Más de la mitad de la población estadounidense activa posee una pequeña empresa o trabaja para ella.
D.   Alrededor del 52 por ciento de las pequeñas empresas funcionan en la casa.

14.   Si el público se limitara solo a los propietarios de empresas en casa, ¿qué información o detalles adicionales podría incluir el pasaje?

A.   una explicación de la forma en que el IRS determinó el nuevo método de cálculo
B.   una estimación de la cantidad de personas que no reclamaron la antigua deducción
C.   un formulario de impuestos que muestre un ejemplo de cálculo de la deducción
D.   una dirección a la que los contribuyentes puedan enviar comentarios sobre el código fiscal

15.   En el párrafo 5, los autores se dirigen a su público, que es "la población activa del siglo XXI". ¿Qué palabra describe **mejor** a este grupo?

A.   flexible
B.   tradicional
C.   organizada
D.   leal

Analizar los elementos de persuasión

Usar con el *Libro del estudiante,* págs. 90–91.

OBJETIVOS DE EVALUACIÓN DE LECTURA: R.2.7, R.2.8, R.3.2, R.3.4, R.3.5, R.4.3/L.4.3, R.5.1, R.5.2, R.5.4, R.6.1, R.6.2, R.6.3, R.6.4, R.8.2

1 Repasa la destreza

Cuando un autor escribe para persuadir, puede empezar proporcionando el contexto. Luego puede enunciar la **afirmación**, o el concepto que quiere expresar, presentar **evidencia** y, para concluir, pedir a los lectores que piensen de cierta manera o que hagan algo. Los autores pueden hacer suposiciones sobre cuánto sabe un público acerca del tema.

Un texto persuasivo puede hacer más de una afirmación. Cuando un autor quiere persuadir a los lectores de varias cosas o expresar varios conceptos, puede incluir **afirmaciones múltiples**. Un autor también puede incluir **afirmaciones contrarias**, que cuestionan o explican diferentes puntos de vista sobre el tema. Como en cualquier texto persuasivo, cada afirmación debe estar respaldada por la evidencia y una lógica sólida.

2 Perfecciona la destreza

Al perfeccionar la destreza de analizar los elementos de persuasión y argumentación, mejorarás tus capacidades de estudio y evaluación, especialmente en relación con la prueba de Razonamiento a través de las Artes del Lenguaje de GED®. Lee el pasaje que aparece a continuación. Luego responde las preguntas.

LA IMPORTANCIA DEL TREN EN LAS PRÓXIMAS DÉCADAS

a Busca evidencia que respalde las afirmaciones múltiples de que el ferrocarril es rentable (económico), de que no consume mucho petróleo y de que cuida el medio ambiente.

Para el año 2050, la red de transporte de los Estados Unidos tendrá que trasladar a 100 millones de personas más y a cuatro mil millones de toneladas anuales de carga más. (...) En el largo plazo, la eficiencia del tren sencillamente no podrá ser ignorada. Con un servicio orientado al mercado, puede ser el medio de transporte más rentable, el menos dependiente del petróleo y el que más cuida el medio ambiente.

Un tren puede despejar aproximadamente 100 camiones de las carreteras. Y, desde comienzos de la década de 1980, nuestra red de trenes de carga ha logrado la asombrosa hazaña de duplicar su trayecto sin aumentar el consumo total de combustible. Dos líneas de tren pueden transportar la misma cantidad de pasajeros por hora que 16 carriles de autopista.

b Este enunciado podría refutar la afirmación de que construir una línea de tren cuesta más que construir carreteras.

Y, mientras que el costo de construir ferrocarriles es razonable en comparación con el de las carreteras, los rieles del ferrocarril solo consumen un tercio del terreno requerido por las carreteras.

Fragmento traducido de COMENTARIOS PARA LA ASOCIACIÓN ESTADOUNIDENSE DE CARRETERAS ESTATALES Y FUNCIONARIOS DEL TRANSPORTE (AASHTO, por sus siglas en inglés) por Joseph C. Szabo, 2012

1. El autor manifiesta que el ferrocarril de carga ha logrado "duplicar su trayecto sin aumentar el consumo total de combustible" para respaldar su afirmación de que

   A. construir líneas de ferrocarril es económico.
   B. el ferrocarril no requiere mucho petróleo.
   C. las vías del ferrocarril ocupan menos terreno que las carreteras.
   D. la eficiencia del ferrocarril no puede ignorarse.

2. ¿A qué grupo es **más probable** que apele el enunciado "Un tren puede despejar 100 camiones de las carreteras"?

   A. ambientalistas
   B. políticos
   C. choferes de camión
   D. oficiales de policía

CONSEJO PARA EL USO DE COMPUTADORA

En la prueba de GED®, podrás usar el resaltado electrónico. Cuando lees pasajes persuasivos, considera resaltar las afirmaciones del autor y la evidencia que respalda las afirmaciones.

⭐ Ítem en foco: **ARRASTRAR Y SOLTAR**

INSTRUCCIONES: Lee el pasaje y la pregunta. Luego usa las opciones de arrastrar y soltar para completar el organizador gráfico.

AÚN NO SOMOS LIBRES

1   Debería ser posible, en síntesis, que todos los estadounidenses disfruten de los privilegios de ser estadounidenses sin importar su raza o su color. En síntesis, todos los estadounidenses deberían tener derecho a recibir el trato que desean, el trato que desean que reciban sus hijos. Pero no es así.

2   El bebé negro que nace hoy en los Estados Unidos, sin importar en qué parte de la nación nazca, tiene aproximadamente la mitad de las posibilidades de terminar los estudios secundarios que un bebé blanco que nace en el mismo lugar y el mismo día, tiene un tercio de las posibilidades de terminar los estudios universitarios, un tercio de las posibilidades de convertirse en un profesional, el doble de las posibilidades de quedar desempleado, aproximadamente un séptimo de las posibilidades de ganar $10,000 por año, una expectativa de vida 7 años menor y la expectativa de ganar solo la mitad.

3   Este no es un problema regional. Las dificultades en cuanto a la segregación y la discriminación existen en todas las ciudades, en todos los Estados de la Unión, y en muchas ciudades generan una ola de descontento que amenaza la seguridad pública. Tampoco es este un problema partidario. En tiempos de crisis nacional, los hombres generosos y de buena voluntad deberían poder unirse, cualquiera sea su partido o sus ideas políticas. Esto ni siquiera es solo un problema legal o legislativo. Es mejor solucionar estos temas en los tribunales que en las calles y se necesitan nuevas leyes en todos los niveles, pero la ley sola no puede hacer que los hombres tengan la perspectiva correcta. (...)

4   Han pasado cien años de retraso desde que el presidente Lincoln liberó a los esclavos y, sin embargo, sus herederos, sus nietos, no son completamente libres. Todavía no fueron liberados de los lazos de la injusticia. Todavía no fueron liberados de la opresión social y económica. Y esta nación, con todas sus esperanzas y alardes, no será completamente libre hasta que todos sus ciudadanos sean libres.

Fragmento traducido del DISCURSO SOBRE LOS DERECHOS CIVILES, de John F. Kennedy, 1963

3. Arrastra y suelta cada enunciado en el recuadro que indica a qué parte del argumento corresponde.

Afirmación

Evidencia

Evidencia

Evidencia

Conclusión

Enunciados

El bebé negro que nace hoy en los Estados Unidos (...) tiene aproximadamente la mitad de las posibilidades de terminar los estudios secundarios que un bebé blanco.

Han pasado cien años de retraso desde que el presidente Lincoln liberó a los esclavos y, sin embargo, sus herederos, sus nietos, no son completamente libres.

El bebé negro que nace hoy en los Estados Unidos (...) [tiene] el doble de las posibilidades de quedar desempleado.

Las dificultades en cuanto a la segregación y la discriminación existen en todas las ciudades, en todos los Estados de la Unión.

Debería ser posible, en síntesis, que todos los estadounidenses disfruten de los privilegios de ser estadounidenses sin importar su raza o su color.

INSTRUCCIONES: Lee el pasaje, lee cada pregunta y elige la **mejor** respuesta.

PARA GANAR LA BATALLA CONTRA EL SIDA, PRIMERO DEBEMOS ERRADICAR LA TUBERCULOSIS

1   Esta semana la comunidad de VIH/SIDA celebra en todo el mundo un progreso enorme y sin precedentes en la lucha contra la enfermedad. El mundo ha convertido definitivamente la erradicación del SIDA en una prioridad máxima y se ha podido lograr lo que 15 años atrás muchos habían considerado imposible. Pero no olvidemos que para que se haga realidad el sueño de hacer que esta sea la generación que erradica el SIDA, también debemos derribar al principal asesino de las personas con VIH: la tuberculosis (TBC).

2   La combinación de tuberculosis y VIH es mortal. La tuberculosis es responsable de una de cada cuatro muertes relacionadas con el VIH. A nivel mundial, un tercio de los 34 millones de personas que viven con VIH está infectado con tuberculosis y, si se los deja sin control y sin tratamiento, la tuberculosis puede matar a una persona con VIH/SIDA en cuestión de semanas. Asimismo, el incremento alarmante de la tuberculosis multirresistente (TBC-MR) amenaza con revertir los avances conseguidos contra el VIH/SIDA, a pesar de nuestros esfuerzos por lograr las Metas de Desarrollo del Milenio para 2015 en relación con la tuberculosis.

3   Desafíos apremiantes de la salud pública como este exigen nuestra atención colectiva e inmediata. Hoy, el Fondo Mundial se encuentra en el segundo y último día de su cuarta Conferencia de Reabastecimiento en Washington D. C. Los Estados Unidos es el país anfitrión de esta reunión que constituye una oportunidad decisiva para que los países donantes incrementen sus compromisos en los próximos tres años para brindar esperanza y ofrecer tratamiento contra el VIH, la tuberculosis y la malaria en algunas de las poblaciones más marginadas y con el mayor número de infectados.

4   En sus declaraciones de ayer en el Simposio de Socios del Fondo Mundial, el secretario Kerry les recordó a los líderes mundiales que la meta de eliminar las muertes por tuberculosis en nuestra generación está a nuestro alcance si nos comprometemos y perseveramos: *"La tuberculosis es curable y no se equivoquen: con el esfuerzo correcto, el enfoque correcto y la energía correcta, podremos eliminarla"*.

5   Tenemos una oportunidad histórica de cambiar el curso de un antiguo causante de muertes, que ha constituido una plaga para la humanidad por generaciones. Mediante la unión de la comunidad mundial con recursos y apoyo para lograr el desafío, la meta de eliminar las muertes por tuberculosis en nuestra generación está a nuestro alcance.

Del artículo PARA GANAR LA BATALLA CONTRA EL SIDA, PRIMERO DEBEMOS ERRADICAR LA TUBERCULOSIS, de Cheri Vincent, 2013

4. ¿Cuál es el propósito principal de la autora?

   A. explicar los síntomas del VIH, de la tuberculosis y de la malaria
   B. informar a los lectores sobre los tratamientos para el VIH
   C. persuadir a los lectores de que financiar la investigación sobre tuberculosis es decisivo en la lucha contra el SIDA
   D. describir el propósito del Simposio de Socios del Fondo Mundial

5. El autor incluye una cita del secretario Kerry para respaldar la afirmación de que

   A. el mundo ha convertido definitivamente la erradicación del SIDA en una prioridad máxima.
   B. la tuberculosis es el principal asesino de la gente con VIH.
   C. en el mundo se celebra un progreso enorme y sin precedentes en la lucha contra el VIH/SIDA.
   D. la meta de acabar con las muertes por tuberculosis en nuestra generación está a nuestro alcance.

6. ¿Cuál de las siguientes es una afirmación que hace la autora?

   A. No deberíamos celebrar los avances en la lucha contra el VIH/SIDA porque aún hay muchos pacientes que mueren por la enfermedad.
   B. La tuberculosis mata a todos los que tienen el virus del VIH.
   C. Si no se controla el avance de la tuberculosis multirresistente, podrían perderse todos los logros obtenidos en la lucha contra el VIH/SIDA.
   D. El Fondo Mundial no ha hecho lo suficiente por ayudar a las naciones más afectadas por VIH/SIDA.

7. ¿Qué evidencia proporciona la autora para respaldar la afirmación de que "la combinación de tuberculosis y VIH es mortal"?

   A. "Tenemos una oportunidad histórica de cambiar el curso de un antiguo causante de muertes, que ha constituido una plaga para la humanidad por generaciones".
   B. "Desafíos apremiantes de la salud pública como este exigen nuestra atención colectiva e inmediata".
   C. "La tuberculosis es la responsable de una de cada cuatro muertes relacionadas con el VIH".
   D. "… el incremento alarmante de la tuberculosis multirresistente (TBC-MR) amenaza con revertir los avances conseguidos contra el VIH/SIDA".

INSTRUCCIONES: Lee el pasaje, lee cada pregunta y elige la **mejor** respuesta.

EL FALLO DE LA CORTE SUPREMA SOBRE LA LEY DEL CUIDADO DE LA SALUD A BAJO PRECIO

1   En el año 2012, la Corte Suprema de Justicia de los Estados Unidos emitió un fallo sobre la Ley de Protección al Paciente y la de Cuidado de Salud a Bajo Precio. Tras la aprobación de la Ley de Cuidado de Salud a Bajo Precio, como comúnmente se llama, varios estados demandaron al gobierno federal. Sostuvieron que el mandato individual iba más allá del alcance del poder del Congreso. El "mandato individual" o requerimiento de que la mayoría de los estadounidenses compren un seguro de salud o paguen una multa si no lo hacen es una parte importante de la ley. El gobierno sostuvo que el Congreso ratificó la ley bajo los poderes otorgados por la Cláusula de Comercio de la Constitución de los Estados Unidos. Esta parte de la Constitución enuncia que el Congreso tiene el poder de regular el comercio interestatal o los negocios que traspasan los límites estatales.

2   Aunque la corte finalmente ratificó el mandato individual, el presidente de la Corte Suprema, John Roberts, declaró que la aprobación del mandato individual era inconstitucional. En la opinión de la mayoría, [el documento que expone el fallo de la corte] el juez Roberts sostuvo que el Congreso actuó sobrepasando los poderes otorgados por la Cláusula de Comercio.

3   Al evaluar si el mandato individual es constitucional, el juez Roberts declaró que el mandato individual no regula el comercio ya existente. En cambio, obliga o fuerza a las personas a participar en el comercio haciéndolos comprar un producto. Roberts observó que no existen precedentes históricos o ejemplos de que el Congreso forzara a las personas a participar en el comercio. También observó que el lenguaje de la Constitución, que enuncia que el Congreso puede "regular el comercio", supone que el comercio ya existe. El mandato individual llevaría a nuevas personas al mercado y, en consecuencia, no regularía el comercio que ya existe, sino que crearía comercio.

4   Entonces, Roberts determinó que la ley iba más allá del alcance del poder descrito en la Constitución. Escribió que entender que la Cláusula de Comercio "permite al Congreso regular a los individuos precisamente porque no están haciendo nada abriría un dominio nuevo y potencialmente vasto de la autoridad del Congreso".

Adaptado del fallo de la Corte Suprema de Justicia de los Estados Unidos sobre la LEY DE CUIDADO DE SALUD A BAJO PRECIO, 2012

8.   ¿Cómo se relaciona el párrafo 1 con el resto del pasaje?

   A. Explica la afirmación del gobierno, que está respaldada por el resto del pasaje.
   B. Da información de contexto para ayudar a los lectores a entender el argumento de Roberts.
   C. Proporciona evidencia para respaldar la afirmación de Roberts al final del pasaje.
   D. Establece el punto de vista de los que se oponen a la ley, que se refuta en el resto del pasaje.

9.   ¿Qué palabra o frase de transición del párrafo 3 indica un resultado?

   A. si
   B. en cambio
   C. también
   D. en consecuencia

10.   ¿De qué forma la palabra **entonces** en el párrafo 4 enfatiza el propósito de Roberts?

   A. Conecta la interpretación de Roberts de la Cláusula de Comercio con su sentencia.
   B. Indica por qué el gobierno piensa que la ley era constitucional según la Cláusula de Comercio.
   C. Indica la forma en que el mandato individual genera negocios que atraviesan los límites del estado.
   D. Conecta las razones de los estados para entablar una demanda con los requerimientos del mandato individual.

11.   ¿Qué enunciado resume **mejor** los pasos del argumento de Roberts?

   A. La Cláusula de Comercio otorga al Congreso ciertos poderes. El Congreso aprobó la ley bajo la Cláusula de Comercio. La ley es constitucional.
   B. La Corte Suprema decide si las leyes son constitucionales. El mandato individual es parte de una ley. La Corte Suprema puede decidir si es constitucional.
   C. El mandato individual crea comercio. La Cláusula de Comercio permite al Congreso regular sólo el comercio existente. El mandato individual es inconstitucional.
   D. El Congreso no puede aprobar leyes que afecten a un solo estado. La Ley de Cuidado de Salud a Bajo Precio atraviesa los límites del estado. El Congreso puede aprobar la ley.

Identificar evidencia

Usar con el *Libro del estudiante,* págs. 92–93.

OBJETIVOS DE EVALUACIÓN DE LECTURA: R.2.3, R.2.4, R.2.5, R.2.8, R.3.5, R.4.3/L.4.3, R.5.1, R.5.2, R.6.1, R.6.3, R.8.2, R.8.3, R.8.4

1 Repasa la destreza

Las afirmaciones están respaldadas por la **evidencia**, es decir, por razones e información que muestran por qué los lectores deben creer la afirmación o estar de acuerdo con ella. Las afirmaciones suelen ser **opiniones**. Las opiniones no se pueden probar, pero pueden estar respaldadas por evidencia sólida y convincente. Los hechos, por otra parte, se pueden probar como verdaderos o falsos. Los autores a menudo usan **hechos**, así como otra evidencia, para respaldar sus afirmaciones.

Los autores pueden apelar a la **lógica** (razón), a la **emoción** (sentimientos) y a la **ética** (credibilidad) para persuadir a los lectores.

UNIDAD 2

2 Perfecciona la destreza

Al perfeccionar la destreza de identificar evidencia, mejorarás tus capacidades de estudio y evaluación, especialmente en relación con la prueba de Razonamiento a través de las Artes del Lenguaje de GED®. Lee el pasaje que aparece a continuación. Luego responde las preguntas.

CONOCER LOS RIESGOS

a El primer párrafo contiene hechos. Es posible demostrar si cada detalle sobre el número de adultos jóvenes que usan cigarrillos es correcto o incorrecto.

b El autor usa palabras fuertes como *crítico* y describe el **daño** causado por la exposición a la nicotina. Estas palabras apelan a las emociones de los lectores.

Desde 2014, más de un tercio de los adultos jóvenes han probado los cigarrillos electrónicos. En 2018, más de 3.6 millones de jóvenes estadounidenses, lo que comprende a 1 de cada 5 estudiantes de secundaria y a 1 de cada 20 estudiantes de escuela media, usaron cigarrillos electrónicos. El uso del cigarrillo electrónico plantea un riesgo significativo —y evitable— para la salud de la gente joven de los Estados Unidos. Además de incrementar la posibilidad de adicción y de daño a largo plazo para el desarrollo cerebral y la salud respiratoria, el uso del cigarrillo electrónico está asociado al uso de otros productos con tabaco que pueden hacer aún más daño al cuerpo.

La exposición a la nicotina durante la adolescencia, un período crítico para el desarrollo cerebral, puede causar adicción y puede dañar este desarrollo. Hasta alrededor de los 25 años, el cerebro sigue creciendo. Cada vez que se crea un nuevo recuerdo o se aprende una nueva destreza, se construyen entre las células del cerebro conexiones más fuertes o sinapsis. Como la adicción es una forma de aprendizaje, los adolescentes pueden volverse adictos con mayor facilidad que los adultos. La nicotina también cambia el modo en que se forman las sinapsis, lo que puede hacer daño a las partes del cerebro que controlan la atención y el aprendizaje.

Adaptado del artículo e-cigarettes.surgeongeneral.gov CONOCER LOS RIESGOS, visitado en 2021

MIRADA DE CERCA A ÍTEMS

Los ejercicios de arrastrar y soltar (como los de la página siguiente) pueden tener más opciones de respuesta que lugares a donde moverlos o más lugares disponibles que opciones de respuesta. Lee y responde con atención.

1. Al formular su afirmación, los autores usan palabras como **riesgo significativo para la salud** y **crítico** para

   A. mostrar a los lectores que son una fuente confiable.
   B. engañar a los lectores sobre los peligros de los cigarrillos electrónicos.
   C. enfatizar cómo se está incrementando el uso del cigarrillo electrónico.
   D. hacer que los peligros que suponen los cigarrillos electrónicos parezcan reales y urgentes.

2. ¿Qué evidencia usarían los autores para añadir una apelación a la ética?

   A. más datos sobre el impacto de la nicotina en el desarrollo cerebral
   B. una descripción de cómo funcionan los cigarrillos electrónicos
   C. la cita de un experto sobre los riesgos para la salud relacionados con los cigarrillos electrónicos
   D. opiniones diversas sobre las amenazas de la nicotina

★ Ítem en foco: ARRASTRAR Y SOLTAR

INSTRUCCIONES: Lee el pasaje y la pregunta. Luego usa la opción de arrastrar y soltar para completar la tabla.

ABOLIR EL COLEGIO ELECTORAL

1   Me complace estar aquí hoy para expresar el respaldo de la Liga [Liga de Mujeres Votantes] a una enmienda constitucional para abolir el colegio electoral. (...)

2   El sistema de colegio electoral es fundamentalmente injusto para los votantes. En una nación donde el derecho al voto se funda en el principio "de una persona, un voto", el colegio electoral es un anacronismo irremediable.

3   El sistema actual es injusto por dos razones.

4   Primero, el voto individual de un ciudadano tiene más peso si el ciudadano vive en un estado con una población pequeña que si vive en un estado con una población grande.

5   Por ejemplo, cada voto electoral en Alaska equivale aproximadamente a 112,000 personas. Cada voto electoral en Nueva York equivale aproximadamente a 404,000 personas habilitadas (según los datos del censo de 1990). ¡Y eso es si todos votan!

6   El sistema también es injusto porque el voto individual de un ciudadano tiene más peso si el porcentaje de participación de votantes en el estado es bajo. Por ejemplo, si vota solo la mitad de todas las personas en Alaska, entonces cada voto electoral equivale a unas 56,000 personas.

7   Además, el voto electoral no refleja el volumen de participación de votantes dentro de un estado. Si solo unos pocos votantes acuden a las urnas, aun se emiten todos los votos electorales del estado.

8   Por último, el sistema de colegio electoral tiene fallas porque la Constitución no obliga a los electores presidenciales a votar por los candidatos a los que han apoyado. Por ejemplo, en 1948, 1960 y 1976, los electores individuales comprometidos con los primeros dos candidatos con más votos finalmente votaron por los que salieron en tercer lugar y por los segundones. Los electores desertores en una competencia reñida podrían causar una crisis de confianza en nuestro sistema electoral.

Fragmento traducido de TESTIMONIO ANTE EL SUBCOMITÉ DE LA CÁMARA DE REPRESENTANTES DE LOS EE. UU. SOBRE LA CONSTITUCIÓN: PROPUESTAS PARA LA REFORMA DEL COLEGIO ELECTORAL, de Becky Cain, 1997

3.   Arrastra y suelta cada detalle en la ubicación correcta de la tabla.

Tipo de apelación	Detalle
Lógica	
Emoción	
Ética	

Detalles

Me complace estar aquí hoy para expresar el respaldo de la Liga a una enmienda constitucional.

Los electores desertores en una competencia reñida podrían causar una crisis de confianza en nuestro sistema electoral.

Cada voto electoral en Alaska equivale aproximadamente a 112,000 personas. Cada voto electoral en Nueva York equivale aproximadamente a 404,000 personas habilitadas.

En una nación donde el derecho al voto se funda en el principio de "una persona, un voto", el colegio electoral es un anacronismo [algo anticuado] irremediable.

INSTRUCCIONES: Lee el pasaje, lee cada la pregunta y elige la **mejor** respuesta.

CONDUCIR SEGURO

1   Conducir un carro puede brindarte libertad. Pero también es una de las actividades más riesgosas que haces todos los días. En 2018, más de 36,000 personas fallecieron en accidentes de carro en los Estados Unidos. Millones resultan heridos cada año. (...)

2   Probablemente hayas visto anuncios que te recuerdan que mantengas la vista sobre el camino. Con teléfonos celulares y pantallas por todas partes, conducir distraído se ha convertido en un grave problema.

3   —Debido a que estamos tan pendientes del teléfono, al recibir una llamada o un mensaje, queremos responder inmediatamente —dice el Dr. Bruce Simons-Morton, un experto en adolescentes al volante del Instituto Nacional de Salud (NIH, por sus siglas en inglés). Explica que, para conducir de forma segura, tenemos que superar ese poderoso impulso.

4   Enviar mensajes de texto te hace apartar la vista del camino por unos segundos. En tan solo cinco segundos a 55 millas por hora, recorres la longitud total de un campo de fútbol americano.

5   La distracción no se limita a los teléfonos celulares. Implica todo lo que aparte la atención del manejo del carro. Comer, jugar con la radio y ajustar el sistema de navegación distraen de una conducción segura.

6   —Alcanzar objetos también es un gran problema —dice Simons-Morton. Es posible que apartes los ojos del camino cuando buscas las gafas de sol o algo que se encuentre en el asiento del acompañante.

7   Las personas de cualquier edad ceden ante distracciones mientras conducen. Muchos adultos admiten enviar mensajes de texto, responder llamadas y otros comportamientos peligrosos. Eso es un problema porque los adolescentes copian las acciones de sus padres mientras aprenden a conducir.

8   Hay estudios que muestran que los conductores adolescentes corren un mayor riesgo de accidentes. El número de accidentes es más elevado entre los jóvenes de 16 a 19 años que en cualquier otro grupo de edades. Esto se debe a que algunas destrezas de conducción mejoran con la experiencia. Los adolescentes también son propensos a la distracción, sobre todo si llevan amigos en el carro.

9   —Los primeros seis meses de conducir solos son los más peligrosos —dice la Dra. Ginger Yang, una experta en adolescentes al volante del Hospital de Niños *Nationwide* y de la Universidad Estatal de Ohio. El riesgo de sufrir un accidente se mantiene alto al menos hasta pasados los 20 años. (...)

10   —Los padres tienen que ser buenos modelos a seguir, porque los adolescentes todavía observan y aprenden del comportamiento de sus padres —dice Yang. Actualmente, ella se encuentra investigando formas de comunicación entre padres e hijos adolescentes que ayuden a estos últimos a mejorar su forma de conducir.

11   Estudios llevados a cabo por ella en el pasado sugieren que los padres pueden marcar la diferencia. Al estimular tempranamente en los adolescentes el compromiso de conducir de forma segura, los padres ayudan a establecer hábitos de conducción segura que se prolongarán en la vida adulta.

Del artículo de newsinhealth.nih.gov MANEJO SEGURO, visitado en el 2021

4. ¿Cómo apelan los autores a la **ética** para respaldar la afirmación de que conducir distraído es un problema?

  A. Citan a un experto en adolescentes al volante.
  B. Citan el número de muertes causadas por accidentes de tránsito en 2018.
  C. Brindan ejemplos de distracciones.
  D. Usan lenguaje fuerte para enfatizar la importancia de mantener la vista sobre el camino.

5. En el párrafo 7, los autores afirman que "Eso es un problema porque los adolescentes copian las acciones de sus padres mientras aprenden a conducir". ¿Cómo se relaciona el párrafo 10 con esta afirmación?

  A. Respalda la afirmación con datos de un estudio.
  B. Vuelve a enunciar la afirmación en la cita de una experta.
  C. Argumenta contra la afirmación con datos de un estudio.
  D. Amplía la afirmación con evidencia anecdótica.

6. ¿Qué enunciado del pasaje es una opinión?

  A. "Conducir un carro puede brindarte libertad".
  B. "Muchos adultos admiten enviar mensajes de texto, responder llamadas y otros comportamientos peligrosos".
  C. "El número de accidentes es más elevado entre los jóvenes de 16 a 19 años que en cualquier otro grupo de edades".
  D. "El riesgo de sufrir un accidente se mantiene alto al menos hasta pasados los 20 años".

7. En el párrafo 4, los autores enuncian que "En tan solo cinco segundos a 55 millas por hora, recorres la longitud total de un campo de fútbol americano". Este enunciado es una apelación a

  A. la ética
  B. la emoción
  C. la lógica
  D. los valores

INSTRUCCIONES: Lee el pasaje, lee cada pregunta y elige la **mejor** respuesta.

SALVAR A LOS LOBOS ROJOS

1 **¿Por qué son importantes los lobos rojos?**

Como viven en una diversidad de hábitats, los lobos rojos ayudan a mantener el equilibrio y la salud de los ecosistemas eliminando animales viejos y enfermos. Se alimentan de venados de cola blanca, mapaches, nutrias, conejos y roedores pequeños, y aportan un beneficio cuando comen depredadores pequeños que se alimentan de aves que anidan en el suelo, como las codornices y los pavos. Los lobos rojos también tienen un valor estético. Los amantes de las actividades al aire libre, como muchos de los cazadores, dicen que les gusta estar en un medio ambiente en el que todavía existe la diversidad natural de la flora y la fauna. La presencia de lobos rojos contribuye en gran medida a las economías locales, ya que hay personas interesadas en ver y aprender más acerca de esta especie en peligro de extinción.

2 **¿Por qué los lobos rojos necesitan ayuda?**

Los lobos rojos, que una vez fueron los mayores depredadores de toda la región sureste de los Estados Unidos, prácticamente desaparecieron debido a la pérdida del hábitat y a la persecución humana. A raíz de esto, en 1973 se estableció un programa de reproducción controlada en el zoológico y acuario de Point Defiance para conservar los lobos rojos que quedaban y aumentar su número. El éxito de este programa llevó a la reintroducción de los lobos rojos, en 1987, en el refugio nacional de la vida silvestre de Alligator River, en Carolina del Norte. Los lobos rojos viven en un área de cinco condados en el noreste de Carolina del Norte y, si bien su número ha aumentado, las muertes causadas por los seres humanos, como los disparos y los golpes con vehículos, pueden amenazar su supervivencia. Los lobos rojos son una de las especies en mayor peligro de extinción de nuestro planeta.

3 **Cómo puedes ayudar a los lobos rojos:**

- **Aprende acerca de los lobos rojos y otros animales. Enséñales a otros lo que hayas aprendido.**
- **Visita un lugar donde vivan los lobos rojos.**
- **Involúcrate.**
- **Expresa tus preocupaciones acerca de la flora y la fauna.**
- **Protege las áreas naturales.**
- **Reduce tu huella de carbono.**

Fragmento traducido del folleto LOS LOBOS ROJOS, 2011, de http://www.fws.gov

8. ¿Qué afirmación **implícita** respalda la evidencia de este pasaje?

A. Los lobos rojos son un peligro para muchos animales pequeños.
B. Los lobos rojos mantienen el equilibrio y la salud de los ecosistemas.
C. Los lobos rojos se volvieron a introducir en Carolina del Norte gracias al éxito de un programa de reproducción controlada.
D. Los lobos rojos necesitan de la intervención humana para sobrevivir.

9. ¿Qué evidencia respalda **mejor** la opinión de que la presencia de los lobos rojos contribuye en gran medida a las economías locales?

A. Quienes desean ver o aprender más acerca de los lobos rojos visitarán sus hábitats y las comunidades locales.
B. Las poblaciones de lobos rojos han aumentado desde el inicio del programa de reproducción en 1973.
C. Las comunidades locales pueden desempeñar una función en la protección de los lobos rojos a través de la educación y la concientización.
D. Los lobos rojos ahora viven en un área de cinco condados de Carolina del Norte.

10. En el párrafo 2, el folleto menciona que los lobos rojos "una vez fueron los mayores depredadores" y luego describe que siguen en peligro por "muertes causadas por los seres humanos, como los disparos y los golpes con vehículos". ¿Qué enunciado describe **mejor** este tipo de evidencia?

A. una apelación a la razón que proporciona datos
B. una apelación a la emoción de la preservación
C. una opinión fuerte respaldada por hechos
D. una apelación a la ética que nombra la fuente de los datos

11. ¿Qué afirmación carece de evidencia de respaldo en el pasaje?

A. La educación es clave para apoyar el regreso exitoso de la población de lobos rojos.
B. El número de lobos rojos disminuyó debido a la pérdida del hábitat y a ciertas actividades humanas.
C. Los esfuerzos para proteger a los lobos rojos y preservar su población son costosos y pueden ser infructuosos.
D. Los lobos rojos son importantes para la salud de los ecosistemas y para las economías locales que rodean su hábitat.

Lección de alto impacto: Premisa de un argumento

Usar con el *Libro del estudiante*, págs. 94–97.

OBJETIVO DE EVALUACIÓN DE LECTURA: R.8.6

1 Repasa la destreza

Cuando los escritores elaboran argumentos, usan **premisas** para respaldar la **conclusión** de sus argumentos. Cada premisa es una suposición que hace el autor, ya sea explícita o implícitamente. Las premisas **explícitas son afirmaciones y suposiciones** escritas en el texto. Las premisas **implícitas** son afirmaciones y suposiciones no declaradas, o insinuadas.

Para formular argumentos convincentes, los escritores respaldan cada premisa con **evidencia**. Una evidencia eficiente no omite información que sería importante para el argumento. La evidencia no debe presentarse de forma excesivamente emotiva ni mostrar **parcialidad**, un prejuicio favorable o desfavorable hacia un lado u otro.

En la prueba de Razonamiento a través de las Artes del Lenguaje de GED®, se espera que muestres que entiendes la premisa de un argumento. Es probable que te encuentres con preguntas que te pidan identificar las premisas explícitas e implícitas que forman parte de un argumento. Quizá te encuentres con otras preguntas que te pidan explicar la parcialidad y suposiciones del autor. También, puede que te encuentres con preguntas que te pidan que juzgues si alguna de las premisas del argumento están justificadas por evidencia del texto.

2 Perfecciona la destreza

En esta carta al editor de 1909, la escritora elabora un argumento en respuesta a un editorial que sostenía que las mujeres no debían tener derecho a votar.

ELLA ESTÁ AQUÍ PARA QUEDARSE Y NECESITA EL SUFRAGIO

a En el párrafo 1, la escritora enuncia su conclusión: que las mujeres necesitan la protección del voto. Ella usa una premisa que usó el editorial para formular el punto de vista opuesto.

1   En un editorial titulado "La dureza de la mujer", usted muestra mediante estadísticas que el ingreso de las mujeres en la industria tuvo un efecto desastroso en su salud y acortó sus vidas, y saca la conclusión de que las mujeres no deben cargar con el paso del voto. La conclusión que debo sacar yo de sus premisas sería que las mujeres aparentemente necesitan la protección del voto. (...)

b En el párrafo 2, la escritora ofrece evidencia para respaldar su premisa. Parafrasea la evidencia y la premisa para verificar tu comprensión: Ya que los legisladores prestan atención a aquellos que los eligen, una de las mejores maneras de mejorar las condiciones de un grupo es conceder el voto a dicho grupo.

2   Ahora bien, una de las mejores maneras de mejorar las condiciones bajo las cuales trabaja cualquier clase es otorgarle el sufragio a esa clase. Los legisladores crean las leyes que regulan las condiciones laborales y los horarios en las fábricas, y los legisladores, naturalmente, prestan mayor atención a los intereses de quienes los eligen. Si los trabajadores son mujeres y por lo tanto necesitan una legislación especial para la protección de su salud, una de las formas más seguras de garantizar esa legislación es hacer que los legisladores dependan tanto de los votos de las mujeres como de los hombres para su continuidad en el cargo.

Del artículo del *New York Times* "ELLA ESTÁ AQUÍ PARA QUEDARSE Y NECESITA EL SUFRAGIO "; martes 16 de marzo de1909.

Las premisas implícitas no se enuncian directamente. Vuelve a leer el texto y elimina cualquier opción de respuesta que esté enunciada en el texto. La respuesta correcta es **D**.

1.   ¿Cuál de las opciones es una premisa implícita del texto?

    A. Los grupos que tienen la posibilidad de votar ejercen más poder político.

    B. Trabajar fuera del hogar acortó la vida de las mujeres.

    C. La industria tiene un efecto desastroso sobre la salud de las mujeres.

    D. Las mujeres quieren condiciones laborales mejores y más saludables.

UNIDAD 2

INSTRUCCIONES: Lee el pasaje, lee cada pregunta y elige la **mejor** respuesta.

Este extracto pertenece a un artículo de periódico impreso en 1903, cuando el trabajo infantil era habitual.

EL TRABAJO INFANTIL COMO UN FACTOR DEL INCREMENTO DEL PAUPERISMO

1   Cada época tiene, por supuesto, sus propias tentaciones y sobre todo sus peculiares tentaciones industriales. Cuando preguntamos por qué nos ha tocado a nosotros discutir y rectificar el trabajo infantil en lugar de a aquellos que vivieron antes que nosotros, solo tenemos que recordar que, por primera vez en la historia industrial, el trabajo del niño pequeño se volvió en muchas industrias tan valioso como el de un hombre o una mujer. El antiguo tejedor se veía obligado a poseer destreza y fuerza suficientes para tirar de su rodillo hacia adelante y hacia atrás. Con la invención de la maquinaria, se eliminó la necesidad de destreza de muchos procesos. Con la aplicación de vapor y la electricidad, también se eliminó en gran medida la fuerza, de modo que un niño pequeño posiblemente remiende el hilo en una fábrica textil casi tan bien y, en algunos casos, mejor que un adulto fuerte y torpe. Esto es cierto en muchas otras industrias, hasta el punto que nos vemos tentados como nunca antes de utilizar el trabajo de niños pequeños y que la tentación de explotar esta mano de obra prematura es la peculiaridad de esta época industrial.

2   Entonces, ¿qué estamos haciendo al respecto? ¿Qué tan profundamente nos preocupamos por que este trabajo no resulte en detrimento de los niños y qué excusas nos ponemos a nosotros mismos para consumir así prematuramente la fuerza de un niño? (...)

3   Podemos trazar una conexión entre el trabajo infantil y el pauperismo, no solo para el niño y su propia familia, al provocar una vejez prematura y dejar de lado a hombres y mujeres físicamente capaces en la plenitud de la edad, sino también por la lamentable carga de que ciertamente pauperiza a la comunidad misma. Debo añadir también que corrompe nuestra sensibilidad moral y confunde nuestro sentido de los valores, de modo que aprendemos a pensar que un fardo de algodón barato es más preciado que un niño alimentado, educado y preparado adecuadamente para ocupar su lugar en la vida. Hagamos frente a las obligaciones de nuestra propia época. Velemos por no menospreciar el futuro ni incapacitar a la próxima generación porque fuimos demasiado indolentes. Iba a decir porque fuimos demasiado indiferentes, al ver todo lo que implica que nosotros utilicemos el trabajo de niños pequeños.

Del artículo del *New York Times* "EL TRABAJO INFANTIL COMO UN FACTOR DEL INCREMENTO DEL PAUPERISMO" de Jane Addams de Hull House, Chicago; domingo 4 de octubre de1903.

2.   ¿Cuál es una premisa explícita del párrafo 1?

A. El trabajo de los niños es valioso y las fábricas deben contratarlos.
B. El trabajo infantil está en demanda desde que las máquinas han facilitado las tareas.
C. Los niños siempre han podido trabajar como hábiles tejedores.
D. La era industrial constituye una mejora respecto de eras anteriores.

3.   ¿Cuál es una premisa explícita del párrafo 3?

A. Nos vemos obligados a trabajar en fábricas en vez de los niños.
B. Somos demasiado perezosos para combatir el trabajo infantil.
C. El algodón barato es más importante que el desarrollo de un niño.
D. Permitir el trabajo infantil daña la moral de las comunidades.

4.   ¿Cuál es una premisa implícita del párrafo 3?

A. El pauperismo, o la pobreza, es algo que la gente quiere evitar.
B. El trabajo infantil causa vejez prematura en los trabajadores.
C. El trabajo infantil confunde la sensibilidad moral de aquellos que lo permiten.
D. madurar prematuramente vale la pena si los niños tienen empleos estables.

5.   ¿Qué respuesta enuncia **mejor** la conclusión del argumento de Hull?

A. Las máquinas de Addams facilitan el trabajo de los niños.
B. El trabajo infantil hace que el algodón sea más barato.
C. Se debe detener el trabajo infantil.
D. La era actual es la industrial.

6.   ¿Cuál es el **mejor** ejemplo de lenguaje emotivo?

A. "El antiguo tejedor se veía obligado a poseer destreza...".
B. "Con la invención de la maquinaria, se eliminó la necesidad de la destreza...".
C. "Con la aplicación de vapor y electricidad, también se eliminó en gran medida la fuerza...".
D. "... también por la lamentable carga de que ciertamente pauperiza a la comunidad misma".

4

Analizar elementos visuales y datos

Usar con el *Libro del estudiante,* págs. 98–99.

OBJETIVOS DE EVALUACIÓN DE LECTURA: R.2.8, R.6.1, R.6.2, R.6.3, R.7.2, R.8.2

1 Repasa la destreza

Los **elementos visuales** permiten a los autores resaltar información importante y presentar datos de distintas maneras. Por ejemplo, una gráfica puede mostrar cómo cambia algo a lo largo del tiempo. Una tabla puede mostrar comparaciones entre grupos. Las fotografías y las ilustraciones pueden apelar a las emociones de los lectores y ayudar a los lectores a entender cómo fue o cómo es una situación en particular. Los autores usan **datos** para informar a los lectores y respaldar argumentos lógicos.

2 Perfecciona la destreza

Al perfeccionar la destreza de analizar elementos visuales y datos, mejorarás tus capacidades de estudio y evaluación, especialmente en relación con la prueba de Razonamiento a través de las Artes del Lenguaje de GED®. Lee el pasaje y estudia la gráfica que aparece a continuación. Luego responde las preguntas.

LA IMPORTANCIA DE LA VACUNACIÓN

Los Centros para el Control y la Prevención de Enfermedades han hallado que los grupos que se oponen a la vacunación pueden afirmar que algunas enfermedades comenzaron a desaparecer antes de que se dieran a conocer las vacunas. Una mejor nutrición e higiene sin dudas han reducido el contagio de enfermedades. Pero la vacunación sigue siendo importante para mantener saludables a las poblaciones.

La siguiente gráfica muestra que la incidencia del sarampión comenzó a descender drásticamente cuando se generalizó la vacuna contra el sarampión.

a El título de una gráfica o una tabla indica la información que muestra. Esta gráfica muestra el número de casos de sarampión que hubo en los Estados Unidos entre 1950 y 2001.

b Esta gráfica muestra los números de casos en el eje vertical de la *y* y los años en el eje horizontal de la *x*.

SARAMPIÓN: ESTADOS UNIDOS, 1950–2001

Fuente: Centros para el Control y la Prevención de Enfermedades

1. ¿De qué manera la gráfica ayuda al autor a responder a los puntos de vista opuestos a la vacunación? La gráfica muestra que

A. las vacunaciones fueron más efectivas que la higiene y la nutrición.
B. las vacunas han sido efectivas para eliminar muchas enfermedades.
C. los casos de sarampión disminuyeron considerablemente después de que se autorizó la vacuna.
D. los casos de sarampión aumentaron y cayeron constantemente antes de que se presentara la vacuna.

2. ¿Por qué se indica en la gráfica el año en que se autorizó la vacuna?

A. para confirmar la rapidez con la que disminuyeron los casos
B. para indicar cuándo comenzó la disminución de los casos
C. para probar que la higiene no tiene importancia
D. para explicar por qué disminuyeron los casos de sarampión

CONSEJOS PARA REALIZAR LA PRUEBA

Repasa los recursos visuales con atención. Es importante observar, por ejemplo, que los números en el eje y de esta gráfica representan cientos de miles de casos. Estos números muestran la importancia de la vacuna.

INSTRUCCIONES: Lee el pasaje y estudia la fotografía. Luego lee cada pregunta y elige la **mejor** respuesta.

PROCLAMA DEL PRESIDENTE FORD SOBRE EL FIN DE LA INTERNACIÓN DE JAPONESES

1   Durante la Segunda Guerra Mundial, más de 100,000 estadounidenses de ascendencia japonesa tuvieron que abandonar sus hogares en la costa del Pacífico de los Estados Unidos. Se les permitió regresar a sus hogares cuando la Segunda Guerra Mundial terminó, pero la orden que los había sacado no estaba formalmente cancelada. El 19 de febrero de 1976, el presidente Gerald Ford emitió una proclama en la que se confirmaba la cancelación de la orden.

2   El presidente Ford observó que el 19 de febrero es el aniversario de un día triste en la historia estadounidense. En esa fecha, en 1942, se emitió la orden ejecutiva para reubicar a los estadounidenses de ascendencia japonesa. La Autoridad de Reubicación de Guerra en verdad intentó proteger el bienestar de los estadounidenses de origen japonés. Sin embargo, la orden ejecutiva representaba un "revés fundamental para los principios estadounidenses".

3   El presidente Ford afirmó que entonces el país sabía lo que no supo en 1942: que los estadounidenses de ascendencia japonesa eran estadounidenses leales. En el país y en el campo de batalla, hicieron grandes contribuciones y sacrificios. Urgió al pueblo estadounidense a prometer junto con él que el país había aprendido de la tragedia. Los instó a "valorar la libertad y la justicia para cada uno de los estadounidenses" y a asegurarse de que esa acción jamás volviera a repetirse.

Fragmento adaptado de PROCLAMA 4417, de Gerald R. Ford, 1976

3.   ¿Qué afirmación implícita respaldan el pasaje y la fotografía?

A. Los estadounidenses de ascendencia japonesa temían que la orden de reubicación pudiera ser prorrogada.
B. La orden de reubicación violaba los derechos civiles de los estadounidenses de ascendencia japonesa.
C. Es probable que los estadounidenses olviden las contribuciones de los soldados estadounidenses de ascendencia japonesa.
D. La Autoridad de Reubicación de Guerra suministró alimento inadecuado a los estadounidenses de ascendencia japonesa.

Fotografía tomada por Dorothea Lange de un grupo de estadounidenses de ascendencia japonesa esperando para entrar al comedor del Centro de Reuniones de Tanforan, 1942

4.   ¿Qué información proporciona la fotografía que no proporciona el pasaje? La fotografía muestra

A. una parte de cómo era la vida en el Centro de Reuniones de Tanforan.
B. el número de estadounidenses de ascendencia japonesa que estuvo en el Centro de Reuniones de Tanforan.
C. la manera en que los estadounidenses de ascendencia japonesa colaboraban en el campo de batalla.
D. que los puntos de vista de los estadounidenses sobre la Segunda Guerra Mundial habían cambiado en 1976.

5.   ¿Qué enunciado explica **mejor** el propósito de la fotografía?

A. enseñar a los lectores sobre la historia estadounidense
B. probar que los campos existieron
C. generar compasión por los estadounidenses de ascendencia japonesa
D. causar enojo en los que experimentaron la reubicación

6.   ¿Qué conclusión respalda **mejor** la fotografía?

A. Los estadounidenses de ascendencia japonesa que estaban en los campos enfrentaban condiciones incómodas.
B. El presidente Ford pensaba que la reubicación era injusta.
C. Los estadounidenses de ascendencia japonesa enfrentaron la reubicación en Oregón, Washington y California.
D. Los estadounidenses de ascendencia japonesa fueron separados de sus amigos y familiares en los campos.

INSTRUCCIONES: Lee el pasaje y estudia la gráfica. Luego lee cada pregunta y elige la **mejor** respuesta.

LA EFICIENCIA EN LA ACTIVIDAD AGRÍCOLA

1   Un mercado competitivo requiere de eficiencia. La eficiencia significa que el tiempo, la energía y el dinero que se invierten en un trabajo dan como resultado una mayor producción con menos sobrante. Con el paso de los años, han quedado menos agricultores estadounidenses, pero más eficientes. En la década de 1850, aproximadamente el 50 por ciento de los estadounidenses eran agricultores. Hacia el siglo XX, el número de granjas en los Estados Unidos aumentó a más de 6,000. En la década de 1950, el número de granjas comenzó a disminuir con rapidez. Hacia 1970, había menos de 3,000 granjas en los Estados Unidos. En la actualidad, solamente un 0.8 por ciento de los estadounidenses se dedican a la agricultura y la ganadería.

2   Los agricultores pueden producir más alimentos gracias a los avances tecnológicos que mejoraron las maquinarias y las técnicas agrícolas. Hoy en día, los agricultores usan máquinas, semillas especiales, fertilizantes y herbicidas. Por ende, se necesitan menos agricultores para producir una mayor cantidad de alimentos. En la década de 1850, un agricultor producía suficiente comida para alimentar a cinco personas. En la actualidad, el agricultor promedio alimenta a unas 139 personas.

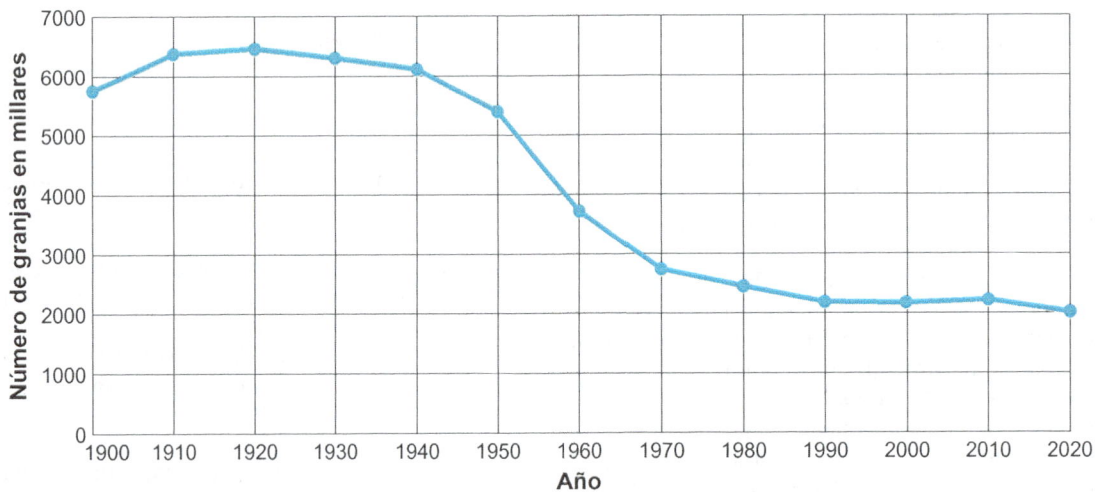

Número de granjas en los Estados Unidos, 1900–2020

Fuente: Departamento de Agricultura de los EE. UU.

7. ¿Qué enunciado del pasaje **no** está respaldado por la información de la gráfica?

   A. Los agricultores estadounidenses son menos y más eficientes.
   B. El agricultor promedio alimenta a unas 139 personas.
   C. Hacia el siglo XX, el número de granjas en los Estados Unidos aumentó a más de 6,000.
   D. Había menos de 3,000 granjas en los Estados Unidos en 1970.

8. ¿Cuál es la conclusión **más probable** que se puede sacar a partir de la información del pasaje y de la gráfica?

   A. La agricultura era una actividad más redituable en el siglo XX.
   B. Los avances en tecnología agrícola aumentaron notablemente entre 1940 y 1980.
   C. En la década de 1950 aumentó la competencia entre agricultores.
   D. La agricultura es una industria en vías de extinción.

9. ¿Qué enunciado del pasaje explica **mejor** el propósito general de la gráfica?

   A. "En la actualidad, el agricultor promedio alimenta a unas 139 personas".
   B. "Hacia el siglo XX, el número de granjas en los Estados Unidos aumentó a más de 6,000".
   C. "Un mercado competitivo requiere de eficiencia".
   D. "Con el paso de los años, han quedado menos agricultores estadounidenses, pero más eficientes".

10. ¿Cuál de los siguientes enunciados ayuda a aclarar la gráfica?

   A. "En la década de 1950, el número de granjas comenzó a disminuir con rapidez".
   B. "En la actualidad, solamente un 0.8 por ciento de los estadounidenses se dedican a la agricultura y la ganadería".
   C. "En la década de 1850, aproximadamente el 50 por ciento de los estadounidenses eran agricultores".
   D. "En la década de 1850, un agricultor producía suficiente comida para alimentar a cinco personas".

INSTRUCCIONES: Lee el pasaje y estudia la tabla. Luego lee cada pregunta y elige la **mejor** respuesta.

LA IMPORTANCIA DE LOS TRABAJADORES DE LAS ÁREAS DE STEM

Durante los últimos 10 años, el crecimiento de los puestos de trabajo [en ciencias, tecnología, ingeniería y matemáticas (STEM, por sus siglas en inglés)] fue tres veces más rápido que el crecimiento de los puestos de trabajo que no están relacionados con las áreas de STEM. Los trabajadores de las áreas de STEM también tienen menos probabilidades de quedar desempleados que sus colegas que no trabajan en áreas relacionadas con STEM. (...)

- En 2010, había 7.6 millones de trabajadores en áreas relacionadas con STEM en los Estados Unidos, lo cual representa aproximadamente 1 de cada 18 trabajadores.
- Se espera que las ocupaciones en áreas relacionadas con STEM crezcan un 17.0 por ciento desde 2008 hasta 2018, comparadas con el crecimiento del 0.8 de las ocupaciones en áreas que no están relacionadas con STEM.

Los trabajadores de las áreas de STEM también ganan más en promedio que sus colegas en otros trabajos, independientemente de sus logros educativos. (...) En promedio, [los trabajadores de las áreas de STEM con un diploma de escuela secundaria o inferior] ganaban casi $25 por hora, $9 más por hora que aquellos en otras ocupaciones en 2010. Debe observarse, sin embargo, que solo aproximadamente 1 de cada 10 trabajadores de las áreas de STEM tiene un diploma de escuela secundaria o inferior. Aquellos con títulos universitarios en un trabajo en las áreas de STEM ganaban más de $40 por hora, casi $4.50 más por hora en promedio que aquellos con trabajos que no están relacionados con las áreas de STEM.

INGRESOS PROMEDIO POR HORA DE TRABAJOS DE JORNADA COMPLETA EN LAS ÁREAS DE STEM CONTRA TRABAJOS EN ÁREAS NO RELACIONADAS CON STEM, 2010

| | Ingresos promedio por hora | | Diferencia | |
	STEM	No STEM	DÓLARES	PORCENTAJE
Diploma de escuela secundaria o inferior	$24.82	$15.55	$9.27	59.6%
Algún título universitario o de asociado	$26.63	$19.02	$7.61	40.0%
Solo licenciaturas	$35.81	$28.27	$7.54	26.7%
Título de posgrado	$40.69	$36.22	$4.47	12.3%

Fragmento traducido del artículo STEM: BUENOS TRABAJOS AHORA Y PARA EL FUTURO, de David Langdon, et al., julio de 2011, visitado en 2021

11. ¿De qué manera los datos dados sobre el crecimiento proyectado de las ocupaciones en las áreas de STEM respaldan la afirmación del autor sobre la seguridad en el trabajo de los trabajadores de las áreas de STEM?

   A. Los trabajadores de las áreas de STEM tienen 17% más probabilidad de experimentar desempleo que sus contrapartes que no trabajan en las áreas STEM.
   B. Los trabajadores de las áreas de STEM tienen 9.8% menos probabilidad de experimentar desempleo que sus contrapartes que no trabajan en las áreas STEM.
   C. Los trabajadores de las áreas de STEM tienen mayores probabilidades de experimentar desempleo que sus contrapartes que no trabajan en las áreas STEM.
   D. Los trabajadores de las áreas de STEM tienen menores probabilidades de experimentar desempleo que sus contrapartes que no trabajan en las áreas STEM.

12. La tabla enumera los ingresos promedio por hora de los trabajadores de las áreas de STEM y de los trabajadores que no están relacionados con las áreas de STEM a través de varios niveles de educación para mostrar que

   A. los trabajadores de las áreas de STEM ganan menos en promedio que las personas que no trabajan en las áreas STEM independientemente de su nivel educativo.
   B. los trabajadores de las áreas de STEM ganan más en promedio que las personas que no trabajan en las áreas STEM independientemente de su nivel educativo.
   C. la mayor diferencia salarial ocurre entre trabajadores de las áreas de STEM y trabajadores que no trabajan en las áreas de STEM que tienen un posgrado.
   D. que solo 10% de los trabajadores de STEM tiene un certificado de secundaria o inferior.

Identificar la evidencia incorrecta

Usar con el *Libro del estudiante,* págs. 100–101.

OBJETIVOS DE EVALUACIÓN DE LECTURA: R.2.5, R.3.2, R.4.3/L.4.3, R.5.1, R.6.1, R.6.4, R.8.2, R.8.3, R.8.4, R.8.5, R.8.6

1 Repasa la destreza

Para identificar un **razonamiento incorrecto** cuando lees textos persuasivos, ten en cuenta varias cosas. Primero, pregúntate si la información es confiable y se relaciona con la afirmación. A continuación, recuerda que aunque dos sucesos puedan ocurrir uno después del otro, el primer suceso no necesariamente provoca el segundo. También ten en cuenta si el autor reconoce otros puntos de vista y presenta una imagen precisa de un asunto.

Para identificar **evidencia incorrecta**, considera si el autor se basa solo en la emoción para respaldar una afirmación. Pregúntate si el autor usa lenguaje emotivo cuando los hechos y la información proveerían de un respaldo más efectivo para una afirmación. Pregúntate si la evidencia es relevante y precisa.

UNIDAD 2

2 Perfecciona la destreza

Al perfeccionar la destreza de identificar razonamientos y evidencia incorrectos, mejorarás tus capacidades de estudio y evaluación, especialmente en relación con la prueba de Razonamiento a través de las Artes del Lenguaje de GED®. Lee el pasaje que aparece a continuación. Luego responde las preguntas.

IGNORE LA MODA PASAJERA DE LAS DIETAS LIBRES DE GLUTEN

El gluten es una proteína que se encuentra en la harina de trigo, pero, en estos días, parece que los productos libres de gluten están en todas partes. Aunque algunas personas de hecho sufren de celiaquía y no pueden comer alimentos que contienen gluten, no hay ninguna razón para que otros cambien lo que comen.

Cada año parece traer una nueva dieta para cambiar su vida. ¡Pero los únicos cambios ocurren en su billetera! La mayoría de las personas no tiene problemas para digerir el gluten y no deberían comprometer su nutrición abandonando algo que se encuentra naturalmente en muchos alimentos.

Las personas famosas, siempre rápidas para seguir las tendencias, han usado los medios sociales para proclamar los beneficios de no consumir gluten. Ahora los médicos y otros expertos se están alineando contra los músicos y las estrellas de cine. ¿No preferiría sumarse a las filas de aquellos formadores de opinión que se basan en las recomendaciones de expertos? Los expertos, a propósito, están de acuerdo con que las dietas libres de gluten son solo una moda pasajera. Si es así, eso puede ser lo mejor que tienen: las modas pasajeras pasan rápidamente.

a El detalle de que surgen nuevas dietas todos los años es irrelevante porque otras dietas no tienen relevancia en la efectividad de las dietas libres de gluten.

b El autor considera que los testimonios de las personas famosas no son confiables. Sin embargo, el autor no provee de ninguna evidencia de expertos que piensan que las dietas libres de gluten no son efectivas.

MIRADA DE CERCA A ÍTEMS

La mayoría de los ejercicios de la prueba requieren que demuestres al menos dos destrezas. A menudo, estas destrezas son leer y usar el pensamiento crítico. Por ejemplo, para responder la pregunta 1, debes entender el pasaje y debes evaluar su fiabilidad.

1. ¿Qué enunciado explica **mejor** por qué el pasaje no es confiable?

   A. El autor se basa en los testimonios de personas famosas.
   B. El autor usa lenguaje fuerte para asustar a los lectores.
   C. El autor presenta un solo lado del argumento.
   D. El autor usa una relación de causa y efecto falsa.

2. ¿Qué detalle apela a la necesidad del lector a sumarse?

   A. Algunas personas no pueden comer alimentos que contienen gluten.
   B. No debemos comprometer nuestra propia nutrición abandonando algo que se encuentra naturalmente en tantos alimentos.
   C. Los expertos están de acuerdo con que las dietas libres de gluten son solo una moda pasajera.
   D. ¿No preferiría sumarse a las filas de aquellos formadores de opinión que se basan en las recomendaciones de expertos?

INSTRUCCIONES: Lee el pasaje, lee cada pregunta y elige la **mejor** respuesta.

Este pasaje es un fragmento del discurso inaugural de George Wallace en ocasión de su elección como gobernador de Alabama en 1963. En la segunda parte del discurso, Wallace responde a las leyes federales de abolición de la segregación racial.

SEGREGACIÓN AHORA, SEGREGACIÓN PARA SIEMPRE

1   Les dije que eliminaría a los agentes de bebidas alcohólicas de este estado y que el dinero ahorrado sería devuelto a nuestros ciudadanos. (...) Me complace informarles que se les hizo saber a los muchachos más importantes que asisten a los cocteles que su whisky gratis y sus paseos en barco se terminaron, que el agricultor en el campo, el obrero en la fábrica, el hombre de negocios en su oficina, el ama de casa en su hogar han decidido que el dinero se puede gastar de una mejor manera para ayudar a los niños en su educación y a los ciudadanos mayores, y han puesto a un hombre en su cargo para ver que esto se haga realidad. Y se hará realidad. Permítanme decir una vez más: no más consumo de alcohol en la residencia del gobernador. (...)

2   Hoy estuve parado donde una vez estuvo parado Jefferson Davis y presté juramento a mi gente. Es muy apropiado entonces que, desde esta Cuna de la Confederación, este gran Corazón de Tierra Meridional Anglosajona, hoy toquemos el tambor de la libertad como lo hicieron las generaciones de nuestros antepasados antes que nosotros una y otra vez a lo largo de la historia. Levantémonos ante el llamado de la sangre amante de la libertad que está en nosotros y enviemos nuestra respuesta a la tiranía que hace sonar sus cadenas sobre el Sur. En el nombre de la gente más grande que alguna vez haya pisado esta tierra, trazo la línea en el polvo y arrojo el guante a los pies de la tiranía. Y digo: segregación hoy, segregación mañana, segregación para siempre.

3   El informe del disturbio escolar en Washington D. C. es repugnante y revelador. No sacrificaremos a nuestros niños a ningún sistema escolar de ese tipo; y pueden tomar nota de eso. Las tropas federales de Misisipi se podrían aprovechar mejor en el cuidado de la seguridad de los ciudadanos de Washington D. C. donde es inseguro caminar o ir a un juego de pelota; y esa es la capital de la nación. Estaba más seguro en un bombardero B-29 sobre Japón durante la guerra en un ataque aéreo que lo que está la gente en Washington caminando en el vecindario de la Casa Blanca. (...)

Fragmento traducido de SEGREGACIÓN AHORA, SEGREGACIÓN PARA SIEMPRE: DISCURSO INAUGURAL, de George Wallace, 1963

3.   ¿De qué manera el autor muestra un razonamiento incorrecto en el párrafo 1?

A. Sugiere una relación de causa y efecto entre su elección y las fábricas exitosas.
B. Incluye información irrelevante sobre agentes de bebidas alcohólicas y la residencia del gobernador.
C. Insinúa que el estado puede tener o bien agentes de bebidas alcohólicas o bien dinero para educación y ciudadanos mayores.
D. Sugiere que los votantes deberían respaldar sus políticas porque son populares.

4.   El autor afirma: "hoy toquemos el tambor de la libertad como lo hicieron las generaciones de nuestros antepasados antes que nosotros una y otra vez a lo largo de la historia". Lo **más probable** es que este enunciado haya hecho que su público de seguidores se sintiera

A. patriótico y orgulloso.
B. enojado y traicionado.
C. satisfecho y optimista.
D. desalentado y pesimista.

5.   ¿Por qué el autor usa un lenguaje provocativo para describir las leyes abolicionistas como "la tiranía hace sonar sus cadenas sobre el Sur"?

A. para apelar al sentido de tolerancia del público
B. para despertar el enojo del público sobre la desegregación
C. para apelar al sentido de vergüenza del público
D. para hacer que el público se lamente de la segregación

6.   En el párrafo 3, el autor hace la afirmación implícita de que las escuelas abolicionistas de la segregación no son seguras. ¿Qué enunciado explica **mejor** la manera en que el autor respalda su afirmación?

A. Usa la exageración para hacer que la abolición de la segregación parezca alarmante y peligrosa.
B. Provee de hechos y datos para probar los peligros de la abolición de la segregación.
C. Cuenta una historia personal para ilustrar lo que podría ocurrir durante la abolición de la segregación.
D. Cita un ejemplo de cómo la abolición de la segregación provocó un aumento de la violencia.

INSTRUCCIONES: Lee el pasaje, lee cada pregunta y elige la **mejor** respuesta.

¡COMPRE PRODUCTOS ESTADOUNIDENSES!

1   "¡Compre productos estadounidenses!" podría sonar como nada más que un eslogan promovido por fabricantes estadounidenses para vender productos hechos en los Estados Unidos, pero la verdad es que hay muchas razones para considerar comprar ropa, juguetes y otros artículos hechos en los Estados Unidos. (...)

2   10) Los estándares de trabajo extranjeros fomentan condiciones de trabajo inseguras en muchos países. Cuando usted compra productos estadounidenses, respalda no solo a los fabricantes estadounidenses, sino también a los trabajadores estadounidenses, a las condiciones de trabajo seguras y a las leyes de trabajo infantil.

3   9) Los puestos de trabajo tercerizados en el extranjero casi nunca regresan. Cuando usted compra productos hechos en los Estados Unidos, ayuda a que la economía de los Estados Unidos siga creciendo.

4   8) Los procesos de fabricación de los Estados Unidos son mucho más amigables para el medio ambiente que los de muchos otros países; muchas marcas que se venden aquí están producidas en países que usan procesos peligrosos y altamente contaminantes. Cuando usted compra productos hechos en los Estados Unidos, sabe que está ayudando a mantener el mundo un poco más limpio para sus hijos. (...)

5   6) La creciente falta de capacidad de los Estados Unidos de fabricar muchos productos es poco sana desde un punto de vista estratégico. Cuando usted busca productos hechos en los Estados Unidos, fomenta la independencia del país. (...)

6   4) Los estándares de seguridad de los productos extranjeros son bajos. Por ejemplo, hay niveles tóxicos de plomo en decenas de millones de juguetes enviados a los Estados Unidos. Cuando usted compra juguetes y otros productos hechos en los Estados Unidos, puede estar seguro de que las leyes de protección del consumidor estadounidense y los estándares de seguridad son respetados para proteger a su familia. (...)

7   1) A medida que la capacidad de los Estados Unidos para fabricar se desvanece, las futuras generaciones de ciudadanos estadounidenses no podrán encontrar puestos de trabajo relevantes. Compre productos estadounidenses y ayude a que sus amigos y vecinos —y usted mismo— sigan ganando un sueldo que alcance para vivir.

Fragmento traducido del artículo LAS DIEZ PRINCIPALES RAZONES PARA COMPRAR PRODUCTOS ESTADOUNIDENSES, de Todd Lipscomb, de madeintheusaforever.com, visitado en 2013

7. ¿De qué manera el tono general del pasaje respalda la afirmación del autor?

A. El tono intimidatorio hace que los lectores se sientan culpables por comprar productos extranjeros.
B. El tono patriótico hace que los lectores se sientan orgullosos de comprar productos estadounidenses.
C. El tono amenazante hace que los lectores sientan temor de comprar productos estadounidenses.
D. El tono liviano hace que los lectores piensen que el origen de los productos no tiene importancia.

8. ¿Qué detalle es **más probable** que haga que los lectores sientan temor de comprar productos extranjeros?

A. Los estándares de trabajo extranjeros fomentan condiciones de trabajo inseguras en muchos países.
B. Los procesos de fabricación de los Estados Unidos son mucho más amigables para el medio ambiente que los de muchos otros países.
C. Hay niveles tóxicos de plomo en decenas de millones de juguetes enviados a los Estados Unidos.
D. A medida que la capacidad de los Estados Unidos para fabricar se desvanece, las futuras generaciones de ciudadanos estadounidenses no podrán encontrar puestos de trabajo relevantes.

9. El autor usa una situación inexacta al sugerir que si los lectores no compran productos estadounidenses, entonces

A. los Estados Unidos quedarán retrasados tecnológicamente.
B. los niños de los lectores resultarán perjudicados por sus juguetes.
C. las condiciones nunca mejorarán para los trabajadores extranjeros.
D. habrá muchos menos puestos de trabajo para los estadounidenses.

10. ¿Qué oración del pasaje apela a los temores de los lectores sobre la posición de liderazgo de los Estados Unidos entre los países desarrollados?

A. "Cuando usted compra productos estadounidenses, respalda a las condiciones de trabajo seguras y a las leyes de trabajo infantil".
B. "Muchas marcas que se venden aquí están producidas en países que usan procesos peligrosos y altamente contaminantes".
C. "La creciente falta de capacidad de los Estados Unidos de fabricar muchos productos es poco sana desde un punto de vista estratégico".
D. "Compre productos estadounidenses y ayude a que sus amigos y vecinos —y usted mismo— sigan ganando un sueldo que alcance para vivir".

INSTRUCCIONES: Lee el pasaje, lee cada pregunta y elige la **mejor** respuesta.

RAZONES PARA OPONERNOS AL VOTO FEMENINO

1   Como la base del gobierno es la fuerza, su estabilidad descansa sobre su poder físico para hacer cumplir sus leyes; por lo tanto, es inconveniente dar el voto a las mujeres. La inmunidad de emplazamiento para ejecutar la ley convertiría a la mayoría de las mujeres en votantes irresponsables. (...)

2   Porque esto significa simplemente duplicar el voto, y especialmente el voto indeseable y corrupto de nuestras grandes ciudades.

3   Porque el gran avance —moral, intelectual y económico— de las mujeres durante el último siglo se ha hecho sin el voto; lo cual prueba que no es necesario para que sigan avanzando en la misma línea. (...)

4   Porque el voto no ha probado ser una panacea para los males existentes en los hombres y no encontramos razón para suponer que sería más efectivo con las mujeres. (...)

5   Porque nuestras obligaciones actuales ocupan todo nuestro tiempo y capacidad, y son tales que nadie más que nosotros puede cumplirlas. Nuestra valoración de su importancia requiere que protestemos contra todos los esfuerzos para invadir nuestros derechos imponiéndonos aquellas obligaciones que no pueden separarse del sufragio, pero que, como pensamos, no podemos realizarlas sin sacrificar los más altos intereses de nuestras familias y de la sociedad. (...)

6   Entonces, respetuosamente protestamos contra la Enmienda propuesta para establecer el "sufragio femenino" en nuestro Estado. Creemos que la igualdad política nos privará de privilegios especiales que nos fueron otorgados hasta la fecha por ley.

Fragmento traducido del documento ALGUNAS RAZONES PARA OPONERNOS AL VOTO FEMENINO, de la Asociación Nacional Opuesta al Sufragio Femenino, 1894, memory.loc.gov, visitado en 2021

11. ¿De qué manera muestra el autor un razonamiento incorrecto en el párrafo 1?

A. El autor afirma que la base del gobierno es la economía y las mujeres no contribuyen equitativamente a su crecimiento.

B. El autor afirma que las mujeres no pueden servir en las fuerzas armadas y por ello no se han ganado el derecho a votar.

C. El autor afirma que las mujeres no son suficientemente inteligentes para votar.

D. El autor afirma que el gobierno se basa en el uso de fuerza e implica que las mujeres no tienen la fuerza física para hacer respetar las leyes.

12. En el párrafo 3, el autor afirma que las mujeres han avanzado moral, intelectual y económicamente sin el sufragio, "lo cual prueba que no es necesario para que sigan avanzando en la misma línea". ¿Por qué este enunciado representa un razonamiento incorrecto?

A. Las mujeres no quieren el voto para avanzar moral, intelectual y económicamente.

B. El autor fundamenta la afirmación en lenguaje amenazante más que en hechos e información.

C. El autor no reconoce el punto de vista de que las mujeres o los Estados Unidos se podrían beneficiar con el derecho de las mujeres al voto.

D. Las mujeres no pueden votar, entonces es imposible saber qué cambiaría si pudieran.

13. ¿Por qué el enunciado "el voto no ha probado ser una panacea para los males existentes en los hombres" es un ejemplo de razonamiento incorrecto?

A. El autor descarta cualquier bien que el sufragio les ofrezca a las mujeres porque no ha solucionado los problemas que enfrentan los hombres.

B. El autor usa palabras como *males* para hacer que los lectores teman los resultados del sufragio de las mujeres.

C. El autor apela a las necesidades de los lectores para concordar con aquellas consideradas morales y admirables.

D. El autor sugiere una falsa relación de causa y efecto entre el sufragio y la inmoralidad.

14. ¿Qué enunciado explica **mejor** por qué la evidencia del pasaje es incorrecta?

A. El autor se basa en historias personales más que en hechos y estadísticas.

B. El autor no alude a razones específicas de por qué las mujeres podrían querer el sufragio.

C. El autor incluye testimonios de personas famosas para persuadir a los lectores.

D. El autor usa lenguaje patriótico para inspirar a los lectores a oponerse al sufragio.

6 LECCIÓN

Clasificar evidencia válida e inválida

Usar con el *Libro del estudiante,* págs. 102–103.

1 Repasa la destreza

OBJETIVOS DE EVALUACIÓN DE LECTURA: R.2.8, R.4.3/L.4.3, R.5.1, R.5.2, R.5.4, R.6.3, R.6.4, R.8.2, R.8.3, R.8.4, R.8.5, R.8.6

La evidencia que un autor usa para respaldar una afirmación debe provenir de una fuente confiable, es decir, una fuente fidedigna, como un experto en el tema. La evidencia debe ser completa y reflejar con precisión los dos lados de un argumento. La evidencia debe ser relevante o estar directamente relacionada con la afirmación. La evidencia confiable, completa y relevante es **válida**. La evidencia poco confiable, incompleta o irrelevante es **inválida**.

2 Perfecciona la destreza

Al perfeccionar la destreza de clasificar evidencia válida e inválida, mejorarás tus capacidades de estudio y evaluación, especialmente en relación con la prueba de Razonamiento a través de las Artes del Lenguaje de GED®. Lee el pasaje que aparece a continuación. Luego responde las preguntas.

LA ENERGÍA EÓLICA ES UN SUEÑO

A los ambientalistas les gusta afirmar que la energía eólica podría reemplazar a las fuentes de energía tradicionales, pero las desventajas de la energía eólica superan ampliamente cualquier supuesto beneficio. Los contribuyentes estadounidenses no deberían estar obligados a pagar subsidios para apoyar tecnología no madura.

Las plantas de energía tradicionales generan un suministro regular de electricidad. Las turbinas eólicas, sin embargo, generan electricidad solo cuando sopla el viento. En los períodos sin viento, la brecha en el suministro de electricidad debe salvarse mediante plantas de energía de reserva.

Es más, las áreas que gozan de los vientos más regulares en general están lejos de las ciudades y comunidades que usan electricidad. *The New York Times* observa que en Texas, el estado con la mayor producción de energía eólica, los vientos soplan más fuerte a cientos de millas de las grandes ciudades. Construir líneas para transmitir la electricidad desde las turbinas eólicas hasta las comunidades es un esfuerzo costoso. Los parques eólicos que están lejos de las costas son igualmente costosos. La construcción del Proyecto Eólico del Cabo, cerca de Cape Cod, podría costar mil millones de dólares. Hasta que hallemos soluciones prácticas a estos problemas, no deberíamos destinar ni un dólar de impuestos a este sueño de los extremistas del ambientalismo.

a *The New York Times* es un importante periódico nacional. La información que proviene de esta fuente, por lo general, puede considerarse confiable.

b El autor llama **extremistas** a los ambientalistas, pero no proporciona evidencia de apoyo. Es probable que el autor no esté presentando los dos lados del tema de manera imparcial y se puede considerar tendencioso.

1. ¿Qué detalle es una evidencia **válida** que respalda la afirmación del autor?

   A. A los ambientalistas les gusta afirmar que la energía eólica podría reemplazar a las fuentes de energía tradicionales.
   B. El dinero de los impuestos sirve para subsidiar el desarrollo de energía eólica.
   C. La energía eólica es una tecnología no madura.
   D. *The New York Times* observa que en Texas los vientos soplan más fuerte a cientos de millas de las grandes ciudades.

2. ¿Qué tipo de evidencia reforzaría **más** la afirmación de que las desventajas de la energía eólica superan a los beneficios?

   A. ejemplos de algunos de los beneficios de la energía eólica
   B. ejemplos de cómo los ambientalistas pueden ser extremistas
   C. datos adicionales sobre el costo de construir parques eólicos
   D. relatos de las personas que deben depender de la energía eólica, que es poco confiable

CONSEJOS PARA REALIZAR LA PRUEBA

La pregunta 1 te pide que primero determines la afirmación del autor y que luego identifiques evidencia válida. Debes entender la afirmación **antes** de poder evaluar la evidencia que la respalda.

UNIDAD 2

INSTRUCCIONES: Lee el pasaje, lee cada pregunta y elige la **mejor** respuesta.

REGALA EL DON DE LA VIDA

1   Para hacer una donación de gran impacto, una que se recuerde con gratitud durante mucho tiempo, se necesita solamente un poco de preparación. Cuando decides ser donante de órganos, puedes salvarle la vida hasta a 8 personas. Y si donas tejidos, como glóbulos, huesos o córneas, puedes ayudar incluso a más.

2   En una época, el trasplante de órganos se consideraba un procedimiento experimental con una tasa de éxito baja. Muchos de los órganos trasplantados sobrevivían solamente unos días o unas semanas. Pero los investigadores han logrado que las cirugías de trasplantes dejen de ser riesgosas y se conviertan en un procedimiento de rutina. Es, hoy en día, el tratamiento por elección para pacientes con enfermedades en los órganos en etapa terminal. Aproximadamente 80 estadounidenses por día reciben un trasplante que les salva la vida.

3   "Los resultados de los trasplantes son tan buenos en la actualidad que realmente les cambia la vida a las personas que los reciben", afirma la Dra. Sandy Feng, cirujana de trasplantes de la Universidad de California, en San Francisco. "Los órganos claramente salvan vidas". (...)

4   Ciertos órganos (como un riñón o parte del hígado) se pueden donar en vida. Tenemos dos riñones pero en realidad necesitamos solo uno. Y el hígado se puede regenerar si se quita una parte. Pero para donar estos órganos se necesita una cirugía mayor, que conlleva riesgos. Por eso los donantes en vida suelen ser familiares o amigos del receptor del trasplante.

5   Sin embargo, la mayoría de los órganos se donan una vez que el donante ha muerto. Los órganos deben recuperarse rápidamente después de la muerte para que se puedan usar. Muchos provienen de pacientes que han sido hospitalizados tras un accidente o un derrame cerebral. Una vez que se han agotado todas las opciones para salvarle la vida, el paciente se declara muerto y, recién entonces, la donación de los órganos se vuelve una posibilidad.

6   "Cuando una persona muere, puede resultar perturbador para la familia tener que tomar la decisión de donar los órganos", afirma Feng. "Por eso, sería un verdadero alivio para la familia que la decisión de ser donante de órganos se haga en vida para que nadie tenga que tomar ese tipo de decisiones por ti". (...)

7   Tú puedes contribuir a reducir la necesidad de donar órganos, en primer lugar, viviendo bien. (...) Habla con tu médico sobre el peso, la presión sanguínea y el colesterol. Y mientras tomas estas medidas saludables, asegúrate de registrarte como donante de órganos para ayudar a otros también.

Fragmento traducido del artículo DONACIÓN DE ÓRGANOS: HAZ CORRER LA VOZ, *nih.gov*, visitado en 2021

3.   ¿Qué hace que la Dra. Feng sea una fuente confiable sobre este tema?

A.   Describe varias cirugías.
B.   Incluye estadísticas.
C.   Es cirujana de trasplantes.
D.   Los datos que cita provienen de una variedad de fuentes publicadas.

4.   ¿Qué detalle del pasaje respalda **mejor** la afirmación de que es importante decidir en vida si se desea ser donante de órganos o no?

A.   "Tú puedes contribuir a reducir la necesidad de donar órganos, en primer lugar, viviendo bien".
B.   "Por eso, sería un verdadero alivio para la familia que la decisión de ser donante de órganos se haga en vida para que nadie tenga que tomar ese tipo de decisiones por ti".
C.   "Ciertos órganos (...) se pueden donar en vida".
D.   "Por eso los donantes en vida suelen ser familiares o amigos del receptor del trasplante".

5.   El pasaje sugiere que para donar ciertos órganos se necesita una cirugía mayor, que conlleva riesgos. ¿Qué tipo de evidencia reforzaría **mejor** esta afirmación?

A.   citas de investigadores sobre miembros de una familia que se registran como donantes de órganos
B.   datos de informes sobre la duración de las cirugías mayores
C.   datos que muestren los tipos de riesgos que surgen de las cirugías de donación de órganos y las tasas de supervivencia
D.   relatos de familiares que donaron órganos a otros familiares

6.   ¿Qué detalle del pasaje depende del lenguaje emotivo para fomentar la donación de órganos?

A.   "Y mientras tomas estas medidas saludables, asegúrate de registrarte como donante de órganos para ayudar a otros también".
B.   "Una vez que se han agotado todas las opciones para salvarle la vida, el paciente se declara muerto y, recién entonces, la donación de los órganos se vuelve una posibilidad".
C.   "Aproximadamente 80 estadounidenses por día reciben un trasplante que les salva la vida".
D.   "Para hacer una donación de gran impacto, una que se recordará con gratitud durante mucho tiempo, se necesita solamente un poco de preparación".

INSTRUCCIONES: Lee el pasaje, lee cada pregunta y elige la **mejor** respuesta.

A FAVOR DE LAS ROTONDAS

1   Ya sea como conductor o como pasajero, todos hemos pasado por la situación de quedar atascados en un semáforo justo cuando se va a llegar tarde a algún sitio. El semáforo se pone verde y entonces te apresuras a avanzar, solo para detenerte en otro semáforo.

2   Gran parte de la capacidad de una calzada para permitir que el tránsito fluya depende de las intersecciones. Más intersecciones conllevan más tiempo de espera en semáforos en rojo y en señales de pare.

3   La solución podría estar en las rotondas. Una rotonda es un tipo de intersección en la que confluyen 3-4 calles. Es un patrón circular en donde el tránsito fluye en sentido contrario a las agujas del reloj, pero no hay semáforos ni señales de pare. Para ingresar a la rotonda desde un carril, hay que ceder el paso a cualquiera que ya esté circulando por la rotonda. Eso significa que solo debes preocuparte por el carro que está a tu izquierda (además de los pasos para peatones). Es un sistema increíblemente sencillo y seguro.

4   Hay otros aspectos de las rotondas que las hacen más seguras que otros tipos de intersecciones. Por lo general, solo tienen un par de cientos de pies de diámetro y ese tamaño pequeño significa que los carros no pueden ir a mucha velocidad. La mayoría de los vehículos van a menos de 20 mph por estas porque se debe desacelerar bastante solo para ingresar y posiblemente incluso haya que esperar a otros carros. De acuerdo con un estudio del Instituto de Seguros para la Seguridad Vial, las rotondas redujeron los accidentes con heridos en un 76% y los accidentes fatales en un 90% en comparación con las intersecciones controladas por señalización convencional y señales de pare. La Administración Federal de Carreteras identificó las rotondas como una medida de seguridad comprobada.

5   Otra ventaja de las rotondas es que también son más eficientes. Mejoran la capacidad del tránsito hasta en un 50%. Eso significa que más carros pueden circular por las calles con menos congestión. Además, como las rotondas reducen el tiempo de inactividad de los carros, también disminuyen el consumo y las emisiones de combustible. Una rotonda reduce las emisiones de monóxido de carbono en un 15-45% y las emisiones de dióxido de carbono en un 23-34%. Además, son más baratas de construir y de mantener que otras intersecciones.

6   Parece haber solo un problema con las rotondas: las expectativas. Muchos urbanistas las prefieren y consideran que el mayor impedimento son los conductores locales. Al principio, puede resultar extraño seguir conduciendo por un lugar en el que se espera que te detengas. Pero, con el paso del tiempo, estoy seguro de que nuestros conductores locales se acostumbrarán a ello e incluso apreciarán el cambio.

Sobre todo, valorarán que haya menos accidentes. Por todo esto, deseo que nuestra ciudad considere la implementación de rotondas en algunas de nuestras intersecciones más congestionadas. La próxima vez que te encuentres atascado en el tránsito, ¡también podrías considerar sus beneficios!

7.   Una de las razones que los autores citan a favor de las rotondas es que "Según un estudio del Instituto de Seguros para la Seguridad Vial, las rotondas redujeron los accidentes con heridos en un 76% y los accidentes fatales en un 90% en comparación con las intersecciones controladas por señalización convencional y señales de pare". Este enunciado es un ejemplo de evidencia incompleta porque la evidencia

A.   no incluye datos sobre el número de reducción de accidentes en comparación con las intersecciones convencionales.

B.   proviene de una fuente con baja probabilidad de poseer conocimientos acerca de los accidentes vehiculares.

C.   no toma en cuenta la velocidad de los vehículos en las rotondas.

D.   no es relevante para la afirmación de que las rotondas son más seguras que otros tipos de intersecciones.

8.   ¿Qué evidencia es irrelevante para la afirmación hecha en el párrafo 5?

A.   "Mejoran la capacidad del tránsito hasta en un 50%".

B.   "… también disminuyen el consumo y las emisiones de combustible".

C.   "Las rotondas reducen las emisiones de monóxido de carbono en un 15-45% y las emisiones de dióxido de carbono en un 23-34%".

D.   "… también son más baratas de construir y de mantener que otras intersecciones".

9.   El autor incluye información de la Administración Federal de Carreteras. ¿Qué afirmación respalda esta información?

A.   Algunos conductores no están familiarizados con las rotondas y prefieren las intersecciones convencionales.

B.   Las rotondas son más eficientes que otros tipos de intersecciones.

C.   Las rotondas son más seguras que otros tipos de intersecciones.

D.   Las rotondas son más baratas de construir y de mantener que otros tipos de intersecciones.

Lección 6 | Clasificar evidencia válida e inválida

INSTRUCCIONES: Lee el pasaje, lee cada pregunta y elige la **mejor** respuesta.

LA LUCHA POR SALVAR NUESTRAS PELÍCULAS

1   El cine ha documentado la vida de los Estados Unidos durante más de cien años. Desde que Thomas Edison presentó la cámara de cine en 1893, los cineastas aficionados y los profesionales han usado las películas para relatar historias, registrar comunidades, explicar el trabajo de empresas y de gobiernos e ilustrar sucesos actuales. Los cineastas capturaron, con la inmediatez propia de la imagen en movimiento, cómo vivieron, trabajaron y soñaron generaciones de estadounidenses. Al preservar estas películas, salvamos un siglo de historia.

2   Lamentablemente, las películas no están hechas para durar. Creadas en plástico perecedero, la película se deteriora con el paso de los años si no se almacena de manera adecuada. Las pérdidas ya son muchas. La Biblioteca del Congreso ha registrado que solo el 20% de los largometrajes estadounidenses filmados desde 1910 hasta la década de 1920 sobreviven en buenas condiciones en los archivos de los Estados Unidos; de los largometrajes estadounidenses producidos antes de 1950, todavía existen cerca de la mitad. En cuanto a cortometrajes, documentales y obras independientes, no tenemos manera de saber cuánto se ha perdido.

3   Para Hollywood, la corriente se invirtió. Ahora, los productores comerciales hacen fuertes inversiones en la protección de sus bibliotecas fílmicas. Con el desarrollo de la televisión, la cámara de video, el DVD, el cable y la exhibición por Internet, las películas sonoras de Hollywood se han transformado en activos valiosos y tienen muchos mercados después de su lanzamiento inicial.

4   No obstante, los documentales, las películas de la era muda, los metrajes antropológicos, las obras de vanguardia, los noticieros cinematográficos, las películas caseras, las obras realizadas para las comunidades étnicas, las películas industriales y otras producciones independientes aún están en riesgo. Las llamamos películas huérfanas porque están fuera del alcance de los programas de preservación comercial. Las películas huérfanas pueden registrar puntos de vista, tradiciones y lugares que no están representados en los medios convencionales y tienen un valor cultural que trasciende sus orígenes sencillos. Con frecuencia, sobreviven como copias únicas en su especie en archivos, bibliotecas, museos, universidades y sociedades históricas. Estas organizaciones conforman la primera línea de defensa para salvaguardar las películas estadounidenses realizadas fuera de Hollywood. (...)

5   Una inversión tendiente a guardar las películas en película y almacenar el material adecuadamente nos asegurará que el cine esté aquí para ser analizado y disfrutado durante los años por venir.

Fragmento traducido del artículo ¿POR QUÉ ES NECESARIO PRESERVAR·LAS PELÍCULAS?, filmpreservation.org, visitado en 2013

10. ¿Qué afirmación está **mejor** respaldada por la evidencia de este pasaje?

A. El cine es la manera más eficaz de plasmar la historia.
B. La necesidad de preservar las películas antiguas es urgente.
C. Hollywood ha contribuido a la pérdida de películas.
D. Salvaguardar películas huérfanas podría producir recompensas financieras.

11. Los enunciados del párrafo 1 respaldan la afirmación de que la preservación de películas es una tarea importante. ¿Qué enunciado explica **mejor** por qué parte de la evidencia de este párrafo es inválida?

A. La evidencia no incluye detalles precisos acerca de cómo se usan las películas.
B. La evidencia no reconoce otros puntos de vista acerca de las películas.
C. La evidencia incluye el homenaje obsoleto a Thomas Edison.
D. La evidencia depende de apelaciones a los sentimientos de patriotismo y orgullo de los lectores.

12. En el párrafo 2, los autores observan: "La Biblioteca del Congreso ha registrado que solo el 20% de los largometrajes estadounidenses filmados desde 1910 hasta la década de 1920 sobreviven en buenas condiciones en los archivos de los Estados Unidos". ¿Qué enunciado explica **mejor** el propósito de esta evidencia?

A. La evidencia proviene de una fuente confiable y respalda la afirmación del artículo.
B. La evidencia reconoce un punto de vista opuesto y lo responde.
C. La evidencia provee de la información de contexto necesaria para entender la afirmación del artículo.
D. La evidencia probablemente tendrá un impacto emocional en los lectores.

13. En el párrafo 4, los autores observan que las películas huérfanas tienen más necesidad de preservación que las películas convencionales de Hollywood. ¿Qué evidencia adicional podría mejorar el respaldo a esta afirmación?

A. datos sobre cuántas películas huérfanas se producen por año
B. un enunciado de un profesor de historia del cine acerca de la importancia de las películas huérfanas
C. una tabla que compare los recursos para preservar las películas de Hollywood frente a las películas huérfanas
D. la descripción de varias películas huérfanas que podrían ser conocidas para los lectores

Lección de alto impacto: Evaluar respaldo y evidencia

Usar con el *Libro del estudiante*, págs. 104–107.

1 Repasa la destreza

OBJETIVO DE EVALUACIÓN DE LECTURA: R.8.3

Cuando los escritores formulan argumentos, mira con atención la manera en que respaldan sus afirmaciones. ¿Usan evidencia relevante o evidencia irrelevante? La **evidencia relevante** se vincula estrechamente con un argumento. La **evidencia irrelevante** no se vincula estrechamente con un argumento. Un buen argumento incluirá evidencia relevante.

Observa también si el artículo brinda **evidencia suficiente**: bastante evidencia como para justificar la afirmación. Si no se brinda bastante evidencia, el artículo tiene **evidencia insuficiente**. Cuando los escritores argumentan, usan evidencia, o datos, para respaldar una afirmación. Los escritores también pueden incluir **explicaciones** que digan cómo la evidencia respalda la afirmación o **razonamientos** que expliquen por qué la evidencia respalda la afirmación.

En la prueba de Razonamiento a través de las Artes del Lenguaje de GED®, se espera que muestres que entiendes la evidencia de un argumento. Es posible que te encuentres con preguntas que te pidan distinguir entre una idea que posee evidencia suficiente y una que no la posee, o entre una idea que tiene evidencia relevante y otra que no la tiene. Quizá también te encuentres con preguntas que te pidan distinguir entre evidencia y explicación, o entre evidencia y razonamientos.

2 Perfecciona la destreza

a Inhofe usa la palabra *histeria* para describir el calentamiento global. Según este párrafo, vemos que el senador argumenta que el cambio climático no es real. La evidencia de ello es la gran tormenta de nieve de ese año.

b Mientras pronunciaba el discurso, el senador realmente tomó una bola de nieve y se la lanzó al presidente del senado. Vuelve a leer el texto y reflexiona por qué hizo esto el senador Inhofe.

Busca en el texto la frase *bola de nieve*. Vuelve a leer el texto y observa cómo se relaciona la bola de nieve con el problema del cambio climático. La respuesta correcta es **D**.

COMENTARIOS DEL SENADOR JAMES INHOFE ACERCA DEL CAMBIO CLIMÁTICO

Sr. Presidente: la nieve sobre el suelo me lleva a sentir nostalgia de hace 5 años. El presidente no se encontraba aquí en ese entonces. No tiene la ventaja de conocer la historia que hay detrás de esto. La historia detrás de esto es que cuando comenzaron con la histeria acerca del calentamiento global, resultó que hubo otra tormenta de nieve sin precedentes. Ese año rompió un record. (...)

En caso de que lo hayamos olvidado, porque continuamos escuchando que el 2014 fue registrado como el año más cálido, le pregunto a la presidencia: ¿Sabe qué es esto? Es una bola de nieve. Viene de aquí fuera no más. Significa que hace mucho frío afuera, algo muy impropio a esta altura del año. Entonces, Sr. presidente, atrápela.

Del REGISTRO DEL CONGRESO, VOL. 161, NO. 33, 26 de febrero de 2015.

1. ¿Qué describe **mejor** la razón por la cual el senador usa una bola de nieve en su discurso?

   A. La bola de nieve es evidencia relevante para respaldar el argumento de que el calentamiento global es real.
   B. La bola de nieve es evidencia relevante para respaldar el argumento de que el calentamiento global causa tormentas de nieve sin precedentes.
   C. La bola de nieve es evidencia suficiente para respaldar el argumento de que el calentamiento global está basado en la histeria.
   D. La bola de nieve es evidencia insuficiente para respaldar el argumento de que no hay calentamiento global.

UNIDAD 2

INSTRUCCIONES: Lee el pasaje, lee cada pregunta y elige la **mejor** respuesta.

OPINIÓN DEL SENADOR JAMES INHOFE ACERCA DEL CAMBIO CLIMÁTICO

1   Oímos el perpetuo titular de que el 2014 se registró como el año más cálido. Ahora se dio vuelta el libreto. Creo que es importante, ya que lo oímos una y otra en el piso de este senado. Algunos medios llaman a las bajas temperaturas recientes el "Expreso siberiano", como podemos ver con la bola de nieve de afuera. Esto es hoy. Esta es la realidad. (...)

2   Ahora bien, el presidente Obama usa una táctica similar con el fin de asustar a los estadounidenses para que apoyen su agenda extrema de cambio climático. En una entrevista reciente, el presidente Obama convino en que los medios exageran los peligros del terrorismo mientras que restan importancia a los riesgos del cambio climático. Su secretario de prensa, Josh Earnest, más tarde reiteró que el presidente Obama cree que el cambio climático afecta a muchos más estadounidenses que los terroristas. (...)

3   Según el presidente, nuestro mayor riesgo no son las continuas amenazas de los extremistas contra los Estados Unidos y sus ciudadanos. No son los atentados exitosos llevados a cabo en los Estados Unidos, en lugares como Nueva York, Boston, Fort Hood o los potenciales ataques de lobos solitarios o células durmientes contra objetivos ligeros como *el Mall of America*, que fue el objeto más reciente de una amenaza del ISIL. Incluso mientras ocurren estas atrocidades, el presidente Obama le dice al mundo que el cambio climático es una amenaza más grande que los terroristas para nuestra nación. Este es solo otro ejemplo de que este presidente y su gestión están desconectados de las realidades que enfrentamos hoy y de cara al futuro.

Del REGISTRO DEL CONGRESO, VOL. 161, NO. 33, 26 de febrero de 2015

2.   ¿Por qué Inhofe incluye la frase "el Expreso siberiano"?

A. para respaldar la idea de que las condiciones frías actuales muestran que el cambio climático no es real

B. para respaldar la idea de que el cambio climático causa condiciones de clima sorprendentes

C. para respaldar la idea de que los medios intentan asustar a los estadounidenses con descripciones del clima

D. para respaldar la idea de que Estados Unidos se está pareciendo demasiado a Rusia

3.   ¿Cómo afecta su argumento el uso que le da Inhofe a la frase "agenda extrema del cambio climático" en el párrafo 2?

A. El lenguaje persuasivo muestra que los críticos del cambio climático se hallan en lo correcto.

B. El lenguaje emotivo muestra que su punto de vista puede ser parcial.

C. El lenguaje fáctico apela a la lógica de sus oyentes.

D. El lenguaje ético apela al sentido de la justicia de los oyentes.

4.   ¿Qué es lo que Inhofe presenta como su evidencia más fuerte para mostrar que las opiniones del Presidente Obama acerca del cambio climático son irracionales?

A. Afirma que Obama no está lo suficientemente preocupado por el cambio climático.

B. Menciona varios atentados contra los Estados Unidos llevados a cabo por terroristas.

C. Afirma que Obama está desconectado de la realidad que enfrentan los estadounidenses.

D. Afirma que Obama cree que el cambio climático es un riesgo mayor que el terrorismo.

5.   ¿Cuál es la razón **más probable** por la cual Inhofe incluye una lista de atentados contra los EE. UU.?

A. para respaldar la idea de que el terrorismo es más peligroso que el cambio climático

B. para respaldar la idea de que el cambio climático incrementó el terrorismo mundial

C. para respaldar la idea de que Obama está en lo cierto en sus creencias acerca de los peligros actuales

D. para respaldar la idea de que Obama tiene miedo de lidiar con amenazas terroristas

6.   ¿Cuál es la **mejor** evaluación de la lista de atentados como evidencia del argumento principal de Inhofe?

A. La lista de atentados es suficiente para demostrar que el terrorismo supone una amenaza grave contra los estadounidenses.

B. La lista de atentados es insuficiente para demostrar que el terrorismo es una amenaza mayor que el cambio climático para los estadounidenses.

C. La lista de atentados es relevante para el argumento de que el presidente Obama está desconectado de la realidad.

D. La lista de atentados es irrelevante para la afirmación de que el terrorismo supone una amenaza para los estadounidenses.

7

LECCIÓN

Analizar la estructura de los argumentos

Usar con el *Libro del estudiante,* págs. 108–109.

OBJETIVOS DE EVALUACIÓN DE LECTURA: R.2.4, R.2.8, R.3.5, R.5.1, R.5.2, R.5.3, R.5.4, R.6.1, R.6.2, R.6.3, R.8.1, R.8.2, R.8.3, R.8.5

UNIDAD 2

1 Repasa la destreza

La **estructura** se refiere a la organización, o el orden, de las ideas en un texto. En la escritura persuasiva, los autores pueden usar una estructura específica para respaldar mejor sus afirmaciones.

En una estructura "sándwich" tradicional, un autor introduce la afirmación, presenta evidencia para respaldar la afirmación y termina con una conclusión. En una estructura a favor/en contra, un autor explica los aspectos positivos y los aspectos negativos relacionados con una afirmación o una idea. En una estructura de refutación/comprobación, un autor presenta información que muestra por qué otra afirmación es inexacta o falsa. En una estructura por orden de importancia, un autor menciona evidencia en orden de efectividad: de la más débil a la más sólida o de la más sólida a la más débil.

2 Perfecciona la destreza

Al perfeccionar la destreza de analizar la estructura de los argumentos, mejorarás tus capacidades de estudio y evaluación, especialmente en relación con la prueba de Razonamiento a través de las Artes del Lenguaje de GED®. Lee el pasaje que aparece a continuación. Luego responde las preguntas.

PAGAR A LOS ESTUDIANTES PARA QUE APRENDAN

Los estudiantes estadounidenses están quedando rezagados respecto de los estudiantes de otros países desarrollados. Entre las numerosas estrategias para mejorar el desempeño estudiantil, pocas han arrojado resultados tan alentadores, en combinación con otras, como pagar a los estudiantes para que aprendan.

Los estudiantes que reciben una paga por comportamientos que pueden controlar, como la lectura o la asistencia, parecen obtener mejores resultados en las pruebas estandarizadas. El economista de Harvard Roland Fryer Jr. halló que los estudiantes de segundo grado que recibían una paga por cada libro que leían se desempeñaban mejor en las pruebas de lectura a fin de año. Los logros también se mantenían durante el año siguiente, cuando los estudiantes no recibían paga alguna.

Sin embargo, pagar a los estudiantes presenta desventajas. Cuando las recompensas se relacionan con los resultados, como las calificaciones, más que con los comportamientos, las calificaciones de las pruebas no mejoran. Quienes critican esta estrategia también argumentan que los sistemas de paga enseñan a los estudiantes a valorar la educación únicamente en función de logros de corto plazo.

En resumen, la evidencia sugiere que, aplicados de la manera correcta, los programas que pagan a los estudiantes para que aprendan sí arrojan buenos resultados.

a Independientemente de la estructura de un pasaje, el autor debe incluir evidencia válida. Roland Fryer Jr. es una fuente confiable y se lo considera un experto en su campo.

b La frase *En resumen* indica que el autor está enunciando una conclusión o resumiendo los puntos de un argumento.

1. En el tercer párrafo, la expresión **sin embargo** indica

   A. un contraste entre los beneficios y las desventajas de pagar a los estudiantes.
   B. una relación de causa y efecto entre la paga y las calificaciones de las pruebas.
   C. un resultado que contradice el punto de vista del autor acerca de las pagas.
   D. una estrategia que podría ser una alternativa a la de pagar a los estudiantes.

2. ¿Por qué la estructura a favor/en contra es efectiva en este argumento?

   A. La conclusión incluye un fuerte llamado a la acción.
   B. Aparece evidencia particularmente sólida al comienzo.
   C. La afirmación es una respuesta a aquellos que se oponen a pagar a los estudiantes.
   D. Pagar a los estudiantes plantea aspectos positivos y negativos.

USAR LA LÓGICA

El lenguaje de transición señala relaciones entre las ideas. Por ejemplo, *de lo contrario* indica una alternativa, *en consecuencia* indica un resultado y *además* indica información adicional.

140   Lección 7 | Analizar la estructura de los argumentos

INSTRUCCIONES: Lee el pasaje, lee cada pregunta y elige la **mejor** respuesta.

UN NUEVO ANÁLISIS DE LA PENA DE MUERTE

1   Desde que California añadió la pena de muerte a su código penal en la década de 1870, sus partidarios han argumentado que la amenaza de las ejecuciones haría que los potenciales asesinos lo pensaran dos veces antes de cometer delitos atroces.

2   El periódico *The [Sacramento] Bee* planteó ese argumento numerosas veces en sus primeros años y muchos políticos y fiscales lo han ofrecido desde entonces. Pero ¿muestra la evidencia que la pena capital impide los homicidios, aun cuando se aplique frecuente y expeditivamente? Las investigaciones sugieren que no.

3   Una manera obvia de analizar el problema es comparar los índices de homicidios en los estados donde hay pena capital y en los estados donde no la hay.

4   Por ejemplo, comparemos los índices de homicidios en California, Nueva York y Texas, como lo hizo el Consejo Nacional de Investigaciones. De 1974 a 2009, los índices de homicidios de esos tres estados registraron prácticamente el mismo comportamiento: aumentaron al mismo tiempo a fines de las décadas de 1970 y 1980, y todos disminuyeron drásticamente desde entonces.

5   Sin embargo, en ese lapso hubo 447 ejecuciones en Texas y ninguna en Nueva York; en California hubo 13. Es evidente que la disminución de los índices de homicidios respondió a algo más que a las ejecuciones. Y está claro que debemos enfocarnos en ello.

6   El patrón se mantiene también cuando comparamos a Canadá y los Estados Unidos.

7   A lo largo de los años, los índices de homicidios en Canadá han aumentado y disminuido prácticamente al mismo ritmo que los de los Estados Unidos. Sin embargo, no ha habido ejecuciones en Canadá desde 1962. De hecho, durante el período inmediatamente posterior a que los Estados Unidos reinstauraran la pena de muerte en 1976, los índices de homicidios siguieron siendo altos en los Estados Unidos mientras que en Canadá disminuyeron.

8   Los índices de homicidios en los Estados Unidos comenzaron realmente a disminuir en la década de 1990 y las investigaciones sugieren que esto se debe a múltiples factores.

9   Por ejemplo, los expertos en criminología atribuyen la marcada disminución de delitos violentos que comenzó en 1993 a nuevas estrategias policiales, como patrullas policiales orientadas a las zonas calientes de la delincuencia armada y el cumplimiento eficaz de las leyes de tenencia de armas. El declive de la epidemia de crack y la disminución del porcentaje de habitantes de entre 18 y 24 años de edad también hicieron lo suyo.

3.   ¿De qué manera se relaciona el párrafo 4 con el propósito del autor y la estructura del editorial?

A. Sugiere que incluso las organizaciones respetables pueden equivocarse acerca de algunos temas, lo cual contradice la información presentada.

B. Indica que el Consejo Nacional de Investigaciones realiza una amplia variedad de estudios, lo cual explica el propósito de la organización.

C. Muestra a los lectores que la evidencia proviene de una fuente confiable, lo cual valida el ejemplo.

D. Enfatiza que la mayor parte de las investigaciones fue realizada por organizaciones gubernamentales.

4.   ¿De qué manera se relaciona el ejemplo de los índices de homicidios en Canadá (párrafo 7) con los ejemplos precedentes?

A. Ayuda a explicar la diferencia en la aplicación de la pena de muerte entre los Estados Unidos y otros países.

B. Muestra que la pena de muerte es innecesaria en Canadá porque los índices de homicidios son bajos.

C. Aclara la afirmación del autor acerca de la eficacia de la pena de muerte.

D. Proporciona más evidencia de que los índices de homicidios no se relacionan con la aplicación de la pena de muerte.

5.   ¿Cómo se relaciona el párrafo 9 con la evidencia presentada previamente en el pasaje?

A. Añade más evidencia de la ineficacia de la pena de muerte.

B. Proporciona una explicación alternativa de por qué disminuyó el índice de homicidios en los últimos años.

C. Presenta un relato personal para mostrar a los lectores el impacto de la pena de muerte.

D. Identifica a los expertos en criminología que proporcionaron datos al autor.

6.   ¿Por qué en este pasaje es efectiva una estrategia de refutación/comprobación?

A. El propósito del argumento es mostrar que la pena de muerte no impide los delitos.

B. La evidencia muestra los aspectos positivos y los aspectos negativos de hacer cumplir la pena de muerte.

C. Parte de la evidencia a favor de la pena de muerte es mucho más sólida que otro tipo de evidencia.

D. Los lectores necesitan información de contexto acerca de la pena de muerte para entender la afirmación.

INSTRUCCIONES: Lee el pasaje, lee cada pregunta y elige la **mejor** respuesta.

LA CIUDADANÍA Y EL DERECHO AL VOTO

En noviembre de 1872, Susan B. Anthony votó en las elecciones presidenciales en su lugar de votación en Rochester, Nueva York. Fue arrestada, acusada y enjuiciada por votar de manera ilegal. Antes de su juicio en 1873, pronunció el siguiente discurso, en el que presentó el argumento principal en su defensa.

1   Me presento ante ustedes esta noche acusada del supuesto delito de haber votado en las recientes elecciones presidenciales sin tener el legítimo derecho para hacerlo. (...) no solo no cometí ningún delito, sino que simplemente ejercí mis derechos de ciudadana, garantizados a todos los ciudadanos de los Estados Unidos en la Constitución Nacional, y que ningún estado tiene el poder de negar.

2   El preámbulo de la Constitución Nacional dice: "Nosotros, el pueblo de los Estados Unidos, con el objeto de formar una unión más perfecta, establecer la justicia, asegurar la tranquilidad nacional, proveer la defensa común, promover el bienestar general y asegurar los beneficios de la libertad para nosotros y nuestra posterioridad, decretamos y establecemos esta Constitución para los Estados Unidos de América".

3   Fuimos "nosotros, el pueblo"; y no "nosotros, los ciudadanos de sexo masculino"; sino "nosotros, todo el pueblo" quienes formamos esta Unión. (...) Y la formamos no para otorgar los beneficios de la libertad (...) a la mitad de la población y a la mitad de nuestra posteridad sino a todo el pueblo: hombres y mujeres. Y es una burla descarada decirles a las mujeres que gozan de los beneficios de la libertad, cuando se les niega ejercer el único recurso que los garantiza (...) el voto. (...)

4   Para (...) [las mujeres], este gobierno no cuenta con poderes justos derivados del consentimiento de los gobernados. Para ellas, este gobierno no es una democracia. No es una república. Es una aristocracia insoportable, una oligarquía detestable del género (...) que convierte a los padres, hermanos, esposos e hijos en oligarcas de las madres y hermanas, las esposas e hijas, de cada hogar, que convierte en soberanos a todos los hombres y en súbditas a todas las mujeres, y que lleva disenso, discordia y rebelión a cada hogar de la nación.

5   Webster, Worcester y Bouvier [diccionarios] definen al ciudadano como una persona de los Estados Unidos que tiene derecho a votar y ejercer cargos públicos.

6   La única pregunta que queda por plantear ahora es: ¿las mujeres son personas? Y creo que casi ninguno de nuestros opositores tendrá el vigor para decir que no lo son. Entonces, como personas, las mujeres son ciudadanas, y no hay estado que tenga el derecho de hacer una ley, o hacer cumplir una vieja ley, que limite sus privilegios. (...) En consecuencia, toda discriminación contra las mujeres en la Constitución y las leyes de varios estados hoy carece de legitimidad y validez, al igual que cualquiera que esté en contra de los negros.

Fragmento traducido de EL DERECHO DE LAS MUJERES AL VOTO, de Susan B. Anthony, 1873

7. ¿Qué enunciado describe **mejor** la estructura del pasaje?

A. Presenta evidencia con una estructura de refutación/comprobación para responder a la idea de que las mujeres no tienen derecho a votar.
B. Usa una estructura a favor/en contra para explicar los aspectos positivos y los aspectos negativos de los derechos de las mujeres a votar.
C. Usa una estructura sándwich tradicional para presentar evidencia que respalda la afirmación de que las mujeres tienen el derecho a votar.
D. Atrapa a los lectores al comenzar con la evidencia más sólida que muestra que las mujeres tienen el derecho a votar.

8. ¿De qué manera la cita del preámbulo de la Constitución de los Estados Unidos ayuda a respaldar el argumento de Anthony?

A. Sugiere que los derechos en la Constitución de los Estados Unidos pertenecen solo a las mujeres.
B. Explica el significado de la Constitución de los Estados Unidos.
C. Explica por qué los estados no pueden hacer leyes sobre el derecho al voto en elecciones federales.
D. Ayuda a establecer que los derechos del ciudadano se derivan de todo el pueblo y son compartidos por todos.

9. ¿Cuál es el propósito del párrafo 5?

A. Explica por qué las mujeres son ciudadanas de los Estados Unidos.
B. Organiza el párrafo siguiente al establecer que un ciudadano es una persona que tiene el derecho a votar.
C. Organiza el párrafo siguiente para contradecir las definiciones de Webster, Worcester y Bouvier.
D. Establece que la Constitución de los Estados Unidos otorga a las mujeres el derecho a votar y ejercer cargos públicos.

LA PREVENCIÓN DEL ABUSO DEL ALCOHOL Y EL ALCOHOLISMO

1   El consumo de alcohol puede conducir a la dependencia y al abuso, y puede aumentar el riesgo de padecer varias enfermedades, trastornos mentales y desórdenes de conducta, y un amplio espectro de lesiones.

2   El consumo de alcohol produce un costo enorme para la sociedad en términos de gastos en salud, pérdida de la productividad y pérdida de años de vida. Una de las maneras más efectivas de paliar los costos asociados con el abuso del alcohol y el alcoholismo consiste en prevenir el comienzo de los patrones de consumo abusivo de alcohol. (...)

¿A qué se llama "consumo de alto riesgo"?

3   A veces, el simple hecho de saber qué se entiende por consumo de riesgo puede ayudar a las personas a reconocer y a cambiar sus patrones nocivos de consumo de bebidas alcohólicas. Se considera que el consumo de no más de 14 copas comunes por semana (4 por día) para los hombres y 7 copas comunes (3 por día) para las mujeres es de bajo riesgo.

Enfoques de prevención: lo que realmente funciona

4   Cuando las pautas para el consumo saludable no resultan suficientes, el paso siguiente consiste en enviar mensajes sobre prevención dirigidos a ciertos grupos específicos. (...)

Intervención en el lugar de trabajo

5   Como la mayoría de los adultos tienen empleos, los programas en los lugares de trabajo pueden llegar a un público y a una población que, de otra manera, no tendrían acceso a los programas de prevención. (...)

6   Los programas de prevención laborales pueden ayudar a enfocarse en algunos de los factores que pueden acompañar el consumo indebido de bebidas alcohólicas. Por ejemplo, las campañas sobre estilos de vida resultaron muy útiles para alentar a los trabajadores a reducir el estrés, mejorar sus hábitos alimenticios y aumentar la actividad física; también lograron reducir las conductas riesgosas como el consumo de alcohol, cigarrillos y drogas.

Conclusión

7   En virtud de los altos costos que representan el abuso y la dependencia de bebidas alcohólicas para los individuos y la sociedad, los enfoques para evitar el consumo indebido basados en la evidencia son fundamentales. Las comunidades, las escuelas y los lugares de trabajo son los lugares clave para presentar mensajes y estrategias de prevención para los consumidores de riesgo.

Fragmento traducido de ALERTA SOBRE EL CONSUMO DE ALCOHOL, cortesía de NIAAA (Instituto Nacional sobre el Consumo Indebido de Alcohol y Alcoholismo)

10. ¿Cuál de las siguientes opciones explica **mejor** el propósito de los párrafos 1 y 2?

    A. avisar a los lectores que el pasaje presentará los riesgos y los beneficios para la salud del consumo de alcohol

    B. presentar información de respaldo sobre el consumo de alcohol para mostrar el punto de vista del autor

    C. mostrar evidencia, apelar a la razón y presentar el argumento del autor

    D. compartir una historia personal para captar la atención de los lectores y persuadirlos para que concuerden con el punto de vista del autor

11. ¿Qué indica la frase **"por ejemplo"** sobre la relación entre las dos oraciones del párrafo 6?

    A. que la segunda oración presentará información diferente

    B. que la segunda oración es un resultado directo de la primera

    C. que la segunda oración reconoce el lado negativo de un argumento

    D. que la segunda oración brindará evidencia específica para respaldar la primera oración

12. ¿Qué enunciado explica **mejor** cómo ha redactado su argumento el autor?

    A. El autor enuncia una afirmación y presenta sus ventajas y desventajas.

    B. El autor usa una estructura "sándwich" tradicional para presentar una afirmación y su evidencia.

    C. El autor enuncia la afirmación y presenta evidencia en orden de la más convincente a la menos convincente.

    D. El autor describe sucesos personales en el orden en que ocurrieron.

8
LECCIÓN

Analizar recursos retóricos

Usar con el *Libro del estudiante,* págs. 110–111.

OBJETIVOS DE EVALUACIÓN DE LECTURA: R.4.3/L.4.3, R.5.1, R.5.2, R.6.1, R.6.3, R.6.4

1 *Repasa la destreza*

Los autores y los oradores usan **recursos retóricos** para lograr los efectos deseados que, en general, son crear ritmo y atrapar la atención de los lectores. Cuando usa la **enumeración**, el autor hace una lista de detalles, que enfatizan una idea y crean un ritmo. Cuando usa la **repetición**, el autor repite palabras y frases para crear ritmo y, a veces, para **desarrollar** un clímax. Cuando usa el **paralelismo**, el autor repite frases gramaticalmente similares.

Otros recursos retóricos ayudan a aclarar o enfatizar. La **analogía**, por ejemplo, es el uso de la comparación para aclarar una idea. Un **enunciado calificativo** amplía un enunciado previo o lo modifica a fin de aclarar o destacar un punto. La yuxtaposición de opuestos, o la antítesis, junta ideas contrarias para enfatizar contrastes. Los recursos retóricos reflejan el tono del autor y forman parte de su estilo, como se explicó en la Lección 9 de la Unidad 1.

2 *Perfecciona la destreza*

Al perfeccionar la destreza de analizar recursos retóricos, mejorarás tus capacidades de estudio y evaluación, especialmente en relación con la prueba de Razonamiento a través de las Artes del Lenguaje de GED®. Lee el pasaje que aparece a continuación. Luego responde las preguntas.

EL DISCURSO DE GETTYSBURG PRONUNCIADO POR LINCOLN

Hace ochenta y siete años, nuestros padres hicieron nacer en este continente una nueva nación concebida en Libertad y consagrada al principio de que todas las personas son creadas iguales.

Ahora estamos inmersos en una gran guerra civil que pone a prueba si esa nación o cualquier otra nación así concebida y consagrada a esa idea puede perdurar. Nos hemos reunido en un gran campo de batalla de esa guerra. Hemos venido para consagrar una parte de ese campo como lugar de descanso final para aquellos que dieron su vida para que esa nación viviera. Es adecuado y apropiado que hagamos esto.

Pero en un sentido más amplio, no podemos consagrar, no podemos dedicar, no podemos santificar este suelo. Los hombres valientes, vivos y muertos, que lucharon aquí lo han consagrado. (...) En cambio, somos nosotros los que debemos consagrarnos a la gran tarea que nos queda por delante (...) que resolvamos aquí que estos muertos no murieron en vano; que esta nación, al amparo de Dios, tenga un renacimiento de la libertad; y que el gobierno del pueblo, por el pueblo y para el pueblo no desaparezca de la faz de la Tierra.

Fragmento traducido del DISCURSO DE GETTYSBURG de Abraham Lincoln, 1863

a Esta expresión es un ejemplo de **yuxtaposición**: la vida y la muerte.

b Esta oración muestra **paralelismo**, que enfatiza que ningún homenaje puede igualar el sacrificio de los soldados que murieron en Gettysburg.

CONSEJO PARA EL USO DE COMPUTADORA

Mientras lees durante la prueba, puedes usar la función de resaltado para destacar los recursos retóricos. El resaltado te ayudará a hallar rápidamente el texto relevante en caso de que debas responder a una pregunta sobre un recurso retórico.

1. ¿Qué efecto tiene la yuxtaposición de opuestos en la frase "aquellos que dieron su vida para que esa nación viviera"?

   A. Enfatiza la violencia de la lucha.
   B. Enfatiza la tristeza de los seres queridos de los soldados.
   C. Enfatiza la importancia de los sacrificios de los soldados.
   D. Enfatiza el número de soldados que murieron durante la batalla.

2. El paralelismo al final del pasaje enfatiza

   A. la determinación de Lincoln de perseverar hasta el fin de la guerra.
   B. la tristeza de Lincoln ante la muerte de tantas personas.
   C. la ira de Lincoln ante la injusticia de la esclavitud.
   D. el respeto de Lincoln por la Constitución de los Estados Unidos.

INSTRUCCIONES: Lee el pasaje, lee cada pregunta y elige la **mejor** respuesta.

LA IMPORTANCIA DE LOS DERECHOS DE LA MUJER

1   Si hay un mensaje que resuena en esta conferencia es que los derechos humanos son los derechos de las mujeres. (...) Y los derechos de las mujeres son derechos humanos.

2   No olvidemos que, entre esos derechos, está el derecho de expresarnos libremente. Y el de ser escuchadas.

3   Las mujeres deben gozar del derecho de participar de lleno en la vida social y en la vida política de sus países si queremos que la libertad y la democracia prosperen y perduren.

4   Es inadmisible que muchas mujeres de organizaciones no gubernamentales que deseaban participar en esta conferencia no hayan podido asistir, o se les haya prohibido una participación plena.

5   Quiero ser clara. Libertad significa el derecho de las personas de reunirse, organizarse y debatir abiertamente. Significa respetar los puntos de vista de aquellos que pueden no estar de acuerdo con los puntos de vista de sus gobiernos. Significa no apartar a los ciudadanos de sus seres queridos y encarcelarlos, maltratarlos o negarles su libertad o su dignidad debido a la expresión pacífica de sus ideas y opiniones.

6   En mi país, hace poco celebramos el 75° aniversario del voto femenino. Se necesitaron 150 años desde la firma de la Declaración de Independencia para que las mujeres obtuvieran el derecho a votar. Se necesitaron 72 años de lucha organizada de parte de muchos hombres y mujeres valientes.

7   Fue una de las guerras filosóficas más controvertidas de los Estados Unidos. Pero también fue una guerra donde no se derramó ni una gota de sangre. El voto se consiguió sin disparar una sola bala.

8   También se nos recordó, durante la celebración del Día de la Victoria sobre Japón el fin de semana pasado, el bien que se origina cuando hombres y mujeres se reúnen para combatir a las fuerzas de la tiranía y construir un mundo mejor.

9   Durante medio siglo, hemos visto prevalecer la paz en casi todas partes. Hemos evitado otra guerra mundial.

10   Pero no hemos resuelto problemas más viejos y profundamente enraizados que continúan reduciendo el potencial de la mitad de la población mundial.

11   Ahora es el momento de actuar en nombre de las mujeres de todas partes.

Fragmento traducido de COMENTARIOS PARA LA CUARTA CONFERENCIA MUNDIAL DE LAS NACIONES UNIDAS SOBRE LA MUJER, de Hillary Rodham Clinton, 1995

3.   En el párrafo 1, la autora enuncia: "los derechos humanos son los derechos de las mujeres. (...) Y los derechos de las mujeres son derechos humanos". La inversión del orden de las frases **derechos humanos** y **derechos de las mujeres**

A. muestra que la autora cree que vale la pena luchar por los derechos humanos.
B. muestra que la autora siente un respeto profundo por los derechos de las mujeres.
C. sugiere que a la mayor parte de las mujeres se les niegan sus derechos humanos.
D. enfatiza la proximidad entre los derechos de las mujeres y los derechos humanos.

4.   ¿Cuál es el propósito del enunciado calificativo del párrafo 4?

A. celebrar que tantas mujeres hayan podido asistir a la conferencia
B. sugerir que no permitir la participación plena de las mujeres en la conferencia es tan malo como no dejarlas asistir
C. observar que la conferencia está incompleta sin más mujeres entre los asistentes
D. enfatizar que algunas organizaciones superaron grandes desafíos para enviar mujeres a la conferencia

5.   Para definir la libertad, en el párrafo 5, la autora enumera las condiciones de la libertad, para

A. comparar los derechos de las mujeres en la actualidad y en el pasado.
B. mostrar que ha estudiado la obra de los líderes de los derechos civiles.
C. aclarar que la libertad no debería diferir en función del género ni el lugar de residencia.
D. argumentar que la mayoría de las personas no comprenden qué es en realidad la libertad.

6.   ¿Qué recurso retórico usa el autor en el párrafo 8?

A. analogía
B. enumeración
C. repetición
D. paralelismo

INSTRUCCIONES: Lee el pasaje, lee cada pregunta y elige la **mejor** respuesta.

UN BARCO PERDIDO EN EL MAR

1   Un barco perdido en el mar durante muchos días de pronto divisó una nave amiga. Desde el mástil de la desafortunada nave se vio una señal: "¡Agua, agua; nos morimos de sed!". La respuesta de la nave amiga no tardó en llegar: "Bajen su cubeta justo donde están". Luego, por segunda vez, la señal: "¡Agua, agua; envíennos agua!" provino del barco en apuros, a la cual se respondió: "Bajen su cubeta justo donde están". Y hubo respuestas a una tercera y una cuarta señales en pedido de agua: "Bajen su cubeta justo donde están". El capitán del barco en apuros, que por fin prestó atención a la orden, bajó su cubeta, que luego volvió a subir llena del agua fresca y espumante de la desembocadura del río Amazonas. A todos aquellos de mi raza que dependen de mejorar sus condiciones en tierras extranjeras o que subestiman la importancia de cultivar relaciones de amistad con el hombre blanco del Sur, que es su vecino más próximo, les diría: "Bajen su cubeta justo donde están": bájenla para hacerse amigos de todas las maneras humanamente posibles de las personas de todas las razas que nos rodean.

2   Bájenla para la agricultura, la mecánica, el comercio, el servicio doméstico y las profesiones. (...) Nuestro mayor peligro es que, al dar el gran salto de la esclavitud a la libertad, pasemos por alto el hecho de que miles de nosotros debemos vivir de los frutos de nuestras manos y que olvidemos que progresaremos en la medida en que aprendamos a dignificar y glorificar el trabajo común, y que pongamos nuestra inteligencia y nuestras destrezas en las ocupaciones comunes de la vida; que progresaremos en la medida en que aprendamos a trazar la línea entre lo superficial y lo sustancial, entre las fruslerías ornamentales de la vida y lo que realmente es útil. Ninguna raza puede prosperar hasta que aprende que labrar un campo es tan digno como escribir un poema. Debemos comenzar por el fondo, y no por el borde superior, de la vida. Ni debemos permitir que nuestras quejas eclipsen nuestras oportunidades.

Fragmento traducido de SUPERAR LA ESCLAVITUD: UNA AUTOBIOGRAFÍA, de Booker T. Washington

7.   La analogía del párrafo 1 sugiere que

   A. los afroamericanos están pasando por alto las oportunidades que hay en sus comunidades.
   B. los afroamericanos no deberían tener miedo de abandonar el Sur ahora que consiguieron su libertad.
   C. los viajes por mar pueden ser peligrosos para navegantes sin experiencia.
   D. los americanos de razas diferentes no deben hacerse amigos unos de otros.

8.   El autor comienza el párrafo 2 enumerando las áreas en las que trabajan las personas. ¿Cómo se relaciona esto con el resto del pasaje?

   A. Contradice el resto del pasaje, que trata sobre los problemas de las vidas de los afroamericanos.
   B. Refuerza la información para atrapar la atención de los lectores.
   C. Continúa y amplía la comparación que comenzó en el párrafo 1.
   D. Presenta el tema del párrafo, que trata acerca de los trabajos que pueden hacer los afroamericanos.

9.   ¿Qué enunciado explica **mejor** por qué el autor sigue repitiendo la palabra **bajen** después de haber concluido la analogía?

   A. para extender la analogía hacia otras ocupaciones
   B. para relacionar la analogía con un llamado a la acción
   C. para usar la analogía para dignificar tareas comunes
   D. para aplicar la analogía a la prosperidad futura

10.   En el párrafo 2, el autor enuncia: "Debemos comenzar por el fondo, y no por el borde superior, de la vida". ¿Qué quiere decir el autor mediante esta yuxtaposición de opuestos?

   A. Cada uno es responsable del trabajo que debe hacer para superarse.
   B. La buena suerte no reemplaza el trabajo arduo.
   C. Las oportunidades pueden surgir y desvanecerse rápidamente.
   D. Todas las personas deberían empezar la vida en igualdad de condiciones.

UNIDAD 2

INSTRUCCIONES: Lee el pasaje, lee cada pregunta y elige la **mejor** respuesta.

FRAGMENTOS DEL DISCURSO DE INVESTIDURA DEL PRESIDENTE KENNEDY

1   (...) Celebramos hoy, no la victoria de un partido, sino la celebración de la libertad, símbolo tanto de un fin como de un comienzo, que significa una renovación y, a la vez, un cambio. Pues ante ustedes y ante Dios Todopoderoso, he prestado el mismo solemne juramento prescripto por nuestros antepasados hace casi ciento setenta y cinco años.

2   El mundo es muy distinto hoy, porque el hombre tiene en sus manos el poder para abolir toda forma de pobreza y suprimir toda forma de vida humana. Sin embargo, las convicciones revolucionarias por las que lucharon nuestros antepasados siguen debatiéndose en todo el mundo: entre ellas, la convicción de que los derechos del hombre no provienen de la generosidad del Estado, sino de la mano de Dios.

3   No olvidemos que hoy en día somos los herederos de esa primera revolución. Que el mundo sepa aquí y ahora, amigos y enemigos por igual, que la antorcha ha pasado a una nueva generación de estadounidenses, nacidos en este siglo, templados por la guerra, disciplinados por una paz fría y amarga, orgullosos de nuestra antigua herencia y sin deseos de presenciar o permitir la lenta desintegración de los derechos humanos a los que esta nación se ha consagrado siempre y a los que estamos consagrados hoy en casa y en todo el mundo.

4   Que todas las naciones sepan, nos deseen el bien o el mal, que hemos de pagar cualquier precio, sobrellevar cualquier carga, sufrir cualquier penuria, acudir en apoyo de cualquier amigo, oponernos a cualquier enemigo, por la supervivencia y el triunfo de la libertad.

5   Todo eso prometemos... y mucho más.

Fragmento traducido del DISCURSO DE INVESTIDURA de John F. Kennedy, 1961

11. En el párrafo 1, el autor dice: "Celebramos hoy, no la victoria de un partido, sino la celebración de la libertad, símbolo tanto de un fin como de un comienzo, que significa una renovación y, a la vez, un cambio". ¿Qué recurso retórico usa en esta oración?

   A. analogía
   B. enumeración
   C. repetición
   D. paralelismo

12. En el párrafo 2, el autor enuncia que el hombre ahora puede "abolir toda forma de pobreza y suprimir toda forma de vida humana". La yuxtaposición de los términos **pobreza** y **vida humana**

   A. ilustra cuánto ha avanzado el hombre desde el punto de vista tecnológico pero también cuán retrasado está desde el punto de vista social.
   B. sugiere que existen problemas que superan el alcance de la creatividad humana.
   C. enfatiza lo mejor y lo peor del ingenio humano.
   D. implica que el presidente es un hombre del pueblo, pero es muy poderoso.

13. En el párrafo 3, el autor se refiere a la "primera revolución", también llamada la Guerra de Independencia, para que el público

   A. se sienta orgulloso y conectado con la historia.
   B. tema que la libertad se vea amenazada una vez más.
   C. sienta decepción porque el país no haya alcanzado más logros.
   D. sienta entusiasmo y optimismo acerca del futuro.

14. En el párrafo 3, el autor enumera las características de "una nueva generación de estadounidenses". ¿Qué tono refleja **mejor** esta enumeración?

   A. tono de esperanza
   B. tono de sinceridad
   C. tono de temor
   D. tono de duda

15. En el párrafo 4, el autor usa frases paralelas con la palabra **cualquier** para enfatizar

   A. que los Estados Unidos enfrentan serias amenazas.
   B. las victorias militares de los Estados Unidos.
   C. que los Estados Unidos pueden superar todos los desafíos.
   D. la distancia recorrida por los Estados Unidos durante el siglo pasado.

Comparar y contrastar textos

Usar con el *Libro del estudiante,* págs. 112–113.

1 Repasa la destreza

OBJETIVOS DE EVALUACIÓN DE LECTURA: R.2.2, R.4.2/L.4.2, R.4.3/L.4.3, R.5.1, R.5.4, R.6.1, R.6.3, R.9.1/R.7.1, R.9.2

Recuerda que, cuando **comparas** y **contrastas** dos textos, buscas semejanzas y diferencias. A veces, dos textos escritos sobre temas semejantes o en géneros (o formas de escritura) semejantes pueden verse muy parecidos. Sin embargo, debes profundizar más que en lo que aparece en la superficie para descubrir si son tan parecidos como se ven.

De hecho, puedes descubrir diferencias sutiles. Los autores podrían tener un punto de vista diferente sobre un tema, pero pueden estar de acuerdo en algunos puntos menos importantes. Es más, podrías hallar que los autores captan la atención de los lectores de diferentes maneras o revelan diferencias en las soluciones a los problemas.

2 Perfecciona la destreza

Al perfeccionar la destreza de comparar y contrastar textos que abordan temas semejantes, mejorarás tus capacidades de estudio y evaluación, especialmente en relación con la prueba de Razonamiento a través de las Artes del Lenguaje de GED®. Lee los pasajes que aparecen a continuación. Luego responde la pregunta.

¿PADRES O ESPECTADORES?

Los padres de los niños que practican deportes fluctúan continuamente entre ser simples espectadores y ser mamás o papás. Para algunos, esta transición es fácil. Ellos son los padres que alientan a sus hijos pase lo que pase en el campo de juego. Para otros, la diferencia entre un rol y el otro no está del todo clara: ellos son los que les gritan a los entrenadores o a los árbitros, y siguen pensando en las jugadas o en los errores cometidos una vez finalizado el juego. Pero, ¿qué efecto tiene esta clase de padre sobre los niños? Algunas personas creen que son la razón por la que los niños abandonan el deporte.

Comentario de la entrenadora Judith Freeman

a Freeman introduce el tema de una manera atractiva al incluir una pregunta y una respuesta que cimentan las bases de su punto de vista.

PADRES DE DEPORTES

Cuando asisto a juegos, evito a los padres fanáticos de los deportes, de la misma manera que evito sentarme en gradas pegajosas o detrás de espectadores con sombreros grandes.

Siempre me disgustaron los padres fanáticos de los deportes. Son esos que les gritan indicaciones a sus hijos en el campo de juego y que le encuentran defectos a todo lo que no sea el pase perfecto, el bloqueo perfecto, bueno, en realidad a todo lo que sea menos que la perfección. Son los que les dicen a los hijos: "Esfuérzate" o "Hoy no estás dando el 100%". Tengo la sensación de que ese tipo de padres directamente vacían de diversión los deportes al poner demasiada presión sobre los niños.

Comentario de María Torres

b Torres también atrapa al lector, pero lo hace de una manera diferente. Atrae al lector a través del humor.

CONSEJOS PARA REALIZAR LA PRUEBA

Al identificar la perspectiva de un autor, busca palabras fuertes que expresen la opinión o la actitud del autor. Por ejemplo, piensa en cómo cambiaría la oración si Torres hubiera usado **entusiastas** o **apasionados** en lugar de **fanáticos**.

1. ¿Qué enunciado explica **mejor** el punto de vista de las autoras sobre los padres de hijos deportistas?

   A. Freeman cree que los padres autoritarios de hijos deportistas son incomprendidos, pero para Torres son entretenidos.
   B. Las dos autoras creen que, para alcanzar el éxito, los atletas necesitan padres apasionados por los deportes.
   C. Freeman cree que los atletas exitosos tienen padres prepotentes, pero Torres cree que los padres prepotentes son poco comunes.
   D. Las dos autoras creen que los padres autoritarios de hijos deportistas pueden tener un efecto negativo sobre los niños.

UNIDAD 2

INSTRUCCIONES: Lee el resto de los pasajes, lee cada pregunta y elige la **mejor** respuesta.

¿PADRES O ESPECTADORES?

1 Como entrenadora y antigua atleta juvenil, he vivido en persona esos efectos. He visto cómo algunos padres, apasionados, me gritaban o les gritaban a los jugadores en un sinfín de partidos. Estos padres del estilo "todo o nada" pueden ser los responsables de que sus hijos no quieran seguir practicando un deporte. A los niños que tienen este tipo de padres les resulta más fácil estar fuera del campo de juego. Otros padres bienintencionados pueden provocar el mismo efecto con un enfoque diferente. Estos padres "analistas" son los que vuelven sobre el resultado del partido, sobre lo que ocurrió y sobre cómo todo será diferente la próxima vez que jueguen, aun cuando los niños ya lo superaron. ¿Cuántos atletas potenciales han abandonado el deporte por tener padres autoritarios?

2 Los informes dicen que hasta un 75% de los niños que practicaban deportes abandonan la práctica antes de cumplir 14 años. Las razones podrían ser varias, entre ellas la falta de talento o interés. Sin embargo, los padres deberían tener cuidado de no involucrarse demasiado en la práctica deportiva de sus hijos. La participación de un padre en la actividad deportiva de su hijo podría ser el factor determinante para que el niño continúe practicándolo o no.

Comentario de la entrenadora Judith Freeman

2. ¿Cuál es el propósito del texto de Freeman?

A. explicar cómo y por qué aun los padres bienintencionados de hijos deportistas pueden tener un efecto negativo sobre los niños
B. entretener con relatos acerca de padres apasionados por los deportes
C. describir los problemas que existen en el proceso de convertirse en un atleta universitario
D. persuadir a los atletas estudiantiles de que comenten sus problemas con sus padres

3. ¿En qué se parecen las perspectivas de las autoras? Las dos creen que

A. los entrenadores deberían limitar la participación de los padres en los deportes juveniles.
B. la cultura de los deportes juveniles no puede cambiar.
C. en tanto los padres no regañen a sus hijos durante los partidos, no se produce ningún daño.
D. los padres atentos y preocupados pueden fanatizarse en exceso y afectar a sus hijos.

PADRES DE DEPORTES

1 Siempre me he enorgullecido de promover los aspectos de diversión de los deportes: hacer nuevos amigos, ser parte de un equipo y desarrollar nuevas destrezas y jugadas. No me malinterpreten. Me siento orgullosa de mis hijos cuando juegan bien o exhiben algunas jugadas ganadoras. Desde luego disfruto más cuando veo que ganan los equipos de mis hijos que cuando pierden, pero trato de mantenerme positiva independientemente del resultado final. Mis comentarios después del partido en general son del tipo: "Parece que te divertiste en el campo de juego. Me encantó verte jugar".

2 Algunos de mis mejores recuerdos están relacionados con los deportes. Sé que pateé un par de casilleros después de perder un partido, pero recuerdo la diversión y las amistades más que las desilusiones. Cuando mis hijos vuelvan a mirar sus numerosas fotos de equipo, deseo que sonrían al acordarse de cuánto se divirtieron o de los amigos que hicieron. No quiero verlos hacer otros gestos porque su equipo solo ganó dos partidos esa temporada.

3 Dada mi aversión por los padres fanáticos que le dan mucha más importancia al rendimiento que a la diversión, pueden imaginarse entonces mi horror al oír mi propia voz que le gritaba una recomendación no demasiado provechosa a mi hijo en el campo de juego: "¡Concéntrate! ¡Sabes que puedes hacerlo mejor!".

4 Apenas salieron esas palabras de mi boca y vi el ceño fruncido de mi hijo, supe que había dejado que el estrés de mi propio día y la intensidad de mis emociones se llevaran lo mejor de mí. Tenía que tragarme esas palabras y prometerme que no habría una próxima vez.

Comentario de María Torres

4. ¿Qué enunciado explica **mejor** las diferencias en los estilos de las autoras?

A. Freeman usa descripciones vívidas y poéticas, mientras que Torres usa lenguaje formal y académico.
B. Freeman usa el razonamiento lógico, mientras que Torres apela a las emociones y relata una narrativa personal.
C. Freeman usa un lenguaje inspirador y emotivo, mientras que Torres usa el razonamiento basado en los hechos y un vocabulario sofisticado.
D. Freeman usa anécdotas atractivas, mientras que Torres usa términos motivadores.

INSTRUCCIONES: Lee los pasajes. Luego elige la **mejor** respuesta a cada pregunta de la página siguiente.

NO CIERREN LAS PUERTAS A LAS ARTES

Estimados miembros del Consejo de Educación:

1   Me dirijo a ustedes para manifestar mi desacuerdo con la propuesta de restructuración y mudanza (léase cierre) de la Escuela Secundaria Lowell para las Artes Visuales y Escénicas. Esta institución ha sido el alma del centro de la ciudad durante 52 años y ha visto continuar a muchos de sus estudiantes hacia el éxito profesional, en gran medida por las oportunidades y la flexibilidad que ofrece. Ciudades más pequeñas y más grandes mantienen escuelas similares que promueven el talento y ofrecen oportunidades a los adolescentes talentosos para que se desarrollen a su propio ritmo y combinen responsabilidades profesionales y académicas. Actores como Jennifer Anniston, Al Pacino y Robert DeNiro asistieron a la Escuela Secundaria de Artes Escénicas de Nueva York, que es el modelo de la Escuela Secundaria Lowell, y ahora los egresados de Lowell trabajan en cine, teatro y diseño.

2   Imaginen a estas celebridades y a otras como adolescentes con talentos especiales que no se prestaron a los salones de clases tradicionales. Este tipo de estudiantes necesitan dependencias para entrenamiento, audición, ensayo y actuación (que son actividades especiales), además de materias académicas. Combinar a Lowell con una escuela suburbana tradicional es tan perjudicial como mudarla, lo cual limita el acceso a los establecimientos ubicados en el centro de la ciudad. Asistir a Lowell como estaba y donde estaba ha permitido que los estudiantes artistas se conecten con otros artistas, desarrollen sus destrezas y concreten sus potenciales, no solo como intérpretes sino también como personas de nuestra sociedad que cuentan nuestras historias, forjan conexiones entre el pasado y el presente, vislumbran el futuro y entraman un sentido de identidad cultural.

3   Es más, cerrar la escuela es una mala decisión económica. Restaurantes, cafeterías, librerías y teatros de las cercanías se benefician de su proximidad a la escuela. El personal, los estudiantes, los residentes y los visitantes frecuentan estos establecimientos y apoyan la economía local. Sin la escuela, una buena parte del centro de la ciudad morirá.

4   Les solicito que reconsideren su decisión, para honrar el servicio cultural y el valor económico actual de la escuela, para preservar oportunidades para las futuras generaciones de artistas.

Atentamente,
Mallory Riley
Madre y empresaria local

CONSTRIBUYAMOS CON NUESTROS TEATROS

Estimado editor:

1   El teatro en los Estados Unidos nunca será tan respetado o exitoso como en Gran Bretaña a menos que una mayor cantidad de público contribuya con las salas privadas. En Inglaterra, actores como David Oyelowo y Ian McKellan obtienen formación y experiencia en excelentes compañías de repertorio como la *Royal Shakespeare Company*. Gracias a su gran éxito, la *Royal Shakespeare Company* puede permitirse una producción neoyorkina como *Matilda*, de Tim Minchin. Teatros como la *Royal Shakespeare Company* inspiran al público y lo llenan de orgullo.

2   En los Estados Unidos, por otra parte, muchos teatros regionales y comunitarios tienen dificultades y se ven forzados a montar producciones seguras de una lista de obras muy corta para garantizar un público. Es difícil para el público entusiasmarse con otra producción de *Annie* o de *Un cuento de Navidad*. Si más gente hace contribuciones a los teatros, las salas podrán asumir más riesgos y elegir obras nuevas e innovadoras. Esto los ayudará a construir un público de teatro contemporáneo, lo cual posiblemente le venga bien al público para tratar con temas propios de nuestro tiempo. Y lo más importante: los teatros mismos tendrán la posibilidad de representar un papel vital en la economía de la comunidad. Toda comunidad necesita de las artes y el teatro es de la comunidad. La prosperidad teatral traerá consigo entusiasmo y mejorará la actividad comercial de las proximidades.

3   Las empresas locales deben contribuir con los teatros junto con los donantes privados. Los demás serán benevolentes con las empresas que contribuyen, ya que la gente valora las artes. Las contribuciones también ayudarán a la comunidad, puesto que los vecindarios con más sitios artísticos son en general lugares más agradables para vivir y trabajar. Si las empresas se asocian con los teatros en programas de incentivo para sus empleados, es posible que a los empleados les resulte más fácil asistir a los espectáculos. Eso, a la vez, inspirará la creatividad de los trabajadores. Por último, una mayor afluencia de público colaborará con el éxito de los restaurantes, tiendas y hoteles de la zona y estos son también importantes en una comunidad próspera. ¡Hagamos como los británicos: demos apoyo financiero a nuestros teatros!

Atentamente
Koji Iyo
Aficionado al teatro

5. ¿Cuál es la perspectiva de Riley con respecto a las artes?

    A. Las artes reflejan ideas populares de la vida contemporánea y estimulan el diálogo.
    B. Las artes están ligadas a los períodos de tiempo y no cruzan esos límites.
    C Las artes crean lazos emocionales entre las generaciones de estudiantes.
    D. Las artes conectan el pasado cultural con el presente y el futuro.

6. ¿Cuál es la perspectiva de Iyo con respecto a las artes?

    A. Las artes son vitales, a pesar de los costos económicos para una comunidad.
    B. Las naciones con programas artísticos sólidos tienen menos probabilidades de entrar en guerra.
    C. Las artes unen y realzan a las comunidades y las naciones.
    D. El foco en los beneficios económicos de las artes reduce los beneficios sociales de las artes.

7. ¿Cuál es el propósito explícito de la carta de Riley?

    A. persuadir al público de proteger la escuela
    B. entretener al público con detalles biográficos
    C. contrastar las escuelas secundarias tradicionales y las alternativas
    D. explicar el rol de una escuela en un vecindario

8. ¿Cuál es el propósito del artículo de Iyo?

    A. describir obras de arte famosas
    B. persuadir a los lectores de la importancia económica de las artes
    C. entretener con relatos acerca de la Londres de Shakespeare
    D. informar a los lectores sobre las oportunidades de recaudación de fondos

9. Iyo aborda la idea de que quienes recaudan fondos para las artes deberían

    A. enfocarse en los beneficios económicos así como en los beneficios culturales de las artes.
    B. enfocarse en los méritos artísticos únicamente.
    C. investigar nuevos tipos de recaudación de fondos.
    D. hacer un llamamiento a los gobiernos locales para que patrocinen más actividades para recaudar fondos.

10. ¿De qué manera el párrafo 2 respalda la idea principal de la carta de Riley?

    A. Riley enfatiza que combinar una escuela alternativa con una tradicional es inaceptable.
    B. Riley explica que las necesidades de los estudiantes creativos y profesionales difieren de aquellas de los estudiantes tradicionales.
    C. El paralelo entre las opciones económicas de los estudiantes y el personal enfatiza los reclamos éticos de la escritora.
    D. La referencia a empresas locales brinda soluciones al problema de cómo debería reformularse el propósito la escuela.

11. ¿Qué piensan los dos autores acerca de las artes y la economía?

    A. El apoyo a las artes visuales y escénicas consume los recursos de los contribuyentes.
    B. Muchas personas no pueden asistir a conciertos ni a teatros debido al alto precio de los boletos.
    C. Las artes activas y las comunidades culturales benefician las economías locales.
    D. El apoyo a las artes debería provenir de recursos públicos y privados.

12. ¿Qué enunciado explica **mejor** por qué los autores mencionan a artistas específicos? Riley los menciona para

    A. mostrar que los conoce personalmente; Iyo los menciona para mostrar orgullo por su linaje.
    B. probar que los artistas jóvenes deben estudiar las técnicas de los artistas famosos; Iyo los menciona para mostrar que el arte nuevo no depende del arte antiguo.
    C. informar a los lectores que las personas no aprecian a los artistas jóvenes; Iyo los menciona como personas que apoyan al teatro Old Vic.
    D. usarlos como ejemplos de profesionales exitosos que asistieron a una escuela secundaria especial; Iyo los menciona para mostrar que el arte es atemporal e importante.

13. ¿Qué palabra describe **mejor** las actitudes de los autores hacia las artes?

    A. irónicas
    B. negativas
    C. resignadas
    D. respetuosas

10 Comparar textos de formatos diferentes

LECCIÓN

Usar con el *Libro del estudiante,* págs. 114–115.

1 Repasa la destreza

OBJETIVOS DE EVALUACIÓN DE LECTURA: R.5.1, R.5.4, R.6.3, R.6.4, R.7.2, R.7.3, R.7.4, R.9.1/R.7.1

La información que aparece en los textos expositivos también puede presentarse en otros formatos. Por ejemplo, una tabla, una ilustración, un diagrama o una línea cronológica pueden darte la misma información sobre un tema como la que da un artículo, un editorial o el fragmento de un libro. Al **comparar textos de formatos diferentes**, considera qué formato es más efectivo para transmitir un mensaje. Una tabla puede presentar la información con mayor claridad que un artículo, pero un artículo puede ofrecer más información sobre los pensamientos, sentimientos o argumentos del autor, así como una comprensión más profunda del tema.

2 Perfecciona la destreza

Al perfeccionar la destreza de comparar y contrastar textos de formatos diferentes, mejorarás tus capacidades de estudio y evaluación, especialmente en relación con la prueba de Razonamiento a través de las Artes del Lenguaje de GED®. Lee los pasajes que aparecen a continuación. Luego responde la pregunta.

LOS RECURSOS NATURALES DE LA LUNA

La Luna tiene numerosos recursos naturales que podríamos aprovechar durante las misiones de minería lunar. ¿Qué recursos podríamos extraer de la Luna y con qué fines?

Los minerales llamados itrio, lantano y samario se consideran "minerales terrestres poco comunes". Estos minerales se usan en la creación de productos tecnológicos. El mineral llamado titanio es más abundante en la Luna: aparece una 100 veces más en las rocas lunares que en las terrestres. El titanio podría extraerse por su efectividad para retener gases que resultan vitales para la exploración espacial. El suelo lunar también es rico en helio-3. Este elemento, que también es difícil de encontrar en la superficie terrestre, es muy preciado por su uso en la fusión nuclear.

¿QUÉ HAY EN LA LUNA?

Mineral	Importancia
Helio-3	combustible de fusión nuclear no radiactivo
Agua lunar	que podría separarse en hidrógeno y oxígeno para celdas de combustible
Itrio, lantano y samario	minerales terrestres poco comunes cada vez más necesarios en la fabricación de productos de alta tecnología
Espinela rosada	apreciada como piedra preciosa

a El primer texto es un artículo y el segundo es una tabla. El artículo ofrece más detalles, pero la tabla es más directa y lleva más rápido la información al lector.

b El artículo y la tabla se escriben con propósitos diferentes. El artículo ofrece explicaciones y opiniones; la tabla presenta información en un formato fácil de leer.

USAR LA LÓGICA

Observa los títulos de los textos. El título del artículo indica que habrá información adicional y más compleja. El título de la tabla indica que enumerará y explicará brevemente qué hay en la Luna.

1. ¿Qué perspectivas comparten los textos?

   A. La minería lunar es más rentable que la minería terrestre.
   B. La Luna contiene minerales que jamás se hallaron en la Tierra.
   C. Ha habido muchos logros en la minería lunar en los últimos años.
   D. La Luna contiene recursos valiosos y diversos.

★ Ítem en foco: COMPLETAR LOS ESPACIOS

INSTRUCCIONES: Lee el pasaje y estudia la tabla. Luego escribe tus respuestas en los recuadros que aparecen a continuación.

REQUISITOS PARA EJERCER CARGOS PÚBLICOS

La Constitución de los Estados Unidos establece requisitos específicos de edad y ciudadanía para los representantes, los senadores y el presidente de los Estados Unidos. El Artículo 1 se enfoca en el poder legislativo del gobierno. Establece las dos cámaras del Congreso: el Senado y la Cámara de Representantes. El Artículo II de la Constitución establece el poder ejecutivo. La cabeza de este poder es el presidente.

La Sección 2 del Artículo 1 especifica lo siguiente: la Cámara de Representantes se compondrá de miembros elegidos cada dos años por el pueblo de los distintos estados. Para ser representante, una persona debe tener al menos 25 años de edad, haber sido ciudadana de los Estados Unidos durante al menos siete años y, al momento de su elección, residir en el estado donde él o ella han sido elegidos.

La Sección 3 del Artículo 1 especifica que el Senado de los Estados Unidos se compondrá de dos senadores por cada estado. Para ser senador, una persona debe tener al menos 30 años de edad, haber sido ciudadana de los Estados Unidos durante al menos nueve años y, al momento de su elección, residir en el estado donde él o ella han sido elegidos. El vicepresidente de los Estados Unidos es el presidente del Senado, pero no tiene voto excepto en caso de que en el Senado haya un empate y el vicepresidente deba desempatar.

La Sección 2 del Artículo 2 establece los requisitos de edad, ciudadanía y residencia para el presidente de los Estados Unidos. Estos requisitos son los siguientes: no será elegible para el cargo de presidente quien no fuere ciudadano por nacimiento o ciudadano de los Estados Unidos al tiempo en que se adopte esta Constitución. Para ejercer este cargo, una persona debe tener al menos 35 años de edad y haber residido dentro de los Estados Unidos durante al menos catorce años.

REQUISITOS PARA EJERCER CARGOS PÚBLICOS

Cargo	Edad mínima	Ciudadanía
Representante	25 años	Ciudadano estadounidense durante al menos 7 años Al momento de la elección, residente del estado que lo ha elegido
Senador	30 años	Ciudadano estadounidense durante al menos 9 años Al momento de la elección, residente del estado que lo ha elegido
Presidente de los Estados Unidos	35 años	Ciudadano por nacimiento Residente de los Estados Unidos durante al menos 14 años

2. Arrastra y suelta cada término para rotular las afirmaciones. Rotula la afirmación con *Pasaje* si la información se encuentra solo en el pasaje. Rotula la afirmación con *Tabla* si la afirmación se encuentra solo en la tabla. Rotula la afirmación con *Ambos* si la información se encuentra en los dos.

[ ] Para ser senador, una persona debe tener al menos 30 años.

[ ] El Senado de los Estados Unidos se compondrá de dos senadores por cada estado.

[ ] La Cámara de Representantes se compondrá de miembros elegidos cada dos años.

Rótulos

[Pasaje]

[Tabla]

[Ambos]

INSTRUCCIONES: Lee los pasajes. Luego elige la **mejor** respuesta a las preguntas de la página siguiente.

EL JARDÍN DE THOMAS JEFFERSON

1   En los comienzos de este país, a Thomas Jefferson se lo consideraba un "hombre renacentista". Mejor conocido como el autor de la Declaración de Independencia, el primer secretario de Estado y el tercer presidente de los Estados Unidos, Jefferson también fue abogado, escritor, estadista, arquitecto y científico, entre otras cosas. Y como si esto no fuera suficiente, Jefferson fue también un ávido jardinero. Quienes visitan su plantación de Virginia, Monticello, aún hoy pueden ver cuánto disfrutaba Jefferson de cultivar frutas, verduras y hierbas para su propia cocina.

2   Para Jefferson, su jardín era un laboratorio en el que podía cultivar diversas especies de plantas de todo el mundo, muchas de las cuales eran poco comunes en los Estados Unidos de esa época y eran consideradas exóticas; los tomates, los garbanzos y las berenjenas eran bastante inusuales en el siglo XVIII. Para Jefferson, la jardinería era una pasión y compartía semillas y tallos de esas especies con amigos y vecinos, convencido de que "el mayor servicio que puede prestarse a un país es añadir una planta útil a su cultura".

3   En sus notas de jardinería, Jefferson brindaba información precisa acerca de sus experimentos. Describía cómo plantaba cada especie, el espacio que dejaba entre ellas y el momento en que las plantas daban flores o frutos. Por supuesto, no todo lo que Jefferson intentó cultivar en su jardín resultó "útil" o exitoso. De hecho, sus intentos le depararon fracasos importantes. A partir de su libro de jardinería, aprendemos sobre pestes, enfermedades, sequías y suelos pobres. Por ejemplo, nos dice que sus guisantes de Hotspur fueron "destruidos por la helada del 23 de octubre" y que sus habas de Windsor fueron "destruidas por insectos" el 21 de agosto.

4   Sin embargo, una cosa también es segura a partir de sus notas de jardinería: nunca dejó que sus fracasos le impidieran continuar plantando, cultivando y experimentando. Según Jefferson: "[E]l fracaso de una cosa se repara con el éxito de otra". Si tenía éxito con una planta de cada cien, Jefferson creía que bien valía el esfuerzo.

NOTAS DE JARDINERÍA DE JEFFERSON

1766	**Shadwell**
30 de marzo	El jacinto púrpura empieza a florecer.
6 de abril	Se abren el narciso y la orcaneta.
13	Las flores de la orcaneta cayeron.
16	una flor azulada con forma de embudo florece en las tierras bajas.
30	la bandera púrpura florece. El jacinto y el narciso desaparecieron.
4 de mayo	Se abre la madreselva silvestre en nuestros bosques. - - también la bandera enana y las violetas
7	flor azul en las tierras bajas desapareció.
11	La bandera púrpura, la bandera enana, la violeta y la madreselva silvestre todavía en floración. viajé a Maryland, Pensilvania, Nueva York. cesan las observaciones (...)
1774	
4 de mayo	las crestas azules de las montañas cubiertas de nieve.
5	una helada que destruyó casi todo. destruyó el trigo, el centeno, el maíz, muchas plantas de tabaco e incluso retoños grandes. las hojas de los árboles murieron por completo. todos los retoños de la vid. en Monticello, casi la mitad de la fruta de cada especie fue destruida; nunca antes había ocurrido que la helada destruyera alguna fruta. en los demás lugares del vecindario la destrucción de frutas fue total. esta helada fue general e igualmente destructiva en todo el país y las colonias vecinas.
14	las cerezas maduran.
16	primer plato de guisantes del primer sembradío.
26	un segundo sembradío de guisantes viene a la mesa.
4 de junio	Los guisantes de Windsor vienen a la mesa.
5	un tercer y cuarto sembradíos de guisantes vienen a la mesa.
13	ingresa un quinto sembradío de guisantes.

Fragmento traducido de LIBRO DE JARDINERÍA, manuscrito de Thomas Jefferson, 1766–1824

3. El primer párrafo del artículo respalda los puntos de vista del autor sobre Jefferson

A. mencionando los talentos y las capacidades de Jefferson.
B. explicando la naturaleza experimental de la jardinería de Jefferson.
C. aclarando los motivos de Jefferson para dedicarse a la jardinería.
D. respaldando la idea de que la jardinería puede ser difícil.

4. En el párrafo 3, el autor cita a Jefferson para

A. entretener con una anécdota.
B. retratar vívidamente a Jefferson para los lectores.
C. dar ejemplos de fracasos.
D. probar el optimismo de Jefferson.

5. ¿Cómo se relaciona la afirmación del párrafo 2 de que Jefferson veía su jardín como un laboratorio con el propósito de las Notas de jardinería de Jefferson?

A. La documentación detallada de Jefferson sobre el progreso de su jardín demuestra la naturaleza científica de su labor de jardinería.
B. Jefferson contempló sus notas de jardinería como un diario del cual podría extraer recuerdos pacíficos de su tiempo en el jardín.
C. La jardinería de Jefferson implicó mucha experimentación con diferentes técnicas híbridas.
D. El enfoque de Jefferson sobre la jardinería, aunque metódico, nunca tuvo la intención de ser un registro científico.

6. ¿Qué enunciado sugiere **mejor** que las notas de jardinería son entradas de un diario?

A. El escritor rompe las reglas gramaticales o de puntuación y enumera las entradas por fecha.
B. El escritor organiza las ideas en orden de importancia y destaca ideas de interés especial.
C. El escritor escribe solo sobre temas de interés o importancia para él.
D. El escritor interrumpe sus observaciones cuando debe viajar lejos de su casa.

7. ¿Qué hace que el formato de las notas de jardinería sea efectivo para este propósito?

A. Las transiciones entre las ideas destacan la información importante para un fácil acceso.
B. Las ideas están separadas por encabezados, que guían al lector hacia la información necesaria.
C. La numeración consistente corresponde a pasos de un proceso.
D. Cada entrada concisa se menciona por fechas, lo cual ayuda al lector a ubicar la información rápidamente.

8. ¿Qué perspectiva comparten el artículo y las notas de jardinería?

A. Tomar notas es esencial para cultivar un jardín con éxito.
B. La jardinería puede resultar tanto en éxitos como en fracasos.
C. Experimentar con cultivos "exóticos" puede ser emocionante y frustrante a la vez.
D. Añadir plantas útiles a nuestra cultura es un servicio a la humanidad.

9. ¿En qué se diferencia el propósito de los dos textos?

A. El artículo entretiene con detalles sobre el jardín de Jefferson, en tanto que las notas explican cómo se debe mantener un jardín.
B. El artículo explora por qué Jefferson fue un jardinero exitoso, en tanto que las notas son una mera lista de sus éxitos.
C. El artículo informa a los lectores sobre los experimentos de jardinería de Jefferson, en tanto que las notas enumeran sus observaciones.
D. El artículo explica los desafíos de la jardinería, en tanto que las notas muestran que Jefferson disfrutaba de ocuparse de su jardín.

10. ¿En qué se diferencian el artículo y las notas de jardinería en cuanto al público?

A. El artículo está destinado a un público general, en tanto que las notas de jardinería eran para uso propio de Jefferson.
B. El artículo está destinado a los visitantes del jardín de Jefferson, en tanto que las notas de jardinería son para un público general.
C. El artículo está destinado a jardineros, en tanto que las notas de jardinería son para historiadores.
D. El artículo está destinado a nuevos jardineros experimentales, en tanto que las notas de jardinería son para las personas que quieren seguir los métodos de Jefferson.

11. A partir de la información de los dos textos, la conclusión **más** lógica que se puede sacar sobre Thomas Jefferson es que

A. tenía mucho tiempo libre.
B. era organizado, paciente y un aprendiz entusiasta.
C. prefería la jardinería a estar con otras personas.
D. era un observador agudo pero poco práctico.

Comparar textos de géneros semejantes

Usar con el *Libro del estudiante,* págs. 116–117.

UNIDAD 2

① *Repasa la destreza*

OBJETIVOS DE EVALUACIÓN DE LECTURA: R.2.7, R.4.3/L.4.3, R.5.1, R.5.2, R.5.3, R.5.4, R.6.1, R.6.2, R.6.3, R.9.1/R.7.1, R.9.2

Al **comparar y contrastar**, podrás entender mejor los textos, en especial aquellos de **géneros** semejantes. Haz preguntas para identificar la **perspectiva** y el **tono** de cada autor. ¿Qué piensa o siente sobre el tema principal?

Usa tus respuestas para averiguar el **propósito de cada autor.** Según la perspectiva o el tono del autor, ¿qué está tratando de lograr? Analiza cómo cada autor intenta lograr su propósito. ¿Qué técnicas usa? ¿El autor usa una **estructura** o un **estilo** de texto en especial? Por último, evalúa la forma en que sus técnicas lo ayudan a lograr su propósito.

② *Perfecciona la destreza*

Al perfeccionar la destreza de comparar y contrastar textos de géneros semejantes, mejorarás tus capacidades de estudio y evaluación, especialmente en relación con la prueba de Razonamiento a través de las Artes del Lenguaje de GED®. Lee los pasajes que aparecen a continuación. Luego responde la pregunta.

COMENTARIOS EN UNA CENA A BENEFICIO

(...) Desde 1949 y hasta poco antes de que se lanzara la Gran Sociedad en 1964, el porcentaje de familias pobres disminuyó: de 33 por ciento a 18 por ciento. Hacia 1980, cuando se sintió ya el impacto de la Gran Sociedad, la proporción de personas que vivían en la pobreza fue mayor que en 1969.

La baja inflación y la expansión económica de los años anteriores a la Gran Sociedad significaron un gran progreso social y económico para la población pobre. Pero, tras el incremento del gasto público y de los impuestos, el crecimiento económico disminuyó.

Fragmento traducido de COMENTARIOS EN UNA CENA A BENEFICIOS EN HONOR AL EX REPRESENTANTE JOHN M. ASHBROOK, EN ASHLAND, OHIO, de Ronald Reagan, 1983

ⓐ Reagan usa fechas para comparar el impacto de los programas gubernamentales sobre los niveles de pobreza para desarrollar su argumento persuasivo.

LA GRAN SOCIEDAD

La Gran Sociedad es un lugar donde todo niño puede encontrar conocimientos para enriquecer su mente y ampliar sus talentos. (...) Es un lugar donde la ciudad del hombre atiende no solo las necesidades del cuerpo y las exigencias del comercio, sino también el deseo de belleza y la necesidad de comunidad. Es un lugar donde el hombre puede renovar el contacto con la naturaleza. Es un lugar que honra a la creación por su propio bien y por lo que añade al entendimiento de la raza.

Fragmento traducido de LA GRAN SOCIEDAD, de Lyndon Baines Johnson, 1964

ⓑ Johnson usa la repetición de "Es un lugar" para enfatizar su punto de vista sobre la Gran Sociedad que describe.

CONSEJOS PARA REALIZAR LA PRUEBA

Cuando respondes preguntas de opción múltiple, usa evidencia para eliminar o respaldar opciones de respuesta. Pregúntate: ¿Qué palabras del pasaje prueban que esta respuesta es correcta? ¿Cuáles prueban que es incorrecta?

1. ¿Qué enunciado expresa **mejor** la perspectiva de cada autor sobre el término "Gran Sociedad"?

   A. Reagan cree que representa a un gobierno invasivo, mientras que Johnson cree que representa a una comunidad comprometida y solidaria.
   B. Reagan cree que representa el progreso económico, mientras que Johnson cree que representa la importancia de las pequeñas empresas.
   C. Reagan cree que representa la gran riqueza estadounidense, mientras que Johnson cree que promueve la independencia.
   D. Reagan cree que representa los peligros del progreso social, mientras que Johnson cree que representa el orgullo de comunidad.

INSTRUCCIONES: Lee el resto de los pasajes, lee cada pregunta y elige la **mejor** respuesta.

COMENTARIOS EN UNA CENA A BENEFICIO

1   Con la Gran Sociedad, el gobierno comenzó a socavar el sistema de empresas privadas. Los grandes recaudadores de impuestos y "gastadores" del Congreso habían comenzado una era de derroche que lentamente cambiaría la naturaleza misma de nuestra sociedad y, lo que es peor aún, pondría en peligro la idiosincrasia de nuestro pueblo.

2   Hacia el fin de la década, la situación parecía incontrolable (...) el presupuesto federal se triplicó. Y, para hacer frente a todos estos gastos, la carga impositiva se aumentó hasta prácticamente ahogar a la clase trabajadora, destruyendo todo incentivo y desviando los recursos necesarios para nuevos puestos de trabajo y oportunidades en el sector privado.

3   La inflación ascendía a cifras de dos dígitos. También se dispararon los índices de desempleo. Y las tasas de interés eran exorbitantes. (...) Quizás lo más triste de toda esta historia es que una gran parte de esos gastos federales se hacían en nombre de aquellos a quienes más perjudicaban: los más necesitados. Y el resultado de todos esos gastos enormes fue que quienes están en lo más bajo de la escalera económica resultan ser los más perjudicados (...)

4   En 1980, el pueblo estadounidense envió un mensaje a Washington D. C. Ya no creían que fuera aceptable solucionar los problemas con impuestos, fueran buenas o malas las intenciones de aquellos que recaudaban impuestos o incurrían en gastos.

Fragmento traducido de COMENTARIOS EN UNA CENA DEL CONSEJO NACIONAL REPUBLICANO DE AFROAMERICANOS, de Ronald Reagan, 1982

2.   ¿Cuál es el propósito del discurso de Reagan?

A. informar a su público sobre principios económicos básicos
B. persuadir a su público de que se necesita más supervisión del gobierno
C. informar a su público sobre el presupuesto federal
D. persuadir a su público de que los grandes gastos del gobierno traen más problemas que soluciones

3.   El párrafo 3 del discurso de Reagan respalda su propósito porque

A. da un ejemplo de inflación.
B. da un ejemplo de problemas creados por los gastos y los impuestos excesivos.
C. explica cómo las políticas del gobierno reflejan los principios económicos.
D. explica las dificultades que causan las tasas de interés.

LA GRAN SOCIEDAD

1   Pero sobre todo, la Gran Sociedad no es un puerto seguro, un lugar de descanso, un objetivo final, un trabajo terminado. Es un desafío constantemente renovado, que nos atrae hacia un destino donde el significado de nuestras vidas coincida con el maravilloso producto de nuestro trabajo.

2   Por eso hoy les quiero hablar sobre tres lugares donde empezamos a construir la Gran Sociedad: en nuestras ciudades, en nuestro campo y en nuestros salones de clase. (...)

3   La solución para estos problemas no descansa en un programa masivo en Washington, ni puede depender solamente de los recursos limitados de la autoridad local. Necesitan que creemos nuevos conceptos de cooperación, un federalismo creativo entre la Capital nacional y los líderes de las comunidades locales.

Fragmento traducido de LA GRAN SOCIEDAD, de Lyndon Baines Johnson, 1964

4.   El párrafo 1 muestra cómo el estilo de Johnson ayuda a lograr su propósito. Johnson usa

A. lenguaje figurativo para persuadir.
B. ejemplos concretos para informar.
C. lenguaje simple y directo para informar.
D. lenguaje informal para persuadir.

5.   ¿Qué enunciado refleja **mejor** una diferencia en los tonos de los autores?

A. El tono de Reagan es sentimental, mientras que el de Johnson es alegre.
B. El tono de Reagan muestra indiferencia, mientras que el de Johnson muestra orgullo.
C. El tono de Reagan muestra crítica, mientras que el de Johnson muestra optimismo.
D. El tono de Reagan es triste, mientras que el de Johnson es irónico.

6.   ¿Con qué enunciado es **más probable** que concuerden los dos autores?

A. El sector privado es más eficiente que el gobierno.
B. El gobierno local debería asumir la mayor parte de las responsabilidades del gobierno federal.
C. El gobierno federal no debería regular la industria.
D. Financiar programas federales masivos pone al pueblo estadounidense bajo presión.

INSTRUCCIONES: Lee los pasajes que aparecen a continuación. Luego elige la **mejor** respuesta para cada pregunta de la página siguiente.

INDEPENDIENTE DE LA RED ELÉCTRICA

1   Para muchas personas, proveer de energía a sus hogares o pequeñas empresas usando un pequeño sistema de energía renovable no conectado a la red eléctrica —llamado sistema independiente— tiene sentido desde el punto de vista económico y apela a sus valores ambientales.

2   En lugares alejados, los sistemas independientes pueden ser más rentables que hacer un tendido a la red eléctrica (el costo puede variar de $15,000 a $50,000 por milla). Pero a estos sistemas también los usan personas que viven cerca de la red y quieren lograr independencia del proveedor de energía o demostrar un compromiso con fuentes de energía no contaminantes.

3   Los sistemas independientes exitosos por lo general aprovechan una combinación de técnicas y tecnología para generar energía confiable, reducir costos y minimizar inconvenientes. Algunas de estas estrategias incluyen usar combustibles fósiles o sistemas híbridos renovables y reducir la cantidad de electricidad necesaria para satisfacer sus necesidades.

4   Además de comprar paneles fotovoltaicos, una turbina eólica o un pequeño sistema generador de energía hidroeléctrica, necesitará invertir en algún equipo adicional (llamado "sistema de equilibrio") para acondicionar y transmitir la electricidad de forma segura a la carga que la va a usar. Este equipo puede incluir:
- Baterías
- Control de carga
- Equipo de acondicionamiento de energía eléctrica
- Equipo de seguridad
- Medidores e instrumentos

Fragmento traducido del artículo SISTEMAS DE ENERGÍA RENOVABLE INDEPENDIENTES DE LA RED ELÉCTRICA, energy.gov, visitado en 2021

CONECTADO A LA RED

1   Un sistema conectado a la red eléctrica le permite proveer de electricidad a su hogar o pequeña empresa con energía renovable durante esos períodos (todos los días y también todas las estaciones) cuando brilla el sol, corre el agua o sopla el viento. Cualquier exceso de electricidad que usted produce retorna a la red. Cuando no hay recursos renovables disponibles, la electricidad de la red eléctrica cubre sus necesidades eliminando el gasto de artefactos de almacenamiento de electricidad, como las baterías.

2   Asimismo, los proveedores de energía eléctrica (p. ej., las compañías eléctricas) en la mayoría de los estados aceptan medidores de red, un acuerdo donde la electricidad generada en exceso por los sistemas renovables de energía conectados a la red "vuelve atrás" el medidor de electricidad cuando esta vuelve a la red. Si usted usa más electricidad que la que su sistema genera a la red durante un mes dado, usted paga al proveedor de electricidad solo la diferencia entre lo que usó y lo que produjo.

3   Algunas de las cosas que necesita saber cuando quiera conectar el sistema de electricidad de su casa a la red eléctrica incluyen:
- Equipo necesario para conectar su sistema a la red
- Requerimientos de conexión a la red de su proveedor de electricidad
- Códigos y requerimientos del estado y de la comunidad.

4   Aparte de los componentes pequeños más importantes de los sistemas de energía eléctrica renovable, necesitará comprar algún equipo adicional (denominado "sistema de equilibrio") para transmitir la electricidad en forma segura a sus cargas y cumplir con los requerimientos de conexión a la red del proveedor de energía eléctrica. Puede necesitar los siguientes elementos:
- Equipo de acondicionamiento de energía eléctrica
- Equipo de seguridad
- Medidores e instrumentos

5   Como los requerimientos de conexión a la red varían, usted o su proveedor/instalador del sistema debe contactar a su proveedor de energía eléctrica para saber cuáles son sus requerimientos específicos de conexión a red antes de comprar cualquier parte de su sistema de energía renovable. (...)

Extracto traducido del artículo SISTEMAS DE ENERGÍA ELÉCTRICA RENOVABLE CON CONEXIÓN A LA RED, energy.gov, visitado en 2021

UNIDAD 2

7. En el párrafo 2 del primer pasaje, la palabra indicadora **pero** señala que el autor

   A. da evidencia de que los sistemas de energía renovable independientes también apelan a aquellos que viven cerca de una red de energía eléctrica.
   B. no está de acuerdo con la práctica tradicional de obtener energía eléctrica de un proveedor de energía.
   C. sugiere que la independencia y las preocupaciones por el medio ambiente no son rentables.
   D. está de acuerdo con que hacer un tendido a las redes de energía eléctrica es demasiado costoso para el consumidor medio.

8. ¿Cuál es la perspectiva del autor en el primer pasaje? El autor piensa que los sistemas independientes de energía eléctrica renovable

   A. son costosos e inadecuados.
   B. son subestimados y se deberían usar más.
   C. tienen potencial pero aún no son confiables.
   D. pueden ser beneficiosos para cualquiera.

9. ¿Cuál es el propósito del primer pasaje?

   A. persuadir a los lectores de cambiarse a los sistemas independientes de energía renovable
   B. informar a los lectores sobre los sistemas independientes de energía renovable
   C. persuadir a los lectores de lugares alejados de hacer un tendido a las redes de energía
   D. informar a los lectores sobre cómo reducir los costos de energía y minimizar los inconvenientes

10. ¿Cuál es el propósito del segundo pasaje?

    A. informar a los lectores sobre los requerimientos de conexión a la red de la mayoría de los proveedores de energía
    B. persuadir a los lectores de cambiarse a los sistemas de energía renovable con conexión a la red
    C. informar a los lectores sobre los sistemas de energía renovable con conexión a la red
    D. persuadir a los lectores de recargar su energía de sistemas de energía renovable de regreso a la red

11. ¿En qué se parecen las perspectivas de los dos autores?

    A. Los dos están de acuerdo en que los consumidores pueden cambiarse por sí mismos a sistemas de energía renovable.
    B. Los dos reconocen el costo y los inconvenientes de cambiarse a los sistemas de energía renovable.
    C. Los dos piensan que los sistemas independientes son mejores que los sistemas con conexión a la red.
    D. Los dos están de acuerdo con que los sistemas de energía renovable ayudan a ahorrar energía, dinero y protegen el medio ambiente.

12. ¿Cómo se diferencian los pasajes en su alcance?

    A. El segundo pasaje se refiere a los sistemas de energía que obtienen la energía eléctrica con o sin conexión a la red; el primer pasaje, no.
    B. En el primer pasaje se discute sobre los sistemas de energía que son amigables con el medio ambiente; en el segundo pasaje, no.
    C. El segundo pasaje enumera lo que los consumidores necesitan comprar para un sistema de energía renovable; el primer pasaje, no.
    D. El primer pasaje explica cuándo tiene sentido usar el sistema de energía renovable; el segundo pasaje, no.

13. Los dos autores logran su impacto total en parte usando

    A. un tono agresivo y lenguaje de advertencia.
    B. lenguaje directo y evidencia lógica.
    C. apelaciones a lo emocional y lenguaje figurativo.
    D. anécdotas relevantes sobre la energía renovable.

14. ¿Cuál es la conclusión **más probable** que se puede sacar sobre los autores de los pasajes?

    A. Los autores tienen sistemas independientes de energía renovable en sus hogares y empresas.
    B. Los autores son contratistas del gobierno que diseñan sistemas de energía no contaminantes.
    C. Los autores recomendarían un sistema de energía renovable al propietario de una empresa pequeña.
    D. Los autores son técnicos que instalan sistemas de energía para compañías de energía eléctrica.

15. A partir de la información de los dos pasajes, un sistema conectado a la red sería la **mejor** opción para el propietario de una casa que

    A. se preocupa profundamente por el medio ambiente.
    B. vive a gran distancia de una ciudad o de un pueblo.
    C. no admite tener que tratar con compañías de energía eléctrica.
    D. es frugal y experimenta estaciones impredecibles.

Comparar textos de géneros diferentes

Usar con el *Libro del estudiante,* págs. 118–119.

OBJETIVOS DE EVALUACIÓN DE LECTURA: R.2.8, R.4.3/L.4.3, R.5.1, R.5.3, R.5.4, R.6.1, R.6.3, R.7.3, R.7.4

UNIDAD 2

1 Repasa la destreza

A menudo, necesitarás **comparar** y **contrastar** textos con información **semejante** de **géneros** diferentes o formas de escritura diferentes. Con frecuencia, el propósito del autor, el público o la información en sí determina qué género usará un autor. Por ejemplo, podrías encontrar información semejante en un discurso y en una entrevista o en un artículo de revista y en una receta. Por el otro lado, podrías encontrar no solamente información diferente sino también estilos de escritura diferentes, públicos diferentes y propósitos diferentes.

2 Perfecciona la destreza

Al perfeccionar la destreza de comparar y contrastar textos de géneros diferentes, mejorarás tus capacidades de estudio y evaluación, especialmente en relación con la prueba de Razonamiento a través de las Artes del Lenguaje de GED®. Lee los pasajes que aparecen a continuación. Luego responde la pregunta.

OBAMA RINDE HONOR A ROSA PARKS

El presidente, (...) a los amigos y familiares de Rosa Parks; a los distinguidos invitados que están hoy aquí reunidos.

Esta mañana, conmemoramos a una costurera, pequeña de estatura pero poderosa en coraje. Desafió las vicisitudes y desafió la injusticia. Vivió una vida de activismo, pero también una vida de dignidad y de gracia. Y en un solo momento, con el más simple de los gestos, ayudó a cambiar los Estados Unidos y (...) el mundo.

Fragmento traducido de DECLARACIONES DEL PRESIDENTE EN LA DEDICATORIA DE LA ESTATUA EN HONOR A ROSA PARKS, CAPITOLIO DE LOS ESTADOS UNIDOS, de Barack Obama, 2013

a El primer pasaje comienza con el presidente Obama dirigiéndose a su público directamente. Esta introducción muestra que el género es un discurso.

PREGUNTAS FRECUENTES SOBRE ROSA PARKS

¿Por qué Rosa Parks es una pionera de los derechos civiles?
El 1 de diciembre de 1955, Rosa Parks, una costurera negra, se negó a ceder su asiento a un pasajero blanco en un autobús público en Montgomery, Alabama. Fue arrestada por violar las leyes de segregación y le aplicaron una multa de $10. Su acción contribuyó a desencadenar el Movimiento por los Derechos Civiles. A esto le siguió un boicot de autobuses de 381 días en Montgomery. El boicot logró que la Corte Suprema impugnara la segregación en autobuses públicos.
¿Qué ocurrió ese día en el autobús?
Los asientos para los pasajeros blancos en la parte delantera del autobús estaban ocupados por negros cuando varios pasajeros blancos subieron al autobús. El conductor le solicitó a Parks y a otros tres pasajeros negros que cedieran sus asientos de la parte media del autobús a un hombre blanco que había quedado parado. Parks se negó. El conductor hizo que detuvieran a Parks.

b El segundo pasaje está escrito en un formato de preguntas frecuentes. Se dan respuestas a preguntas típicas que alguien podría hacer acerca de Rosa Parks.

CONSEJOS PARA REALIZAR LA PRUEBA

Cuando respondas preguntas sobre pasajes conjuntos, recuerda que deben ser correctas las dos partes de una opción de respuesta. Lee las preguntas cuidadosamente y por completo; descarta las respuestas que solamente son correctas para un pasaje.

1. A partir de la información de los dos pasajes, ¿cuál es la conclusión más lógica que se puede sacar acerca de la detención de Parks?

   A. El acto de desafío de Parks ayudó a que otros lucharan contra la desigualdad.
   B. Parks había ocasionado otros disturbios públicos antes de ser detenida.
   C. Parks ya venía actuando como parte de una protesta organizada.
   D. Las acciones de Parks que ocasionaron su detención no eran típicas de ella.

⭐ Ítem en foco: **ARRASTRAR Y SOLTAR**

INSTRUCCIONES: Lee el resto de los pasajes. Luego usa las opciones de arrastrar y soltar para completar la tabla.

OBAMA RINDE HONOR A ROSA PARKS

1   Rosa Parks nos dice que siempre hay algo que podemos hacer. Nos dice que todos tenemos responsabilidades, para con nosotros mismos y para con el prójimo. Nos recuerda que así es como ocurre el cambio: no principalmente a través de las hazañas de los famosos y de los poderosos, sino a través de incontables actos que suelen provenir de una valentía anónima y de una bondad y un sentimiento de compañerismo y de una responsabilidad que, de forma continua y obstinada, expanden nuestra concepción de justicia, nuestra concepción de lo que es posible.

2   El singular acto de desobediencia de Rosa Parks disparó un movimiento. Los pies cansados de aquellos que transitaban las polvorientas calles de Montgomery ayudaron a una nación a ver algo ante lo que alguna vez había estado ciega. Es gracias a estos hombres y estas mujeres que hoy estoy aquí parado. Es gracias a ellos que nuestros hijos crecen en una nación más libre y más justa, una nación más fiel a su credo fundador.

3   Y es por eso que esta estatua ha de permanecer en esta sala: para recordarnos, más allá de si nuestra posición es humilde u ostentosa, qué es lo que el liderazgo necesita, qué es lo que la ciudadanía necesita. Rosa Parks hubiese cumplido 100 años este mes. Hacemos bien en colocar una estatua de ella aquí. Pero el mayor honor que podemos rendir a su memoria es llevar adelante el poder de su principio y un coraje basado en la convicción.

Fragmento traducido de DECLARACIONES DEL PRESIDENTE EN LA DEDICATORIA DE LA ESTATUA EN HONOR A ROSA PARKS, CAPITOLIO DE LOS ESTADOS UNIDOS, de Barack Obama, 2013

PREGUNTAS FRECUENTES SOBRE ROSA PARKS

1   **¿Por qué Rosa Parks se negó a ceder su asiento ese día?**

2   Parks estaba cansada de la humillación de las leyes de segregación que convertían a los negros en ciudadanos de segunda clase y hacían que se los tratara como seres humanos inferiores. Decidió tomar una postura. Al momento de su detención, Parks ya estaba involucrada en la Asociación Nacional para el Progreso de las Personas de Color (NAACP, por sus siglas en inglés) y había participado en campañas para alentar a los negros a registrarse para votar. De hecho, el día de su detención, ella iba de prisa a su casa para enviar avisos acerca de las próximas elecciones de funcionarios del grupo. Si bien no planeaba que la detuvieran, comprendió la importancia de su acción y se atuvo a ella.

3   **¿De qué manera resultó importante la acción de Parks?**

4   Su acto de desobediencia civil ayudó a las personas de todo el país a ver la injusticia de las leyes de segregación. En Montgomery, su acción fomentó un boicot de autobuses que duró más de un año y ayudó a cambiar las leyes de segregación. Una figura clave en el boicot fue un predicador local de 26 años, Martin Luther King, Jr. Él emprendió la lucha contra la segregación y se convirtió en un líder nacional de los derechos civiles.

5   **¿Qué significó el Movimiento por los Derechos Civiles para Parks?**

6   Ella creía que las personas de todas las razas eran iguales y que debían tener las mismas oportunidades. Creía en la lucha contra la opresión y siguió apoyando los derechos civiles a lo largo de toda su vida.

UNIDAD 2

2.   Arrastra y suelta cada enunciado en la columna correcta de la tabla.

Obama rinde honor a Rosa Parks	Preguntas frecuentes sobre Rosa Parks

Enunciados

Las personas deberían creer en sí mismas y en sus ideales.
Un acto de desobediencia civil cambió una nación.
Todas las personas merecen las mismas oportunidades.
Los actos valientes de gente común conducen al cambio.

INSTRUCCIONES: Lee los pasajes que aparecen a continuación. Luego elige la **mejor** respuesta para cada pregunta de la página siguiente.

MI INFANCIA GRIEGA: RECUERDOS

1   Cuando de niños nos enfermábamos de fiebre, nuestra abuela nos preparaba sopa griega de pollo: la cura universal para todo, desde resfriados y gripe hasta corazones rotos. Le tenía una fe ciega a sus poderes curativos, pero nosotros siempre nos reíamos. Después de todo, era Chicago en la década de 1980; incluso nuestro abuelo europeo creía que los remedios provenían de la farmacia, no de la cocina. Pero la abuela era una mujer que, a pesar de tener una moderna educación estadounidense y un moderno y elegante guardarropa, mantenía sus "viejas costumbres".

2   Algunas de sus supersticiones eran muy vergonzosas para nosotros. La peor era la del *kako mati*, el amuleto del "mal de ojo" que prendía a nuestras ropas para protegernos contra la envidia. Si uno de nosotros tenía dolor de cabeza, ella cerraba los ojos y decía la *vaskania*, una oración para repeler el mal de ojo. Admito que, por lo general, nos sentíamos mejor al momento, pero la cura seguro era el resultado del acetaminofeno que nos daba mi abuelo. Mientras la abuela se sentaba en un rincón y cantaba, el abuelo hacía un gesto de desaprobación y, con una sonrisa de complicidad, nos daba una píldora del armario de los medicamentos.

3   Aun así, su sopa de pollo parecía funcionar mejor que cualquier medicamento para curar un resfriado o una gripe. El sabroso y cálido líquido calmaba nuestras gargantas y el rico aroma parecía limpiar los conductos nasales. No bien uno de nosotros se resfriaba, la abuela marchaba hacia la cocina, colocaba una olla en el quemador y ponía una carcasa de pollo (de la amplia provisión que había en su congelador), unos huevos, arroz y varios limones exprimidos. Incluso agregaba más huesos y varias patas (también en grandes provisiones en su congelador), insistiendo en que la médula de los huesos vencería toda enfermedad.

4   Descartando su teoría como si fuese un cuento de viejas, nosotros nos burlábamos de la idea de ingerir médula de pollo poco apetitosa, en el mejor de los casos. Tomábamos la sopa porque nos gustaba. Era sabrosa y calmante, probablemente la única forma atractiva de alimento. Sin embargo, nos salió el tiro por la culata. Resulta que —comprobado por la ciencia moderna— la sopa de pollo, en especial la variedad hecha con huesos y patas, potencia el sistema inmunológico en los seres humanos. Si bien no doy fe de sus efectos para un corazón roto ni del *kako mati*, el remedio de sopa de pollo era auténtico, sin duda alguna.

RECETA DE JARABE DE BAYA DE SAÚCO

1   Este invierno, quienes padecen de resfriados y gripes probablemente compren remedios de venta libre para volver a sentirse bien. ¿Pero sabían que muchos de estos medicamentos son ineficaces y peligrosos?

2   No hay de qué preocuparse. ¡Existe un remedio efectivo natural que es absolutamente seguro y delicioso! Es rápido y fácil de preparar, ¡y requiere de solamente cuatro ingredientes! El jarabe de baya de saúco, que contiene las propiedades medicinales del saúco negro, es rico en antioxidantes y estudios recientes han demostrado que además es un potente antiviral. En consecuencia, mata los virus del resfriado y de la gripe, y al mismo tiempo le otorga a su sistema inmunológico un estímulo natural.

3   Para prepararlo, necesitarán
- 1 taza de bayas del saúco deshidratadas
- estopilla
- 1 trozo de canela en rama
- una olla con tapa
- 4 tazas de agua destilada
- un colador
- 2 tazas de azúcar
- una taza para medir

1. Mezclar el agua, las bayas y la canela en una olla. Cubrir y llevar a punto de ebullición a fuego de medio a alto.
2. Reducir el calor y cocer a fuego lento; levantar un poco la tapa para dejar salir algo de vapor.
3. Dejar que la mezcla se reduzca a la mitad y dejar enfriar. Este paso llevará una hora o más.
4. Colar la mezcla en un colador forrado con estopilla. Envolver las bayas en la estopilla y escurrir para quitar el jugo excedente.
5. Medir el jugo, que debería llegar a 2 tazas. Si quedan más de 2 tazas, seguir cociendo a fuego lento. Si quedan menos, añadir agua para llegar a 2 tazas.
6. Volver la mezcla a la olla y añadir 2 tazas de azúcar. Hervir y revolver hasta que se disuelva el azúcar.
7. Dejar enfriar la mezcla, verter el jarabe en botellas de vidrio y refrigerar. Este jarabe debería durar un año.

4   Los adultos pueden tomar 1 cucharadita por día para prevenir enfermedades o 1 cucharada grande, de tres a cinco veces por día, como cura. Consultar con un pediatra o un herborista calificado para conocer la dosis en niños.

5   Advertencia: Usar solo bayas de saúco negras (Sambucus Nigra). ¡NO usar bayas rojas! ¡Son tóxicas! No es una broma, ¡si las usan frustrarán el propósito de esta receta! ¡Que la disfruten y que estén bien!

3. El propósito del pasaje de los recuerdos es

A. persuadir a los lectores para que preparen su propia sopa de pollo.
B. contrastar la sopa de pollo casera con la sopa de pollo que se compra en tiendas.
C. explicar cómo preparar la sopa de pollo de la abuela del autor.
D. entretener a los lectores con un relato acerca de la sopa de pollo.

4. ¿De qué manera el pasaje de los recuerdos y la receta difieren en cuanto a su estructura?

A. El pasaje de los recuerdos presenta una lista de pasos de un proceso, mientras que la receta presenta ideas en orden de importancia.
B. El pasaje de los recuerdos está escrito en forma de párrafo, mientras que la receta está escrita principalmente como una lista numerada de pasos.
C. El pasaje de los recuerdos hace comparaciones y contrastes, mientras que la receta presenta una idea principal y detalles.
D. El pasaje de los recuerdos explica una serie de causas y efectos, mientras que la receta presenta un orden secuencial.

5. La frase **en consecuencia** del párrafo 2 de la receta indica que la información que le sigue a la frase

A. contradirá la información del párrafo.
B. no tendrá relación con el resto del párrafo.
C. derivará de información del párrafo.
D. mostrará la consecuencia de pasos del párrafo.

6. ¿De qué manera difieren el pasaje de los recuerdos y la receta en cuanto al alcance?

A. La receta deja huecos de información, mientras que el pasaje de los recuerdos es detallado e informativo.
B. La receta explica el proceso de preparar un remedio casero, mientras que el pasaje de los recuerdos no es preciso acerca de los detalles del proceso.
C. El pasaje de los recuerdos explica cómo se utilizaba el remedio, mientras que la receta se centra solamente en la preparación.
D. El pasaje de los recuerdos presenta el remedio y luego brinda instrucción detallada, mientras que la receta no hace ninguna presentación.

7. ¿Qué enunciado describe **mejor** el impacto de los dos pasajes?

A. El estilo de escritura informal hace que los dos pasajes sean fáciles de leer y que la receta detallada sea sencilla de seguir.
B. El tono sombrío que enfatiza la enfermedad hace que los remedios parezcan desagradables e inútiles.
C. El tono de advertencia enfatiza los peligros del jarabe y la inefectividad de la sopa de pollo.
D. La información investigada alienta a los lectores a utilizar los dos remedios en lugar de medicinas de venta libre.

8. Si bien los dos pasajes son para públicos generales, el autor del pasaje de los recuerdos supone que es **más probable** que los lectores

A. sepan cómo preparar sopa de pollo griega.
B. estén familiarizados con la cultura griega.
C. no presten atención a las supersticiones.
D. traten los resfriados y la gripe con sopa de pollo.

9. ¿Cómo difieren los pasajes en cuanto al énfasis?

A. La receta hace más hincapié que el pasaje de los recuerdos en resaltar por qué los remedios naturales son preferibles a las medicinas de venta libre.
B. El pasaje de los recuerdos hace más hincapié que la receta en resaltar la sencillez con la que se prepara el remedio.
C. El pasaje de los recuerdos hace más hincapié que la receta en resaltar las medidas de seguridad.
D. La receta hace más hincapié que el pasaje de los recuerdos en resaltar los ingredientes inusuales del remedio.

10. ¿Qué perspectiva comparten los dos pasajes?

A. Todo aquel que use remedios naturales además de medicinas de venta libre debería consultar con un médico.
B. Los remedios naturales pueden ser tan efectivos como las medicinas modernas.
C. Los remedios caseros son de mejor calidad que los remedios que se compran en tiendas.
D. Las personas deberían tener mucho cuidado al utilizar medicinas de venta libre.

11. A partir de la información de los pasajes, es **más probable** que la abuela de la sopa de pollo esté a favor

A. de los medicamentos de venta libre para un resfriado.
B. del jarabe casero de bayas de saúco para prevenir la gripe.
C. de consultar con un médico ante cualquier enfermedad.
D. de utilizar el *kako mati* para repeler los virus.

13 LECCIÓN

Obtener información de textos múltiples

OBJETIVOS DE EVALUACIÓN DE LECTURA: R.7.3, R.7.4, R.9.1/R.7.1

1 Repasa la destreza

Al leer diferentes pasajes sobre temas semejantes, **sintetizarás** información combinando ideas de cada texto en una idea unificada. Sintetizar refleja tu comprensión de los textos y te ayuda a obtener nuevos conocimientos. A menudo, también necesitas **sacar conclusiones**, o inferencias generales, a partir de inferencias más pequeñas que haces sobre los textos. Cuando **aplicas información** a otras situaciones, también muestras un conocimiento más profundo. Por ejemplo, aplicar información a partir de los textos puede que requiera que predigas lo que un autor podría hacer o sentir en otra situación.

2 Perfecciona la destreza

Al perfeccionar la destreza de sintetizar, sacar conclusiones y aplicar información de textos múltiples, mejorarás tus capacidades de estudio y evaluación, especialmente en relación con la prueba de Razonamiento a través de las Artes del Lenguaje de GED®. Lee los pasajes que aparecen a continuación. Luego responde la pregunta.

BENEFICIOS DE LOS TRABAJOS DE MEDIO TIEMPO

Si está desempleado y tiene dificultades para obtener un puesto de tiempo completo, debe considerar la opción de buscar un trabajo de medio tiempo. Con un empleo de medio tiempo, puede ganar un salario regular, aunque reducido, y mantener los vínculos con la fuerza laboral. Trabajar medio tiempo también le permite evitar intervalos en su historial laboral, que a menudo se ven como un factor negativo en el currículum.

a El primer texto es un artículo que explica los beneficios de tomar un trabajo de medio tiempo. El segundo es una carta de una oferta de trabajo. Mientras lees la carta, piensa de qué manera el primer texto podría influir en la decisión del destinatario.

CARTA DE OFERTA DE TRABAJO

Estimado Sr. Osborne:

En ABC Books, sentimos que sus destrezas y su experiencia editorial lo hacen el candidato ideal para nuestro departamento editorial. Es por eso que tenemos el agrado de ofrecerle el puesto de medio tiempo de editor asistente en los siguientes términos:

- Su fecha de comienzo será el 15 de mayo y estará bajo las órdenes del editor supervisor Jim Mason.
- Al principio, se le pagará un salario por hora de $15.00 en forma quincenal. Puede optar por el depósito directo del dinero.
- Como trabajador temporario de medio tiempo, no le corresponden beneficios de seguro ni vacaciones pagas.

b Para sintetizar ideas de los dos pasajes, piensa en las maneras en que las ideas del primer pasaje ayudan a explicar por qué la oferta de trabajo del segundo pasaje es una buena opción.

HACER SUPOSICIONES

Antes de responder la pregunta 1, considera lo que sabes sobre trabajos de medio tiempo. Haz una suposición sobre cómo es más probable que se sienta el destinatario de la carta y lo que podría querer.

1. Según la información del pasaje, el destinatario de la carta de oferta de trabajo debería aceptar el puesto porque

   A. ofrece un buen paquete de beneficios mientras él sigue su búsqueda de trabajo.
   B. lo ayudará a ganar experiencia en un nuevo campo de modo que puede sumarlo a su currículum.
   C. le dará la posibilidad de compensar los intervalos en su currículum que se extienden por largos períodos de tiempo.
   D. le ofrece la posibilidad de seguir trabajando en su campo mientras busca un puesto de tiempo completo permanente.

★ Ítem en foco: **ARRASTRAR Y SOLTAR**

INSTRUCCIONES: Lee el resto de los pasajes. Luego usa las opciones de arrastrar y soltar para completar la tabla.

BENEFICIOS DE LOS TRABAJOS DE MEDIO TIEMPO

1 Para aprovechar al máximo un trabajo de medio tiempo, busque un empleo de medio tiempo relacionado con su profesión o campo profesional actual. Esto le permite aplicar su experiencia anterior, mantener sus destrezas actualizadas, proporcionar referencias para empleos futuros y contactar con personas de su mismo campo profesional. Pedir a su supervisor que escriba una carta de recomendación o que avale sus destrezas en una red de contactos profesionales en la web puede ayudarlo a inclinar la balanza en su favor en la búsqueda de un empleo de tiempo completo. Una red de contactos puede brindar oportunidades o referencias para vacantes de tiempo completo que usted puede no haber hallado por su cuenta.

2 Aunque no sea tan ventajoso, trabajar medio tiempo en un campo no relacionado con lo suyo también le permite evitar intervalos sin empleo en su currículum, obtener recomendaciones o respaldo y mantener sus habilidades sociales en el ámbito laboral, como la administración del tiempo, la resolución de conflictos y el trabajo en equipo.

CARTA DE OFERTA DE TRABAJO

1 • Mientras sea empleado en ABC Books, puede tener otro empleo siempre que no compita ni cree un conflicto de intereses con ABC Books. Le solicitaremos que firme un acuerdo de no competencia al ingresar.

2 • Su empleo con ABC Books es "a voluntad"; por lo tanto, usted o la compañía pueden poner término al empleo en cualquier momento y por cualquier razón. Aunque su cargo, sus obligaciones y su compensación están sujetos a cambio, la naturaleza "a voluntad" de su empleo no lo está.

3 Aunque no podemos ofrecerle el puesto permanente de tiempo completo que usted busca ahora, esperamos que aceptar nuestra oferta le permita continuar trabajando en su campo de interés.

4 Pensamos que será valioso para nuestro equipo editorial y, al mismo tiempo, que ampliará sus conocimientos, destrezas y experiencia. Esperamos que acepte nuestra oferta. Si lo hace, sírvase firmar los formularios adjuntos y enviárnoslos. Le agradecería que me hiciera saber si necesita alguna información adicional.

Atentamente,

Mikela Ealing

Directora de Recursos Humanos

ABC Books

2. Arrastra y suelta las frases que indican lo que brinda y lo que no brinda el trabajo de medio tiempo ofrecido hasta el lugar correcto de la tabla.

Brinda	No brinda

Frases

experiencia en el campo deseado

beneficios de seguro

obtener cartas de recomendación

hacer contactos profesionales

salario alto

vacaciones pagas

INSTRUCCIONES: Lee los pasajes que aparecen a continuación. Luego elige la **mejor** respuesta para cada pregunta de la página siguiente.

INQUIETUDES SOBRE LAS ETIQUETAS DE LOS ALIMENTOS

1   Si usted es como muchos consumidores, probablemente se tome poco tiempo para leer con atención las etiquetas de los alimentos. Aun si las lee, quizá le resulten confusas. No está solo. A veces, parece como si las etiquetas estuvieran para confundir a los consumidores. Por ejemplo, los fabricantes usan tipografía en negrita para resaltar ciertas palabras en los envases de los alimentos: palabras que atrapan su atención y apelan a su deseo de estar saludable. A veces, las etiquetas son útiles; otras veces, no. Sin embargo, debe ser consciente de que palabras como *natural*, *multicereal* y *orgánico* a menudo son engañosas o falsas, ya que alientan a los consumidores a pensar que un producto es una opción más saludable de lo que realmente es.

2   Considere el término *orgánico*. Solo porque algo sea orgánico, no es necesariamente saludable. Una barra de cereales hecha con ingredientes orgánicos aún puede estar cargada de azúcar, grasa y calorías. Los consumidores deben leer toda la etiqueta antes de comprar un producto así.

3   *Natural* es otro término engañoso; no está legalmente definido ni regulado en la mayoría de los alimentos. *Natural* no siempre significa "saludable". Por ejemplo, hay muchos azúcares en la naturaleza, por lo que un alimento que contiene jarabe de maíz puede ser considerado *natural*. También, los alimentos etiquetados como *naturales* pueden contener conservantes que no son saludables, aun cuando el ingrediente principal sea realmente natural y saludable en sí mismo. Considere, por ejemplo, el sodio agregado al cerdo o al pollo. Los colorantes agregados a los alimentos los hacen más atractivos y con apariencia de sanos, como a menudo es el caso de los panes oscuros, como el pan de centeno y el pan integral de centeno.

4   *Multicereal* es otro término usado a la ligera. Aunque la etiqueta haga que el producto parezca nutritivo, los panes y las galletas multicereales están hechos básicamente con harina refinada que ha perdido la mayoría de las propiedades nutritivas del grano integral. Si desea productos saludables y nutritivos, elija granos integrales. Por lo tanto, a menos que el primer ingrediente de la etiqueta sea *100% grano integral*, el producto probablemente contenga grano refinado y posiblemente azúcar y sustancias químicas. Usted puede evitar estos problemas preparando sus propios alimentos con granos integrales crudos, como arroz salvaje, cebada, avena y maíz. O puede leer las etiquetas con atención y entender lo que significan, además de lo que dicen.

ETIQUETAS DE GRANOS INTEGRALES

1   El Consejo de Granos Integrales ha creado un símbolo oficial para los envases llamado Sello de Granos Integrales que ayuda a los consumidores a hallar los verdaderos productos de granos integrales. (...)

2   Muchos productos de grano integral que todavía no llevan el sello tendrán una leyenda que enumere los gramos de granos integrales en algún lugar del envase o diga algo como "100% trigo integral". Estos enunciados son confiables. Pero sea escéptico si ve las palabras "grano integral" sin más detalles, como "galletas hechas con grano integral". El producto puede contener solo minúsculas cantidades de granos integrales.

Palabras que puede ver en los envases	Lo que significan
trigo integral integral [otro cereal] grano integral molido tradicionalmente [cereal] arroz integral copos de avena, salvado de avena (incluido el salvado de avena tradicional y el instantáneo) granos de trigo tosco	SÍ—Contiene todas las partes del grano, por lo tanto usted está recibiendo todos los nutrientes del grano integral.
trigo sémola trigo candeal harina orgánica molido tradicionalmente multicereal (puede describir varios granos integrales o varios granos refinados o una mezcla de ambos)	ES POSIBLE—Estas palabras son descripciones precisas del contenido del envase, pero como PUEDEN faltar algunas partes del grano, es probable que esté perdiendo los beneficios de los granos integrales. Cuando tenga dudas, ¡no confíe en estas palabras!
harina enriquecida harina de trigo desgerminado (en la harina de maíz) salvado germen de trigo	NO—Estas palabras nunca describen a los granos integrales.

Cortesía del Consejo de Cereales Integrales Oldways, www.wholegrainscouncil.org.

3. A partir de la información de los dos pasajes, ¿qué alimento tiene la **mayor probabilidad** de contener granos integrales?

   A. harina de maíz
   B. papas fritas orgánicas
   C. arroz salvaje
   D. galletas

4. ¿Qué propósito comparten el primer pasaje y la tabla?

   A. persuadir a los lectores de cultivar una parte de su propio alimento y comprar productos orgánicos
   B. informar a los lectores la verdad sobre las etiquetas de los alimentos y cómo leerlas correctamente
   C. entretener a los lectores con anécdotas sobre los alimentos saludables y las etiquetas engañosas de los alimentos
   D. demostrar cómo los alimentos naturales y enteros son mejores que los alimentos procesados y refinados

5. Los dos pasajes indican que las etiquetas de los alimentos

   A. a menudo son engañosas, confusas y poco confiables.
   B. están estrechamente reguladas por leyes estatales y federales.
   C. indican a los consumidores lo que necesitan saber, pero la mayoría de las personas las ignoran.
   D. proporcionan información honesta, pero la mayoría de las personas no las entienden.

6. ¿De qué manera la información del primer pasaje es semejante a la información de la tabla?

   A. La información de las dos fuentes descarta el escepticismo que sienten los consumidores sobre las etiquetas de los alimentos.
   B. La información de las dos fuentes enfatiza que el Sello de Grano Integral ayuda a los consumidores a encontrar productos de grano integral.
   C. La información de las dos fuentes explica los significados reales de los términos usados en las etiquetas de los alimentos.
   D. La información de las dos fuentes explica cómo los productos de granos naturales son mejores que los productos multicereal.

7. A partir de la información del primer pasaje y la tabla, ¿qué opción es la compra **más** saludable?

   A. un paquete de pancitos de centeno oscuro
   B. una barra de pan de grano integral orgánico
   C. una bolsa de mezcla para panqueques de harina enriquecida
   D. una caja de germen de trigo bajo en grasas

8. De acuerdo con el artículo y la tabla, ¿por qué los granos refinados son menos saludables que los granos integrales?

   A. Los granos refinados contienen conservantes u otras sustancias no naturales.
   B. Los granos refinados pueden contener colorantes para alimentos.
   C. Los granos refinados han perdido nutrientes beneficiosos.
   D. Los granos refinados están hechos con jarabe de maíz.

9. ¿Cuál es la conclusión **más probable** sobre los autores de los pasajes? El autor del primer pasaje

   A. escribe para agricultores que cultivan trigo orgánico; el autor del segundo pasaje ayudó a crear el Sello de Grano Integral.
   B. es un nutricionista que sabe sobre los productos de grano integral; el autor del segundo pasaje es un agricultor de productos orgánicos.
   C. es un minorista que promociona productos de grano integral; el autor del segundo pasaje siempre elige productos de alimentos nutritivos.
   D. es un periodista que escribe sobre temas de la salud; el autor del segundo pasaje es más probable que pertenezca al Consejo de Granos Integrales.

10. La conclusión **más** lógica sobre gran parte de la industria alimentaria es que

    A. desea valerse de engaños para hacer que las personas compren alimentos que no son saludables.
    B. está estrechamente regulada en áreas que no son el etiquetado.
    C. tiene un gran interés en la salud de los consumidores.
    D. no está de acuerdo con los productores orgánicos ni con los defensores del Sello de Grano Integral.

11. A partir de la información de los dos pasajes, el desayuno **más** nutritivo sería

    A. un tazón de copos de salvado.
    B. un tazón de harina de avena instantánea.
    C. dos rebanadas de tostadas multicereal.
    D. dos rebanadas de pan de centeno.

12. ¿Cuál es la conclusión **más** lógica que se puede sacar a partir de la lectura de estos pasajes?

    A. Leer las etiquetas de los alimentos te indicará exactamente lo que obtendrás.
    B. Las etiquetas sobre granos integrales pueden ser engañosas, pero las etiquetas de otros alimentos son más precisas.
    C. Las etiquetas de los alimentos pueden no proporcionar información completa o precisa.
    D. Los productos naturales y orgánicos no son ni naturales ni orgánicos.

Indicación de respuesta extensa de GED®

Usar con el *Libro del Estudiante,* págs. 132–135.

1 Entiende la Indicación y la Calificación

OBJETIVOS DE EVALUACIÓN DE ESCRITURA: W.1, W.2, W.3

En la prueba de Razonamiento a través de las Artes del Lenguaje de GED® tendrás 45 minutos para responder a una indicación de respuesta extensa. La indicación requiere leer y analizar uno o dos pasajes argumentativos (o textos fuente) para determinar qué posición está mejor respaldada por la evidencia. Aunque la redacción exacta de las indicaciones puede variar, tiene normalmente un aspecto similar a este:

> Analiza las posiciones o posturas de los autores de las dos presentaciones. En tu respuesta, desarrolla un argumento en el cual explicarás qué posición está **mejor** respaldada. Usa evidencia pertinente y específica de ambos textos para respaldar tu respuesta.

> Recuerda: la postura mejor argumentada no es necesariamente aquella con la que estés de acuerdo. Esta tarea debe ser completada en aproximadamente 45 minutos.

Para responder a la indicación, tendrás que hacer tres cosas: leer, planificar y escribir.

1. **Lee** y analiza los textos fuente. Estos aparecerán en el costado superior izquierdo de la pantalla. Mientras lees, observa la evidencia que usan los autores para respaldar su punto de vista sobre el tema.

2. **Planifica** tu respuesta. Decide cuál es la posición que consideras mejor respaldada y que tiene la evidencia más sólida; desarrolla un argumento para explicar en qué sentido la postura es más sólida y elige la **evidencia textual** que usarás para respaldar tu argumento. Tendrás que incorporar evidencia textual en tu respuesta y **explicar por qué** la evidencia le da más solidez a una posición que a otra. Usa tu pizarra para organizar las ideas o planificar un borrador.

3. **Escribe** tu respuesta en el recuadro de texto del lado derecho de la pantalla. Tu respuesta debe contener de 4 a 7 párrafos, cada uno de los cuales debe tener entre 3 y 7 oraciones. Asegúrate de reservar unos minutos para releer tu respuesta y hacer revisiones o correcciones.

Es importante entender cómo se califica la Respuesta extensa de GED®. Tu respuesta será calificada a partir de tres características o categorías. Puedes obtener hasta 2 puntos por cada característica y alcanzar un máximo de 6 puntos. (Ver Pautas de calificación detalladas en las páginas 292-294).

Característica 1: Redacción de argumentos y uso de la evidencia (0-2 puntos)

Esta característica examina qué tan bien se demuestra en tu respuesta la comprensión de la indicación y de los textos fuente, así como tu habilidad para analizar la evidencia. Pregúntate: *¿Mi respuesta identifica con claridad cuál es el texto mejor respaldado? ¿Mi respuesta usa evidencia de los textos fuente para respaldar mi argumento? ¿Evalúo en mi respuesta la efectividad de la evidencia?*

Característica 2: Desarrollo de ideas y estructura organizativa (0-2 puntos)

Esta característica examina qué tan bien organizada está tu respuesta y la calidad de desarrollo de tus ideas. Pregúntate: *¿Explico mis ideas acabadamente? ¿Mis ideas están presentadas de una manera lógica? ¿Hago conexiones claras entre mis puntos principales y los detalles? ¿Uso un lenguaje claro y adecuado para mi audiencia?*

Característica 3: Claridad y dominio de las convenciones de uso del español (0-2 puntos)

Esta característica examina la estructura y la gramática de tu respuesta. Pregúntate: *¿Mis oraciones son claras y gramaticalmente correctas? ¿Uso una variedad de estructuras en las oraciones? ¿Las oraciones muestran puntuación y ortografía correctas? ¿Hay errores gramaticales o de uso que dificultan la comprensión de mi respuesta?*

La práctica y la preparación son elementos clave para obtener una calificación de aprobado en la Respuesta extensa de GED®. Aunque se trata de una actividad de escritura, tendrás que usar comprensión lectora, lógica y organización y destrezas de administración del tiempo.

El primer paso es practicar cómo usar tu tiempo. Tendrás 45 minutos para completar la tarea de escritura. Es importante terminar todos los pasos dentro de ese plazo. Practica responder a indicaciones de muestra cronometrando 45 minutos; esto te ayudará a volverte más rápido, más eficiente y más seguro en tus destrezas para hacer pruebas.

- **0–5 minutos: Leer y analizar los textos fuente.** Lee los pasajes. Identifica el tema y las dos posiciones que se están argumentando. Busca evidencia, hechos y detalles que respalden cada argumento. Observa cuál es la evidencia más sólida.

- **6–10 minutos: Tomar una posición y organizar tus ideas.** Identifica cuál es el texto fuente mejor respaldado por la evidencia, sin considerar tus sentimientos sobre el tema. Escribe un breve borrador para organizar tus ideas.

- **11–40 minutos: Escribir tu respuesta.** Comienza con una introducción que enuncie claramente qué texto fuente está **mejor** respaldado. Luego sigue con los párrafos centrales en los cuales presentarás evidencia textual para respaldar tu posición. Asegúrate de explicar por qué la evidencia respalda tu posición. Escribe con claridad al explicar tu análisis. Está bien si algunos párrafos son más cortos que otros. Cierra tu respuesta con una conclusión.

- **41–45 minutos: Corregir tu respuesta.** Deja siempre tiempo suficiente para releer tu respuesta y hacer revisiones o correcciones. Considera cada oración para asegurarte de que sea clara y tenga sentido. Examina si las oraciones se conectan entre sí y fluyen de un párrafo a otro. Corrige todos los errores de ortografía o de puntuación que descubras.

Otros consejos

- Una respuesta completa debe tener entre 300 y 500 palabras. Esto usualmente requiere de 4 a 7 párrafos. Cada párrafo debe tener entre 3 y 7 oraciones.

- Mientras lees los textos fuente en su totalidad, piensa en cómo están presentados los argumentos. Identifica las afirmaciones que corresponden a cada lado del argumento. Examina la evidencia usada para respaldar cada argumento. Presta mucha atención a las estrategias y a la organización usadas en los textos fuente.

- Explica por qué la posición que elegiste está mejor respaldada que la otra. Incluye evidencia de ambos textos fuente en tu respuesta. Si usas una frase u oración exacta de los textos fuente, usa comillas para mostrar que se trata de una cita textual. Debes incluir un comentario o análisis de la evidencia citada para obtener un puntaje elevado.

- Sé meticuloso y organizado. Escoge dos o tres puntos principales y explícalos en detalle. Tus puntos principales deben ser claros y fáciles de entender.

- Conecta tus ideas, oraciones y párrafos usando palabras y frases de transición.

- Elige cuidadosamente tus palabras y mantén un tono formal. El uso de la palabra correcta con la connotación correcta puede añadir claridad. Sin embargo, no demores demasiado tiempo tratando de pensar en la palabra "perfecta".

- Usa una combinación de oraciones simples, compuestas y complejas. Ir variando la estructura de las oraciones facilitará la lectura y la comprensión de tu respuesta.

- Dedica un tiempo a revisar los errores gramaticales y ortográficos. No es indispensable que tu respuesta esté absolutamente libre de errores, pero demasiados errores gramaticales y ortográficos pueden hacer que el ensayo resulte confuso y difícil de entender.

UNIDAD 3

Comparar argumentos opuestos

Usar con el *Libro del estudiante,* págs. 136–137.

OBJETIVOS DE EVALUACIÓN DE LECTURA: R.5.1, R.5.3, R.5.4, R.6.1, R.6.2, R.6.4, R.9.2, R.9.3

1 Repasa la destreza

Un tema de debate es aquel que está abierto a puntos de vista diferentes y, a veces, opuestos. En esos casos, los autores presentan diferentes afirmaciones sobre el tema y respaldan esas afirmaciones con razones y evidencia como hechos, estadísticas, citas o anécdotas. En algunos casos, los diferentes autores pueden incluso presentar la misma evidencia pero enfatizarla o interpretarla de manera diferente.

Cuando tengas que identificar las **semejanzas** y las **diferencias entre dos visiones opuestas**, primero identifica las afirmaciones principales y secundarias de cada autor. Luego, identifica las razones y la evidencia que brinda cada autor para respaldar esas afirmaciones. Ten en cuenta las estrategias que usa cada autor para presentar el argumento y hacerlo persuasivo. A partir de ese análisis, podrás decidir qué argumento es más firme o más convincente.

2 Perfecciona la destreza

Al perfeccionar la destreza de comparar argumentos opuestos, mejorarás tus capacidades de estudio, escritura y evaluación, especialmente en relación con la prueba de Razonamiento a través de las Artes del Lenguaje de GED®. Lee el pasaje que aparece a continuación. Luego responde las preguntas.

LOS MEDIOS DE COMUNICACIÓN SOCIALES SE CONVIERTEN EN UNA DISTRACCIÓN

El [atractivo] de socializar en línea ha creado una nación de [fanáticos de los] dispositivos móviles, muchos de los cuales apenas pueden soportar 10 minutos sin revisar sus teléfonos inteligentes. (...) Algunos creen que (...) los medios de comunicación sociales (...) ya están cambiando la manera en la que piensan y aprenden las personas (...)

Cuando [aparecieron] los primeros dispositivos electrónicos, algunas personas esperaban que enseñaran a una nueva generación a realizar varias tareas al mismo tiempo mucho mejor que las generaciones anteriores.

Fragmento traducido del artículo LA EXPLOSIÓN DE LOS MEDIOS DE COMUNICACIÓN SOCIALES, de Marcia Clemmitt, cqpress.com, © 2013

a Clemmitt escribe para anticipar un punto de vista sobre los medios de comunicación sociales. La autora respalda su posición refiriéndose a un punto de vista opuesto y, más adelante en el pasaje, citando evidencia de una investigación sobre la capacidad de realizar varias tareas al mismo tiempo.

LOS MENSAJES DE TEXTO PUEDEN MEJORAR LA LECTOESCRITURA

Llamas a tu hijo, a tu hija o a tu esposo para cenar. "¡Un minuto!", te responden a los gritos. A la distancia, ves el brillo de una pantalla pequeña. Y surge un enojo que ya resulta familiar. Respondes: "¡Deja de enviar mensajes y ven aquí!" Pero la próxima vez que te encuentres en una situación así, quizás decidas contenerte. Algunos estudios han demostrado que los mensajes de texto mejoran las destrezas de comunicación.

En la Universidad Coventry, los investigadores descubrieron que los mensajes de texto están relacionados con otras cosas además de la pérdida de tiempo y el enojo que provocan en los integrantes de la familia.

Fragmento traducido de LOS MENSAJES DE TEXTO PUEDEN MEJORAR LA LECTOESCRITURA, de Kristine Leung, © 2013

b Leung escribe para anticipar un punto de vista diferente sobre los medios de comunicación sociales. La autora respalda su posición mencionando evidencia que obtuvo de una investigación sobre la lectoescritura.

CONSEJOS PARA REALIZAR LA PRUEBA

Cuando los autores reconocen otro punto de vista en su argumento, pueden seguirlo y dar su propia respuesta. Busca estos argumentos conjuntos en tu lectura.

1. A partir de los pasajes, ¿cuáles son los puntos de vista opuestos?

   A. Clemmitt afirma que los medios de comunicación sociales afectaron el aprendizaje y el razonamiento; Leung dice que los medios de comunicación sociales tienen efectos positivos sobre la comunicación.
   B. Clemmitt afirma que los medios de comunicación sociales tienen efectos positivos sobre el razonamiento; Leung dice que tienen efectos negativos sobre la comunicación.
   C. Clemmitt afirma que los medios de comunicación sociales tienen efectos positivos sobre el aprendizaje; Leung dice que molestan a los demás.
   D. Clemmitt afirma que los medios de comunicación sociales tienen efectos positivos sobre la comunicación; Leung dice que tienen efectos negativos sobre el aprendizaje.

INSTRUCCIONES: Lee el resto de los pasajes, lee las preguntas y elige la **mejor** respuesta.

LOS MEDIOS DE COMUNICACIÓN SOCIALES SE CONVIERTEN EN UNA DISTRACCIÓN

1   Pero las investigaciones [muestran] que quienes crecieron con dispositivos electrónicos "en realidad no pueden realizar varias tareas al mismo tiempo", dice (...) Larry Rosen, profesor de psicología de la Universidad Estatal de California, Dominguez Hills. (...) Como resultado, la típica persona obsesionada por la tecnología ahora presta "atención parcial continua" a prácticamente todo y atención plena a casi nada. "Nunca se hace nada en profundidad", continúa.

2   "Constantemente te interrumpen y tú te interrumpes también", afirma. La naturaleza misma del cerebro parece decretar que, para muchas actividades, la gente sencillamente no pueda hacer dos o más tareas al mismo tiempo. Además, si bien el cerebro puede cambiar rápidamente de una tarea a otra, hacerlo hace que lleve más tiempo realizar esas tareas. Y agrega: "Es sencillo, no haces un trabajo tan minucioso" y algunas tareas realmente no son flexibles como para hacerlas de manera superficial. El cambio de atención repetido también "aumenta el estrés (...)"

3   Los trastornos del sueño que [acompañan] a la tecnología de los medios de comunicación sociales pueden ayudar a explicar los cambios [mentales], dice (...) Kaveri Subrahmanyam, profesora de psicología de la Universidad Estatal de California, en Los Ángeles. (...) La generación de "nativos digitales" (adolescentes y jóvenes de 20 y tantos años que crecieron con estas tecnologías) "duerme con el teléfono celular y se despierta en medio de la noche para responder mensajes de texto", añade. Si bien se desconocen los efectos de este comportamiento a largo plazo, las investigaciones han demostrado que "las interrupciones frecuentes del sueño hacen que sea más difícil para el cerebro consolidar el aprendizaje y los recuerdos del día", afirma la profesora.

Fragmento traducido del artículo LA EXPLOSIÓN DE LOS MEDIOS DE COMUNICACIÓN SOCIALES, de Marcia Clemmitt, cqpress.com, © 2013

2.   Las dos autoras citan estudios de investigación como evidencia. ¿Qué oración enuncia **mejor** el énfasis en la investigación de las autoras?

A.   Los dos estudios se centran en los procesos mentales.
B.   Un estudio se centra en los procesos mentales, pero el otro se centra en las interacciones sociales.
C.   Los dos estudios se centran en las interacciones sociales.
D.   Un estudio se centra en las emociones, pero el otro se centra en la anatomía.

LOS MENSAJES DE TEXTO PUEDEN MEJORAR LA LECTOESCRITURA

1   En la realidad, quienes envían mensajes de texto pueden estar mejorando sus destrezas de lectoescritura. La Dra. Beverly Plester dice: "Cuanto más nos exponemos a la palabra escrita, más cultos somos, y tendemos a mejorar en las cosas que hacemos para divertirnos". No se ha demostrado que sean verdaderas las críticas recientes de que el lenguaje de los mensajes de texto, que incluye abreviaturas y contracciones, por ejemplo, pueda aparecer en la escritura formal. La Dra. Plester llega a la conclusión de que el lenguaje de texto sigue las reglas generales del idioma y que las personas "tienen una comprensión sofisticada del uso apropiado de las palabras".

2   Es más, enviar mensajes de texto es una manera rápida y conveniente de comunicarse con los demás. La práctica incluso se adoptó en los salones de clase tradicionales. Elsa Turner, una maestra de las artes del lenguaje y la lectura, usa normalmente un sitio web gratuito de educación en el que envía mensajes de texto para comunicarse con sus estudiantes. Turner afirma: "Envío recordatorios sobre asignaciones de tareas y notificaciones cuando actualizo las calificaciones en línea. A los estudiantes les encanta porque la información es breve y relevante, y los mensajes de texto los ayudan a aliviar el estrés de no acordarse de los plazos de entrega".

3   En un estudio realizado por el Centro de Investigaciones Pew, se descubrió que, en promedio, los adolescentes más grandes envían aproximadamente 60 mensajes de texto por día y usan ese servicio como su "medio de comunicación diario predominante". En comparación, los adultos no están tan lejos respecto de esta tendencia creciente. Quizás la próxima vez que haya que llamar a la familia a cenar, podría ser más eficiente enviar un mensaje de texto grupal.

Fragmento traducido de LOS MENSAJES DE TEXTO PUEDEN MEJORAR LA LECTOESCRITURA, de Kristine Leung, © 2013

3.   Las dos autoras mencionan una conexión entre los medios de comunicación sociales y el estrés. ¿Qué oración enuncia **mejor** las interpretaciones que hacen las autoras de esta conexión?

A.   Clemmitt y Leung están de acuerdo en que los medios de comunicación sociales aumentan el estrés.
B.   Leung cita evidencia de que los medios de comunicación sociales aumentan el estrés, pero Clemmitt cita evidencia de que los medios sociales alivian el estrés.
C.   Clemmitt y Leung están de acuerdo en que los medios de comunicación sociales alivian el estrés.
D.   Clemmitt cita evidencia de que los medios de comunicación sociales aumentan el estrés, pero Leung cita evidencia de que los medios sociales alivian el estrés.

⭐ Ítem en foco: **ARRASTRAR Y SOLTAR**

INSTRUCCIONES: Lee la información y estudia los títulos de la tabla. Luego arrastra y suelta los pasajes en la ubicación correcta de la tabla.

LOS MEDIOS DE COMUNICACIÓN SOCIALES SE CONVIERTEN EN UNA DISTRACCIÓN QUE PREOCUPA

Punto de vista de la autora	Cuando [aparecieron] los primeros dispositivos electrónicos, algunas personas esperaban que enseñaran a una nueva generación a realizar varias tareas al mismo tiempo mucho mejor que las generaciones anteriores. Pero las investigaciones [muestran] que quienes crecieron con dispositivos electrónicos "en realidad no pueden realizar varias tareas al mismo tiempo", dice (...) Larry Rosen, profesor de psicología de la Universidad Estatal de California, Dominguez Hills.
Reconocimiento y respuesta a un punto de vista conflictivo o afirmación contraria	Como resultado, la típica persona obsesionada por la tecnología ahora presta "atención parcial continua" a prácticamente todo y atención plena a casi nada.
Estrategia retórica: Enunciado calificativo	Algunos creen que (...) los medios de comunicación sociales (...) ya están cambiando la manera en la que piensan y aprenden las personas.
Razón de apoyo o idea clave	Los trastornos del sueño que [acompañan] a la tecnología de los medios de comunicación sociales pueden ayudar a explicar los cambios [mentales], dice (...) Kaveri Subrahmanyam, profesora de psicología de la Universidad Estatal de California, en Los Ángeles (...).
Lenguaje de transición o palabras indicadoras que señalan relaciones: Causa y efecto	Si bien se desconocen los efectos de este comportamiento a largo plazo, las investigaciones han demostrado que "las interrupciones frecuentes del sueño hacen que sea más difícil para el cerebro consolidar el aprendizaje y los recuerdos del día", afirma la profesora.

Lee la información y estudia los títulos de la tabla. Luego arrastra y suelta los pasajes en la ubicación correcta de la tabla.

LOS MENSAJES DE TEXTO PUEDEN MEJORAR LA LECTOESCRITURA

Punto de vista de la autora	Es más, enviar mensajes de texto es una manera rápida y conveniente de comunicarse con los demás.
Reconocimiento y respuesta a un punto de vista conflictivo o afirmación contraria	No se ha demostrado que sean verdaderas las críticas recientes de que el lenguaje de los mensajes de texto, que incluye abreviaturas y contracciones, por ejemplo, pueda aparecer en la escritura formal. La Dra. Plester llega a la conclusión de que el lenguaje de texto sigue las reglas generales del idioma y que las personas "tienen una comprensión sofisticada del uso apropiado de las palabras".
Estrategia retórica: Apelación a lo popular	Algunos estudios han demostrado que los mensajes de texto mejoran las destrezas de comunicación.
Razón de apoyo o idea clave	En la realidad, quienes envían mensajes de texto pueden estar mejorando sus destrezas de lectoescritura.
Lenguaje de transición o palabras indicadoras que señalan relaciones: Adición	En un estudio realizado por el Centro de Investigaciones Pew, se descubrió que, en promedio, los adolescentes más grandes envían aproximadamente 60 mensajes de texto por día y usan ese servicio como su "medio de comunicación diario predominante". En comparación, los adultos no están tan lejos respecto de esta tendencia creciente. Quizás la próxima vez que haya que llamar a la familia a cenar, podría ser más eficiente enviar un mensaje de texto grupal.

UNIDAD 3

2 LECCIÓN

Desarrollar una tesis

Usar con el *Libro del estudiante,* págs. 138–139.

1 Repasa la destreza

OBJETIVOS DE EVALUACIÓN DE LECTURA: R.5.3, R.6.2, R.6.4, R.8.1, R.8.2, R.8.3, R.9.2, R.9.3
OBJETIVOS DE EVALUACIÓN DE ESCRITURA: W.1, W.2

Para comenzar la tarea de escritura que requiere la respuesta extensa, primero debes leer la indicación atentamente para determinar tu propósito y tu tarea. Después debes leer, analizar y evaluar los textos fuente. Recuerda volver a leer la indicación cuando hayas terminado. Esta práctica te ayudará a enfocar tu respuesta extensa.

El próximo paso es desarrollar la afirmación o **tesis** que defenderás en tu respuesta extensa. Esta tesis se basa en tu evaluación de los textos fuente. A menudo, se te pedirá que determines si un autor formula un argumento que es lógico y persuasivo. Para hacer esta determinación, examina los elementos del argumento del autor: *¿Las razones y la evidencia son lógicas y creíbles? ¿La retórica es convincente o engañosa?*

2 Perfecciona la destreza

Al perfeccionar la destreza de desarrollar una afirmación o tesis, mejorarás tus capacidades de estudio, escritura y evaluación, especialmente en relación con la prueba de Razonamiento a través de las Artes del Lenguaje de GED®. Lee la información que aparece a continuación. Luego responde la pregunta.

INDICACIÓN DE RESPUESTA EXTENSA

Mientras que el artículo de Clemmitt resume algunas desventajas de los medios de comunicación sociales, el artículo de Leung identifica algunos beneficios de dichos medios.

En tu respuesta, analiza ambos artículos para determinar qué posición está **mejor** respaldada. Usa evidencia pertinente y específica de ambas fuentes para respaldar tu respuesta.

AFIRMACIÓN O TESIS

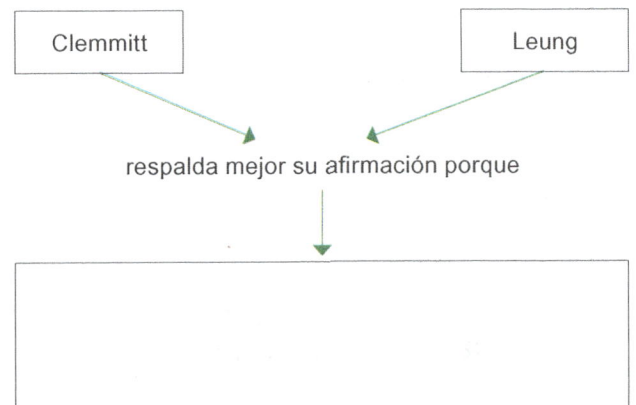

Clemmitt   Leung

respalda mejor su afirmación porque

a La indicación te pide que determines qué argumento está mejor respaldado. Ten en cuenta tus reacciones iniciales ante los artículos. ¿Con quién estás de acuerdo? ¿Alguno cambia tu manera de pensar sobre el tema o te hace tener en cuenta otro punto de vista?

b Completa el recuadro en blanco a partir de los elementos argumentativos que identificaste en la Unidad 3, Lección 1, como el punto de vista, las respuestas a los argumentos contrarios, las técnicas retóricas, las ideas clave o el lenguaje de transición.

USAR LA LÓGICA

Por ejemplo, puedes completar el cuadro de la tesis así: Leung respalda mejor su afirmación porque no califica su evidencia como lo hace Clemmitt.

1. ¿Qué enunciado de tesis es la **mejor** respuesta para la indicación de arriba?

A. Clemmitt y Leung presentan argumentos igualmente firmes.
B. Clemmitt no menciona los beneficios de los medios de comunicación sociales.
C. Clemmitt y Leung presentan argumentos igualmente débiles.
D. Leung respalda su argumento mejor que Clemmitt.

★ Ítem en foco: **RESPUESTA EXTENSA**

INSTRUCCIONES: Estudia y completa el organizador gráfico. Luego lee las preguntas y escribe tus respuestas en las líneas que aparecen a continuación.

LOS MEDIOS DE COMUNICACIÓN SOCIALES SE CONVIERTEN EN UNA DISTRACCIÓN

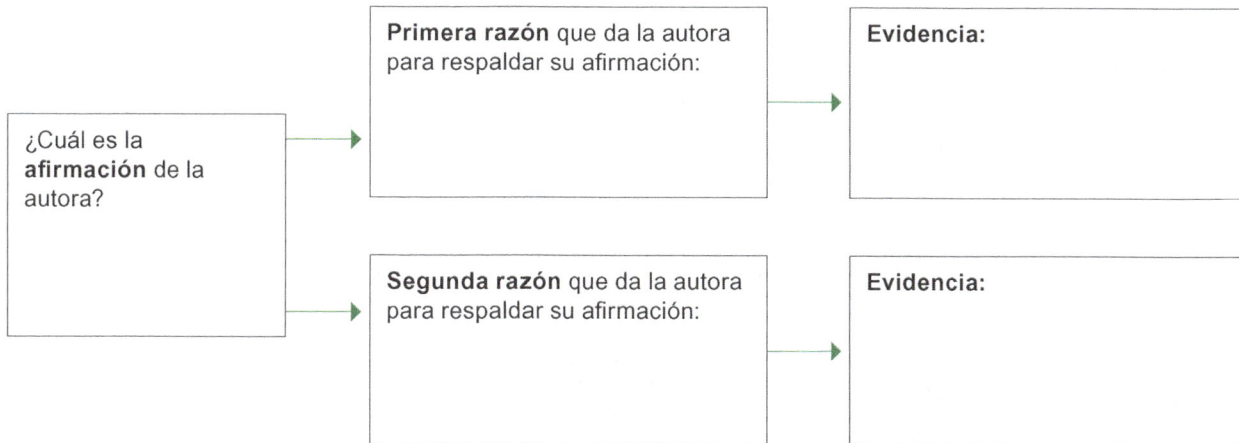

¿Cuál es la **afirmación** de la autora?

Primera razón que da la autora para respaldar su afirmación:

Evidencia:

Segunda razón que da la autora para respaldar su afirmación:

Evidencia:

LOS MENSAJES DE TEXTO PUEDEN MEJORAR LA LECTOESCRITURA

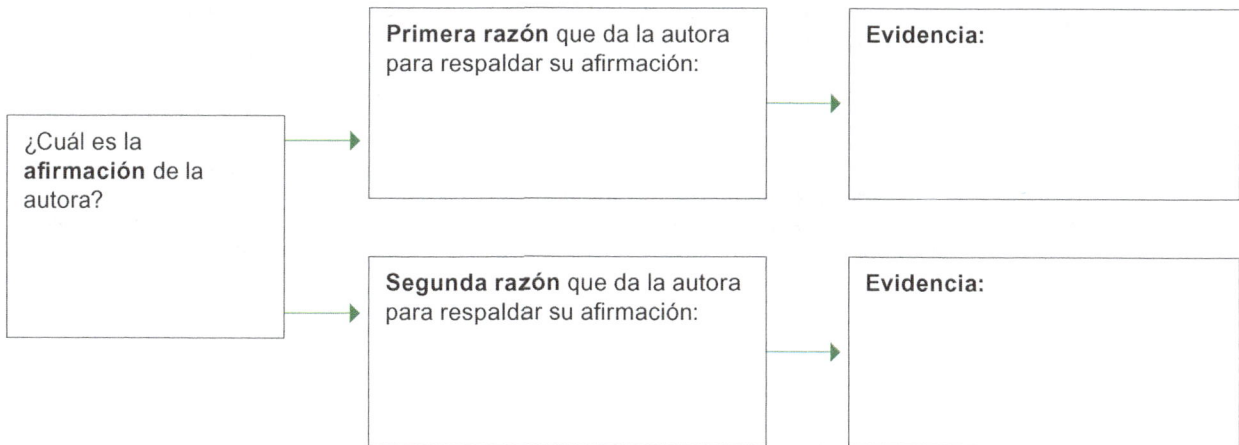

¿Cuál es la **afirmación** de la autora?

Primera razón que da la autora para respaldar su afirmación:

Evidencia:

Segunda razón que da la autora para respaldar su afirmación:

Evidencia:

2. ¿Cuáles son las fortalezas y las debilidades del argumento de Clemmitt?

_____

_____

3. ¿Cuáles son las fortalezas y las debilidades del argumento de Leung?

_____

_____

⭐ Ítem en foco: **RESPUESTA EXTENSA**

INSTRUCCIONES: Estudia la tabla. Luego usa las gráficas de marcación de la tabla para marcar los textos de la Unidad 3, Lección 1.

MARCA LOS TEXTOS

Gráficas de marcación	Elemento del texto	Ejemplo de la tesis de Leung
[Corchetes]	**Afirmación:** ¿Cuál es la afirmación o el punto de vista de la autora?	[Los mensajes de texto mejoran las destrezas de comunicación.]
Círculo y número 1, 2, 3	**Razón:** ¿Qué razones da la autora para respaldar su afirmación?	Lectoescritura 1
Subrayado	**Evidencia:** ¿Qué evidencia da la autora para respaldar cada razón (por ejemplo: hechos, datos, estadísticas, citas, anécdotas, descripciones, definiciones o gráficas)?	"Cuanto más nos exponemos a la palabra escrita, más cultos somos…"
Recuadro y rótulo	**Técnica retórica:** ¿Cómo intenta la autora persuadir a los lectores (por ejemplo: analogías, enumeraciones, repetición y paralelismo, yuxtaposición o enunciados calificativos)?	Apelación a lo popular Quizás la próxima vez que haya que llamar a la familia a cenar, podría ser más eficiente enviar un mensaje de texto grupal.
Línea ondulada	**Punto de vista opuesto:** ¿La autora reconoce y responde a afirmaciones contrarias?	No se ha demostrado que sean verdaderas las críticas recientes de que el lenguaje de los mensajes de texto… pueda aparecer en la escritura formal.
Triángulo	**Relación:** ¿La autora usa frases de transición o palabras distintivas para mostrar la relación entre las ideas?	Es más, enviar mensajes de texto es una manera rápida y conveniente de comunicarse con los demás.

INSTRUCCIONES: Estudia y completa el organizador gráfico. Escribe tus respuestas en las líneas que aparecen a continuación. Luego dibuja una estrella al lado de la tesis que planeas usar.

ESCRIBE UN ENUNCIADO DE TESIS

_____

respalda mejor su argumento que

_____

respalda el suyo porque

_____

_____.

_____

da un argumento más firme que

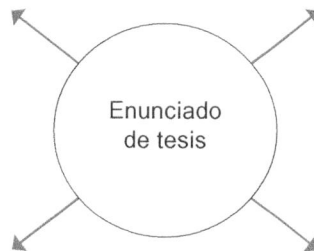

_____

porque _____

_____

_____.

Enunciado de tesis

Si bien _____

argumenta que_____,

_____ da

un mejor argumento a favor/en contra de

_____ porque

_____

_____.

_____

respalda **mejor** su afirmación porque

_____

_____

_____

_____.

3
LECCIÓN

Definir puntos y recopilar evidencia

Usar con el *Libro del estudiante,* págs. 140–141.

OBJETIVOS DE EVALUACIÓN DE LECTURA: R.5.3, R.9.1/R.7.1, R.9.2, R.9.3
OBJETIVOS DE EVALUACIÓN DE ESCRITURA: W.1, W.2

1 Repasa la destreza

Antes de escribir tu respuesta extensa, debes determinar qué puntos usarás para respaldar tu tesis. Comienza leyendo los pasajes e identificando los puntos de semejanza entre ellos. Para cada punto que definas, **identifica la evidencia textual de cada pasaje**. Tu respuesta extensa debe incluir por lo menos tres puntos de comparación y por lo menos un ejemplo de cada pasaje por punto.

Por ejemplo, un punto de semejanza entre los pasajes de Clemmitt y de Leung es que ambas abordan argumentos contrarios. Puedes explicar cómo cada autora reconoce y responde a un argumento contrario específico. Luego evalúa qué autora responde a los argumentos de manera más efectiva.

2 Perfecciona la destreza

Al perfeccionar la destreza de definir puntos de comparación y recopilar evidencia, mejorarás tus capacidades de estudio, escritura y evaluación, especialmente en relación con la prueba de Razonamiento a través de las Artes del Lenguaje de GED®. Estudia el diagrama que aparece a continuación. Luego responde la pregunta.

a Usa un diagrama de Venn para comparar y contrastar los pasajes. En el espacio donde los círculos se superponen, escribe los puntos de semejanza entre los dos pasajes.

b En los círculos externos, anota las diferencias. Por ejemplo, a cada lado del punto Argumento contrario, escribe cómo responde cada autora a un argumento contrario.

DIAGRAMA DE VENN

CLEMMITT   LEUNG

Afirmación/Punto de vista

Razones

Evidencia

Argumento contrario

Propósito

Técnica retórica

Tono

USAR LA LÓGICA

Comienza haciendo una lluvia de ideas con muchos puntos de comparación. Luego elige los tres mejores para tu respuesta extensa. ¿Sobre qué puntos tienes más para decir? ¿Qué puntos respaldan mejor tu tesis?

1. ¿Qué punto de comparación coincide **mejor** con el diagrama de arriba?

   A. el lenguaje de transición
   B. hacer muchas tareas al mismo tiempo
   C. la lectoescritura
   D. el trastorno del sueño

UNIDAD 3

★ Ítem en foco: **RESPUESTA EXTENSA**

INSTRUCCIONES: Estudia y completa el organizador gráfico. Puedes elegir tres de los puntos que se mencionan en la página anterior, puedes usar puntos que hayas definido tú o usar una combinación de los dos.

DEFINIR PUNTOS Y RECOPILAR EVIDENCIA

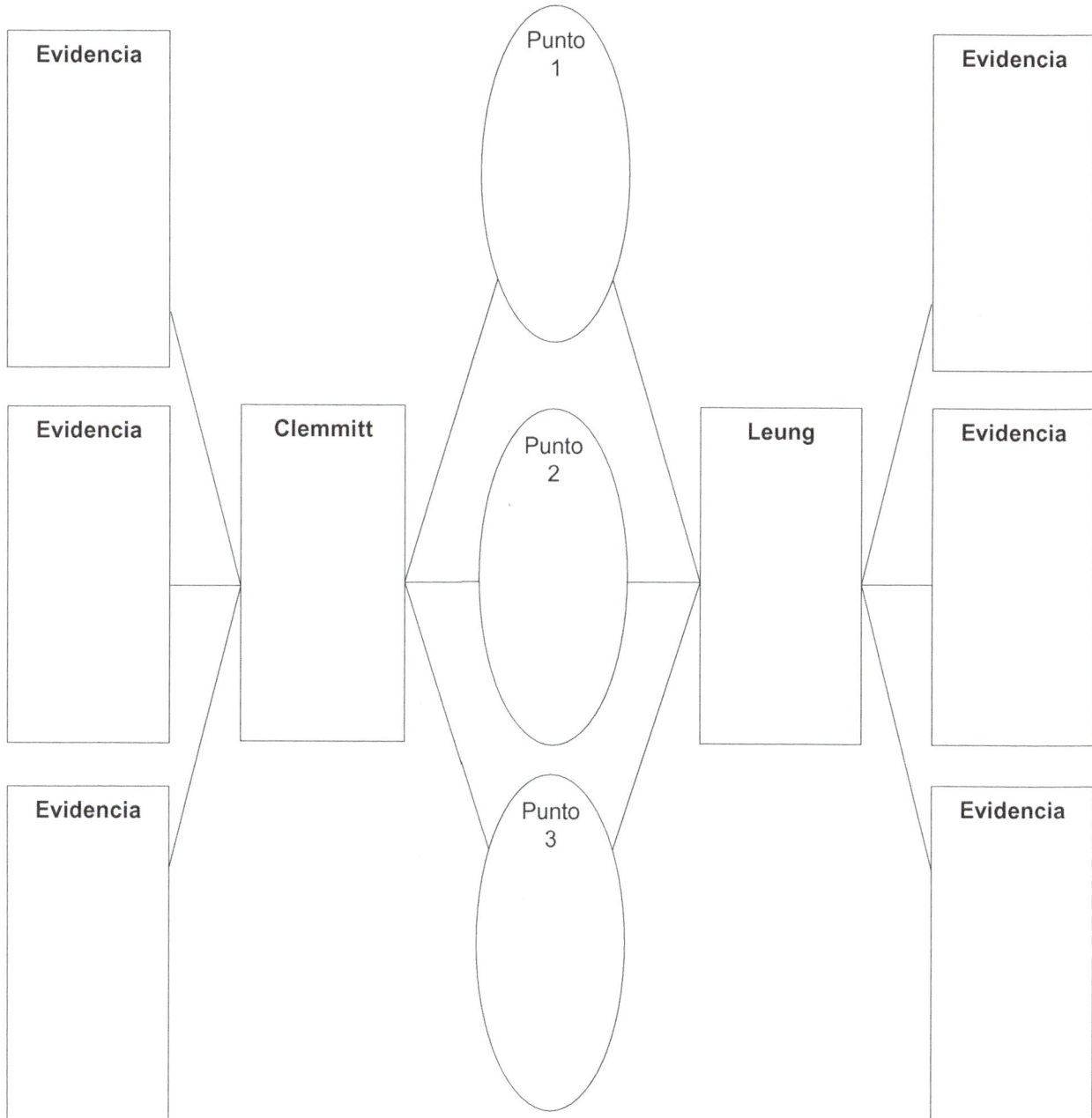

Evidencia

Punto 1

Evidencia

Evidencia

Clemmitt

Punto 2

Leung

Evidencia

Evidencia

Punto 3

Evidencia

UNIDAD 3

★ Ítem en foco: **RESPUESTA EXTENSA**

INSTRUCCIONES: Estudia y completa el organizador gráfico. Puedes elegir tres de los puntos que se mencionan en la primera página de esta lección, puedes usar puntos que hayas definido tú o usar una combinación de los dos.

DEFINIR PUNTOS Y RECOPILAR EVIDENCIA

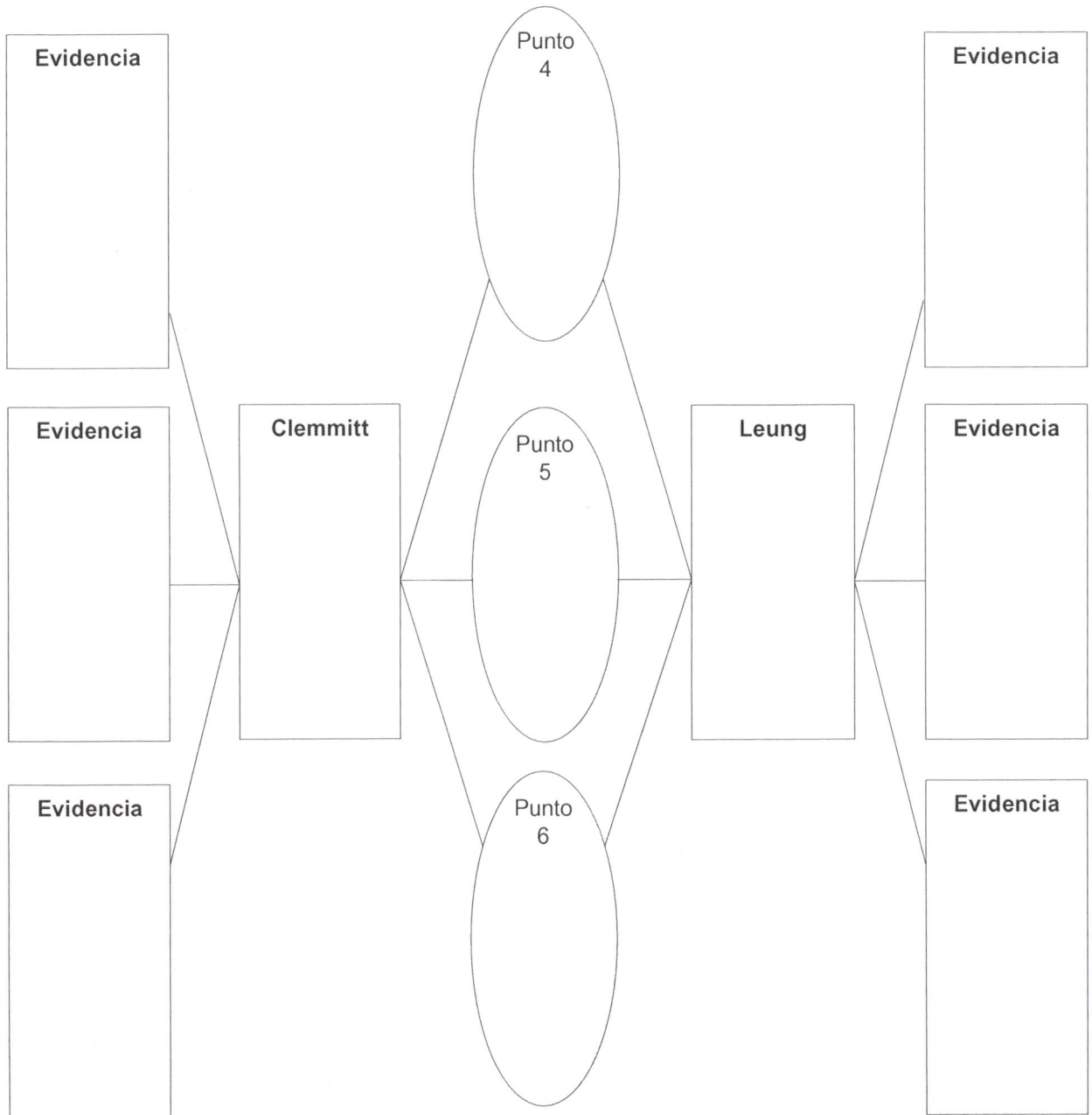

Punto 4

Punto 5

Punto 6

Evidencia

Evidencia

Evidencia

Clemmitt

Leung

Evidencia

Evidencia

Evidencia

UNIDAD 3

INSTRUCCIONES: Repasa los seis puntos para los que registraste evidencia del texto. Dibuja una estrella al lado de los tres puntos que usarás para tu respuesta extensa. Luego lee las preguntas y escribe tus respuestas en las líneas que aparecen a continuación.

2. ¿Cuáles son los tres puntos que seleccionaste para tu respuesta extensa?

   En mi respuesta extensa, me enfocaré en estos tres puntos de comparación:

   _____

   _____ .

   _____

3. ¿Por qué elegiste estos tres puntos para tu respuesta extensa?

   Estos tres puntos respaldan **mejor** mi enunciado de tesis porque

   _____

   _____

   _____

   _____ .

   _____

4. ¿Por qué descartaste los otros tres puntos?

   Estos tres puntos no respaldan muy bien mi enunciado de tesis porque

   _____

   _____

   _____

   _____ .

   _____

Planificar una respuesta extensa

OBJETIVOS DE EVALUACIÓN DE ESCRITURA: W.1, W.2

1 Repasa la destreza

De la misma manera que el cuerpo humano se apoya en un esqueleto, un ensayo se construye en torno a una **estructura organizacional**. En la escritura donde se compara y se contrasta, este esquema puede adoptar una de las dos formas que se usan comúnmente. La primera forma es **tema por tema**. En esta forma, abordas un pasaje, o un tema, y todos los puntos relacionados antes de pasar al siguiente. La segunda forma es **punto por punto**. En esta forma, abordas un solo punto en común para los dos pasajes y después pasas al siguiente.

Con cualquiera de las dos estructuras, debes decidir cómo secuenciar los puntos. Puedes elegir comenzar con el punto más importante y después pasar al menos importante, o puedes hacerlo al revés. Al elegir una estructura organizacional y una secuencia, piensa en qué tendría más sentido y qué sería más convincente para los lectores.

2 Perfecciona la destreza

Al perfeccionar la destreza de planificar una respuesta extensa, mejorarás tus capacidades de estudio, escritura y evaluación, especialmente en relación con la prueba de Razonamiento a través de las Artes del Lenguaje de GED®. Estudia los diagramas que aparecen a continuación. Luego responde la pregunta.

TEMA POR TEMA

Tema 1 → Punto 1 → Evidencia
Tema 1 → Punto 2 → Evidencia
Tema 1 → Punto 3 → Evidencia

PUNTO POR PUNTO

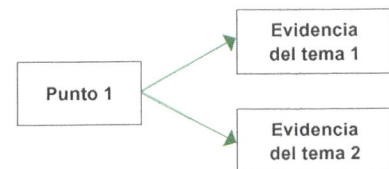

Punto 1 → Evidencia del tema 1
Punto 1 → Evidencia del tema 2

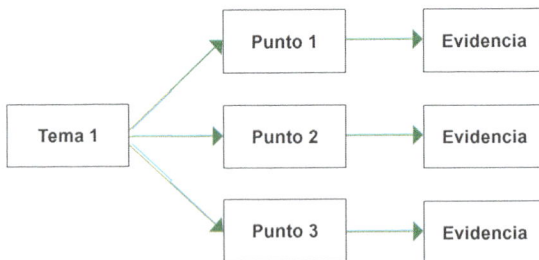

a Repite este organizador para cada tema. Considera usar esta estructura cuando escribas
• un ensayo corto.
• en una situación cronometrada.
• sobre temas que no sean conocidos para la audiencia.

b Repite este organizador para cada punto. Considera usar esta estructura cuando escribas
• un ensayo largo.
• en una situación cronometrada.
• sobre temas que sean conocidos para la audiencia.

1. En una estructura de tema por tema, ¿qué seguiría a la primera mención de un punto sobre estrategia retórica?

A. la introducción de un segundo punto
B. evidencia de los pasajes de Clemmitt y Leung
C. evidencia del pasaje de Clemmitt
D. la explicación de un argumento contrario

USAR LA LÓGICA

Si la audiencia está en contra de tus ideas, considera presentar el punto más convincente primero. Si la audiencia está de acuerdo contigo, considera presentar el punto más convincente al final.

⭐ Ítem en foco: **RESPUESTA EXTENSA**

INSTRUCCIONES: Estudia el diagrama. Escribe allí los tres puntos de comparación o contraste que definiste en la Unidad 3, Lección 3, y numéralos del más importante al menos importante. Luego lee las preguntas y escribe tus respuestas en las líneas que aparecen a continuación.

ORDEN DE IMPORTANCIA

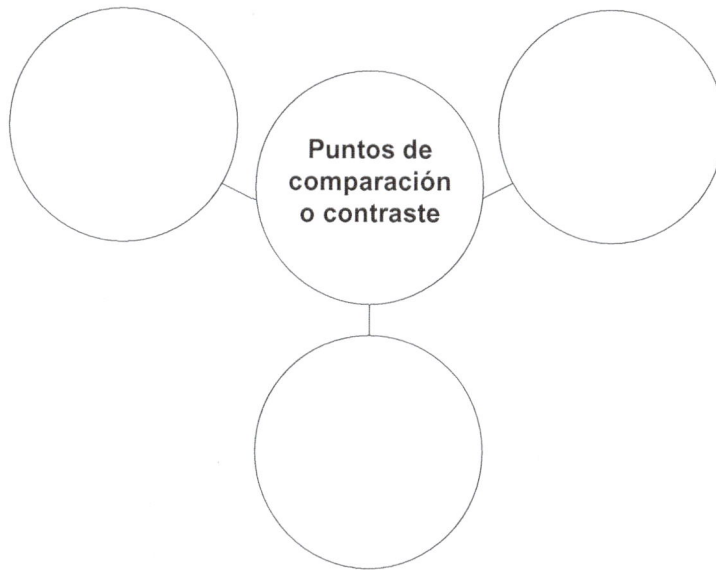

Puntos de comparación o contraste

2. Punto 1: _____
   Este punto es el **más** importante porque

   _____
   _____.

3. Punto 2: _____
   Este punto es el segundo en importancia porque

   _____.

4. Punto 3:
   Este punto es el menos importante porque

   _____
   _____.

5. Mencionaré mis puntos en orden (encierra la opción en un círculo) del más importante al menos importante / del menos importante al más importante porque

   _____
   _____.

UNIDAD 3

⭐ Ítem en foco: **RESPUESTA EXTENSA**

INSTRUCCIONES: Repasa los organizadores gráficos. Elige y completa el organizador Tema por tema de esta página o el organizador Punto por punto de la página siguiente. Consulta los puntos que definiste y la evidencia que recopilaste en la Unidad 3, Lección 3, si es necesario. Si no estás seguro de qué estructura elegir, completa los dos organizadores. Luego decide cuál tiene más sentido usar desde el punto de vista de la lógica y la persuasión.

TEMA POR TEMA

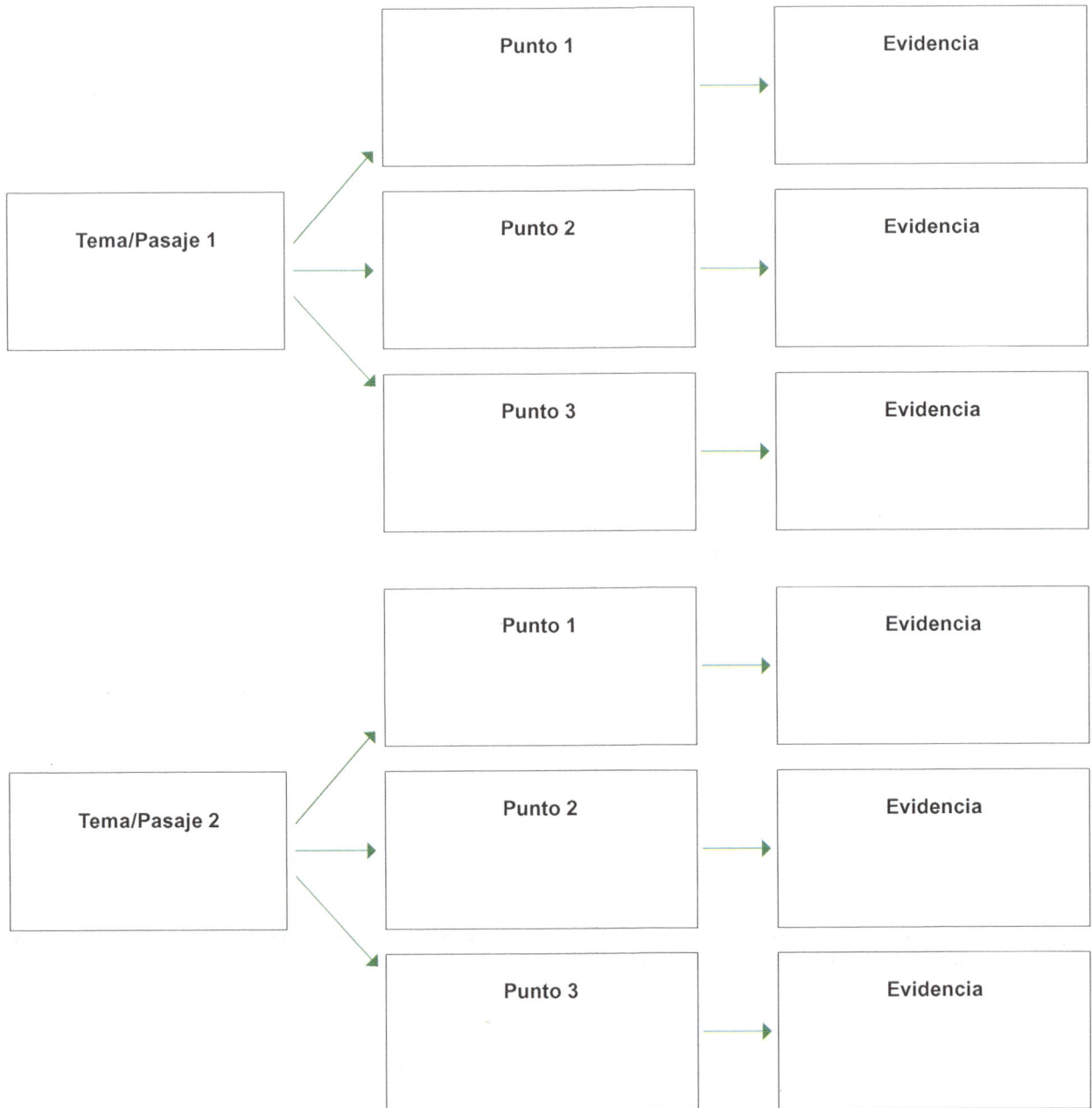

PUNTO POR PUNTO

```
┌─────────────────────────────┐
│   Evidencia del tema/Pasaje 1 │
│                             │
└─────────────────────────────┘
┌───────────────────────┐
│        Punto 1        │
│                       │──┐
│                       │  │   ┌─────────────────────────────┐
└───────────────────────┘  └──▶│   Evidencia del tema/Pasaje 2 │
                               │                             │
                               └─────────────────────────────┘
```

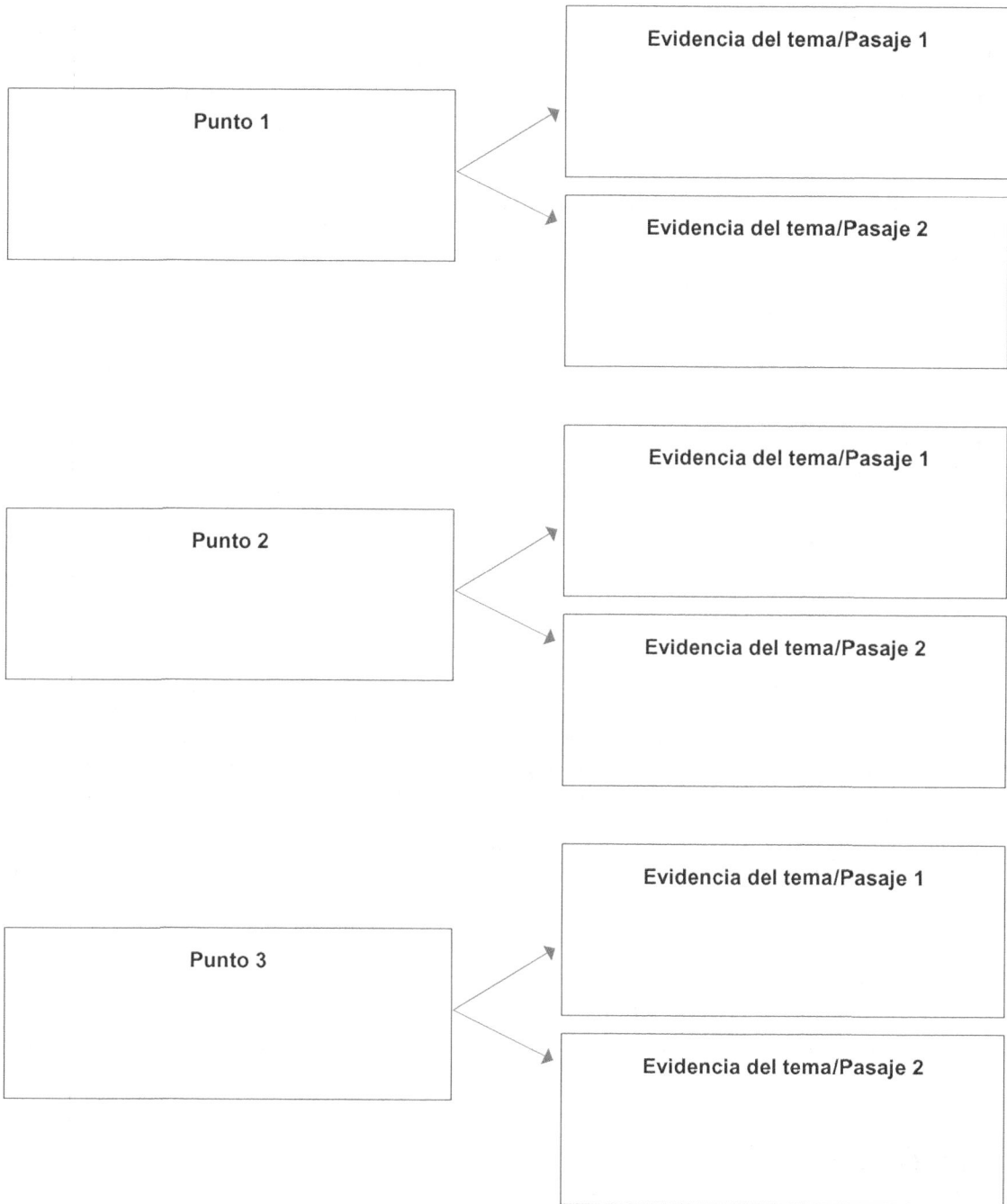

5
LECCIÓN

Escribir una introducción y una conclusión

Usar con el *Libro del estudiante,* págs. 144–145.

OBJETIVOS DE EVALUACIÓN DE LECTURA: R.5.1, R.5.4
OBJETIVOS DE EVALUACIÓN DE ESCRITURA: W.1, W.2
OBJETIVOS DE EVALUACIÓN DEL LENGUAJE: L.1.9, L.2.4

1 Repasa la destreza

La **introducción** de un ensayo también se llama encabezado porque guía a los lectores hacia el tema del ensayo y la tesis. La introducción tiene dos funciones: captar la atención de los lectores y presentar la tesis. Puedes lograr estos objetivos usando estrategias como la acción, el diálogo o la cita, o la reacción, y luego haciendo la transición al enunciado de la tesis.

La sección de cierre de un ensayo es la **conclusión**. Las investigaciones sugieren que la conclusión es la parte del ensayo que es más probable que recuerden los lectores. Por lo tanto, debe volver a enunciar la tesis y resumir los puntos principales del ensayo. Sin embargo, también debe invitar a los lectores a que piensen sobre el tema más allá del acto de leer el ensayo. Puedes usar estrategias como anécdotas, conexiones o hechos para dejar a los lectores con un pensamiento final o un llamado a la acción.

2 Perfecciona la destreza

Al perfeccionar la destreza de escribir una introducción y una conclusión para tu respuesta extensa, mejorarás tus capacidades de estudio, escritura y evaluación, especialmente en relación con la prueba de Razonamiento a través de las Artes del Lenguaje de GED®. Lee la información y las estrategias que aparecen a continuación. Luego responde la pregunta.

INTRODUCCIÓN

Elegiste cinco artículos para comprar en el supermercado. Estás apurado por llegar a casa, así que eliges la caja rápida. Hay dos clientes delante de ti. El cajero termina de atender a la primera persona pero la segunda no se adelanta. ¡Está enviando un mensaje de texto! Si esta situación te parece conocida, no estás solo. En todos lados, las personas hacen muchas tareas al mismo tiempo y no las hacen bien. Aunque los autores como Kristine Leung elogian los medios de comunicación sociales, Marcia Clemmitt presenta un argumento más firme en contra de dichos medios en su artículo "Los medios de comunicación sociales se convierten en una distracción".

a Esta introducción ilustra la estrategia de acción. La autora usa el verbo activo *elegiste* para describir un panorama relacionado con los medios de comunicación sociales desde el punto de vista del lector. La autora entonces hace la transición hacia el enunciado de la tesis.

CONCLUSIÓN

En conclusión, Clemmitt presenta un argumento más firme en contra de los medios de comunicación sociales al citar evidencia científica creíble de Rosen y Subrahmanyam sobre los efectos de los medios de comunicación sociales, que pueden provocar trastornos en el cerebro, entre ellos trastornos en los patrones del sueño y en la capacidad del cerebro para concentrarse. La evidencia anecdótica de Leung sobre un maestro pasa a ser insignificante en comparación. Aunque a las personas puede atraerles la conveniencia de los medios de comunicación sociales, deben resistirse a la simplificación excesiva que presenta la tecnología en la cultura moderna mientras todavía tengan el poder del cerebro para hacerlo.

b Esta conclusión ilustra la estrategia de conexión. La autora sugiere que los lectores que sucumben ante los medios de comunicación sociales lo hacen arriesgándose a limitar las funciones del cerebro.

USAR LA LÓGICA

Las autoras usan frases de transición dentro de un mismo párrafo y entre párrafos diferentes. Observa que en la introducción de arriba la autora pasa de lo específico a lo general y usa la palabra de transición de contraste *aunque*.

1. ¿Cuál de los siguientes enunciados es un ejemplo de un hecho o estadística sorprendente de conclusión?

A. La próxima vez, piense en un mensaje de texto grupal para llamar a la familia a cenar; la respuesta puede ser más rápida.
B. Los adolescentes envían aproximadamente 60 mensajes de texto por día y usan ese servicio como su medio de comunicación predominante.
C. Durante la cena, en la casa de los Martínez, los integrantes de la familia se sientan a la mesa y envían mensajes de texto a sus amigos y compañeros de trabajo.
D. ¿Cuántas veces por día envías mensajes de texto cuando tienes que estar haciendo otra cosa?

⭐ Ítem en foco: **ARRASTRAR Y SOLTAR**

INSTRUCCIONES: Lee la información y estudia la tabla. Luego arrastra y suelta los pasajes en los espacios correctos de la tabla.

INTRODUCCIONES

Estrategia de introducción	Ejemplo
Acción	
Diálogo/Cita	
Reacción	

INTRODUCCIONES

El [atractivo] de socializar en línea ha creado una nación de [fanáticos de los] dispositivos móviles, muchos de los cuales apenas pueden soportar 10 minutos sin revisar sus teléfonos inteligentes. (...)

Llamas a tu hijo, a tu hija o a tu esposo para cenar. "¡Un minuto!", te responden a los gritos. A la distancia, escuchas el ruido de los dedos sobre un teclado. Y surge un enojo que ya resulta familiar. Respondes: "¡Deja de enviar mensajes y ven aquí!"

"Ahora, con las redes sociales y otras herramientas de Internet, (...) 500 millones de personas tienen una manera de decir lo que piensan y se hacen oír", dice Mark Zuckerberg, el fundador de Facebook.

CONCLUSIONES

Estrategia de conclusión	Ejemplo
Anécdota	
Conexión	
Hecho/Estadística	

CONCLUSIONES

Si bien se desconocen los efectos de este comportamiento a largo plazo, las investigaciones han demostrado que "las interrupciones frecuentes del sueño hacen que sea más difícil para el cerebro consolidar el aprendizaje y los recuerdos del día", afirma la profesora.

Quizás la próxima vez que haya que llamar a la familia a cenar, podría ser más eficiente enviar un mensaje de texto grupal.

Durante la cena, en la casa de los Martínez, los miembros de la familia se sientan a la mesa y envían mensajes de texto a sus amigos y compañeros de trabajo.

UNIDAD 3

⭐ Ítem en foco: **RESPUESTA EXTENSA**

INSTRUCCIONES: Lee las preguntas que aparecen a continuación. Luego escribe tus respuestas en las líneas. Puedes comenzar escribiendo tu tesis en el punto 6 y luego volver y hacer una lluvia de ideas para el encabezado.

INTRODUCCIÓN

2. Escribe una introducción de acción para el enunciado de tu tesis.

    _____

    _____

    _____

    _____

3. Escribe una introducción de diálogo/cita para el enunciado de tu tesis.

    _____

    _____

    _____

    _____

4. Escribe una introducción de reacción para el enunciado de tu tesis.

    _____

    _____

    _____

    _____

5. Elige la introducción **más** efectiva de los ejercicios 2–4 y enciérrala en un círculo. Luego escribe una transición del encabezado que seleccionaste para tu tesis.

    _____

    _____

6. Copia aquí el enunciado de tu tesis de la Unidad 3, Lección 2.

    _____

    _____

CONCLUSIÓN

7. Elige lenguaje de transición para comenzar tu conclusión.

_____

8. Escribe un resumen de tu tesis y los puntos y la evidencia que desarrollaste en la Unidad 3, Lecciones 2–4.

_____

_____

_____

_____

9. Escribe un pensamiento final que incluya una anécdota.

_____

_____

_____

_____

10. Escribe un pensamiento final que incluya una conexión con el lector.

_____

_____

_____

_____

11. Escribe un pensamiento final que incluya una estadística o un hecho sorprendente de uno de los pasajes.

_____

_____

_____

_____

12. Elige el pensamiento final **más** efectivo de los ejercicios 9–11 y enciérralo en un círculo.

UNIDAD 3

6 | LECCIÓN

Redactar una respuesta extensa

Usar con el *Libro del estudiante,* págs. 146–149.

OBJETIVO DE EVALUACIÓN DE LECTURA: R.5.3
OBJETIVOS DE EVALUACIÓN DE ESCRITURA: W.1, W.2
OBJETIVO DE EVALUACIÓN DEL LENGUAJE: L.1.9

1 Repasa la destreza

Hasta este momento, analizaste los pasajes fuente, desarrollaste una tesis, definiste puntos de comparación y contraste, ubicaste la evidencia de apoyo, planificaste tu resumen y preparaste una introducción y una conclusión. Ahora es momento de escribir el **borrador** de tu respuesta extensa uniendo estas piezas. En algunos casos, también tendrás que desarrollar más tus ideas escribiendo oraciones completas y explicaciones y agregando frases de transición para mostrar relaciones entre las ideas.

Mientras trabajas en tu borrador, concéntrate en el propósito de lo que escribes, que es persuadir a los lectores de que tu análisis de los pasajes es válido. También es importante que recuerdes a tu audiencia, que en este caso son quienes toman las pruebas y usarán pautas de calificación para evaluar tu respuesta.

2 Perfecciona la destreza

Al perfeccionar la destreza de redactar una respuesta extensa, mejorarás tus capacidades de estudio, escritura y evaluación, especialmente en relación con la prueba de Razonamiento a través de las Artes del Lenguaje de GED®. Lee el resumen y la estrategia que aparecen a continuación. Luego responde la pregunta.

RESUMEN

I. Introducción y tesis

II. Primer punto de comparación o contraste
  A. Enuncia y explica el punto.
  B. Da un ejemplo del pasaje 1.

III. Segundo punto de comparación o contraste
  A. Enuncia y explica el punto.
  B. Da un ejemplo del pasaje 1.

IV. Tercer punto de comparación o contraste
  A. Enuncia y explica el punto.
  B. Da un ejemplo del pasaje 1.

V. Reformulación del primer punto
  A. Da un ejemplo del pasaje 2.

VI. Reformulación del segundo punto
  A. Da un ejemplo del pasaje 2.

VII. Reformulación del tercer punto
  A. Da un ejemplo del pasaje 2.

VIII. Conclusión

a Esta es una estructura organizacional tema por tema. Para organizar por punto, quita los elementos **V–VII** y pasa la evidencia de **A** a los elementos **II–IV**.

b Recuerda usar frases de transición para conectar un párrafo con el siguiente y conectar cada párrafo con el enunciado de la tesis.

USAR LA LÓGICA

Usa una oración incompleta como ayuda para escribir los párrafos centrales: Por ejemplo: "[La autora] establece que [punto 1]. La autora usa esta estrategia para [explicación de la estrategia]. Por ejemplo: [la autora] destaca que [ejemplo]".

1. ¿Qué oración de transición tendría **más** sentido entre los elementos IV y V del resumen?

A. Clemmitt está en contra de los medios de comunicación sociales y Leung está a favor de dichos medios.
B. Clemmitt debate sobre los peligros de los medios de comunicación sociales. Por otro lado, Leung se concentra en su influencia positiva sobre la comunicación.
C. De manera similar, Clemmitt y Leung reconocen los peligros para la mente y los triunfos sociales que representan los medios de comunicación sociales.
D. Clemmitt resume los peligros para la mente que representan los medios de comunicación sociales. Además, Leung destaca su influencia positiva sobre la comunicación.

⭐ Ítem en foco: **RESPUESTA EXTENSA**

INSTRUCCIONES: Lee la información que aparece a continuación y consulta las notas y los organizadores de planificación que completaste en la Unidad 3, Lecciones 1–5. Luego escribe tu respuesta extensa en las líneas. Si eliges una estructura organizacional punto por punto, deberás adaptar la oración incompleta. Si necesitas más espacio, puedes continuar tu respuesta en otra hoja de papel.

RESPUESTA EXTENSA

Introducción y tesis: Copia aquí la introducción que desarrollaste en la Unidad 3, Lección 5. Termina con el enunciado de tesis que desarrollaste en la Unidad 3, Lección 2. Revisa y corrige el contenido, las frases de transición o la elección de palabras, según sea necesario.

_____

_____

_____

_____

_____

Cuerpo del texto (desarrollo): Enuncia y explica aquí el primer punto de comparación o contraste. Luego agrega evidencia del artículo de Clemmitt. Repasa tus notas de la Unidad 3, Lecciones 3 y 4, según sea necesario. Revisa y corrige el contenido, las frases de transición o la elección de palabras, según sea necesario.

_____

_____

_____

_____

_____

Cuerpo del texto (desarrollo): Enuncia y explica aquí el segundo punto de comparación o contraste. Luego agrega evidencia del artículo de Clemmitt. Repasa tus notas de la Unidad 3, Lecciones 3 y 4, según sea necesario. Revisa y corrige el contenido, las frases de transición o la elección de palabras, según sea necesario.

_____

_____

_____

_____

_____

⭐ Ítem en foco: **RESPUESTA EXTENSA**

RESPUESTA EXTENSA (CONTINUACIÓN)

Cuerpo del texto (desarrollo): Enuncia y explica aquí el tercer punto de comparación o contraste. Luego agrega evidencia del artículo de Clemmitt. Repasa tus notas de la Unidad 3, Lecciones 3 y 4, según sea necesario. Revisa y corrige el contenido, las frases de transición o la elección de palabras, según sea necesario.

_____

_____

_____

_____

_____

Cuerpo del texto (desarrollo): Reformula y explica aquí el primer punto de comparación o contraste. Luego agrega evidencia del artículo de Leung. Repasa tus notas de la Unidad 3, Lecciones 3 y 4, según sea necesario. Revisa y corrige el contenido, las frases de transición o la elección de palabras, según sea necesario.

_____

_____

_____

_____

_____

Cuerpo del texto (desarrollo): Reformula y explica aquí el segundo punto de comparación o contraste. Luego agrega evidencia del artículo de Leung. Repasa tus notas de la Unidad 3, Lecciones 3 y 4, según sea necesario. Revisa y corrige el contenido, las frases de transición o la elección de palabras, según sea necesario.

_____

_____

_____

_____

_____

RESPUESTA EXTENSA (CONTINUACIÓN)

Cuerpo del texto (desarrollo): Reformula y explica aquí el tercer punto de comparación o contraste. Luego agrega evidencia del artículo de Leung. Repasa tus notas de la Unidad 3, Lecciones 3 y 4, según sea necesario. Revisa y corrige el contenido, las frases de transición o la elección de palabras, según sea necesario.

_____

_____

_____

_____

_____

_____

_____

_____

Conclusión: Copia la conclusión que desarrollaste en la Unidad 3, Lección 5. Revisa y corrige el contenido, las frases de transición o la elección de palabras, según sea necesario.

_____

_____

_____

_____

_____

_____

_____

_____

7 LECCIÓN

Revisar la respuesta extensa

Usar con el *Libro del estudiante,* págs. 150–151.

1 Repasa la destreza

OBJETIVOS DE EVALUACIÓN DE ESCRITURA: W.1, W.2
OBJETIVOS DE EVALUACIÓN DEL LENGUAJE: L.1.1, L.1.2, L.1.3, L.1.4, L.1.5, L.1.6, L.1.7, L.1.8, L.1.9, L.2.1, L.2.2, L.2.3, L.2.4

Antes de entregar tu respuesta extensa para recibir tu calificación, usa el tiempo restante para **revisar el borrador y hacer los cambios o correcciones** necesarios para mejorar la escritura. Reemplaza las palabras genéricas como *cosa* o *dijo* con palabras más específicas como *teléfono inteligente* o *gritó*. Asegúrate de que cada oración tenga un sujeto (que puede ser implícito) y una acción. Controla que las oraciones tengan frases de transición para conectar las ideas. Por último, revisa y corrige los errores de gramática, uso, puntuación y ortografía.

2 Perfecciona la destreza

Al perfeccionar la destreza de revisar la respuesta extensa, mejorarás tus capacidades de estudio, escritura y evaluación, especialmente en relación con la prueba de Razonamiento a través de las Artes del Lenguaje de GED®. Revisa el diagrama y las estrategias que aparecen a continuación. Luego responde la pregunta.

ELECCIÓN DE PALABRAS

Tu elección de palabras y vocabulario debe tener un propósito y debe ser clara, lógica, avanzada y formal. Ten en cuenta estos sinónimos de *teléfono celular*. ¿Cuáles son apropiados para tu respuesta extensa?

a El término *celu* puede ser demasiado informal para una redacción académica. La palabra *teléfono* no es precisa y podría referirse a un teléfono celular o a un teléfono fijo.

b Los términos *teléfono celular, teléfono móvil* o *teléfono inteligente* son específicos y formales; por eso son más adecuados para la redacción académica.

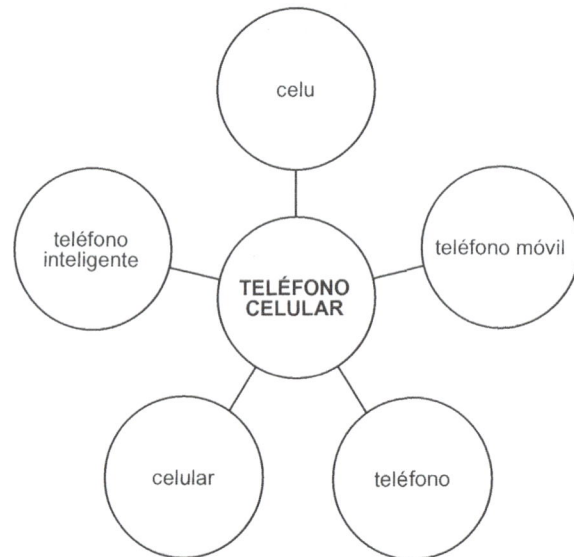

CONSEJOS PARA REALIZAR LA PRUEBA

Reemplaza las palabras poco precisas de tu redacción con palabras más específicas.
Sustantivos poco precisos: *todos, hombres, gente, elementos, cosas*
Verbos poco precisos: *venir, ir, ser, decir, querer*
Adjetivos poco precisos: *malo, bueno, lindo, bonito, feo*

1. "Es más probable que las personas se desvinculen de <u>las malas cosas</u> cuando entienden los resultados negativos. Ha llegado el momento de desvincularnos de una dieta de distracción social". ¿Cuál es la **mejor** manera de escribir la parte subrayada de la oración?

   A. las cosas insalubres
   B. los alimentos y las bebidas
   C. los elementos que son perjudiciales para ellas
   D. las gaseosas, el café y los alimentos con alto contenido en grasas

3 Domina la destreza

⭐ Ítem en foco: RESPUESTA EXTENSA

INSTRUCCIONES: Estudia la tabla. Elige ejemplos para revisar de tu borrador de la Unidad 3, Lección 6, y regístralos en la tabla. Luego revisa cada ejemplo como se indica. Si tienes problemas para ubicar los ejemplos, pide ayuda a un instructor o a un compañero. Para ayudarte a comenzar, ya se completó una parte de la tabla.

REVISIÓN DE PALABRAS

Categoría de revisión	Ejemplo del borrador	Revisión
Uso: Las palabras y las formas deben ser formales. Evita abreviaturas y jerga.	1. *Subrahmanyam sostiene que los medios de comunicación sociales arruinan los patrones del sueño y la capacidad del cerebro para procesar el aprendizaje y los recuerdos.* 2.	1. *Subrahmanyam sostiene que los medios de comunicación sociales interrumpen los patrones del sueño y comprometen la capacidad del cerebro para procesar el aprendizaje y los recuerdos.* 2.
Palabras: Las elecciones de palabras deben ser claras, lógicas y deben tener un propósito. Usa vocabulario específico y avanzado.	1.	1.
Exceso de palabras: Las ideas deben ser claras y concisas.	1.	1.
Transiciones: Las frases de transición deben ser estratégicas y efectivas.	1.	1.

★ Ítem en foco: **RESPUESTA EXTENSA**

INSTRUCCIONES: Estudia la tabla. Elige ejemplos para revisar de tu borrador de la Unidad 3, Lección 6, y regístralos en la tabla. Luego revisa cada ejemplo como se indica. Si tienes problemas para ubicar los ejemplos, pide ayuda a un instructor o a un compañero. Para ayudarte a comenzar, ya se completó una parte de la tabla.

REVISIÓN DE LAS ESTRUCTURAS DE LAS ORACIONES

Categoría de revisión	Ejemplo del borrador	Revisión
Paralelismo: Establece un paralelismo con las palabras, las frases o las cláusulas de una serie usando la misma estructura para cada una.	1. Las múltiples distracciones e interrumpir que provocan los medios de comunicación sociales en realidad comprometen la capacidad de una persona para hacer una cosa bien. 2.	1. Las múltiples distracciones e interrupciones que provocan los medios de comunicación sociales en realidad comprometen la capacidad de una persona para hacer una cosa bien. 2.
Oraciones compuestas: Une dos oraciones cortas con una conjunción coordinante o una locución conjuntiva, como: *o, y, pero, sin embargo* o *entonces*. Usa las comas y los punto y coma correctamente.	1.	1.
Oraciones complejas: Une dos oraciones cortas con una conjunción subordinada adecuada como: *aunque, porque* o *mientras*, usando una coma si es necesario.	1.	1.
Oraciones seguidas: Escribe las oraciones seguidas en dos oraciones o crea una oración compuesta o compleja.	1.	1.
Fragmentos de oraciones: Asegúrate de que todas las oraciones tengan un verbo conjugado y que las cláusulas subordinadas estén conectadas a la cláusula principal.	1.	1.

INSTRUCCIONES: Estudia la tabla. Elige ejemplos para revisar de tu borrador de la Unidad 3, Lección 6, y regístralos en la tabla. Luego revisa cada ejemplo como se indica. Si tienes problemas para ubicar los ejemplos, pide ayuda a un instructor o a un compañero. Para ayudarte a comenzar, ya se completó una parte de la tabla.

REVISIÓN DE LAS CONVENCIONES DEL LENGUAJE Y LA PUNTUACIÓN

Categoría de revisión	Ejemplo del borrador	Revisión
Concordancia entre el sujeto y el verbo: ¿Los sujetos en singular tienen verbos en singular y los sujetos en plural tienen verbos en plural?	1. *Por último, cada autora emplean estrategias retóricas para convencer a los lectores.* 2.	1. *Por último, cada autora emplea estrategias retóricas para convencer a los lectores.* 2.
Palabras que suelen confundirse: Presta atención a las palabras que suenan igual pero que se escriben distinto. Por ejemplo: ¿usaste correctamente *ha* y *a*, *afecto* y *efecto* y *del* en vez de *de el*?	1.	1.
Uso de los pronombres: ¿Los sujetos en singular tienen pronombres en singular? ¿Los pronombres se refieren claramente a los antecedentes? ¿Usaste correctamente los pronombres de sujeto, los pronombres de objeto y los pronombres posesivos?	1.	1.
Modificadores: ¿Ubicaste correctamente los modificadores para aportar claridad al texto? ¿Todos los modificadores describen con claridad otra palabra o grupo de palabras?	1.	1.
Uso de las mayúsculas: ¿Usaste correctamente las mayúsculas en los sustantivos propios y al comienzo de las oraciones?	1.	1.
Acentuación: ¿Acentuaste bien todas las palabras? Si no recuerdas la acentuación de una palabra, pregúntate si se trata de una palabra aguda, llana o esdrújula y usa las reglas para acentuarla.	1.	1.
Comas: ¿Usaste correctamente las comas? Por ejemplo, ¿usaste comas en enumeraciones, aposiciones y cláusulas que deberían estar separadas por comas?	1.	1.
Signos de puntuación final: ¿Todas las oraciones terminan con un punto o un signo de interrogación o de exclamación?	1.	1.

UNIDAD 3

Sustantivos

Usar con el *Libro del estudiante,* págs. 162–163.

OBJETIVO DE EVALUACIÓN DEL LENGUAJE: L.2.1

1 Repasa la destreza

Un **sustantivo** nombra a una persona, un lugar, una idea o una cosa. Los sustantivos pueden ser singulares (una persona, un lugar, una idea o una cosa) o plurales (más de una persona, lugar, idea o cosa). Si el sustantivo nombra a una persona, un lugar o una cosa específicos, se trata de un sustantivo propio y debe comenzar con mayúscula. Algunos sustantivos nombran a un grupo de personas, animales o cosas: un ejército, una familia, un rebaño o un conjunto. Estos se llaman **sustantivos colectivos**.

2 Perfecciona la destreza

Al perfeccionar la destreza de usar los sustantivos correctamente, mejorarás tus capacidades de escritura y evaluación, especialmente en relación con la prueba de Razonamiento a través de las Artes del Lenguaje de GED®. Estudia las explicaciones y los ejemplos que aparecen a continuación. Luego responde las preguntas.

▶ Estudia estos ejemplos para repasar cómo formar el plural de algunos tipos de sustantivos.

a Algunas palabras que provienen de otras lenguas o pertenecen al habla popular forman el plural con -s: *popurrís, champús, menús, tutús*.

Los sustantivos terminados en vocal átona o en -e tónica forman el plural con -s.

Los sustantivos terminados en -a o en -o tónicas forman el plural únicamente con -s.

Los **estudiantes** consultaron a sus **papás** si podían ir al campamento.

Había tonos **carmesíes** en la vestimenta de los **reyes**.

Los sustantivos terminados en -i o en -u tónicas forman el plural con -es o con -s, aunque se prefiere la primera forma.

Los sustantivos terminados en -y precedida de vocal suelen formar el plural con -es.

b Los sustantivos colectivos son aquellos que, cuando se usan en sentido singular, designan un conjunto de seres pertenecientes a una misma clase (*gente, clero, familia, rebaño*, etc.).

El enorme **rebaño** de la pradera **avanza** lentamente.

Este sustantivo colectivo está en singular.

La forma singular del verbo concuerda con el sustantivo colectivo.

1. **Los senadores votaron leys para construir centros de reciclaje en varios estados.** ¿Qué corrección se debe hacer en la oración?

   A. reemplazar senadores por Senadores
   B. reemplazar estados por Estados
   C. reemplazar centros por centroes
   D. reemplazar leys por leyes

TEMAS

Existen sustantivos terminados en -y precedida de vocal que provienen de otras lenguas y que forman el plural con -s. La y del singular mantiene en plural su carácter vocálico pero se escribe i: jersey/jerséis; espray/espráis; yóquey/yoqueis.

2. **Los manatices habitan en aguas costeras poco profundas.** ¿Qué corrección se debe hacer en la oración?

   A. cambiar costeras por costeraes
   B. cambiar manatices por manatíes
   C. cambiar costeras por Costeras
   D. cambiar manatices por manatises

UNIDAD 4

⭐ Ítem en foco: **MENÚ DESPLEGABLE**

INSTRUCCIONES: Lee el pasaje. Del menú desplegable, elige la respuesta que **mejor** complete la oración.

MEMORANDO: SISTEMA DE NOTIFICACIÓN DE EMERGENCIAS

Para: Todos los estudiantes

De: Secretaría de la Universidad

Asunto: Sistema de notificación de emergencias

Como parte de un esfuerzo de todo el estado para comunicar a diferentes audiencias sobre emergencias importantes relacionadas con la seguridad, la [3. Menú desplegable 1] planea implementar el nuevo sistema de notificación de emergencias. A partir del próximo semestre, los estudiantes y los miembros del personal recibirán alertas del nuevo sistema acerca de emergencias en el campus. La universidad define emergencias como "situaciones que podrían significar un daño inmediato y considerable para los estudiantes y el personal". Si bien no se limitan solamente a estas situaciones, las emergencias serían condiciones de clima extremo, (como huracanes y [3. Menú desplegable 2]), incendios, inundaciones, cortes de electricidad, comportamiento violento o delictivo y condiciones de inseguridad física en el campus.

El sistema se vale de múltiples vías de notificación, entre otras el correo electrónico, los mensajes de voz y los mensajes de texto. La información de emergencia también se publicará en el sitio web del campus. Los miembros del personal ya se han registrado y han elegido una vía de notificación de su preferencia. La vía de notificación por defecto para los estudiantes será el sistema de correo electrónico de la universidad. Si los [3. Menú desplegable 3] prefieren recibir alertas por mensaje de texto o por mensaje de voz, deben enviar un correo electrónico a la secretaría de la universidad.

Diez [3. Menú desplegable 4] estarán realizando pruebas del nuevo sistema de notificación de emergencias durante las próximas semanas. Para nosotros es sumamente importante la comunicación de emergencias, y les agradecemos su apoyo en este emprendimiento.

Opciones de respuesta del menú desplegable

3.1 A. universidad Warner
B. universidad warner
C. Universidad warner
(D) Universidad Warner

3.2 A. tornadoes
B. tornadoces
(C.) tornados
D. tornadoses

3.3 (A) miembros del cuerpo estudiantil
B. cuerpos estudiantiles
C. cuerpos estudiantil
D. miembros de cuerpos estudiantiles

3.4 A. oficiales de policía del Campus
B. Oficiales de policía del Campus
C. oficiales de policía del campus
(D.) Oficiales de Policía del campus

⭐ Ítem en foco: **MENÚ DESPLEGABLE**

INSTRUCCIONES: Lee el pasaje. Del menú desplegable, elige la respuesta que **mejor** complete la oración.

SERVICIOS DE JURADO DEL CONDADO DE MADISON

PRESTAR SERVICIO EN UN JURADO

Prestar servicio en un jurado es un deber cívico importante. Su servicio como miembro del jurado es una de las contribuciones más valiosas que usted puede hacer al sistema judicial. Prestar servicio en un jurado le permite ver cómo funciona el sistema judicial y comprender mejor cómo funciona su [4. Menú desplegable 1] en general.

La [4. Menú desplegable 2] garantiza a los ciudadanos el derecho a un juicio por jurado compuesto por conciudadanos. [4. Menú desplegable 3] su decisión basándose en los hechos presentados en un caso. La decisión del jurado debe ser justa e imparcial para así proteger los derechos de la persona que está siendo juzgada.

Mientras presta servicio en un jurado, se le pedirá que asuma ciertas responsabilidades. Primero, debe ser siempre puntual porque un juicio no puede comenzar o terminar sin la presencia de todos los miembros del jurado. Segundo, de ninguna manera debe investigar el caso sobre el que tomará una decisión. Por último, no debe comentar el caso con nadie, ni con sus amigos, parientes, cónyuge ni con ninguno de los miembros del jurado. Una vez que hayan comenzado las deliberaciones en la sala del jurado, solo el jurado puede discutir el caso hasta acordar el veredicto.

Se le solicitará que preste servicio en un solo juicio. La duración de cada juicio varía según el caso. El juez le notificará cuánto tiempo se espera que dure su caso. Muchos casos duran menos de una semana. Un miembro del jurado recibe $40 por día. Para obtener más información, puede contactar a [4. Menú desplegable 4] en el 123-555-1234.

¡Gracias de antemano por su servicio!

Opciones de respuesta del menú desplegable

4.1 A. gobierno *(seleccionada)*
B. Gobierno
C. gobiernos
D. Gobiernoes

4.2 A. constitución de los estados Unidos
B. Constitución de los Estados Unidos *(seleccionada)*
C. constitución de los Estados Unidos
D. constitución de los estados unidos

4.3 A. El jurado toman
B. Los jurados toma
C. Los juradoes toman
D. El jurado toma *(seleccionada)*

4.4 A. arthur collins
B. Arthur collins
C. Arthur Collins *(seleccionada)*
D. arthur Collins

INSTRUCCIONES: Lee el pasaje. Del menú desplegable, elige la respuesta que **mejor** complete la oración.

MEMORANDO

Para: Equipo de *Food Smart Grocery*

De: Ally Zeta, Gerenta

Asunto: Nuevas directivas para la sección de productos agrícolas

Como muchos de ustedes ya saben, las ventas de la sección de productos agrícolas han disminuido durante el último año. Si bien la competencia de la nueva firma *Freshway Organic Grocery* ha afectado a la mayoría de las secciones de la tienda, la sección de productos agrícolas tiene problemas específicos. No solo han caído las ventas, sino que no vendemos nuestros productos lo suficientemente rápido para evitar que se estropeen grandes [5. Menú desplegable 1] de frutas y verduras.

Si bien los productos de varias secciones de la tienda se estropean rápidamente (por ejemplo, todos los días se desechan [5. Menú desplegable 2]), las pérdidas de nuestra sección de productos agrícolas se han incrementado un 50% en el último año. Para aumentar las ganancias de la sección y administrar mejor nuestro inventario, vamos a implementar los siguientes cambios:

- Se reducirá un 25% la cantidad de cada tipo de verdura fresca en exhibición. Capacitaremos a los empleados para que dispongan [5. Menú desplegable 3] de tal manera que se mantenga la apariencia de una sección con existencias completas.

- No tendremos más en existencia algunas frutas y verduras exóticas, como tupinambos u hongos blancos.

- La sección de hierbas frescas se reducirá a las hierbas más vendidas, como la albahaca y el perejil.

- Tendremos en existencia las frutas infaltables, como plátano, naranja y manzana. Sin embargo, habrá variaciones por estación en la existencia de las frutas más caras o menos vendidas, como [5. Menú desplegable 4] .

Les ruego que me comuniquen los comentarios o las quejas de los clientes con respecto a estos cambios en la sección.

Opciones de respuesta del menú desplegable

5.1 A. cantidadees
B. cantidads
C. cantidades
D. cantidad

5.2 A. lotes de pescado
B. loteses de pescadoes
C. lotees de pescados
D. lote de pescados

5.3 A. estante y productos
B. estantees y productoes
C. estantes y producto
D. estantes y productos

5.4 A. duraznos y fresas
B. durazno y fresas
C. duraznoes y fresaes
D. duraznos y fresa

UNIDAD 4

2 LECCIÓN

Pronombres

OBJETIVO DE EVALUACIÓN DEL LENGUAJE: L.1.3

1 Repasa la destreza

Un **pronombre** es una palabra que toma el lugar de un sustantivo. El sustantivo al cual reemplaza el pronombre se llama antecedente. Los escritores usan pronombres sujeto, pronombres objeto y pronombres posesivos para evitar repetir sustantivos y para agregar fluidez al texto. Los pronombres deben concordar en género (masculino o femenino) y en número (singular o plural) con los sustantivos que reemplazan. Esto se conoce como **concordancia entre pronombre y antecedente**.

2 Perfecciona la destreza

Al perfeccionar la destreza de usar los pronombres correctamente, mejorarás tus capacidades de escritura y evaluación, especialmente en relación con la prueba de Razonamiento a través de las Artes del Lenguaje de GED®. Lee las explicaciones y los ejemplos que aparecen a continuación. Luego responde las preguntas.

▶ Recuerda estos tres tipos de pronombres. Los pronombres **sujeto** reemplazan al sujeto de una oración. Los pronombres **objeto** reemplazan a un objeto. Los pronombres **posesivos** demuestran posesión.

a Los pronombres posesivos *mío(s)/mía(s), tuyo(s)/tuya(s), suyo(s)/suya(s), nuestro(s)/ nuestra(s), vuestro(s)/ vuestra(s)* toman el lugar de dos sustantivos: el sujeto que posee (el poseedor o los poseedores) y la cosa que se posee. Por ejemplo, puedes escribir "Ese es suyo" en lugar de "Ese es el libro de Jana". *Suyo* reemplaza a *el libro de Jana*.

		Ejemplos
Pronombres sujeto	yo / tú, usted / él, ella, ello / nosotros, nosotras / ustedes, vosotros, vosotras / ellos, ellas	<u>Tú</u> eres el responsable, nadie más. <u>Ellos</u> sí fueron invitados a la fiesta.
Pronombres objeto	mí, me, conmigo / ti, te, contigo / sí, consigo / nos / se, os / le(s), lo(s), la(s)	Karen y yo nos mudamos ayer. Tommy <u>nos</u> ayudó. Hoy me encontré con mis amigos. <u>Les</u> conté las últimas novedades.
Pronombres posesivos	mío(s), mía(s) / tuyo(s), tuya(s) / suyo(s), suya(s) / nuestro(s), nuestra(s) / vuestro(s), vuestra(s)	Debes elegir la mejor opción. La decisión es <u>tuya</u>. ¿Este libro es <u>suyo</u> o <u>nuestro</u>?

USAR LA LÓGICA

Si bien el sustantivo y el pronombre que lo reemplaza suelen aparecer en la misma oración, a veces el sustantivo aparece en una oración anterior. A medida que leas o escribas, asegúrate de poder relacionar cada pronombre con el sustantivo correspondiente.

1. **Toda la familia no puede ir de paseo, pero papá y yo sí podemos. <u>Papá y yo iremos de paseo.</u>** ¿Cuál es la **mejor** manera de escribir la parte subrayada de la oración?

   A. Yo y papá
   B. Nos
   C. Nosotros
   D. Mí y papá

2. **Jennifer y Luke tienen un auto nuevo. Fueron de vacaciones en <u>el auto de ellos</u>.** ¿Qué corrección se debe hacer en la oración?

   A. suyo auto
   B. sus auto
   C. ellos auto
   D. su auto

⭐ Ítem en foco: **MENÚ DESPLEGABLE**

INSTRUCCIONES: Lee el pasaje. Del menú desplegable, elige la respuesta que **mejor** complete la oración.

EL PROBLEMA DE NUESTRA CULTURA DE CELEBRIDADES

Estimado editor:

En este mundo actual tan avanzado tecnológicamente, los medios de comunicación masivos y la globalización sostienen la cultura de las celebridades. La comunicación vía satélite, las redes sociales, las aplicaciones y el uso de Internet permiten que la información se transmita por todo el mundo. [3. Menú desplegable 1] hacen que los detalles acerca de las celebridades sean casi imposibles de evitar. Cuando una persona enciende [3. Menú desplegable 2] televisor o entra en línea, accede a los últimos chismes: quién tiene peinado nuevo, qué pareja se separa.

Aunque algunas personas famosas, como actores o deportistas, intentan desesperadamente preservar su vida privada, los medios de comunicación parecen querer saber todo sobre [3. Menú desplegable 3] . Esta locura por la información es alimentada por las personas que compran revistas y periódicos o miran programas de espectáculos. Quieren saber absolutamente todo acerca de sus estrellas favoritas.

Esta intromisión en la vida privada a veces genera reacciones negativas. Algunas superestrellas han agredido físicamente a periodistas o fotógrafos que buscan información fresca o intentan obtener fotografías nuevas de manera agresiva. Como sociedad, [3. Menú desplegable 4] mismos debemos replantearnos nuestras prioridades. ¿Realmente necesitamos saber todo sobre las personas famosas? ¿Tenemos derecho a invadir la privacidad de alguien sólo porque está bajo la mirada pública?

Opciones de respuesta del menú desplegable

3.1 (A) Ellos
B. Él
C. Ellas
D. Nosotros

3.2 A. suyo
B. tuyo
C. sus
(D) su

3.3 A. ustedes
B. ti
C. ella
(D.) ellas

3.4 A. ellos
(B) nosotros
C. nos
D. nuestros

★ Ítem en foco: MENÚ DESPLEGABLE

INSTRUCCIONES: Lee el pasaje. Del menú desplegable, elige la respuesta que **mejor** complete la oración.

MEMORANDO

Para: Todos los empleados de McMahon

De: Recursos Humanos

Asunto: Política de ausentismo

Fecha: 1 de agosto de 2014

Cuando usted está enfermo, venir a trabajar puede ser malo tanto para usted como para sus compañeros. Puede contagiar la enfermedad a [4. Menú desplegable 1] y hacer que falten a su trabajo. Aunque esperamos que todos los empleados hagan todo el esfuerzo posible para venir a trabajar cuando se sienten bien, instamos a los empleados que están enfermos a quedarse en sus casas cuando sea necesario. Por lo tanto, McMahon Construcciones ha implementado las siguientes reglas para ayudarle a saber qué hacer cuando está demasiado enfermo para venir a trabajar.

- Llame a su supervisor lo más temprano posible. Si usted no puede hablar [4. Menú desplegable 2] directamente, deje un mensaje.

- Deje un mensaje para el departamento de Recursos Humanos, de modo que su ausencia pueda registrarse en su legajo.

- Si [4. Menú desplegable 3] se ausenta de su trabajo más de tres días consecutivos, debe recibir el alta de parte de su médico antes de regresar al trabajo.

- Los empleados tienen derecho a cinco días de enfermedad con goce de sueldo por año calendario. Los días de enfermedad adicionales se tomarán sin goce de sueldo y puede que se revise la situación del empleado. En el caso de los empleados que tengan una cantidad excesiva de días de enfermedad, puede que se [4. Menú desplegable 4] solicite información detallada de las razones para ausentarse del trabajo.

Opciones de respuesta del menú desplegable

4.1 A. ellos
   B. él
   C. usted
   D. mí

4.2 A. conmigo
   B. consigo
   C. a él
   D. con él

4.3 A. nosotros
   B. él
   C. usted
   D. tú

4.4 A. las
   B. les
   C. los
   D. me

UNIDAD 4

INSTRUCCIONES: Lee el pasaje. Del menú desplegable, elige la respuesta que **mejor** complete la oración.

EL BLOG DE RICHARD

3 de septiembre:
Nuestra reunión familiar

Como casi todos los miembros de mi familia se toman libre el Día del Trabajo, mi tía y mi tío decidieron celebrar una reunión familiar. El sol brillaba, y el aroma de las hamburguesas y las salchichas que venía de la parrilla me hacía agua la boca. ¿Quién habría dicho que mi esposa y [5. Menú desplegable 1] terminaríamos el día en una sala de emergencias?

Todo empezó a salir mal cuando mi tía [5. Menú desplegable 2] pidió que llevara su aclamada ensalada de papa al patio. Olvidé que los niños habían estado usando la manguera antes. Se imaginarán qué ocurrió después. Resbalé en el césped mojado, y la ensalada de papa voló por todos lados. Mi esposa corrió a socorrerme, y aunque yo intentaba actuar con tranquilidad, me palpitaba el tobillo. [5. Menú desplegable 3] me ayudó a ponerme de pie, y mi tío fue a buscar hielo. ¡Los niños pensaron que era una especie de rutina cómica y reían de buena gana!

El hielo ayudó a aliviar el dolor, pero después de una hora, el tobillo se me había hinchado como una pelota de softball. Mi primo Daniel se ofreció a llevarnos a mi esposa y a [5. Menú desplegable 4] al hospital, y aceptamos su oferta. Llegamos a una hora sumamente ajetreada. Como mi lesión no era de vida o muerte, me llevó casi tres horas poder ver a un médico. Cuando nos íbamos, una enfermera nos explicó que los días festivos suelen ser los días más ajetreados del año. "¡No se imaginan cuántas reuniones familiares terminan aquí!", nos dijo riendo.

Opciones de respuesta del menú desplegable

5.1 A. nos
(B) yo
C. mí
D. conmigo

5.2 A. se
B. les
C. te
(D) me

5.3 (A) Ella
B. Él
C. los
D. ellos

5.4 (A) mí
B. yo
C. nosotros
D. ellos

UNIDAD 4

Tiempos verbales simples

Usar con el *Libro del estudiante,* págs. 166–167.

OBJETIVO DE EVALUACIÓN DE ESCRITURA: W.3

1 Repasa la destreza

Un tiempo verbal describe cuándo ocurre una acción o cuándo una condición es verdadera. Según si una acción ocurrió en el pasado, ocurre en el presente u ocurrirá en el futuro, los **tiempos verbales** simples que deben usarse son el **pretérito**, el **presente** o el **futuro** respectivamente. Las claves en una oración o un párrafo pueden indicarnos qué tiempo debe usarse. Otros verbos de la oración también pueden decirnos qué tiempo es necesario.

2 Perfecciona la destreza

Al perfeccionar la destreza de usar los tiempos verbales simples correctamente, mejorarás tus capacidades de escritura y evaluación, especialmente en relación con la prueba de Razonamiento a través de las Artes del Lenguaje de GED®. Estudia los ejemplos que aparecen a continuación. Luego responde las preguntas.

▶ Estudia la tabla que aparece a continuación para repasar los **tiempos verbales simples**.

a Los tiempos verbales simples no son los únicos que pueden usarse para indicar acciones o condiciones. También están los tiempos verbales compuestos. Puedes encontrar información sobre ellos en la pág. 190 de este libro.

Tiempos verbales simples	Regla
Presente	El presente expresa que una acción tiene lugar ahora o que la condición es real ahora.
Pretérito	El pretérito expresa que una acción tuvo lugar en el pasado o que la condición fue verdadera en el pasado.
Futuro	El futuro expresa que una acción ocurrirá en el futuro o que la condición será realidad en el futuro.

▶ Estudia los ejemplos de la tabla que aparece a continuación para repasar los **tiempos verbales simples**.

b Busca siempre expresiones de tiempo en la oración o el párrafo que den claves acerca del tiempo verbal que debe usarse, por ejemplo: *ahora, pasado, próximo, después, durante, mientras, desde*.

Tiempos verbales simples	Ejemplo
Presente	Ahora, Paula <u>necesita</u> un merecido descanso.
Pretérito	Paula <u>trabajó</u> arduamente los meses pasados.
Futuro	Las vacaciones de Paula <u>comenzarán</u> la semana próxima.

CONSEJOS PARA REALIZAR LA PRUEBA

A menos que la acción cambie de pasado a presente o de presente a futuro, mantén el mismo tiempo en una oración o cuando escribas sobre un suceso o un tema. Mantén consistencia en los tiempos verbales tanto como sea posible.

1. **La semana próxima viajé a Ohio y visitaré a mis amigos.**
   ¿Qué corrección se debe hacer en la oración?

   A. reemplazar <u>viajé</u> por <u>viajaré</u>
   B. reemplazar <u>visitaré</u> por <u>visité</u>
   C. reemplazar <u>viajé</u> por <u>viajando</u>
   D. reemplazar <u>visitaré</u> por <u>visito</u>

2. **Él siempre se cepilló los dientes cuando llega la hora de ir a dormir.**
   ¿Qué corrección se debe hacer en la oración?

   A. reemplazar <u>cepilló</u> por <u>cepillando</u>
   B. reemplazar <u>llega</u> por <u>llegará</u>
   C. reemplazar <u>cepilló</u> por <u>cepilla</u>
   D. reemplazar <u>llega</u> por <u>llegan</u>

⭐ Ítem en foco: **MENÚ DESPLEGABLE**

INSTRUCCIONES: Lee el pasaje. Del menú desplegable, elige la respuesta que **mejor** complete la oración.

Julie Harrison, Directora
Asociación del Vecindario Rosedale
4949 W. Sinclair Street
Arlen, TX 75709

Estimada Srta. Harrison:

Le escribo con relación a las encuestas que usted distribuyó a través de la asociación de su vecindario acerca de nuestro nuevo restaurante. Como ya sabe, en Comidas Infantiles somos muy cuidadosos en cuanto a la remodelación del local de la apreciada firma Hamburguesas García y queremos que nuestros cambios reflejen los deseos de la comunidad.

Los comentarios que [3. Menú desplegable 1] a través de las encuestas nos ayudaron a tomar las siguientes decisiones:

- Cuando remodelemos el espacio en los meses venideros, [3. Menú desplegable 2] la menor cantidad posible de cambios estéticos. Si bien mejoraremos el edificio para que sea más eficiente en el uso de la energía, conservaremos los taburetes de bar que giran, los asientos de caballitos que rebotan y los carteles de neón de época.

- En sus encuestas, se piden comidas para niños que sean a la vez saludables y adecuadas. En respuesta a ese pedido, pensamos en ensaladas y combos de verduras frescas que serán del agrado de niños y adultos por igual.

- En muchas de las encuestas, se pidió la instalación de juegos al aire libre. Le agradará saber que habrá un área de comedor exterior que [3. Menú desplegable 3] un sector de juegos.

Le ruego que les comente a los miembros de la asociación de su vecindario cuánto [3. Menú desplegable 4] sus comentarios, y los instamos a que nos contacten en caso de que tengan más inquietudes o sugerencias. Para Comidas Infantiles es un honor formar parte del vecindario Rosedale.

Atentamente,

Harmon Lamar

Presidente, Comidas Infantiles S.A.

Opciones de respuesta del menú desplegable

3.1 A. recibimos
B. reciben
C. recibieron
D. recibiremos

3.2 A. hicimos
B. hacemos
C. haremos
D. haciendo

3.3 A. incluyó
B. incluyen
C. incluyendo
D. incluirá

3.4 A. apreciaremos
B. apreciamos
C. apreciando
D. aprecia

UNIDAD 4

⭐ Ítem en foco: **MENÚ DESPLEGABLE**

INSTRUCCIONES: Lee el pasaje. Del menú desplegable, elige la respuesta que **mejor** complete la oración.

INDICACIONES PARA REVISAR EL ACEITE

Es importante que revise el aceite de su carro con frecuencia. Revisar el aceite [4. Menú desplegable 1] muy fácil y puede ahorrarle los gastos de reparaciones mayores. El primer paso es estacionar su auto en una superficie nivelada, como el acceso a un garaje. Luego, apague el motor y levante el capó. El motor debe estar caliente.

A continuación, busque la varilla del aceite, una pieza de metal larga y delgada con un aro en un extremo que [4. Menú desplegable 2] del motor. Una vez que encuentre la varilla, sáquela. Limpie el aceite de la varilla con una toalla de papel y luego vuelva a colocar la varilla limpia. Asegúrese de introducirla hasta el fondo del motor. Vuelva a sacar la varilla y observe la punta en el extremo contrario al del aro. Si observa de cerca, verá una línea de aceite en la parte marcada del extremo de la varilla que termina en punta. Esta línea indica el nivel de aceite.

Si el aceite está por debajo de la línea que marca "lleno", tal vez necesite agregar aceite a su carro. Siempre [4. Menú desplegable 3] el nivel de aceite por encima de la marca de medio lleno, cerca de la marca de lleno. Para agregar aceite, puede usar un embudo, pero asegúrese de no agregar demasiado. De lo contrario, su motor puede inundarse. Nuestra recomendación es cambiar el aceite cada 3,000 millas para asegurar el máximo rendimiento de su automóvil. Una vez que comience a hacer el mantenimiento frecuente, [4. Menú desplegable 4] una optimización del consumo de combustible.

Opciones de respuesta del menú desplegable

4.1 A. fue
B. será
C. son
D. es

4.2 A. sobresalen
B. sobresalió
C. sobresale
D. sobresaldrá

4.3 A. mantenga
B. mantengan
C. mantuvo
D. manteniendo

4.4 A. notó
B. nota
C. notará
D. notan

Lee el pasaje. Del menú desplegable,
elige la respuesta que **mejor** complete la oración.

MEMORANDO

Para: Empleados de comestibles de Alimentos Frescos

De: Rachel Cabrino, Presidente

Las cifras de ventas del segundo trimestre para Alimentos Frescos
fueron $770,000, un 5 por ciento más con respecto a los totales
trimestrales del año anterior. Gran parte de este incremento se puede
atribuir al éxito de nuestros Días de Mercado de Agricultores y al
aumento de la concurrencia que | 5. Menú desplegable 1 |
esas actividades de fin de semana.

A pesar de la inmovilidad de las ventas en las tiendas de comestibles
de todo el país, Alimentos Frescos incrementó sus ventas en varias
áreas, especialmente en selecciones de productos agrícolas y
lácteos orgánicos. Creemos que nuestras fortalezas actuales en
ventas de alimentos orgánicos | 5. Menú desplegable 2 |
la confianza de los clientes en la seguridad y la pureza de los
productos orgánicos.

Los puntos centrales del informe de ventas trimestrales de Alimentos
Frescos | 5. Menú desplegable 3 | :

- un incremento del 50 por ciento en las ventas de artículos de
  marca propia a precios competitivos;

- un incremento del 30 por ciento en las ventas de productos
  agrícolas orgánicos y del ámbito local y

- una disminución del 17 por ciento en las ventas de comidas
  preparadas.

Según la información provista por los gerentes de sección este
trimestre, | 5. Menú desplegable 4 | los siguientes cambios
a partir del comienzo del mes próximo:

- incrementar la variedad de productos de marca propia;

- hacer publicidad destacada de la marca Alimentos Frescos
  en periódicos;

- seguir promoviendo a productores lácteos y agricultores locales y

- disminuir la selección de comidas preparadas costosas,
  sustituyéndolas por más paquetes para "preparar en casa".

**Opciones de respuesta
del menú desplegable**

5.1 A. generará
    B. generaron
    C. genera
    D. generan

5.2 A. reflejando
    B. reflejan
    C. refleja
    D. reflejará

5.3 A. incluirá
    B. incluye
    C. incluyen
    D. incluyendo

5.4 A. implementan
    B. implementa
    C. implementamos
    D. implementaremos

UNIDAD 4

4
LECCIÓN

Tiempos verbales compuestos

Usar con el *Libro del estudiante,* págs. 168–169.

OBJETIVO DE EVALUACIÓN DE ESCRITURA: W.3

1 Repasa la destreza

Los **tiempos verbales compuestos** son el pretérito perfecto, el pretérito pluscuamperfecto y el futuro perfecto. Estos tiempos se usan para expresar acciones o condiciones que se dan por finalizadas. Los tiempos verbales compuestos se construyen con **verbos auxiliares**. El verbo auxiliar que se usa en los tiempos compuestos es *haber*, que se conjuga según la persona, más el verbo principal en participio, que no varía.

2 Perfecciona la destreza

Al perfeccionar la destreza de usar los tiempos verbales compuestos correctamente, mejorarás tus capacidades de escritura y evaluación, especialmente en relación con la prueba de Razonamiento a través de las Artes del Lenguaje de GED®. Estudia las explicaciones y los ejemplos que aparecen a continuación. Luego responde las preguntas.

▶ Estudia la tabla que aparece a continuación para repasar los **tiempos verbales compuestos**.

a Los **tiempos verbales compuestos** se construyen con una forma del verbo auxiliar *haber* más la forma en **participio** del verbo principal: *he llegado* (pretérito perfecto), *había llegado* (pretérito pluscuamperfecto), *habré llegado* (futuro perfecto). La forma del verbo auxiliar indica el tiempo verbal; el participio nunca se modifica.

b Presta atención al verbo auxiliar *haber* para saber cuál es el tiempo verbal. También debes prestar atención a otras palabras y frases en la oración que indiquen el tiempo de la acción o condición.

Pretérito perfecto	Expresa una acción pasada pero cercana al presente. Su forma: *haber* (en presente) + participio.	Hasta ahora, he visitado ocho países.
Pretérito pluscuamperfecto	Expresa una acción pasada, previa a otra acción concluida en el pasado. Su forma: *haber* (en pasado) + participio.	Cuando llegué a casa, María ya había salido a hacer compras.
Futuro perfecto	Expresa una acción que ocurrirá en el futuro, previa a otra acción futura. Su forma: *haber* (en futuro) + participio.	Para el final del día, habré terminado este trabajo.

1. **Para el final de esta semana, había viajado más de 600 millas.**
   ¿Cuál es la **mejor** manera de escribir la parte subrayada de la oración?

   A. habíamos viajado
   B. han viajado
   C. he viajado
   D. habré viajado

USAR LA LÓGICA

Busca las palabras o frases clave que pueden ayudarte a determinar el tiempo verbal, por ejemplo: *cuando, para (cuando), antes de (que), ya, recientemente, hasta ahora, durante, nunca.*

2. **Cuando se suspendió la carrera, yo ya habré corrido dos millas.**
   ¿Qué corrección se debe hacer en la oración?

   A. reemplazar habré corrido por he corrido
   B. reemplazar habré corrido por hemos corrido
   C. reemplazar habré corrido por había corrido
   D. reemplazar habré corrido por habías corrido

UNIDAD 4

★ Ítem en foco: MENÚ DESPLEGABLE

INSTRUCCIONES: Lee el pasaje. Del menú desplegable, elige la respuesta que **mejor** complete la oración.

ELECTRODOMÉSTICOS MODERNOS
LA HISTORIA DE UNA EMPRESA

Nuestra empresa [3. Menú desplegable 1] muchas lecciones desde sus comienzos hace 100 años. Electrodomésticos Modernos comenzó a fines de la década de 1920, una época de cambio para muchas empresas estadounidenses. Las empresas de energía eléctrica comenzaron a instalar líneas de alta tensión por todos los Estados Unidos, y luego los teléfonos comenzaron a unir a los hogares y las empresas. Hubo muchos avances en los aparatos de cocina en ese entonces. Por ejemplo, el refrigerador se estaba popularizando por entonces en las cocinas estadounidenses.

Tal como ya les [3. Menú desplegable 2] a muchas otras empresas incipientes, el primer producto de nuestra empresa, el Ayudante Hogareño, fue un fracaso. En aquella época parecía una buena idea combinar una tostadora y un horno todo en uno, pero no llegó a entusiasmar a los consumidores y tuvo varios problemas de funcionamiento. Sin embargo, ese fracaso no significó el fin de la empresa. Aprendimos de la experiencia y seguimos desarrollando una gama de otros productos que [3. Menú desplegable 3] extraordinariamente bien durante estos años y siguen teniendo aceptación en sus versiones más recientes.

En Aparatos de Cocina Modernos, escuchamos a nuestros clientes y nos esforzamos por darles los productos que ellos quieren y necesitan. Durante los últimos 100 años, nuestra empresa ha creado más de 150 productos exitosos e innovadores tecnológicamente. Entre ellos se incluyen refrigeradores y congeladores, hornos convencionales y de convección, estufas a gas y eléctricas, lavavajillas y hornos de microondas. Hoy en día, nuestros productos se usan en millones de hogares. Estamos seguros de que para cuando la empresa celebre sus próximos 100 años, millones de personas más [3. Menú desplegable 4] nuestros productos.

Opciones de respuesta del menú desplegable

3.1 A. habrá aprendido
    B. había aprendido
    C. aprende
    D. ha aprendido

3.2 A. ha sucedido
    B. había sucedido
    C. sucederá
    D. habrá sucedido

3.3 A. funcionan
    B. habían funcionado
    C. han funcionado
    D. habrán funcionado

3.4 A. habrán usado
    B. habían usado
    C. han usado
    D. usaron

UNIDAD 4

★ Ítem en foco: **MENÚ DESPLEGABLE**

INSTRUCCIONES: Lee el pasaje. Del menú desplegable, elige la respuesta que **mejor** complete la oración.

NO A LOS TODOTERRENOS EN LOS PARQUES ESTATALES

Estimado editor:

Recientemente se ha publicado en *Crónicas Urbanas* que los usuarios de vehículos todoterreno impulsan la aprobación de un nuevo proyecto de ley por parte de la legislatura estatal. Este proyecto de ley permitiría que los aficionados a los todoterrenos conduzcan sus vehículos en parques estatales. Muchas personas desconocen que, para el mes próximo, nuestros legisladores ya [4. Menú desplegable 1] este proyecto de ley que, de aprobarse, traería serias consecuencias para nuestros parques estatales. Es importante poner un freno a este proyecto de ley antes de que se apruebe.

Una encuesta realizada recientemente [4. Menú desplegable 2] que en los parques estatales, los transeúntes y los excursionistas superan en una proporción de 5 a 1 a los potenciales conductores de todoterrenos. Aunque no tengo nada en contra de los todoterrenos, es sabido que son ruidosos y dañan los caminos, aun cuando los conductores conducen esos vehículos con responsabilidad. Más del 70 por ciento de las personas encuestadas se manifestaron en contra de permitir que los todoterrenos circulen por nuestros parques estatales. Estos encuestados mencionaron inquietudes válidas acerca del ruido excesivo, el daño a las áreas y los senderos con césped, y el potencial peligro para los transeúntes y los excursionistas. ¡Las personas [4. Menú desplegable 3] claro que no quieren ver todoterrenos en los parques estatales!

Otros lugares ofrecen espacios abiertos donde las personas pueden conducir. Por ejemplo, los miles de acres de viejas minas de carbón en la parte sur del estado últimamente [4. Menú desplegable 4] a conductores de todoterrenos de todo el país. Además, en muchas áreas al aire libre hay sectores donde los usuarios de todoterrenos pueden conducir a bajo costo. Estos sectores se diseñaron para conducir todoterrenos y son más adecuados para esta actividad. Debemos instar a los conductores de nuestro estado a que usen estos sectores en lugar de intentar crear sectores nuevos en nuestros parques estatales.

Opciones de respuesta del menú desplegable

4.1 A. votaron
B. han votado
C. habían votado
D. habrán votado

4.2 A. habrá revelado
B. había revelado
C. ha revelado
D. revelará

4.3 A. habían dejado
B. han dejado
C. dejan
D. habrán dejado

4.4 A. habían atraído
B. habrán atraído
C. atraerán
D. han atraído

INSTRUCCIONES: Lee el pasaje. Del menú desplegable, elige la respuesta que **mejor** complete la oración.

CÓMO ELEGIR E INSTALAR UN ORGANIZADOR DE ARMARIO

Si hasta ahora usted nunca [5. Menú desplegable 1] que existiera una solución para su armario repleto y caótico, es hora de que conozca un organizador de armario. Hay varias cuestiones para tener en cuenta a la hora de comprar e instalar un organizador de armario. Los tipos más comunes son los de madera (a veces hechos de aglomerado) y los organizadores de alambre. Si la apariencia no es importante, compre organizadores de alambre, que suelen costar menos que los de madera. Los organizadores de madera suelen ser más sólidos y más estéticos, aunque pueden ser más difíciles de instalar. Sea cual fuere el tipo de organizador que prefiera, puede adquirirlo en una ferretería o una tienda de artículos para el hogar. Compare distintos precios para así sacar mayor provecho de su dinero.

Si la información presentada hasta aquí lo [5. Menú desplegable 2] de adquirir un organizador de armario, entonces le indicaremos cómo instalarlo. Primero, quite todos los elementos de su armario, incluyendo los estantes y las barras. Si quita las puertas, le resultará más fácil colocar las partes en el armario. Si queda algún agujero, rellénelo con masilla u otro material adecuado.

A continuación, lea con atención las instrucciones del fabricante. Comience a armar el organizador de armario según las instrucciones que ya [5. Menú desplegable 3] . La mayoría de los organizadores se arman con pernos que se conectan. No debe usar un atornillador eléctrico para armar el organizador, pero sí para fijarlo a la pared. Una vez que haya armado el organizador, debe medir y marcar la pared para determinar dónde colgar cada parte. Con los sujetadores adecuados, asegure cada parte del organizador a los montantes de pared. Es importante asegurarse de que los tornillos estén adecuadamente fijados a la pared.

¡Después de nada más que una pequeña inversión de tiempo y dinero, usted [5. Menú desplegable 4] un nuevo armario que funcionará mucho mejor que antes!

Opciones de respuesta del menú desplegable

5.1 A. ha imaginado
    B. habrá imaginado
    C. había imaginado
    D. imaginará

5.2 A. ha convencido
    B. había convencido
    C. convencerá
    D. habrá convencido

5.3 A. habrá leído
    B. había leído
    C. lee
    D. ha leído

5.4 A. había creado
    B. habrá creado
    C. ha creado
    D. creó

Acentuación

Usar con el *Libro del estudiante,* págs. 170–171.

OBJETIVO DE EVALUACIÓN DEL LENGUAJE: L.1.1

1 Repasa la destreza

El acento es la mayor fuerza de pronunciación que recae sobre una sílaba en una palabra. Según en qué sílaba recaiga el acento, las palabras se clasifican en **agudas** (en la última sílaba), **llanas** (en la penúltima sílaba), **esdrújulas** (en la antepenúltima sílaba) y **sobreesdrújulas** (en cualquier sílaba anterior a la antepenúltima). La tilde es la línea oblicua que va arriba de la vocal de la sílaba acentuada en los casos en que corresponde escribirla.

2 Perfecciona la destreza

Al perfeccionar la destreza de acentuación, mejorarás tus capacidades de escritura y evaluación, especialmente en relación con la prueba de Razonamiento a través de las Artes del Lenguaje de GED®. Estudia las explicaciones y los ejemplos que aparecen a continuación. Luego responde las preguntas.

▶ Estudia la tabla que aparece a continuación para repasar cuándo una palabra lleva **tilde** en la sílaba acentuada.

Reglas de la tilde	Ejemplos
Palabras agudas; cuando terminan en *n*, *s* o vocal	oración, canción, jamás, café
Palabras llanas; cuando terminan en consonante, menos *n* o *s*	difícil, azúcar, césped, lápiz
Palabras esdrújulas; siempre	álamo, cándido, crítico, préstamo
Palabras sobreesdrújulas; siempre, excepto los adverbios compuestos por adjetivo sin tilde + sufijo *mente*	dígamelo, tómeselo, fácilmente, evidentemente

1. **Debes practicár mucho la canción antes de tu presentación en vivo.** ¿Qué corrección se debe hacer en la oración?

   A. cambiar <u>canción</u> por <u>cancion</u>
   B. cambiar <u>practicár</u> por <u>practicar</u>
   C. cambiar <u>antes</u> por <u>ántes</u>
   D. cambiar <u>presentación</u> por <u>presentacion</u>

2. **Los padres alentaron la participación de su hijo en los juegos olimpicos escolares.** ¿Qué corrección se debe hacer en la oración?

   A. cambiar <u>olimpicos</u> por <u>olímpicos</u>
   B. cambiar <u>participación</u> por <u>participacion</u>
   C. cambiar <u>alentaron</u> por <u>alentáron</u>
   D. cambiar <u>escolares</u> por <u>escoláres</u>

TEMAS

Hay palabras que tienen dos formas de acentuación, por ejemplo: olimpíada/olimpiada, cardíaco/cardiaco, alvéolo/ alveolo, período/periodo, gladíolo/gladiolo, entre otras. Se consideran correctas y se aceptan las dos formas. Para comprobar si una palabra tiene más de una forma de acentuación, consulta siempre un diccionario actualizado.

⭐ Ítem en foco: **MENÚ DESPLEGABLE**

INSTRUCCIONES: Lee el pasaje. Del menú desplegable, elige la respuesta que **mejor** complete la oración.

De: josh_bowen23@xyz.com

Asunto: Oportunidades de trabajo voluntario

Fecha: 17 de septiembre, 2014 12:43 p.m. EDT

Para: k.washington@padresparamascotas.org

Hola, Kendra:

Mi vecino, Dennis Trachtenberg, me dio tu nombre. Dennis me comentó que tú eres la persona a quien debo contactar para ofrecerme como voluntario en Padres para Mascotas. Me imagino que estás familiarizada con el trabajo de Dennis como voluntario en tu programa de [3. Menú desplegable 1] para perros. Como sabes, él pasea perros dos veces por semana y los lleva al mercado junto al río los domingos para que los potenciales "nuevos padres" puedan ver a los perros y jugar con ellos.

Admiro todo el esfuerzo que has hecho como voluntaria en la comunidad y espero poder unirme a tu equipo. Siempre he amado a los perros y siento una conexión especial con ellos. Crecí en una casa con perros encantadores y he tenido perros durante casi toda mi vida de adulto. [3. Menú desplegable 2] tengo una perra, Sadie, que adopté de un refugio. Cuando recibí a Sadie, ella tenía unos ocho meses de vida. Era delgada y asustadiza, porque sus dueños la habían descuidado y maltratado. Por todo el amor y la [3. Menú desplegable 3] que recibió, ahora es una perra adorable y educada, además de ser mi mejor amiga. Me gusta mucho ayudar a que los perros abandonados, maltratados y rechazados consigan un hogar acogedor.

Soy maestro en la Escuela Secundaria Middlebury y entrenador del equipo de tenis. Como maestro, tengo horarios bastante flexibles. Puedo pasear perros a [3. Menú desplegable 4] hora de la tarde o a primera hora de la noche. Si no asisto a los partidos de tenis de mi equipo, suelo estar libre los fines de semana.

¡Espero tu respuesta!

Opciones de respuesta del menú desplegable

3.1 A. ádopcion
     B. adópcion
     C. adopcion
     D. adopción

3.2 A. Áctualmente
     B. Actuálmente
     C. Actualmente
     D. Actualménte

3.3 A. atencion
     B. atención
     C. aténcion
     D. átencion

3.4 A. ultimá
     B. ultíma
     C. última
     D. ultima

UNIDAD 4

★ Ítem en foco: MENÚ DESPLEGABLE

INSTRUCCIONES: Lee el pasaje. Del menú desplegable, elige la respuesta que **mejor** complete la oración.

CONSEJOS PARA BUSCAR TRABAJO

En una [4. Menú desplegable 1] pasada, era bastante común que los empleados hicieran toda su carrera en una sola empresa. Sin embargo, en la actualidad, los empleados suelen trabajar para varias empresas a lo largo de su carrera. Hay mucha competencia para el mismo trabajo entre personas de diferentes edades, historias y niveles de experiencia. Dada la intensidad de la competencia por trabajos bien pagos, es importante que quienes buscan trabajo no cometan los errores típicos durante la búsqueda.

Recuerde que el propósito de un buen currículo es asegurar una [4. Menú desplegable 2]. Los currículos de quienes buscan trabajo deben incluir información de contacto y experiencia laboral completa. Quienes buscan trabajo también deben ser capaces de explicar los períodos de inactividad en la cronología de su experiencia laboral o los cambios de trabajo frecuentes. El vocabulario de los currículos debe ser variado pero específico. Las palabras que indican acción, como *asistir, entregar, coordinar, preparar, organizar, construir* o *administrar*, sirven para describir mejor las actividades laborales.

Una vez que las personas que buscan trabajo consiguen una entrevista, deben "vender" sus capacidades a sus potenciales empleadores. Deben prepararse para la entrevista de manera tal que den la [4. Menú desplegable 3] de estar informados acerca de la historia de la empresa y hagan preguntas inteligentes. A cambio, los empleadores quieren que los potenciales empleados sean positivos y coherentes al responder preguntas. Una manera de impresionar a un potencial empleador es expresar las metas laborales y explicar en qué coinciden con las de la empresa.

[4. Menú desplegable 4] de la entrevista, muchas personas que buscan trabajo envían un mensaje de agradecimiento a quienes los entrevistaron. Normalmente, el mensaje contiene más información o expresa brevemente que se espera recibir noticias de ellos.

Opciones de respuesta del menú desplegable

4.1 A. epóca
 B. epoca
 C. época
 D. epocá

4.2 A. entrevísta
 B. entrevista
 C. éntrevista
 D. entrévista

4.3 A. imprésion
 B. impresion
 C. impresión
 D. ímpresion

4.4 A. Después
 B. Despues
 C. Despúes
 D. Déspues

UNIDAD 4

INSTRUCCIONES: Lee el pasaje. Del menú desplegable, elige la respuesta que **mejor** complete la oración.

¡COCINAR CON FUEGO!

Con el verano, llega la hora de [5. Menú desplegable 1] la parrilla, llamar a los amigos y hacer una buena barbacoa. Pero antes de encender su parrilla, lea estos sencillos consejos y refresque sus destrezas en la materia:

- Limpie la parrilla antes y después de usarla. Las partículas de comida que quedan en la rejilla pueden quemarse y alterar el sabor de la carne o los vegetales que cocine después en la parrilla. Por ejemplo, las partículas de pescado asado que quedan pueden dar un sabor extraño a las hamburguesas.

- Evite que la carne cruda entre en contacto con la comida ya cocinada. Mantenga la carne cruda y la carne cocida en platos o fuentes diferentes. Si toma esta [5. Menú desplegable 2], evitará que las bacterias de la carne cruda contaminen la comida cocinada.

- [5. Menú desplegable 3] el tiempo para precalentar la parrilla. Este paso servirá para matar las bacterias de la parrilla y le asegurará haber alcanzado la temperatura adecuada antes de comenzar a cocinar.

- Para cocinar buenas comidas a la parrilla se necesita una parrilla caliente, pero no demasiado caliente. La temperatura adecuada normalmente está en el rango de 325 °F a 400 °F. Una temperatura muy alta puede quemar la parte exterior de la comida y dejar cruda su parte interior. Por otro lado, si la temperatura es muy baja, la comida no se asará adecuadamente y quedará seca y sosa.

Si sigue estos consejos, podrá cocinar una buena comida en la parrilla y será la envidia de los [5. Menú desplegable 4] a maestros parrilleros. Camarones o pescado, bistecs o hamburguesas, no es difícil disfrutar de una rica comida cuando se enciende una parrilla.

Opciones de respuesta del menú desplegable

5.1 A. desempolvar
    B. desempolvár
    C. desempólvar
    D. desémpolvar

5.2 A. precáucion
    B. precaucion
    C. precaución
    D. précaucion

5.3 A. Tómese
    B. Tomese
    C. Tomesé
    D. Tomése

5.4 A. aspirántes
    B. aspirantes
    C. aspirantés
    D. áspirantes

6
LECCIÓN

Palabras que suelen confundirse

Usar con el **Libro del estudiante,** págs. 172–173.

OBJETIVO DE EVALUACIÓN DEL LENGUAJE: L.1.1

1 Repasa la destreza

Las palabras que suelen confundirse son las palabras **parónimas** y las palabras **homófonas**.

Las palabras parónimas son las palabras que se pronuncian de forma parecida, pero tienen un significado y una ortografía diferentes, por ejemplo: *espiar* (observar disimuladamente) y *expiar* (borrar la culpa). Las palabras homófonas son las palabras que se pronuncian igual, pero tienen ortografía y significado diferentes, por ejemplo: *cerrar* (asegurar algo para que no se abra) y *serrar* (cortar con sierra).

2 Perfecciona la destreza

Al perfeccionar la destreza de usar las palabras parónimas y las palabras homófonas correctamente, mejorarás tus capacidades de escritura y evaluación, especialmente en relación con la prueba de Razonamiento a través de las Artes del Lenguaje de GED®. Estudia los ejemplos que aparecen a continuación. Luego responde las preguntas.

▶ Compara y contrasta el uso de palabras parónimas en las dos oraciones siguientes.

Especie significa conjunto de elementos semejantes entre sí.	*Especia* significa sustancia vegetal aromática usada como condimento.

El lobo es una especie temida. / La vainilla es una especia muy común.

▶ Compara y contrasta el uso de palabras homófonas en las dos oraciones siguientes.

Varón significa persona de sexo masculino.	Barón significa título de la nobleza europea.

Mi hermana dio a luz a un hermoso varón. / El título de barón es concedido por los reyes.

1. **Aún no se sabe quién ganó el premio mayor; el nombre se rebelará en una hora.** ¿Qué corrección se debe hacer en la oración?

   A. cambiar nombre por hombre
   B. cambiar sabe por cabe
   C. cambiar rebelará por revelará
   D. cambiar premio por gremio

2. **Estira la maza de forma pareja para que abarque todo el molde.** ¿Qué corrección se debe hacer en la oración?

   A. cambiar forma por horma
   B. cambiar Estira por Expira
   C. cambiar abarque por alargue
   D. cambiar maza por masa

USAR LA LÓGICA

A medida que lees, usa claves del pasaje para determinar si se ha elegido la palabra correcta y si su significado es claro. De ser necesario, estudia la ortografía y la definición de las palabras parónimas y las palabras homófonas.

UNIDAD 4

⭐ Ítem en foco: **MENÚ DESPLEGABLE**

INSTRUCCIONES: Lee el pasaje. Del menú desplegable, elige la respuesta que **mejor** complete la oración.

Estimado editor:

Leí el último número de la revista *Saber cocinar* y me quedé sorprendido por su artículo sobre la comida mexicana. Opino que el autor, como muchas personas, tiene una idea equivocada sobre la comida mexicana. Cuando las personas piensan en comida mexicana, les viene a la mente la imagen de las cadenas de restaurantes de comida rápida que hay en todos los Estados Unidos. Mucha de la comida que se sirve en esos restaurantes no es comida mexicana auténtica. De [3. Menú desplegable 1] , la mayoría de los restaurantes han cambiado las recetas de comida mexicana o han inventado otras para complacer el [3. Menú desplegable 2] de los comensales del "norte de la frontera". Estos restaurantes sirven un tipo de comida que en realidad se llama *tex-mex*, un término que se aplica a los platos que se sirven en los restaurantes y a los que llaman "comida mexicana" aquí en los Estados Unidos.

Hoy en día, las personas que comen en los restaurantes de comida *tex-mex* pueden encontrar muchos platos que tienen aspecto de comida mexicana pero que no [3. Menú desplegable 3] de México. Algunos platos, como el chile con carne, el chile con queso y los nachos son comida *tex-mex* y no comida mexicana auténtica. Es posible que esos platos tengan una conexión lejana con la cocina mexicana, pero se puede decir que son recetas típicas del suroeste de los Estados Unidos.

Sería bueno leer un artículo que trate acerca de la verdadera comida mexicana. ¡Espero leer periodismo de mayor nivel en su revista! Si desean escribir acerca de comida *tex-mex*, me [3. Menú desplegable 4] bien. Sin embargo, se debe aclarar qué tipo de comida es esa y no confundirla con la cocina mexicana auténtica.

Atentamente,

Filiberto Verdasco

Opciones de respuesta del menú desplegable

3.1 A. lecho
B. echo
C. techo
D. hecho

3.2 A. gusto
B. lustro
C. susto
D. justo

3.3 A. previenen
B. prevén
C. provienen
D. proveen

3.4 A. perece
B. parece
C. párese
D. padece

UNIDAD 4

★ Ítem en foco: **MENÚ DESPLEGABLE**

INSTRUCCIONES: Lee el pasaje. Del menú desplegable, elige la respuesta que **mejor** complete la oración.

ALERTA SOBRE HERVIR EL AGUA
Rose Bud, Texas

El [4. Menú desplegable 1] Municipal de la Ciudad de Rose Bud ha enviado una recomendación de hervir el agua a todos los residentes de Rose Bud y algunas ciudades de los alrededores. La recomendación estará en [4. Menú desplegable 2] hasta que las muestras de agua que se sometieron a pruebas en el laboratorio del estado den resultados negativos en cuanto a bacterias.

Se ha [4. Menú desplegable 3] esta recomendación debido a que se han identificado altos niveles de varios tipos de bacteria en el suministro de agua de la ciudad. Como respuesta a esta situación, los funcionarios de la ciudad han decidido agregar cloro al agua. Sin embargo, por motivos de seguridad, los residentes que quieran consumir el agua, especialmente los menores de 15 años y los mayores de 65 años, deben esperar hasta que el Departamento de Protección Ambiental determine si el agua es segura para el consumo.

Se ha recomendado al público que, en lo posible, beba agua envasada hasta que se determine que el agua de la llave es potable, o sea que se puede beber sin riesgo. Si fuese necesario consumir agua de la llave, primero se debe dejar que el agua [4. Menú desplegable 4] durante un minuto. Esta acción debería matar a las bacterias dañinas. Luego esa agua puede ser enfriada y consumida. Se solicita a todos los ciudadanos que recuerden que el agua potable no siempre se puede identificar a simple vista, por su aspecto o por su olor, por eso se ruega que sigan la recomendación de hervir el agua hasta que se informe que el agua es potable.

El agua de la llave puede utilizarse para limpieza. Para desinfectar platos y utensilios de cocina, se recomienda sumergirlos por lo menos un minuto en agua limpia de la llave con una cucharadita de blanqueador común por cada galón de agua.

Opciones de respuesta del menú desplegable

4.1 A. Concejo
     B. Complejo
     C. Cortejo
     D. Consejo

4.2 A. vivencia
     B. videncia
     C. vigencia
     D. silencia

4.3 A. admitido
     B. emitido
     C. dimitido
     D. omitido

4.4 A. sienta
     B. hierba
     C. cierta
     D. hierva

CARTA DE UNA EMPRESA DE TELEFONÍA CELULAR

Estimado Sr. Thompson:

Por haber sido usted un valorado cliente de USA Wireless durante los [5. Menú desplegable 1] cinco años, tenemos una excelente propuesta para hacerle. Si quisiera extender su contrato de telefonía celular con nosotros por dos años más, tendría derecho a cambiar su actual plan de servicio por el Plan para Clientes Exclusivos por solo $10 adicionales por mes. Este cambio representa un ahorro de $240 por año por el servicio exclusivo, una oferta que otros proveedores de telefonía celular no pueden igualar. ¡No puede desaprovechar una oferta como esta!

El Plan para Clientes Exclusivos ofrece mensajes de texto ilimitados y datos ilimitados. Además, si [5. Menú desplegable 2] su contrato con nuestra empresa dentro de los ocho días de la fecha de esta carta, también tendrá [5. Menú desplegable 3] a llamadas internacionales ilimitadas por solo $0.05 por minuto durante el primer año de su nuevo contrato. Durante el segundo año de contrato, volverá a tener la tarifa de llamadas internacionales estándar de $0.15 por minuto.

Si alguna vez quiso obtener más de su teléfono celular sin gastar dinero extra por contar con servicios exclusivos, ahora es el momento de tener el Plan para Clientes Exclusivos a una [5. Menú desplegable 4] de su costo normal. Llame al 1-123-555-0095 o envíenos un correo electrónico para hacernos saber que desea extender su contrato.

Opciones de respuesta del menú desplegable

5.1 A. pesados
　　 B. pasados
　　 C. tasados
　　 D. basados

5.2 A. atiende
　　 B. entiende
　　 C. expende
　　 D. extiende

5.3 A. acceso
　　 B. accedo
　　 C. exceso
　　 D. ascenso

5.4 A. tracción
　　 B. fricción
　　 C. fracción
　　 D. facción

UNIDAD 4

7 LECCIÓN
Concordancia básica entre sujeto y verbo

Usar con el *Libro del estudiante,* págs. 174–175.

OBJETIVOS DE EVALUACIÓN DEL LENGUAJE: L.1.2, L.1.7

1 Repasa la destreza

La **concordancia entre sujeto y verbo** se refiere a que, en una oración, el verbo debe coincidir en número y persona con el sujeto. En otras palabras, un sujeto singular concuerda con el verbo en singular y un sujeto plural concuerda con el verbo en plural.

2 Perfecciona la destreza

Al perfeccionar la destreza de usar la concordancia entre sujeto y verbo correctamente, mejorarás tus capacidades de escritura y evaluación, especialmente en relación con la prueba de Razonamiento a través de las Artes del Lenguaje de GED®. Estudia los ejemplos que aparecen a continuación. Luego responde las preguntas.

▶ Estudia la siguiente tabla para repasar cómo aplicar la concordancia entre sujeto y verbo en tu escritura.

a Recuerda que cuando un sujeto tiene dos o más sustantivos unidos por **y** que se refieren a personas distintas, el verbo debe estar en plural: Juan **y** María **leen** el mismo libro.

b Si los sustantivos se refieren a la misma persona, el verbo debe ser singular: El escritor **y** periodista **ganó** tres premios.

Tipo de sujeto	Forma del verbo	Ejemplos
Sujeto de un sustantivo	singular y plural	El verbo concuerda con el sujeto en número y persona: El maestro *saluda* a los nuevos estudiantes. Los nuevos estudiantes *saludan* al maestro.
Sujeto de un sustantivo colectivo	singular y plural	El verbo concuerda con el sujeto en número y persona: La familia *viaja* hacia el centro de veraneo. Varias familias *viajan* hacia el centro de veraneo.
Sujeto de un sustantivo colectivo + frase nominal en plural	singular o plural	El número del verbo puede ser singular o plural: La mayoría de los empleados *trabaja* en el turno noche. (verbo en singular porque concuerda con el sustantivo colectivo *mayoría*) La mayoría de los empleados *trabajan* en el turno noche. (verbo en plural porque concuerda con el sustantivo plural *empleados*)
Sujeto de dos o más sustantivos unidos por la conjunción y	singular y plural	Dos sustantivos que se refieren a personas distintas: Paulina y Raúl *conocen* muchos juegos divertidos. Dos sustantivos que se refieren a la misma persona: La actriz y cantante *conoce* muchos países.
Sujeto de dos o más sustantivos unidos por la conjunción o	singular o plural	El número del verbo puede ser singular o plural: Uno u otro *obtendrá/obtendrán* el trabajo.

TEMAS

Los sustantivos colectivos designan, en singular, a un conjunto de elementos o seres de la misma clase (*multitud, familia, rebaño,* etc.). Estos sustantivos también pueden usarse en plural (*multitudes, familias, rebaños,* etc.). Por lo tanto, es importante analizar el número de un sustantivo colectivo que funciona como sujeto para verificar la concordancia con el verbo.

1. **Mis primos viven en Cleveland pero viene a visitarme con mucha frecuencia.** ¿Qué corrección se debe hacer en la oración?

   A. cambiar <u>viven</u> por <u>vive</u>
   B. cambiar <u>viven</u> por <u>vivieron</u>
   C. cambiar <u>viene</u> por <u>vienen</u>
   D. cambiar <u>viene</u> por <u>vino</u>

2. **Roberto y su hermana canta en el coro universitario que debuta hoy.** ¿Qué corrección se debe hacer en la oración?

   A. cambiar <u>canta</u> por <u>cantan</u>
   B. cambiar <u>canta</u> por <u>cantado</u>
   C. cambiar <u>debuta</u> por <u>debutan</u>
   D. cambiar <u>debuta</u> por <u>debutado</u>

222   Lección 7 | Concordancia básica entre sujeto y verbo

★ Ítem en foco: **MENÚ DESPLEGABLE**

INSTRUCCIONES: Lee el pasaje. Del menú desplegable, elige la respuesta que **mejor** complete la oración.

EMPRESA DE CUIDADO DE ÁRBOLES SOMBRA FRESCA: PARA PROTEGER LA VIDA DE SUS ÁRBOLES

Tal como los elementos decorativos que usted coloca dentro de su casa, los árboles le [3. Menú desplegable 1] personalidad y carácter al aspecto exterior de su casa. Los árboles no solo hacen que su casa se vea más hermosa, sino que también le dan sombra fresca que le permite ahorrar dinero.

Sombra Fresca se ha ocupado de cuidar árboles durante 25 años y ha trabajado para mejorar la belleza de su frondosidad y alargar su período de vida. En nuestro personal contamos con un arborista certificado para consultas y diagnóstico de enfermedades de los árboles.

Ofrecemos los siguientes servicios:

- Poda. Los residuos y las ramas que cuelgan peligrosamente de los árboles [3. Menú desplegable 2] el revestimiento y las tejas de las casas. Con nuestro servicio de poda puede ahorrar miles de dólares en reparaciones de construcción, ya que se eliminan pequeñas partes problemáticas antes de que se compliquen más. Además, los escombros pueden atraer pestes. Por ejemplo, muchos propietarios descubren que una zarigüeya o una ardilla [3. Menú desplegable 3] los escombros para entrar en su hogar.

- Mantenimiento. Ofrecemos fertilización profunda, eliminación de heno de mota y tratamientos contra el gusano tejedor. Nuestra política es brindar a sus árboles los nutrientes que necesitan para estar saludables, no aplicar tratamientos químicos que podrían afectar a niños o mascotas.

- Eliminación de árboles muertos o peligrosos. Los miembros de nuestro personal experimentado [3. Menú desplegable 4] los árboles para saber si presentan riesgo de caída.

Queremos que la sombra lo proteja. Visite www.sombrafresca.com o llame al 123-555-8733 para obtener un presupuesto.

Opciones de respuesta del menú desplegable

3.1 A. dio
B. da
C. dado
D. dan

3.2 A. dañan
B. ha dañado
C. daña
D. dañó

3.3 A. usarán
B. había usado
C. ha usado
D. usará

3.4 A. han evaluado
B. evalúan
C. evalúa
D. habrán evaluado

UNIDAD 4

★ Ítem en foco: **MENÚ DESPLEGABLE**

INSTRUCCIONES: Lee el pasaje. Del menú desplegable, elige la respuesta que **mejor** complete la oración.

A todos mis lectores:

Quiero agradecerles por leer mi último libro, *Todos los rostros equivocados*. Estoy agradecida por el tiempo y la atención que brindan a mis obras. A causa de mis viajes, a menudo me resulta difícil ponerme en contacto con los lectores individualmente. Al parecer, muchas personas [4. Menú desplegable 1] contactarme, porque a menudo piden mi dirección. Me complace anunciar que ahora hay una manera de conectarnos. Pueden enviar por correo electrónico sus opiniones y comentarios acerca de mis obras a través de mi nuevo sitio web. Aunque no pueda responder personalmente a todos los correos electrónicos, les prometo que responderé a la mayor cantidad de mensajes que sea posible. Sus comentarios y sus aportes [4. Menú desplegable 2] muy valiosos para mí.

También encontrarán en mi sitio web noticias e información sobre mis libros, además de enlaces a otros libros que tal vez les [4. Menú desplegable 3] . Cada mes, recomendaré un libro o dos de algunos de mis autores favoritos. Podrán adquirir esos libros directamente desde el sitio web.

Una vez más, gracias por leer mi libro más reciente y todos los demás. Su apoyo y su generosidad [4. Menú desplegable 4] mucho para mí. Les pido que usen mi nuevo sitio web para que me escriban directamente. ¡Espero tener noticias de ustedes!

Atentamente,

Shannon McConell

Opciones de respuesta del menú desplegable

4.1 A. deseará
    B. desearán
    C. desean
    D. desea

4.2 A. fue
    B. es
    C. fueron
    D. son

4.3 A. interesen
    B. interesó
    C. interese
    D. ha interesado

4.4 A. habrá significado
    B. significan
    C. habrán significado
    D. significa

INSTRUCCIONES: Lee el pasaje. Del menú desplegable, elige la respuesta que **mejor** complete la oración.

¡MENOS COMERCIALES, POR FAVOR!

Escribo este correo electrónico porque me preocupa la cantidad de comerciales que se muestran en su emisora durante mis programas favoritos. Mientras veía *Las noches de nuestras vidas* en la noche del jueves, conté no menos de 50 comerciales. Hubo ocho pausas diferentes durante el programa y, en al menos una de ellas, se incluyeron siete comerciales. ¡Pienso que seis o siete comerciales [5. Menú desplegable 1] la cantidad máxima que debería tener que ver!

Para empeorar las cosas, [5. Menú desplegable 2] molestos anuncios emergentes a lo largo del programa. Estos anuncios emergentes suelen ocupar casi un tercio de la pantalla con textos como este: "Nuevo episodio de *Sala de justicia*, lunes a la noche, 9:00 (hora estándar del este), 8:00 (hora estándar central)". Este anuncio se suma a los cuatro anuncios que vi de ese programa durante los cortes comerciales tradicionales.

¿Cuánto necesita su emisora promocionar su propia programación? ¿Cuántas personas diferentes piensan ustedes que sintonizan el canal aproximadamente cada siete u ocho minutos? La mayoría de las personas [5. Menú desplegable 3] un solo programa hasta el final. ¿Piensan ustedes que 15 minutos después del comienzo de un programa los telespectadores no son los mismos que lo estaban mirando cinco minutos después del comienzo?

Hay una razón por la cual cada vez más personas prefieren los servicios de *streaming*. Allí puedo ver un episodio completo de *La novia del vampiro* sin ver un solo comercial. Es probable que estas constantes interrupciones por comerciales hagan que los telespectadores dejen de comprar los productos que publicitan sus anunciantes. Ustedes [5. Menú desplegable 4] los únicos culpables.

Opciones de respuesta del menú desplegable

5.1 A. superas
    B. superará
    C. superarán
    D. superan

5.2 A. habrá aparecido
    B. aparecen
    C. aparece
    D. habrán aparecido

5.3 A. habrán mirado
    B. miraron
    C. han mirado
    D. miran

5.4 A. son
    B. es
    C. fue
    D. ha sido

8
LECCIÓN

Mayúsculas

Usar con el **Libro del estudiante,** págs. 176–177.

OBJETIVO DE EVALUACIÓN DEL LENGUAJE: L.2.1

1 Repasa la destreza

Las **mayúsculas** ayudan a los lectores a identificar sustantivos propios (*Jorge Paz, Teresa García*), títulos y cargos que no preceden al nombre de la persona (*el Rey, el Papa*); abreviaturas de las fórmulas de tratamiento (*Sr. Molina, Sra. Pérez*), días festivos (*Día de la Independencia, Día del Trabajo*), épocas históricas (*Iluminismo, Guerra de Secesión*), entre otros casos en que se usan mayúsculas.

2 Perfecciona la destreza

Al perfeccionar la destreza de usar las mayúsculas correctamente, mejorarás tus capacidades de escritura y evaluación, especialmente en relación con la prueba de Razonamiento a través de las Artes del Lenguaje de GED®. Estudia los ejemplos que aparecen a continuación. Luego responde las preguntas.

▶ Estudia la siguiente tabla para repasar cómo aplicar las mayúsculas en tu escritura.

Sustantivo común (con minúscula)	Ejemplo	Sustantivo propio (con mayúscula)	Ejemplo
doctor	El doctor que lo atendió la semana pasada no está hoy.	Dr. Sánchez (abreviatura)	El Dr. Sánchez ingresó en la sala de emergencias.
sol	En verano debemos protegernos más del sol.	Sol (en contexto de astronomía)	El Sol es la estrella que mantiene vivo a nuestro planeta.
trabajo	Un trabajo bien hecho es garantía de satisfacción.	ministro de Trabajo (para designar cargo)	El ministro de Trabajo ha sido muy criticado.
cañón	El trayecto incluye atravesar un cañón y un valle.	Gran Cañón (como parte de sustantivo propio)	Visitar el Gran Cañón es un privilegio visual.

1. **El sábado pasado, Leo vio tocar a la banda de su amigo en el café de la calle independencia.** ¿Qué corrección se debe hacer en la oración?

   A. cambiar sábado por Sábado
   B. cambiar independencia por Independencia
   C. cambiar Leo por leo
   D. cambiar café por Café

2. **El Río Mississippi atraviesa varias ciudades estadounidenses importantes.** ¿Qué corrección se debe hacer en la oración?

   A. cambiar estadounidenses por Estadounidenses
   B. cambiar ciudades por Ciudades
   C. cambiar Río por río
   D. cambiar Mississippi por mississippi

TEMAS

Comienza con mayúscula solo la primera palabra del título de libros, películas, obras teatrales, cuentos, canciones, poemas, artículos, etc. (*Cumbres borrascosas, El pozo y el péndulo*); se escriben con mayúscula los sustantivos propios que se incluyan dentro de un título (*La séptima orden de Saturno*).

UNIDAD 4

⭐ Ítem en foco: **MENÚ DESPLEGABLE**

INSTRUCCIONES: Lee el pasaje. Del menú desplegable, elige la respuesta que **mejor** complete la oración.

CONSEJOS DE NET360 PARA MANTENER SU SEGURIDAD EN INTERNET

¡Bienvenidos a la experiencia de Internet Net360! La internet se ha convertido en una herramienta útil que conecta a millones de personas diariamente. Gracias a la internet, un seguidor de [3. Menú desplegable 1] puede usar un foro para comentar con un seguidor de Australia qué hace que [3. Menú desplegable 2] sea una gran canción.

Aunque el uso de la internet pueda ser divertido, también puede afectar la vida de una persona de manera negativa si esta no tiene cuidado. Los usuarios de Internet Net360 deben seguir unas simples indicaciones para mantener la seguridad de su información personal.

Nunca abra un archivo adjunto a un correo electrónico de un remitente desconocido. Los archivos adjuntos pueden contener virus o programas espía que podrían infectar su computadora al abrirlos.

Cuando publique en un foro o en una red social, como [3. Menú desplegable 3], no revele ninguna información personal que no quiera que nadie conozca.

Nunca envíe su Número de [3. Menú desplegable 4], de cuenta bancaria o de tarjeta de crédito por correo electrónico ni lo publique en un foro.

Estos son solo algunos consejos para ayudar a proteger su información personal mientras está conectado. Al tener conciencia de los peligros y con un poco de sentido común, su experiencia en la internet puede ser más segura y más placentera.

Opciones de respuesta del menú desplegable

3.1 A. The Beatles de botsuana
B. the beatles de Botsuana
C. The Beatles de Botsuana
D the beatles de botsuana

3.2 A. *Submarino amarillo*
B. *submarino Amarillo*
C. *Submarino Amarillo*
D. *submarino amarillo*

3.3 A. facebook o craigslist
B. Facebook o craigslist
C. Facebook o Craigslist
D. facebook o Craigslist

3.4 A. seguro Social
B. Seguro Social
C. Seguro social
D. seguro social

UNIDAD 4

★ Ítem en foco: **MENÚ DESPLEGABLE**

INSTRUCCIONES: Lee el pasaje. Del menú desplegable, elige la respuesta que **mejor** complete la oración.

Hospital del Condado de Garland
Departamento de Recursos Humanos
855 Second Avenue
Hot Springs, AR 85196

Para: Todos los empleados

De: [4. Menú desplegable 1]

Asunto: Reglas para el uso de la tecnología en el lugar de trabajo

Con el fin de crear un ambiente laboral más productivo, le pido que tenga en cuenta las siguientes pautas acerca del uso de la tecnología en el lugar de trabajo.

Con vigencia a partir del [4. Menú desplegable 2], los empleados deberán mantener sus teléfonos celulares en silencio al ingresar a cualquier área del [4. Menú desplegable 3]. Las vibraciones, así como los tonos de llamado, molestan a las personas que trabajan cerca. Además, no se permitirá el uso de teléfonos celulares, auriculares o audífonos inalámbricos en las áreas comunes, incluidos los sanitarios. Como ya mencioné, estas costumbres perturban a las demás personas que se encuentran en estas áreas. En lo posible, las llamadas telefónicas de trabajo deben realizarse en su escritorio o dentro de su oficina. Las llamadas telefónicas personales deben ser limitadas y no deben interferir en su trabajo ni interrumpir la capacidad de trabajo de quienes estén cerca de usted.

Por último, no incluya a sus compañeros de trabajo en publicaciones de [4. Menú desplegable 4], ya sean publicaciones visuales o escritas. Si bien entendemos que algunos compañeros de trabajo pueden ser amigos suyos fuera del ámbito laboral, aplique la cautela y el sentido común a las interacciones que realice, ya que pueden ser vistas, escuchadas o leídas por los demás. Si mantiene su vida laboral y su vida personal por separado, evitará situaciones incómodas en el lugar de trabajo, las cuales pueden arruinar la reputación o la carrera de las personas.

Opciones de respuesta del menú desplegable

4.1 A. Lana Little, Directora de recursos humanos
B. Lana Little, Directora de Recursos Humanos
C. Lana Little, directora de Recursos Humanos
D. Lana Little, directora de Recursos humanos

4.2 A. Martes 20 de febrero
B. martes 20 de febrero
C. Martes 20 de Febrero
D. martes 20 de Febrero

4.3 A. Hospital del condado de garland
B. Hospital del Condado de Garland
C. hospital del condado de garland
D. hospital del Condado de Garland

4.4 A. Blogs o redes sociales
B. Blogs o Redes Sociales
C. blogs o Redes sociales
D. blogs o redes sociales

Lee el pasaje. Del menú desplegable, elige la respuesta que **mejor** complete la oración.

¿ES NECESARIA LA PELEA EN EL HOCKEY?

Estimado editor:

Al igual que hay dos bandos en cada pelea de hockey, hay dos bandos en la polémica sobre si la | 5. Menú desplegable 1 | (NHL, por sus siglas en inglés) debería prohibir las peleas. Ambos bandos sostienen que sus posturas tienen en cuenta la longevidad y la popularidad del deporte. Tal como les sucede a otros, este asunto me coloca en una encrucijada.

Los partidarios de la prohibición sostienen que las peleas hacen que los jugadores corran demasiado peligro. Por ejemplo, algunas personas mencionan la muerte de Don Sanderson, quien se golpeó la cabeza en una pelea y murió tres semanas después. Los mismos partidarios también sostienen que la prohibición de las peleas no solo protegería a los jugadores sino que también alentaría a más familias a asistir a los juegos sin que los niños sean testigos de violencia. Como dice el | 5. Menú desplegable 2 | , un reconocido analista deportivo, la prohibición de las peleas aumentaría la popularidad del deporte y atraería a nuevos simpatizantes.

Sin embargo, los partidarios de las peleas sostienen que algunos simpatizantes dejarían de ver el juego si se prohibiera el combate entre jugadores. El artículo | 5. Menú desplegable 3 | , sugiere que las peleas en la NHL atraen más simpatizantes que los que ahuyentan. Además, algunos simpatizantes creen que una prohibición no surtiría efecto. En otros deportes se han prohibido las peleas, pero igual continúan.

Si bien una prohibición no surtiría efecto, ¿tiene sentido aprobar la pelea? Si bien puedo comprender ambas posturas, me resulta difícil permanecer en terreno neutral. Como | 5. Menú desplegable 4 | , he decidido apoyar la prohibición. ¿Lo hará también la NHL?

Atentamente,

Dwayne Leonard

Opciones de respuesta del menú desplegable

5.1 A. liga nacional de hockey
B. Liga nacional de hockey
C. liga nacional de Hockey
D. Liga Nacional de Hockey

5.2 A. elton royce
B. sr. Elton Royce
C. Sr. Elton Royce
D. sr. elton royce

5.3 A. "Lucha al Límite"
B. "Lucha al límite"
C. "lucha al Límite"
D. "lucha al límite"

5.4 A. Presidente de Marketing Deportivo Leonard
B. presidente de marketing deportivo leonard
C. presidente de Marketing Deportivo Leonard
D. presidente de Marketing deportivo leonard

UNIDAD 4

9 Corrección de fragmentos de oraciones

LECCIÓN

Usar con el *Libro del estudiante,* págs. 178–179.

OBJETIVOS DE EVALUACIÓN DEL LENGUAJE: L.2.1, L.2.2, L.2.4

1 Repasa la destreza

Una oración completa tiene ciertas características. Primero, tiene un sujeto (explícito o implícito) que indica sobre qué o sobre quién trata la oración. Segundo, tiene un verbo que indica qué hace o qué es el sujeto. Tercero, debe expresar una idea completa. Por último, debe tener signos de puntuación.

Un **fragmento de oración** puede tener sujeto y no verbo, o viceversa, pero no expresa una idea completa y no es una oración independiente. Para que la oración sea completa e independiente, debe tener sujeto y verbo. Por ejemplo: *En el parque* (fragmento); *Almorzamos en el parque* (oración completa). También se puede agregar un fragmento a una oración completa. Fragmento: *aunque estaba cansado*. Oración completa: *Aunque estaba cansado, salí a pasear.*

2 Perfecciona la destreza

Al perfeccionar la destreza de corregir los fragmentos de oraciones, mejorarás tus capacidades de escritura y evaluación, especialmente en relación con la prueba de Razonamiento a través de las Artes del Lenguaje de GED®. Estudia los ejemplos que aparecen a continuación. Luego responde las preguntas.

▶ Los siguientes ejemplos te ayudarán a repasar los componentes de la oración.

COMPONENTES DE LA ORACIÓN

Sujeto	Verbo	Idea completa
Explícito: Mi hermano	conduce	Mi hermano conduce su carro nuevo.
Implícito: (Nosotros)	somos	Somos buenos compañeros de trabajo.

▶ Los siguientes ejemplos te ayudarán a repasar los tipos de oración más comunes según su puntuación al comienzo y al final.

TIPOS DE ORACIÓN

Puntuación	Clasificación	Ejemplos
Punto final (.)	Afirmativa	La casa está cerca de la playa.
Signos de interrogación (¿?)	Interrogativa	¿Quién conoce las reglas del juego?
Signos de exclamación (¡!)	Exclamativa	¡Ganamos el campeonato regional!

USAR LA LÓGICA

Los fragmentos de oraciones suelen ser fáciles de identificar porque suenan incompletos: *después del almuerzo.* Examina una oración completa para decidir dónde puede agregarse el fragmento. Puede haber más de una forma de expresar la idea completa. Una forma: *Estudiamos para el examen después del almuerzo.* Otra forma: *Después del almuerzo, estudiamos para el examen.*

1. **el partido por televisión.** ¿Qué corrección se debe hacer en la oración?

   A. insertar un sujeto y un verbo
   B. reemplazar el punto por signos de exclamación
   C. escribir con mayúscula el comienzo
   D. reemplazar el punto por signos de interrogación

2. **Después de terminar mi <u>trabajo. Ayudé</u> a mí hijo con su tarea.**
   ¿Cuál es la mejor manera de escribir la parte subrayada?

   A. trabajo! ayudé
   B. trabajo. ayudé
   C. trabajo, ayudé
   D. trabajo? ayudé

UNIDAD 4

Domina la destreza

★ Ítem en foco: MENÚ DESPLEGABLE

INSTRUCCIONES: Lee el pasaje. Del menú desplegable, elige la respuesta que **mejor** complete la oración.

DISEÑO ELÉCTRICO ENERGÉTICO
Administración
Sede corporativa

Para: Todos los empleados
De: Ray Burnice, gerente
Asunto: Cómo responder comentarios de clientes
Fecha: 12 de octubre de 2020

En forma inmediata, se hará efectiva la implementación de un nuevo procedimiento para responder los comentarios de los clientes acerca de los [3. Menú desplegable 1] a cada empleado un formulario electrónico titulado "Comentarios de revisión". Este formulario acompañará todos los diseños revisados cuando esos diseños sean devueltos a los clientes para que los revisen.

[3. Menú desplegable 2] la primera columna, usted anotará el número del diseño o el número de la página. En la segunda columna, anotará el número de comentario del cliente y si está de acuerdo con el comentario. En la tercera columna, escribirá el [3. Menú desplegable 3] un resumen adecuado. En la cuarta columna, escribirá su respuesta al comentario y anotará la acción a realizar.

Se deben completar todas las secciones del formulario. La columna titulada "Acción a realizar" servirá como base para [3. Menú desplegable 4] reciban los diseños revisados. El gerente de proyecto de cada equipo deberá garantizar que se haya dado curso a todas las acciones planeadas.

Guarde una copia de este formulario en la carpeta del proyecto. Si tiene dudas o preguntas, por favor, diríjase a su supervisor.

Opciones de respuesta del menú desplegable

3.1
A. diseños de sistemas eléctricos. se entregará
B. diseños de sistemas eléctricos? se entregará
C. diseños de sistemas eléctricos se entregará
D. diseños de sistemas eléctricos. Se entregará

3.2
A. Cuatro columnas con títulos claros. En
B. El formulario contiene cuatro columnas. en
C. El formulario contiene cuatro columnas. En
D. Las cuatro columnas con títulos claros. En

3.3
A. comentario del cliente o
B. comentario del cliente? o
C. comentario del cliente! o
D. comentario del cliente. O

3.4
A. el seguimiento. cuando los clientes
B. el seguimiento cuando los clientes
C. el seguimiento? Cuando los clientes
D. el seguimiento. Cuando los clientes

Unidad 4 | Edición

231

★ Ítem en foco: **MENÚ DESPLEGABLE**

INSTRUCCIONES: Lee el pasaje. Del menú desplegable, elige la respuesta que **mejor** complete la oración.

Estimado posible contratista:

Estamos en la búsqueda de propuestas para un proyecto venidero de remodelación en nuestro hogar. Queremos remodelar el baño principal antes de fin de año. La idea del proyecto es conservar la disposición actual de ese espacio. Aunque no planeamos cambiar la ubicación de cada elemento fijo [4. Menú desplegable 1] reemplazar varios de los elementos principales.

Nos gustaría reemplazar el lavabo para tener más superficie de apoyo. Se debe reemplazar la ducha actual por una ducha nueva y más grande. Queremos agregar un botiquín por encima del [4. Menú desplegable 2] nuevo artefacto de luz con extractor de aire. Se debe reemplazar el piso de linóleo actual por otro de baldosas. También se debe quitar [4. Menú desplegable 3] las paredes y el cielorraso.

Queremos usar materiales y elementos fijos de alta calidad pero accesibles. Los materiales que se usen deben ser estéticos y durables y tener precios razonables. Para reducir [4. Menú desplegable 4] reutilizar muchos elementos del baño actual. Nuestro presupuesto previsto es aproximadamente $7,000.

Esperamos analizar su propuesta. Por favor, envíe su propuesta hasta el 18 de marzo, junto con la fecha de comienzo más temprana que tenga disponible para este proyecto. Le informaremos nuestra decisión dentro de las 48 horas.

Atentamente,

Ricardo y Lisa Camacho

Opciones de respuesta del menú desplegable

4.1 A. del baño, sí planeamos
B. del baño. sí planeamos
C. del baño! sí planeamos
D. del baño, Sí planeamos

4.2 A. lavabo. Un
B. lavabo! Además de un
C. lavabo. Además de un
D. lavabo, además de un

4.3 A. el empapelado. y se deben pintar
B. el empapelado y se deben pintar
C. el empapelado? Y se deben pintar
D. el empapelado!

4.4 A. los costos. Esperamos
B. los costos, esperamos
C. los costos. esperamos
D. los costos! esperamos

INSTRUCCIONES: Lee el pasaje. Del menú desplegable, elige la respuesta que **mejor** complete la oración.

¡ÚNANSE A LA LIGA DE FÚTBOL JUVENIL DE NUESTRA CIUDAD!

¿Tiene usted un niño menor de 14 años que quiera unirse a una liga de

[5. Menú desplegable 1] sumando miembros para la Liga de

Fútbol Juvenil de la Ciudad de Jamestown.

[5. Menú desplegable 2] para los atletas jóvenes. Se caracteriza por la destreza física y el trabajo en equipo. Además, las reglas no se deben modificar considerablemente para los jugadores jóvenes; las reglas son fáciles de entender. Considere la inscripción de sus niños para que lo practiquen. Nuestra liga recibe a niños con un mínimo de cuatro años de edad. Considere también ser entrenador de un equipo o [5. Menú desplegable 3] nada como un partido de fútbol un sábado por la mañana para reunir a la familia y la comunidad.

Si no sabe mucho sobre fútbol, es fácil aprender. Dos equipos de 11 jugadores cada uno se enfrentan en un campo con una portería en cada extremo. Los jugadores llevan la pelota hacia la portería del equipo contrario con cualquier parte del cuerpo excepto los brazos o las manos. Los jugadores anotan puntos cada vez que evaden al portero, o guardameta, del equipo contrario y logran que la pelota atraviese la portería.

En el nivel recreativo, los jugadores pueden asumir cualquiera de las tres posiciones: defensa, mediocampista o delantero. La defensa se encarga precisamente [5. Menú desplegable 4] de manera tanto ofensiva como defensiva. Los delanteros se encargan de anotar los puntos. La mayoría de los niños más pequeños entienden rápidamente el juego, que es apropiado para niños con diferentes niveles de competencia.

Esperamos que considere unirse a la liga. Las inscripciones están abiertas hasta el 15 de agosto para nuestra liga de otoño.

Opciones de respuesta del menú desplegable

5.1 A. fútbol? Actualmente, estamos
B. fútbol. Actualmente, estamos
C. fútbol? Actualmente,
D. fútbol! Actualmente, estamos

5.2 A. El fútbol, un deporte genial
B. El fútbol un deporte genial y satisfactorio
C. El fútbol es un deporte genial
D. El fútbol realmente genial

5.3 A. réferi voluntario? No hay
B. réferi voluntario. No hay
C. réferi voluntario.
D. réferi voluntario. no hay

5.4 A. de defender. Los mediocampistas actúan
B. de defender, actúan
C. de defender. Los mediocampistas
D. de defender. Actúan

UNIDAD 4

Conjunciones subordinantes

Usar con el *Libro del estudiante,* págs. 180–181.

OBJETIVO DE EVALUACIÓN DEL LENGUAJE: L.1.6

1 Repasa la destreza

Una oración subordinada puede tener sujeto y verbo, pero no expresa una idea completa. Para que exprese una idea completa, la oración subordinada debe unirse a una oración independiente por medio de una **conjunción subordinante**. Esta unión de oraciones se denomina **oración compleja**. Algunas conjunciones subordinantes son *desde que, hasta que, cuando, mientras, para que, así que, donde, si, aunque, como, porque, puesto que.*

2 Perfecciona la destreza

Al perfeccionar la destreza de reconocer oraciones complejas y conjunciones subordinantes, mejorarás tus capacidades de escritura y evaluación, especialmente en relación con la prueba de Razonamiento a través de las Artes del Lenguaje de GED®. Estudia los ejemplos que aparecen a continuación. Luego responde las preguntas.

▶ Los siguientes ejemplos muestran cómo unir una oración subordinada a una oración independiente. Las conjunciones subordinantes están subrayadas en cada ejemplo.

Oración independiente y fragmento: La familia Suárez se mudó. Una vez que terminaron de construir la casa nueva.
Oración compleja: La familia Suárez se mudó <u>una vez que</u> terminaron de construir la casa nueva.

Oración independiente y fragmento: El concierto se suspendió. Porque el cantante se enfermó.
Oración compleja: El concierto se suspendió <u>porque</u> el cantante se enfermó.

Oración independiente y fragmento: Marcos pudo terminar sus estudios de medicina. A pesar de que tuvo muchas dificultades.
Oración compleja: <u>A pesar de que</u> tuvo muchas dificultades, Marcos pudo terminar sus estudios de medicina.

CONSEJOS PARA REALIZAR LA PRUEBA

Antes de unir una oración subordinada a una oración independiente, lee bien las dos oraciones. Luego, analiza si al colocar la oración subordinada al comienzo o al final de la oración independiente, esta conserva el sentido. Si la oración compleja formada expresa una idea completa y tiene sentido, la unión se hizo correctamente.

1. **Para que sea más fácil operar la máquina <u>nueva. Siga</u> el manual de instrucciones en todo momento.** ¿Cuál es la **mejor** manera de unir la parte subrayada de las oraciones?

   A. nueva, siga
   B. nueva siga
   C. nueva y siga
   D. nueva porque siga

2. **La impresora se <u>descompuso. Porque</u> alguien volcó café sobre ella.** ¿Cuál es la **mejor** manera de unir la parte subrayada de las oraciones?

   A. descompuso y porque
   B. descompuso, porque
   C. descompuso porque
   D. descompuso. porque

UNIDAD 4

⭐ Ítem en foco: **MENÚ DESPLEGABLE**

INSTRUCCIONES: Lee el pasaje. Del menú desplegable, elige la respuesta que **mejor** complete la oración.

DECLARACIÓN DE IMPUESTOS POR INTERNET

El Servicio de Impuestos Internos, o IRS por sus siglas en inglés, ha simplificado el proceso de declaración de impuestos con el envío electrónico. Usted puede llenar y presentar sus planillas de impuestos muy rápidamente por internet [3. Menú desplegable 1] ahora todo el sistema está automatizado. Entonces, su reembolso podrá llegarle en tres semanas en lugar de seis.

Para declarar electrónicamente, necesitará una computadora personal con módem y un programa para preparar la planilla. El programa registra todos sus datos personales y económicos, y el módem los transmite al IRS. A continuación, el IRS comprueba la planilla y busca errores. [3. Menú desplegable 2] algunas planillas puedan ser rechazadas, no abandone el trámite. El IRS tiene un departamento de atención al cliente para ayudarlo en estos casos. Uno de sus representantes le puede indicar lo que falta o está incompleto [3. Menú desplegable 3] usted lo corrija y lo vuelva a presentar.

[3. Menú desplegable 4] su declaración sea aceptada, usted tendrá que presentar papeles adicionales, como por ejemplo el documento especial para la firma y los formularios W-2. Usted también puede pagar electrónicamente o puede solicitar que el IRS ingrese el reembolso directamente en su cuenta bancaria.

Opciones de respuesta del menú desplegable

3.1 A. porque
B. cuando
C. si
D. hasta que

3.2 A. Cuando
B. Para que
C. Aunque
D. Donde

3.3 A. puesto que
B. para que
C. incluso si
D. ya sea que

3.4 A. Como
B. Si bien
C. Hasta que
D. Una vez que

UNIDAD 4

★ Ítem en foco: **MENÚ DESPLEGABLE**

INSTRUCCIONES: Lee el pasaje. Del menú desplegable, elige la respuesta que **mejor** complete la oración.

MEMORANDO

Para: Todos los departamentos

De: Mary, encargada de fotocopias

Asunto: Nueva fotocopiadora

| 4. Menú desplegable 1 | su departamento tiene algún proyecto importante de fotocopiado pendiente, tenga muy en cuenta este anuncio. A partir de este fin de semana, se sacarán las fotocopiadoras. Deberá entonces planificar sus tareas adecuadamente | 4. Menú desplegable 2 | sus copias estén terminadas antes del viernes por la noche.

Las viejas fotocopiadoras serán sustituidas por 26 fotocopiadoras Task. Las nuevas fotocopiadoras funcionan al doble de velocidad y tienen funciones adicionales, como hacer copias por ambos lados y compaginar las hojas. | 4. Menú desplegable 3 | sacar las máquinas viejas e instalar las nuevas es un proceso lento, el servicio de fotocopias probablemente se interrumpa la semana próxima. Sin embargo, la interrupción no debería durar mucho. De todas maneras, pedimos disculpas por las posibles molestias.

| 4. Menú desplegable 4 | la instalación termine, todos estarán más contentos con el mejor equipo. Mientras tanto, le rogamos que notifique a la gerencia si podemos ayudarle en algo.

Opciones de respuesta del menú desplegable

4.1 A. Así que
B. Mientras que
C. Donde
D. Si

4.2 A. puesto que
B. para que
C. incluso si
D. cuando

4.3 A. A pesar de que
B. Como
C. Hasta que
D. Si bien

4.4 A. Para que
B. Puesto que
C. Una vez que
D. Si

UNIDAD 4

INSTRUCCIONES: Lee el pasaje. Del menú desplegable, elige la respuesta que **mejor** complete la oración.

SUGERENCIAS PARA LAS MUDANZAS

| 5. Menú desplegable 1 | se vaya a otra parte de la ciudad o del país, mudarse de casa es una de las experiencias más estresantes de la vida. Algunas personas son muy organizadas y precavidas, mientras que otras no planifican demasiado sus acciones.

| 5. Menú desplegable 2 | se trata de trasladar todas sus pertenencias de un lugar a otro, resultan cruciales la organización previa y mucha paciencia. Entonces, para que la experiencia de mudarse le resulte más fácil, los expertos sugieren hacer una "lista de mudanza".

Deberá comunicar a las compañías de servicios públicos la fecha en que va a mudarse. Llene un formulario de cambio de domicilio en la oficina de correos. Asegúrese de memorizar bien su nueva dirección o téngala a mano para no equivocarse. También deberá decidir la fecha en que desea trasladar su correspondencia

| 5. Menú desplegable 3 | sus cuentas y sus cartas personales le lleguen a su debido tiempo.

Algunas personas que se mudan recomiendan llevar un equipo de supervivencia para situaciones de necesidad y urgencia. Este equipo debe contener artículos tales como herramientas básicas, comida, bebidas y pañuelos de papel. Probablemente necesite esas cosas en algún momento el día de la mudanza, | 5. Menú desplegable 4 | asegúrese de no olvidar su equipo.

Si tiene en cuenta estas sugerencias, evitará imprevistos e inconvenientes que pueden provocar mucho estrés en esos momentos complicados de la vida.

Opciones de respuesta del menú desplegable

5.1 A. Incluso si
B. A menos que
C. Desde que
D. Ya sea que

5.2 A. Cuando
B. Para que
C. Así que
D. Mientras

5.3 A. como
B. para que
C. una vez que
D. donde

5.4 A. porque
B. aunque
C. así que
D. si bien

11 LECCIÓN

Comas

Usar con el *Libro del estudiante,* págs. 182–183.

OBJETIVO DE EVALUACIÓN DEL LENGUAJE: L.2.4

1 Repasa la destreza

Una **coma** divide una oración y las partes de una oración en unidades lógicas. Las comas separan los elementos de una serie para aclarar a los lectores cuál es cada elemento y separan una enumeración cuyo último elemento tiene un contenido distinto. Además, las comas separan cláusulas dependientes al inicio de una oración o elementos de enlace, y también separan aposiciones explicativas.

2 Perfecciona la destreza

Al perfeccionar la destreza de usar las comas correctamente, mejorarás tus capacidades de escritura y evaluación, especialmente en relación con la prueba de Razonamiento a través de las Artes del Lenguaje de GED®. Estudia las explicaciones y los ejemplos que aparecen a continuación. Luego responde las preguntas.

▶ Estudia el diagrama para repasar los diferentes usos de las comas.

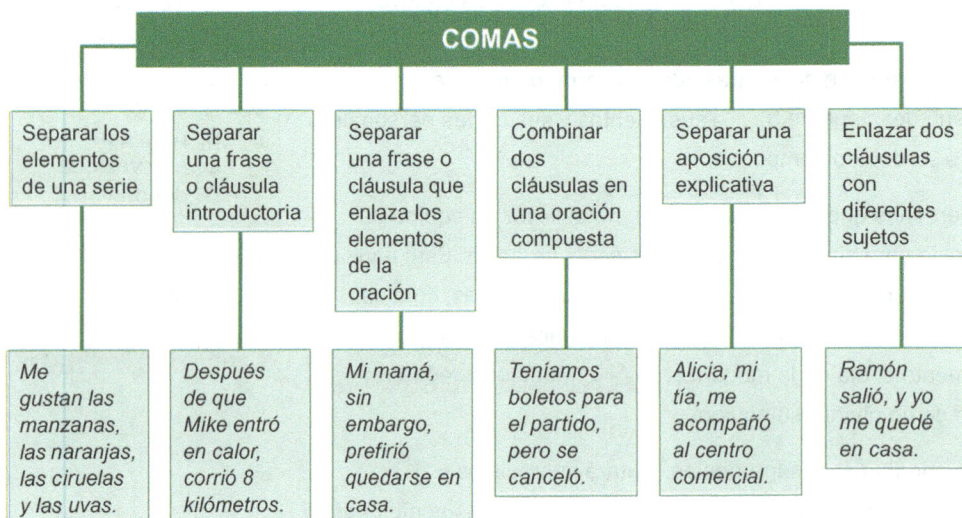

COMAS					
Separar los elementos de una serie	Separar una frase o cláusula introductoria	Separar una frase o cláusula que enlaza los elementos de la oración	Combinar dos cláusulas en una oración compuesta	Separar una aposición explicativa	Enlazar dos cláusulas con diferentes sujetos
Me gustan las manzanas, las naranjas, las ciruelas y las uvas.	*Después de que Mike entró en calor, corrió 8 kilómetros.*	*Mi mamá, sin embargo, prefirió quedarse en casa.*	*Teníamos boletos para el partido, pero se canceló.*	*Alicia, mi tía, me acompañó al centro comercial.*	*Ramón salió, y yo me quedé en casa.*

1. **El Sr. López mi vecino, colecciona monedas viejas y extranjeras.** ¿Qué corrección se debe hacer en la oración?

   A. añadir una coma después de Sr.
   B. eliminar la coma después de vecino
   C. añadir una coma después de López
   D. añadir una coma después de viejas

2. **Me gustan las películas de suspenso, de acción, y de terror, pero las comedias me aburren.** ¿Qué corrección se debe hacer en la oración?

   A. eliminar la coma después de acción
   B. eliminar la coma después de suspenso
   C. añadir una coma después de películas
   D. eliminar la coma después de terror

TEMAS

Recuerda que el último elemento de una serie no va precedido de coma, ya que está unido al resto de la serie con la conjunción y. Quiero tomates, papas, lechuga y cebollas.

UNIDAD 4

⭐ Ítem en foco: **MENÚ DESPLEGABLE**

INSTRUCCIONES: Lee el pasaje. Del menú desplegable, elige la respuesta que **mejor** complete la oración.

CARTA DE UNA EMPRESA DE INTERNET

Estimado cliente:

Le escribimos para informarle que el servicio de Datos Nacional actualizará su plan de precios esta primavera. En lugar de [3. Menú desplegable 1] ahora tendrá la posibilidad de pagar según el ancho de banda que use cada mes.

De acuerdo con el plan de precios anterior, los clientes podían elegir entre distintos paquetes de Internet, entre ellos el plan [3. Menú desplegable 2] el plan de súper alta velocidad. Aunque fuimos el primer proveedor de servicios de Internet en ofrecer a los clientes distintas opciones de alta velocidad, también fuimos los primeros en darnos cuenta de que estas opciones no eran económicas. Así que, en lugar de aumentar el precio de nuestras opciones de servicio de Internet, hemos decidido implementar un plan de precios basado en cuántos datos usted usa.

Con nuestro plan basado en el consumo, todos nuestros clientes tendrán acceso al [3. Menú desplegable 3] solo tendrán que pagar la cantidad de ancho de banda que usen cada mes, con una tarifa máxima equivalente a la tarifa del plan de súper alta velocidad. Desde este [3. Menú desplegable 4] acceso al servicio de Internet más rápido de la región.

Opciones de respuesta del menú desplegable

3.1
A. pagar, una tarifa plana, usted
B. pagar una tarifa plana usted
C. pagar una tarifa plana, usted
D. pagar una tarifa, plana usted

3.2
A. básico, el plan de alta velocidad y,
B. básico, el plan de alta velocidad y
C. básico, el plan de alta velocidad, y
D. básico el plan de alta velocidad, y

3.3
A. plan de súper alta velocidad pero
B. plan, de súper alta velocidad, pero
C. plan de súper alta velocidad, pero
D. plan de súper alta velocidad pero,

3.4
A. mes, todos los suscriptores de Datos Nacional tendrán
B. mes todos, los suscriptores de Datos Nacional, tendrán
C. mes todos los suscriptores de Datos Nacional tendrán
D. mes, todos los suscriptores de Datos Nacional, tendrán

UNIDAD 4

★ Ítem en foco: MENÚ DESPLEGABLE

INSTRUCCIONES: Lee el pasaje. Del menú desplegable, elige la respuesta que **mejor** complete la oración.

Estimado Sr. McMullen:

Recientemente me hospedé en su hotel durante un largo viaje de negocios a Atlanta. Le escribo para expresar mi gratitud por una experiencia excelente. Usted entenderá que es difícil estar lejos de casa. [4. Menú desplegable 1] mi estadía se convirtió en una situación muy placentera.

Para empezar, mi habitación estaba bien abastecida de artículos como [4. Menú desplegable 2]. Mi cafetera incluía hasta crema y azúcar. También tenía una provisión abundante de toallas recién lavadas todos los días.

La cama me resultó [4. Menú desplegable 3] y fácil de operar. Además, el personal de limpieza hizo un trabajo muy completo en el aseo diario de mi habitación. Incluso tuvieron la delicadeza de volver el día que decidí dormir hasta tarde.

Por último, los servicios de su hotel contribuyeron a mi experiencia global. Pude nadar, hacer ejercicio y probar comidas deliciosas, todo sin salir del hotel. Vale la pena mencionar que la comida no era típica de la tarifa del hotel. Era nutritiva y tenía una presentación elegante.

[4. Menú desplegable 4] recomendaré su hotel a mis colegas y que volveré a hospedarme con ustedes en el futuro.

Atentamente,

Rita Kennedy

Opciones de respuesta del menú desplegable

4.1 A. Sin embargo, gracias a sus instalaciones, y al personal del hotel,
B. Sin embargo gracias a sus instalaciones y al personal del hotel
C. Sin embargo, gracias a sus instalaciones y al personal del hotel,
D. Sin embargo, gracias a sus instalaciones y al personal del hotel

4.2 A. jabón, champú, agua mineral y café
B. jabón, champú, agua mineral y, café
C. jabón champú, agua mineral y café
D. jabón, champú, agua mineral, y café

4.3 A. cómoda y, la ducha, era espaciosa, moderna,
B. cómoda, y la ducha era espaciosa, moderna
C. cómoda y la ducha, era espaciosa, moderna
D. cómoda, y la ducha era espaciosa moderna

4.4 A. Para concluir, déjeme asegurarle que
B. Para concluir, déjeme asegurarle, que
C. Para concluir déjeme asegurarle que
D. Para concluir, déjeme asegurarle que,

UNIDAD 4

INSTRUCCIONES: Lee el pasaje. Del menú desplegable, elige la respuesta que **mejor** complete la oración.

CITACIÓN PARA SERVICIO DE JURADO:

EL VEREDICTO

Después de que los testigos finalicen sus [5. Menú desplegable 1] lo instruirá sobre las leyes relacionadas con el caso. Usted debe basar su decisión en las instrucciones del juez sobre la ley y no en sus propias ideas de lo que es o debería ser la ley. Usted y otros miembros del jurado luego entrarán a la sala del jurado. Se elegirá a uno de los miembros como [5. Menú desplegable 2] del jurado. Él o ella dirigirá sus debates y llevará su veredicto al tribunal.

Sus debates en la sala del jurado deben incluir una expresión sincera de lo que usted opina sobre los hechos del caso y los testimonios que ha oído. También debe mostrar tolerancia y respeto por las opiniones de las otras personas. En un caso civil, es posible que usted tenga que decidir si existen razones para que el acusado pague por daños y perjuicios. Si encuentra una razón para que pague daños y perjuicios, determinará cuánto debe pagar el acusado. Si el jurado no logra llegar a un veredicto unánime en un caso civil dentro de las seis horas, será aceptable la sentencia tomada por 10 miembros de un jurado de 12 personas.

[5. Menú desplegable 3] finalizan cuando se llega a un veredicto unánime. Si el [5. Menú desplegable 4] no logra llegar a un acuerdo sobre el veredicto, el presidente debe informárselo al juez. El jurado no tiene nada que ver con la sentencia si da un veredicto de culpabilidad. Decidir la sentencia es responsabilidad del juez.

Si lo eligen para servir de jurado, el juez que presida el juicio le dará más información.

Opciones de respuesta del menú desplegable

5.1 A. testimonios el juez,
   B. testimonios, el juez,
   C. testimonios el juez
   D. testimonios, el juez

5.2 A. presidente el miembro que preside
   B. presidente, el miembro que preside
   C. presidente, el miembro que preside,
   D. presidente, el miembro, que preside

5.3 A. En un caso penal los debates del jurado
   B. En un caso penal, los debates del jurado,
   C. En un caso penal, los debates, del jurado
   D. En un caso penal, los debates del jurado

5.4 A. jurado, después de largas deliberaciones
   B. jurado, después de largas deliberaciones,
   C. jurado después de largas deliberaciones
   D. jurado después de largas deliberaciones,

Combinación de oraciones

Usar con el *Libro del estudiante,* págs. 184–185.

OBJETIVOS DE EVALUACIÓN DEL LENGUAJE: L.1.6, L.1.8, L.1.9, L.2.4

1 Repasa la destreza

Los escritores suelen **combinar oraciones** para evitar el exceso de oraciones cortas. Combinar oraciones cortas que están relacionadas ayuda a que la escritura sea más fluida y fácil de leer. Puedes combinar oraciones con una conjunción coordinante, con una coma y una conjunción coordinante o una locución conjuntiva, con punto y coma, o con punto y coma y una palabra de enlace.

Cuando combinas las oraciones, puedes eliminar sujetos, verbos y objetos repetidos. También puedes aclarar la relación entre dos oraciones. Por ejemplo, si combinas oraciones y añades palabras como *cuando* o *porque*, o una frase como *después de* o *por lo tanto*, puedes mostrar causa y efecto, explicar una secuencia de sucesos o hacer comparaciones.

2 Perfecciona la destreza

Al perfeccionar la destreza de combinar oraciones correctamente, mejorarás tus capacidades de escritura y evaluación, especialmente en relación con la prueba de Razonamiento a través de las Artes del Lenguaje de GED®. Estudia las explicaciones y los ejemplos que aparecen a continuación. Luego responde las preguntas.

La capacidad de combinar oraciones cortas y relacionadas te ayudará a que tu escritura parezca más fluida y sofisticada. Estudia la tabla que aparece a continuación para repasar las maneras de combinar oraciones:

a Cuando coordinas dos cláusulas que tienen el mismo sujeto, no necesitas repetir el sujeto.

b Las frases como **por lo tanto** muestran una relación de causa y efecto entre las ideas. Combinar oraciones con palabras o frases que indican relaciones mejora la naturalidad y la claridad de la escritura.

Combinar oraciones con conjunciones coordinantes o locuciones conjuntivas	Ejemplos	
Unir ideas relacionadas	Mi madre es diseñadora y trabaja en Fino Textiles.	Ella diseña la ropa; además, supervisa al equipo de costura.
Comparar o contrastar ideas	Los pesticidas son tóxicos, pero ayudan a prevenir las plagas.	Los fumigadores deben ser cuidadosos; igualmente, los niños no deben jugar en el pasto después de que se hayan aplicado pesticidas.
Indicar una causa, un efecto o un orden cronológico	Rechazaron mi declaración de impuestos porque estaba incompleta.	El representante me ayudó, así que pude corregir mi declaración.
Dar opciones o ejemplos	Puedes pintar las paredes de blanco o puedes usar otros colores.	Los colores claros son cálidos; por ejemplo, el amarillo y el naranja lucirán bien en la cocina.

1. **La biblioteca ofrece gran variedad de libros. También hay computadoras.** ¿Cuál es la **mejor** revisión de las oraciones?

A. La biblioteca contiene muchos libros y muchas computadoras.
B. La biblioteca ofrece gran variedad de libros y también computadoras.
C. Hay muchos libros en la biblioteca y hay computadoras.
D. La biblioteca ofrece gran variedad de libros, pero hay computadoras.

2. **Carl se preparó un emparedado. Carl tenía hambre.** ¿Cuál es la **mejor** revisión de las oraciones?

A. Carl se preparó un emparedado; Carl tenía hambre.
B. Carl se preparó un emparedado y Carl tenía hambre.
C. Carl se preparó un emparedado porque tenía hambre.
D. Carl se preparó un emparedado; además, tenía hambre.

USAR LA LÓGICA

Cuando determines si las oraciones deben combinarse, pregúntate qué palabras o frases repetidas pueden eliminarse sin cambiar el sentido de las oraciones.

Lección 12 | Combinación de oraciones

★ Ítem en foco: **MENÚ DESPLEGABLE**

INSTRUCCIONES: Lee el pasaje. Del menú desplegable, elige la respuesta que **mejor** complete la oración.

ADOPTAR UN GATO

En muchas ciudades, los refugios de animales están llenos de animales que necesitan un hogar. Para muchos futuros dueños de animales, estos refugios ofrecen una alternativa económica y ética a comprar animales en tiendas de mascotas o a criadores costosos. Por ejemplo, si deseas adoptar a un gato, puede que el gato de un refugio resulte ser la mascota indicada para ti.

Si identificas por Internet un gato que podría interesarte adoptar, el siguiente paso es visitar el refugio y conocer al animal. Muchos refugios exhiben a las mascotas para que las vean los posibles [3. Menú desplegable 1] tal vez necesites pedir que te muestren un animal en particular que identificaste por Internet.

Cuando conozcas a tu posible mascota, asegúrate de pasar un poco de tiempo con ella para darte una idea de su personalidad y temperamento. Algunos potenciales adoptantes pueden estar buscando un gato relajado y [3. Menú desplegable 2] pueden estar buscando un compañero de juegos lleno de energía. También considera cómo estos gatos interactúan con los demás animales que los rodean. El temperamento de un gato puede resultar especialmente importante si tienes otras mascotas en [3. Menú desplegable 3] es posible que desees tener otra mascota en el futuro.

Después de que hayas seleccionado a tu mascota, los empleados del refugio te pedirán que completes algunos formularios. A menudo, estos materiales incluyen un contrato que te exige que proveas de lo necesario a tu mascota y la lleves al veterinario regularmente. Tal vez el refugio te pida que hagas castrar al gato antes de llevarlo a [3. Menú desplegable 4] puedas llevarte a casa tu nueva mascota el mismo día de tu visita.

Opciones de respuesta del menú desplegable

3.1 A. adoptantes; de la misma manera,
B. adoptantes sin embargo,
C. adoptantes; sin embargo,
D. adoptantes, y

3.2 A. faldero. Otros potenciales adoptantes
B. faldero, pero otros
C. faldero porque otros
D. faldero; además, otros potenciales adoptantes

3.3 A. casa o si
B. casa. El temperamento de un gato es importante si
C. casa, aunque
D. casa; sin embargo,

3.4 A. casa porque tal vez
B. casa, o tal vez
C. casa. Tal vez
D. casa; tal vez,

UNIDAD 4

★ Ítem en foco: **MENÚ DESPLEGABLE**

INSTRUCCIONES: Lee el pasaje. Del menú desplegable, elige la respuesta que **mejor** complete la oración.

EL BLOG DE SHANE

SER VOLUNTARIO EN EL TEATRO COMUNITARIO

Hace unos meses, buscaba una manera de participar más en mi comunidad. Finalmente, busqué por Internet oportunidades para ser voluntario. Encontré un teatro comunitario local que pedía voluntarios. Al principio, dudé en [4. Menú desplegable 1] hacer el intento.

Fui a una reunión con el equipo del teatro una semana después. Rápidamente descubrí que hay muchos trabajos para hacer detrás de escena que no implican actuar. Para mi primer proyecto, ayudé a armar la escenografía de una obra que se iba a estrenar. El diseño debía parecerse al interior de un departamento de la década de 1960. Junto con un equipo de 10 personas, armé [4. Menú desplegable 2] y telones de fondo. Fue un gran esfuerzo, pero me sentí muy orgulloso de contribuir con la producción.

A continuación, asistí a la directora de iluminación cuando preparaba los espectáculos. Me enseñó lo básico del diseño de la iluminación. Aprendí que tanto el clima como el tema y la trama de una obra contribuyen a las decisiones del director de iluminación. El director de iluminación elige qué luces deben [4. Menú desplegable 3] cómo se deben colocar y operar. Después de que completamos el diseño, la directora me mostró cómo programarlo en la computadora que controla la iluminación. Marcó un guión con los cambios de luces para que yo supiera cuándo seleccionar el siguiente patrón de luces en la computadora.

Si estás buscando una oportunidad de voluntariado emocionante y gratificante, prueba con tu teatro comunitario local. ¡Ayudarás a tu [4. Menú desplegable 4] aprenderás algunas cosas muy interesantes!

Opciones de respuesta del menú desplegable

4.1 A. probarlo, pero decidí
B. probarlo; decidí
C. probarlo. Decidí
D. probarlo, y decidí

4.2 A. plataformas; armé puertas
B. plataformas, pero también armé puertas
C. plataformas, puertas
D. plataformas. Armé puertas

4.3 A. usarse; también elige
B. usarse y
C. usarse, pero elige
D. usarse o elige

4.4 A. comunidad o
B. comunidad. También
C. comunidad; sin embargo,
D. comunidad y

UNIDAD 4

APRENDIZAJE POR OBSERVACIÓN DEL TRABAJO

¿Quieres saber más sobre una posible | 5. Menú desplegable 1 |
Si es así, un programa de aprendizaje por observación del trabajo
puede ser perfecto para ti. En una situación de observación del trabajo,
un potencial empleado observa los deberes, las responsabilidades y los
desafíos cotidianos de un empleado real.

Mediante ese tipo de observaciones, puedes determinar
si deseas dedicarte a ese tipo de puesto como un trabajo
| 5. Menú desplegable 2 | una carrera. Las estrategias que se
dan a continuación pueden ayudarte a tener una experiencia exitosa de
aprendizaje por observación del trabajo.

Primero, identifica un trabajo que te interese
| 5. Menú desplegable 3 | coordina para visitar a la persona. Las
recomendaciones de amigos o familiares, los recursos como la Internet
o los contactos locales de desarrollo profesional pueden ayudarte a
identificar quién es la mejor persona para contactar. Incluso si no tienes
el entrenamiento, la preparación o el título para hacer hoy este trabajo,
aprender por medio de la observación de una persona que trabaja
en tu área de interés puede ayudarte a decidir si deseas dedicarte a
esa tarea. Después de que hayas identificado el trabajo, necesitarás
identificar el nombre de un gerente, supervisor o representante de
recursos humanos que pueda asistirte para programar una experiencia
de observación del trabajo.

Puede que sea difícil coordinar | 5. Menú desplegable 4 |
identificado un trabajo que quieres observar. Algunas empresas
pueden ser más abiertas que otras a la idea de ofrecer experiencias
de observación del trabajo. Cuestiones de seguros, responsabilidad
y horarios son razones posibles para un pedido de observación del
trabajo denegado. Como resultado de esto, puede que necesites llamar
a varias empresas antes de que te den permiso para observar a uno de
sus empleados.

Opciones de respuesta del menú desplegable

5.1 A. carrera? ¿Quieres tener experiencia de primera mano de una posible carrera?
B. carrera, pero con experiencia de primera mano?
C. carrera y tener experiencia de primera mano?
D. carrera para experimentarla de primera mano?

5.2 A. temporario o incluso como
B. temporario, pero incluso como
C. temporario; puede que decidas dedicarte a eso como
D. temporario. Puede que decidas dedicarte a eso como

5.3 A. observar o
B. observar; necesitas
C. observar; sin embargo,
D. observar y

5.4 A. para observar a un empleado y has
B. para observar a un empleado después de que hayas
C. para observar a un empleado, pero has
D. para observar a un empleado. Has

13 Corrección de oraciones seguidas

Usar con el *Libro del estudiante,* págs. 186–187.

OBJETIVOS DE EVALUACIÓN DEL LENGUAJE: L.2.2, L.2.4

1 Repasa la destreza

Una **oración seguida** es el resultado de combinar dos o más oraciones sin una palabra de enlace ni la puntuación correcta. En algunas oraciones seguidas, las oraciones están separadas por comas. En otros casos, las oraciones no tienen ningún tipo de separación. Puedes corregir estos errores añadiendo la palabra o las palabras de enlace y la puntuación correctas (de ser necesario) o escribiendo dos oraciones.

2 Perfecciona la destreza

Al perfeccionar la destreza de corregir las oraciones seguidas, mejorarás tus capacidades de escritura y evaluación, especialmente en relación con la prueba de Razonamiento a través de las Artes del Lenguaje de GED®. Estudia las explicaciones y los ejemplos que aparecen a continuación. Luego responde las preguntas.

a Recuerda que algunas palabras de enlace son *y, o, pero, sin embargo, ni, por lo tanto y así que*. La elección correcta se basa en el contenido de la oración.

▶ Recuerda que las oraciones seguidas siempre expresan más de una idea. La clave es determinar cuál es la mejor manera de combinar las dos ideas en una oración lógica o separarlas en dos oraciones.

Oración seguida	Para corregir	Oración/es correcta/s
Ella es una excelente guitarrista, probablemente practica mucho.	**Escribe dos oraciones.**	Ella es una excelente guitarrista. Probablemente practica mucho.
A Mario no le gusta cocinar, sin embargo cocinó para todos.	**Separa las oraciones con punto y coma, o con punto y coma, locución conjuntiva y coma.**	A Mario no le gusta cocinar; sin embargo, cocinó para todos.
Muchos problemas se pueden corregir hay que detectarlos a tiempo.	**Separa las oraciones con una coma y una conjunción coordinante.**	Muchos problemas se pueden corregir, pero hay que detectarlos a tiempo.
El auto que compré tenía buen aspecto funcionaba mal.	**Convierte una oración independiente en oración dependiente.**	Aunque el auto que compré tenía buen aspecto, funcionaba mal.

1. **Sabía que la colección de tarjetas de béisbol de mi padre tenía cierto valor nadie sabía que valía tanto.** ¿Qué corrección se debe hacer en la oración?

   A. añadir <u>, pero</u> después de <u>valor</u>
   B. añadir <u>y</u> después de <u>valor</u>
   C. añadir una coma después de <u>valor</u>
   D. añadir <u>, así que</u> después de <u>valor</u>

2. **La película tiene grandes actuaciones y un guión inteligente, creo que ganará varios premios.** ¿Qué corrección se debe hacer en la oración?

   A. añadir <u>pero</u> después de <u>inteligente</u>
   B. eliminar la coma después de <u>inteligente</u>
   C. cambiar <u>inteligente,</u> por <u>inteligente.</u> y <u>creo</u> por <u>Creo</u>
   D. añadir una coma después de <u>actuaciones</u>

USAR LA LÓGICA

Una oración larga puede expresar más de una idea completa o no. Analiza una oración según su contenido, no solo su longitud. Una oración larga tal vez necesite todas las palabras que contiene. Revisa con atención.

⭐ Ítem en foco: **MENÚ DESPLEGABLE**

INSTRUCCIONES: Lee el pasaje. Del menú desplegable, elige la respuesta que **mejor** complete la oración.

ENFERMEDAD CARDÍACA Y PAUTAS PARA UNA DIETA MÁS SALUDABLE

Las enfermedades cardíacas son un problema grave en los Estados Unidos. Ocurren como resultado del depósito de placas de grasa en las arterias que llevan la sangre al [**3. Menú desplegable 1**] hacen que las arterias se angosten y se endurezcan. Esto no permite que el corazón reciba la sangre que necesita para un funcionamiento saludable. Sin embargo, existe una manera sencilla de reducir el riesgo de enfermedad [**3. Menú desplegable 2**] requiere medicación. Es posible que usted logre tener un corazón saludable con una buena alimentación y evite así las complicaciones que traen las enfermedades cardíacas, como el dolor en el pecho, derrame cerebral o un infarto.

Consumir alimentos variados puede mantener un corazón sano. Estos alimentos incluyen frutas, verduras, cereales, productos lácteos bajos en grasas, pescado, pollo, pavo, frijoles y nueces. Además, usted debe comer grasas poliinsaturadas y [**3. Menú desplegable 3**] "buenas" se encuentran en los aceites vegetales, el pescado y las nueces. Los ejemplos de alimentos con grasas "buenas" incluyen las nueces de castilla, el aguacate, el aceite de oliva, las almendras, las castañas de cajú y las semillas de sésamo.

Debe limitar o evitar ciertos alimentos para que su corazón se mantenga sano. Estos alimentos incluyen la sal, el azúcar, los alimentos procesados que contienen grasas trans y el colesterol que se encuentra en algunos tipos de carne y productos lácteos grasosos. También debe evitar las grasas [**3. Menú desplegable 4**] "malas" se encuentran en algunos tipos de carne y productos lácteos.

Opciones de respuesta del menú desplegable

3.1 A. corazón. Esos depósitos
   B. corazón, esos depósitos
   C. corazón, así que esos depósitos
   D. corazón, pero esos depósitos

3.2 A. cardíaca no
   B. cardíaca, no
   C. cardíaca, y no
   D. cardíaca. No

3.3 A. monoinsaturadas, estas grasas
   B. monoinsaturadas. Estas grasas
   C. monoinsaturadas, pero estas grasas
   D. monoinsaturadas, y estas grasas

3.4 A. saturadas. Estas grasas
   B. saturadas estas grasas
   C. saturadas, estas grasas
   D. saturadas y estas grasas

★ Ítem en foco: **MENÚ DESPLEGABLE**

INSTRUCCIONES: Lee el pasaje. Del menú desplegable, elige la respuesta que **mejor** complete la oración.

Hotel y Centro de Conferencias Orlando Suites
8970 International Drive
Orlando, FL 32819

A quien corresponda:

Me gustaría recibir información acerca de la capacidad de su hotel para ser la sede de la convención anual de la Asociación Mundial de Bomberos, a celebrarse del 5 al 9 de marzo del próximo año, con 300 asistentes. Represento a los futuros asistentes a la convención que provienen de toda [4. Menú desplegable 1] pidiendo información a distintos hoteles sobre alojamiento, servicios para los huéspedes y costos.

Le pido que me proporcione detalles sobre la capacidad de su hotel para satisfacer las necesidades de nuestro grupo en cuanto a habitaciones y comidas. Necesitaremos dos salas grandes de reuniones para las [4. Menú desplegable 2] solo una sala deberá tener capacidad para proyectar videos. Asimismo, queremos reservar un bloque de 150 habitaciones dobles del hotel. Además, le pido detalles sobre sus opciones de [4. Menú desplegable 3] saludables para el corazón son importantes para nuestros miembros.

También nos gustaría que nos dé un detalle completo de los costos, incluidas las tarifas por cualquier beneficio que pueda ofrecernos. Estos beneficios podrían incluir traslados del y al aeropuerto, estacionamiento en el lugar y suites de hospitalidad. Naturalmente, estamos buscando el mejor precio [4. Menú desplegable 4] infórmenos sobre cualquier descuento especial que pueda ofrecer a nuestro grupo.

Gracias por su pronta respuesta a este pedido.

Atentamente,

Jacob Rinaldo

**Opciones de respuesta
del menú desplegable**

4.1 A. América del Norte, estoy
B. América del Norte estoy
C. América del Norte, pero estoy
D. América del Norte, y estoy

4.2 A. presentaciones así que
B. presentaciones, pero
C. presentaciones y
D. presentaciones,

4.3 A. menú. Las opciones de menú
B. menú, las opciones de menú
C. menú, y las opciones de menú
D. menú y las opciones de menú

4.4 A. posible, y por favor
B. posible y por favor
C. posible, así que por favor
D. posible así que por favor

INSTRUCCIONES: Lee el pasaje. Del menú desplegable, elige la respuesta que **mejor** complete la oración.

TIEMPO DE MUDANZA
CONSEJOS PARA EMPACAR

Tomaste la decisión de mudarte. Ubicaste un nuevo lugar [5. Menú desplegable 1] encontraste un nuevo trabajo y has hecho arreglos para dejar tu antiguo departamento. Ahora es el momento de empacar. Empacar, como cualquier otra tarea, requiere las herramientas adecuadas.

La primera herramienta para empacar tus pertenencias, y la más importante, son las cajas, por supuesto. Puedes encontrar cajas económicas si comparas [5. Menú desplegable 2] los lugares que tengan las mejores ofertas. Las empresas de Internet posiblemente te ofrezcan mejores precios que los vendedores locales. Si contrataste una empresa de mudanzas, la empresa tal vez te proporcione algunas cajas. También puedes pedir a tiendas locales, como licorerías, tiendas de comestibles o peluquerías que te guarden algunas cajas. Las cajas pueden resultar muy costosas si las compras [5. Menú desplegable 3] usadas pueden ser gratuitas y ¡contribuir a salvar los árboles!

A continuación, necesitarás sellar y rotular las cajas después de que las hayas llenado. Usa cinta de empaque transparente o marrón en lugar de cinta adhesiva de papel para sellar las [5. Menú desplegable 4] pega mejor que la cinta adhesiva de papel, especialmente si las cajas pueden calentarse o enfriarse durante el traslado. Usa marcadores permanentes de color para rotular cada caja con su contenido, su ubicación en el nuevo hogar y el nombre del miembro de la familia. También puedes asignar un color diferente para cada habitación para facilitar la identificación durante el proceso de descarga del camión.

Cuanto mejor te organices a la hora de empacar, ¡más fácil te será comenzar a desempacar después de que te mudes!

Opciones de respuesta del menú desplegable

5.1 A. donde vivir, encontraste
     B. donde vivir; encontraste
     C. donde vivir encontraste
     D. donde vivir, o encontraste

5.2 A. precios busca
     B. precios así que busca
     C. precios, pero busca
     D. precios, así que busca

5.3 A. nuevas y las cajas
     B. nuevas porque las cajas
     C. nuevas, pero las cajas
     D. nuevas, las cajas

5.4 A. cajas, la cinta de empaque
     B. cajas, así que la cinta de empaque
     C. cajas pero la cinta de empaque
     D. cajas. La cinta de empaque

14 LECCIÓN   Modificadores

Usar con el *Libro del estudiante,* págs. 188–189.

1 Repasa la destreza

Un **modificador** es una palabra o una frase que describe, aclara o da más detalles sobre otra palabra o un grupo de palabras. Debe colocarse lo más cerca posible de la palabra que describe. Un **modificador mal colocado** es confuso porque está puesto en el lugar incorrecto y describe el elemento incorrecto. Un **modificador sin sujeto** describe una palabra que falta en la oración.

2 Perfecciona la destreza

Al perfeccionar la destreza de usar los modificadores correctamente, mejorarás tus capacidades de escritura y evaluación, especialmente en relación con la prueba de Razonamiento a través de las Artes del Lenguaje de GED®. Estudia las explicaciones y los ejemplos que aparecen a continuación. Luego responde las preguntas.

a Recuerda que un modificador puede ser un adjetivo, un adverbio o una frase preposicional. Un modificador puede modificar más de una palabra. Por ejemplo: *Ella es **muy** alta y delgada.*

b En una oración que solo tiene verbo y objeto directo, puedes colocar el adverbio antes o después del objeto. Por ejemplo: *Lee la pregunta atentamente* y *Lee atentamente la pregunta.*

▶ Estudia la tabla para repasar cómo corregir modificadores mal colocados o sin sujeto.

Modificadores mal colocados	Modificadores sin sujeto
Incorrecto: Kara **casi** corrió tres kilómetros sin cansarse.	*Incorrecto:* Al conducir al trabajo, dos ciervos se cruzaron delante de mi auto.
Para corregir la oración, pregúntate: *¿A qué palabra debe modificar **casi**?*	Para corregir la oración, pregúntate: *¿**Quién** conducía al trabajo?* *Correcto:* Mientras conducía al trabajo, vi dos ciervos que se cruzaron delante de mi auto.
Correcto: Kara corrió **casi** tres kilómetros sin cansarse.	*Correcto:* Mientras conducía al trabajo, dos ciervos se cruzaron delante de mi auto.

1. **Al comprar ropa, una sola talla no les queda bien a todos.** ¿Cuál es la **mejor** revisión de la oración?

   A. Comprando ropa, una sola talla no les queda bien a todos.
   B. Una sola talla no les queda bien a todos al comprar ropa.
   C. En la compra de ropa, una sola talla no les queda bien a todos.
   D. Cuando los clientes compran ropa, una sola talla no les queda bien a todos.

2. **Carla obtuvo su título y rápidamente la contrataron en una empresa importante en 1999.** ¿Cuál es la **mejor** revisión de la oración?

   A. Carla obtuvo su título y rápidamente en 1999 la contrataron en una empresa importante.
   B. Carla obtuvo su título en 1999 y rápidamente la contrataron en una empresa importante.
   C. Carla obtuvo su título y rápidamente la contrataron en 1999 en una empresa importante.
   D. Carla obtuvo su título y la contrataron rápidamente en una empresa importante en 1999.

USAR LA LÓGICA

Las frases introductorias que comienzan con **gerundio** o con **al + verbo en infinitivo** a menudo se convierten en modificadores sin sujeto. Para corregir un modificador sin sujeto, determina cuál es el sujeto deseado de la oración e inclúyelo en tu revisión de la oración.

⭐ Ítem en foco: **MENÚ DESPLEGABLE**

INSTRUCCIONES: Lee el pasaje. Del menú desplegable, elige la respuesta que **mejor** complete la oración.

EL RECICLAJE

El reciclaje se ha convertido en una prioridad en los Estados Unidos ya que los vertederos están demasiado llenos. Por eso se pide [3. Menú desplegable 1] . Cada hogar debe separar las botellas, las latas y el papel en distintos recipientes. [3. Menú desplegable 2] en el borde de la acera, la población colabora con el esfuerzo de reciclaje.

Muchas empresas han encontrado usos creativos para los productos usados. Hay un futuro prometedor para las empresas que se especializan en usar materiales reciclados. Estas empresas ahorran costos y cuidan el medio ambiente. La tecnología ofrece muchas posibilidades de reciclar. Por ejemplo, se crean nuevos productos de vidrio y aluminio a partir de latas y botellas fundidas. Un innovador fabricante de zapatos [3. Menú desplegable 3] . También las editoriales usan cada vez más papel reciclado para imprimir sus libros.

Los expertos en medio ambiente nos advierten sobre la urgencia de resolver el problema de la basura en el mundo y particularmente en nuestro país. Para esto es necesario que tomemos conciencia de la importancia del reciclaje y que todos los sectores colaboren. [3. Menú desplegable 4] y las empresas, podremos lograr cambios sustentables.

Opciones de respuesta del menú desplegable

3.1 A. a la población de algunos estados que separe la basura
B. a la población de algunos estados que separe la basura
C. que la población separe la basura en algunos estados
D. que alguna población de los estados separe la basura

3.2 A. Al ser separados
B. Cuando estos productos se dejan separados
C. Cuando se dejan separados
D. Los productos reciclables separando

3.3 A. usa neumáticos de auto gastados con suelas
B. hace suelas gastadas con neumáticos de auto
C. usa neumáticos de auto gastados para hacer suelas
D. hace suelas y usa neumáticos de auto gastados para hacerlas

3.4 A. Con el esfuerzo solo de las personas
B. Con solo el esfuerzo de las personas
C. Solo con el esfuerzo de las personas
D. Con el solo esfuerzo de las personas

UNIDAD 4

★ Ítem en foco: MENÚ DESPLEGABLE

INSTRUCCIONES: Lee el pasaje. Del menú desplegable, elige la respuesta que **mejor** complete la oración.

Estimado editor:

Le escribo en respuesta al editorial sobre las compras impulsivas e irresponsables. En mi opinión, los consumidores deben informarse sobre cómo las tiendas intentan manipular y animar a sus clientes a comprar más y a gastar más.

¿Cuántas veces ha entrado a una tienda con | 4. Menú desplegable 1 | una cosa, pero se fue con muchos más artículos? Esta situación probablemente se dé más veces de lo que podemos contar. | 4. Menú desplegable 2 | los estímulos para comprar están por todas partes.

La ubicación de los productos anima a las personas a comprar impulsivamente. Por ejemplo, al ubicar las necesidades básicas como la leche y el pan en la parte posterior de la tienda o en la mitad de un pasillo, | 4. Menú desplegable 3 | atravesar secciones con otros artículos. Además, los diseñadores de la tienda intencionalmente colocan artículos costosos a nivel de los ojos y dificultan a los clientes moverse rápidamente al obligarlos a detenerse con frecuencia. También se aseguran de colocar golosinas y chucherías, como barras de caramelo o revistas, cerca de las cajas. De hecho, los vendedores minoristas basan la ubicación de sus productos en el supuesto de que usted comprará lo que ve.

Los carros de las tiendas facilitan la compra. Después de todo, usted siempre encuentra bastantes carros de compra de tamaño excesivo cerca de la entrada de la tienda, pero puede que le cueste encontrar una canasta que pueda llevar en la mano. Para ayudar a los clientes a comprar, | 4. Menú desplegable 4 | en los estantes de la tienda. Muchas tiendas ofrecen descuentos y ofertas especiales, lo cual alienta a los compradores a llevarse aún más artículos.

Es necesario que veamos las estrategias que usan las tiendas para que podamos tomar decisiones informadas e inteligentes cuando compramos.

Atentamente,

Taylor Rattner

Opciones de respuesta del menú desplegable

4.1 A. solo el propósito de comprar
    B. el solo propósito de comprar
    C. el propósito solo de comprar
    D. el propósito de comprar solo

4.2 A. Al entrar a la tienda,
    B. Desde que entramos a la tienda,
    C. Entrando a la tienda,
    D. Solo entrando a la tienda,

4.3 A. los diseñadores de la tienda lo obligan a
    B. usted está obligado a
    C. obligándolo a
    D. se obliga a

4.4 A. poniendo carteles brillantes de ofertas
    B. los vendedores ponen carteles brillantes de ofertas
    C. carteles brillantes de ofertas ponen
    D. carteles se ponen de ofertas brillantes

INSTRUCCIONES: Lee el pasaje. Del menú desplegable, elige la respuesta que **mejor** complete la oración.

CONSEJOS PARA MODIFICAR TU AUTO

Modificar tu auto puede ser una excelente manera de

| 5. Menú desplegable 1 |

. Cualquier automóvil —desde un clásico de alta potencia a una camioneta pickup cero kilómetro— puede adaptarse con accesorios personalizados. Diversas opciones pueden hacer que tu vehículo | 5. Menú desplegable 2 |. Sin embargo, cuando modifiques tu auto, recuerda hacerlo dentro de las leyes que rigen a los vehículos y el transporte.

Para los conductores que pretenden mejorar el rendimiento de un vehículo, existe una gran cantidad de modificaciones al motor que pueden aumentar los caballos de fuerza. Las opciones para cambiar la apariencia de un auto incluyen la pintura de diseño, kits y accesorios para la carrocería, así como también neumáticos y llantas personalizados. También se pueden alterar los amortiguadores y resortes para dar al vehículo la apariencia deseada de *lowrider* (auto de suspensión baja).

Sea cual fuere la manera en que decidas modificar tu auto, te resultará útil pensar un plan de varios pasos y hacer un presupuesto de sus modificaciones. Identificar el trabajo y el costo que implica cada modificación te ayudará a determinar qué artículos son absolutamente necesarios. Por costar una fortuna, | 5. Menú desplegable 3 | inalcanzables para tu presupuesto. Tu plan te ayudará a determinar el orden en el que deseas hacer las modificaciones. Por ejemplo,

| 5. Menú desplegable 4 | antes de elegir nuevos neumáticos y llantas. Por último, tu plan debe permitirte verificar que cada modificación se ajuste a todas las leyes.

Opciones de respuesta del menú desplegable

5.1 A. expresarte y dar estilo a tu vehículo creativamente
B. creativamente expresarte y dar estilo a tu vehículo
C. expresarte creativamente y dar estilo a tu vehículo
D. expresarte y dar creativamente estilo a tu vehículo

5.2 A. se vea y funcione exactamente como tú lo deseas
B. exactamente se vea y funcione como tú lo deseas
C. se vea exactamente y funcione como tú lo deseas
D. se vea y funcione como tú lo deseas exactamente

5.3 A. verás que todas las modificaciones quedan
B. verás que algunas modificaciones
C. algunas modificaciones pueden resultar
D. esto puede hacer algunas modificaciones

5.4 A. debes completar siempre el trabajo de carrocería
B. debes completar el trabajo de carrocería siempre
C. debes siempre completar el trabajo de carrocería
D. siempre debes completar el trabajo de carrocería

Uso avanzado de pronombres

Usar con el *Libro del estudiante,* págs. 190–191.

OBJETIVOS DE EVALUACIÓN DEL LENGUAJE: L.1.3, L.1.7

1 Repasa la destreza

Como aprendiste en la Lección 2, los **pronombres sujeto** realizan la acción de un verbo, y los **pronombres objeto** reciben la acción de un verbo o van después de palabras como *por encima de, en, antes de, entre, de parte de, cerca de, de* y *hacia*. Estas reglas también se aplican a los sujetos y los objetos compuestos. También aprendiste que los pronombres tienen antecedentes, o palabras a las que se refieren los pronombres. Esta regla es verdadera para los pronombres que coinciden en género y número con el antecedente. Los pronombres neutros (*esto, eso, aquello*) pueden referirse a una oración o a una idea. Por ejemplo: *Se canceló la reunión. Eso* arruinó mi día.

2 Perfecciona la destreza

Al perfeccionar la destreza de usar los pronombres correctamente, mejorarás tus capacidades de estudio y evaluación, especialmente en relación con la prueba de Razonamiento a través de las Artes del Lenguaje de GED®. Lee la información que aparece a continuación. Luego responde las preguntas.

a Cuando escribes el pronombre sujeto *yo* o el pronombre objeto *mí* con otro sustantivo o pronombre, *yo* o *mí* van segundos. Por ejemplo: *Mi hermana y yo solemos viajar juntas.*

b Usa *este/esta* para reemplazar un sustantivo colectivo cuyos miembros actúan como un grupo. Usa *ellos/ellas* para reemplazar un sustantivo colectivo cuyos miembros actúan de manera individual. Por ejemplo: *El jurado está deliberando. Este debe decidir sobre el destino del acusado. Los miembros de la banda tocarán el mes próximo. Ellos están muy contentos de volver a los escenarios.*

Ejemplos	Explicación
Incorrecto: ¿Quién llamaste ayer? *Correcto:* ¿A quién llamaste ayer?	A quién es el **objeto** de *llamaste.*
Incorrecto: Estoy segura de que a quienquiera que contraten hará bien el trabajo. *Correcto:* Estoy segura de que quienquiera que contraten hará bien el trabajo.	Quienquiera es el sujeto de *hará bien el trabajo;* la frase del medio *que contraten* no afecta la concordancia entre el pronombre y el antecedente.
Incorrecto: Cada uno de los estudiantes tienen su propio pupitre. *Correcto:* Cada uno de los estudiantes tiene su propio pupitre.	Cada es siempre singular y debe concordar con el verbo en singular.
Incorrecto: Envíe su respuesta a mi secretaria y a yo. *Correcto:* Envíe su respuesta a mi secretaria y a mí.	Mí se usa cuando se trata de un pronombre objeto (recibe la acción de *enviar la respuesta*).
Incorrecto: Instalamos máquinas más veloces en la fábrica. La instalación de las máquinas ayudará a aumentar la producción. *Correcto:* Instalamos máquinas más veloces en la fábrica. Eso ayudará a aumentar la producción.	El pronombre neutro *eso* puede reemplazar a la construcción la *instalación de las máquinas* para que el texto sea fluido.

1. **Le escribió una carta al nuevo representante a quien, después de dos semanas, resultó electo.** ¿Qué corrección se debe hacer en la oración?

   A. cambiar a quien por quienquiera
   B. cambiar a quien por que
   C. cambiar a quien por a quienquiera
   D. cambiar a quien por con quien

2. **Alex envió una copia del memorando a Vivian y a yo.** ¿Qué corrección se debe hacer en la oración?

   A. cambiar a Vivian y a yo por a yo y a Vivian
   B. cambiar a Vivian y a yo por a ella y a me
   C. cambiar a Vivian y a yo por a Vivian y a mí
   D. cambiar a Vivian y a yo por a ella y a yo

TEMAS

Recuerda que el pronombre **que** se usa para cosas (*El auto que compró mi papá es nuevo.*) y el pronombre **quien** se usa para personas (*El amigo con quien fui al cine es Matías*). Es posible que veas **que** usado para personas también (*La mujer que está allí es mi tía*).

UNIDAD 4

★ Ítem en foco: MENÚ DESPLEGABLE

INSTRUCCIONES: Lee el pasaje. Del menú desplegable, elige la respuesta que **mejor** complete la oración.

POLÍTICAS DE ATENCIÓN AL CLIENTE

Como gerente de Autopartes California S.A., mi objetivo es proveer la mejor calidad y el mejor precio en los servicios de reemplazo de autopartes e instalación. Los miembros del equipo de servicios al cliente [3. Menú desplegable 1] queremos que nuestros clientes confíen en nosotros y regresen para el reemplazo de autopartes y su instalación. Para asegurarnos de que los clientes reciban piezas y servicio de excelente calidad, ofrecemos una garantía de satisfacción que consta de tres partes.

1) Precios claros en todos los repuestos

Cuando entregamos una estimación, indicamos el precio al por mayor de la pieza y el cargo por reposición del 10%. Si hay varias opciones para una pieza, comunicaremos los diferentes precios, explicaremos las opciones y haremos recomendaciones que reflejen la mejor calidad, el mejor precio y la mejor opción para cada situación.

2) Precio estimado garantizado

Si los costos del servicio exceden la estimación en más del 10 por ciento, con gusto completaremos el trabajo por nuestra cuenta. [3. Menú desplegable 2] no obliga al cliente a pagar la diferencia.

3) Garantía de 90 días

Queremos que nuestros clientes se sientan seguros cuando salgan de nuestros talleres. Es por eso que todas las piezas tienen una garantía de 90 días. Si alguna de [3. Menú desplegable 3] se rompiera o funcionara mal dentro de los 90 días de la instalación, le proporcionaremos una pieza de repuesto y el servicio de instalación sin costo alguno. Yo, personalmente, le aseguro que respaldaremos cualquier pieza que instalemos.

Si tiene preguntas, diríjase a cualquier persona de aquí, y [3. Menú desplegable 4] que lo atienda estará dispuesto a proporcionarle más información. Elija a nuestro personal y a nuestros mecánicos para que hagan el mejor trabajo al mejor precio.

Ned Rainey
Gerente

Opciones de respuesta del menú desplegable

3.1 A. y yo
B. y mí
C. y a mí
D. y nosotros

3.2 A. Este
B. Este cual
C. Esto
D. El cual

3.3 A. ella
B. esta
C. ellas
D. quienes

3.4 A. a quien
B. quienquiera
C. quien
D. comoquiera

★ Ítem en foco: MENÚ DESPLEGABLE

INSTRUCCIONES: Lee el pasaje. Del menú desplegable, elige la respuesta que **mejor** complete la oración.

Estimados Sr. y Sra. Cassedy:

Durante los últimos tres años, he tenido el placer de ser parte del excepcional equipo de cuidados de la salud del Hospital de Pediatría de Manchester. Lamento informarles que, a partir del 15 de noviembre de este año, ya no formaré parte de este equipo.

Mis colegas del Hospital de Pediatría de Manchester, el Dr. Félix Hernández y el Dr. Jordan Carol, son médicos expertos especializados en el trabajo con pacientes jóvenes. A comienzos de noviembre, el equipo también dará la bienvenida a la Dra. Tonya Smith, [4. Menú desplegable 1] se incorpora al equipo tras su residencia en pediatría en la prestigiosa Clínica Marsh de Nashua. Estos talentosos y dedicados médicos tienen entre ellos décadas de experiencia en pediatría. [4. Menú desplegable 2] debe hacer que ustedes sientan confianza en la competencia de ellos.

Por favor, comuníquese con la oficina para informar al equipo el médico [4. Menú desplegable 3] le gustaría tener como pediatra de su hijo. Comprendemos que su hijo puede requerir atención urgente antes de que usted haya elegido a un nuevo médico. El Dr. Hernández y yo hemos hablado, y [4. Menú desplegable 4] hemos acordado que él verá a todos los niños que requieran atención urgente.

Si usted decide llevar a su hijo para que lo atienda otro equipo, sírvase llamar a la oficina para obtener un formulario de alta médica. Por favor, también tenga en cuenta que quizá deba notificar a su empresa de seguro médico sobre el cambio de médico.

Gracias por su confianza. Ha sido un placer trabajar con usted y cuidar la salud de su hijo.

Atentamente,

Érica Johansen, doctora en medicina

Opciones de respuesta del menú desplegable

4.1 A. a quienquiera
    B. quien
    C. cual
    D. a quien

4.2 A. Lo cual
    B. Esa
    C. Que
    D. Eso

4.3 A. cual
    B. quien
    C. a quien
    D. a quienquiera

4.4 A. él y yo
    B. él y me
    C. él y mí
    D. yo y él

INSTRUCCIONES: Lee el pasaje. Del menú desplegable, elige la respuesta que **mejor** complete la oración.

Estimado editor:

Escribo en esta ocasión en nombre de los ciudadanos y los peatones de esta ciudad para recordar a la comunidad que los perros —si bien pueden ser compañeros maravillosos— no son personas. Sus derechos no se ven violados por tener que usar una correa. Tampoco pedimos demasiado a sus dueños al insistir en que limpien lo que dejan sus mascotas.

Mientras paseábamos por la calle Principal hace poco, mi esposa y yo vimos varios perros sin correa y deambulando lejos de sus dueños. Estos perros nos saltaban [5. Menú desplegable 1] . ¿Y si uno de nosotros le tenía miedo a los perros? Hay un área en el parque local para que los perros anden sin correa. Fuera del parque, todo dueño debería llevar a su perro con correa. La responsabilidad de contener a los perros debería ser de los dueños, y no nos corresponde [5. Menú desplegable 2] tener que soportar a perros sin correa.

Además, sucede que demasiado a menudo, más que caminar por la acera, debo ir en puntas de pie para evitar pisar excremento de perro. Insisto, la responsabilidad es de los dueños de los perros. Quien no pueda tolerar la idea de recoger los desechos de su perro no debería tener un perro en primera medida. No debería depender de los peatones como [5. Menú desplegable 3] esquivar los desechos de un perro.

Insto a los dueños de perros de esta ciudad a demostrar algo de consideración. La comunidad debería insistir en que los agentes de policía apliquen multas a los dueños de perros [5. Menú desplegable 4] no los llevan con correa ni limpian lo que dejan. Estas conductas son contrarias a la ley.

Opciones de respuesta del menú desplegable

5.1 A. a ella y a me
    B. a mi esposa y a yo
    C. a ella y a yo
    D. a mi esposa y a mí

5.2 A. nosotros
    B. a nuestro
    C. a ellos
    D. a nosotros

5.3 A. mí
    B. yo
    C. me
    D. a nosotros

5.4 A. que
    B. a quienes
    C. quienquiera
    D. lo cual

16 LECCIÓN

Concordancia avanzada entre sujeto y verbo

Usar con el *Libro del estudiante,* págs. 192–193.

OBJETIVO DE EVALUACIÓN DEL LENGUAJE: L.1.7

1 Repasa la destreza

A veces, la estructura de una oración o determinados pronombres pueden hacer que sea más difícil determinar la **concordancia entre sujeto y verbo**. Puede surgir confusión respecto de la concordancia cuando las oraciones contienen un sujeto compuesto, un sujeto que parece plural, un sujeto con pronombres indefinidos que pueden ser singulares o plurales según la situación, un sujeto que incluye frases preposicionales y un sujeto de dos o más sustantivos unidos por *ni*.

2 Perfecciona la destreza

Al perfeccionar la destreza de usar la concordancia avanzada entre sujeto y verbo correctamente, mejorarás tus capacidades de estudio y evaluación, especialmente en relación con la prueba de Razonamiento a través de las Artes del Lenguaje de GED®. Lee las explicaciones y los ejemplos que aparecen a continuación. Luego responde las preguntas.

Ejemplos	Explicación
Incorrecto: Ni la lluvia ni la nieve impide que el correo se entregue. *Correcto:* Ni la lluvia ni la nieve *impiden* que el correo se entregue.	En un sujeto de dos sustantivos unidos con *ni*, el verbo concuerda en plural.
Incorrecto: Mi auto, al igual que mi cocina y mis armarios, están muy desordenados. *Correcto:* Mi auto, al igual que mi cocina y mis armarios, *está* muy desordenado.	**Al igual que**, u otras interrupciones antes del verbo, no convierten a un sujeto singular en plural.
Incorrecto: Aunque cada una de las películas están nominadas para un premio, solo una ganará. *Correcto:* Aunque cada una de las películas *está* nominada para un premio, solo una ganará.	**Cada una** es una frase en singular que concuerda con el verbo en singular.
Incorrecto: Un número de estudiantes estudia en la biblioteca de la universidad. *Correcto:* Un número de estudiantes *estudian* en la biblioteca de la universidad.	**Un número** es una frase en singular que concuerda con el verbo en plural.
Incorrecto: El vestido a rayas son demasiado corto. *Correcto:* El vestido a rayas *es* demasiado corto.	La concordancia no se ve afectada cuando hay una frase preposicional entre el sujeto y el verbo.

USAR LA LÓGICA

El verbo de una oración debe concordar con el sujeto. Si hay una frase preposicional u otra interrupción antes del verbo, puedes leer la oración sin la frase intermedia para ver si se mantiene el sentido; así podrás comprobar la concordancia. Por ejemplo: Los asistentes al acto aplaudieron de pie. / Los asistentes (...) aplaudieron de pie.

1. **Cada una de mis hijas son talentosas.** ¿Qué corrección se debe hacer en la oración?

   A. cambiar <u>son talentosas</u> por <u>eran talentosas</u>
   B. cambiar <u>son talentosas</u> por <u>es talentosa</u>
   C. cambiar <u>son talentosas</u> por <u>han sido talentosas</u>
   D. cambiar <u>son talentosas</u> por <u>somos talentosas</u>

2. **Ni los gatos ni el perro puede entrar a la casa.** ¿Qué corrección se debe hacer en la oración?

   A. cambiar <u>puede</u> por <u>podrá</u>
   B. cambiar <u>puede</u> por <u>pueden</u>
   C. cambiar <u>puede</u> por <u>ha podido</u>
   D. cambiar <u>puede</u> por <u>pudo</u>

UNIDAD 4

⭐ Ítem en foco: MENÚ DESPLEGABLE

INSTRUCCIONES: Lee el pasaje. Del menú desplegable, elige la respuesta que **mejor** complete la oración.

CÓMO ACONDICIONAR SU HOGAR

Los agentes inmobiliarios experimentados saben que acondicionar una casa antes de ponerla en el mercado puede aumentar de manera espectacular el precio de venta. El acondicionamiento consiste en mejorar la apariencia de la casa, de modo que sea estéticamente agradable para el mayor número de potenciales compradores. Una casa atestada de cosas que ha recibido poco mantenimiento, así como una casa vacía sin ningún mueble o sin objetos decorativos, [3. Menú desplegable 1] para la mayoría de los compradores. Las casas bien acondicionadas están amobladas, pero cada una de las habitaciones [3. Menú desplegable 2] ordenada y no tiene amontonamiento de muebles. ¡Acondicionar una casa no quiere decir que deba verse desnuda! Por ejemplo, en la sala de estar no debe haber solamente un sofá apoyado contra una pared y en frente de un televisor. Queda mejor ofrecer una disposición de asientos que incluya al menos un sofá, un sillón y una mesita de café.

Suprimir, organizar y descartar objetos innecesarios [3. Menú desplegable 3] fundamental para un acondicionamiento efectivo. No es bueno que haya demasiadas chucherías ni demasiados objetos personales. La intención es que los potenciales compradores vean la casa como si fuera de ellos, y no que les recuerde a usted y a su familia al ver todas sus fotos y recuerdos. Limpie la casa como si fuera a recibir invitados. ¡Las pilas de periódicos sobre las mesas o las sillas no dan la mejor impresión ni a los invitados ni a los compradores! Ordene los estantes de libros, reduzca el número de objetos sobre las mesas y limpie a fondo los armarios.

Una capa fresca de pintura en el interior de las habitaciones casi siempre es una buena idea. A ningún comprador le gusta ver paredes con marcas o sucias. La mayoría de los potenciales compradores [3. Menú desplegable 4] los colores neutros, así que considere colores como el marrón claro, el crema y el beige al momento de pintar. Trate de evitar colores que sean demasiado llamativos o específicos de su gusto personal.

Opciones de respuesta del menú desplegable

3.1 A. no atraen
B. son poco atractivos
C. es poco atractiva
D. no son atractivos

3.2 A. está
B. están
C. estaban
D. estaba

3.3 A. era
B. son
C. es
D. eran

3.4 A. probablemente prefiera
B. prefiere
C. prefieren
D. muestra una preferencia por

UNIDAD 4

★ Ítem en foco: **MENÚ DESPLEGABLE**

INSTRUCCIONES: Lee el pasaje. Del menú desplegable, elige la respuesta que **mejor** complete la oración.

NUEVO SISTEMA DE LLAMADAS

Para: Todos los empleados de FabCo

La semana pasada, terminamos de actualizar nuestro sistema de llamadas en conferencia. A partir de hoy, todos nuestros empleados deben usar el nuevo servicio de mensajes *FabCo Messenger*.

[4. Menú desplegable 1] ni el *True Messenger* ni el *Best Messenger*.

El costo para mantener las líneas telefónicas en los 45 países donde FabCo tiene oficinas [4. Menú desplegable 2] . El nuevo software de *FabCo Messenger* envía el audio y el video a través de Internet, lo cual nos permite renunciar a la costosa estructura de las telecomunicaciones. Se estima que esta transición permitirá ahorrar miles de dólares por mes.

Cada gerente que trabaja con miembros de un equipo en otras oficinas, al igual que los gerentes que trabajan desde su casa, [4. Menú desplegable 3] durante dos semanas las funciones del nuevo sistema de videoconferencia. Este nuevo sistema le permitirá tener un valioso tiempo cara a cara con su equipo al tiempo que le permitirá a la empresa ahorrar dinero al reducir los costos de traslado.

En el Departamento de Informática de su oficina les facilitarán los nuevos auriculares. El número de auriculares disponibles [4. Menú desplegable 4] . Hay un modelo mono y dos modelos estéreo. Cualquiera de los modelos está disponible en versiones inalámbricas o con cables. Los empleados que trabajan a distancia pueden comprar su propio auricular y enviar una factura al Departamento de Informática para obtener el reembolso del monto hasta $60.

FabCo Messenger incluye varias funciones nuevas adicionales, entre otras correo de voz personal y mensajes instantáneos, lo cual esperamos que les resulte de utilidad.

Opciones de respuesta del menú desplegable

4.1 A. No se podrá seguir usando
    B. No se puede seguir usando
    C. No se debe seguir usando
    D. No se pueden seguir usando

4.2 A. son enormes
    B. es enorme
    C. eran enormes
    D. han sido enormes

4.3 A. probará
    B. probarán
    C. habrán probado
    D. probó

4.4 A. son limitados
    B. ambos son limitados
    C. es limitado
    D. eran limitados

INSTRUCCIONES: Lee el pasaje. Del menú desplegable, elige la respuesta que **mejor** complete la oración.

NUEVA POLÍTICA DE CREDENCIAL DE IDENTIFICACIÓN

Para: Integrantes del equipo y contratistas de Wavelength
De: Departamento de Seguridad de Wavelength
Fecha: 9 de noviembre

Asunto: Nueva política de credencial de identificación

Actualmente, hay una serie de formas de identificación con foto que [5. Menú desplegable 1] los empleados y contratistas de Wavelength para poder ingresar a los edificios del campus. Para evitar errores de comunicación y otros problemas de seguridad, la siguiente política de identificación entrará en vigencia a partir del 15 de noviembre. Todo miembro del personal que se encuentre en el campus, al igual que los contratistas, [5. Menú desplegable 2] cumplir con esta política. No se hará ninguna excepción.

- Los empleados y los contratistas deben llevar puesta su credencial de identificación todo el tiempo. La política anterior requería que las credenciales u otras formas de identificación se exhibieran solo en el momento del ingreso.

- Las credenciales de identificación deben poder verse claramente en todo momento. La vestimenta no debe obstruir una vista clara de la credencial. Los empleados han llevado por costumbre las credenciales de identificación en los bolsillos de sus camisas, donde a menudo están cubiertas por las chaquetas o los suéteres.

- Los empleados y los contratistas deben pasar su credencial de identificación en cada puerta de entrada, aun si la puerta se encuentra abierta. Actualmente, muy a menudo, un empleado que entra por una puerta con un grupo de personas, [5. Menú desplegable 3] la credencial al empleado de seguridad e ingresa. Este método ya no se permitirá.

- Quienes no tengan su credencial de identificación deben ingresar al edificio a través de las puertas principales para obtener una credencial temporal. Ni los directores de departamento ni ningún supervisor [5. Menú desplegable 4] autorizar a un guardia de seguridad a ignorar esta norma.

Opciones de respuesta del menú desplegable

5.1 A. son exhibidos por
B. exhibirán
C. serán exhibidas por
D. pueden exhibir

5.2 A. deben
B. debían
C. debió
D. debe

5.3 A. exhibió
B. exhiben
C. exhibe
D. estaba exhibiendo

5.4 A. podía
B. puede
C. podían
D. pueden

17 LECCIÓN

Paralelismo

Usar con el *Libro del estudiante,* págs. 194–195.

OBJETIVOS DE EVALUACIÓN DEL LENGUAJE: L.1.6, L.1.8

1 Repasa la destreza

Una oración tiene **estructuras paralelas**, o paralelismo, cuando muestra el mismo patrón para expresar que las ideas específicas tienen la misma importancia. Los escritores crean paralelismo al usar las mismas partes de la oración y la misma estructura de las oraciones para expresar sus ideas. Por ejemplo, los verbos y las formas verbales deben escribirse de manera consistente: *Mirar vidrieras, comparar precios y hacer cuentas son estrategias importantes para ahorrar dinero.* El paralelismo también ayuda a eliminar el exceso de palabras.

2 Perfecciona la destreza

Al practicar la destreza de reconocer y crear paralelismo, mejorarás tus capacidades de escritura y evaluación, especialmente en relación con la prueba de Razonamiento a través de las Artes del Lenguaje de GED®. Estudia las explicaciones y los ejemplos que aparecen a continuación. Luego responde las preguntas.

a En el primer ejemplo, usar paralelismo ayuda a eliminar el exceso de palabras.

b En el segundo ejemplo, la oración incorrecta mezcla un sustantivo, *perseverancia*; un infinitivo, *trabajar*; y un gerundio, *trabajando*.

▶ Una oración tiene estructuras paralelas si muestra un patrón similar para presentar ideas de igual importancia:

En el primer ejemplo que aparece a continuación, los deportes que practica Tomás se presentan de diferentes maneras. La oración correcta muestra paralelismo. En el segundo ejemplo, la lista de lecciones aprendidas debe escribirse de manera coherente.

Falta de paralelismo	Paralelismo
Tomás juega en el equipo de béisbol y también está en el de fútbol.	Tomás juega en el equipo de béisbol y el de fútbol.
Aprendí muchas lecciones importantes sobre trabajar con esfuerzo, la perseverancia y trabajando como un equipo.	Aprendí muchas lecciones importantes sobre el esfuerzo, la perseverancia y el trabajo en equipo.

1. **Chris apartó tiempo para andar en bicicleta y el estudio para la prueba.** ¿Cuál es la **mejor** revisión de la oración?

   A. reemplazar <u>andar</u> por <u>anda</u>
   B. reemplazar <u>el estudio</u> por <u>estudiar</u>
   C. reemplazar <u>el estudio</u> por <u>estudia</u>
   D. reemplazar <u>andar</u> por <u>andando</u>

HACER SUPOSICIONES

Si una oración contiene una palabra de enlace como *o, y* o *pero,* puedes suponer que los elementos o las ideas de la oración tienen la misma importancia.

2. **Si se rompe, se pierde o si ponemos el juguete lejos de su alcance, el niño grita durante horas.** ¿Cuál es la **mejor** revisión de la oración?

   A. Si se rompe, se pierde o el juguete se pone lejos de su alcance, el niño grita durante horas.
   B. Si el juguete se rompe, se pierde o se pusiera lejos de su alcance, él niño grita durante horas.
   C. Si se rompe, si perdemos o si ponemos el juguete lejos de su alcance, el niño grita durante horas.
   D. Si el juguete se rompe, se pierde o se pone lejos de su alcance, el niño grita durante horas.

UNIDAD 4

INSTRUCCIONES: Lee el pasaje, lee las preguntas y elige la **mejor** respuesta.

CÓMO ENCONTRAR FORMAS ECONÓMICAS DE CUIDAR A LOS HIJOS

1   Los cambios recientes en la economía están haciendo que a las personas les cueste cada vez más estirar sus ingresos para cubrir sus gastos. Para las personas que tienen hijos, los costos crecientes del cuidado de los niños resultan un gasto particularmente difícil de manejar. En consecuencia, muchos padres han comenzado a buscar o inventan nuevas formas de cuidado de los niños que sean confiables y económicas.

2   Una opción económica para cuidar a los niños consiste en pedir a amigos, familiares o las personas que viven en el vecindario que cuiden a los niños pequeños. Es posible que estas personas estén dispuestas a brindar este servicio a una tarifa mucho menos costosa de la que los padres podrían encontrar en una guardería común. Algunas personas pueden cuidar a los niños a cambio de algún otro servicio que los padres puedan prestarles a ellos, como trabajos en los jardines o cuidado de la casa cuando no están. A muchos padres también les da seguridad saber que sus hijos están bajo la supervisión y el cuidado de un adulto conocido.

3   Algunos padres organizan grupos de cuidado de niños, o se forma una cooperativa de amigos y vecinos. Por ejemplo, cinco grupos de padres podrían rotar la responsabilidad de cuidar los hijos de los otros padres durante un día cada semana. Aunque puede haber muchos niños a quienes cuidar el día que les toca hacerlo, los padres de la cooperativa obtienen cuatro días en los que pueden ir a trabajar sin tener que pagar por el cuidado de sus hijos.

4   Una niñera en casa para niños en edad escolar puede ser otra opción de cuidado de niños que es económica. A menudo, los adolescentes o estudiantes universitarios del vecindario pueden estar dispuestos a cuidar niños pequeños en la casa familiar. Como este tipo de trabajo es flexible y se puede hacer de manera informal, muchas personas jóvenes cuidan niños por tarifas muy bajas.

3. ¿Cuál es la **mejor** manera de escribir la parte subrayada de esta oración? **En consecuencia, muchos padres han comenzado a buscar o inventan nuevas formas de cuidado de los niños que sean confiables y económicas.**

   A. a buscar o inventaron
   B. la búsqueda o están inventando
   C. a buscar o inventar
   D. a buscar, inventando

4. ¿Cuál es la **mejor** manera de escribir la parte subrayada de esta oración? **Una opción económica para cuidar a los niños consiste en pedir a amigos, familiares o las personas que viven en el vecindario que cuiden a los niños pequeños.**

   A. personas que viven cerca de los amigos y los familiares
   B. amigos que viven en el vecindario, familiares que viven en el vecindario u otras personas que viven en el vecindario
   C. amigos, familiares o vecinos
   D. amigos y familiares o personas que viven en el vecindario

5. ¿Cuál es la **mejor** revisión de esta oración? **Algunos padres intercambian labores de cuidado de niños con otra familia, o se forma una cooperativa de amigos y vecinos.**

   A. Para intercambiar cuidado de niños con otras familias, algunos padres forman cooperativas con amigos y vecinos.
   B. Algunos padres intercambian labores de cuidado de niños con otra familia o forman cooperativas de amigos y vecinos.
   C. Algunos padres forman una cooperativa con amigos y vecinos o intercambian labores de cuidado de niños con otra familia.
   D. Algunos padres intercambian labores de cuidado de niños con otra familia o cooperativas con amigos y vecinos.

6. ¿Cuál es la **mejor** revisión de esta oración? **Una niñera en casa para niños en edad escolar puede ser otra opción de cuidado de niños que es económica.**

   A. Una niñera en casa puede ser otra opción de cuidado de niños que es económica para niños que están en edad escolar.
   B. Para niños en edad escolar, una niñera en casa puede ser otra opción que resulta económica.
   C. Otra opción de cuidado de niños que es económica para niños en edad escolar es una niñera en casa.
   D. Una niñera en casa para niños en edad escolar puede ser otra opción económica de cuidado de niños.

7. ¿Qué corrección se debe hacer en la oración? **Como este tipo de trabajo es flexible y se puede hacer de manera informal, muchas personas jóvenes cuidan niños por tarifas muy bajas.**

   A. Cambiar se puede hacer de manera informal por es informal.
   B. Cambiar flexible por bastante flexible.
   C. Cambiar es flexible por ofrece flexibilidad.
   D. Cambiar se puede hacer de manera informal por informalmente.

INSTRUCCIONES: Lee el pasaje, lee las preguntas y elige la **mejor** respuesta.

CONSEJOS PARA LAS VENTAS DE PATIO

1   Las personas que pasan todos los sábados por la mañana yendo de una venta de patio a otra saben algo que tú no sabes. Saben que puedes encontrar fantásticos artículos usados en las ventas de garaje y de patio, y las ventas que organizan las personas antes de mudarse también son excelentes. También saben que pueden comprar esos artículos por una fracción del costo que pagarían si los compraran nuevos en la tienda. Por supuesto que dormir el sábado hasta tarde es agradable, pero tener un poco más de dinero en el bolsillo también es agradable. El próximo fin de semana tal vez debas visitar algunas ventas de patio. Mantén los ojos abiertos para ver si encuentras algunas de estas cosas.

2   Los libros usados pueden ser compras excelentes en las ventas de patio. El sobreprecio en los comercios minoristas para libros es astronómico, y la mayoría de las personas se cansan de estos artículos antes de que se gasten. Hazte la siguiente pregunta: ¿Cuántas veces leeré este libro, siendo realista? Si la respuesta es solo una, ¿por qué vas a gastar $10 o $25 en un ejemplar nuevo? Puedes gastar un dólar en el mismo libro usado, y a los otros nueve dólares los gastas en distintos artículos.

3   Si deseas probar una nueva rutina de ejercicios, considera la idea de buscar los equipos en ventas de patio locales antes de comprar algo nuevo. Las personas a menudo venden equipos para hacer ejercicio que compraron para sus hogares y que casi no usaron. Los propietarios de bicicletas fijas, aparatos elípticos y cintas de correr, quienes no lograron cumplir con sus bienintencionados planes de ejercicios, terminan vendiendo estos aparatos. En lugar de pagar cientos o miles de dólares por un aparato nuevo, compra uno a bajo precio en una venta de patio.

4   También puedes juntar materiales para futuros proyectos del hogar. Las ventas de patio son excelentes lugares para encontrar muebles de oficina o herramientas no eléctricas. ¿Por qué vas a pagar el precio completo de artículos bien hechos? Un escritorio macizo, una silla de oficina o un armario que se usa para archivar cosas pueden durar años. Un martillo o un destornillador usados tienen la misma apariencia y función que los nuevos.

8. ¿Cuál es la **mejor** manera de escribir la parte subrayada de esta oración? **Saben que puedes encontrar artículos usados fantásticos en <u>las ventas de garaje y de patio, y las ventas que organizan las personas antes de mudarse</u> también son excelentes.**

    A. las ventas de garaje, las ventas de patio y las ventas por mudanza son excelentes
    B. las ventas de garaje y las ventas de patio antes de que las personas se muden
    C. las ventas de garaje, las ventas de patio y las ventas por mudanza
    D. las ventas de garaje, de patio y por mudanza

9. ¿Cuál es la **mejor** manera de escribir la parte subrayada de esta oración? **Por supuesto que dormir hasta tarde el sábado es agradable, pero <u>si tienes un poco más de dinero en el bolsillo, es agradable también</u>.**

    A. tener un poco más de dinero en el bolsillo es agradable también
    B. debes tener un poco más de dinero en el bolsillo porque también es más agradable
    C. también es agradable si tienes un poco más de dinero en el bolsillo
    D. tener un poco más de dinero en el bolsillo

10. ¿Cuál es la **mejor** manera de escribir la parte subrayada de esta oración? **Puedes gastar un dólar en el mismo libro usado, <u>y a los otros nueve dólares los gastas</u> en distintos artículos.**

    A. y terminar gastando nueve dólares
    B. y gastar los otros nueve dólares
    C. y gastarás nueve dólares
    D. y terminarás gastando nueve dólares

11. ¿Qué corrección se debe hacer en la oración? **Un escritorio macizo, una silla de oficina o un armario que se usa para archivar cosas pueden durar años.**

    A. cambiar <u>Un escritorio macizo, una silla de oficina</u> por <u>Escritorios y sillas también</u>
    B. cambiar <u>un armario que se usa para archivar cosas</u> por <u>un archivador</u>
    C. cambiar <u>Un escritorio macizo</u> por <u>Un escritorio que es macizo</u>
    D. cambiar <u>una silla de oficina</u> por <u>una silla para una oficina</u>

INSTRUCCIONES: Lee el pasaje. Del menú desplegable, elige la respuesta que **mejor** complete la oración.

¡AYÚDENNOS A AYUDAR A LOS NIÑOS!

Queridos vecinos:

El próximo sábado, el Grupo de Jóvenes de Westchester auspiciará un "Día de los niños para los niños" en Oakbrook. Los estudiantes de tres escuelas del condado de Westchester —la Escuela Secundaria Daley, la Escuela Media Ryder [12. Menú desplegable 1] la Academia Clifton— colaborarán ayudando a recaudar dinero para los niños necesitados de la zona. Las actividades incluirán el lavado de autos, la venta de comidas, un servicio de corte de césped y [12. Menú desplegable 2]. Los fondos recaudados en cada una de las actividades beneficiarán a varias fundaciones de ayuda a los niños de la zona, incluido el Centro de Crisis de Jóvenes de Oakbrook y la Agencia de Apoyo a los Jóvenes sin Techo del Condado de Westchester. El dinero que se recaude en cada actividad irá directamente a esas fundaciones.

¡Los miembros del Grupo de Jóvenes de Westchester necesitan su apoyo para que el próximo sábado sea un éxito! Los precios serán irresistiblemente bajos en todos los artículos que se vendan y todos los servicios que se ofrezcan. Por ejemplo, un lavado y secado de auto completo le costará solo $1. O bien, puede pedir que le corten el césped por solo $5, según el tamaño de su jardín. La venta de comidas tendrá precios imbatibles. Por ejemplo, puede comprar cuatro galletas [12. Menú desplegable 3] $1.

Si puede ayudar a "Los niños por los niños", diríjase a una de nuestras escuelas participantes este sábado y participe en una de nuestras actividades. Puede comprar excelentes comidas horneadas en la Escuela Secundaria Daley, pedir que le laven el auto en la Escuela Media Ryder o [12. Menú desplegable 4] en la Academia Clifton. Los miembros que colaboren cortando el césped serán trasladados a su casa por patrocinadores adultos que supervisarán la tarea y proporcionarán los equipos.

Los voluntarios estarán en todos estos lugares desde las 9 a.m. hasta las 6 p.m. del sábado 7 de septiembre. ¡Esperamos verlos entonces!

Opciones de respuesta del menú desplegable

12.1
A. y
B. como también de
C. y los estudiantes de
D. y los estudiantes que asisten a

12.2
A. la poda de árboles
B. pueden pedir que les poden los árboles
C. podar árboles
D. un servicio de poda de árboles

12.3
A. por $1 o una porción de pastel costará
B. o una porción de pastel por
C. por $1, o incluso una porción de pastel por
D. por $1 o una porción de pastel por

12.4
A. habrá una inscripción para el servicio de corte de césped
B. se anota para los servicios de corte de césped
C. anotarse para los servicios de corte de césped
D. los servicios de corte de césped estarán disponibles

UNIDAD 4

Transiciones

Usar con el *Libro del estudiante,* págs. 196–197.

OBJETIVO DE EVALUACIÓN DEL LENGUAJE: L.1.9

1 Repasa la destreza

Las **transiciones** conectan las ideas en la escritura. Pueden mostrar el orden de los sucesos, indicar similitudes o diferencias, o dar un ejemplo o una explicación de un enunciado. Las palabras o frases de transición pueden estar en medio de una oración, entre una oración y otra, entre un párrafo y otro o entre dos secciones de un texto. Usar transiciones ayuda a crear una escritura lógica y fluida.

2 Perfecciona la destreza

Al practicar la destreza de usar transiciones, mejorarás tus capacidades de escritura y evaluación, especialmente en relación con la prueba de Razonamiento a través de las Artes del Lenguaje de GED®. Estudia las explicaciones y los ejemplos que aparecen a continuación. Luego responde las preguntas.

▶ Recuerda que las transiciones muestran la relación entre dos ideas. Usa transiciones en la misma oración:

Me gustan los perros y también **los gatos.** = Me gustan ambas cosas.

Me gustan los chocolates pero **no los dulces.** = Me gusta una cosa pero no la otra.

Me gusta el pescado; por lo tanto, **me gustó el estofado de pulpo.** = Como me gusta una cosa, me gustó algo relacionado.

▶ Usa transiciones entre oraciones.

Tengo un teléfono celular nuevo. Sin embargo, **es difícil de usar.** = Aunque es nuevo, el teléfono celular no es fácil de usar.

Fui a nadar. Después, **corrí a la tienda.** = Después de ir a nadar, fui corriendo a la tienda.

Creo que los impuestos son demasiado altos. Por ejemplo, **el impuesto sobre las ventas es el 8 por ciento.** = Un impuesto sobre las ventas del 8 por ciento es el ejemplo de un impuesto que es demasiado alto.

a Algunas transiciones significan lo mismo y son intercambiables. Por ejemplo, *sin embargo* y *no obstante* son expresiones de contraste. Otras palabras o expresiones similares son *pero, aunque* y *a pesar de*.

b Recuerda que la palabra o frase de transición va seguida de una coma cuando aparece al principio de la oración.

1. **Creo que la tasa de interés de mi hipoteca es demasiado elevada. No califico para una tasa más baja.** ¿Cuál es la transición **más** efectiva para usar al comienzo de la segunda oración?

   A. A pesar de,
   B. Sin embargo,
   C. Además,
   D. Por ejemplo,

2. **Juan no conduce casi** nunca. Tiene **dos autos.** ¿Cuál es la **mejor** revisión de la parte subrayada de las oraciones?

   A. nunca. En cambio, tiene
   B. nunca. Además, tiene
   C. nunca a pesar de que tiene
   D. nunca. Al contrario, tiene

TEMAS

Las transiciones a menudo muestran relaciones de causa: *Aprobé la prueba de GED®. Por lo tanto, solicité un lugar en la universidad.* La frase **por lo tanto** explica que solicité un lugar en la universidad porque aprobé la prueba de GED®.

★ Ítem en foco: MENÚ DESPLEGABLE

INSTRUCCIONES: Lee el pasaje. Del menú desplegable, elige la respuesta que **mejor** complete la oración.

CÓMO ESCRIBIR UN CURRÍCULO

Un currículo tiene una sola función principal: conseguirte una entrevista. Para algunos empleos, los empleadores pueden recibir cientos de currículos. Es importante que el tuyo, que puede terminar apilado entre muchos otros, llame la atención de un potencial empleador. El objetivo es que la información haga que este empleador cansado y estresado piense: "Tengo que conocer a esta persona". [3. Menú desplegable 1] sigue estos consejos para que tu currículo quede arriba de la pila.

Un currículo tiene dos aspectos: el diseño y el contenido. El diseño de tu currículo tiene que ser sencillo, ordenado y fácil de leer. Los empleadores tienen poco tiempo para leer cada currículo. [3. Menú desplegable 2] debes elegir la información más relevante para el puesto o el área en particular para la que te postulas. Presenta esta información de manera accesible con características del texto como viñetas, texto en negrita, títulos y encabezamientos, entre otras.

En cuanto al contenido de tu currículo, usa lenguaje claro y descriptivo, especialmente verbos, para indicar a los potenciales empleadores cuáles son tus destrezas y aptitudes. Señala cómo puedes satisfacer las necesidades de un empleador y cómo el empleador se beneficiará si te contrata. Sé exhaustivo en tu descripción de tu experiencia laboral [3. Menú desplegable 3] sobrecargues tu currículo con todo lo que has pensado, dicho o hecho. [3. Menú desplegable 4] cuando escribas tu currículo, elige información relevante y preséntala en un lenguaje activo y dinámico, con un diseño sencillo y fácil de leer.

No entregues el currículo solo. Incluye una carta de presentación que se refiera a esta oportunidad laboral específica. Una carta de presentación personalizada muestra a un potencial empleador que has dedicado cierto tiempo para presentar la solicitud y mejorará enormemente tus posibilidades de causar una impresión positiva.

Opciones de respuesta del menú desplegable

3.1 A. Después de eso,
B. De la misma manera,
C. Para empezar,
D. Antes,

3.2 A. Además,
B. En consecuencia,
C. A continuación,
D. Sumado a esto,

3.3 A. previa. Además, no
B. previa. Por ejemplo, no
C. previa, pero no
D. previa. Por el contrario, no

3.4 A. Por lo tanto,
B. Posteriormente,
C. Por otra parte,
D. Primero,

UNIDAD 4

⭐ Ítem en foco: **MENÚ DESPLEGABLE**

INSTRUCCIONES: Lee el pasaje. Del menú desplegable, elige la respuesta que **mejor** complete la oración.

Srta. Christine Churchman
Recursos Humanos, Arquitectura Aspen
2323 Colorado Drive
Aspen, CO 81611

Estimada Srta. Churchman:

Le escribo en relación a la vacante como dibujante técnico en Arquitectura Aspen. Considero que soy un excelente candidato para el puesto. Actualmente soy estudiante de dibujo y diseño en la Escuela Técnica Superior Aspen y estoy buscando experiencia práctica adicional. [4. Menú desplegable 1] me interesaría comenzar a trabajar como aprendiz mientras finalizo mis estudios.

Antes de comenzar mis estudios, trabajaba en la construcción de viviendas y edificios para uso comercial. Esta experiencia ha resultado bastante útil para el dibujo técnico, ya que comprendo el resultado final de mi trabajo. [4. Menú desplegable 2] tengo experiencia práctica y comprendo cómo los profesionales de la construcción usan los dibujos técnicos. Como ejemplo de mis capacidades, me gustaría mostrarle una carpeta con los proyectos de construcción en los que participé.

Soy puntual y [4. Menú desplegable 3] probablemente note que soy el primero en llegar a la oficina por la mañana y uno de los últimos en irse. La pasión y la experiencia que tengo en esta área de trabajo sin duda beneficiarán a su empresa. [4. Menú desplegable 4] me pongo a su disposición para una entrevista.

Espero su respuesta.

Atentamente,

Darius Henson

Opciones de respuesta del menú desplegable

4.1 A. Por esta razón,
B. De la misma manera,
C. Por el contrario,
D. Sin embargo,

4.2 A. En cambio,
B. Sin embargo,
C. No obstante,
D. Además,

4.3 A. trabajador, pero
B. trabajador; sin embargo,
C. trabajador. Por consiguiente,
D. trabajador. No obstante,

4.4 A. Desde ya,
B. A pesar de todo,
C. En otras palabras,
D. En primer lugar,

Lee el pasaje. Del menú desplegable, elige la
respuesta que **mejor** complete la oración.

CONTRATO DE ARRENDAMIENTO

El arrendatario acuerda pagar en concepto de renta la suma total de
$9,000. Esta suma se pagará en 12 cuotas de $750. La renta mensual
se pagará el primer día de cada mes o antes durante el período de
arrendamiento. Los pagos recibidos después del quinto día del mes
estarán sujetos a una multa por mora de $50, más $10 por día después
del quinto día del mes, hasta que se haya pagado el importe completo.

| 5. Menú desplegable 1 | si la renta se paga el día 10 del mes,
el importe total adeudado será $750 más $100 en concepto de mora.
Todo importe se pagará mediante un cheque o giro bancario pagadero
a nombre de Apartamentos Rosewood. Los cheques rechazados están
sujetos a una multa de $30.

El arrendatario acuerda pagar un depósito de $750 al arrendador
antes de tomar posesión del inmueble. El arrendatario acuerda
entregar al arrendador una lista de control de ingreso donde se
indique el estado del inmueble dentro de la misma semana en que
se tomó posesión. | 5. Menú desplegable 2 | el arrendador
tendrá tres días para reparar todos los problemas mencionados en la
lista de control de ingreso. | 5. Menú desplegable 3 | dejar el
inmueble, el arrendatario acuerda entregar al arrendador una lista de
control de egreso donde se documente el estado de la propiedad. De
ser necesario, el depósito se utilizará para pagar servicios o rentas
impagos o cubrir gastos de comercialización del inmueble, además de
reparaciones por daños al inmueble que excedan el desgaste natural
producido por el uso. El arrendatario comprende que su responsabilidad
por dichos daños no se limita al importe del depósito de garantía.

El arrendatario acuerda que el inmueble no se asignará ni se
subarrendará sin el consentimiento por escrito del arrendador. El
arrendatario acuerda que solo quien haya firmado este documento
ocupará el inmueble. | 5. Menú desplegable 4 | el arrendatario
acuerda usar el inmueble solo de la siguiente manera. El inmueble se
ocupará solo con fines de vivienda y no se usará con ningún propósito
comercial ni con ningún propósito que el arrendador considere riesgoso.

**Opciones de respuesta
del menú desplegable**

5.1 A. Sin embargo,
B. Además,
C. Por ejemplo,
D. Por el contrario,

5.2 A. Primero,
B. Antes,
C. En ese momento,
D. Ayer,

5.3 A. Por lo tanto, al
B. Además, al
C. Además de
D. Como resultado de

5.4 A. Además,
B. Sin embargo,
C. Después de eso,
D. De la misma manera,

UNIDAD 4

Usar con el *Libro del estudiante,* págs. 198–199.

OBJETIVO DE EVALUACIÓN DEL LENGUAJE: L.1.9
OBJETIVO DE EVALUACIÓN DE ESCRITURA: W.2

1 Repasa la destreza

Un **párrafo** tiene lógica y sentido porque está *organizado* de una manera específica. La oración principal introduce el tema, o la idea principal, del párrafo y conecta las ideas de las demás oraciones del párrafo. Las demás oraciones sirven como detalles de apoyo, los cuales pueden incluir datos, estadísticas, explicaciones, ejemplos o análisis. Las ideas y las oraciones principales pueden ser explícitas o implícitas.

2 Perfecciona la destreza

Al perfeccionar la destreza de organizar párrafos, mejorarás tus capacidades de escritura y evaluación, especialmente en relación con la prueba de Razonamiento a través de las Artes del Lenguaje de GED®. Estudia el diagrama y lee el párrafo que aparece a continuación. Luego responde las preguntas.

▶ Estudia el diagrama que aparece a continuación para entender la relación entre la oración principal y las demás oraciones de un párrafo.

a La oración principal de un párrafo puede servir como un resumen de las ideas principales del pasaje.

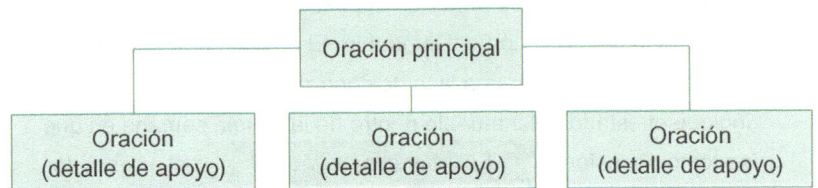

Oración principal

| Oración (detalle de apoyo) | Oración (detalle de apoyo) | Oración (detalle de apoyo) |

(1) Si sufres de alergia, es posible que vayas a ver al médico todas las semanas para que te inyecte una vacuna contra la alergia. (2) Estas visitas pueden ser costosas. (3) En su trabajo desde el St. Mary's Hospital de Londres en 1911, Leonard Noon y John Freeman experimentaron con las primeras vacunas contra la alergia. (4) Noon y Freeman administraron dosis bajas del extracto a través de inyecciones. (5) Estos investigadores extrajeron polen del pasto y usaron el extracto para tratar a las personas que padecían la fiebre del heno. (6) Los pacientes recibían inyecciones cada tres o cuatro días. (7) Noon y Freeman gradualmente aumentaron la dosis del extracto mediante una serie de inyecciones. (8) Por consiguiente, descubrieron que podían aliviar los síntomas de la fiebre del heno.

1. ¿Cuál es el **mejor** lugar para la oración 2? **Estas visitas pueden ser costosas.**

   A. Coloca la oración 2 después de la oración 8.
   B. Elimina la oración 2.
   C. Coloca la oración 2 al principio del párrafo.
   D. Coloca la oración 2 después de la oración 6.

2. ¿Cuál es el **mejor** lugar para la oración 4? **Noon y Freeman administraron dosis bajas del extracto a través de inyecciones.**

   A. Elimina la oración 4.
   B. Coloca la oración 4 después de la oración 6.
   C. Coloca la oración 4 después de la oración 5.
   D. Coloca la oración 4 después de la oración 7.

CONSEJOS PARA REALIZAR LA PRUEBA

Si quieres organizar un párrafo de manera eficaz, examina las oraciones que lo componen e identifica qué tienen en común. Pregúntate: *¿Cómo se relaciona cada oración con la idea principal del párrafo?*

UNIDAD 4

⭐ Ítem en foco: **ARRASTRAR Y SOLTAR**

INSTRUCCIONES: Lee el pasaje y la pregunta. Luego usa las opciones de arrastrar y soltar para completar el primer párrafo.

Para: Todo el personal de Consultores Lehman
De: Recursos Humanos
Asunto: Nuevas políticas de viaje

A

Oración 1
Oración 2
Oración 3
Oración 4
Oración 5

B

Como empresa de consultoría nacional que somos, comprendemos que muchos de nuestros empleados deben viajar con frecuencia por motivos de trabajo. Por lo tanto, es importante que los empleados se sientan cómodos cuando viajan y que los viajes no les quiten demasiado tiempo de su vida laboral o personal ni sean una carga para quienes pasan gran parte de su tiempo viajando. Valoramos a nuestros empleados y creemos que esta nueva política tiene en cuenta tanto la reducción de costos como las necesidades de nuestro personal tan trabajador.

C

La pieza fundamental de la nueva política es el sitio web interno de viajes de nuestra empresa, Eslabón de Viajes. A partir del 1.º de julio, todos los viajes deberán programarse a través de Eslabón de Viajes. Dentro del sitio se puede buscar de la misma manera que en los sitios de viajes comerciales. Según los destinos y las fechas que usted ingrese, el sitio le brindará opciones de pasajes de avión, renta de carros y hoteles. Puede elegir cualquiera de las tres opciones de "mejor precio" que aparezcan para su criterio. Puede elegir una opción que no sea de "mejor precio" sólo con la aprobación de su gerente. Antes de que se pueda hacer una excepción, un gerente debe dar su aprobación electrónica en el sistema. Estamos seguros de que el sistema de programar sus viajes a través del sitio ofrecerá opciones convenientes, y que le parecerá eficaz y fácil de usar.

3. Las oraciones que aparecen a continuación forman parte del primer párrafo del memorando. Arrastra y suelta cada oración en su posición lógica en la tabla.

A) La segunda meta era garantizar que no se perjudicara ni se penalizara injustamente a ningún empleado.

B) Antes de decidirnos por esta política, se explicó a un equipo de empleados cuáles eran las dos metas principales al examinar nuestros procesos actuales.

C) Con el fin de controlar los costos de la empresa y establecer un proceso coherente en nuestras tres ubicaciones, hemos establecido una nueva política de viajes para todo el personal.

D) La semana pasada, el equipo presentó su última recomendación a la gerencia de la empresa, y la nueva política se aprobó de manera unánime.

E) La primera meta era ver de qué manera se podían mejorar nuestras políticas de viaje de tal manera que se redujeran los costos.

UNIDAD 4

INSTRUCCIONES: Lee el pasaje, lee cada pregunta y elige la **mejor** respuesta.

CONSEJOS PARA HACER JOYAS

A

(1) Hoy en día, a muchas personas les gusta hacer sus propios aretes y pulseras. (2) Hacer tus propias joyas es más fácil de lo que creerías. (3) Lo único que necesitas para comenzar son las ganas de ser creativo. (4) Actualmente, una simple búsqueda en Internet te brinda bastante enseñanza gratuita sobre el tema. (5) En el pasado, tenías que tomar clases especiales para aprender la técnica correcta.

B

(6) ¿Qué se necesita para comenzar a hacer joyas? (7) Las cuentas vienen en diferentes formas, colores y tamaños. (8) Encontrarás la mejor selección de cuentas en tiendas de pasatiempos y de artesanías. (9) Para muchas personas, los mejores materiales para comenzar son las cuentas. (10) Entre los elementos básicos que necesitarás se encuentran una bandeja para cuentas, un tablero de diseño, agujas de abalorios, agujas de alambre torcido y cera de abeja. (11) También deberás tener pinzas, tijeras, un punzón para cuentas, cortaalambres y alicates de punta plana.

C

(12) Existen varias maneras de aprender las destrezas básicas para comenzar a hacer joyas. (13) Por ejemplo, puedes buscar videos y sitios web instructivos en Internet. (14) También puedes comprar libros en la tienda de artesanías o consultarlos en la biblioteca local. (15) Por otro lado, puedes tan solo dejar volar tu imaginación. (16) Algunos sitios web incluyen excelentes demostraciones paso a paso.

D

(17) Se necesita práctica para desarrollar la destreza necesaria para dominar el arte de hacer joyas. (18) Sin embargo, los principiantes deben considerar esta advertencia: encara proyectos simples. (19) Si tienes paciencia, aprenderás las destrezas necesarias sin cometer errores costosos. (20) En poco tiempo, estarás haciendo tus propios aretes, pulseras y collares. (21) Incluso, podrás experimentar con materiales más costosos, como gemas semipreciosas. (22) Podrás crear piezas de joyería que serán de tu diseño único.

4. ¿Cuál es el **mejor** lugar para la oración 4? **Actualmente, una simple búsqueda en Internet te brinda bastante enseñanza gratuita sobre el tema.**

   A. Coloca la oración 4 después de la oración 5.
   B. Coloca la oración 4 después de la oración 2.
   C. Elimina la oración 4.
   D. Coloca la oración 4 después de la oración 1.

5. ¿Cuál es el **mejor** lugar para la oración 9? **Para muchas personas, los mejores materiales para comenzar son las cuentas.**

   A. Coloca la oración 9 al comienzo del párrafo B.
   B. Coloca la oración 9 después de la oración 6.
   C. Coloca la oración 9 después de la oración 7.
   D. Coloca la oración 9 después de la oración 10.

6. ¿Cuál es el **mejor** lugar para la oración 16? **Algunos sitios web incluyen excelentes demostraciones paso a paso.**

   A. Elimina la oración 16.
   B. Coloca la oración 16 después de la oración 14.
   C. Coloca la oración 16 al comienzo del párrafo C.
   D. Coloca la oración 16 después de la oración 13.

7. ¿Cuál es el **mejor** lugar para la oración 18? **Sin embargo, los principiantes deben considerar esta advertencia: encara proyectos simples.**

   A. Coloca la oración 18 después de la oración 19.
   B. Coloca la oración 18 después de la oración 20.
   C. Coloca la oración 18 después de la oración 21.
   D. Coloca la oración 18 al comienzo del párrafo D.

8. ¿Cuál es el **mejor** lugar para la oración 22? **Podrás crear piezas de joyería que serán de tu diseño único.**

   A. Coloca la oración 22 al final del párrafo C.
   B. Coloca la oración 22 al inicio del párrafo D.
   C. Coloca la oración 22 después de la oración 20.
   D. Coloca la oración 22 en su sitio actual.

INSTRUCCIONES: Lee el pasaje, lee cada pregunta y elige la **mejor** respuesta.

Estimado Sr. Smith:

A

(1) Le complacerá saber que usted califica para contar con los beneficios de la cobertura médica COBRA porque usted formó parte de un plan médico grupal provisto por su empleador anterior. (2) COBRA puede brindarle los mismos beneficios que tenía con su plan anterior de cobertura médica.

B

(3) Tal vez le parezca que el monto de la prima está fuera de su alcance. (4) El costo es elevado porque su empleador anterior solía pagar gran parte del total de su cobertura médica. (5) Con la cobertura COBRA, usted paga el total. (6) Prudent Insurance Company no cobra su habitual tarifa administrativa del 2 por ciento a los clientes que han perdido su empleo recientemente. (7) Si la cobertura COBRA tiene una desventaja para usted, se trata del costo.

C

(8) COBRA le ofrece otras ventajas que usted debe conocer. (9) Por ejemplo, usted puede tener cobertura a partir de su último día de trabajo. (10) También puede calificar para un descuento en la prima de COBRA. (11) Este beneficio implica que usted y su familia tendrán cobertura a partir del momento en que usted se desvincule de su trabajo, sin período de espera. (12) Para poder calificar, debe haberse desvinculado de su trabajo después del 1.° de septiembre de 2014.

D

(13) COBRA le brinda una red de seguridad durante el período de transición hasta su próximo trabajo. (14) Sin embargo, con COBRA tiene la seguridad de que usted y su familia estarán cubiertos en caso de enfermedad o lesiones. (15) Esto le brinda tranquilidad. (16) Es cierto que el programa es costoso. (17) Al final, si se integra a COBRA, ahorrará dinero. (18) Pienso que es importante para sus necesidades.

E

(19) Tomar una decisión sobre tu cobertura de salud es importante. (20) Por favor, no dudes en contactarme en cualquier momento. (21) Toma el tiempo para evaluar tus necesidades. (22) Considera todas las posibilidades mientras estudias tus opciones.

9. ¿Cuál es el **mejor** lugar para la oración 7? **Si la cobertura COBRA tiene una desventaja para usted, se trata del costo.**

   A. Coloca la oración 7 después de la oración 3.
   B. Coloca la oración 7 después de la oración 4.
   C. Coloca la oración 7 al comienzo del párrafo B.
   D. Coloca la oración 7 después de la oración 5.

10. ¿Cuál es el **mejor** lugar para la oración 11? **Este beneficio implica que usted y su familia tendrán cobertura a partir del momento en que usted se desvincule de su trabajo, sin período de espera.**

    A. Elimina la oración 11.
    B. Coloca la oración 11 después de la oración 8.
    C. Coloca la oración 11 después de la oración 12.
    D. Coloca la oración 11 después de la oración 9.

11. ¿Cuál es el **mejor** lugar para la oración 14? **Sin embargo, con COBRA tiene la seguridad de que usted y su familia estarán cubiertos en caso de enfermedad o lesiones.**

    A. Coloca la oración 14 después de la oración 15.
    B. Coloca la oración 14 al comienzo del párrafo D.
    C. Coloca la oración 14 después de la oración 18.
    D. Coloca la oración 14 después de la oración 16.

12. ¿Cuál es el **mejor** lugar para la oración 17? **Al final, si se integra a COBRA, ahorrará dinero.**

    A. Coloca la oración 17 después de la oración 13.
    B. Elimina la oración 17.
    C. Coloca la oración 17 al comienzo del párrafo D.
    D. Coloca la oración 17 después de la oración 14.

13. ¿Cuál es el **mejor** lugar para la oración 20? **Por favor, no dudes en contactarme en cualquier momento.**

    A. Coloca la oración 20 al inicio del párrafo E.
    B. Coloca la oración 20 antes de la oración 22.
    C. Coloca la oración 20 al final del párrafo E.
    D. Coloca la oración 20 al final del párrafo D.

20 LECCIÓN

Otros signos de puntuación

Usar con el *Libro del estudiante,* págs. 200–201.

OBJETIVOS DE EVALUACIÓN DEL LENGUAJE: L.2.2, L.2.4

1 Repasa la destreza

La **puntuación** facilita la lectura de un texto. Al igual que el punto final y la coma, existen otros signos de puntuación que hacen más claro un texto. El **guión -** forma una palabra compuesta. El **guión largo —** separa los cambios de hablante en un diálogo. Los **paréntesis ( )** incluyen contenido que puede omitirse. Las **comillas " "** indican las palabras exactas que dijo o escribió una persona. Los **dos puntos :** introducen listas o ejemplos, y el **punto y coma ;** separa dos ideas completas en una misma oración.

2 Perfecciona la destreza

Al perfeccionar la destreza de usar la puntuación correctamente, mejorarás tus capacidades de escritura y evaluación, especialmente en relación con la prueba de Razonamiento a través de las Artes del Lenguaje de GED®. Estudia las explicaciones y los ejemplos que aparecen a continuación. Luego responde las preguntas.

▶ Las oraciones que aparecen a continuación muestran cómo la puntuación puede facilitar la lectura de un texto.

Oración sin puntuación
Este es un juego que debemos ganar debemos hacer tres cosas jugar con una defensa sólida forzar las pérdidas de pelota y colocar la pelota en la zona de meta gritó el entrenador enfervorizado.

Oración con puntuación
—¡Este es un juego que debemos ganar; debemos hacer tres cosas: jugar con una defensa sólida, forzar las pérdidas de pelota y colocar la pelota en la zona de meta!— gritó el entrenador enfervorizado.

▶ Estudia los ejemplos que aparecen a continuación.

a Recuerda colocar el punto final en una oración siempre **después** del paréntesis de cierre aunque el texto entre paréntesis abarque todo el enunciado. También debes colocar el punto después de las comillas de cierre.

b Cuando una pregunta forma parte de una cita, los signos de interrogación deben ir dentro de las comillas. Si la pregunta no forma parte de la cita, los signos de interrogación deben ir fuera de las comillas.

Puntuación	Oración
Guión	El autor ha publicado un ensayo histórico-crítico.
Guión largo	—¿Disfrutaste tus vacaciones?— preguntó Diana.
Paréntesis	Leí la nueva novela de Hugo Fernández (mi autor favorito).
Comillas	Sócrates pasó a la historia por decir: "Sólo sé que no sé nada".
Dos puntos	Cindy tiene tres mascotas: un perro, un gato y una tortuga.
Punto y coma	Lleva paraguas; anunciaron lluvia para hoy.

CONSEJOS PARA REALIZAR LA PRUEBA

Cuando el guión une dos elementos para formar una palabra compuesta, cada uno de los elementos unidos por el guión conserva la acentuación gráfica, o tilde, que le corresponde como palabra independiente: franco-alemán, lingüístico-literario, técnico-administrativo.

1. **¿Vienes a nuestro festejo de Año Nuevo? preguntó Julia a la nueva vecina.** ¿Qué corrección se debe hacer en la oración?

   A. añade una coma después del signo de interrogación de cierre
   B. escribe un guión largo antes y después de los signos de interrogación
   C. escribe comillas antes y después de los signos de interrogación
   D. escribe un guión entre <u>Año</u> y <u>Nuevo</u>

2. **El próximo <u>lunes "si nada lo impide" comenzaré</u> mi dieta.** ¿Cuál es la **mejor** manera de escribir la parte subrayada de esta oración?

   A. "lunes si nada lo impide comenzaré"
   B. lunes; si nada lo impide; comenzaré
   C. lunes (si nada lo impide) comenzaré
   D. lunes: si nada lo impide comenzaré

UNIDAD 4

★ Ítem en foco: **MENÚ DESPLEGABLE**

INSTRUCCIONES: Lee el pasaje. Del menú desplegable, elige la respuesta que **mejor** complete la oración.

¡A VOTAR! UNA GUÍA BÁSICA PARA VOTAR

Los fundadores de la nación redactaron la Constitución de los Estados Unidos "con el objeto de formar una unión más perfecta, establecer la justicia [y] asegurar la
[3. Menú desplegable 1] Para sostener estos principios, todo ciudadano de los EE. UU. mayor de 18 años tiene el derecho y la responsabilidad de votar en elecciones locales, estatales y federales. Repasemos algunos principios básicos que debe seguir cada votante antes de emitir su voto.

El proceso de votación es como realizar un
[3. Menú desplegable 2] La parte teórica consiste en investigar los candidatos y los temas de interés que se presentarán en la próxima elección; un votante bien informado es un buen votante. Meses antes del día de elecciones, encontrarás resúmenes y opiniones sobre los candidatos y los temas de interés en periódicos, revistas, blogs y sitios web. Ten en cuenta que un escritor puede mostrar parcialidad a favor o en contra de un candidato o un
[3. Menú desplegable 3] debes leer distintas fuentes para formarte un punto de vista imparcial. A medida que reúnes información sobre los candidatos y los temas de interés, determina qué candidatos e ideas coinciden con tus necesidades, valores y creencias.

Para comenzar con la parte práctica del proceso de votación, deberás registrarte para saber dónde votarás. Una vez inscripto, recibirás por correo una tarjeta de votante que te indicará dónde votar. Si no recibes esa tarjeta por correo, llama a la junta electoral de tu estado para averiguar si tu registro se procesó debidamente. Cuando vayas al lugar de votación el día de elecciones, no olvides llevar las siguientes formas de
[3. Menú desplegable 4] un documento militar de identidad o la factura de un servicio público a tu nombre.

Opciones de respuesta del menú desplegable

3.1 A. tranquilidad nacional.
B. tranquilidad nacional".
C. tranquilidad nacional."
D. "tranquilidad nacional".

3.2 A. curso teóricopráctico.
B. curso-teórico práctico.
C. curso teórico práctico.
D. curso teórico-práctico.

3.3 A. tema de interés, por lo tanto,
B. tema de interés; por lo tanto,
C. tema de interés; por lo tanto
D. tema de interés: por lo tanto

3.4 A. identificación: una licencia de conducir,
B. identificación (una licencia de conducir
C. identificación; una licencia de conducir
D. identificación una licencia de conducir

★ Ítem en foco: **MENÚ DESPLEGABLE**

INSTRUCCIONES: Lee el pasaje. Del menú desplegable, elige la respuesta que **mejor** complete la oración.

CÓMO HACER SALSA DE BARBACOA

Aunque puedes encontrar salsa de barbacoa preparada en la tienda, nunca será tan buena como una hecha en casa. A pesar del [4. Menú desplegable 1] en la elaboración industrial de alimentos, no se puede competir con los productos caseros bien preparados. Por ese motivo, las recetas secretas de salsa de barbacoa se han convertido en el orgullo de los maestros de la barbacoa en todos los estados. Si buscas una salsa clásica que sea fácil de hacer, no busques más. Esta receta es el equilibrio perfecto entre lo dulce, lo agrio y lo picante.

Deberás reservar una hora o más para hacer tu salsa de barbacoa. Una buena salsa requiere un tiempo de elaboración para que el sabor sea delicioso. Primero, vierte dos cucharadas de aceite vegetal en un sartén a fuego moderado. Añade al aceite una cebolla picada y tres dientes de ajo prensados. Espera unos cinco minutos y luego añade los siguientes [4. Menú desplegable 2] de ketchup, 1/2 taza de vinagre de manzana, 1/4 taza de salsa inglesa, 1/3 taza de azúcar moreno oscuro y una cucharada de chile en polvo. Según qué tan picante prefieras la salsa, añade salsa Tabasco a gusto. Luego mezcla los ingredientes suavemente y deja que hiervan a fuego lento. Por último, baja el fuego y deja que la salsa se cocine a fuego lento durante aproximadamente una hora.

Mientras la salsa hierve a fuego lento, enciende el fuego para la barbacoa y prepara tus carnes favoritas para cocinarlas a la parrilla. Esta salsa es especial para chuletas, carne de res, pollo y lomo de cerdo. Si sirves un tipo de carne, de seguro impresionarás a tus [4. Menú desplegable 3] maestros de la barbacoa saben servir dos o más tipos de carne. Pinta la carne con la salsa de barbacoa casi al final de la cocción. Si aplicas la salsa muy pronto, la salsa se quemará en lugar de dorarse.

Ahora puedes decir a tus amigos que eres un verdadero maestro de la barbacoa [4. Menú desplegable 4]

Opciones de respuesta del menú desplegable

4.1 A. "progreso científico técnico"
B. progreso científico-técnico
C. progreso científico técnico
D. progreso científicotécnico

4.2 A. ingredientes; 1 1/2 tazas
B. ingredientes (1 1/2 tazas
C. ingredientes: 1 1/2 tazas
D. ingredientes, 1 1/2 tazas

4.3 A. invitados; sin embargo, los mejores
B. invitados, sin embargo, los mejores
C. invitados; sin embargo los mejores
D. invitados: sin embargo, los mejores

4.4 A. (sin revelar tu receta secreta)
B. "sin revelar tu receta secreta.
C. sin revelar tu receta secreta).
D. (sin revelar tu receta secreta).

UNIDAD 4

INSTRUCCIONES: Lee el pasaje. Del menú desplegable, elige la respuesta que **mejor** complete la oración.

SEMANA DE CONCIENTIZACIÓN SOBRE HURACANES

Pregúntese lo siguiente: [5. Menú desplegable 1] Para quienes vivimos cerca de la costa, ser ciudadanos precavidos es crucial. No es necesario tener un gran [5. Menú desplegable 2] , pero sí es importante manejar conceptos básicos.

La Agencia de Reacción ante Emergencias de Gulfport auspicia la Semana de Concientización sobre Huracanes del 21 al 27 de junio. El objetivo de este encuentro es ayudar a las familias a responder tres preguntas importantes sobre huracanes. Las respuestas pueden salvar vidas durante un huracán.

- ¿Por qué es peligroso un huracán?

- ¿Cómo podría afectarme un huracán?

- ¿Qué acciones debo tomar en caso de un huracán?

Para responder estas preguntas, participe en las siguientes actividades de la Semana de Concientización sobre Huracanes:

Lunes: Estudie huracanes famosos para aprender sobre sus causas y efectos.

Martes: Ayude a los expertos en clima a rastrear huracanes en el Atlántico, el Caribe y el golfo de México.

Miércoles: Aprenda acerca de estos peligros de los [5. Menú desplegable 3] vientos fuertes, tornados e inundaciones.

Jueves: Diseñe un plan de seguridad familiar.

Viernes: Arme un kit para casos de [5. Menú desplegable 4]

Todas las actividades están abiertas al público y se llevarán a cabo en el Centro Comunitario de Gulfport.

Opciones de respuesta del menú desplegable

5.1 A. "¿Estoy preparado para un huracán?".
B. ¿Estoy preparado para un huracán?
C. ¿"Estoy preparado para un huracán"?
D. "Estoy preparado para un huracán?

5.2 A. conocimiento "climático meteorológico"
B. conocimiento climático meteorológico
C. conocimiento climático-meteorológico
D. (conocimiento climático meteorológico)

5.3 A. huracanes; marejada ciclónica,
B. huracanes: marejada ciclónica,
C. huracanes marejada ciclónica;
D. huracanes, marejada ciclónica,

5.4 A. desastres: que contenga baterías, agua envasada y linternas.
B. desastres que contenga (baterías, agua envasada y linternas).
C. desastres; que contenga baterías, agua envasada y linternas.
D. desastres (que contenga baterías, agua envasada y linternas).

MERCADOTECNIA, VENTAS Y SERVICIOS

INSTRUCCIONES: Lee el pasaje. Del menú desplegable, elige la respuesta que **mejor** complete la oración.

Eres agente de telemercadeo en una importante compañía de televisión por cable. Estás editando un guión que los agentes de telemercadeo usarán cuando hablen con sus clientes.

GUIÓN DE TELEMERCADEO

Hola, [nombre del cliente], mi nombre es [tu nombre] y estoy llamando desde Conexiones de cable rentables. Gracias por ser tan buen cliente. ¿Tiene un momento para hablar?

[Espera la respuesta del cliente y, a menos que escuches un rotundo "No", | 1. Menú desplegable 1. | *al párrafo siguiente. Si el cliente responde con un rotundo no, pregúntale cuál sería el horario oportuno para llamarlo nuevamente].*

En esta ocasión lo estoy llamando por una promoción especial: hoy podrá empezar a ver el canal premium Sudsy. En Sudsy, ¡verá primero los últimos dramas familiares y | 1. Menú desplegable 2 | románticas! Le podemos ofrecer este canal sin cargo durante tres meses. Por favor, tome nota de que esta parte del llamado está siendo grabada. ¿Puedo seguir adelante y añadir el canal a su abono de cable?

[Espera que el cliente responda. Si acepta, dile:]

Excelente. Y recuerde que los próximos tres meses podrá disfrutar sin cargo de las propuestas de Sudsy. Pasado este tiempo, puede continuar viendo Sudsy por solo $5.99 al mes, que serán añadidos automáticamente a | 1. Menú desplegable 3 | cuenta y podrá cancelar el canal en cualquier momento.

[Omite el último párrafo]

[Si su respuesta es "no", dile:]

¿Está seguro/a de que no quiere aprovechar esta promoción? Tenga en cuenta que no le costará dinero probar | 1. Menú desplegable 4 | cancelarlo cuando quiera.

[Espera la respuesta del cliente: Si dice que sí, ve al párrafo 3 que se encuentra más arriba. Si dice que no, continúa:]

Gracias por tomarse el tiempo de hablar conmigo. ¡La compañía Conexiones de cable rentables realmente valora el tiempo de sus clientes!

Opciones de respuesta del menú desplegable

1.1. A. avanzará
   B. avanzando
   C. avanzó
   D. avanza

1.2. A. comedia
   B. comedias
   C. comediante
   D. comediantes

1.3. A. su
   B. sus
   C. suya
   D. tu

1.4. A. puede
   B. el canal puede
   C. el canal y puede
   D. el canal, puede

UNIDAD 4

HOTELERÍA Y TURISMO

INSTRUCCIONES: Lee el pasaje. Del menú desplegable, elige la respuesta que **mejor** complete la oración.

Eres un agente de viajes que trabaja desde su casa para una compañía importante. Estás editando un memo que les será enviado a todos los agentes de viajes de la compañía. En él se explica cómo evitar las notas de débito de agencia, que significan un gasto muy elevado para la compañía.

CÓMO EVITAR LAS NOTAS DE DÉBITO DE AGENCIA

Estimado agente de viajes:

Después de haber recibido una capacitación meticulosa en el Sistema de Distribución Global (GDS por sus siglas en inglés), usted ya se encuentra en condiciones de reservar pasajes aéreos para los clientes. No obstante, como el GDS atiende una cantidad de Sistemas Centrales de Reservas (CRS, por sus siglas en inglés) diferentes, estará manejando una multitud de códigos. Un solo error puede generar que nuestra agencia reciba una Nota de Débito de Agencia (ADM, por sus siglas en inglés). Las compañías de transporte aéreo multarán a nuestra agencia por cualquier error que usted cometa.

Una investigación del Equipo Operativo de Notas de Débito (DMWG, por sus siglas en inglés) revela que los errores en los impuestos desencadenan un amplio número de ADM. Las regulaciones para los impuestos difieren de un país a otro, por lo tanto tómese [2. Menú desplegable 1].

Los cambios y reembolsos de pasajes [2. Menú desplegable 2] otro disparador de notas de débito de agencia. Trate de evitar los errores más comunes. [2. Menú desplegable 3], los agentes a menudo reembolsan el precio final completo de un viaje y luego se enteran de que los impuestos no son reembolsables. Revise dos veces la política de cambios antes de ingresar los datos.

Lamentablemente, el fraude es otra fuente de problemas que termina en notas de débito de agencia. Cuando los ladrones de identidad acceden a [2. Menú desplegable 4] comprar vuelos a granel. Pueden incluso hacer una devolución de la transacción por el costo de los vuelos, y la compañía de transporte aéreo enviará una nota de débito de agencia para que la misma efectúe el reembolso. Para evitar fraudes, asegúrese de seguir cuidadosamente todos los procedimientos de verificación.

Opciones de respuesta del menú desplegable

2.1.
A. cuidadosamente el tiempo de revisarlas
B. el tiempo de revisarlas cuidadosamente
C. el tiempo cuidadosamente de revisarlas
D. el tiempo de revisar cuidadosamente a ellas

2.2.
A. era
B. eran
C. es
D. son

2.3.
A. Posteriormente
B. En consecuencia
C. Por ejemplo
D. Aunque

2.4.
A. las tarjetas de crédito de las víctimas, pueden
B. las tarjetas, de crédito de las víctimas pueden
C. las tarjetas de crédito de las víctimas pueden
D. las tarjetas de crédito, de las víctimas pueden

Apéndice

APÉNDICE

Glosario

Acción ascendente: parte de la trama en la que se presentan complicaciones o conflictos

Acción descendente: parte de la trama que sucede al clímax, en la que se resuelven las complicaciones

Adjetivo: palabra que modifica o describe un sustantivo o un pronombre

Adjetivo propio: ver *Reglas gramaticales–Uso de mayúsculas*

Adverbio: palabra que modifica a un verbo, adjetivo u otro adverbio

Afirmación: enunciado sobre un asunto o problema

Analogía: comparación extensa que sirve para aclarar una idea

Argumento: enunciado que expresa una opinión

Borrador: primera versión de un texto

Categorizar: organizar en grupos según criterios específicos

Causa: acción que hace que ocurra otro suceso

Clave del contexto: detalle que ayuda a averiguar el significado de palabras desconocidas

Clímax: parte de la trama en la que el conflicto es más intenso

Coma: ver *Reglas gramaticales*

Combinación de oraciones: ver *Reglas gramaticales*

Comillas: signos de puntuación (" ") que aparecen inmediatamente antes y después de algo que alguien dijo

Comparar: establecer semejanzas

Complicación: parte de la trama que introduce conflictos que los personajes deben enfrentar y superar; conflicto

Conclusión (comprensión de la lectura): inferencia general basada en inferencias más pequeñas

Conclusión (respuesta extensa): párrafo u oración final que resume las ideas y los detalles principales para confirmar o probar la tesis

Conclusión (textos argumentativos): enunciado que identifica aquello de lo cual el autor está intentando convencer a los lectores

Concordancia entre pronombre y antecedente: ver *Reglas gramaticales–Pronombre*

Concordancia entre sujeto y verbo: ver *Reglas gramaticales*

Connotación: asociaciones emocionales de una palabra que van más allá de su definición

Contracción: ver *Reglas gramaticales*

Contrastar: establecer diferencias

Datos: cualquier tipo de información, especialmente números y estadísticas

Denotación: definición de una palabra que está en el diccionario o su significado literal

Detalle de apoyo (comprensión de la lectura): detalle que proporciona información sobre la idea principal

Detalle de apoyo (respuesta extensa): detalle que respalda la oración principal de manera lógica

Dos puntos: signo de puntuación (:) que se usa para introducir listas o ejemplos

Efecto: resultado de una acción

Elemento visual: representación gráfica de información

Emoción (apelar a la): apelar a los sentimientos para persuadir

Entorno: lugar y tiempo en los que ocurren los sucesos en las obras de ficción

Enumeración: lista de detalles que enfatizan una idea o que crean un ritmo

Enunciado calificativo: información que aclara o resalta un punto para que parezca más seguro o proporciona una excepción para que parezca menos seguro

Español estándar: forma acordada de la lengua española escrita y oral. Incluye normas de uso, ortografía, gramática, pronunciación, vocabulario y puntuación.

Estilo: manera en que un autor comunica pensamientos o sentimientos

Estructura: organización de las ideas en un texto

Estructura organizacional: orden de las ideas que se sigue con un propósito específico al escribir

Estructura paralela: ver *Reglas gramaticales*

Ética (apelar a la): apelar a la credibilidad o al sentido de lo que está bien y lo que está mal para persuadir

Evidencia: hechos, ejemplos u otros detalles que demuestran o desmienten algo. La evidencia válida es exacta, fiable, completa y relevante. La evidencia inválida es inexacta, poco fiable, incompleta o no pertinente. La evidencia relevante, o pertinente, se relaciona estrechamente con lo que sostiene el argumento. La evidencia irrelevante no se vincula estrechamente con lo que respalda al argumento y puede desviar del asunto. La evidencia suficiente basta para respaldar un argumento o una afirmación. La evidencia insuficiente no basta para respaldar un argumento o una afirmación.

Evidencia defectuosa: evidencia que no respalda lógicamente una afirmación o distorsiona información

Evidencia pertinente: vinculada estrechamente a una idea, argumento o afirmación

Evidencia relevante: evidencia importante que está relacionada con una idea, argumento o afirmación

Evidencia textual: detalles de los textos fuente que respaldan la tesis

Explicación: cómo o por qué la evidencia respalda un argumento o una afirmación

Explícito: enunciado directamente

Exposición: parte de la trama que proporciona información sobre el contexto, presenta a los personajes y establece los sucesos que vendrán

Expresión idiomática: frase cuyo significado no se relaciona con el significado de base de las palabras que la forman

Formato: método para organizar o presentar información. La información puede ser presentada usando formatos textuales o formatos gráficos como tablas, gráficas, etc.

Fragmento de oración: ver *Reglas gramaticales*

Futuro: ver *Reglas gramaticales–Tiempos verbales*

Generalización: enunciado amplio que se aplica a grupos enteros de personas, lugares, sucesos y demás

Género: clase de textos con una forma, un contenido o una técnica particulares

Guion: signo de puntuación (-) que se usa para combinar dos modificadores

Hecho: detalle que puede probarse como verdadero

Hipérbole: exageración extrema para lograr un efecto

Homónimos: palabras que suenan igual, pero tienen significados diferentes

Idea principal: idea más importante de un párrafo o pasaje

Imaginería: lenguaje que apela a los sentidos de los lectores para describir algo

Implícito: tácito o sugerido

Inferencia: conclusión lógica basada en hechos, evidencia o conocimiento previo

Insuficiente: no suficiente

Introducción: primer párrafo u oración que capta la atención de los lectores y presenta la tesis

Inválido: inexacto, poco fiable, incompleto o no pertinente

Ironía: recurso que expresa algo diferente y, a menudo opuesto, del significado literal

Lenguaje de transición: palabras o frases que muestran cómo están conectadas las ideas

Lenguaje figurado: lenguaje que va más allá de su significado literal

Lógica (apelar a la): apelar a la razón para persuadir

Metáfora: comparación directa de dos cosas diferentes

Modificador: ver *Reglas gramaticales*

Modificador ambiguo: ver *Reglas gramaticales–Modificador*

Modificador mal colocado: ver *Reglas gramaticales–Modificador*

Narrador: testigo o personaje que cuenta la historia en la ficción. Un narrador **en primera persona** es un personaje del relato y solo puede compartir sus propios pensamientos y sentimientos. Los narradores en primera persona usan el pronombre *yo* para contar la historia. Un narrador **en tercera persona** no es un personaje del relato. Un narrador en tercera persona **parcial** solo puede compartir los pensamientos y sentimientos de un personaje. Un narrador en tercera persona **omnisciente** sabe todo y puede compartir los pensamientos y sentimientos de todos los personajes. Los narradores en tercera persona usan los nombres de los personajes o los pronombres él, *ella* o *ellos* para contar la historia.

Onomatopeya: uso de palabras que imitan el sonido al que se refieren

Opinión: enunciado que revela el punto de vista, un juicio o una creencia del autor

Oración completa: ver *Reglas gramaticales*

Oración principal: oración que explica la idea principal de un párrafo; suele ser la primera oración de un párrafo

Oración seguida: ver *Reglas gramaticales*

Organizado: ordenado de manera que los detalles siguen a la oración principal o conducen a ella de forma **lógica y ordenada**

Palabra de enlace: palabra que conecta ideas o combina oraciones

Palabra indicadora: palabra que muestra cómo se conectan las ideas

Paralelismo: repetición de frases gramaticalmente similares para crear un ritmo o enfatizar una idea

Parcialidad: ausencia de imparcialidad; inclinación hacia un lado de un argumento

Paréntesis: signos de puntuación () que contienen información que no es esencial para el significado o la estructura de una oración

Párrafo: grupo de oraciones que forman una idea completa

Pasado: ver *Reglas gramaticales–Tiempos verbales*

Personaje: persona o ser de una obra de ficción

Personificación: acto de dar características humanas a animales, objetos inanimados o elementos de la naturaleza

Perspectiva: actitud respecto a un asunto o tema

Persuadir: convencer de hacer algo o de pensar de una determinada manera

Pertinente: vinculado estrechamente a una idea, un argumento o una afirmación

Plural: que indica más de uno

Posesivo: ver *Reglas gramaticales*

Posición: punto de vista, postura o actitud de un autor respecto a un tema

Premisa: enunciado que lleva a una conclusión

Presente: ver *Reglas gramaticales–Tiempos verbales*

Pronombre: ver *Reglas gramaticales*

Pronombre objeto: pronombre que recibe la acción de un verbo

Pronombre sujeto: pronombre que realiza una acción o es descrito

Propósito: razón por la cual un autor escribe un texto. Algunos de los propósitos más comunes son describir, informar, persuadir y entretener.

Público: lectores de un texto

Punto de vista (ficción): ver *Narrador*

Punto de vista (no ficción): perspectiva y/o propósito con el cual un autor escribe un determinado texto

Punto por punto: estructura en la que se aborda un solo punto común a dos temas antes de pasar al siguiente

Punto y coma: signo de puntuación (;) que se usa entre dos ideas completas

Puntuación: signos que brindan una estructura dentro del texto escrito, como puntos (.), comas (,), signos de interrogación (¿?) y de exclamación (¡!)

Razonamiento: proceso que se usa para mostrar que una conclusión es verdadera

Razonamiento defectuoso: conclusión que no está respaldada por hechos

Recurso retórico: manera especial de usar el lenguaje para comunicar un mensaje eficazmente o lograr un efecto deseado

Refutación: objeción a una afirmación o argumento o expresión de opiniones diferentes sobre un tema

Relevante: vinculado estrechamente a una idea, argumento o afirmación

Repasar: volver a leer lo escrito para identificar errores que pueden ser corregidos o problemas o debilidades que pueden ser mejorados

Repetición: repetir palabras o frases para crear un ritmo, enfatizar una idea o desarrollar el clímax

Resolución: parte de la trama en la que se resuelven los conflictos y el relato termina

Resumen: enunciación de los puntos principales y los detalles importantes con tus propias palabras

Revisar: hacer cambios o correcciones para mejorar lo escrito

Sarcasmo: forma específica de ironía verbal que tiene como fin ser satírica o hiriente

Secuencia: orden en el que ocurren sucesos o pasos

Símbolo: algo que se representa a sí mismo y a otra cosa

Símil: comparación de dos cosas diferentes usando las palabras *como* o *cual*

Singular: que indica solo una cosa

Sintetizar: combinar ideas de una o múltiples fuentes para formar una nueva idea

Suficiente: bastante

Sujeto: persona o cosa que realiza la acción o es descrito en una oración

Sustantivo: palabra que nombra una persona, un lugar o una cosa

Sustantivo colectivo: palabra que nombra a un grupo de personas, animales o cosas

Sustantivo propio: ver *Reglas gramaticales–Uso de mayúsculas*

Sutileza: representación de algo como si fuera más pequeño o menos intenso para lograr un efecto

Tema: conocimiento o idea general sobre la vida o la naturaleza humana que revelan las obras de ficción

Tema por tema: estructura en la que se aborda un tema y todos los puntos relacionados con él antes de pasar al siguiente

Tesis: enunciado o afirmación clave que responde la pregunta hecha por la indicación

Tiempo verbal: ver *Reglas gramaticales*

Tono: actitud del autor hacia un tema revelada por las palabras que escoge

Trama: serie de sucesos que conforman un relato. La trama tiene cinco etapas: exposición, acción ascendente, clímax, acción descendente y resolución.

Transición: palabra que muestra conexiones o vínculos entre ideas

Uso de mayúsculas: ver *Reglas gramaticales*

Válido: exacto, fiable y completo

Verbo: palabra que enuncia una acción o estado

Verbo auxiliar: ver *Reglas gramaticales*

Verbo irregular: ver *Reglas gramaticales–Verbos regulares e irregulares*

Verbo regular: ver *Reglas gramaticales–Verbos regulares e irregulares*

Yuxtaposición de ideas: combinación de ideas opuestas para enfatizar el contraste; también llamada antítesis

Reglas gramaticales

Acentuación: Las palabras se clasifican según la sílaba donde lleven la fuerza de pronunciación en: **agudas, llanas, esdrújulas** y **sobreesdrújulas.**

- *ratón, amigo, fíjate, rápidamente*

Coma: La coma separa una oración en unidades con sentido. Representa una pausa o conecta cláusulas o frases.

- **en enumeraciones:** Sofía compró globos, banderas, disfraces y una piñata para su cumpleaños.
- **después de adverbios de afirmación o negación y con vocativos:** Sí, María es una excelente cocinera. Señora, tenga cuidado.
- **en aposiciones explicativas:** Mi hermana, que está en la Fuerza Aérea, vino a visitarnos para Navidad. Carlos, el menor de la familia, se quedó en España.
- **en oraciones compuestas:** Juan no ha terminado la tarea, así que no puede salir a jugar todavía. Cuando hace mucho frío, no me gusta salir de casa.
- **en cláusulas con sujetos diferentes:** La mujer caminaba lentamente, y su guardaespaldas la seguía sin llamar la atención.
- **con palabras de enlace y locuciones conjuntivas:** A veces, duermo la siesta. En primer lugar, analizaremos el texto.

Combinación de oraciones: Las oraciones cortas relacionadas se pueden combinar para que la redacción sea más fluida.

- **usando palabras de enlace:** Conduje hasta la estación de gasolina. Conduje hasta el centro comercial.
  - Conduje hasta la estación de gasolina y hasta el centro comercial.
- **creando una lista:** A mi hijo le gusta el béisbol. A mi hijo le gustan los carros. A mi hijo le gustan los helados.
  - A mi hijo le gustan el béisbol, los carros y los helados.
- **usando el punto y coma:** Fueron a ver una película. Era escalofriante.
  - Fueron a ver una película; era escalofriante.

Concordancia entre sujeto y verbo: En una oración, los sujetos y los verbos deben concordar en persona y en número.

- **incorrecto:** Amber y yo voy a salir a cenar el viernes.
- **correcto:** Amber y yo *vamos* a salir a cenar el viernes.

Fragmento de oración: Un fragmento de oración no expresa una idea completa.

- **Ejemplo:** dos días después de que llovió

Modificadores: Un modificador describe, aclara o brinda detalles sobre otras palabras de una oración. Deben evitarse los **modificadores mal colocados**, que confunden a los lectores ya que describen la palabra equivocada en la oración, y los **modificadores ambiguos**, que no se aplican lógicamente a ninguna palabra en la oración.

- **modificador mal colocado:** Yo solamente corrí una milla. **correcto:** Yo corrí solamente una milla.
- **modificador ambiguo:** Corriendo por la calle, mi larga bufanda me tapó la cara. **correcto:** Mientras yo iba corriendo por la calle, mi larga bufanda me tapó la cara.

Oración completa: Una oración completa debe contener un sujeto (que puede ser implícito), un verbo y la puntuación final adecuada. Una oración completa presentará una idea completa.

- Nick compró un monopatín.

Oración seguida: Una oración seguida se forma cuando dos o más oraciones se unen de manera incorrecta. Una oración seguida se puede corregir agregando una palabra de enlace, agregando una coma y una palabra de enlace, o creando dos oraciones separadas.

- **incorrecto:** Encontré a mi amigo en el cine lo pasamos bien.
- **correcto:** Encontré a mi amigo en el cine, y lo pasamos bien.

Paralelismo: Una oración con paralelismo presenta el mismo patrón para indicar que dos o más ideas tienen la misma importancia.

- **incorrecto:** Busqué, leí y encontraba la información necesaria.
- **correcto:** Busqué, leí y encontré la información necesaria.

Paréntesis: Los paréntesis se usan para separar texto y, a menudo, contienen información que no es esencial (si se elimina el texto entre paréntesis, la oración no pierde el sentido).

- Después del trabajo, Ryan condujo hasta el gimnasio (por la calle Jefferson).

Pronombres: Los pronombres son palabras que toman el lugar de los sustantivos. Los pronombres deben concordar en género y número con los sustantivos a los que reemplazan.

- Sharon llevó a Keith en carro hasta la casa después del trabajo. **Se reemplazan los sustantivos con pronombres:** *Ella lo* llevó en carro hasta la casa después del trabajo.
- **Ejemplos:** *tú, él, eso, ellos, nosotros, yo mismo, quienquiera, a quienquiera, cada, alguien*

Sustantivos en plural: A menudo, los sustantivos forman el plural simplemente añadiendo -*s* o -*es*.

- Si los sustantivos terminan en vocal no acentuada o en -*e* acentuada, su plural se forma con -*s*: tazas (taza), bebés (bebé).

- Si los sustantivos terminan en -a o en -o acentuadas, su plural se forma únicamente con -s: papás (papá), rococós (rococó).

- Si los sustantivos terminan en -i o en -u acentuadas, pueden tener dos plurales: con -es y con -s, aunque en la lengua culta se prefiere la primera: colibríes/colibrís (colibrí), bambúes/bambús (bambú).

- Si los sustantivos terminan en -y precedida de vocal, su plural se forma con -es: bueyes (buey), pejerreyes (pejerrey).

- En las voces extranjeras que terminan en -y y están precedidas de consonante, se debe sustituir la -y por -i. Su plural se forma añadiendo una -s: dandis (dandy), ferris (ferry).

- Si los sustantivos terminan en -s o en -x y son monosílabos o polisílabos agudos, su plural se forma agregando -es. En el resto de los casos, permanecen invariables: valses (vals), diéresis, dúplex.

- Si los sustantivos terminan en -l, -r, -n, -d, -z o -j y no van precedidos de otra consonante, su plural se forma con -es. Los sustantivos que terminan en -z cambian esta letra a -c para seguir las reglas de ortografía. Los extranjerismos que terminen en estas consonantes deben seguir esta misma regla: dóciles (dócil), cálices (cáliz), relojes (reloj).

- Si los sustantivos terminan en consonantes distintas de -l, -r, -n, -d, -z, -j, -s, -x o -ch, ya sean onomatopeyas o voces procedentes de otras lenguas, su plural se forma con -s: cómics (cómic), mamuts (mamut).

Tiempos verbales: Los tiempos verbales básicos son: *pretérito, presente* y *futuro*. Usar el tiempo de verbo correcto permite que los lectores sepan si los sucesos ocurrieron en el pasado, si están ocurriendo ahora o si ocurrirán en el futuro.

Uso de mayúsculas: Se usan mayúsculas en sustantivos propios, siglas, abreviaturas de las fórmulas de tratamiento, nombres de edades y épocas históricas, festividades, en la primera palabra de un escrito y después de un punto.

- **sustantivo propio:** un nombre que identifica a una persona, lugar o cosa en particular
  - *B*ill *C*linton, río *A*mazonas, *C*onstitución, *V*iernes *S*anto

Verbos auxiliares: Los verbos auxiliares indican que las acciones ocurrieron en varios momentos en el tiempo.

- **pretérito pluscuamperfecto:** Se usa para indicar una acción que concluyó en el pasado antes de que comenzara otra acción en el pasado. Se usa el auxiliar *haber* en pasado con el participio del verbo principal.
  - *Habíamos* conducido durante más de tres horas cuando llegamos a la casa de mi tía.

- **pretérito perfecto:** Se usa para indicar que una acción comenzó en el pasado y ya se ha concluido. Se usa el auxiliar *haber* en presente con el participio del verbo principal.
  - Él *ha* visitado París en tres ocasiones.

- **futuro perfecto:** Se usa para indicar que una acción terminará en un momento específico en el futuro. Se usa el auxiliar *haber* en futuro con el participio del verbo principal.
  - Para fines del mes, *habremos* ahorrado dinero para comprar un reproductor de DVD.

Verbos regulares e irregulares: Los verbos regulares son los que se ajustan en su conjugación al modelo que se fija como propio de esa conjugación. Los verbos irregulares son aquellos que sufren alteraciones en su conjugación. La ortografía de los verbos a menudo cambia para indicar un tiempo o una persona en particular.

Palabras que suelen confundirse

Algunas palabras que suelen confundirse son los homófonos y los parónimos. Estos tipos de palabras suenan igual o casi igual pero se escriben de distinta forma y tienen distinto significado. En ciertas ocasiones, las dos palabras pueden escribirse de forma similar pero tienen distinto significado. A continuación hay una lista de palabras que suelen confundirse. Aprende estas palabras para estar seguro de usar la palabra correcta siempre.

abeja: *insecto*
oveja: *animal bovino*

absolver: *dar por libre de algún cargo u obligación*
absorber: *atraer a sí*

acechar: *perseguir*
asechar: *poner o armar asechanzas (engaños)*

afecto: *cariño, amistad*
efecto: *resultado*

afición: *inclinación a alguien o algo*
afección: *enfermedad*

ahí: *adverbio de lugar*
ay: *interjección*

alimenticio: *que alimenta*
alimentario: *relacionado con la alimentación*

apertura: *acción de abrir*
abertura: *hendidura, grieta*

aptitud: *inteligencia*
actitud: *disposición*

aria: *parte de la ópera*
haría: *forma del verbo <u>hacer</u>*

baca: *portaequipaje*
vaca: *ganado vacuno*

bacilo: *bacteria infecciosa*
vacilo: *forma del verbo <u>vacilar</u>*

barón: *título nobiliario*
varón: *hombre*

baya: *fruto de ciertas plantas*
vaya: *forma del verbo <u>ir</u>*

bello: *hermoso*
vello: *pelo suave*

bienes: *hacienda, posesiones*
vienes: *forma del verbo <u>venir</u>*

bobina: *carrete*
bovina: *perteneciente al toro o a la vaca*

botar: *arrojar*
votar: *emitir voto*

callo: *dureza*
cayo: *isla*

casa: *vivienda*
caza: *acción de cazar*

ceda: *forma del verbo <u>ceder</u>*
seda: *tejido*

cepa: *tronco de la vid*
sepa: *forma del verbo <u>saber</u>*

cesto: *recipiente*
sexto: *sexta parte*

ciego: *que no ve*
siego: *forma del verbo <u>segar</u>*

cien: *número*
sien: *frente*

cocer: *cocinar*
coser: *unir con hilo*

cohesión: *unión*
conexión: *relación o enlace*

coma: *signo de puntuación*
coma: *pérdida de la conciencia*

concejo: *cuerpo de concejales*
consejo: *cuerpo de consejeros*

contesto: *forma del verbo <u>contestar</u>*
contexto: *entorno lingüístico del cual depende el sentido y el valor de una palabra, frase o fragmento considerados*

deferencia: *atención*
diferencia: *diversidad*

desvelar: *quitar el sueño*
develar: *descubrir, revelar*

enología: *conocimiento vinícola*
etnología: *ciencia sobre el origen de los pueblos*

escarcela: *bolso, mochila*
excarcela: *forma del verbo <u>excarcelar</u>*

especie: *división de género*
especia: *sustancia aromática*

estirpe: *raíz y tronco de una familia o linaje*
extirpe: *forma del verbo <u>extirpar</u>*

fragante: *perfumado, oloroso*
flagrante: *evidente*

grabar: *esculpir, registrar*
gravar: *imponer tributos*

infestar: *causar estragos*
infectar: *causar infección*

infringir: *quebrantar*
infligir: *imponer castigo*

israelita: *perteneciente al pueblo semita que conquistó y habitó Palestina*
israelí: *ciudadano de Israel*

laso: *cansado, falto de fuerzas*
laxo: *flojo*

latente: *escondido o inactivo*
latiente: *que late*

mejoría: *recuperación de una enfermedad*
mejora: *perfeccionamiento*

prejuicio: *tener juicio previo*
perjuicio: *daño*

rallar: *desmenuzar con un rallador*
rayar: *hacer rayas*

rebelar: *sublevar*
revelar: *descubrir*

rehusar: *rechazar, no aceptar*
reusar: *volver a usar*

ribera: *orilla*
rivera: *río*

sabia: *que sabe mucho*
savia: *líquido de las plantas*

salubre: *saludable*
salobre: *salado*

secesión: *acción de separar*
sucesión: *acción de suceder*

sesión: *reunión*
sección: *sector, parte*

seso: *tejido nervioso del cráneo*
sexo: *género de una especie*

sueco: *nativo de Suecia*
zueco: *calzado de madera*

te: *pronombre personal*
té: *infusión*

tubo: *pieza hueca y cilíndrica*
tuvo: *forma del verbo tener*

U: *letra del alfabeto*
¡Uh!: *interjección*

verás: *forma del verbo ver*
veraz: *verdadero*

ves: *forma del verbo ver*
vez: *tiempo, turno*

veta: *vena, filón*
beta: *letra griega*

vidente: *que ve*
bidente: *que tiene dos dientes*

yerro: *forma del verbo errar*
hierro: *metal*

Palabras que suelen escribirse mal

Aunque la mayoría de los programas de procesamiento de textos incluyen un revisor ortográfico, no podrás depender de esa característica cuando escribas tu ensayo para la Prueba de Razonamiento a través de las Artes del Lenguaje GED®. A continuación, hay una lista que puedes estudiar de algunas palabras que suelen escribirse mal.

A

absorber
acá
académica
acción
aceptación
aceptado
aéreo
afición
ahí
ahogado
álbum
alcanzado
algún
allí
allá
alrededor
antiguo
aprovechar
aquí
árabe
árbol
área
atlántico
aversión

B

beneficencia
bibliografía
bicolor
bien
bigote
Bogotá
buhardilla
búho
bulevar
burundés

C

cafetería
camaleón
cámara
característica
cien
compasión
construido
continúan
continuo
convalecencia
cortésmente

D

día
dieciséis
diez
difícilmente
difusión
dio

discusión
disolución
distorsión
distorsionado
distribuido
duodécimo

E

ébano
eclesiástico
elige
embarcación
enlace
enredado
eólico
espía
espíritu
estándar
estricta
etimología
exámenes
exorbitante
expectativa
expresión
extranjero

F

fácil
fe
ficción
fluido
fricción
fue
fui
fusión
fútbol

G

galaxia
garaje
gel
genio
gente
geranio
gobierno
guardarropa
gustaría
Gutiérrez

H

había
han
haya
hemiplejía
herbívoro
hibridación
hinduismo
hinduista

homogéneo
hormigón
huir

I

ideología
ideológica
idiosincrasia
ilion
impaciente
índice
inescrutable
inflación
infligido

J

jerigonza
joven
jóvenes

L

lámpara
leído
león
líder
llanto
llave
lluvia
lógico
longevo
luces
luz

M

máxima
mayoría
mayúscula
mecánica
metodología
México
mínimo
minúscula

N

nació
nadie
necesario
nigeriano
ningún
ninguno

O

obvio
océano
odontología
olímpico
ómnibus
orden

P

página
país
paronomasia
participación
pasión
película
pelotón
perseguir
persuasión
picazón
pingüino
plagiar
política
portaaviones
prácticamente
prensil
prerrequisito
prestigioso
prevención
prever
programación
promoción
propicio
proseguir
proteger

Q

queramos
quintillizo
quiso

R

rabia
ramaje
rápido
recoger

reconciliar
reemplazar
regímenes
rehuir
rejilla
república
resolución
restaurante
revisado
revolución
romper

S

sacerdotisa
saciar
salvaguardar
satisfacer
sazón
secesión
según
seis
será
serpentín
siempre
sin embargo
sinfín
sobreseer
sola
solidarizar
solución
soso
suajili
subraya
suéter
sujeción
superfluo
susceptible
suscitar

suspicacia
sustituir

T

tajear
tal vez
también
tío
típica
traducción
tradujo
trajín
trasplante
trastorno
túnel

U

últimamente
único
útil

V

véase
veintidós
veintiséis
veintitrés
vía
vio
visión

Z

zimbabuense
zuriqués

Tablas de conjugación de verbos

ser	pretérito perfecto simple	presente	futuro simple	pretérito perfecto compuesto	pretérito pluscuamperfecto	futuro perfecto
yo	fui	soy	seré	he sido	había sido	habré sido
tú	fuiste	eres	serás	has sido	habías sido	habrás sido
él/ella	fue	es	será	ha sido	había sido	habrá sido
nosotros	fuimos	somos	seremos	hemos sido	habíamos sido	habremos sido
ustedes	fueron	son	serán	han sido	habían sido	habrán sido
ellos/ellas	fueron	son	serán	han sido	habían sido	habrán sido

decir	pretérito perfecto simple	presente	futuro simple	pretérito perfecto compuesto	pretérito pluscuamperfecto	futuro perfecto
yo	dije	digo	diré	he dicho	había dicho	habré dicho
tú	dijiste	dices	dirás	has dicho	habías dicho	habrás dicho
él/ella	dijo	dice	dirá	ha dicho	había dicho	habrá dicho
nosotros	dijimos	decimos	diremos	hemos dicho	habíamos dicho	habremos dicho
ustedes	dijeron	dicen	dirán	han dicho	habían dicho	habrán dicho
ellos/ellas	dijeron	dicen	dirán	han dicho	habían dicho	habrán dicho

hacer	pretérito perfecto simple	presente	futuro simple	pretérito perfecto compuesto	pretérito pluscuamperfecto	futuro perfecto
yo	hice	hago	haré	he hecho	había hecho	habré hecho
tú	hiciste	haces	harás	has hecho	habías hecho	habrás hecho
él/ella	hizo	hace	hará	ha hecho	había hecho	habrá hecho
nosotros	hicimos	hacemos	haremos	hemos hecho	habíamos hecho	habremos hecho
ustedes	hicieron	hacen	harán	han hecho	habían hecho	habrán hecho
ellos/ellas	hicieron	hacen	harán	han hecho	habían hecho	habrán hecho

convertirse	pretérito perfecto simple	presente	futuro simple	pretérito perfecto compuesto	pretérito pluscuamperfecto	futuro perfecto
yo	me convertí	me convierto	me convertiré	me he convertido	me había convertido	me habré convertido
tú	te convertiste	te conviertes	te convertirás	te has convertido	te habías convertido	te habrás convertido
él/ella	se convirtió	se convierte	se convertirá	se ha convertido	se había convertido	se habrá convertido
nosotros	nos convertimos	nos convertimos	nos convertiremos	nos hemos convertido	nos habíamos convertido	nos habremos convertido
ustedes	se convirtieron	se convierten	se convertirán	se han convertido	se habían convertido	se habrán convertido
ellos/ellas	se convirtieron	se convierten	se convertirán	se han convertido	se habían convertido	se habrán convertido

venir	pretérito perfecto simple	presente	futuro simple	pretérito perfecto compuesto	pretérito pluscuamperfecto	futuro perfecto
yo	vine	vengo	vendré	he venido	había venido	habré venido
tú	viniste	vienes	vendrás	has venido	habías venido	habrás venido
él/ella	vino	viene	vendrá	ha venido	había venido	habrá venido
nosotros	vinimos	venimos	vendremos	hemos venido	habíamos venido	habremos venido
ustedes	vinieron	vienen	vendrán	han venido	habían venido	habrán venido
ellos/ellas	vinieron	vienen	vendrán	han venido	habían venido	habrán venido

vivir	pretérito perfecto simple	presente	futuro simple	pretérito perfecto compuesto	pretérito pluscuamperfecto	futuro perfecto
yo	viví	vivo	viviré	he vivido	había vivido	habré vivido
tú	viviste	vives	vivirás	has vivido	habías vivido	habrás vivido
él/ella	vivió	vive	vivirá	ha vivido	había vivido	habrá vivido
nosotros	vivimos	vivimos	viviremos	hemos vivido	habíamos vivido	habremos vivido
ustedes	vivieron	viven	vivirán	han vivido	habían vivido	habrán vivido
ellos/ellas	vivieron	viven	vivirán	han vivido	habían vivido	habrán vivido

tener	pretérito perfecto simple	presente	futuro simple	pretérito perfecto compuesto	pretérito pluscuamperfecto	futuro perfecto
yo	tuve	tengo	tendré	he tenido	había tenido	habré tenido
tú	tuviste	tienes	tendrás	has tenido	habías tenido	habrás tenido
él/ella	tuvo	tiene	tendrá	ha tenido	había tenido	habrá tenido
nosotros	tuvimos	tenemos	tendremos	hemos tenido	habíamos tenido	habremos tenido
ustedes	tuvieron	tienen	tendrán	han tenido	habían tenido	habrán tenido
ellos/ellas	tuvieron	tienen	tendrán	han tenido	habían tenido	habrán tenido

leer	pretérito perfecto simple	presente	futuro simple	pretérito perfecto compuesto	pretérito pluscuamperfecto	futuro perfecto
yo	leí	leo	leeré	he leído	había leído	habré leído
tú	leíste	lees	leerás	has leído	habías leído	habrás leído
él/ella	leyó	lee	leerá	ha leído	había leído	habrá leído
nosotros	leímos	leemos	leeremos	hemos leído	habíamos leído	habremos leído
ustedes	leyeron	leen	leerán	han leído	habían leído	habrán leído
ellos/ellas	leyeron	leen	leerán	han leído	habían leído	habrán leído

traer	pretérito perfecto simple	presente	futuro simple	pretérito perfecto compuesto	pretérito pluscuamperfecto	futuro perfecto
yo	traje	traigo	traeré	he traído	había traído	habré traído
tú	trajiste	traes	traerás	has traído	habías traído	habrás traído
él/ella	trajo	trae	traerá	ha traído	había traído	habrá traído
nosotros	trajimos	traemos	traeremos	hemos traído	habíamos traído	habremos traído
ustedes	trajeron	traen	traerán	han traído	habían traído	habrán traído
ellos/ellas	trajeron	traen	traerán	han traído	habían traído	habrán traído

escribir	pretérito perfecto simple	presente	futuro simple	pretérito perfecto compuesto	pretérito pluscuamperfecto	futuro perfecto
yo	escribí	escribo	escribiré	he escrito	había escrito	habré escrito
tú	escribiste	escribes	escribirás	has escrito	habías escrito	habrás escrito
él/ella	escribió	escribe	escribirá	ha escrito	había escrito	habrá escrito
nosotros	escribimos	escribimos	escribiremos	hemos escrito	habíamos escrito	habremos escrito
ustedes	escribieron	escriben	escribirán	han escrito	habían escrito	habrán escrito
ellos/ellas	escribieron	escriben	escribirán	han escrito	habían escrito	habrán escrito

comenzar	pretérito perfecto simple	presente	futuro simple	pretérito perfecto compuesto	pretérito pluscuamperfecto	futuro perfecto
yo	comencé	comienzo	comenzaré	he comenzado	había comenzado	habré comenzado
tú	comenzaste	comienzas	comenzarás	has comenzado	habías comenzado	habrás comenzado
él/ella	comenzó	comienza	comenzará	ha comenzado	había comenzado	habrá comenzado
nosotros	comenzamos	comenzamos	comenzaremos	hemos comenzado	habíamos comenzado	habremos comenzado
ustedes	comenzaron	comienzan	comenzarán	han comenzado	habían comenzado	habrán comenzado
ellos/ellas	comenzaron	comienzan	comenzarán	han comenzado	habían comenzado	habrán comenzado

tomar	pretérito perfecto simple	presente	futuro simple	pretérito perfecto compuesto	pretérito pluscuamperfecto	futuro perfecto
yo	tomé	tomo	tomaré	he tomado	había tomado	habré tomado
tú	tomaste	tomas	tomarás	has tomado	habías tomado	habrás tomado
él/ella	tomó	toma	tomará	ha tomado	había tomado	habrá tomado
nosotros	tomamos	tomamos	tomaremos	hemos tomado	habíamos tomado	habremos tomado
ustedes	tomaron	toman	tomarán	han tomado	habían tomado	habrán tomado
ellos/ellas	tomaron	toman	tomarán	han tomado	habían tomado	habrán tomado

poner	pretérito perfecto simple	presente	futuro simple	pretérito perfecto compuesto	pretérito pluscuamperfecto	futuro perfecto
yo	puse	pongo	pondré	he puesto	había puesto	habré puesto
tú	pusiste	pones	pondrás	has puesto	habías puesto	habrás puesto
él/ella	puso	pone	pondrá	ha puesto	había puesto	habrá puesto
nosotros	pusimos	ponemos	pondremos	hemos puesto	habíamos puesto	habremos puesto
ustedes	pusieron	ponen	pondrán	han puesto	habían puesto	habrán puesto
ellos/ellas	pusieron	ponen	pondrán	han puesto	habían puesto	habrán puesto

vender	pretérito perfecto simple	presente	futuro simple	pretérito perfecto compuesto	pretérito pluscuamperfecto	futuro perfecto
yo	vendí	vendo	venderé	he vendido	había vendido	habré vendido
tú	vendiste	vendes	venderás	has vendido	habías vendido	habrás vendido
él/ella	vendió	vende	venderá	ha vendido	había vendido	habrá vendido
nosotros	vendimos	vendemos	venderemos	hemos vendido	habíamos vendido	habremos vendido
ustedes	vendieron	venden	venderán	han vendido	habían vendido	habrán vendido
ellos/ellas	vendieron	venden	venderán	han vendido	habían vendido	habrán vendido

partir	pretérito perfecto simple	presente	futuro simple	pretérito perfecto compuesto	pretérito pluscuamperfecto	futuro perfecto
yo	partí	parto	partiré	he partido	había partido	habré partido
tú	partiste	partes	partirás	has partido	habías partido	habrás partido
él/ella	partió	parte	partirá	ha partido	había partido	habrá partido
nosotros	partimos	partimos	partiremos	hemos partido	habíamos partido	habremos partido
ustedes	partieron	parten	partirán	han partido	habían partido	habrán partido
ellos/ellas	partieron	parten	partirán	han partido	habían partido	habrán partido

correr	pretérito perfecto simple	presente	futuro simple	pretérito perfecto compuesto	pretérito pluscuamperfecto	futuro perfecto
yo	corrí	corro	correré	he corrido	había corrido	habré corrido
tú	corriste	corres	correrás	has corrido	habías corrido	habrás corrido
él/ella	corrió	corre	correrá	ha corrido	había corrido	habrá corrido
nosotros	corrimos	corremos	correremos	hemos corrido	habíamos corrido	habremos corrido
ustedes	corrieron	corren	correrán	han corrido	habían corrido	habrán corrido
ellos/ellas	corrieron	corren	correrán	han corrido	habían corrido	habrán corrido

sentarse	pretérito perfecto simple	presente	futuro simple	pretérito perfecto compuesto	pretérito pluscuamperfecto	futuro perfecto
yo	me senté	me siento	me sentaré	me he sentado	me había sentado	me habré sentado
tú	te sentaste	te sientas	te sentarás	te has sentado	te habías sentado	te habrás sentado
él/ella	se sentó	se sienta	se sentará	se ha sentado	se había sentado	se habrá sentado
nosotros	nos sentamos	nos sentamos	nos sentaremos	nos hemos sentado	nos habíamos sentado	nos habremos sentado
ustedes	se sentaron	se sientan	se sentarán	se han sentado	se habían sentado	se habrán sentado
ellos/ellas	se sentaron	se sientan	se sentarán	se han sentado	se habían sentado	se habrán sentado

perder	pretérito perfecto simple	presente	futuro simple	pretérito perfecto compuesto	pretérito pluscuamperfecto	futuro perfecto
yo	perdí	pierdo	perderé	he perdido	había perdido	habré perdido
tú	perdiste	pierdes	perderás	has perdido	habías perdido	habrás perdido
él/ella	perdió	pierde	perderá	ha perdido	había perdido	habrá perdido
nosotros	perdimos	perdemos	perderemos	hemos perdido	habíamos perdido	habremos perdido
ustedes	perdieron	pierden	perderán	han perdido	habían perdido	habrán perdido
ellos/ellas	perdieron	pierden	perderán	han perdido	habían perdido	habrán perdido

saber	pretérito perfecto simple	presente	futuro simple	pretérito perfecto compuesto	pretérito pluscuamperfecto	futuro perfecto
yo	supe	sé	sabré	he sabido	había sabido	habré sabido
tú	supiste	sabes	sabrás	has sabido	habías sabido	habrás sabido
él/ella	supo	sabe	sabrá	ha sabido	había sabido	habrá sabido
nosotros	supimos	sabemos	sabremos	hemos sabido	habíamos sabido	habremos sabido
ustedes	supieron	saben	sabrán	han sabido	habían sabido	habrán sabido
ellos/ellas	supieron	saben	sabrán	han sabido	habían sabido	habrán sabido

Pautas para la respuesta extensa

Puntaje	Descripción
	Característica 1: Redacción de argumentos y uso de la evidencia
2	Redacta uno o varios argumentos basados en el texto y establece un propósito que está relacionado con la indicación.
	Cita evidencia relevante y específica de uno o varios textos fuente para respaldar el argumento (puede incluir poca evidencia irrelevante o afirmaciones no respaldadas).
	Analiza el tema y/o evalúa la validez de la argumentación dentro de los textos fuente (por ejemplo, distingue entre afirmaciones respaldadas y no respaldadas, hace inferencias razonables sobre hipótesis o suposiciones subyacentes, identifica razonamientos incorrectos, evalúa la credibilidad de las fuentes, etc.).
1	Redacta un argumento y demuestra cierta relación con la indicación.
	Cita poca evidencia de uno o varios textos fuente para respaldar el argumento (puede incluir una mezcla de citas relevantes e irrelevantes o una mezcla de referencias textuales y no textuales).
	Analiza parcialmente el tema y/o evalúa la validez de la argumentación dentro de los textos fuente; puede ser simplista, limitado o impreciso.
0	Puede redactar un argumento, pero dicho argumento carece de propósito o relación con la indicación, o de las dos cosas.
	Cita muy poca evidencia o ninguna evidencia de uno o varios textos fuente (puede haber partes del texto que han sido copiadas de la fuente).
	Analiza el tema y/o evalúa la validez de la argumentación dentro de los textos fuente con poca profundidad; puede carecer por completo de análisis o demostrar una comprensión mínima o nula del argumento o los argumentos dados.

Respuestas no calificables (Puntaje de 0/Códigos de condición)

- La respuesta contiene exclusivamente texto copiado de uno o varios textos fuente o de la indicación.
- La respuesta no corresponde al tema o no muestra evidencia de que quien realiza la prueba ha leído la indicación.
- La respuesta es incomprensible.
- La respuesta no está en español.
- No se intentó escribir una respuesta (en blanco).

Puntaje	Descripción
	Característica 2: Desarrollo de ideas y estructura organizacional
2	Contiene ideas que están bien desarrolladas y que generalmente son lógicas; la mayoría de las ideas son elaboradas. Contiene una progresión razonable de las ideas con conexiones comprensibles entre los detalles y las ideas principales. Establece una estructura organizacional que expresa el mensaje y el propósito de la respuesta; aplica frases de transición en forma adecuada. Establece y mantiene un estilo formal y un tono adecuado que demuestran conocimiento de la audiencia y del propósito de la tarea. Elige palabras específicas para expresar las ideas con claridad.
1	Contiene ideas desarrolladas inconsistentemente y/o puede reflejar un razonamiento simplista o impreciso; algunas ideas están elaboradas. Demuestra cierta evidencia de la progresión de las ideas, pero los detalles pueden estar desarticulados o pueden carecer de conexión con las ideas principales. Establece una estructura organizacional que puede agrupar las ideas de manera inconsistente o es parcialmente efectiva para expresar el mensaje de la tarea; usa frases de transición de manera inconsistente. Puede mantener, de manera inconsistente, un estilo formal y un tono adecuado que demuestran un conocimiento de la audiencia y el propósito de la tarea. En ocasiones, puede usar mal las palabras y/o elegir palabras que expresan ideas con términos imprecisos.
0	Contiene ideas que no están lo suficientemente bien desarrolladas o están desarrolladas de manera ilógica, con elaboración mínima o ninguna elaboración de las ideas principales. La progresión de las ideas es confusa o no muestra una progresión de ideas; puede no haber detalles o estos pueden ser irrelevantes para las ideas principales. Establece una estructura organizacional ineficaz o indistinguible; no aplica frases de transición o lo hace de manera inadecuada. Usa un estilo informal y/o un tono inadecuado que demuestra un conocimiento limitado o nulo de la audiencia y del propósito. Con frecuencia puede usar palabras de manera incorrecta; usar excesivamente una jerga o expresar ideas de manera imprecisa o repetitiva.

Respuestas no calificables (Puntaje de 0/Códigos de condición)
- La respuesta contiene exclusivamente texto copiado de uno o varios textos fuente o de la indicación.
- La respuesta no corresponde al tema o no muestra evidencia de que quien realiza la prueba ha leído la indicación.
- La respuesta es incomprensible.
- La respuesta no está en español.
- No se intentó escribir una respuesta (en blanco).

Puntaje	Descripción
	Característica 3: Claridad y dominio de las convenciones de uso del español
2	Demuestra estructuras de oraciones que son en gran parte correctas y fluidez general que mejora la claridad, específicamente respecto de las siguientes destrezas: 1) usar estructuras de oraciones variadas dentro de un párrafo o varios párrafos 2) usar subordinación, coordinación y paralelismo correctos 3) evitar el exceso de palabras y las estructuras de oraciones poco naturales 4) usar palabras de transición, locuciones conjuntivas y otras palabras que favorecen la lógica y la claridad 5) evitar las oraciones seguidas o los fragmentos de oraciones Demuestra aplicación correcta de las convenciones, específicamente respecto de las siguientes destrezas: 1) palabras que suelen confundirse, entre ellas homófonos y parónimos 2) concordancia entre sujeto y verbo 3) uso de pronombres, incluidas la concordancia entre pronombres y antecedentes y las referencias imprecisas al pronombre 4) ubicación de los modificadores y orden correcto de las palabras 5) uso de las mayúsculas (por ejemplo, en sustantivos propios y al comienzo de las oraciones) 6) uso de la acentuación (por ejemplo, tilde en todas las palabras esdrújulas) 7) uso de la puntuación (por ejemplo, comas en enumeraciones o aposiciones, puntos finales, signos de interrogación y exclamación y signos de puntuación correctos para separar claúsulas) Puede haber algunos errores en la puntuación y en las convenciones, pero estos no interfieren con la comprensión; en general, el uso del español presenta un nivel adecuado para la redacción de borradores a pedido.
1	Demuestra una estructura de oraciones inconsistente; puede contener algunas oraciones repetitivas, entrecortadas, inconexas o poco naturales que pueden entorpecer la claridad; demuestra un control inconsistente de las destrezas 1 a 5 que se mencionan en la primera sección de la Característica 3, Puntaje 2. Demuestra un control inconsistente de las convenciones básicas, específicamente respecto de las destrezas 1 a 7 que se mencionan en la segunda sección de la Característica 3, Puntaje 2. Puede haber errores frecuentes en la puntuación y en las convenciones que ocasionalmente interfieren con la comprensión; el uso del español presenta un nivel mínimamente aceptable para la redacción de borradores a pedido.
0	La estructura de las oraciones es consistentemente incorrecta, de manera que puede oscurecer el sentido; demuestra un control mínimo de las destrezas 1 a 5 que se mencionan en la primera sección de la Característica 3, Puntaje 2. Demuestra un control mínimo de las convenciones básicas, específicamente respecto de las destrezas 1 a 7 que se mencionan en la segunda sección de la Característica 3, Puntaje 2. Hay errores graves y frecuentes en la puntuación y en las convenciones, que interfieren con la comprensión; en general, el uso del español presenta un nivel inaceptable para la redacción de borradores a pedido O BIEN la respuesta no alcanza a demostrar un nivel de dominio de las convenciones y el uso del español.

*Como los estudiantes que realicen la prueba tendrán solamente 45 minutos para completar las tareas de la sección Respuesta extensa, no se espera que la respuesta no tenga ningún error respecto de las convenciones o del uso del español para obtener un puntaje de 2.

Respuestas no calificables (Puntaje de 0/Códigos de condición)
* La respuesta contiene exclusivamente texto copiado de uno o varios textos fuente o de la indicación.
* La respuesta no corresponde al tema o no muestra evidencia de que quien realiza la prueba ha leído la indicación.
* La respuesta es incomprensible.
* La respuesta no está en español.
* No se intentó escribir una respuesta (en blanco).

Respuestas

UNIDAD 1 COMPRENSIÓN DE LA LECTURA

1. **C; Nivel de conocimiento:** 2; **Objetivo de evaluación de lectura:** R.2.1. La idea principal del pasaje es que los adultos mayores reciben grandes beneficios de la actividad física. Las respuestas A, B y D son detalles ofrecidos para respaldar la idea principal.

2. **A; Nivel de conocimiento:** 2; **Objetivos de evaluación de lectura:** R.2.5, R.3.5, R.5.2. El segundo párrafo desarrolla la idea principal mediante una explicación más detallada de los cuatro tipos de ejercicios y sus beneficios en adultos mayores; por lo tanto, la respuesta A es correcta. Las respuestas B, C y D se enfocan en detalles específicos del segundo párrafo, no en el párrafo completo.

3. **D; Nivel de conocimiento:** 2; **Objetivo de evaluación de lectura:** R.2.1. El detalle de que las personas pasan más de la mitad del día sentadas o inactivas respalda la idea principal de que la gente debería moverse más en lugar de relajarse. Las respuestas A, B y C no son ideas principales; son detalles que brindan ejemplos de lo que hace la gente en lugar de moverse.

4. **B; Nivel de conocimiento:** 2; **Objetivos de evaluación de lectura:** R.2.1, R.2.5, R.5.1, R.5.2. La información del párrafo 3 respalda la idea principal de que permanecer inactivo tiene efectos negativos. El pasaje no plantea que los efectos de estar sentado todo el día puedan revertirse ni que haya algún beneficio a largo plazo por ser una persona sedentaria. Este párrafo no trata los efectos de ser activo.

5. **A; Nivel de conocimiento:** 2; **Objetivo de evaluación de lectura:** R.2.1. La idea principal del párrafo 2 es que, según ciertos estudios, cuando te mueves, aumentas tus posibilidades de tener buena salud. Las otras opciones de respuesta brindan detalles acerca de los resultados de la investigación citada.

6. **C; Nivel de conocimiento:** 3; **Objetivos de evaluación de lectura:** R.2.1, R.2.5, R.3.5. La referencia que hace el pasaje al hecho de que, cuando el metabolismo se hace más lento, se queman menos calorías y aumenta la posibilidad de que la energía extra se almacene como grasa brinda un detalle de apoyo del párrafo 6. Esta información explica y respalda la idea principal del párrafo 6. Este enunciado no es una idea principal implícita, ni una idea principal explícita ni una oración principal.

7. **C; Nivel de conocimiento:** 2; **Objetivo de evaluación de lectura:** R.2.1. El autor claramente cree que toda la vida silvestre debería estar protegida, en especial las aves. El presidente Roosevelt probablemente apoyaría el enunciado de la respuesta A, pero él no hace mención a ninguna persona que proteja a la naturaleza, ni tampoco se dirige a ningún grupo específico. La respuesta B establece sus sentimientos acerca de las aves y apoya su idea principal, pero no es la idea principal en sí misma. La respuesta D restringe incorrectamente el alcance de la posible legislación.

8. **B; Nivel de conocimiento:** 2; **Objetivo de evaluación de lectura:** R.2.1. Si bien el párrafo comienza con una mención a las estaciones, este enunciado es un detalle de la idea principal, que aparece en el enunciado "y tan solo deseo que, además de proteger a los pájaros cantores, a las aves del bosquecillo, de los huertos, los jardines y las praderas, también pudiéramos proteger a las aves de las costas marítimas y de las tierras salvajes". Por lo tanto, la respuesta A es incorrecta y la respuesta B es correcta. La respuesta C es incorrecta porque el autor no indica el nivel de peligro. La respuesta D resume un detalle acerca de la belleza de las aves en diferentes estaciones y, por lo tanto, no se trata de la idea principal.

9. **C; Nivel de conocimiento 2; Objetivos de evaluación de lectura:** R.2.1, R.2.5. La respuesta C es la que mejor respalda la idea principal que establece que se debe legislar para proteger a las aves. Este detalle hace referencia específicamente a la legislación para proteger a las aves. Si bien las demás respuestas respaldan la idea principal, la respuesta C es la más explícita.

10. **B; Nivel de conocimiento:** 2; **Objetivos de evaluación de lectura:** R.2.5, R.3.5, R.5.1, R.5.4. La comparación del autor entre la desaparición de las palomas y la posible desaparición de las montañas Catskill profundiza su tema: las aves merecen ser protegidas aunque no parezcan tan magníficas o importantes como otros elementos de la naturaleza, como las montañas. La respuesta A es incorrecta porque Roosevelt no declara que las montañas Catskill estén en peligro de extinción, sino que le pide al lector que las imagine en tal situación. Las respuestas C y D son incorrectas; si bien las palomas y las montañas son elementos salvajes y no pueden protegerse a sí mismos, estas afirmaciones no reflejan el propósito de la comparación del autor.

11. **A; Nivel de conocimiento:** 2; **Objetivo de evaluación de lectura:** R.2.4. La respuesta A es correcta porque el autor compara la pérdida de una especie con otro tipo de pérdidas. La respuesta B es un detalle acerca de la pérdida de una especie de ave del bosque. La respuesta C es solamente una parte de la idea principal y puede malinterpretarse como la idea principal, ya que aparece al final del último párrafo. La respuesta D es un detalle que apoya la idea principal.

12. **C; Nivel de conocimiento:** 2; **Objetivo de evaluación de lectura:** R.2.1. La respuesta C es correcta: La segregación priva a los niños del grupo minoritario de oportunidades igualitarias de educación, como se indica en los párrafos 2, 3 y 4. El pasaje plantea que todos los niños necesitan una buena educación para triunfar. Además, plantea que la educación es tal vez la función más importante de los gobiernos estatales y locales. Pero ninguno de estos enunciados es la idea principal. Por lo tanto, las respuestas A y D son incorrectas. La respuesta B es incorrecta porque la afirmación no está apoyada en este pasaje y, si estuviera, sería un detalle de apoyo.

13. **A; Nivel de conocimiento:** 2; **Objetivos de evaluación de lectura:** R.2.1, R.2.5, R.5.1, R.5.2. La información del párrafo 3 apoya la conclusión de que la segregación en las escuelas genera sentimientos de inferioridad en los niños de color y daña su autoestima. El pasaje no plantea que la mayoría de las personas blancas quieran enviar a sus hijos a escuelas segregadas. Tampoco está explicado el efecto que tiene la segregación sobre los niños blancos. La respuesta D es incorrecta porque el pasaje trata en detalle el posible efecto de la segregación sobre los niños de color.

14. **D; Nivel de conocimiento:** 2; **Objetivos de evaluación de lectura:** R.2.4, R.2.5. La respuesta D es correcta porque es la única que menciona directamente las raíces del prejuicio racial como base de la práctica segregadora. Las respuestas A, B y C mencionan el sentimiento de inferioridad que afecta a algunos niños o mencionan el impacto de la política y la imposibilidad de los niños de color de acceder a los beneficios dentro del sistema, pero no pone el foco en el prejuicio racial.

15. **A; Nivel de conocimiento:** 2; **Objetivos de evaluación de lectura:** R.2.1, R.2.5, R.5.1, R.5.2. La respuesta A apoya la idea principal porque el sentimiento de inferioridad que afecta la motivación es un obstáculo a la hora de obtener una buena educación. La respuesta B es incorrecta porque el rendimiento de los niños blancos en escuelas segregadas no se menciona en el pasaje. Las respuestas C y D son generalizaciones irrelevantes.

LECCIÓN 2, *págs. 6–9*

1. **C; Nivel de conocimiento:** 2; **Objetivo de evaluación de lectura:** R.2.2. La respuesta C es el mejor resumen porque reproduce la conclusión general del artículo: en una cadena alimentaria, la energía fluye del sol a los productores y luego a los consumidores. Las respuestas A, B y D son detalles y no cubren la información más importante del pasaje en su totalidad.

2. **D; Nivel de conocimiento:** 2; **Objetivos de evaluación de lectura:** R.2.2, R.5.1. Esta oración explica la función de la cadena alimentaria en cuanto al flujo de energía de productores a consumidores, y así resume el pasaje (respuesta D). La oración no ofrece información adicional sobre consumidores o productores, por lo tanto, las respuestas A y B son incorrectas. El segundo párrafo es sobre consumidores, no sobre cadenas alimenticias, por lo que la respuesta C es incorrecta.

3. **B; Nivel de conocimiento:** 2; **Objetivo de evaluación de lectura:** R.2.2. La respuesta B es el enunciado más inclusivo acerca de los resultados del estudio. La respuesta A también es un resultado; sin embargo, explica solamente parte de los resultados y no menciona que haya habido menos detenidos, ni tampoco considera otros factores. La disminución en el porcentaje (respuesta C) es un detalle que apoya la idea principal, que trata acerca del resultado general del estudio. La respuesta D expone incorrectamente una opinión de criminólogos; no se trata de un resultado del estudio.

4. **B; Nivel de conocimiento:** 2; **Objetivo de evaluación de lectura:** R.2.2. La respuesta B resume la información más importante del párrafo. La respuesta A es la primera oración del párrafo, pero no brinda mucha información acerca de estos resultados. Además, el escritor del resumen ha expresado su opinión. La respuesta C es parcialmente correcta, pero no indica la necesidad de una terapia, que constituye el punto clave del párrafo. La respuesta D es una extensión de lo que indica el párrafo; no se hace ninguna mención a los empleos.

5. **D; Nivel de conocimiento:** 2; **Objetivos de evaluación de lectura:** R.2.1, R.2.2. La respuesta D plantea la información más importante del párrafo. La respuesta A presenta la información, pero no es tan específica como la respuesta D. Las respuestas B y C proporcionan información adicional acerca de la idea principal.

6. **C; Nivel de conocimiento:** 2; **Objetivos de evaluación de lectura:** R.5.1, R.5.2, R.5.3. Si bien el último párrafo suele resumir el pasaje completo, aquí no sucede eso. Por lo tanto, la respuesta A es incorrecta. La palabra clave, *otra*, indica que el párrafo incluirá más información en lugar de resumir lo que le antecede (respuesta C). La respuesta B también es incorrecta, ya que la información del párrafo refleja otro aspecto del estudio, que no se trata en el párrafo anterior. La respuesta D es incorrecta porque el estudio revela más de un resultado negativo.

7. **D; Nivel de conocimiento:** 2; **Objetivo de evaluación de lectura:** R.2.2. El punto principal del primer párrafo es que Johnson pide el apoyo, o la ayuda, de todos los estadounidenses. Las respuestas A, B y C son ideas que él transmite en el párrafo, pero no expresan la idea principal.

8. **B; Nivel de conocimiento:** 2; **Objetivo de evaluación de lectura:** R.2.2. La respuesta B es correcta porque es el resumen más completo del párrafo. Si bien Johnson dice que la muerte de Kennedy fue un suceso terrible, menciona otros detalles en el párrafo además de hacer referencia al asesinato. Es cierto que Johnson urge al gobierno a actuar decisivamente, pero el pasaje no menciona que el país esté paralizado. La respuesta D contiene menos información que la respuesta B y, por lo tanto, no es la mejor opción.

9. **A; Nivel de conocimiento:** 2; **Objetivos de evaluación de lectura:** R.2.2, R.5.1, R.5.2, R.5.4. El párrafo 3 resume los puntos clave de la agenda presidencial de Johnson. Él solicita apoyo para programas y políticas específicas, y menciona varias de ellas en el párrafo. Estas medidas son una continuación de los planes de Kennedy, pero no necesariamente los logros pasados de Kennedy. No son los logros pasados de Johnson, sino más bien sus metas para el futuro.

10. **C; Nivel de conocimiento:** 2; **Objetivos de evaluación de lectura:** R.2.2, R.5.1, R.6.4. Las palabras finales, "sigamos adelante", se refieren al deseo de continuar con las políticas y los programas de Kennedy. Johnson adapta el enunciado de Kennedy: "empecemos". Busca apoyo para continuar en el sentido en que comenzó Kennedy. No quiere empezar de cero, sino continuar con su plan. Si bien Johnson probablemente desea que Kennedy no sea olvidado, no es ese su punto. Johnson menciona anteriormente la carga, o el peso, de asumir la presidencia, pero no hace referencia a ninguna carga en este enunciado.

UNIDAD 1 *(continuación)*

11. **D**; **Nivel de conocimiento:** 2; **Objetivos de evaluación de lectura:** R.2.1, R.2.2. El punto principal del autor es que los muselmanner son desgraciados porque no son conscientes de quiénes son y de dónde están. El autor repite esta idea cuando dice que "No sentían nada" y que "estaban muertos y no lo sabían". Si bien es cierto que son prisioneros en Auschwitz, su situación como prisioneros no es lo que los vuelve más desgraciados. La respuesta C es incorrecta porque el autor plantea lo opuesto: no sienten hambre, ni sed, ni dolor. La tragedia va más allá de dónde se encuentran.

12. **A**; **Nivel de conocimiento:** 2; **Objetivo de evaluación de lectura:** R.2.2. El autor dice que "la ira puede ser creativa", pero que la indiferencia "jamás es creativa". También dice que la indiferencia "no provoca ninguna respuesta". El mejor resumen es la respuesta A. El autor no sugiere que la ira y el odio se vayan rápidamente, ni dice que la ira y el odio sean emociones más simples que la indiferencia.

13. **C**; **Nivel de conocimiento:** 2; **Objetivo de evaluación de lectura:** R.2.2. El autor dice que la indiferencia es un "final" como una manera de decir que después de la indiferencia no hay nada; la indiferencia no conduce a ninguna acción o a ningún resultado en respuesta al sufrimiento humano. No dice que la indiferencia ocurra después de la ira o el odio, sino que compara la indiferencia con esos sentimientos. Compara la indiferencia con una muerte en vida pero no indica que se trate del último paso antes de la muerte, por más que así pudiera ser. Por lo tanto, B no es la mejor respuesta. Si bien la indiferencia efectivamente daña a las personas, el autor no dice que se trate de un objetivo de quienes se proponen dañar a otros.

14. **D**; **Nivel de conocimiento:** 2; **Objetivos de evaluación de lectura:** R.2.2, R.5.1, R.6.4. La respuesta correcta es la D porque el autor cree firmemente que la ofensa de la indiferencia es tan grande que su impacto se siente en muchos niveles; es tanto mala como destructiva para el ser. La respuesta A es incorrecta porque no está implícita en el pasaje. La respuesta B es incorrecta porque el autor muestra en esta oración que el impacto sobre el indiferente es extremadamente dañino. Si bien la respuesta C es verdadera, no es el foco principal de este enunciado.

15. **A**; **Nivel de conocimiento:** 2; **Objetivos de evaluación de lectura:** R.2.2, R.6.1. El punto principal del autor en el pasaje es que la indiferencia es un castigo porque niega la humanidad de las personas. Las personas quedan "sin esperanzas" y son exiliadas "de la memoria de la humanidad". El mejor resumen es la respuesta A. La indiferencia no es buena; el autor la considera parte del "mal". La indiferencia no es igual al odio; es peor que el odio porque el odio puede ser productivo. Si bien el autor podría estar de acuerdo con que la indiferencia debería combatirse, esta idea es una conclusión a la que uno podría llegar a partir del pasaje, pero no constituye su mejor resumen.

LECCIÓN 3, *págs. 10–13*

1. **B**; **Nivel de conocimiento:** 1; **Objetivo de evaluación de lectura:** R.3.1. El texto enuncia que la Orden de identificación 1 fue creada en diciembre de 1919 y la lista Los diez más buscados, en 1950. Por lo tanto, si restas, la respuesta correcta es 31 años.

2. **Nivel de conocimiento:** 1; **Objetivo de evaluación de lectura:** R.3.1. Esta es la secuencia correcta para la tabla: 1) **Powell oficia como consejero de Seguridad Nacional.** 2) **Powell oficia como jefe del Estado Mayor Conjunto.** 3) **Powell funda *America's Promise*.** 4) **George W. Bush nombra a Powell secretario de Estado.** La secuencia refleja el orden en el que ocurrieron los sucesos importantes en la vida de Powell. En las biografías, los sucesos pueden presentarse sin orden cronológico, por lo que un orden en secuencia adecuado requiere de una cuidadosa atención a las fechas y a las palabras distintivas, como *después* y *durante*.

3. **Nivel de conocimiento:** 1; **Objetivo de evaluación de lectura:** R.3.1. El orden correcto de la línea cronológica es el siguiente: 1 de enero de 1777: **El Dr. Waldo se une al Primer Regimiento de Infantería de Connecticut.** 10 de noviembre de 1777: **El Dr. Waldo comienza a escribir su diario en Valley Forge.** 8 de diciembre de 1777: **El regimiento del Dr. Waldo es llamado a formar delante de los cuarteles de Washington.** El 1 de octubre de 1779: **El Dr. Albigence Waldo renuncia al servicio activo.**

4. **Nivel de conocimiento:** 1; **Objetivo de evaluación de lectura:** R.3.1. 1) **El proyecto de ley se deriva a un comité.** 2) **El comité lleva a cabo audiencias con respecto al proyecto de ley.** 3) **El comité vota para presentar el proyecto de ley.** 4) **La Cámara vota para aprobar el proyecto de ley.** 5) **El Senado vota para aprobar el proyecto de ley.** 6) **El presidente firma el proyecto de ley para que se convierta en ley.** La secuencia de pasos está claramente presentada en el pasaje.

LECCIÓN DE ALTO IMPACTO: SECUENCIA DE SUCESOS, *págs. 14–15*

1. **C**; **Nivel de conocimiento:** 2; **Objetivo de evaluación de lectura:** R.3.1. El texto enuncia que el paso previo es "El servidor recibe la solicitud y la interpreta". La respuesta A incluye información sobre un tipo diferente de servidor, de modo que es incorrecta. Las respuestas B y D muestran pasos que ocurren *después* de que el servidor de red reúne el contenido, así que son incorrectas.

2. **A**; **Nivel de conocimiento:** 2; **Objetivo de evaluación de lectura:** R.3.1. Según el pasaje, los niveles de volumen de la música se ajustan en la última parte del Paso 1. Las respuestas B, C y D incluyen información sobre pasos que ocurren después de que se ajustan los niveles de volumen de la música, así que son incorrectas.

3. **D**; **Nivel de conocimiento:** 2; **Objetivo de evaluación de lectura:** R.3.1. Según el pasaje, en el paso 2 "El torno corta surcos en un disco de aluminio". El equipo de compilado se usa para añadir o eliminar voces, instrumentos y otros elementos, de modo que la respuesta A es incorrecta. Aunque no se enuncia específicamente en el pasaje, en general se usan impresoras para crear etiquetas adhesivas, así que la respuesta B es incorrecta. Según el pasaje, la galvanización requiere un tanque de líquido con níquel disuelto, de modo que la respuesta C es incorrecta.

4. **B**; **Nivel de conocimiento:** 2; **Objetivo de evaluación de lectura:** R.3.1. La capa de químicos sobre el disco maestro se menciona en el Paso 3, que proporciona información sobre el proceso de galvanización que fusiona el níquel con la plata. El pasaje no dice que la capa de químicos sea necesaria para los procesos de edición de la música, torneado o extrusión, de manera que las respuestas A, C y D son incorrectas.

5. **D**; **Nivel de conocimiento:** 2; **Objetivo de evaluación de lectura:** R.3.1. El Paso 5 les dice a los lectores que hay que colocar las etiquetas adhesivas sobre las tortas plásticas antes de prensarlas. Después que el estampador de metal prensa las tortas para convertirlas en discos terminados, sería demasiado tarde para crear las etiquetas. La grabación y el compilado de la música, la creación del estampador de metal y el colocar los gránulos de PVC ocurren antes de este paso, así que las respuestas A, B y C son incorrectas.

6. **C**; **Nivel de conocimiento:** 2; **Objetivo de evaluación de lectura:** R.3.1. Según el pasaje, los discos se recortan antes de ensobrarse. La creación de las etiquetas, el prensado de las tortas y la carga de los gránulos de PVC son pasos que ocurren mucho antes en el proceso, así que las respuestas A, B y D son incorrectas.

LECCIÓN 4, *págs. 16–19*

1. **B**; **Nivel de conocimiento:** 1; **Objetivo de evaluación de lectura:** R.2.1. En este pasaje, el autor hace una conexión entre la edad de un votante y su movilidad. Los votantes mayores tienen menos movilidad y, por lo tanto, tienen más probabilidades de estar registrados y de votar. El lugar de residencia de un votante es irrelevante para el autor, pues la relevancia está puesta en la movilidad, no en una ubicación específica. El autor no habla del tiempo libre o del interés en política de un votante.

2. **C**; **Nivel de conocimiento:** 2; **Objetivos de evaluación de lectura:** R.5.1, R.5.2. El segundo párrafo brinda más explicaciones en cuanto a la conexión entre la edad de un votante y su movilidad, ya que ambos temas se relacionan con la votación y el registro de votantes. La respuesta A es incorrecta; si bien el autor sí menciona el registro, no se discute en detalle ni es el propósito del párrafo. La respuesta B es incorrecta porque el autor menciona solamente a los votantes más jóvenes y su movilidad. No se mencionan otras categorías. La respuesta D es incorrecta porque el autor no trata cómo se define la edad.

3. **Nivel de conocimiento:** 1; **Objetivos de evaluación de lectura:** R.2.1, R.2.5. La red debe contener estos minerales: **calcio**, **arsénico**, **zinc** y **hierro**.

4. **D**; **Nivel de conocimiento:** 1; **Objetivo de evaluación de lectura:** R.2.1. La autora plantea: "Donde habían cerrado plantas y fábricas, encontraron calles principales desoladas". Estos pueblos tienen una falta de industria en común. Si bien Wagner habla de Forest City, Iowa, no menciona que los pueblos visitados estuvieran todos en Iowa o cerca de allí. Los pueblos llenos de vida con orgullosos empleados son aquellos pueblos que tienen una industria exitosa, no aquellos que carecen de ella. No se menciona ninguna relación con la agricultura en el pasaje.

5. **A**; **Nivel de conocimiento:** 1; **Objetivo de evaluación de lectura:** R.2.1. Forest City, Iowa, se ofrece como ejemplo de un tipo de pueblo con una comunidad llena de vida y una industria exitosa, donde los empleados se enorgullecen de su trabajo. No se trata de un pueblo con una industria que va desapareciendo. La respuesta B es incorrecta porque la fábrica Winnebago no es una industria de servicio. Una fábrica produce un producto; no brinda un servicio. Si bien los turistas pueden visitar una fábrica, el pueblo prospera debido a la industria en sí, no a los turistas. Forest City puede ser una comunidad que prospera en Iowa y Iowa puede tener otras comunidades así, pero la autora no limita estas comunidades a un solo estado (como se indica en el párrafo 1).

6. **B**; **Nivel de conocimiento:** 3; **Objetivos de evaluación de lectura:** R.2.4, R.2.5, R.2.7, R.2.8. La autora no describe explícitamente a un consumidor consciente pero hace referencia al "consumo consciente" en el párrafo 4. Si bien la autora se refiere al consumo consciente en esta instancia refiriéndose a comprar productos estadounidenses, se trata de una definición acotada del término. La mejor descripción es "una persona a la que le importa cómo y cuándo se fabrica un producto". Esta descripción requiere que los lectores hagan una síntesis de los puntos clave marcados a lo largo del pasaje acerca de por qué Sarah Wagner quiere comprar productos estadounidenses. Los puntos clave hacen referencia a los empleados de compañías que se "enorgullecen de su trabajo" y a la importancia de apoyar a las compañías nacionales, dado que ayudan a que las comunidades estadounidenses se mantengan vivas. Las respuestas A y D son detalles de la respuesta B. El concepto "flexible" de la respuesta C puede en realidad aplicarse a la respuesta B, pero ser "flexible" también puede aplicarse a todo lo que esté relacionado con las compras. Por lo tanto, la respuesta es un enunciado demasiado amplio.

7. **A**; **Nivel de lectura:** 3; **Objetivos de evaluación de lectura:** R.2.3, R.2.7. La respuesta A es correcta. En el párrafo 5, la autora especifica que dar obsequios es una manera de apoyar los productos hechos en los Estados Unidos. Si bien las otras respuestas son correctas, no están en el texto.

8. **A**; **Nivel de conocimiento:** 2; **Objetivo de evaluación de lectura:** R.2.5. Según el pasaje, una persona realista no pretende comprar productos fabricados en los Estados Unidos todo el tiempo, pero procura hacerlo dentro de lo posible. El pasaje no contiene comparaciones entre la calidad de los productos fabricados en los Estados Unidos y los productos importados; la compra de productos de los Estados Unidos tiene como fin mantener en pie la industria estadounidense. El pasaje no menciona el gasto de los productos fabricados por los Estados Unidos. El hecho de que Wagner tenga el tiempo y la dedicación de buscar productos de origen estadounidense (respuesta D) podría ser una subcategoría, pero no explica qué significa ser realista.

9. **B**; **Nivel de conocimiento:** 3; **Objetivos de evaluación de lectura:** R.2.3, R.2.4, R.2.7. La autora define implícitamente una marca tradicional como "indumentaria y accesorios fabricados en los Estados Unidos". La referencia a blogs de "estilo" sugiere que esta categoría está relacionada con la indumentaria o con la moda. La palabra *tradicional* implica que una marca se fundó hace mucho tiempo. La mejor respuesta es que un suéter fabricado en los Estados Unidos por una marca estadounidense fundada hace mucho tiempo entra mejor en la categoría de marca tradicional. La respuesta A plantea que la computadora se fabrica en China. La respuesta C plantea que la camisa se fabrica en Italia. La respuesta D no especifica dónde se fabrican los jeans.

10. **D**; **Nivel de conocimiento:** 2; **Objetivos de evaluación de lectura:** R.5.1, R.5.4. El párrafo 3 menciona a Apple como ejemplo de una compañía que responde a la demanda de más productos fabricados en los Estados Unidos. Por lo tanto, la respuesta D es correcta. Si bien el párrafo 3 puede explicar algo acerca de un nicho de mercado, su propósito es brindar un ejemplo, no explicar un término. Por lo tanto, la respuesta A no es la mejor opción. La respuesta B es incorrecta porque hay una contradicción de ideas. La respuesta C es incorrecta porque el párrafo 3 no se refiere a blogs de estilo, ni tiene nada que ver con la indumentaria. Esta información aparece en el párrafo 2.

11. **A**; **Nivel de conocimiento:** 2; **Objetivos de evaluación de lectura:** R.2.5, R.5.1. La autora plantea que la producción "beneficia a otros sectores que apoyan sus operaciones", resaltando que la producción ayuda a crear empleos en muchas otras industrias. Las otras opciones de respuesta son enunciados hechos en el pasaje pero no se relacionan directamente con cómo afecta la producción como categoría de industria a la creación de empleos estadounidenses.

12. **C**; **Nivel de conocimiento:** 3; **Objetivos de evaluación de lectura:** R.2.3, R.2.7. En el párrafo 6, los productos electrónicos y los aparatos eléctricos fabricados en los Estados Unidos se identifican como categorías de productos difíciles de conseguir. Por lo tanto, una cámara digital sería más difícil de conseguir. Las otras opciones de respuesta son ejemplos de categorías que son más fáciles de conseguir.

LECCIÓN 5, págs. 20–23

1. **D**; **Nivel de conocimiento:** 2; **Objetivos de evaluación de lectura:** R.2.1, R.2.5. El pasaje declara que los restos de plantas y animales contienen carbono y entonces, al quedar en la tierra, se convierten en una fuente de energía para los microbios del suelo. La respuesta A describe la fotosíntesis, no la descomposición. La respuesta B describe la respiración, no la descomposición. La respuesta C se relaciona con los restos de plantas y animales que "se mantienen a salvo de los microbios" y se convierten en combustibles fósiles.

2. **B**; **Nivel de conocimiento:** 1; **Objetivos de evaluación de lectura:** R.2.1, R.2.5. El pasaje indica que los tejidos y los huesos se destruyen. La respuesta A es incorrecta porque el pasaje no menciona la infección. La respuesta C es incorrecta porque los restos se hunden hasta el fondo de los océanos antes de comprimirse. La respuesta D es incorrecta porque el carbono se libera en la atmósfera, no los tejidos y los huesos.

3. **A**; **Nivel de conocimiento:** 2; **Objetivo de evaluación de lectura:** R.2.1. Las primeras líneas del pasaje indican que los dos partidos "se escandalizaron" ante la propuesta del gobierno ya que consideraban que $90 millones era demasiado dinero para invertir, por lo que la respuesta A es correcta. La respuesta B es incorrecta porque no se hace ninguna mención a nuevas soluciones. La respuesta C es incorrecta porque los dos partidos coincidían en que el tema era importante. Los resultados del estudio se publicaron el mismo mes en que se publicó el pasaje. La respuesta D no reformula bien la información del párrafo 1.

4. **C**; **Nivel de conocimiento:** 1; **Objetivo de evaluación de lectura:** R.2.1. El párrafo 3 establece claramente el resultado de la conclusión de Kieffer: los videojuegos violentos aumentaban la hostilidad a corto plazo. Por lo tanto, la respuesta C es correcta. Las respuestas A, B y D son incorrectas porque no reformulan bien o contradicen la información del pasaje.

5. **B**; **Nivel de conocimiento:** 3; **Objetivos de evaluación de lectura:** R.3.4, R.5.2. El autor cita un caso judicial que concuerda con la opinión pública de que los videojuegos violentos no causan efectos violentos a largo plazo; por lo tanto, mirar un video violento no puede usarse como defensa en un asesinato, ya que un asesinato no se trata de un efecto momentáneo. El estudio halló que los efectos se daban solamente en el corto plazo. La edad del acusado no era relevante para la pregunta o el veredicto del jurado.

6. **Nivel de conocimiento:** 1; **Objetivos de evaluación de lectura:** R.2.1, R.2.5. Los efectos posibles de la hipertermia son **edema por calor**, **órganos que funcionan mal** y **daño cerebral**, como se indica en los párrafos 4 y 5. Una menor temperatura corporal y el sudor evitan la hipertermia. Una sensibilidad al calor extremo podría hacer que alguien fuera susceptible a la hipertermia. El dolor de piernas no se menciona en el pasaje.

7. **B**; **Nivel de conocimiento:** 1; **Objetivo de evaluación de lectura:** R.2.1. La respuesta B es correcta, como se plantea en el párrafo 2. La respuesta A puede aproximarse a la respuesta correcta, pero no todas las plantas de tres hojas son hiedras venenosas. Como la erupción causada por la hiedra venenosa se debe al contacto directo con el urushiol, las ampollas no contienen la sustancia y, por lo tanto, no generan la reacción. La respuesta D puede parecer factible, pero las palabras de la opción de respuesta no plantean específicamente que la hiedra venenosa se queme y el pasaje indica que la inhalación puede dañar los pulmones más que causar una erupción.

8. **D**; **Nivel de conocimiento:** 2; **Objetivo de evaluación de lectura:** R.2.1. La respuesta D es correcta porque esta información aparece en el párrafo 4. La respuesta A contradice la información del pasaje; el urushiol genera la reacción alérgica; no protege contra ella. Las bacterias presentes en las uñas de los dedos causan la infección; el urushiol no disminuye la susceptibilidad a la infección. Una mayor cantidad de urushiol hace que el caso sea más grave, pero en el pasaje no se distingue la gravedad de síntomas individuales; por lo tanto, la respuesta C es incorrecta.

9. **C**; **Nivel de conocimiento:** 1; **Objetivo de evaluación de lectura:** R.2.1. La respuesta C es la única opción posible porque solamente el urushiol genera la propagación de la erupción. Las respuestas A y D contradicen la información del pasaje. La respuesta B podría parecer factible, pero no se hace ninguna mención del urushiol en el pelo del animal.

10. B; **Nivel de conocimiento**: 2; **Objetivo de evaluación de lectura**: R.2.1. El párrafo 4 establece específicamente que una de las causas por las cuales las ampollas aparecen en línea recta puede ser por la manera en que la planta roza la piel en línea recta. Las otras opciones no son explicaciones que aparezcan en el texto.

11. B; **Nivel de conocimiento**: 1; **Objetivo de evaluación de lectura**: R.2.1. La respuesta B es la única opción posible, ya que la información aparece expresada en el párrafo 6. Las respuestas A, C y D son incorrectas porque las ampollas no contienen urushiol, que es la única sustancia que hace que la erupción aparezca y se propague, y porque rascarse la erupción no afecta a los pulmones ni a los conductos nasales.

12. A; **Nivel de conocimiento**: 3; **Objetivos de evaluación de lectura**: R.2.7, R.3.4. La respuesta A es correcta. Lavarse podría eliminar el urushiol. Las respuestas B, C y D pueden ser verdaderas, pero la información no tiene nada que ver con la hiedra venenosa.

LECCIÓN 6, *págs. 24–27*

1. B; **Nivel de conocimiento**: 2; **Objetivos de evaluación de lectura**: R.2.1, R.3.4. El pasaje indica que Lincoln y los republicanos radicales del Congreso tenían distintos puntos de vista acerca de cómo la nación debía reconstruirse y se enumeran aspectos del plan de cada lado. Al analizar los ejemplos proporcionados para cada plan, puedes determinar que el objetivo de Lincoln era unir los estados del Norte y del Sur en un todo cohesivo y que los republicanos radicales pretendían disminuir el rol de los confederados en la nación restaurada. El pasaje no menciona líneas cronológicas para los planes ni proporciona información acerca de cuánta responsabilidad delegaban para la Reconstrucción los dos planes a los gobiernos del estado. Los planes no requerían de tratamientos similares de los estados confederados; solamente el plan de los republicanos radicales impuso castigos severos a la Confederación.

2. A; **Nivel de conocimiento**: 2; **Objetivos de evaluación de lectura**: R.2.1, R.3.2, R.3.4. La información del pasaje indica que Lincoln tenía pensado reconstruir la nación y conservar la paz extendiendo el indulto a los confederados, mientras que los republicanos radicales creían que los confederados debían ser castigados severamente. Los dos planes se podrían considerar audaces o ambiciosos, aunque el pasaje no brinda suficiente información para tomar esta decisión.

3. B; **Nivel de conocimiento**: 2; **Objetivos de evaluación de lectura**: R.3.4, R.5.2. En el párrafo 3, el autor dice que la Dra. Smith-Spangler quería responder la pregunta de si existían beneficios de comer alimentos orgánicos y, por lo tanto, presenta los elementos que se compararán: productos orgánicos y no orgánicos, como se especifica en el párrafo 4. La respuesta A es incorrecta porque los primeros dos párrafos proporcionan una razón para comprar alimentos orgánicos. Si bien la respuesta C puede ser posible, no se explican las citas, sino que se presentan las respuestas a las preguntas. La respuesta D es incorrecta porque esta conclusión aparece más adelante en el pasaje.

4. D; **Nivel de conocimiento**: 2; **Objetivos de evaluación de lectura**: R.3.4, R.5.2. La respuesta D es correcta porque las granjas orgánicas no usan fertilizantes ni pesticidas sintéticos, mientras que las granjas convencionales sí suelen utilizarlos. La respuesta A es incorrecta porque parecería que las granjas orgánicas tratan mejor a los animales, pero en el pasaje no se hace un juicio de valor. Las granjas convencionales pueden usar fertilizantes sintéticos; las granjas orgánicas no tienen permitido usar fertilizantes sintéticos, pero esta prohibición no se extiende a los fertilizantes naturales. La respuesta C es una mala interpretación del texto. Las granjas orgánicas no les dan antibióticos a los animales, pero las granjas convencionales sí suelen hacerlo. La comparación es incorrecta porque las granjas convencionales hacen las dos cosas, mientras que las granjas orgánicas no hacen ninguna de ellas.

5. A; **Nivel de conocimiento**: 1; **Objetivo de evaluación de lectura**: R.2.1. La Dra. Smith-Spangler descubrió que tanto los productos animales y vegetales orgánicos como los no orgánicos tenían la misma cantidad de vitaminas. No se hace ninguna mención al sabor de los alimentos antes o después de su cocción. El nivel de bacterias resistentes a los antibióticos variaba y aparecía más fósforo en productos orgánicos.

6. B; **Nivel de conocimiento**: 2; **Objetivos de evaluación de lectura**: R.2.5, R.3.4, R.3.5, R.5.1. Si bien las granjas convencionales pueden ser cuidadosas con los pesticidas o no, el cuidado al momento de utilizarlos no afecta el resultado. Los niveles de pesticida eran considerablemente mayores en alimentos no orgánicos, por lo que si los pesticidas se consideran no saludables y, por ende, hay que evitarlos, la respuesta correcta es B. No se menciona toda la carne orgánica, solamente la carne de cerdo y el pollo. Asimismo, el enunciado es una exageración del texto, que menciona la baja probabilidad de contener bacterias. El autor no menciona el nivel de fósforo un poco más alto, sino que lo considera menos significativo que los niveles de pesticida.

7. Nivel de conocimiento: 2; **Objetivo de evaluación de lectura**: R.3.4. Grasas saturadas: **aumentan el LDL, aumentan las enfermedades cardíacas**; Grasas no saturadas: **son de origen vegetal en su mayoría, reduce las enfermedades cardíacas**; Ambas: **proporcionan energía, ayudan a la absorción de las vitaminas**.

8. C; **Nivel de conocimiento**: 2; **Objetivos de evaluación de lectura**: R.2.1, R.2.4, R.2.8, R.3.4. Los dos documentos fueron diseñados para gobernar los estados. Cuando los Artículos de la Confederación demostraron ser insuficientes, los líderes estadounidenses tuvieron que establecer otro tipo de gobierno. La respuesta A es incorrecta porque todos los estados ratificaron los Artículos de la Confederación, pero solamente se necesitaban nueve estados para ratificar la Constitución original. La respuesta B es incorrecta porque 55 se refiere al número de delegados que asistieron a la Convención Constitucional, no al número de firmas de ninguno de los documentos. La respuesta D es una mala interpretación del pasaje. El párrafo 2 menciona la Ordenanza del Noroeste en relación con la creación de nuevos estados. Ni los Artículos de la Confederación ni la Constitución de los Estados Unidos son parte de ese documento.

9. **B**; **Nivel de conocimiento:** 2; **Objetivos de evaluación de lectura:** R.2.1, R.2.2, R.2.4, R.3.4. La Constitución de los Estados Unidos se creó para contrarrestar la ineficacia de los Artículos de la Confederación a la hora de ofrecer un gobierno nacional fuerte. Por lo tanto, la respuesta B es correcta. La respuesta A es incorrecta porque los dos documentos proporcionaron planes para admitir nuevos estados. La Constitución de los Estados Unidos, no los Artículos de la Confederación, estableció tres ramas de gobierno. La respuesta D es incorrecta porque la Declaración de Derechos fue añadida a la Constitución; en el pasaje no se hace ninguna mención acerca de que los Artículos de la Confederación contuvieran una Declaración de Derechos.

10. **D**; **Nivel de conocimiento:** 2; **Objetivos de evaluación de lectura**: R.2.1, R.2.2, R.2.5. La respuesta D es correcta según la información del párrafo 3, que menciona las dos cámaras legislativas. La respuesta A tiene la información invertida. La respuesta B es incorrecta porque la Constitución estableció la presidencia y la Corte Suprema. En el pasaje no se hace ninguna mención acerca de estas provisiones específicas en los Artículos de la Confederación. La respuesta C es incorrecta porque los Artículos tenían una rama legislativa, no tres, mientras que la Constitución de los Estados Unidos tenía dos.

11. **D**; **Nivel de conocimiento:** 3; **Objetivo de evaluación de lectura:** R.2.7. Solamente la respuesta D hubiese sido posible ya que, según los Artículos de la Confederación, los estados recaudaban impuestos. La Constitución de los Estados Unidos le confirió este poder al gobierno nacional. La respuesta A es incorrecta; el Congreso no podía recaudar impuestos. La respuesta B es incorrecta porque todos los estados tenían que ratificar una enmienda constitucional. La respuesta C es incorrecta porque según los Artículos de la Confederación, cada estado tenía un único representante.

12. **B**; **Nivel de conocimiento:** 2; **Objetivos de evaluación de lectura:** R.2.1, R.2.2, R.3.4. Como los estados tenían más poder que el gobierno nacional, podían funcionar de forma individual, gravando impuestos y acuñando dinero. El gobierno nacional fortalecido por la Constitución quitó mucho poder a los estados. La respuesta A es incorrecta porque en el pasaje no se plantea ni se implica que los Artículos enumeraran derechos o responsabilidades individuales. En los documentos no se hace ninguna mención a imitar los gobiernos francés o británico. La respuesta D es una mala interpretación del pasaje. Los Artículos se redactaron después de que las colonias se independizaron, y los redactores de la Constitución de los Estados Unidos crearon deliberadamente un gobierno nacional fuerte.

LECCIÓN DE ALTO IMPACTO: LENGUAJE DE TRANSICIÓN Y PALABRAS INDICADORAS, *págs. 28–29*

1. **C**; **Nivel de conocimiento:** 2; **Objetivo de evaluación de lectura:** R.5.3 La frase *Si bien* se usa para contrastar los beneficios de las agrupaciones (recursos compartidos) con las desventajas (mayor competencia). La respuesta A es incorrecta porque la oración no muestra una relación de causa y efecto. Si bien "recursos compartidos" es un ejemplo de un beneficio, la frase *Si bien* no se usa meramente para dar un ejemplo de un beneficio, por lo cual la respuesta B es incorrecta. Dado que la oración cita una desventaja y un beneficio, la respuesta D es incorrecta.

2. **A**; **Nivel de conocimiento:** 2; **Objetivo de evaluación de lectura:** R.5.3 La frase *Sin embargo* se usa para crear un contraste entre las dos ideas de la oración: que "la tasa de las enfermedades infecciosas ha disminuido" y que "la tasa de las enfermedades no contagiosas (específicamente, las enfermedades crónicas relacionadas con la alimentación) ha aumentado". Puesto que las enfermedades infecciosas han disminuido, las respuestas B, C y D son incorrectas.

3. **C**; **Nivel de conocimiento:** 2; **Objetivo de evaluación de lectura:** R.5.3 La frase *se debe en parte* muestra una relación de causa y efecto. Los cambios en los comportamientos de los estilos de vida son parcialmente la causa del aumento de "las tasas de las enfermedades no contagiosas (específicamente, las enfermedades crónicas relacionadas con la alimentación)". La respuesta A es incorrecta. Los comportamientos de los estilos de vida no son un ejemplo de las enfermedades crónicas relacionadas con la alimentación. La oración no compara ni contrasta las enfermedades crónicas relacionadas con la alimentación y los comportamientos de los estilos de vida, por lo tanto las respuestas B y D son incorrectas.

4. **D**; **Nivel de conocimiento:** 2; **Objetivo de evaluación de lectura:** R.5.3 La primera oración describe de qué manera "los patrones de mala alimentación e inactividad física" han aumentado con el paso del tiempo. La segunda oración describe de qué manera estos mismos comportamientos se han sumado a los "importantes desafíos en materia de salud que actualmente enfrenta la población de los EE.UU.". Las respuestas A, B y C incluyen frases de estas oraciones, pero no describen los comportamientos enunciados en la primera oración. Son incorrectas.

5. **D**; **Nivel de conocimiento:** 2; **Objetivo de evaluación de lectura:** R.5.3 La última oración del párrafo 2 enumera ejemplos que respaldan la oración anterior. La frase *Entre ellas* indica esta relación. Las respuestas A y B son incorrectas. La frase no muestra una comparación ni crea una secuencia. La respuesta C es incorrecta. La frase no crea un contraste.

6. **B**; **Nivel de conocimiento:** 2; **Objetivo de evaluación de lectura:** R.5.3 La frase *amén de* se usa para añadir información sobre los resultados de estas condiciones (altas tasas de sobrepeso y obesidad). Si bien la oración detalla dos efectos específicos causados por estos resultados, la frase *amén de* no muestra esta relación de causa y efecto, por lo tanto la respuesta A es incorrecta. La respuesta C es incorrecta porque la oración no brinda ningún beneficio a estas condiciones. Si bien la oración destaca dos resultados diferentes de estas condiciones, no los compara.

LECCIÓN 7, *págs. 30–33*

1. **A**; **Nivel de conocimiento:** 2; **Objetivo de evaluación de lectura:** R.6.1. El punto de vista del autor es que las fuentes alternativas de energía solo se usarán de manera masiva cuando su costo sea competitivo con respecto a las fuentes actuales de energía, como el petróleo y el gas. Las respuestas B, C y D no tienen respaldo en el pasaje.

2. **C**; **Nivel de conocimiento**: 2; **Objetivos de evaluación de lectura**: R.4.3/L.4.3, R.5.1, R.5.2, R.6.1, R.6.4. El autor emplea la palabra *utopía* para favorecer su punto de vista de que las energías alternativas aún no se usan de manera masiva. Conaway dice que "ya llegaremos a ella", así que la respuesta A es incorrecta. Conaway no descarta de plano las energías alternativas, por lo tanto las respuestas B y D son incorrectas.

3. **Nivel de conocimiento**: 3; **Objetivos de evaluación de lectura**: R.2.3, R.6.1, R.6.3. La tabla completa debe incluir **la libertad de expresión, los ideales tradicionales estadounidenses, el debate político reflexivo** en la columna de "Smith apoya" y **el tratamiento especial para los líderes políticos, el control del pensamiento** y **realizar afirmaciones sin fundamento** en la columna de "Smith se opone a". La autora indica su apoyo a los ideales tradicionales estadounidenses y a la libertad de expresión cuando trata sobre los principios básicos de la condición estadounidense y los enumera. Su discurso en sí es parte de un debate político reflexivo, por lo que claramente apoya tales debates. Critica a los senadores por involucrarse en difamaciones, por lo que se opone a realizar afirmaciones sin fundamento. Critica la incapacidad de los senadores de aceptar el mismo tipo de crítica que ellos emiten; por lo tanto, no cree en un tratamiento especial para los líderes políticos. En la última oración, se refiere específicamente al control del pensamiento como una consecuencia peligrosa de la restricción de la libertad; por lo tanto, es clara su oposición al control del pensamiento.

4. **A**; **Nivel de conocimiento**: 2; **Objetivos de evaluación de lectura**: R.4.3/L.4.3, R.6.1. Algunas palabras, como *rechazados* y *de segundo nivel*, apoyan el punto de vista del autor acerca de las facultades de medicina extranjeras. Las respuestas B, C y D son incorrectas porque contradicen lo que plantea el autor en el párrafo 1.

5. **C**; **Nivel de conocimiento**: 2; **Objetivos de evaluación de lectura**: R.6.1, R.6.2. El autor coincide con el enunciado de la respuesta C, como indican las situaciones que se tratan en el pasaje. Si bien los estudiantes que se eduquen en el extranjero se beneficiarán con la propuesta, la respuesta A no refleja el punto de vista del autor acerca de este enunciado. Si la propuesta ofreciera un buen acuerdo, no causaría una amarga controversia. Por lo tanto, la respuesta B es incorrecta. El autor no hace ningún comentario acerca de si la propuesta se basa en un buen razonamiento o adolece de tal.

6. **B**; **Nivel de conocimiento**: 2; **Objetivos de evaluación de lectura**: R.6.1, R.6.2. La respuesta A es incorrecta porque la propuesta puede permitir que los estudiantes reciban entrenamiento clínico en los Estados Unidos, que es lo que los padres querrían. Por lo tanto, la respuesta B es correcta porque la propuesta trata sobre esta inquietud. La propuesta no concuerda totalmente con el punto de vista de los padres, ya que menciona calificar las facultades y esto no está en los planes de los padres, según el pasaje. La propuesta no concuerda ni discrepa totalmente con el punto de vista de los padres acerca de los estudiantes que regresan.

7. **D**; **Nivel de conocimiento**: 2; **Objetivos de evaluación de lectura**: R.2.7, R.6.1, R.6.2. El autor concuerda con la Asociación de Facultades de Medicina de los Estados Unidos con respecto al cuestionamiento de la calidad del entrenamiento recibido en facultades extranjeras y a permitir que los estudiantes registrados en ellas regresen a los Estados Unidos para recibir un entrenamiento clínico en hospitales estadounidenses. Incluso el título del artículo enfatiza la desaprobación del autor. Las respuestas A y B son incorrectas porque el Consejo de Regentes de Nueva York, no los educadores médicos, ha abordado las preocupaciones de los padres. La respuesta C es incorrecta porque no se mencionan los puntos de vista de los estudiantes en sí.

8. **C**; **Nivel de conocimiento**: 2; **Objetivos de evaluación de lectura**: R.3.5, R.6.1. El artículo refleja suficiente conocimiento acerca de las acciones del Servicio de Pesca, Fauna y Flora Silvestre; de las leyes estatales en Wyoming, en Montana y en Idaho; de las estadísticas acerca de la matanza de lobos y de la reciente decisión del juez Molloy. La respuesta A es incorrecta porque el autor parece tener información suficiente a su disposición. La respuesta B es incorrecta porque no se hace ninguna mención acerca de las decisiones previas del juez. Si bien el autor puede oponerse a la caza, no se menciona nada al respecto en el pasaje. Si existe una insinuación acerca de que el autor se opone a la caza, la respuesta, sin embargo, no es tan clara como la respuesta C, y no es, por lo tanto, la mejor respuesta.

9. **C**; **Nivel de conocimiento**: 2; **Objetivos de evaluación de lectura**: R.4.3/L.4.3, R.6.1. El uso de la palabra *matanza* para comentar la necesidad de mantener las protecciones para el lobo gris demuestra que el autor está a favor de protegerlos. Si bien las otras opciones respaldan las protecciones, no comparten el lenguaje fuerte de la respuesta C.

10. **B**; **Nivel de conocimiento**: 2; **Objetivos de evaluación de lectura**: R.4.3/L.4.3, R.6.1. El juez Molloy está molesto, si no enojado, con el Servicio de Pesca, Fauna y Flora Silvestre, tal como refleja su decisión de restaurar la protección federal para los lobos grises, y como refleja también la referencia del autor al enojo del juez ante la incapacidad de la agencia de explicar sus acciones. El juez no está para nada conforme ni es indiferente al respecto. Por el contrario, parece estar bastante familiarizado con las acciones del Servicio de Pesca, Fauna y Flora Silvestre, como indican sus investigaciones sobre la inoperancia de la agencia.

11. **D**; **Nivel de conocimiento**: 2; **Objetivo de evaluación de lectura**: R.6.1. El autor está escribiendo un artículo de opinión con el propósito de comentar sobre una situación o un suceso; no pretende solamente informar o sugerir a la gente que se informe. Por el lenguaje fuerte que usa en el artículo, el autor probablemente esté de acuerdo con el juez Molloy. El autor no da indicación de favorecer a un animal sobre otro. Al apoyar los fallos del juez Molloy, el autor muestra estar en desacuerdo. Por lo tanto, la respuesta D es correcta porque lo más probable es que el autor crea que los lobos deben estar protegidos.

12. **A**; **Nivel de conocimiento:** 2; **Objetivos de evaluación de lectura:** R.3.4, R.3.5, R.6.1. Al levantar las protecciones de la ley, el Servicio de Pesca, Fauna y Flora Silvestre expresó su punto de vista, según el cual los lobos grises ya no estaban en peligro de extinción. La respuesta B es incorrecta porque el Servicio coincidió con la ley de Wyoming y levantó la protección de los lobos grises. Los grupos de conservación que presentaron la demanda contra el Servicio de Pesca, Fauna y Flora Silvestre tienen la esperanza de que el Servicio se vea obligado a presentar un plan mejor; ese accionar no se corresponde con el punto de vista del Servicio en materia de proteger a los lobos grises. La respuesta D es contraria a la protección retirada de los lobos grises; el Servicio de Pesca, Fauna y Flora Silvestre no pretende limitar la caza.

LECCIÓN 8, págs. 34–37

1. **B**; **Nivel de conocimiento:** 3; **Objetivo de evaluación de lectura:** R.2.4. El párrafo sostiene que la cirugía láser por razones estéticas no estará cubierta. El lector puede inferir que la cirugía láser necesaria por razones médicas estará cubierta.

2. **B**; **Nivel de conocimiento:** 2; **Objetivos de evaluación de lectura:** R.2.3, R.4.3/L.4.3, R.5.1. Las respuestas A, C y D pueden ser enunciados lógicos y precisos, pero no reflejan la mejor inferencia que se puede hacer a partir de las palabras exactas del autor, que implican que piensa tanto en las circunstancias de la tierra en el presente y, al mismo tiempo, en su pasado olvidado. La respuesta B es correcta porque implica que mira un solo lugar y lo percibe a través de diferentes lentes, en este caso, los del pasado y el presente.

3. **D**; **Nivel de conocimiento:** 2; **Objetivos de evaluación de lectura:** R.2.3, R.4.1/L.4.1. Thoreau menciona a los musketaquid, un pueblo indígena norteamericano que vivía en los alrededores de Concord, Massachusetts. Las reliquias mencionadas son aquellas que dejaron los musketaquid. El párrafo no hace referencia a la familia del autor, a sus vecinos ni a los colonos.

4. **B**; **Nivel de conocimiento:** 2; **Objetivos de evaluación de lectura:** R.2.3, R.4.1/L.4.1, R.4.3/L.4.3. El pasaje trata acerca de Thoreau y de los indígenas norteamericanos que habitaban la tierra; no trata acerca de los antepasados directos del autor. Thoreau da a entender que todo lo que él hace con la tierra borra todos los recuerdos de los musketaquid. Si bien Thoreau no menciona que otros trabajaron la tierra antes que él, la insinuación está explicada en la respuesta B y va más allá del enunciado de la respuesta C. No se mencionan ni se insinúan reclamos sobre la tierra.

5. **C**; **Nivel de conocimiento:** 3; **Objetivos de evaluación de lectura:** R.2.3, R.2.4, R.4.1/L.4.1. El autor sugiere que la madera podrida es parte de un ciclo de vida eterno. El final de la vida de un árbol es el comienzo de la vida para los "musgos y hongos". Ha habido generaciones antes del árbol podrido y vendrán generaciones después de él. Si bien la descomposición es un proceso natural, esto no es lo que sugiere el autor en el párrafo. El autor no da a entender que haya bosques más antiguos, sino que se trata de una etapa en un ciclo eterno. Los musgos y los hongos no son más antiguos que la madera podrida; por el contrario, son la siguiente etapa del ciclo.

6. **C**; **Nivel de conocimiento:** 3; **Objetivos de evaluación de lectura:** R.2.3, R.2.4, R.2.5, R.3.5. En la primera oración del párrafo 3, el autor señala que la naturaleza tiene "sus tonos rojizos y sus tonos verdes". Los tonos rojizos representarían a las plantas que están muriendo, mientras que los tonos verdes representarían a las plantas que prosperan. El autor indica que una misma cosa puede ser considerada vieja y nueva al mismo tiempo, dependiendo de nuestra percepción.

7. **D**; **Nivel de conocimiento:** 2; **Objetivos de evaluación de lectura:** R.2.3, R.2.4. En el párrafo 1, el autor explica que Nobel estaba "conmocionado por esta condena" (ser llamado el "mercader de la muerte"), lo cual implica que no deseaba ser conocido de esta manera. La respuesta A es incorrecta porque el premio fue por la paz, no para dar crédito a la invención de la dinamita. La respuesta B es incorrecta porque Nobel quería ser más que simplemente recordado. La respuesta C es incorrecta porque no se hace ninguna mención a su legado. La respuesta C es incorrecta porque nada implica que quería motivar a otros a buscar nuevos inventos.

8. **B**; **Nivel de conocimiento:** 2; **Objetivos de evaluación de lectura:** R.2.3, R.4.3/L.4.3. Para responder esta pregunta, resulta útil saber que Al Gore perdió las elecciones presidenciales de 2000 y que fue vicepresidente de los Estados Unidos desde 1992 hasta 2000. De todos modos, si no sabes esto, puedes suponer que las esperanzas políticas de Gore "murieron" en 2000 (ver nota al pie). La respuesta A es incorrecta porque no se hace referencia a ningún suceso ocurrido en 1992. La respuesta C es incorrecta porque el obituario no tiene nada que ver con el amigo de Gore. La respuesta D es incorrecta porque el obituario mencionado en el párrafo 1 es un obituario equivocado para Alfred Nobel y el "obituario político" de Gore es una expresión figurada, no literal, que da a entender el final de la carrera política de Gore.

9. **A**; **Nivel de conocimiento:** 2; **Objetivos de evaluación de lectura:** R.2.3, R.2.4, R.4.3/L.4.3. El autor afirma que el problema no es temporal y no se arreglará por sí solo. El autor implica que la gente debe tomar medidas para resolver el problema. La respuesta B es incorrecta porque el autor indica que "debemos corregirlo", lo cual implica que se puede hacer algo para resolver el problema. El autor no menciona el uso de fuerza, por lo que la respuesta C es incorrecta. La respuesta D contradice la afirmación del autor, por lo tanto, es incorrecta.

10. **B**; **Nivel de conocimiento:** 2; **Objetivos de evaluación de lectura:** R.2.3, R.2.4, R.4.3/L.4.3, R.5.1, R.6.4. La respuesta B es correcta; es el llamado a la acción del autor, que extiende la analogía: los humanos causaron la "enfermedad" del calentamiento global y ahora deben hacer algo para repararlo. La respuesta A es incorrecta porque se malinterpreta la analogía del autor acerca del calentamiento global y la enfermedad; el autor no quiere decir literalmente que las personas estén enfermas. El autor no menciona el castigo; él cree que las personas —es decir, la raza humana— causaron el calentamiento global y tienen que corregir la situación, no ser castigadas por ello. La respuesta D es incorrecta porque en el párrafo se mencionan segundas opiniones como parte de la analogía; la última oración no se refiere específicamente a ellas.

11. **A**; **Nivel de conocimiento:** 2; **Objetivos de evaluación de lectura:** R.2.3, R.2.4. En el párrafo 1, Faulkner establece indirectamente que el miedo es lo que hace a los escritores olvidar lo más importante de la escritura. Las respuestas B, C y D no hablan acerca del miedo ni derivan del miedo; ninguna de ellas está relacionada con el pasaje.

12. **D**; **Nivel de conocimiento:** 2; **Objetivos de evaluación de lectura:** R.2.3, R.4.1/L.4.1, R.4.3/L.4.3, R.5.1. La respuesta D es correcta porque los "problemas del corazón humano en conflicto consigo mismo" implican emociones humanas. La respuesta A no se menciona en el pasaje. La respuesta B puede ser factible, pero en ella las palabras del autor no se interpretan con la precisión de la respuesta D. En el pasaje no se mencionan ni se dan a entender los intereses de los lectores.

13. **C**; **Nivel de conocimiento:** 2; **Objetivos de evaluación de lectura:** R.2.3, R.2.4, R.5.1, R.6.3. La respuesta C es la mejor respuesta porque abarca todo lo que explica Faulkner: La escritura basada en el miedo que ignora la naturaleza humana esencial o las emociones carece de valor y es superficial. Las otras opciones de respuesta pueden aplicarse o no a la escritura de la que él habla, pero la superficialidad se aplica a todas ellas.

14. **A**; **Nivel de conocimiento:** 2; **Objetivos de evaluación de lectura:** R.2.3, R.2.4, R.5.1, R.5.4, R.6.1, R.6.3. La respuesta A refleja el punto de vista del autor acerca de que el hombre es inmortal "porque tiene un alma, un espíritu con capacidad de compasión, sacrificio y fortaleza". Las respuestas B y C son verdaderas pero no son lo que está implicando Faulkner. La respuesta D es lo contrario de lo que afirma Faulkner.

15. **B**; **Nivel de conocimiento:** 2; **Objetivos de evaluación de lectura:** R.2.3, R.2.4, R.5.1, R.5.4, R.6.1, R.6.3. El autor dice: "La voz del poeta (…) puede ser también su apoyo, el pilar que lo ayude a resistir y prevalecer". Faulkner cree que el poeta y el escritor tienen el deber de escribir y compartir sus dones de compasión y fortaleza. Utiliza imágenes estructurales para implicar que los poetas y los escritores pueden ofrecer apoyos necesarios para la sociedad. Las otras opciones de respuesta pueden explicar parte de la función de los poetas y escritores, pero no expresan todo lo que da a entender Faulkner en sus propios términos.

LECCIÓN 9, *págs. 38–41*

1. **C**; **Nivel de conocimiento:** 2; **Objetivo de evaluación de lectura:** R.4.2/L.4.2. El término *políticos* tiene todas las connotaciones negativas de "arreglos por detrás" y corrupción en general. Al usar el término *funcionarios públicos*, la autora elimina estas connotaciones y presenta a los funcionarios electos como aquellos que sirven a sus comunidades: una visión más positiva. Por lo tanto, la respuesta C es correcta. La respuesta A describiría a un político más que a un funcionario público. Las respuestas B y D no están respaldadas por el texto.

2. **A**; **Nivel de conocimiento:** 2; **Objetivo de evaluación de lectura:** R.4.3/L.4.3. La autora usa expresiones que invitan a todos los ciudadanos, entre ellos a los funcionarios electos, a formar un futuro en común, a unirse, a participar, a trabajar para el bien común. La respuesta C no es del todo incorrecta, pero si su tono fuera completamente optimista, la autora probablemente diría que las cosas están muy bien en lugar de instar a la gente a trabajar más para hacer correcciones. Por lo tanto, A es una mejor respuesta que C. La respuesta B es incorrecta, ya que la oradora parece estar muy comprometida. En el discurso no se usa el sarcasmo, por lo que la respuesta D es incorrecta.

3. **B**; **Nivel de conocimiento:** 2; **Objetivos de evaluación de lectura:** R.4.3/L.4.3. El tono es de esperanza y triunfo. Biden usa ambas palabras en el primer párrafo para describir los resultados de la elección. Las respuestas A, C y D no están respaldadas por el pasaje.

4. **B**; **Nivel de conocimiento:** 2; **Objetivos de evaluación de lectura:** R.4.3/L.4.3, R.5.2. En el párrafo 6 se mezclan oraciones completas y fragmentos (las dos oraciones finales), mientras que en el párrafo 7 se usan oraciones completas. Las respuestas A, C y D no reflejan adecuadamente la estructura de los dos párrafos.

5. **A**; **Nivel de conocimiento:** 2; **Objetivos de evaluación de lectura:** R.4.1/L.4.1, R.4.3/L.4.3. Biden agradece a sus predecesores y hace hincapié en que él es parte de "Nosotros, el pueblo". Ambas acciones son de naturaleza humilde. Las respuestas B, C y D no están respaldadas por el pasaje.

6. **Nivel de conocimiento:** 2; **Objetivos de evaluación de lectura:** R.4.1/L.4.1, R.4.3/L.4.3. La red completa debe incluir estas palabras: **creativos**, **exhaustivos** y **elaboración**. Todas estas palabras tienen significados connotativos que contribuyen al tono subjetivo y descriptivo del pasaje. Aquí, *creativos* tiene la connotación de simulación de obra artística, *exhaustivos* tiene la connotación de exceso y *elaboración* tiene la connotación de inventar algo que se adapte a las circunstancias.

7. **C**; **Nivel de conocimiento:** 2; **Objetivos de evaluación de lectura:** R.4.1/L.4.1, R.5.1. El uso de *duras* sugiere que estas ciencias están más basadas en la realidad, mientras que la psicología es más "fantasía". Si bien *duras* puede significar "rígidas" o "difíciles", no es lo que se quiere dar a entender aquí.

8. **A**; **Nivel de conocimiento:** 3; **Objetivos de evaluación de lectura:** R.4.3/L.4.3, R.5.1, R.5.2. En el párrafo 2, la autora brinda ejemplos de tests de personalidad que parecen ridículos y, de este modo, apoyan su punto de vista del párrafo 1. Por lo tanto, la respuesta B es incorrecta; la autora no cambia de parecer. El tono no es más emotivo; de hecho, parece más controlado y menos sentencioso por más que el punto de vista sea el mismo. Los ejemplos históricos de la autora no tienen nada que ver con ella y, por lo tanto, no son personales.

9. **C**; **Nivel de conocimiento:** 2; **Objetivos de evaluación de lectura:** R.4.3/L.4.3. Lo que mejor cuadra es llamar anecdótico al estilo de la autora. Ella relata sus propias experiencias de cometer errores. Su escritura es abierta y honesta, no misteriosa. No es argumentativa ni emotiva.

10. **D**; **Nivel de conocimiento:** 2; **Objetivos de evaluación de lectura:** R.4.3/L.4.3. El enunciado de la autora demuestra que es humilde, abierta y honesta. La autora no se considera por debajo de las personas a las que se dirige. Tiene experiencia en el ámbito de las ciencias. Está segura de su mensaje.

UNIDAD 1 *(continuación)*

11. **B; Nivel de conocimiento:** 2; **Objetivos de evaluación de lectura:** R.4.1/L.4.1, R.4.2/L.4.2. *Ser humillante* significa "dañar a otro al hacerlo sentir inferior". Si los errores fueran *humillantes*, a ella le preocuparía más cometerlos. La respuesta A describe el efecto de la frase *ser humilde*, así que es incorrecta. El uso de la frase *ser humillante* no supone un tono sarcástico ni un tono menos formal.

LECCIÓN 10, *págs. 42–45*

1. **A; Nivel de conocimiento:** 2; **Objetivo de evaluación de lectura:** R.2.8. El párrafo 2 enuncia que Florida es el productor líder de caña de azúcar del país y que el sur del estado "tiene un suelo rico y largas temporadas de cultivo". El párrafo 1 enuncia que la caña de azúcar crece en climas cálidos y lluviosos, de modo que la respuesta B es incorrecta. El párrafo 2 describe cómo en Luisiana y en Texas se cultiva caña de azúcar principalmente a lo largo del Misisipi y del Río Grande, por lo tanto, la respuesta C es incorrecta. La respuesta D es incorrecta porque el pasaje no brinda información sobre empleos.

2. **D; Nivel de conocimiento:** 2; **Objetivo de evaluación de lectura:** R.2.8. El párrafo 1 enuncia que la producción de caña de azúcar de los EE.UU. se limita a tres estados, lo que implica que los 47 restantes son en su gran mayoría inadecuados para cultivarla. La respuesta A es incorrecta porque el pasaje no brinda información sobre empleos. Debido a que EE.UU. clasifica como 10° productor mundial y las plantaciones de caña de azúcar se limitan a una pequeña área del país, no es razonable concluir que la respuesta B es correcta. No hay nada en el pasaje acerca de la importación de caña de azúcar, así que la respuesta C es incorrecta.

3. **Nivel de conocimiento:** 2; **Objetivo de evaluación de lectura:** R.2.8. El pasaje enuncia que los beneficios de una economía de trabajo desde el hogar incluyen: *Atraer trabajadores de muchos lugares, horarios laborales flexibles, disminución de traslados al trabajo* y *prácticas de contratación inclusivas*. Los desafíos de esta economía incluyen: *falta de una conexión de internet confiable* y *falta de un espacio exclusivo de trabajo*.

4. **C; Nivel de conocimiento:** 2; **Objetivo de evaluación de lectura:** R.2.8. El párrafo 1 enuncia que más mujeres están obteniendo títulos en áreas relacionadas con STEM; sin embargo, la brecha se mantiene. Es razonable concluir que la respuesta C es correcta. No hay nada en el pasaje que respalde la respuesta A. El párrafo 1 enuncia que tanto mujeres como hombres están obteniendo más títulos, de modo que la respuesta B es incorrecta. El párrafo 1 también enuncia que las mujeres "representan menos del 30 por ciento de los empleos en estas áreas", lo que muestra que esta brecha puede medirse, así que la respuesta D es incorrecta.

5. **B; Nivel de conocimiento:** 2; **Objetivo de evaluación de lectura:** R.2.8. Aunque el autor no cita una causa específica de la brecha de género, el pasaje menciona tanto "obstáculos sociales" como "discriminación en lugares de trabajo", por lo que es razonable concluir que la respuesta B es correcta. El párrafo 1 enuncia que más hombres están obteniendo títulos en STEM, de modo que la respuesta A es incorrecta. La respuesta C es incorrecta, ya que el autor destaca varias maneras de acortar la brecha de género. Aunque el párrafo 5 menciona formas en que las "mujeres que han triunfado en estas áreas" pueden ayudar a otras mujeres, nada sugiere que son las únicas personas que pueden eliminar la brecha, así que la respuesta D es incorrecta.

6. **A; Nivel de conocimiento:** 2; **Objetivo de evaluación de lectura:** R.2.8. El párrafo 5 enuncia que estos grupos "acrecientan el prestigio de las mujeres en estas organizaciones y reducen la sensación de aislamiento que sienten muchas de ellas", lo que puede beneficiar razonablemente a aquellas que están comenzando sus carreras en áreas de STEM. El pasaje no conecta la utilidad de estos grupos con diferentes etapas de las carreras de las mujeres y es razonable concluir que ayudan a mujeres que ya se encuentran en posiciones de liderazgo; la respuesta B es incorrecta. El autor indica que estos grupos pueden reducir la brecha de género, de modo que la respuesta C es incorrecta. La respuesta D es incorrecta, ya que estos grupos pueden estar diseñados para reducir la sensación de aislamiento.

7. **D; Nivel de conocimiento:** 2; **Objetivo de evaluación de lectura:** R.2.8. El pasaje analiza la brecha de género y las maneras que sugieren los expertos para acortarla, por lo tanto, la respuesta D es una conclusión razonable. El pasaje enuncia que las mujeres ya hacen contribuciones significativas en carreras relacionadas con STEM, sin embargo, este no es el punto de vista general del autor, así que la respuesta A es incorrecta. La inclusión por parte del autor de varias soluciones implica que la brecha puede acortarse con el tiempo, de modo que la respuesta B es incorrecta. Aunque el pasaje enuncia que la discriminación y la hostilidad en el lugar de trabajo contribuyen a la brecha, esto no es el enfoque central del pasaje, por lo tanto, la respuesta C es incorrecta.

8. **A; Nivel de conocimiento:** 3; **Objetivos de evaluación de lectura:** R.2.4, R.2.8, R.3.3, R.3.5, R.4.3/L.4.3. La respuesta A es la conclusión más lógica porque el uso de la palabra *cimentar* implica que las piezas ya están en su lugar y que "cimentarlas" es conservarlas como están. El hecho de que esta situación sea o no históricamente precisa no es el problema, ya que la precisión histórica no se cuestiona. Nada en el pasaje conduce a la conclusión de la respuesta B. La respuesta C es incorrecta porque es lo opuesto a lo que siente el autor. Si bien el autor puede desear la situación de la respuesta D, él aún no ha alcanzado ese punto.

9. **C; Nivel de conocimiento:** 2; **Objetivos de evaluación de lectura:** R.2.8, R.3.2. Si bien el autor menciona la palabra *recuerdo* más de una vez, la evidencia no indica que haya olvidado nada importante. La evidencia indica que estaba sobrecogido por la atención que había recibido. El autor no muestra pesimismo; de hecho, parece optimista acerca del futuro y de su rol en formarlo. El autor parece tomar con humildad la atención que recibe; por lo tanto, la respuesta D es incorrecta.

10. **D; Nivel de conocimiento:** 2; **Objetivos de evaluación de lectura:** R.2.5, R.2.8, R.3.2, R.5.1. La respuesta D incluye el hecho de que a Washington le sorprende el reconocimiento que recibe, lo cual implica que es humilde. Las otras respuestas no conducen a esta conclusión.

11. **B; Nivel de conocimiento:** 2; **Objetivos de evaluación de lectura:** R.2.8, R.3.4. Todo el pasaje trata acerca del éxito del discurso del autor. El pasaje no contiene ninguna indicación de que el discurso haya entretenido a nadie ni que haya sido causa de debate o de malestar racial. La respuesta B es la única opción posible.

1. **C**; **Nivel de conocimiento:** 2; **Objetivo de evaluación de lectura:** R.2.7. Volver a la casa paterna es una opción inteligente para los jóvenes ya que reduce los gastos y les ayuda a ahorrar dinero. Esta generalización es la idea principal del autor en el pasaje. El autor no afirma que volver a la casa paterna permita tomar solamente trabajos de tiempo parcial, ni cultivar los intereses, ni que los padres se hagan cargo de más gastos. El punto del autor es que los jóvenes que regresan a su casa paterna pueden ahorrar más dinero y reducir sus gastos por el hecho de compartirlos con la familia. No es que necesariamente los padres pagarán más cosas, sino que los gastos se repartirán entre todos.

2. **A**; **Nivel de conocimiento:** 3; **Objetivos de evaluación de lectura:** R.2.7, R.8.3. El autor no apoya la generalización acerca de que el costo de vida es alto "a lo largo de toda la nación". Cierto apoyo a que el costo resulta alto en todas partes de la nación aportaría validez. Una definición del costo de vida no apoyaría la afirmación ya que no trataría el asunto de los altos costos generalizados. Del mismo modo, un ejemplo de lo que cuesta algo no apoyaría la idea de que los costos son altos en todas partes. Por el contrario, tendrían que compararse los precios en varios lugares.

3. **D**; **Nivel de conocimiento:** 2; **Objetivo de evaluación de lectura:** R.2.8. El párrafo 1 enuncia la generalización de que "los empleadores no comprenden qué comportamientos están prohibidos". Aunque puede ser que muchos empleadores no comprendan qué está prohibido, muchos otros tienen departamentos legales que estudian y comprenden esos temas. Las respuestas A, B y C son incorrectas porque esos enunciados no son generalizaciones.

4. **A**; **Nivel de conocimiento:** 2; **Objetivo de evaluación de lectura:** R.2.8. El párrafo 2 trata de la discriminación racial en el ámbito laboral. El párrafo 3 brinda otros ejemplos de estereotipos y discriminación laboral en virtud del sexo, el género, las preferencias sexuales o la identidad de género. El párrafo 3 no hace generalizaciones sobre hombres o mujeres, así que las respuestas B y C son incorrectas. Asimismo, el pasaje enuncia que "La discriminación en virtud del sexo también abarca a los empleados que son tratados injustamente por su preferencia sexual o identidad de género", así que la respuesta D es incorrecta.

5. **A**; **Nivel de conocimiento:** 2; **Objetivo de evaluación de lectura:** R.2.8. Los párrafos 4 y 5 brindan información sobre acciones ilegales de parte de los empleadores y sobre las leyes estatales y federales que protegen a los empleados. Esto respalda la respuesta A. El pasaje no incluye información sobre si la discriminación de género ocurre con más frecuencia que la discriminación racial, así que la respuesta B es incorrecta. El pasaje enuncia: "Los empleados deben, por lo menos, familiarizarse" con las leyes de discriminación, así que la respuesta C es incorrecta. Aunque denunciar discriminación puede suscitar represalias, no hay suficiente información para considerar que esta generalización es exacta, de modo que la respuesta D es incorrecta.

6. **D**; **Nivel de conocimiento:** 2; **Objetivo de evaluación de lectura:** R.2.8. Consultar a un experto suele ser una buena idea porque la discriminación y otras cuestiones legales pueden requerir conocimientos especiales. El párrafo 6 enuncia que los empleados deben documentar y denunciar los sucesos, así que la respuesta A es incorrecta. El pasaje señala que los empleadores pueden no saber qué está prohibido, pero no se habla sobre capacitación, así que la respuesta B es incorrecta. El pasaje no comenta el daño emocional que puede provocar la discriminación. En lugar de eso menciona cuestiones legales en el párrafo 5, de modo que la respuesta C es incorrecta.

7. **B**; **Nivel de conocimiento:** 2; **Objetivo de evaluación de lectura:** R.2.7. La autora indica que, "Los procesos de custodia generalmente son brutales y contenciosos". A partir de este argumento, se puede generalizar que las batallas de custodia son combativas. La información en este párrafo respalda esta respuesta y no las demás.

8. **B**; **Nivel de conocimiento:** 2; **Objetivo de evaluación de lectura:** R.2.7. El párrafo 2 afirma que los estereotipos "aseguran que la mamá sea elegida como la custodia principal". Las respuestas A, C y D no están respaldadas por el texto.

9. **D**; **Nivel de conocimiento:** 2; **Objetivo de evaluación de lectura:** R.2.7. La respuesta D es correcta porque las decisiones relacionadas con la custodia se basan en el estereotipo de la agresión masculina. Las respuestas A y C son incorrectas porque la evidencia del pasaje contradice los enunciados: los hombres suelen estar disconformes acerca de los acuerdos en cuanto a la custodia y los recusan ante el tribunal, reclamando, por lo general, una custodia mayor o igual. La respuesta B es incorrecta porque en el pasaje no se menciona nada acerca de las carreras de los hombres.

10. **C**; **Nivel de conocimiento:** 2; **Objetivo de evaluación de lectura:** R.2.7. Según la autora, disfrutar de películas violentas no convierte a un hombre en peor padre o en menos confiable. El estereotipo acerca de los hombres y la violencia está malinterpretado en la respuesta A. Si bien puede haber estudios que demuestren una conexión entre la violencia y el hecho de mirar películas violentas, tal información no es parte del pasaje. La respuesta B es incorrecta porque también malinterpreta información del pasaje. La respuesta D es irrelevante y no se hace alusión a ella en el pasaje.

11. **B**; **Nivel de conocimiento:** 2; **Objetivo de evaluación de lectura:** R.2.7. La respuesta B refleja mejor las ideas de la autora acerca de los hombres y la custodia de los hijos, ya que plantea que los hombres suelen tener acuerdos de custodia injustos. En el pasaje no se indica que todos los acuerdos de custodia debieran ser iguales y ciertas circunstancias podrían hacer que la decisión no fuera la más inteligente. La respuesta C es incorrecta porque las leyes favorecen a las mujeres, no a los hombres. Si se favorece más a los hombres desde el año en que se escribió el pasaje, la realidad escapa el alcance del pasaje y la opción es, por lo tanto, irrelevante. Si bien permanecer casados podría resolver los problemas de custodia, esta solución no se sugiere en el pasaje.

12. **Nivel de conocimiento:** 2; **Objetivo de evaluación de lectura:** R.2.7. Abajo se muestra la tabla correctamente completada. Estas generalizaciones se hacen a partir de la información que se presenta en el texto. El autor menciona que los niños están expuestos a la televisión, de la que aprenden mucho contenido no académico. El autor enfatiza el rol de los exámenes y su influencia para determinar la inteligencia de un estudiante. En consecuencia, tal seguimiento genera presiones en los estudiantes. La universidad se percibe como la puerta de entrada a la escuela de posgrado. En la escuela de posgrado aparecen los feroces competidores, que han sobrevivido y dominado el sistema. Observa que este pasaje es irónico.

Etapa de educación	Generalización
Años previos a la escuela	Este grupo aprende mucho de su exposición a los medios de comunicación.
Los doce años de educación formal	Los estudiantes reciben un rótulo de acuerdo con las notas que obtienen en los exámenes que determinan su educación formal.
Universidad	Los estudiantes impresionan a sus maestros para lograr pasar al siguiente nivel educativo.
Universidad de posgrado	Los estudiantes deben ser astutos y hacer lo que sea necesario para lograr más que sus compañeros.

LECCIÓN 12, *págs. 50–53*

1. **B; Nivel de conocimiento:** 3; **Objetivos de evaluación de lectura:** R.2.7, R.2.8, R.4.3/L.4.3, R.9.2. La analogía que describe las dos situaciones es un puente que se interrumpe a mitad de un río. Lincoln describe un país en el que una mitad de los estados practican la esclavitud y la otra mitad, no. Sostiene que la situación no puede seguir en este lugar intermedio, sin una resolución única para todos los estados de la Unión. Del mismo modo, un puente no puede funcionar si llega hasta la mitad de un río. Johnson describe que el progreso desde la Proclamación de la Emancipación es incompleto y que aún no es un hecho. El progreso se compara mejor con un puente que se extiende solamente hasta la mitad de un río. Las otras opciones de respuesta no describen adecuadamente las dos situaciones. Una persona que se despierta a la mañana o que es ciega y recupera la visión de repente indica nuevas percepciones o revelaciones. Una llamada de teléfono que no es respondida podría aproximarse mejor pero da más indicación de ignorar un problema que de no finalización.

2. **D; Nivel de conocimiento:** 3; **Objetivos de evaluación de lectura:** R.2.7, R.2.8. El párrafo 3 enuncia que la OMS declaró una pandemia global de influenza el 11 de junio de 2009. Sintetizar la información de los párrafos 1 a 3 les permite a los lectores deducir que la respuesta D es la conclusión más lógica. Confirmar la propagación de un virus nuevo no acelera el proceso de creación de una vacuna, no disminuye la tasa de infección ni evita la saturación de los sistemas de atención sanitaria.

3. **A; Nivel de conocimiento:** 3; **Objetivos de evaluación de lectura:** R.2.7, R.2.8. El párrafo 6 trata sobre la IRAT que "evalúa el riesgo potencial de pandemia que suponen los virus de influenza A que circulan actualmente en los animales". Esto hace suponer que los virus animales pueden propagarse a los seres humanos. Las respuestas B, C y D no están respaldadas por el pasaje.

4. **C; Nivel de conocimiento:** 3; **Objetivos de evaluación de lectura:** R.2.7, R.2.8. Las imposiciones de toque de queda podrían causar una gran alteración social. Las respuestas A, B y D pueden causar algo de alteración social pero no tanto como imponer un toque de queda.

5. **B; Nivel de conocimiento:** 2; **Objetivo de evaluación de lectura:** R.2.8. El párrafo 3 afirma que los *rickshaws* eléctricos "no han sido tan accesibles en precio como los *rickshaws* de motor diésel", así que es razonable concluir que los *rickshaws* de motor diésel se compran por un precio más bajo. Aunque los *rickshaws* eléctricos generan menos contaminación, esta no es una razón suficiente para que los prefieran los propietarios de *rickshaws*, de modo que la respuesta A es incorrecta. El gasóleo cuesta más que la electricidad, así que la respuesta C es incorrecta. No hay nada que indique que los *rickshaws* eléctricos son de uso extendido, o se usan en todas partes, en la India, de modo que la respuesta D es incorrecta.

6. **C; Nivel de conocimiento:** 2; **Objetivo de evaluación de lectura:** R.2.8. El párrafo 4 muestra que el precio más económico de la electricidad es una razón para comprar un *rickshaw* eléctrico. Si el gasóleo se vuelve más caro y esta disparidad se acrecienta, probablemente se incrementarían las ventas de *rickshaws* eléctricos. Un cambio en el costo del gasóleo cambia el costo de tener un *rickshaw* de motor diésel, lo que a su vez afecta las ventas de los *rickshaws* eléctricos, de modo que las respuestas A y D son incorrectas. Un precio más económico del gasóleo probablemente incrementaría las ventas de los *rickshaws* de motor diésel, respecto de las de *rickshaws* eléctricos, que probablemente disminuirían, así que la respuesta B es incorrecta.

7. **A; Nivel de conocimiento:** 2; **Objetivo de evaluación de lectura:** R.2.8. En el párrafo 3 los detractores hacen notar que el país tiene una infraestructura eléctrica poco confiable. Para alimentar estos nuevos vehículos, la red energética tiene que ser más confiable. Aunque más motores diésel que ahorran combustible reducirían la contaminación del aire, el plan del gobierno es incrementar el uso de *rickshaws* eléctricos, así que la respuesta B es incorrecta. Aunque los *rickshaws* usan las carreteras, nada sugiere en el artículo que el gobierno tenga que reparar o construir carreteras, de modo que la respuesta C es incorrecta. Aun cuando podría ser útil recordar a la gente que se desalienta el uso de *rickshaws* de motor diésel, no es necesario gastar en educación, así que la respuesta D es incorrecta.

8. **B; Nivel de conocimiento:** 2; **Objetivo de evaluación de lectura:** R.2.8. A pesar de que no se afirma explícitamente, es razonable inferir que la decisión de Amazon está relacionada con el anuncio del gobierno. Por esta causa, la respuesta A es incorrecta. El gobierno anunció su plan antes de la decisión de Amazon, de modo que la respuesta C es incorrecta. Como la decisión de Amazon se ajusta al plan del gobierno, la respuesta D es improbable e incorrecta.

9. **D**; **Nivel de conocimiento:** 2; **Objetivos de evaluación de lectura:** R.2.7, R.2.8, R.3.4, R.9.2. El primer pasaje explica que los olores se procesan más rápidamente que el resto de la información sensorial. El segundo pasaje explica que los olores se relacionan con recuerdos emotivos. A partir de las ideas de los dos pasajes, el lector puede generalizar que un olor puede crear fuertes respuestas incluso antes de que una persona reconozca de qué olor se trata. La respuesta D es correcta. Ninguno de los pasajes sugiere que los olores crean menos respuestas emocionales a medida que las personas envejecen. La respuesta B es incorrecta porque exponerse repetidamente a olores intensifica el recuerdo. La respuesta C es incorrecta porque los olores y las emociones quedan establecidos juntos en la memoria y ninguno de los pasajes sugiere que estos factores cambien con el tiempo.

10. **B**; **Nivel de conocimiento:** 2; **Objetivos de evaluación de lectura:** R.2.7, R.2.8, R.3.4, R.9.2. Ver una foto involucra el sentido de la vista; oír las notas de una canción involucra el sentido del oído. Ninguno de estos sentidos se experimenta tan rápido como el olfato. La respuesta C sí involucra el olfato, pero se trata de una experiencia inicial con un nuevo olor y probablemente no cause la respuesta emocional que desencadena un olor asociado a una fuerte emoción previa (como que te recuerde las sensaciones de un "primer amor").

11. **C**; **Nivel de conocimiento:** 3; **Objetivos de evaluación de lectura:** R.2.7, R.2.8, R.3.4, R.9.2. Los pasajes explican que el sentido del olfato dispara recuerdos de fuertes experiencias emocionales en las que están asociados un recuerdo y un olor. La pregunta indica que el olor a cloro desencadenará el recuerdo de una experiencia en la que la persona olió cloro y asoció el olor a un suceso positivo. Las respuestas A y B son incorrectas porque observar una fotografía de una piscina o escuchar acerca de un parque acuático no incluye la experiencia real de oler cloro. La respuesta D sí involucra el olfato, pero lo más probable es que el olor a desinfectante en un hospital no esté asociado a un suceso feliz. La respuesta C es correcta porque la experiencia emocional de disfrutar de unos días de verano en una piscina está conectada con la experiencia real de oler cloro que ocurrió en el momento en que se formó el recuerdo.

12. **B**; **Nivel de conocimiento:** 2; **Objetivos de evaluación de lectura:** R.2.8, R.9.2. El primer pasaje explica que los olores se experimentan más rápidamente que los otros sentidos porque el sentido del olor no pasa por el tálamo. Por lo tanto, los olores se procesan más rápidamente que los estímulos recibidos a través de los otros sentidos. El olor del combustible para aviones puede disparar un recuerdo inmediato debido a ese factor. El hecho de que el olor del combustible para aviones sea muy intenso no es relevante en cuanto a la velocidad con la que se dispara un recuerdo. La respuesta C no tiene sustento en los pasajes. La respuesta D es incorrecta porque ninguno de los pasajes sugiere que el cerebro procesa el olor con más exactitud que otras percepciones sensoriales, sino que lo procesa más rápidamente.

1. **A**; **Nivel de conocimiento:** 2; **Objetivo de evaluación de lectura:** R.4.1/L.4.1. La palabra *barullo* aparece como parte de la descripción de la ruidosa Fleet Street. Lo más probable es que los lectores sepan que la palabra *sucio* no tiene nada que ver con el ruido. Las respuestas C y D aparecen en contextos de calma y silencio. Esta pregunta se responde mejor a través de un proceso de eliminación.

2. **C**; **Nivel de conocimiento:** 3; **Objetivo de evaluación de lectura:** R.4.1/L.4.1. A lo largo del pasaje, el autor contrasta un lugar ruidoso con un lugar pacífico, sombrío y silencioso. Un oasis es un lugar fresco con agua en un desierto. La respuesta C describe mejor la referencia del autor al oasis, con el que compara el Paraíso de los solteros. La respuesta A no indica silencio ni paz. La respuesta B no indica sombra y la respuesta D indica una ubicación geográfica que puede o no ser pacífica, silenciosa o sombría.

3. **D**; **Nivel de conocimiento:** 2; **Objetivos de evaluación de lectura:** R.4.1/L.4.1. La narradora y su maestra han estado afuera desde la mañana y ahora están camino a casa, lo que indica que salieron de paseo. Ir de vacaciones a un lugar lejano les hubiera llevado más de una mañana, así que la respuesta A es incorrecta. Las respuestas B y C no se relacionan con el significado de la palabra *caminata*.

4. **B**; **Nivel de conocimiento:** 2; **Objetivos de evaluación de lectura:** R.4.1/L.4.1. Cuando el clima está *sofocante*, está caluroso y húmedo. Por lo tanto, se vuelve desagradable. Todavía no se desencadenó la tormenta, así que la respuesta A es incorrecta. La autora contrasta el tiempo cálido y sofocante del mediodía con el "buen" clima de la mañana, así que las respuestas C y D son incorrectas.

5. **A**; **Nivel de conocimiento:** 2; **Objetivos de evaluación de lectura:** R.4.2/L.4.2. La palabra *siniestro* significa "oscuro y malo". El uso de la palabra *perturbador* suaviza la connotación o el tono amenazante de la oración. No haría el tono de la oración más amenazante o divertido, de modo que las respuestas B y C son incorrectas. La oración no tiene un tono divertido, así que la respuesta D es incorrecta.

6. **D**; **Nivel de conocimiento:** 2; **Objetivos de evaluación de lectura:** R.4.1/L.4.1, R.4.3/L.4.3. La autora usa la personificación para ilustrar las sacudidas del árbol por los vientos fuertes de la tormenta. La palabra *estremecía* subraya que la narradora tiene miedo de la tormenta. Más adelante en el párrafo, la narradora dice "el terror me contuvo", de modo que no se siente sola, emocionada ni tiene frío cuando cae la tormenta.

7. **C**; **Nivel de conocimiento:** 2; **Objetivos de evaluación de lectura:** R.4.2/L.4.2. La palabra *escuálido* significa "muy flaco" o "muerto de hambre". Si el hombre fuera esbelto en lugar de escuálido, esto sugeriría que la descripción de "cetrino" y "de aspecto enfermizo" se debería a situaciones recientes. La palabra *esbelto* no implica "bien compuesto", de modo que la respuesta A es incorrecta. Las palabras *cetrino* y *de aspecto enfermizo* también sugieren que el hombre parece no estar bien, así que la respuesta B es incorrecta. La respuesta D da el significado de la oración con la palabra *escuálido*, así que es incorrecta.

8. **D; Nivel de conocimiento:** 2; **Objetivos de evaluación de lectura:** R.4.1/L.4.1. La expresión *de cierta edad* es un modo de decir que alguien ha pasado la mitad de la vida. A este hombre se lo describe como una persona que ya no era joven. Las respuestas A y C son incorrectas porque el pasaje indica que el jardinero tiene el cabello gris. No hay indicación de que aparentara ser mayor que su edad real, así que la respuesta B es incorrecta.

9. **B; Nivel de conocimiento:** 2; **Objetivos de evaluación de lectura:** R.4.1/L.4.1. *Rebosante* significa "tener algo en exceso". En este contexto significa tener más salud, belleza y energía de las necesarias. La joven tiene la apariencia de una flor en plena floración. La clave del contexto es "tenía una lozanía tan profunda y viva que un poco más de tono habría resultado excesivo". Las respuestas A, C y D no están respaldadas por el pasaje.

10. **A; Nivel de conocimiento:** 2; **Objetivos de evaluación de lectura:** R.4.1/L.4.1. La palabra *mórbida* significa "que padece una enfermedad o que la ocasiona". El narrador usa el término metafóricamente para describir la reacción de Giovanni al ver entrar a la joven en el jardín. La ve como una flor que debe tocarse solo si se llevan guantes o una mascarilla. Las respuestas B, C y D no están respaldadas en el texto.

11. **B; Nivel de conocimiento:** 1; **Objetivos de evaluación de lectura:** R.4.1/L.4.1. El término se define en el párrafo 1 como equivalente a Sr. Mientras se hace referencia a los otros como hermanos, a Zelig no se lo llama así, de modo que la respuesta A es incorrecta. Zelig trabaja con la plancha en una tienda de capas; nada indica que sea herrero ni sastre, de modo que las respuestas C y D son incorrectas.

12. **C; Nivel de conocimiento:** 2; **Objetivos de evaluación de lectura:** R.4.1/L.4.1. De acuerdo con el extracto, puedes inferir que una duela es algo que se usa para mantener el barril entero o con sus partes unidas. La frase *un barril al que la falta una duela* indica que los vecinos creen que Zelig no está mentalmente estable o en sus plenas facultades, o sea "que no las tiene todas consigo". Las respuestas A, B y D no están respaldadas por el pasaje.

13. **A; Nivel de conocimiento:** 2; **Objetivos de evaluación de lectura:** R.4.1/L.4.1. El narrador describe a Zelig como alguien que no encaja con otra gente. A partir de este contexto, puedes suponer que la palabra *extraño* significa "diferente o raro". Las respuestas B, C y D no están respaldadas por el pasaje.

14. **D; Nivel de conocimiento:** 2; **Objetivos de evaluación de lectura:** R.4.1/L.4.1. Se sabe que el hierro fundido es fuerte y macizo. A Zelig se lo describe de esta manera, insinuando que, a pesar de su apariencia descuidada, su físico es fuerte y macizo. No hay detalles en el extracto que insinúen que es temperamental, testarudo e inflexible o ruidoso y obstinado.

15. **B; Nivel de conocimiento:** 2; **Objetivos de evaluación de lectura:** R.4.1/L.4.1. Los sinónimos más comunes son desordenado y descuidado. Has leído que Zelig lleva el cabello largo y la ropa gastada y suelta. Sobre la base de estas pistas, puedes suponer que los hábitos de cuidado personal de Zelig no son muy buenos. Aunque Zelig es alto, alborotado no se refiere a su tamaño, así que la respuesta A es incorrecta. Su apariencia es lo opuesto de pulcra, de modo que la respuesta C es incorrecta. No se lo describe como torpe, de modo que la respuesta D es incorrecta.

LECCIÓN DE ALTO IMPACTO: SIGNIFICADOS CONNOTATIVOS, *págs. 58–59*

1. **A; Nivel de conocimiento:** 2; **Objetivos de evaluación de lectura:** R.4.1/L.4.1. Las claves del contexto dicen a los lectores que las "victorias" fueron significativas y que el revés inicial fue extremo y agobiante. El adjetivo *portentoso* también significa extraño, singular y que causa admiración o asombro, pero estos significados no encajan en el contexto del pasaje, así que las respuestas B, C y D son incorrectas.

2. **B; Nivel de conocimiento:** 2; **Objetivos de evaluación de lectura:** R.4.1/L.4.1. El pasaje dice que a David le *chocó* un hecho o una idea. En este contexto, el hecho no lo golpea físicamente, sino que ocurre en sus pensamientos. Aunque las respuestas A, C y D son sinónimos de *chocó*, no encajan en el contexto del pasaje, de modo que son incorrectas.

3. **D; Nivel de conocimiento:** 2; **Objetivos de evaluación de lectura:** R.4.1/L.4.1. La palabra *fenómeno* insinúa que el suceso era inusual y significativo, mientras que la palabra *hecho* supone un suceso ordinario. Las respuestas A y B son incorrectas porque a David "le gustó la diferencia", lo que implica que disfruta de poder hacer preguntas y cree que las maestras son sinceras. La respuesta C describe el significado corriente de *fenómeno*, así que es incorrecta.

4. **A; Nivel de conocimiento:** 2; **Objetivos de evaluación de lectura:** R.4.1/L.4.1. La palabra *rayo*, un destello brillante de electricidad, se asocia con frecuencia a la inteligencia y a la capacidad de aprender rápido. El pasaje no trata de poderes sobrenaturales, de modo que la respuesta B es incorrecta. Las respuestas C y D son incorrectas porque el pasaje no indica que las maestras estén atemorizadas o que David sea temperamental.

5. **C; Nivel de conocimiento:** 2; **Objetivos de evaluación de lectura:** R.4.1/L.4.1. El contexto indica que las maestras consideran que la gramática y la aritmética son saberes separados y si David fuera a enseñarlos en su lugar, los uniría o los combinaría. Las respuestas A y B no encajan en el contexto del pasaje. La respuesta D tendría el significado opuesto y es incorrecta.

6. **B; Nivel de conocimiento:** 2; **Objetivos de evaluación de lectura:** R.4.1/L.4.1. En este contexto, *formular* implica que David hace las preguntas tan pronto como puede poner en palabras sus pensamientos. No hace preguntas sin pensar, de un modo insultante o humilde.

LECCIÓN 14, *págs. 60–63*

1. **C; Nivel de conocimiento:** 2; **Objetivos de evaluación de lectura:** R.3.2, R.3.4. John quiere que las cosas se "puedan convertir en cifras" porque es "extremadamente práctico" según el modo en que lo ve la narradora. Como tal, el lector puede suponer que John busca lo concreto y cuantificable. Las respuestas A y B son otros efectos de la practicidad de John, no una causa general. El hecho de que John sea médico podría estar relacionado a su practicidad, pero este factor no es parte de la relación de causa y efecto que establece la autora.

2. **B; Nivel de conocimiento:** 2; **Objetivos de evaluación de lectura:** R.3.2, R.3.4. El lector puede suponer que la narradora siente que no puede hacer nada porque su esposo y su hermano, que son médicos, no creen que esté realmente enferma. La narradora pregunta: "¿Qué se le va a hacer?" ante el hecho de que su esposo "no cree" que esté enferma. La narradora no sabe qué hacer y se siente atrapada por las opiniones de su esposo y su hermano. La narradora no está de acuerdo con la opinión de que no tiene nada grave y da a entender que su estado va más allá de la depresión nerviosa pasajera que menciona su esposo. No hay ninguna sugerencia de que ella esté recibiendo tratamiento.

3. **Nivel de conocimiento:** 2; **Objetivos de evaluación de lectura:** R.2.5, R:3.2, R.3.4. La tabla completada debe incluir en el primer recuadro: **Matilde era infeliz por su falta de riqueza.** El pasaje indica que Matilde dejó de visitar a su amiga rica porque se sentía triste cuando regresaba a casa después de una visita. En el segundo recuadro: **El marido de Matilde le dio dinero para comprar un vestido.** El marido de Matilde accede a darle dinero para un vestido para que puedan ir al baile. En el tercer recuadro: **Matilde le pidió prestado un collar a Jeanne Forestier.** Matilde le pide prestadas joyas a su amiga porque le preocupa que las personas la consideren pobre si no usa joyas en el baile.

4. **C; Nivel de conocimiento:** 2; **Objetivo de evaluación de lectura:** R.2.1. La información aparece en el párrafo 3. En este pasaje, el huésped no se va ni paga por el alojamiento. La respuesta B es incorrecta porque la abuela la reprende a Sylvia; no la anima a que haga nada, pero quiere que devele dónde está la garza blanca. Nada en el pasaje indica lo que quiere hacer el huésped por sus propios medios.

5. **D; Nivel de conocimiento:** 2; **Objetivos de evaluación de lectura:** R.2.5, R.3.2, R.3.4. La incapacidad de Sylvia para hablar es causada por su negación a develar dónde se encuentra la garza blanca, por lo que la respuesta A es incorrecta. Su vestido rasgado indica pobreza. El texto no hace mención a la confesión de la abuela, por lo que la respuesta C es incorrecta. La respuesta D es correcta porque el huésped notó "el modo en que la tímida niña lo había mirado".

6. **B; Nivel de conocimiento:** 2; **Objetivos de evaluación de lectura:** R.3.2, R.3.4. La respuesta B es correcta porque la familia es pobre y las acciones de la abuela indican que querría tener el dinero. La respuesta A es incorrecta porque Sylvia es tímida y no se menciona nada acerca de que ella entretiene a los huéspedes. La abuela parece no tener interés en el ave, excepto como un medio para recibir dinero. No se menciona nada acerca del conocimiento que tiene Sylvia sobre las aves, más allá de dónde está la garza.

7. **B; Nivel de conocimiento:** 2; **Objetivos de evaluación de lectura:** R.3.2, R.3.4. La respuesta B es correcta porque los pensamientos de Sylvia respecto de la garza y la felicidad que le traen los recuerdos cuando le preguntan por la ubicación de la garza demuestran que no quiere que el cazador la encuentre. Quiere que permanezca tan libre como en sus recuerdos. La respuesta A es incorrecta porque no hay indicación en el texto de que quiera ayudar a su abuela en esta situación. Mientras que las respuestas C y D podrían ser ciertas, son incorrectas porque el texto no las respalda.

8. **D; Nivel de conocimiento:** 2; **Objetivos de evaluación de lectura:** R.3.2, R.3.4. La respuesta D es correcta porque el pasaje indica que ella está involucrada con el ave y que el huésped es un cazador. La respuesta A es incorrecta porque contradice la información del pasaje; Sylvia sí sabe dónde está la garza. Si bien Sylvia es tímida, su silencio no se debe a que le cueste hablar con extraños. La respuesta C es incorrecta porque Sylvia está más preocupada por el ave que por el dinero y no le pide a su abuela que pida más dinero.

9. **C; Nivel de conocimiento:** 3; **Objetivos de evaluación de lectura:** R.2.7, R.3.2, R.3.4. Como consecuencia del silencio de Sylvia, lo más probable es que la abuela no obtenga el dinero del huésped ni se haga rica. La respuesta B es incorrecta porque el pasaje no indica que él vaya a encontrar al ave. Lo más probable es que Sylvia no reciba elogios de su abuela, ya que se ha negado a indicarle al huésped dónde encontrar al ave y por eso la abuela no recibió el pago a cambio de la información. La respuesta C es el resultado más probable.

10. **B; Nivel de conocimiento:** 2; **Objetivos de evaluación de lectura:** R.3.2, R.3.4. Si bien la mujer es una viajera experimentada, nada se menciona acerca del momento en que llega al aeropuerto, ni se menciona nada acerca de las demoras. Por más que sea experimentada, puede no saber con precisión la duración del vuelo. Por lo tanto, B es la mejor respuesta.

11. **D; Nivel de conocimiento:** 2; **Objetivos de evaluación de lectura:** R.3.2, R.4.3/L.4.3. El lector puede suponer que la narradora describe que Miami tiene "un defecto tan grande" porque la ciudad parece más una publicidad de bienes raíces que una típica ciudad estadounidense. La autora sugiere que hay algo tan maravilloso como irreal acerca de cómo luce la ciudad. Si bien la autora describe el viento que sopla entre las palmeras, la referencia señala el aspecto tropical más que el peligro del clima. No hay clara indicación de que a la mujer le desagrade Miami.

12. **C; Nivel de conocimiento:** 2; **Objetivos de evaluación de lectura:** R.3.2, R.3.3, R.3.4, R.3.5. La respuesta C es correcta por más que la mujer hubiese preferido sentarse sola. La respuesta A es incorrecta porque la mujer no tiene ganas de hablar. La respuesta B es incorrecta porque no hay nada que indique que la mujer sea, o pretenda ser, grosera. La respuesta D es incorrecta porque apenas mira por la ventanilla y no quiere volver a hacerlo.

13. **A; Nivel de conocimiento:** 3; **Objetivos de evaluación de lectura:** R.2.7, R.2.8. Todas las acciones de la mujer han indicado que ignora al hombre. Si continúa con el mismo comportamiento, lo ignorará. No tendrán una conversación. A la mujer le preocupa el ronquido del hombre; nada indica que ella vaya a roncar, por lo que la respuesta C es incorrecta. No es probable que se cambie de asiento inmediatamente porque ha elegido ese asiento a sabiendas de que es más espacioso que otros, por lo que la respuesta D es incorrecta.

14. **B; Nivel de conocimiento:** 3; **Objetivos de evaluación de lectura:** R.2.7, R.2.8. La respuesta A es incorrecta porque todas las acciones de la mujer indican que desea dormir, que la dejen tranquila, no que quiere conocer a nadie. Por lo tanto, la respuesta B es correcta. Nada indica que la mujer disfrute de mirar el paisaje porque ella da a entender que no quiere asomarse por la ventanilla; cuando apenas se asoma, no le gusta lo que ve. No disfruta de viajar en avión, ya que no confía en los aviones. Si bien puede no disfrutar de otros métodos de viaje, la respuesta D no sería la mejor opción.

15. A; Nivel de conocimiento: 2; **Objetivos de evaluación de lectura:** R.3.2, R.3.4. La respuesta A es correcta porque el texto describe cómo sobrellevó su experiencia de vuelo. No miró al hombre cuando le respondió, sino que se movió y esperó que él no roncara, lo cual le permitió ignorarlo con facilidad. Si bien las respuestas B y D pudieron haber sucedido, el texto no respalda estas conclusiones. La respuesta C es incorrecta porque no hay evidencia para respaldar la idea de que se hubiera sentido sola.

LECCIÓN 15, *págs. 64–67*

1. B; Nivel de conocimiento: 2; **Objetivos de evaluación de lectura:** R.2.1, R.3.4. Cuando la narradora compara a Jo con un potrillo, quiere resaltar su gran altura. Esta descripción implica que Jo no es muy agraciada. Por lo tanto, la respuesta B es correcta. La respuesta A es incorrecta porque Jo no es agraciada. Si bien Jo tiene rasgos como los que describen las respuestas C y D, estos rasgos no tienen que ver con la comparación.

2. B; Nivel de conocimiento: 2; **Objetivos de evaluación de lectura:** R.3.3, R.3.4. Se describe a Margaret como "muy bonita" y vanidosa respecto a sus manos, mientras que la descripción de Jo revela que no es tan bonita y es un poco tosca. El cabello de Jo es su "única belleza", lo cual implica que no es tan bonita. También es descrita como alguien que crece incómodamente. Por lo tanto la respuesta correcta es B. Las respuestas A, C y D contradicen la información del pasaje. Jo no es descrita como hermosa o tímida. Tiene la piel bronceada y ojos grises.

3. A; Nivel de conocimiento: 2; **Objetivo de evaluación de lectura:** R.3.2. Aunque la información no está expresada, es evidente que las niñas van a la misma escuela porque las Kelvey saben mantenerse alejadas de las Burnell. El párrafo 2 respalda la inferencia al explicar por qué las niñas Burnell van a esa escuela. La respuesta B es incorrecta porque no parece que las Kelvey jueguen con otros niños. La respuesta C es incorrecta porque lo único que se menciona sobre flores silvestres es que Lil Kelvey le llevó un ramo a la maestra. La respuesta D es incorrecta porque las Burnell no son rechazadas.

4. A; Nivel de conocimiento: 2; **Objetivos de evaluación de lectura:** R.3.2, R.3.4. La exclusión de las niñas muestra una diferencia de posición social. Si el lector no sabe aún que las niñas Kelvey son rechazadas por su situación familiar y su falta de dinero, aquí se señala que no forman parte del grupo. No se menciona nada sobre las edades o los tamaños ni parece que a alguien le desagrade Isabel. De hecho, todas quieren ser sus amigas, a excepción de las Kelvey.

5. C; Nivel de conocimiento: 3; **Objetivos de evaluación de lectura:** R.2.7, R.3.3, R.3.4. El autor insinúa que los niños Burnell pertenecen a una familia acomodada y a una clase social más alta que las Kelvey. La sugerencia es que, si los padres Burnell tuvieran opción, enviarían a sus hijos a una escuela que solo admitiera estudiantes de la misma clase social. La calidad educativa de la escuela nunca se comenta. La distancia de la casa no es una crítica a la escuela. La idea de eliminar la diferencia de clases sociales se opondría a la forma de pensar de los Burnell.

6. B; Nivel de conocimiento: 2; **Objetivos de evaluación de lectura:** R.3.2, R.3.4. La respuesta B es correcta porque las Kelvey están en el último lugar de la escala social y económica según el pasaje. Las respuestas A y C son malinterpretaciones del texto. En la respuesta A, la palabra moda no se usa para hacer referencia a la vestimenta, aunque lo más probable es que estas familias estuvieran vestidas a la moda. Aunque no se menciona nada específico sobre el nivel educativo, se insinúa que las Kelvey son menos instruidas que los demás.

7. D; Nivel de conocimiento: 2; **Objetivos de evaluación de lectura:** R.3.2, R.3.4, R.4.3/L.4.3, R.5.3. La palabra *hasta* incluye a la maestra, tal vez la que menos se esperaría hallar en la categoría de los que rechazaban a las Kelvey. Aunque se espera que una maestra trate de la misma manera a todos sus alumnos, su voz especial implica que no trata bien a las Kelvey. Entonces, la respuesta A es incorrecta. La respuesta B es incorrecta porque no hay ninguna indicación de que sienta lástima por las niñas. La respuesta C es incorrecta porque la maestra es como los otros, no es diferente a ellos.

8. C; Nivel de conocimiento: 1; **Objetivo de evaluación de lectura:** R.3.3. El narrador describe al Sr. Bingley como "apuesto" y las facciones del Sr. Darcy como "bellas", así que los dos hombres son guapos. Se describe al Sr. Bingley como "agradable" y "vivaz", y en cambio al Sr. Darcy como "desagradable", "odioso" e "indigno". El Sr. Darcy es el personaje vehemente y distante, así que la respuesta A es incorrecta. El Sr. Darcy no baila porque ninguna mujer es "lo suficientemente hermosa" como para tentarlo, no porque sea tímido o reservado, así que la respuesta B es incorrecta. La respuesta D solo es correcta si se consideran las reacciones iniciales de la gente hacia los hombres, pero las personas pronto hallaron deficientes la actitud y los modales del Sr. Darcy en el transcurso del baile.

9. D; Nivel de conocimiento: 2; **Objetivos de evaluación de lectura:** R.2.1, R.2.5, R.3.3, R.3.4. La conversación muestra que el Sr. Bingley disfruta de la compañía de la gente en el baile, mientras que el Sr. Darcy piensa que ninguna mujer es "lo suficientemente hermosa" como para tentarlo a bailar. La conversación confirma la descripción que hace el narrador de los dos personajes. Las respuestas A, B y C no están respaldadas por la conversación.

10. A; Nivel de conocimiento: 2; **Objetivos de evaluación de lectura:** R.3.3, R.3.4, R.3.5. La casa en la pradera pudo haber sido la morada de alguna familia antes de la guerra, pero ahora está hecha pedazos, lo que revela la diferencia entre las condiciones antes y después de la guerra (respuesta A). El pozo podía haber contenido agua antes o después de que comenzaran las batallas, por lo que el hecho de que pueda contener agua para los soldados no exhibe un contraste entre las condiciones antes y después de la guerra (respuesta B). El hecho de que los soldados discutan puede indicar el grado de tensión que tienen, más que la confianza que pudieron adquirir en poco tiempo; por lo tanto, este detalle no es el mejor énfasis acerca de las condiciones antes y después de la guerra (respuesta C). La idea de que los líderes militares se consulten entre sí en lugar de consultar con los soldados refleja un típico escenario bélico pero no exhibe un contraste con respecto a las condiciones antes y después de la guerra (respuesta D).

11. C; Nivel de conocimiento: 2; Objetivos de evaluación de lectura: R.3.3, R.3.5. Collins y los otros soldados utilizan una gramática incorrecta que los hace parecer incultos (respuesta C). Los otros soldados lo están provocando a Collins para que ponga su vida en peligro, por lo que no les preocupa su bienestar (respuesta A). Ninguno de los soldados demuestra resentimiento hacia el capitán y el coronel (respuesta B). Collins es el único soldado que se muestra dispuesto a correr un gran riesgo (respuesta D).

12. B; Nivel de conocimiento: 2; Objetivos de evaluación de lectura: R.3.2, R.3.3, R.3.4. Collins demuestra un comportamiento ingenuo e impulsivo cuando decide poner en riesgo su vida por un vaso de agua; el capitán y el coronel muestran experiencia y prudencia al responder al pedido de Collins (respuesta B). Las acciones de Collins no son producto del optimismo, y el capitán y el coronel no exhiben desesperanza (respuesta A). Las acciones de Collins son desacertadas, no valientes ni audaces, y el capitán y el coronel parecen seguros más que impacientes y dubitativos (respuesta C). Collins es franco, más que astuto, por lo que la respuesta D es incorrecta.

13. D; Nivel de conocimiento: 3; Objetivos de evaluación de lectura: R.2.2, R.2.6, R.2.8, R.3.3, R.3.4, R.3.5. El autor utiliza lenguaje como "el césped largo y verde se mecía suavemente" y "verde y hermosa calma" para enfatizar la cualidad pacífica del entorno natural y lenguaje como "terrible ataque", "monstruosos" y "masacre" para enfatizar la violenta actividad de los tiempos de guerra. Este contraste resalta y enfatiza la naturaleza destructiva de la guerra (respuesta D). El autor retrata la naturaleza como inocente y frágil, más que poderosa, por lo que la respuesta A es incorrecta. El autor no indica que la guerra terminará pronto, por lo que la respuesta B es incorrecta. El autor no brinda detalles para enfatizar complejas tácticas de guerra, por lo que la respuesta C es incorrecta.

LECCIÓN DE ALTO IMPACTO: LENGUAJE DE TRANSICIÓN Y PALABRAS INDICADORAS EN LA FICCIÓN, *págs. 68–69*

1. D; Nivel de conocimiento: 2; Objetivo de evaluación de lectura: R.5.3. Esta frase muestra la primera de una secuencia de decisiones que toma el narrador. *Junto* indica que el narrador solo tomó consigo dinero y joyas, de modo que la respuesta A es incorrecta. *Ahora* indica el momento actual y que el narrador está todavía en Ginebra, así que la respuesta B es incorrecta. *Cuando era feliz y amado* ofrece un contraste con el momento presente; no indica una narración retrospectiva, de modo que la respuesta C es incorrecta.

2. B; Nivel de conocimiento: 2; Objetivo de evaluación de lectura: R.5.3. El párrafo comienza en la mañana de un día y termina esa noche. No hay indicación de que ese párrafo tenga lugar en el transcurso de un año, de tres meses o de tres días.

3. A; Nivel de conocimiento: 2; Objetivo de evaluación de lectura: R.5.3. Esta es una de las varias frases a lo largo del pasaje que muestran el paso del tiempo durante el día, de la mañana a la noche. Aunque la descripción del color cambiante del cielo podría interpretarse como un cambio en el estado del tiempo, ese no es el propósito de la transición, de modo que la respuesta B es incorrecta. La frase no determina una transición a un lugar o a un punto de vista diferentes, así que las respuestas C y D son incorrectas.

4. B; Nivel de conocimiento: 2; Objetivo de evaluación de lectura: R.5.3. El cambio por oscuridad muestra tanto paso del tiempo como crecimiento de la tensión asociado con el caer de la noche. Este pasaje no contiene una narración retrospectiva, así que la respuesta A es incorrecta. La frase *a derecha, a izquierda y en la retaguardia* insinúa que los hombres están rodeados por lobos, de modo que las respuestas C y D son incorrectas.

5. A; Nivel de conocimiento: 3; Objetivo de evaluación de lectura: R.5.3. La palabra *Cuando* conecta la acción previa de Henry de agregar hielo a los frijoles con la acción siguiente, que es el sobresalto de Henry. Las otras opciones de respuesta no señalan un giro inesperado de los sucesos.

LECCIÓN 16, *págs. 70–73*

1. D; Nivel de conocimiento: 2; Objetivo de evaluación de lectura: R.3.2. La respuesta D es correcta. Aparece planteada en el pasaje, pero los lectores deben identificarla como un conflicto. La respuesta A es incorrecta; la tía no menciona nada acerca de recuperar su juventud, solamente los recuerdos de ella. Quiere que su sobrina recuerde con ella, para poder transmitir sus memorias, pero no se menciona nada acerca de escribirlas. Por lo tanto, la respuesta B es incorrecta. La tía sabe que es vieja y que morirá en poco tiempo, pero no se menciona nada acerca de su miedo a morir sola. Por lo tanto, la respuesta C es incorrecta.

2. B; Nivel de conocimiento: 2; Objetivos de evaluación de lectura: R.3.2, R.3.4. La respuesta B es la mejor opción, como indica la última oración. El conflicto de la tía se resuelve. La respuesta A es incorrecta porque la tía Margaret quiere que sus memorias y pasado permanezcan vivos, no ocultos. La respuesta C es incorrecta porque no se menciona nada específico acerca de álbumes con fotos. Por el contrario, lo que se da a entender es que Anna y su tía hablarán y que Anna recordará, con imágenes en su mente. La respuesta D es incorrecta porque lo que se da a entender es que Anna ya vive con su tía. No se menciona nada acerca de una mudanza.

3. D; Nivel de conocimiento: 3; Objetivos de evaluación de lectura: R.2.7, R.3.2, R.3.3. La respuesta D es la opción más lógica. La discusión de las mujeres acerca del canario y del cariño que le tiene la Sra. Wright implica que las mujeres lo encontraron muerto e infieren que John Wright fue quien lo mató. Si bien la respuesta A menciona al canario, no hay nada que indique que las mujeres lo robaron. La respuesta B es incorrecta porque el Sr. Peters es el comisario. La respuesta C es incorrecta porque no se menciona nada acerca de que se haya interrogado a las mujeres previamente en la historia.

4. A; Nivel de conocimiento: 2; Objetivos de evaluación de lectura: R.3.2, R.3.3. El sonido de un picaporte moviéndose es una complicación porque las mujeres ahora tienen poco tiempo para actuar sin ser vistas. Esta complicación conduce directamente al clímax. Las otras respuestas son incorrectas porque el picaporte que se mueve es una acción de la historia, no es la exposición acerca de sucesos o situaciones anteriores. La respuesta C refleja una mala interpretación de la trama. La trama es el curso completo de los sucesos de una historia, no una sola acción o un solo suceso. La respuesta D es incorrecta porque la resolución aún no ha ocurrido.

5. **C; Nivel de conocimiento:** 2; **Objetivos de evaluación de lectura:** R.3.2, R.3.3. El clímax de la historia sucede cuando Martha Hale le saca la caja de las manos a la Sra. Peters y la pone en su bolsillo. Esta acción ocurre justo antes de que los hombres regresen a la sala y vean la caja, en cuyo punto la tensión pasa de los sucesos en sí a su resolución. El momento planteado en la respuesta C es el punto de mayor tensión porque no hay tiempo que perder. Las otras respuestas no indican momentos de mayor tensión, por más que puedan ser tensos.

6. **B; Nivel de conocimiento:** 3; **Objetivos de evaluación de lectura:** R.2.7, R.2.8, R.3.2, R.3.3. El lector puede suponer que el comisario y el fiscal del condado no se enterarán del canario y de la caja. Es claro que las mujeres quieren mantener en secreto la existencia del canario. No hay evidencia de que la Sra. Peters les cuente, ya que se habían observado detenidamente "sin titubeos". No hay razón para sospechar que el comisario o el fiscal del condado vayan a notar la existencia de la caja.

7. **A; Nivel de conocimiento:** 2; **Objetivo de evaluación de lectura:** R.3.2. El fragmento del pasaje brinda información sobre el pasado y es, por lo tanto, parte de la exposición. Debido a su contenido, no puede tratarse de un conflicto (por más que pueda llegar a presentar alguno), clímax o resolución.

8. **C; Nivel de conocimiento:** 2; **Objetivos de evaluación de lectura:** R.3.2, R.3.3. La respuesta C es la mejor opción. Lo que se da a entender queda confirmado en el párrafo 7. La respuesta A es incorrecta porque las acciones de Mary contradicen el enunciado. No se comportaría con tanta indiferencia si amara a Stephen. El pasaje plantea, además, que él era un infructuoso pretendiente. Si bien la respuesta B parece ser correcta durante un breve momento de la historia, Mary se confunde cuando escucha la historia de Stephen. Ella ha malinterpretado su prisa por visitarle. La respuesta D es incorrecta porque la madre de Stephen le dice que el esposo de Mary ha muerto; nada indica que haya estado esparciendo chismes acerca de Mary.

9. **C; Nivel de conocimiento:** 2; **Objetivos de evaluación de lectura:** R.3.2, R.3.3, R.3.5. La respuesta A es incorrecta porque Stephen cuenta su novedad después de que Mary comenta que está decepcionada. Mary no tiene idea de que Stephen tiene novedades de su esposo, ya que al principio Stephen no menciona nada al respecto. La respuesta B es incorrecta porque Mary no menciona nada acerca del momento, solamente que sucedió por la noche y que no quería molestar a su hermana. La respuesta C es correcta porque Mary malinterpreta la referencia de Stephen con respecto a "consolarla" y piensa que viene con intenciones románticas e irrespetuosas en lugar de buenas noticias acerca de su esposo. La respuesta D es incorrecta porque Mary nunca menciona nada acerca de la madre de Stephen.

10. **B; Nivel de conocimiento:** 3; **Objetivos de evaluación de lectura:** R.2.7, R.3.2, R.3.3. Si bien todas las respuestas podrían ser posibles, la más probable, a partir de los sucesos de la historia, es la respuesta B: el marido de Mary regresará. La respuesta A es incorrecta porque en este punto, el marido de Mary está vivo y Stephen ha indicado preocupación por Mary, no interés romántico. Nada indica que Mary vaya a abandonar a su marido, ya que se colma de alegría al enterarse de que está vivo; por lo tanto, la respuesta C es incorrecta. Stephen le ha contado a Mary que vio a su marido, que ya había sido rescatado, por lo que la respuesta D es incorrecta.

11. **D; Nivel de conocimiento:** 2; **Objetivo de evaluación de lectura:** R.3.2. El enunciado ofrece información sobre la Sra. Mallard, por lo que es parte de la exposición. La información acerca del padecimiento del corazón de la Sra. Mallard es importante porque establece que es vulnerable a un ataque cardíaco, que es lo que le sucede al final de la historia. Esta información no es parte de la resolución, clímax o conflicto.

12. **C; Nivel de conocimiento:** 2; **Objetivos de evaluación de lectura:** R.3.2, R.3.3. El clímax de la historia ocurre cuando la Sra. Mallard se sienta en su cuarto y de repente se da cuenta de que es **"libre, libre, ¡libre!"**. Las respuestas A y B son parte de la exposición y ocurren antes del clímax. La respuesta D es parte de la acción descendente y ocurre después del clímax.

13. **A; Nivel de conocimiento:** 2; **Objetivos de evaluación de lectura:** R.3.2, R.3.3, R.3.4, R.5.1, R.5.4. En los párrafos 3, 4 y 5, la Sra. Mallard se da cuenta de que es libre. Tiene el "triunfo" en la mirada y se "conducía como la diosa de la victoria". Estas descripciones muestran que está feliz de liberarse de su esposo. Por lo tanto, cuando él aparece, ella muere de decepción, no de gusto. La Sra. Mallard no temía a su esposo ni sentía pavor de estar sola. Si bien la Sra. Mallard "lloraría de nuevo" al ver el cadáver de su esposo, no está demasiado entristecida por la noticia.

LECCIÓN DE ALTO IMPACTO: SECUENCIA Y TRAMA, *págs. 74–75*

1. **B; Nivel de conocimiento:** 3; **Objetivo de evaluación de lectura:** R.3.1. La segunda oración nos dice que cuando el príncipe se quedó en silencio, el populacho lo dejó solo. Las respuestas A y C revierten la relación causa y efecto entre los sucesos, así que son incorrectas. La respuesta D es incorrecta porque estos dos sucesos no tienen relación.

2. **D; Nivel de conocimiento:** 2; **Objetivo de evaluación de lectura:** R.3.1. La primera oración del pasaje nos dice que Robert hablaba mucho de sí mismo. La respuesta A es incorrecta porque este es el segundo suceso que se describe. La respuesta B es quizás el suceso cronológico más temprano que se describe en el pasaje, pero no es la primera acción de la trama, así que es incorrecta. Robert comentó sus planes futuros de viajar a México, pero todavía no había estado allí, de modo que la respuesta C es incorrecta.

3. **B; Nivel de conocimiento:** 2; **Objetivo de evaluación de lectura:** R.3.1. La frase *tiempo atrás* marca a los lectores la transición al recuerdo de Robert de cuando la casa era el hogar de verano de su familia. Aunque las respuestas A, C y D brindan detalles adicionales, nada de esto es información presentada específicamente fuera de un orden cronológico.

4. **A; Nivel de conocimiento:** 2; **Objetivo de evaluación de lectura:** R.3.1. La tercera oración les dice a los lectores que la señora Pontellier leyó la carta. La oración siguiente les dice a los lectores que a Robert le interesaba saber más. El pasaje refiere que la hermana de la señora Pontellier se había mudado al este, no Robert, así que la respuesta B es incorrecta. La señora Pontellier había hablado sobre la plantación de su padre en Misisipi, pero eso fue antes de leer la carta, de modo que la respuesta C es incorrecta. La respuesta D es incorrecta porque la hermana de la señora Pontellier se había comprometido en matrimonio y no la señora Pontellier.

5. **C; Nivel de conocimiento:** 3; **Objetivo de evaluación de lectura:** R.3.1. El párrafo 4 contiene la información más directa acerca de por qué la señora Pontellier guarda la carta. Aunque las respuestas A y B se relacionan con la lectura de la carta, no hay nada que indique la razón de que luego la guarde, así que son incorrectas. A pesar de que la señora Pontellier hizo notar que Leonce no había vuelto después de guardar la carta, no hay nada que indique que esa fuera una razón para guardarla, de modo que la respuesta D es incorrecta.

6. **D; Nivel de conocimiento:** 3; **Objetivo de evaluación de lectura:** R.3.1. La señora Pontellier habló un poco sobre sí misma en el párrafo 1 y leyó la carta en el párrafo 3. Aunque Leonce sí se marchó, no hay nada que indique que fuera a regresar para la cena, de modo que la respuesta A es incorrecta. Aunque Robert sí trabajaba en una empresa comercial, no se fue a México, así que la respuesta B es incorrecta. A pesar de que *Madame* Lebrun sí mantenía una existencia cómoda, fue la señora Pontellier la que habló de la plantación de su padre en Misisipi, de modo que la respuesta C es incorrecta.

LECCIÓN 17, *págs. 76–79*

1. **B; Nivel de conocimiento:** 2; **Objetivos de evaluación de lectura:** R.3.2, R.3.5. La respuesta B es correcta porque la forma de caminar lenta y tranquila del reverendo Hooper, su aspecto pulcro y la falta de algo que llamara la atención sugieren que es pulcro y reservado. Si bien puede ser retraído y extraño, estos detalles no sugieren tales atributos, por lo que la respuesta A es incorrecta. Su andar despreocupado y su estilo relajado no sugieren que sea una persona preocupada o tímida.

2. **C; Nivel de conocimiento:** 2; **Objetivos de evaluación de lectura:** R.3.2, R.3.5. La respuesta C es correcta porque el pasaje indica que los feligreses están "tan impresionados" que no le devuelven el saludo. Este detalle y el uso de la palabra *lúgubre* sugieren que el velo le da al reverendo un aspecto escalofriante. Las respuestas A y D no sugieren nada escalofriante o siniestro acerca del reverendo. Si bien el ocultamiento de los ojos puede parecer escalofriante, no es una prueba tan contundente como lo es la respuesta de los otros personajes a la apariencia del reverendo.

3. **Nivel de conocimiento:** 2; **Objetivos de evaluación de lectura:** R.3.2, R.3.3, R.3.5. La red de personajes completa debe incluir las siguientes descripciones: **Parece un cirujano cuando trabaja. Es un mago conduciendo. Se comporta de manera egoísta. No se esfuerza por conseguir mujeres.** Estas características contribuyen a la sorprendente atracción que ejerce Nick. La autora sugiere que a las mujeres les atraen cualidades de Nick que son seductoras pero que no suelen ser cualidades positivas. A las mujeres les atraen su fanfarronería, su seguridad y su aparente indiferencia por sus sentimientos. Es un "chico malo" de poderoso atractivo, más allá de los estándares intelectuales o lógicos.

4. **C; Nivel de conocimiento:** 2; **Objetivos de evaluación de lectura:** R.3.2, R.3.5. El narrador dice que no tenía nada que temer cuando oyó golpes en la puerta de la calle. A esta altura ya se siente confiado de que no lo descubrirán. Las respuestas A y B implican que creyó que podría ser descubierto, lo cual no es cierto en el párrafo 1. No hay evidencia en el texto que respalde la respuesta D.

5. **D; Nivel de conocimiento:** 2; **Objetivos de evaluación de lectura:** R.3.3, R.3.5, R.4.3/L.4.3. Si bien el narrador hace afirmaciones de alegría y triunfo, se delata en el párrafo 3 cuando indica que solo sintió verdadero alivio después de convencer a los policías de que no había ocurrido ninguna irregularidad. Las explicaciones del narrador acerca del alarido y del paradero del anciano son mentiras que ofrece para encubrir el asesinato; no brindan pistas acerca de cómo se siente con respecto al éxito del encubrimiento. La respuesta, exageradamente complaciente, que da a los policías es parte de su actuación para convencerlos de que todo está bien; puede estar nervioso mientras recorren la casa, pero sus afirmaciones no revelan tal sentimiento y sus acciones sugieren seguridad de que los policías no encontrarán ninguna prueba en su contra.

6. **A; Nivel de conocimiento:** 2; **Objetivos de evaluación de lectura:** R.3.2, R.3.5. Las acciones relajadas de los policías sugieren que no sospechan nada raro y que, en realidad, confían en la explicación del narrador acerca del alarido. Por otro lado, ningún factor en sus acciones sugiere que tratan de disculparse por tener que molestar al narrador para atender el reclamo que presentó el vecino. Si los policías fueran meticulosos, no se quedarían conformes con la falta de prueba evidente y seguirían interrogando al narrador acerca de los sucesos ocurridos esa noche.

7. **B; Nivel de conocimiento:** 2; **Objetivos de evaluación de lectura:** R.3.2, R.3.5. Como el narrador mató a alguien, puede inferirse que el dolor de cabeza, el zumbido y la palidez son señales de culpa. Él no es violento mientras está sentado con los oficiales. Si bien engaña a los policías y en un principio conversa con ellos alegremente, luego comienza a tener dolor de cabeza, a sentir zumbidos en los oídos y a ponerse pálido, y desea que los policías se retiren, por lo que su seguridad y alegría disminuyen.

8. **C; Nivel de conocimiento:** 2; **Objetivos de evaluación de lectura:** R.3.2, R.3.3, R.3.4, R.3.5. Como el comportamiento de los policías nunca cambia, es probable que no escuchen el ruido y no estén preocupados por el dolor de cabeza del narrador ni enfadados por su locuacidad. La actitud relajada de los policías y su predisposición a entablar conversaciones mundanas indican que ya no intentan encontrar evidencia.

9. **D; Nivel de conocimiento:** 2; **Objetivos de evaluación de lectura:** R.3.2, R.3.3, R.3.4, R.3.5. El narrador confiesa porque su estado de locura lo lleva a creer que el sonido del latido del corazón del hombre muerto no está en sus oídos sino que se oye en el cuarto. No piensa que la casa esté viva; piensa que el corazón del hombre muerto ha cobrado vida. Sus acusaciones del párrafo 4 indican su convicción de que los policías son villanos y que intentan engañarlo, pero estas creencias son más síntomas de su locura; además tampoco esta es la razón principal de su confesión.

10. **C; Nivel de conocimiento:** 2; **Objetivos de evaluación de lectura:** R.3.2, R.3.5. La respuesta C es correcta; los detalles de las dos primeras oraciones del párrafo 1 revelan que Ethan Frome era más probablemente un hombre sensible y solitario. En esas dos primeras oraciones no se habla de que Ethan Frome es un viajero incansable, ni un hombre alegre y sociable, ni un profesional serio. De hecho, se menciona que sus estudios fueron inconclusos. Por lo tanto, las respuestas A, B y D son incorrectas.

11. **D**; **Nivel de conocimiento:** 2; **Objetivos de evaluación de lectura:** R.3.2, R.3.3, R.3.4. La respuesta D es correcta porque se puede inferir que Ethan sentía que su capacidad de emocionarse ante la naturaleza era una carga pesada. Al respecto, se pregunta a sí mismo si será la "única víctima de este triste privilegio". La palabra *víctima* implica que esta afinidad no le produce felicidad ni dicha alguna. La palabra *única* indica que no comparte esta característica con ningún amigo.

12. **B**; **Nivel de conocimiento:** 2; **Objetivos de evaluación de lectura:** R.3.2, R.3.5. La respuesta B es correcta. La palabra que mejor describe los sentimientos de Ethan con respecto a Mattie es *fascinación*. Esto puede inferirse a partir de las palabras "Y entonces descubrió que otro espíritu temblaba con la misma sensación de asombro". En el párrafo no se menciona la amistad ni la sorpresa, mucho menos el aburrimiento. Por lo tanto, las respuestas A, C y D son incorrectas.

13. **C**; **Nivel de conocimiento:** 2; **Objetivos de evaluación de lectura:** R.3.2, R.3.5, R.4.3/L.4.3. La respuesta C es correcta, ya que, a partir de la información sobre Mattie en los últimos párrafos, podríamos inferir que es entusiasta y sensible. Mattie siente asombro por lo que Ethan le enseña y ve la belleza de un atardecer. Nada en los últimos párrafos da a entender que Mattie sea seria o controladora. Si bien Mattie podría ser astuta y eficiente, o alegre y jovial, el texto no da evidencias de ello, ya que solo describe su sensibilidad y entusiasmo ante el conocimiento y la naturaleza.

14. **D**; **Nivel de conocimiento:** 3; **Objetivos de evaluación de lectura:** R.3.2, R.3.4, R.3.5. La respuesta D es correcta porque, a partir de los detalles del párrafo 3, los lectores pueden inferir que Ethan probablemente se sentirá cada vez más atraído hacia Mattie. Se hace mención a que había "otras sensaciones no tan definibles pero más sutiles, que los unían con un estremecimiento de júbilo silencioso". La respuesta A contradice lo que se da a entender en el párrafo. Nada indica que Ethan quiera conseguir nuevas compañías o convencer a Mattie de que comience a pintar. Por lo tanto, las respuestas B y C son incorrectas.

15. **D**; **Nivel de conocimiento:** 2; **Objetivos de evaluación de lectura:** R.3.3, R.3.5, R.4.3/L.4.3. La respuesta D es correcta. Es la única opción que muestra cómo la tristeza y soledad de Ethan se convierten en un gran júbilo. El interés de Mattie en las cosas que alegran a Ethan cambian su estado de ánimo. Las respuestas A, B y C son incorrectas pues hacen hincapié en lo que falta en la vida de Ethan y en su sentirse aislado de los demás, pues no pueden relacionarse con las cosas que a él le importan.

16. **A**; **Nivel de conocimiento:** 2; **Objetivos de evaluación de lectura:** R.3.2, R.3.5. La respuesta A es correcta. Ethan claramente se siente conmovido por la reacción de Mattie ante sus conocimientos y su sensación de asombro, haciendo de esta la única respuesta correcta. La Respuesta B no tiene respaldo alguno en este párrafo. Las respuestas C y D tienen una visión negativa de la respuesta de Ethan a Mattie, lo cual es incorrecto. Este párrafo realza el lado positivo que muestra Ethan.

1. **A**; **Nivel de conocimiento:** 3; **Objetivos de evaluación de lectura:** R.3.2, R.3.3, R.3.5, R.4.1/RL.4.1, R.4.3/L.4.3. Los detalles como "bajos nubarrones", "el aire estaba cargado" y "listones de sombras" revelan un entorno opresivo que ejerce presión sobre los personajes. La respuesta B es incorrecta porque el procedimiento de labranza es rural, no moderno. La respuesta C es incorrecta porque la dulzura es opresiva, no una descripción positiva de la tierra. La respuesta D es incorrecta porque el narrador crea una sensación de opresión, no de amor por la agricultura.

2. **C**; **Nivel de conocimiento:** 3; **Objetivos de evaluación de lectura:** R.3.2, R.3.3, R.3.5. La respuesta C es la única respuesta lógica. El entorno bajo y opresivo, combinado con el hecho de que la dulzura del aire "empapa" a la ciudad y a los hombres, sugiere que los hombres se sienten atrapados. Las respuestas A, B y D son parte de la descripción del entorno y, por lo tanto, no lo explican.

3. **D**; **Nivel de conocimiento:** 1; **Objetivos de evaluación de lectura:** R.2.1, R.3.2. La respuesta D es correcta porque el paisaje se ve igual solamente en tres sentidos, como se plantea en el párrafo 1. El oeste es diferente. La respuesta A es incorrecta porque el pasto se describe como rojizo y no puede verse hacia el oeste. La respuesta B es incorrecta porque el lodo se menciona solamente al describir el arroyo. La respuesta C interpreta mal la información del pasaje; al oeste hay un arroyo, no un río.

4. **A**; **Nivel de conocimiento:** 2; **Objetivo de evaluación de lectura:** R.3.2. La respuesta A es correcta porque el narrador plantea en el párrafo 1 que Canute se hubiese quitado la vida de no ser por los árboles. La respuesta B es incorrecta porque lo que se da a entender es que Canute no disfruta demasiado de la vida y, además, el narrador no dice ni da a entender nada relacionado con los sentimientos de Canute acerca del viento. La respuesta C es incorrecta porque él está profundamente deprimido; si bien construyó él mismo su casa, no se plantea ni se da a entender nada en relación con su apego o sentimiento por ella. La respuesta D es incorrecta porque no se menciona nada sobre el estilo de vida que Canute llevara anteriormente.

5. **A**; **Nivel de conocimiento:** 2; **Objetivo de evaluación de lectura:** R.3.2. El paisaje se describe en el párrafo 1. El tipi está ubicado "en la base de unas colinas desiguales. Un sendero se abría camino colina abajo hasta el lecho del ancho río. (...)". Por lo tanto, la respuesta A es correcta. La respuesta B es incorrecta porque el paisaje es lo opuesto. La respuesta C es incorrecta porque no se mencionan tierras fértiles de cultivo. La respuesta D es incorrecta porque hay un sendero hacia el río.

6. **C**; **Nivel de conocimiento:** 2; **Objetivo de evaluación de lectura:** R.3.2. La respuesta C es correcta porque la camisola de gamuza y los mocasines de la niña y su casa estilo wigwam reflejan la vestimenta y el tipo de vivienda de muchos pueblos indígenas norteamericanos que vivían en el Medio Oeste en la época en la que transcurre la historia. La respuesta A es incorrecta por dos razones: nada se indica acerca de una pequeña ciudad, solamente de un wigwam, y Misuri es el nombre del río, no del estado. Si bien la fecha es factible, la respuesta B es incorrecta porque no se mencionan grandes ciudades. La respuesta D puede ser factible, pero no responde la pregunta acerca de la vestimenta y el tipo de vivienda de la niña.

7. **C; Nivel de conocimiento:** 2; **Objetivos de evaluación de lectura:** R.3.2, R.3.3, R.3.4. La respuesta C es correcta porque la niña se describe libre como el viento y con el espíritu del ciervo. La respuesta A plantea lo opuesto a la respuesta correcta; la niña prefiere la vida al aire libre. No se menciona nada acerca de su placer por la lectura. La respuesta B es incorrecta porque la madre está muy atenta a ella y alienta su espíritu. La respuesta D es incorrecta porque la niña se muestra salvaje y libre, no calma.

8. **B; Nivel de conocimiento:** 2; **Objetivos de evaluación de lectura:** R.3.2, R.3.5. La respuesta B es la mejor descripción. El entorno describe un barrio en una ciudad. El barrio está lleno de "marginados". El barrio claramente no es rural ni rico. Lo más probable es que no sea residencial, ya que el texto indica que consta principalmente de negocios mayoristas.

9. **C; Nivel de conocimiento:** 2; **Objetivos de Evaluación de lectura:** R.3.2, R.3.5. La respuesta C es correcta. La personificación del eco en el texto da la sensación de silencio y quietud absolutos en la calle, que serían perturbados por cualquier sonido. Si bien la tristeza y el miedo son parte de la atmósfera del pasaje, el enfoque de este texto está en el silencio.

10. **D; Nivel de conocimiento:** 2; **Objetivos de evaluación de lectura:** R.3.2, R.3.5. La descripción de la lluvia en el párrafo 2 y la descripción del barrio crean una sensación lúgubre e intimidatoria. Las respuestas A y B son incorrectas porque ningún elemento en la descripción de la lluvia, del barrio deprimente y de las figuras amontonadas en una fila del pan sugiere estas sensaciones. La respuesta C puede ser más probable que A y B, pero el entorno es muy mundano y no es distante.

11. **A; Nivel de conocimiento:** 3; **Objetivos de evaluación de lectura:** R.2.7, R.3.2, R.3.5. Los lectores pueden inferir que no tiene hogar. A partir de esta suposición, y del hecho de que Sam está cansado y con frío, un refugio sería el lugar más probable al que iría una persona en su situación. La respuesta B es incorrecta porque el estado del tiempo es demasiado malo para permanecer a la intemperie. La respuesta C podría ser correcta si el restaurante distribuyera comida, pero no se hace mención alguna al respecto. Del mismo modo, la respuesta D sería lógica si se mencionara otra panadería, pero ninguna de esas opciones de respuesta indica una decisión más probable.

12. **A; Nivel de conocimiento:** 2; **Objetivos de evaluación de lectura:** R.3.2, R.3.5. La descripción de las calles desiertas y las cortinas metálicas de los negocios mayoristas hace que la respuesta A sea la mejor opción. La zona no es de alto nivel, si tenemos en cuenta sus residentes, y nada indica que posea depósitos. El South Side de Chicago no es suburbano ni hay evidencia de que se trate de un distrito de espectáculos.

13. **C; Nivel de conocimiento:** 2; **Objetivos de evaluación de lectura:** R.3.2, R.3.3, R.3.4, R.3.5. A la mayoría no les gustaría tener que hacer fila afuera, una noche fría, para aguardar por comida, por lo que los personajes ya estarían incómodos. El estado del tiempo, "la fina llovizna que caía" enfatiza la incomodidad de los personajes. La lluvia no tendría ningún efecto sobre la gratitud de los personajes, por lo que la respuesta A es incorrecta. No se menciona ninguna relación entre la lluvia y el hecho de hacer pan, por lo que la respuesta B es incorrecta. La respuesta D es incorrecta porque la lluvia resaltaría lo lúgubre, no contrastaría con eso.

14. **D; Nivel de conocimiento:** 2; **Objetivo de evaluación de lectura:** R.3.2. La primera oración del párrafo 1 sugiere que el protagonista se sentía deprimido. La oración dice: "… no era la indicada para levantarle el ánimo ni para disipar los sentimientos de ansiedad y tristeza". Entonces, la respuesta D es correcta. Las respuestas A y B contradicen la información de la primera oración. No hay ninguna indicación de que el protagonista esté asustado, así que la respuesta C es incorrecta.

15. **C; Nivel de conocimiento:** 2; **Objetivos de evaluación de lectura:** R.3.2, R.3.5. Lo más probable es que el entorno sea un suburbio pobre. Hay casas abandonadas e indicios de pobreza. Entonces, la respuesta C es correcta. La respuesta A es lo contrario de la opción correcta. Las respuestas B y D son incorrectas porque el autor describe "irregulares callejuelas" con cabañas y gente.

16. **C; Nivel de conocimiento:** 2; **Objetivos de evaluación de lectura:** R.3.2, R.3.5. La descripción de la mujer en el párrafo 2 vuelve más tenebroso el entorno. Su descripción y la de sus acciones forman parte del entorno, así que la respuesta C es correcta. La respuesta A es incorrecta, porque el texto no culpa a los personajes por las circunstancias. Las respuestas B y D no están demostradas en el texto.

17. **B; Nivel de conocimiento:** 2; **Objetivos de evaluación de lectura:** R.3.2, R.3.3, R.3.5. La primera oración del párrafo 3 sugiere que el camino a la casa fue desagradable y complicado. Dice: "Después de afanarse cansinamente a través del barro, de hacer varias preguntas acerca del lugar que se le había indicado y de recibir otras tantas respuestas contradictorias e insuficientes, el joven llegó por fin a la casa señalada como su destino". Entonces, la respuesta correcta es B. La respuesta A contradice la información de la primera oración. La respuesta C es incorrecta porque el médico sí llegó a su destino. La respuesta D es incorrecta porque, aunque el médico pidió indicaciones a algunas personas, no hay indicio de que las personas lo demoraran a lo largo del camino.

18. **B; Nivel de conocimiento:** 2; **Objetivos de evaluación de lectura:** R.3.2, R.3.5, R.4.3/L.4.3. Lo más probable es que la sensación que tuvo el protagonista cuando vio la casa fuera desesperación. El autor describe que la casa tenía una fachada "aún más desoladora y menos promisoria que cualquiera de las que él ya había pasado". Entonces, la respuesta B es correcta. Nada en el pasaje sugiere que el protagonista esté feliz, encolerizado o sienta envidia.

LECCIÓN 19, *págs. 84–87*

1. **A; Nivel de conocimiento:** 2; **Objetivo de evaluación de lectura:** R.4.3/L.4.3. La respuesta A es correcta porque lo que se compara con un vaso que mide la dosis de medicina es la vida de Dencombe. Las respuestas B y D son malas interpretaciones de la comparación, ya que son interpretaciones acotadas que no reflejan lógicamente una síntesis de los dos elementos que se comparan. El vaso está marcado como un termómetro; no es un termómetro real. La respuesta C es incorrecta porque no es parte de esta comparación.

2. **B; Nivel de conocimiento:** 2; **Objetivo de evaluación de lectura:** R.4.3/L.4.3. La respuesta A puede ser correcta en función del pasaje, pero no refleja la comparación real: la profundidad del espíritu humano con la profundidad del océano (respuesta B). Las respuestas C y D contradicen la comparación, que indica que el espíritu humano es más profundo que el océano, por lo que no es superficial ni poco profundo.

3. **C; Nivel de conocimiento:** 2; **Objetivo de evaluación de lectura:** R.4.1/L.4.1. La historia utiliza la personificación para atribuir cualidades humanas a objetos inanimados. A la hoja se le confiere la capacidad humana de tamborilear y ser persistente. "Tamborileaba rápida y persistentemente" no es un ejemplo de metáfora, hipérbole ni onomatopeya.

4. **B; Nivel de conocimiento:** 2; **Objetivo de evaluación de lectura:** R.4.3/L.4.3. *Burbujear*, *chirriar* y *correr* imitan los sonidos que hace el agua y son onomatopeyas. Las respuestas A, C y D no tienen palabras que imiten sonidos.

5. **B; Nivel de conocimiento:** 2; **Objetivo de evaluación de lectura:** R.4.2/L.4.2. La respuesta B es correcta porque en el símil se usan las cualidades de un gato para hacer hincapié en que Rebecca se mueve rápida y silenciosamente. La respuesta A es incorrecta porque los gatos no hacen ruido al moverse. Las respuestas C y D quizás hagan hincapié en las cualidades de los gatos, pero las comparaciones no se relacionan con el contexto de la oración.

6. **D; Nivel de conocimiento:** 3; **Objetivos de evaluación de lectura:** R.2.7, R.4.3/L.4.3. El viento exhibe cualidades humanas al *enfurecerse* y *dar un tirón* a las cerraduras de la ventana. Por lo tanto, la respuesta D es correcta. La respuesta A es incorrecta porque se usa lenguaje sensorial, no personificación, para describir la luz. Las respuestas B y C son incorrectas porque no se les atribuyen cualidades humanas a la típula ni al viento.

7. **B; Nivel de conocimiento:** 2; **Objetivos de evaluación de lectura:** R.4.3/L.4.3, R.5.2. La respuesta B es correcta porque la metáfora indica que, si se abraza y besa a la novia, se podría arrugar el vestido. Tal como plantea en el párrafo 2, Meg interpreta esas arrugas como signos de amor. La respuesta A es incorrecta porque implica indiferencia, no amor. La respuesta C es una mala lectura del pasaje. Amy dice que Meg luce como siempre pero "tan dulce y bonita". La respuesta D no tiene sustento en el texto. Si bien Meg podría estar nerviosa o algo triste por tener que irse, nada sugiere que prefiriera no casarse.

8. **D; Nivel de conocimiento:** 2; **Objetivo de evaluación de lectura:** R.4.3/L.4.3. La respuesta D es correcta, ya que sugiere el término de *nido vacío*. Los padres suelen sentir una mezcla de emociones cuando se casa una hija o un hijo. Las respuestas A y C no tienen sustento en el texto. Nada indica desaprobación o preocupación acerca de las finanzas. La respuesta B es una mala interpretación a la referencia al nido de un ave; el sentido es figurado, no literal, ni indica que Meg se ocupe de las aves.

9. **A; Nivel de conocimiento:** 3; **Objetivos de evaluación de lectura:** R.4.3/L.4.3, R.5.1. La respuesta A es la que mejor explica los dos ejemplos de hipérbole en la oración. El primer ejemplo enfatiza que la amabilidad del profesor tiene un efecto positivo en muchos chicos. La segunda enfatiza que Jo tiene una naturaleza extremadamente comprensiva. La respuesta B es incorrecta porque las descripciones del profesor y de Jo demuestran amabilidad y paciencia, no una disciplina estricta ni un rigor académico. La respuesta C puede parecer factible, pero estas descripciones sugieren una atmósfera negativa. *Permisivo* tiene connotaciones de "demasiada libertad", que el autor no se propone transmitir, dado que Jo está feliz y a los niños les va bien. No se menciona nada acerca de los estándares académicos. Por lo tanto, la respuesta A es la mejor opción. La respuesta D es incorrecta porque no se menciona nada acerca de la instrucción académica. La cantidad de veces que Jo perdona a un niño expresa su paciencia y naturaleza comprensiva, no su pérdida de paciencia.

10. **C; Nivel de conocimiento:** 2; **Objetivo de evaluación de lectura:** R.4.3/L.4.3. La respuesta C es la mejor opción porque el torbellino se mueve en círculos y sugiere un movimiento constante. Si bien los niños en la playa pueden ver torbellinos, la metáfora no sugiere un entorno de playa. Los niños están en la escuela, no en la costa. La respuesta B no es la mejor opción porque no se sugiere nada acerca de estudiar el movimiento del agua. Los niños en sí, no lo que estudian, son la materia de comparación. La respuesta D parece más factible pero no es una opción tan buena como la respuesta C porque omite mencionar a los niños e incorpora otros objetos: un trompo y un juguete.

11. **A; Nivel de conocimiento:** 2; **Objetivo de evaluación de lectura:** R.4.3/L.4.3. La respuesta A indica que los niños crecen rápida y constantemente. Las respuestas B y D son incorrectas porque reflejan una interpretación demasiado literal de algunas partes de la analogía, que compara el crecimiento de los niños con el de los dientes de león en primavera. La comparación es acerca del crecimiento, no del césped o de los jardines. La respuesta C es incorrecta porque no tiene nada que ver con el crecimiento, por más que los niños puedan disfrutar de la actividad al aire libre.

12. **C; Nivel de conocimiento:** 2; **Objetivo de evaluación de lectura:** R.4.3/L.4.3. En el primer párrafo, la frase "Luego, el sonido de las voces de los inquisidores pareció mezclarse en el zumbido indefinido de un sueño" significa que el narrador no puede distinguir sonidos individuales. Por lo tanto, la respuesta correcta es C. La respuesta A sería una mala interpretación del párrafo, ya que no se habla de la pérdida total de la percepción auditiva. La respuesta B es incorrecta, ya que no se habla de ruidos demasiado fuertes. La respuesta D es incorrecta porque no tiene nada que ver con las voces y la audición.

13. **C; Nivel de conocimiento:** 2; **Objetivos de evaluación de lectura:** R.3.2, R.3.5, R.4.3/L.4.3. Al comparar los cirios con ángeles caritativos que podrían salvarlo, el narrador indica que tiene esperanza. La comparación de los cirios con ángeles probablemente no represente ni calidez ni arrepentimiento porque las circunstancias del narrador no sugieren nada acerca de esta sensación o de esta emoción. Si bien el narrador puede sentir miedo, comparar los cirios con ángeles caritativos es más probable que represente la emoción positiva de esperanza que la emoción negativa del miedo.

14. A; Nivel de conocimiento: 2; **Objetivos de evaluación de lectura:** R.3.2, R.3.5, R.4.3/L.4.3. El narrador conecta la sensación de tocar el cable de una batería con sensaciones de náuseas y desesperanza, lo que indica que su miedo acerca del futuro le genera dolor físico. Lo aterroriza la muerte; no es que esté emocionado por estar vivo. El sentir como si cada fibra de su ser hubiera hecho contacto con el cable de una batería es una descripción figurada acerca de cómo se siente, no una descripción literal relacionada con su sentencia; no hay ninguna evidencia en el pasaje de que los jueces lo hayan sentenciado a ser electrocutado. La sensación de tocar el cable de una batería no se relaciona con el hecho de ser desatado porque los captores del narrador lo habían desatado antes de que él tuviera esta sensación.

15. B; Nivel de conocimiento: 2; **Objetivos de evaluación de lectura:** R.3.2, R.3.5, R.4.3/L.4.3. En el resto de la oración, el narrador dice: "(…) la idea del dulce reposo que nos espera en la tumba". Por lo tanto, la respuesta B es correcta porque confirma la idea de que la muerte será relajante y que se aceptará con placer como un punto final al sufrimiento del narrador, del mismo modo que la música genera placer a quien la escucha. El descanso implica paz y calma, por lo que la respuesta A es incorrecta. La respuesta C carece de contexto, ya que no se menciona nada acerca del entendimiento. La respuesta D es una mala interpretación de la analogía; la nota musical genera placer más que contemplación de la creatividad musical.

16. B; Nivel de conocimiento: 2; **Objetivos de evaluación de lectura:** R.3.5, R.4.3/L.4.3. La imagen de un alma que desciende en el Averno representa una situación desesperada y otros detalles en el pasaje indican que el narrador está atravesando una situación desesperada. Ningún otro detalle en el pasaje sugiere que el narrador merezca ser condenado o que se prediga su muerte. La imagen de un alma que desciende en el Averno sugiere que los jueces de la Inquisición son o parecen demonios; de todos modos, la analogía describe el mareo del narrador, por lo que es más probable que represente sus circunstancias más que a los personajes literales o figurados de los jueces.

LECCIÓN DE ALTO IMPACTO: SIGNIFICADOS FIGURADOS, *págs. 88–89*

1. C; Nivel de conocimiento: 2; **Objetivos de evaluación de lectura:** R.4.1/L.4.1. Las frases "obreros reducidos a la desesperación" y "lo que les había sucedido después" proporcionan claves del contexto que hacen que la respuesta más probable sea C. Tener la *piel de gallina* sugiere miedo, que no es lo mismo que enfado, de modo que la respuesta A es incorrecta. Aunque el texto indica que Jurgis se rio, esto marca un contraste con el significado de la frase, así que la respuesta B es incorrecta. Aunque la frase indica una actividad del cuerpo, nada en el pasaje indica doblarse de dolor, así que la respuesta D es incorrecta.

2. B; Nivel de conocimiento: 2; **Objetivo de evaluación de lectura:** R.4.1/L.4.1. El autor se refiere a la ciudad como *ella* y describe varias acciones: "se asoma", "se puso en pie" y "trabajó". Estas son acciones propias de los seres humanos que ayudan a los lectores a identificarse mejor con Atlanta. La ciudad se asoma a "la promesa del futuro", así que la respuesta A es incorrecta. La respuesta C es incorrecta porque la ciudad después se despierta. La respuesta D es incorrecta porque Atlanta también "se procuró el pan de cada día".

3. D; Nivel de conocimiento: 2; **Objetivo de evaluación de lectura:** R.4.1/L.4.1. En la frase se usan imágenes auditivas para crear un tono expresivo; un lenguaje menos descriptivo haría el pasaje chato. La respuesta A es incorrecta porque el tono del pasaje es serio. La respuesta B es incorrecta porque un lenguaje más simple sería menos descriptivo. Aunque la frase describe ruidos, el tono del pasaje en sí mismo no es ruidoso ni calmo, así que la respuesta C es incorrecta.

4. A; Nivel de conocimiento: 2; **Objetivos de evaluación de lectura:** R.4.1/L.4.1. Una viuda es una mujer que sobrevive a la muerte de su esposo; aquí, la palabra describe colectivamente al pueblo de Atlanta que sobrevivió a la guerra. Aunque en la cultura estadounidense se describe a las viudas vestidas de negro y de duelo, este pasaje las muestra en su regreso al trabajo, así que la respuesta B es incorrecta. Aunque la frase *se puso en pie* indica un incremento en la altura, el contexto no respalda ese significado en este caso, así que la respuesta C es incorrecta. La respuesta D es incorrecta, ya que el pasaje no indica que la ciudad se haya abierto después de la guerra.

5. D; Nivel de conocimiento: 3; **Objetivo de evaluación de lectura:** R.4.1/L.4.1. El párrafo 3 describe una emoción complicada y perturbadora que el autor experimenta sobre Atlanta después de la guerra. El fantasma en este contexto es un recuerdo y el falso sueño describe una idea que es incorrecta o que no es cierta. Aunque el pasaje menciona cenizas, nada indica que esta frase signifique una descripción de los sobrevivientes o los restos de los edificios quemados, de modo que las respuestas A y B son incorrectas. Asimismo, este no es un relato sobre apariciones sobrenaturales, así que la respuesta C es incorrecta.

6. C; Nivel de conocimiento: 3; **Objetivos de evaluación de lectura:** R.4.1/L.4.1. A esta frase le sigue la contrastante idea de que "los de Atlanta se volvieron resueltamente hacia el futuro", lo que muestra la fuerza de la población de Atlanta. En el pasaje no se usa sarcasmo y respalda repetidamente su idea principal de que la gente de Atlanta es fuerte, de modo que las respuestas A y B son incorrectas. La respuesta D es incorrecta porque el pasaje se centra en la fuerza de Atlanta para reconstruirse después de la guerra.

LECCIÓN 20, *págs. 90–93*

1. D; Nivel de conocimiento: 2; **Objetivos de evaluación de lectura:** R.3.2, R.3.5. La respuesta D es la única respuesta posible. El narrador describe la escena, no otra cosa. Las respuestas A, B y C son incorrectas porque no se menciona nada acerca de lo que piensan los personajes, de lo que sienten o de por qué suceden las cosas.

2. **B; Nivel de conocimiento:** 3; **Objetivos de evaluación de lectura:** R.2.7, R.3.2. Si el hombre fuera el narrador, contaría la historia en primera persona y revelaría sus propios pensamientos y sentimientos. Por lo tanto, las respuestas A, C y D son incorrectas.

3. **C; Nivel de conocimiento:** 2; **Objetivos de evaluación de lectura:** R.2.8, R.3.5. El narrador llama a Jo y a Meg por sus nombres, por lo que no es ninguno de estos personajes. El narrador no usa pronombres en primera persona, por lo que el autor no escribió el pasaje en primera persona. El narrador les proporciona a los lectores una perspectiva de los recuerdos y pensamientos que tienen Jo y Meg, por lo que el narrador es omnisciente.

4. **A; Nivel de conocimiento:** 2; **Objetivo de evaluación de lectura:** R.3.2. Es desde la perspectiva del narrador que Meg tiene "pequeñas vanidades". Se narra en tercera persona y nada indica en el pasaje que alguna de las otras niñas o que la madre de Meg tenga esta perspectiva.

5. **D; Nivel de conocimiento:** 2; **Objetivos de evaluación de lectura:** R.3.3, R.6.3. En la ficción, el punto de vista indica cómo se cuenta la historia; por lo tanto, la respuesta D es correcta. Las respuestas A, B y C podrían ser mejores respuestas si la historia no fuera de ficción y no tuviera un narrador. La historia no trata acerca de los hábitos de lectura, sino acerca de una familia. Si bien se trata de las reacciones de las niñas ante sus regalos, el propósito del autor para este punto de vista no es analizar las reacciones. La desesperación de Jo podría describirla Jo misma si fuera ella la narradora, por lo que la respuesta C es incorrecta.

6. **C; Nivel de conocimiento:** 3; **Objetivos de evaluación de lectura:** R.3.3, R.5.1, R.6.3. El narrador describe a Meg como dulce y piadosa, y el enunciado de Meg demuestra dulzura y piedad. Ella dice que leerá su libro (seguramente la Biblia) todos los días y que le hará bien. Este comportamiento no la muestra como vanidosa. A Jo se la describe desilusionada por no ver regalos en su media. También se la describe como quien piensa que el libro es una verdadera guía para cualquier peregrino. Es posible que Meg también se sienta así, pero el narrador se refiere a Jo.

7. **A; Nivel de conocimiento:** 2; **Objetivo de evaluación de lectura:** R.3.2. En este pasaje, el narrador solo proporciona información sobre los pensamientos y sentimientos de Dexter. El narrador no comparte los pensamientos y sentimientos de la niña, de Hilda ni del señor Jones.

8. **D; Nivel de conocimiento:** 2; **Objetivo de evaluación de lectura:** R.3.2. Es opinión del narrador que la niña es "perfectamente fea". Dexter solo tiene 14 años, así que es improbable que tuviera suficiente experiencia de vida como para hacer esta observación. Esto se dice en la narración en tercera persona y no hay indicación en el pasaje de que alguno de los personajes tenga esta opinión.

9. **B; Nivel de conocimiento:** 2; **Objetivo de evaluación de lectura:** R.3.2. El narrador sabe lo que la niña está pensando porque la describe como descaradamente artificial pero convincente. La respuesta A es incorrecta porque no se mencionan los pensamientos ni las intenciones de la niñera, aunque se le observe y se citen sus palabras. La respuesta C es incorrecta porque el narrador describe más que simples acciones. Las descripciones del narrador indican los pensamientos o intenciones de la niña. La respuesta D es incorrecta porque puede ser que el narrador describa a la niña comprensivamente o no. En efecto, la descripción de su sonrisa es ambigua.

10. **C; Nivel de conocimiento:** 3; **Objetivos de evaluación de lectura:** R.3.2, R.3.3. Como narrador y personaje del relato, Dexter usaría *yo* para describir sus sentimientos como lo haría un narrador en primera persona. Las respuestas A y D no dependerían del punto de vista. Un narrador en primera persona puede escuchar una conversación o no. La respuesta B es incorrecta porque usa estos pronombres un narrador en tercera persona que no forma parte del relato.

11. **A; Nivel de conocimiento:** 2; **Objetivo de evaluación de lectura:** R.3.2. La respuesta A es correcta. El uso de la palabra *yo* indica una perspectiva de primera persona. Las otras opciones son incorrectas.

12. **D; Nivel de conocimiento:** 2; **Objetivo de evaluación de lectura:** R.3.2. El narrador, Nick, describe los pensamientos y las acciones de Jordan Baker como él las ve, supone o entiende. La respuesta A es incorrecta porque no hay interacciones con otros personajes en el pasaje. Se describe a Jordan Baker; ella no se está describiendo a sí misma, así que la respuesta B es incorrecta. Aunque el narrador menciona la fiesta de Daisy, Daisy no está describiendo a Jordan, así que la respuesta C es incorrecta.

13. **C; Nivel de conocimiento:** 3; **Objetivo de evaluación de lectura:** R.3.3. El enunciado indica que al narrador no le gusta mentir a los demás. Quiere terminar su relación de larga distancia antes de reaccionar a sus sentimientos por Jordan. Declara que no le importa que Jordan sea mentirosa, así que la respuesta A es incorrecta. Dice que tarda en reaccionar a sus sentimientos, de modo que la respuesta B es incorrecta. Se considera a sí mismo una persona honesta, así que la respuesta D es incorrecta.

14. **A; Nivel de conocimiento:** 2; **Objetivos de evaluación de lectura:** R.3.2, R.3.5. El narrador enfatiza su honestidad al declarar que es honesto y compartir su deseo de terminar su relación a larga distancia. Las otras respuestas no están respaldadas por el pasaje.

LECCIÓN 21, *págs. 94–97*

1. **A; Nivel de conocimiento:** 2; **Objetivos de evaluación de lectura:** R.3.2, R.3.3, R.3.4. La respuesta A es correcta porque después de describir el estado deplorable de la habitación, Sarah menciona que es la habitación en la que Nanny recibe a sus amigos y en la que, con el tiempo, se casará. La respuesta B es incorrecta porque Sarah menciona la falta de alfombra como un detalle en la descripción del estado de la habitación; no indica que el suelo expuesto le haga sentir frío. La respuesta C es incorrecta porque su esposo no tiene ganas de hablar del asunto y no ha querido gastar dinero en mejoras. La respuesta D contradice información del pasaje; lo que se da a entender es que Sarah no se ha quejado ni ha hablado directamente acerca del estado de la habitación.

2. **B; Nivel de conocimiento:** 2; **Objetivos de evaluación de lectura:** R.3.2, R.3.3, R.3.5. La respuesta B es correcta porque Sarah menciona el precio del empapelado que colocó hace diez años e indica que el papel era barato y que hacer el trabajo no le había costado nada a su esposo. También plantea que otras familias con menos dinero tienen casas más bonitas. La respuesta A es incorrecta porque su hija, no su esposo, recibe o querrá recibir a sus amigos. La respuesta C es incorrecta porque Sarah da a entender que la familia tiene más que dinero suficiente y plantea que familias con menos dinero viven con mayores comodidades. La respuesta D es incorrecta porque el esposo de Sarah se niega a discutir los problemas, tal como se ve reflejado en las dos últimas oraciones del pasaje.

3. **A; Nivel de conocimiento:** 2; **Objetivo de evaluación de lectura:** R.3.2. La respuesta A es correcta; el texto indica que "es de Inglaterra". La respuesta B es incorrecta; ella termina en California y su forma de hablar se describe como inglés británico. Puede gustarle o no el té, pero se lo sirve a los niños. Nada indica si a ella le gusta o le disgusta. La respuesta D es incorrecta porque parece que le gustan los niños, ya que los hizo sentir cómodos y mayores.

4. **B; Nivel de conocimiento:** 2; **Objetivo de evaluación de lectura:** R.3.2. La respuesta B es correcta porque el autor afirma. "Recibir sus tazas de té, aunque casi completamente diluido por la leche, les hizo sentir que habían crecido de repente". Los niños claramente percibían el té como una bebida adulta y ser invitados al té significó que se les trataba como personas maduras. Si bien las otras respuestas pueden ser verdaderas, el texto no las respalda.

5. **C; Nivel de conocimiento:** 2; **Objetivo de evaluación de lectura:** R.3.2. Las respuestas A y B reflejan una mala interpretación del texto. Edie se ha mudado de Inglaterra; la Sra. Ransom ni se mudó a Inglaterra ni abandonó a sus niños. Lo que se da a entender es que murió durante el parto, ya que el narrador menciona que los mellizos son responsables de la muerte de su madre. La respuesta D es incorrecta porque se habla de que el Sr. Ransom es viudo, no un hombre divorciado.

6. **D; Nivel de conocimiento:** 2; **Objetivo de evaluación de lectura:** R.3.2. La respuesta A es incorrecta porque Edie no parece necesitar atención desesperadamente. Por el contrario, invita a los niños a tomar el té y les presta atención. Por más que hubiese necesitado atención, nada en el pasaje indica que esté desesperada por obtenerla. La respuesta B es incorrecta porque la evidencia del pasaje apoya la idea de que es agradable y atenta más que enojadiza y aburrida. La respuesta C es una mala lectura del pasaje. El Sr. Ransom es la persona que está acongojada, no Edie.

7. **C; Nivel de conocimiento:** 2; **Objetivo de evaluación de lectura:** R.3.2. Lo más probable es que Edie sea una institutriz que fue contratada para ayudar en la crianza de los niños. Es inglesa, mientras que la familia supuestamente es estadounidense. Esta información hace que sea menos probable que forme parte de la familia. Es dudoso que sea la nueva esposa, ya que el Sr. Ransom parece haber enviudado muy recientemente.

8. **B; Nivel de conocimiento:** 2; **Objetivo de evaluación de lectura:** R.3.2. La respuesta B es la mejor opción porque el Sr. Ransom penaba por su esposa. La respuesta A puede ser lógica porque parece que el Sr. Ransom no duerme bien, pero no se menciona nada acerca de que el Sr. Ransom esté agotado por los niños. La respuesta C es incorrecta porque no se menciona nada acerca de nuevas responsabilidades, por más que pueda tenerlas. Sin una referencia en el pasaje, no puedes hacer una inferencia lógica. No parece sentirse reconfortado por los sueños. Por lo tanto, la respuesta D es incorrecta.

9. **D; Nivel de conocimiento:** 3; **Objetivos de evaluación de lectura:** R.2.7, R.3.2, R.3.5. La respuesta A es incorrecta porque Edie no ha venido de visita. Lo más probable es que no sea pariente y que esté allí solamente para cuidar a los niños. La respuesta B es incorrecta porque Edie está allí para trabajar cuidando de los niños. No hay un lazo familiar y no está allí para ir a la escuela o solamente para estar con sus parientes. La respuesta C es incorrecta porque no se menciona la enseñanza y porque tampoco se menciona el aprendizaje en el pasaje, y no es probable que un abuelo reciba un pago, como es el caso de Edie. La respuesta D es el mejor paralelismo porque la abuela llega para ayudar en la crianza de un niño.

10. **B; Nivel de conocimiento:** 2; **Objetivos de evaluación de lectura:** R.3.2, R.3.3. Antes de esta escena, nadie recuerda ver a Znaeym y a von Gradwitz hablándose amistosamente. Por lo tanto, la opción de respuesta más lógica es B: Ulrich y Georg, y sus familias, han estado enemistados. La opción A es incorrecta porque se han hecho amigos durante esta experiencia. Nada en el pasaje indica que las familias sean o hayan sido socias comerciales ni que Ulrich y Georg hayan vivido muchas aventuras juntos.

11. **C; Nivel de conocimiento:** 2; **Objetivos de evaluación de lectura:** R.3.2, R.3.3, R.3.5. Como los dos están aguardando ayuda y piden auxilio, lo más probable es que estén heridos y no puedan salir del bosque por sus propios medios. La respuesta A es incorrecta porque el frío no les impediría salir del bosque. Las respuestas B y D son incorrectas porque nada indica que estén cazando y ya no están enemistados.

12. **D; Nivel de conocimiento:** 2; **Objetivos de evaluación de lectura:** R.3.2, R.3.3. A pesar de su apuro, los hombres quieren que los rescaten para poder tener paz entre su gente. Por lo tanto, la respuesta correcta es D. Si bien saben que están en una situación peligrosa, creen que sus hombres están por llegar y no muestran signos de enojo. Por lo tanto, la respuesta A es incorrecta. Si bien pueden estar agradecidos por su nueva amistad, es por la paz que le traerá a su gente. Por lo tanto, la respuesta B es incorrecta. La respuesta C es incorrecta porque ya no están enemistados.

13. **B; Nivel de conocimiento:** 2; **Objetivos de evaluación de lectura:** R.2.7, R.3.2, R.3.3. Los hombres están heridos e indefensos, y los lobos avanzan sobre ellos. Las respuestas A y C son incorrectas porque nada indica que los hombres planeen romper su pacto de amistad o que se peleen con los hombres del bosque. La respuesta D es incorrecta porque Ulrich y Georg probablemente mueran atacados por los lobos antes que morir congelados.

14. **A; Nivel de conocimiento:** 3; **Objetivos de evaluación de lectura:** R.3.2, R.3.3, R.3.4, R.3.5. Ni bien cree haber visto rescatistas a la distancia, Ulrich se da cuenta de que las figuras son lobos. Darse cuenta de esto hace que la alegría, producto de la nueva amistad, se convierta en miedo. La respuesta B es incorrecta porque no ven a los hombres de Georg. La respuesta C es factible, pero no es la mejor opción ya que Ulrich está más preocupado por los lobos que por los peligros de caminar solo por el bosque. La respuesta D es incorrecta porque Georg no tiene idea de los lobos hasta que lo dice Ulrich al final del pasaje. En ese punto, se desconocen los pensamientos de Georg.

15. **B; Nivel de conocimiento:** 1; **Objetivo de evaluación de lectura:** R.2.1. El primer párrafo indica que "solo sé que se encuentra allí porque el perro se para en alerta en la sala de estar." La narradora menciona que Pauline hace crujir una tabla, que fuma un cigarro, y que tose, pero nada de eso es lo que alerta a la narradora de que Pauline está en su galería.

16. **C; Nivel de conocimiento:** 2; **Objetivo de evaluación de lectura:** R.3.2. Es razonable suponer que esta información indica que Pauline es más joven que la narradora. La narradora invita a Pauline a pasar, lo cual indica que Pauline no es una molestia para la narradora. Pauline miente cuando afirma que "pasaba por aquí", pero no hay indicación al final del pasaje de que mienta. Pauline parece nerviosa e insegura de sí misma, por lo que la respuesta D es incorrecta.

17. **D; Nivel de conocimiento:** 2; **Objetivo de evaluación de lectura:** R.3.2. Konrad es el antiguo esposo de la narradora y actual esposo de Pauline. La narradora menciona a la "nueva esposa de su marido", dice que Pauline vive en la ciudad con Konrad y habla de "su" apartamento. Stray es el perro de la narradora y no hay mención de un vecino o un hermano.

18. **A; Nivel de conocimiento:** 3; **Objetivos de evaluación de lectura:** R.3.3, R.3.4. La narradora parece un tanto divertida, confundida o desconcertada. A la narradora le gustaría poder hacer algo con el tema de las visitas, pero también quiere invitar a Pauline a pasar a su casa. Siente cierto lazo con Pauline, cuando dice: "las mentiras son el menor de nuestros problemas". No hay indicación de que la narradora esté enojada con Pauline, que le cause envidia ni de que Pauline le cause gracia.

19. **D; Nivel de conocimiento:** 2; **Objetivos de evaluación de lectura:** R.3.2, R.3.4. Pauline parece insegura de sí misma y nerviosa de hacer enojar a su esposo. Pauline dice que debe volver a casa porque "ya sabes cómo es", dando a entender que es exigente, alguien que se preocupa o que es una persona difícil en cierto sentido. Las acciones de la narradora y de Pauline implican que tienen sentimientos negativos hacia Konrad, por lo tanto, las respuestas A, B y C son incorrectas.

20. **C; Nivel de conocimiento:** 3; **Objetivos de evaluación de lectura:** R.3.2, R.3.3, R.3.4. En el párrafo 3, las palabras *a veces, hoy* y *misma* indican que Pauline ha visitado antes. Los detalles del pasaje no respaldan la respuesta B. La escena ocurre cuando la "luz de la tarde" es brillante, por lo que las respuestas A y D son incorrectas.

LECCIÓN 22, *págs. 98–101*

1. **A; Nivel de conocimiento:** 2; **Objetivo de evaluación de lectura:** R.2.6. El narrador describe las diferentes maneras en las que los niños se divierten, por lo que un tema lógico sería el que se plantea en el enunciado de la respuesta A. No se dice nada acerca del efecto del aire frío en los jardines ni acerca del efecto del invierno en las personas que viven en las ciudades. Tampoco se da a entender nada acerca del peligro que implica que los niños se escondan del tío del narrador.

2. **C; Nivel de conocimiento:** 2; **Objetivo de evaluación de lectura:** R.2.6. La mejor opción es la respuesta C porque la frase *irradiaban calor* tiene connotaciones positivas con respecto al juego de los niños. Parecen estar llenos de júbilo ante el escozor del frío y disfrutan al máximo. Las respuestas A y B no tienen relevancia con respecto al tema. La respuesta D no tiene relevancia con respecto al tema a menos que se malinterprete el tema en la pregunta anterior.

3. **C; Nivel de conocimiento:** 2; **Objetivo de evaluación de lectura:** R.2.6. La respuesta C es correcta porque en el pasaje hay evidencia de que Ray está desilusionado con la vida y corre detrás de Hal para evitar que cometa el mismo error que Ray cree que lo llevó a él a su propia desilusión. La respuesta A es incorrecta porque no se menciona nada acerca de cómo se trata a Ray. La respuesta B es incorrecta porque el pasaje da a entender que el matrimonio puede llevar a la desilusión, no a la tragedia. La respuesta D parece posible, pero es incorrecta porque no se sabe si Ray y Hal son buenos amigos, ni tampoco Hal ha hecho nada que ayude a Ray. Además, no se menciona ningún "problema" en el pasaje.

4. **A; Nivel de conocimiento:** 2; **Objetivos de evaluación de lectura:** R.2.6, R.3.3. La respuesta A es correcta porque Ray siente al matrimonio y a los hijos como una carga. No se queja de su trabajo (respuesta B) más allá de tener que estar ligado a él por responsabilidades familiares. Su abrigo roto puede ser un símbolo de su vida, pero no se queja de eso. No se menciona nada acerca de la duración de su amistad con Hal.

5. **B; Nivel de conocimiento:** 2; **Objetivo de evaluación de lectura:** R.2.6. La respuesta B es correcta porque quiere impedir que Hal cometa el mismo error que él (Ray) cometió. Esta acción apoya el tema del pasaje. La respuesta A puede reflejar el comienzo de la decisión de Ray pero no la acción en sí. La respuesta C no es parte del tema. La respuesta D refleja el estado de Ray y tal vez su desilusión con respecto a su vida, pero no está tan relacionada temáticamente como su acción.

6. **C; Nivel de conocimiento:** 2; **Objetivos de evaluación de lectura:** R.2.6, R.5.1, R.5.4. El hecho de que Ray no piensa compartir sus pensamientos con Hal está más relacionado con el tema, según los detalles del párrafo 1. La respuesta A es incorrecta porque el párrafo 5 no resume los pensamientos y sentimientos de Ray que se presentan en el párrafo 1. La respuesta B es incorrecta porque no se describe el paisaje, más allá de la oscuridad de los campos, ni está relacionado con el tema. La respuesta D es incorrecta porque la manera de vestirse de Hal no está relacionada directamente con el tema ni con ninguna otra cosa mencionada en el párrafo 1.

7. **A; Nivel de conocimiento:** 2; **Objetivo de evaluación de lectura:** R.2.6. Ray quiere impedir la decepción de Hal, pero Hal no escucha los consejos de Ray, por lo tanto, la respuesta A es correcta. El texto no respalda las otras opciones y ofrecen explicaciones que no respaldan el tema.

8. **D; Nivel de conocimiento:** 2; **Objetivos de evaluación de lectura:** R.2.6, El forastero deja el dinero para probar la honestidad de la gente de la ciudad. Hadleyburg se ha vuelto demasiado segura de sí misma en cuanto a que se considera una comunidad derecha, y tal grado de certeza moral y de pretensión de superioridad moral puede crear una situación peligrosa. Los ciudadanos no han sido corrompidos, por lo que la respuesta A es incorrecta. El forastero pasa un año planificando su venganza, por lo que la respuesta B es incorrecta. El forastero parece entender la reputación de la ciudad, por lo que la respuesta C es incorrecta.

9. **B; Nivel de conocimiento:** 3; **Objetivos de evaluación de lectura:** R.2.6, R.5.1. El primer pensamiento de la mujer al leer que la bolsa contiene oro es que la puerta no está cerrada con llave. Este detalle hace cuestionar la honestidad subyacente de la mujer y los habitantes de Hadleyburg. Teme que la gente se entere del oro o que traten de robárselo. La mujer no desconfía del forastero, por lo que la respuesta A es incorrecta. El pasaje no respalda las respuestas C y D.

10. **A; Nivel de conocimiento:** 1; **Objetivos de evaluación de lectura:** R.2.1. El párrafo 2 indica que "Hadleyburg tuvo el infortunio de ofender a un forastero de paso" amargado y vengativo. El pasaje no respalda las respuestas B, C y D.

11. **B; Nivel de conocimiento:** 2; **Objetivos de evaluación de la lectura:** R.2.6. Harvey dice que la idea es bien intencionada pero que podría no tener éxito en la práctica. Como expresa una duda, la respuesta A no es correcta. Dice que es "bien intencionada", así que la respuesta C es incorrecta. No está seguro del éxito o el fracaso del experimento, así que la respuesta D es incorrecta.

12. **C; Nivel de conocimiento:** 2; **Objetivo de evaluación de la lectura:** R.2.5. Los párrafos 7 a 9 describen cómo los niños agujerearon el basurero, echaron tinta roja en el edificio de la Asociación e hicieron de cuenta que los soldados habían matado o capturado a unas niñas. Usaron los juguetes, así que las respuestas A y D son incorrectas. No los usaron de acuerdo con el propósito para el que habían sido creados, así que la respuesta B es incorrecta.

13. **A; Nivel de conocimiento:** 2; **Objetivo de evaluación de la lectura:** R.2.4. A Eleanor le agrada la idea de los juguetes de paz porque coincide con su idea de que los padres pueden usar los juguetes para influir en los pensamientos y las ideas de sus hijos. Aunque le pide a Harvey que traiga los juguetes en Pascua, no hay ninguna indicación de que la respuesta B sea verdadera. Ella cree que algunos juguetes pueden enseñar destrezas para la vida, así que la respuesta C es incorrecta. Quiere que sus hijos tengan juguetes de paz, de modo que la respuesta D es incorrecta.

14. **D; Nivel de conocimiento:** 3; **Objetivo de evaluación de la lectura:** R.2.6. Los niños no cambiaron su modo de jugar. Los sucesos del pasaje no respaldan las respuestas A, B ni C.

1. **B; Nivel de conocimiento:** 2; **Objetivos de evaluación de lectura:** R.2.8, R.3.5. La conclusión más lógica que se puede sacar del pasaje es que Rip Van Winkle y su esposa pasan dificultades económicas. El narrador implica que "preferirían morir de hambre con un penique a trabajar por una libra". Por lo tanto, la respuesta correcta es B. La respuesta A es incorrecta porque Rip Van Winkle y su esposa no parecen tener un matrimonio feliz. La respuesta C es incorrecta porque su esposa no lo criticaría si tuvieran valores similares. No hay evidencia para respaldar la respuesta D.

2. **A; Nivel de conocimiento:** 2; **Objetivos de evaluación de lectura:** R.2.8, R.3.2, R.3.5. La conclusión más lógica que puede sacarse acerca de Rip Van Winkle es que es un hombre poco dedicado al trabajo. Por lo tanto, la respuesta A es correcta. Si bien puede sentirse relajado en su casa, tampoco debe sentirse tan a gusto si tenemos en cuenta que la esposa lo reprende continuamente. Por lo tanto, la respuesta B es incorrecta. El pasaje indica que Rip Van Winkle no discute con su esposa, por lo que la respuesta C es incorrecta. La última oración del pasaje contradice la respuesta D, que indica que salía de casa para alejarse de su esposa.

3. **D; Nivel de conocimiento:** 2; **Objetivos de evaluación de lectura:** R.2.8, R.3.2, R.3.3. La respuesta D es la mejor respuesta porque el hecho de que Ángela deje regalos demuestra consideración hacia sus amistades y sus arreglos demuestran organización. Si bien no se menciona nada acerca de cómo Ángela trataba a Sissy Miller, los detalles del pasaje indican que probablemente la trataba bien. La respuesta B es incorrecta porque no se menciona nada acerca del valor de las joyas de Ángela, aunque la mayoría de ellas probablemente tengan más valor sentimental que monetario, según detalles del pasaje. La respuesta C es incorrecta porque no se menciona nada acerca de la fortuna o la fama de Ángela. Si bien emplear a una secretaria puede indicar que Ángela estaba ocupada y necesitaba una asistente, tener una asistente no es prueba suficiente para concluir que era rica y famosa.

4. **D; Nivel de conocimiento:** 2; **Objetivos de evaluación de lectura:** R.2.8, R.3.3, R.3.5. El narrador dice que la muerte de Ángela fue repentina; de todos modos, tuvo tiempo de etiquetar cada objeto y de indicarle al marido para quién era cada uno. Esta información da a entender que Ángela planeó su propia muerte. La respuesta A es incorrecta porque nada en el pasaje indica si le contaba sus secretos a Sissy Miller. La respuesta B es incorrecta porque no se olvidó de su marido. Él tiene los diarios. La respuesta C es incorrecta porque Ángela no estaba enferma.

5. **A; Nivel de conocimiento:** 2; **Objetivos de evaluación de lectura:** R.2.8, R.3.3, R.3.5. A partir de este enunciado y de la información del pasaje, puedes sacar la conclusión de que el diario trata sobre los problemas que tenía con su matrimonio. El narrador sugiere que Gilbert Clandon no conocía a su esposa tan bien como creía y que su matrimonio no era tan sólido como pensaba. Si bien pudo tener curiosidad acerca de lo que ella escribía, es improbable que fuera el regalo que más quería recibir. También es improbable que el diario contuviera poemas de amor. Nada indica que Ángela esperara que su diario se fuera a publicar.

6. **C; Nivel de conocimiento:** 2; **Objetivos de evaluación de lectura:** R.2.8, R.3.3, R.4.3/L.4.3, R.5.1. La respuesta C es correcta porque Gilbert parece desconocer el grado de infelicidad de su esposa y que se quitó la vida. La respuesta A es incorrecta porque la negación de Ángela a compartir el diario con Gilbert mientras estaba viva generó problemas. Si bien la respuesta B puede ser un enunciado preciso acerca de la vida, no se trata de una conclusión específica que se pueda sacar a partir de la evidencia del pasaje. La respuesta D es incorrecta porque los diarios y las joyas no están relacionados. El diario puedo haber sido causa de roce, pero no las joyas de Ángela. De hecho, Gilbert había comprado algunos objetos y no hay nada que indique roces a causa de ellos.

7. **A; Nivel de conocimiento:** 2; **Objetivos de evaluación de lectura:** R.2.8, R.3.3. De acuerdo con esta afirmación, la respuesta A es la única conclusión lógica de todas las opciones. Si pensaba que ella viviría más que él, entonces pensaba que nunca hubiera leído el diario. Si bien la respuesta B puede ser verdadera, no lo indica el texto de la pregunta. No hay evidencia en el texto que respalde las conclusiones de las respuestas C y D.

8. **A; Nivel de conocimiento:** 3; **Objetivo de evaluación de lectura:** R.2.8. Su comentario de que otras casas de campo no tienen toallas de rodillo sucias puede llevar al lector a concluir que él piensa que las otras esposas sí pueden mantener limpia la cocina. No indica que le desagraden las toallas de rodillo, así que la respuesta B es incorrecta. Sabe cómo funcionan las toallas de rodillo, de modo que la respuesta C es incorrecta. No hay ninguna indicación de que no esté de acuerdo con la cantidad de trabajo que hay en una granja, así que la respuesta D es incorrecta.

9. **C; Nivel de conocimiento:** 3; **Objetivo de evaluación de lectura:** R.2.8. A partir de su interrogatorio, parece que lo que más le interesa es la relación de los Wright porque se apresuró a preguntar si los Wright se llevaban bien. No "se apresura a hacer" las otras preguntas.

10. **C; Nivel de conocimiento:** 3; **Objetivo de evaluación de lectura:** R.2.8. El comentario de la Sra. Hale, "no creo que la presencia de John Wright pueda alegrar ninguna casa", lleva al lector a concluir que era difícil convivir con él. Las respuestas A, B y D no están respaldadas por el pasaje.

11. **D; Nivel de conocimiento:** 2; **Objetivos de evaluación de lectura:** R.2.8, R.3.3, R.3.5. A partir de la conversación del pasaje, es razonable llegar a la conclusión de que Laird intenta ser franco y honesto con su madre. Saca el tema de que su padre se fue rápidamente después de la cena y también dice que cree que a su padre no le gusta estar cerca de él. Si bien Laird usa el humor, no evita temas incómodos; de hecho, toca uno de ellos. No es cauteloso a la hora de abrirse y expresarse con su madre. Laird puede estar enojado con su padre, pero no con su madre.

12. **B; Nivel de conocimiento:** 2; **Objetivos de evaluación de lectura:** R.2.8, R.3.3, R.4.3/L.4.3. La respuesta B es la conclusión más lógica porque lo más probable es que un padre distante y un hijo que se siente como si lo hubiera desilusionado constantemente no se lleven bien. Las respuestas A y C contradicen la evidencia del pasaje. La respuesta D es un enunciado demasiado fuerte si nos basamos en la información del pasaje.

13. **B; Nivel de conocimiento:** 2; **Objetivos de evaluación de lectura:** R.2.8, R.4.3/L.4.3, R.5.1. La madre de Laird lo ama y aprecia el tiempo que todavía le queda con él. Ella cree que Martin se está perdiendo la alegría de pasar tiempo con su hijo moribundo y de conocerlo mejor. La respuesta A es incorrecta porque plantea lo opuesto a lo que cree la madre de Laird. La respuesta C es una mala lectura del pasaje. No ama a su esposo más que a su hijo. La respuesta D es incorrecta porque el pasaje indica que ella comparte el sentido del humor de Laird y que no piensa que Laird sea irrespetuoso. En todo caso, lo más probable es que piense que es Martin quien demuestra falta de respeto.

14. **C; Nivel de conocimiento:** 2; **Objetivos de evaluación de lectura:** R.2.8, R.3.2, R.3.3, R.3.5. A partir de las referencias de la madre acerca de la obsesión de Martin por su trabajo y su ausencia en la casa (ya sea física o emocional), la respuesta C es la conclusión más lógica. La respuesta A puede parecer correcta, pero Laird no siempre ha estado enfermo. Las respuestas B y D plantean información del pasaje de forma incorrecta. Martin no ha disciplinado a Laird y los padres no han compartido equitativamente las tareas de crianza, dada la distancia de Martin y su familia.

LECCIÓN 24, *págs. 106–109*

1. **B; Nivel de conocimiento:** 3; **Objetivos de evaluación de lectura:** R.2.8, R.3.2. La respuesta B es correcta porque el pasaje indica que los nervios de Paul estaban bajo control y dio una razón aceptable por su pedido de licencia. Su conducta, por lo tanto, no llamó ninguna atención especial. Las respuestas A, C y D indican una conducta inusual y, por consiguiente, contradicen la información del pasaje.

2. **D; Nivel de conocimiento:** 3; **Objetivos de evaluación de lectura:** R.2.7, R.2.8. Puedes predecir que las cosas probablemente terminen mal para Paul una vez que se descubra su delito. Está utilizando dinero robado para huir de sus problemas. Sería improbable que regresara al trabajo. Nada indica que tenga un plan para el futuro o para evitar la captura. Es improbable que vuelva y admita lo que hizo o que utilice el dinero para vivir honestamente en Nueva York. Sus acciones parecen impulsivas, con poca consideración acerca de las consecuencias.

3. **C; Nivel de conocimiento:** 3; **Objetivos de evaluación de lectura:** R.2.7, R.2.8, R.3.3, R.3.4. La narradora hace referencia a la "erosionada belleza" de su madre y señala que, a diferencia de otras mujeres, las acciones de su madre son coherentes con lo que dice. El pasaje no respalda las respuestas A, B ni D.

4. **D; Nivel de conocimiento:** 3; **Objetivos de evaluación de lectura:** R.2.7, R.3.2, R.4.3/L.4.3. La respuesta A es incorrecta porque el paralelismo sería con una persona ostentosa y pendiente de la moda y las apariencias. La madre de Margaret se describe como alguien inteligente y práctico, y ninguna de esas características coinciden con un carro deportivo. La respuesta B es más factible, pero no es una opción tan buena como la D, porque no se mencionan ni se dan a entender preocupaciones por el medio ambiente o por el presupuesto. La respuesta C es incorrecta porque este tipo de carro coincidiría con alguien que pretende lucir como si fuese más joven a través de la "restauración". La respuesta D es la mejor opción: se trata de una joya cuidada, práctica y sobria.

5. B; Nivel de conocimiento: 2; **Objetivos de evaluación de lectura:** R.2.7, R.3.2, R.4.1/L.4.1, R.4.3/L.4.3. La respuesta A es incorrecta porque nada indica que Margaret sea anticuada. Era una belleza en la década de 1940 pero ha aceptado su edad y el presente; no parece ni anticuada ni alejada de la realidad. La respuesta C es incorrecta porque su conducta no indica arrogancia. La respuesta D es incorrecta porque ella afirma que no quiere que la consideren "patética" por someterse a cirugías plásticas u otros métodos para parecer más joven. La respuesta B es correcta porque acepta quién es y vive de acuerdo con esa realidad.

6. A; Nivel de conocimiento: 3; **Objetivos de evaluación de lectura:** R.2.7, R.3.3. La respuesta A es la mejor opción porque la narradora caracteriza a su madre como una persona práctica, inteligente y que envejece con gracia. Alguien que se alimenta de comidas saludables coincide con esta descripción. La respuesta B sería probablemente una exageración: si Margaret fuera al gimnasio por razones de salud, no ejercitaría en exceso. La respuesta C es incorrecta porque el pasaje no indica nada acerca de las preferencias sociales de Margaret; sin embargo, es improbable que disfrute de tales eventos. La respuesta D contradice el detalle del párrafo 1 acerca de que Margaret no compraría un vestido por el simple hecho de que estuviera en oferta.

7. C; Nivel de conocimiento: 3; **Objetivos de evaluación de lectura:** R.2.7, R.3.3. La respuesta C es correcta porque Margaret no está interesada en productos de belleza. Las respuestas A y D indican interés y, por consiguiente, contradicen la información del pasaje. La respuesta B es incorrecta porque en el pasaje no se indican problemas de dinero.

8. C; Nivel de conocimiento: 3; **Objetivos de evaluación de lectura:** R.2.7, R.2.8. La respuesta correcta es la opción C porque deja claro que ella no tiene remordimientos y no tiene intención de cambiar a la persona en la que ella se ha convertido. Debido a que no desea cambiarse a sí misma o su pasado, las otras opciones son incorrectas.

9. Nivel de conocimiento: 3; **Objetivos de evaluación de lectura:** R.2.7, R.2.8, R.3.3. De acuerdo con el pasaje, la persona a cargo de cuidar a Flora disfruta su trabajo y aguarda con ansias cuidar de ella. La persona a cargo de Flora sí **la cuidaría con mucho esmero** y **procuraría hacerla feliz.** La persona a cargo de Flora no **la descuidaría** ni **despotricaría contra tal responsabilidad.**

10. A; Nivel de conocimiento: 3; **Objetivo de evaluación de lectura:** R.2.7. La respuesta A es la que más se aproxima a la situación del trabajador porque ambas muestran personas que se toman un momento en su trabajo para admirar algo que los rodea. La respuesta B es incorrecta porque la directora de una banda está trabajando, no se está tomando un momento de su trabajo para hacer otra cosa. La respuesta C es incorrecta porque el jardinero no deja de trabajar y probablemente no apreciaría que el niño recogiera la flor. La respuesta D es incorrecta porque lo más probable es que la hora del almuerzo del trabajador sea tiempo libre y la redacción de la opción de respuesta no plantea que disfrute o aprecie lo que lo rodea.

11. C; Nivel de conocimiento: 3; **Objetivos de evaluación de lectura:** R.2.7, R.3.3. La respuesta C es correcta porque Laura proviene de una familia adinerada y, según el pasaje, pasa tiempo con la clase acomodada, a quienes podrías encontrar en un club de campo. Las respuestas A, B y D son incorrectas porque nada indica que Laura trabaje en una oficina ni que quiera trabajar, ya sea en una granja o en una tienda de provisiones de jardinería, más allá de la atracción que siente por los trabajadores.

12. C; Nivel de conocimiento: 3; **Objetivos de evaluación de lectura:** R.2.7, R.2.8, R.3.3. Lo más probable es que Laura justificara a los trabajadores en caso de que hicieran un trabajo deficiente. A partir de la información del pasaje, Laura parece no estar segura de confrontar y disgustar a los trabajadores. Es improbable que se niegue a pagarles o que les exija que terminen el trabajo de una manera que la deje satisfecha. Se da cuenta de las cosas, pero idealiza sus interpretaciones. Le parecen atractivos los trabajadores y probablemente los justifique. Es probable que se dé cuenta, pero es igual de probable que evite la confrontación.

13. B; Nivel de conocimiento: 3; **Objetivos de evaluación de lectura:** R.2.7, R.3.3, R.3.5. La respuesta B es correcta porque se menciona varias veces; esta idea está enfatizada y apoyada por el interés de Laura hacia el trabajador que huele la lavanda. Las otras tres opciones se mencionan solamente en relación con los trabajadores.

COMPRENSIÓN DE LA LECTURA EN ACCIÓN, *págs. 110–111*

MERCADEO, VENTAS Y SERVICIOS

1. A; Nivel de conocimiento: 2; **Objetivo de evaluación de lectura:** R.2.1. La oración "Los recibos de venta son una parte esencial del proceso de venta" es la oración principal del párrafo 1. Enuncia la idea principal. Las respuestas B, C y D son incorrectas. Son detalles de apoyo que ayudan a explicar por qué los recibos de venta son importantes.

2. C; Nivel de conocimiento: 2; **Objetivo de evaluación de lectura:** R.2.2. La primera oración del párrafo 2, "Cada venta requiere un recibo de venta", es la oración principal. La respuesta C resume esta idea principal. Las respuestas A y B son incorrectas. Son detalles que respaldan la idea principal. Si bien el párrafo trata sobre cómo completar recibos a mano, implica que la mayoría de los recibos se hacen con el sistema de ventas de la tienda, por lo tanto la respuesta D es incorrecta.

3. B; Nivel de conocimiento: 2; **Objetivo de evaluación de lectura:** R.2.8. El párrafo 2 dice que se deben completar todos los recibos. El párrafo 3 describe las cinco áreas de los recibos. La conclusión más lógica es que "Los encargados de ventas deben completar las cinco áreas enumeradas". La respuesta A es incorrecta. El párrafo aconseja a los encargados que anoten el número de cuenta, pero no les indica que deban memorizarlo. La respuesta C es incorrecta porque el recibo tiene otras secciones que deben completarse. La respuesta D es incorrecta. Las instrucciones piden rellenar la casilla correcta para la forma de pago, lo cual implica que deben completarse recibos de venta para los artículos comprados con cheque o tarjeta de crédito.

4. **D; Nivel de conocimiento:** 2; **Objetivo de evaluación de lectura:** R.4.2. La palabra *memorizar* significa aprender de memoria, lo cual tiene una connotación mucho más fuerte que la palabra *familiarizarse*. Debido a esta connotación más fuerte, las respuestas A y C son incorrectas. Además, si bien el párrafo 2 dice que quienes no completen un recibo de venta pueden ser objeto de medidas disciplinarias, no hay motivos para creer que exigir que los empleados memoricen el proceso pudiera modificar las consecuencias para quienes se olviden de hacer un recibo. La respuesta D es incorrecta.

CIENCIAS DE LA SALUD

5. **D; Nivel de conocimiento:** 2; **Objetivo de evaluación de lectura:** R.4.1. El párrafo 2 explica que los sistemas de aspiración reducen o eliminan la contaminación cruzada. Luego describe de qué manera el sistema reduce la nube microbiana hasta hacerla menor que la distancia promedio entre el paciente y el odontólogo. La conclusión más lógica es que la contaminación cruzada es la transferencia de bacterias entre los pacientes y los profesionales odontológicos. Si bien la nube microbiana causa contaminación cruzada, no es la definición de la frase, por lo tanto la respuesta A es incorrecta. La respuesta B es incorrecta. La acumulación de este material describe qué hacen los sistemas de aspiración. Describe el propósito de los sistemas de aspiración, que es evitar la contaminación cruzada.

6. **C; Nivel de conocimiento:** 2; **Objetivo de evaluación de lectura:** R.5.4. El párrafo 3 explica que los sistemas "que separan el líquido del aire de la sala de máquinas se denominan de succión húmeda. Los sistemas que separan el líquido del equipo odontológico se denominan de succión seca". Si bien el fragmento menciona otros grupos de categorías, el texto no las describe como tipos de sistemas de aspiración, por lo tanto, las respuestas A, B y D son incorrectas.

7. **A; Nivel de conocimiento:** 2; **Objetivo de evaluación de lectura:** R.5.3. La palabra de transición *Como* señala una relación de causa y efecto descrita en la primera oración del párrafo 4. No muestra una relación directa entre la información del párrafo 4 y los párrafos anteriores, por lo tanto las respuestas B, C y D son incorrectas.

8. **D; Nivel de conocimiento:** 2; **Objetivo de evaluación de lectura:** R.5.2. El párrafo 4 dice que los equipos "deben desinfectarse a diario para evitar olores desagradables y obstrucciones en el sistema". La oración siguiente enuncia que "Esto implica desmontar o desarmar ciertas secciones del sistema". La conclusión más lógica es que primero se desmonta el equipo y luego se lo limpia. Si bien el texto menciona "la cantidad de pacientes", esto no está relacionado con las obstrucciones del sistema, por lo tanto la respuesta A es incorrecta. La respuesta B es incorrecta; invierte la secuencia de desmontar y limpiar. La respuesta C es incorrecta; el equipo se desmonta para limpiarlo, para quitar las bacterias acumuladas.

UNIDAD 2 ANÁLISIS DEL ARGUMENTO Y COMPARACIÓN DE TEXTOS

LECCIÓN 1, *págs. 112–115*

1. **A; Nivel de conocimiento:** 2; **Objetivos de evaluación de lectura:** R.2.7, R.6.1. El propósito de los autores es instruir a un público general acerca de la vacunación contra la gripe. Como resultado, los autores no incluyen una cantidad de vocabulario especializado que podría ser difícil para el lector común. Si los autores estuvieran escribiendo para médicos, podrían incluir términos médicos. Por lo tanto, A es la respuesta correcta. Una anécdota divertida, información acerca de las expectativas al recibir la vacuna o información sobre los costos de las vacunas de la gripe serían temas interesantes o útiles para un público general más que para un público específico.

2. **D; Nivel de conocimiento:** 2; **Objetivos de evaluación de lectura:** R.6.1, R.6.3. Además de los detalles generales sobre la vacuna de la gripe, los autores incluyen detalles que animan a los lectores a vacunarse. Por ejemplo, la información de que la gente que se vacuna tiene alrededor de la mitad de probabilidades de enfermarse y que probablemente estén menos enfermos si reciben la vacuna. Las respuestas A y B brindan información sobre los CDC y la vacuna de la gripe, pero no ofrecen razones para vacunarse. La respuesta C no se menciona en el pasaje y no ayudaría a persuadir a nadie de vacunarse.

3. **A; Nivel de conocimiento:** 1; **Objetivos de evaluación de lectura:** R.2.1, R.6.1. La carta fue escrita por W. T. Sherman, un general que comandó el Ejército de la Unión. Sherman le escribe a J. B. Hood, que fue un general del Ejército Confederado. La información sobre Hood aparece en el párrafo 1. La información sobre Sherman se brinda en la atribución que aparece al final. El hecho de que sean enemigos, de bandos contrarios, es claro a partir del contenido de la carta y se afirma en el párrafo 4.

4. **C; Nivel de conocimiento:** 1; **Objetivos de evaluación de lectura:** R.5.1, R.5.4, R.6.1, R.6.2, R.6.3, R.8.2. En el párrafo 1, el autor declara que quiere confirmar los planes para evacuar Atlanta. Las respuestas A, B y D son propósitos implícitos, así que son incorrectas.

5. **B; Nivel de conocimiento:** 2; **Objetivos de evaluación de lectura:** R.5.1, R.5.4, R.6.1, R.6.2, R.6.3, R.8.2. Sherman se defiende contra la acusación de crueldad insensible. No hay indicación de que el general Hood haya acusado a Sherman de piedad o valentía, así que las respuestas A y B son incorrectas. El general Sherman insinúa que el general Hood es hipócrita, de modo que la respuesta D es incorrecta.

6. **C; Nivel de conocimiento:** 2; **Objetivo de evaluación de lectura:** R.6.1. El pasaje debate el deseo creciente de tener posesiones, para lo cual las personas crean necesidades y, de esta manera, confunden lo que desean con lo que necesitan. Por lo tanto, la respuesta C explica mejor el propósito general del autor. El autor usa el ejemplo de una casa para ilustrar su punto principal, pero la casa en sí misma es un ejemplo. El autor continúa usando el ejemplo de una casa al describir las necesidades de vivienda de los animales y lo continúa al discutir la exigencia de tener cada vez más "necesidades". Las otras opciones de respuesta se relacionan con el ejemplo de las casas y no con el propósito principal del autor.

7. **A; Nivel de conocimiento:** 2; **Objetivos de evaluación de lectura:** R.6.1, R.6.4. El autor da ejemplos de cómo y por qué la gente gasta dinero en artículos que no necesita y presenta estos hábitos como una característica negativa, de tal manera que respalda el propósito del autor. Si bien las otras opciones son verdaderas, no están respaldadas por el texto.

8. **A; Nivel de conocimiento:** 3; **Objetivos de evaluación de lectura:** R.4.3/L.4.3; R.6.1, R.6.4. Al contrastar la tiranía de las cosas con la opresión de otra persona, el autor observa que, cuando son oprimidas por otros, las personas reaccionan con rapidez para proteger su libertad. La tiranía de las cosas se da lentamente, y las personas participan de manera voluntaria. Las personas se dan cuenta solo gradualmente de que han entregado sus libertades a sus cosas. Aunque el pasaje comienza con un debate sobre cómo las personas ven a las comodidades y a los lujos como necesidades (respuesta B), el contraste no respalda este punto. El pasaje no discute qué tan común es la opresión (respuesta C) ni enuncia que los seres humanos a menudo se autodestruyan (respuesta D).

9. **C; Nivel de conocimiento:** 3; **Objetivos de evaluación de lectura:** R.2.7, R.6.1, R.6.3. El autor argumenta que las cosas pueden oprimir a las personas de una manera muy similar a la de los tiranos y que las personas terminan viendo al lujo y a las comodidades como necesidades. El autor escribe: "Nuestros amigos más adinerados están constantemente mostrando qué indispensables son estas cosas y seguimos comprándolas hasta que gastamos por encima de nuestros ingresos o descuidamos las cosas más importantes de la vida". Este enunciado sugiere que el propósito implícito del autor es persuadir a los lectores de pensar mejor acerca de las cosas que compran. La respuesta C es la que mejor expresa esta idea. La postura del autor no es tan extrema como para alentar a los lectores a abandonar todas las posesiones materiales, como enuncia la respuesta A. Si bien el autor habla de la opresión de otros, no sugiere derrocar al gobierno (respuesta B). El autor usa la naturaleza como ejemplo para mostrar la manera en que los seres humanos exceden en gran medida sus necesidades cuando construyen, pero el propósito del artículo no es alentar a los lectores a estudiar la naturaleza (respuesta D).

10. **B; Nivel de conocimiento:** 3; **Objetivos de evaluación de lectura:** R.5.4, R.6.4. La penúltima oración enuncia que una persona "sigue teniendo cosas e imaginando que es más rico por poseerlas". La última oración invierte este fraseo y enuncia: "las cosas lo poseen a él". Esta inversión enfatiza la manera en que las cosas pueden llegar a dominar la vida de una persona, limitando su libertad en la medida en que esta persona deba trabajar para pagar y mantener las cosas. La respuesta B expresa mejor esta idea. La última oración no resume las citas de la oración anterior (respuesta A) ni parafrasea la oración anterior para hacer un enunciado sobre la tiranía (respuesta C). La última oración no agrega detalles para enfatizar que las personas quieren tener estilos de vida que no pueden afrontar (respuesta D).

11. **A; Nivel de conocimiento:** 1; **Objetivo de evaluación de lectura:** R.6.1. El propósito, resumido en la respuesta A, aparece en el primer párrafo. Quizá más personas hagan la deducción porque es más fácil de documentar, pero este no es el propósito explícito. Las dimensiones de una oficina en casa dan a los contribuyentes información acerca de lo que pueden deducir, pero esta información no es el propósito explícito del IRS. Los contribuyentes que trabajan desde sus casas forman parte del público y ya trabajan desde sus casas; por lo tanto, la respuesta D es incorrecta.

12. **B; Nivel de conocimiento:** 2; **Objetivos de evaluación de lectura:** R.4.3/L.4.3, R.6.3. El pasaje observa que el cambio en la deducción impositiva de la oficina en casa es "parte de los esfuerzos continuos de la Administración" y luego usa lenguaje favorable para explicar estos esfuerzos, como "reducir la carga del papeleo", "optimizar y simplificar" y "facilitar la interacción con el gobierno federal y hacerla más eficiente para las empresas de todos los tamaños". Este lenguaje positivo tiene el propósito de alentar el respaldo hacia la nueva forma de deducción y hacia la Administración, que la aprobó. La respuesta B expresa mejor este propósito implícito. El pasaje no detalla los formularios impositivos que los lectores deben presentar (respuesta A) ni cuenta una anécdota sobre una empresa exitosa que funciona en la casa (respuesta D). El pasaje describe un solo cambio en la manera en que se calcula una deducción. No describe los cambios más amplios propuestos al código fiscal (respuesta C).

13. **C; Nivel de conocimiento:** 2; **Objetivos de evaluación de lectura:** R.2.5, R.3.5, R.8.2. La evidencia de la respuesta C respalda mejor la afirmación porque indica que un porcentaje importante de la fuerza laboral posee una pequeña empresa o trabaja para ella. Si bien el gobierno está intentando simplificar el código fiscal para las pequeñas empresas (respuesta A), esta información no indica la importancia de las pequeñas empresas en la economía. De la misma manera, la información de las respuestas B y D no se relaciona con el rol que tienen las pequeñas empresas en la economía.

14. **C; Nivel de conocimiento:** 3; **Objetivos de evaluación de lectura:** R.2.7, R.3.5. Es poco probable que el público general necesite ver un ejemplo de cálculo de la deducción, pero los propietarios de empresas en casa probablemente se beneficiarían con dicha información. Una explicación de la forma en que el IRS determinó el nuevo método de cálculo (respuesta A) probablemente brindaría más información de la que incluso el propietario de una empresa en casa necesitaría. Una estimación de la cantidad de personas que no reclamaron la antigua deducción (respuesta B) no ayudaría al propietario de una empresa en casa a entender la revisión de la deducción. Una dirección a la que los contribuyentes pueden enviar comentarios sobre el código fiscal (respuesta D) beneficiaría tanto al público general como a los propietarios de empresas en casa.

15. **A; Nivel de conocimiento:** 3; **Objetivos de evaluación de lectura:** R.2.7, R.2.8, R.3.2, R.3.5. Al final del pasaje, los autores mencionan que muchas empresas se están convirtiendo en virtuales y contratando empleados que pueden vivir muy lejos. Estos empleados usan la tecnología para trabajar desde sus casas. Esta situación implica que los autores creen que los empleados deben ser flexibles (respuesta A), porque es posible que no trabajen en un ambiente de oficina tradicional. Los miembros de la fuerza laboral del siglo XXI deben tener dominio de la tecnología y trabajar en ambientes no tradicionales; por lo tanto, la respuesta B es incorrecta. Si bien los trabajadores del siglo XXI pueden ser organizados y leales (respuestas C y D), ningún detalle del pasaje indica que los autores tengan esta opinión sobre los trabajadores.

1. **B; Nivel de conocimiento:** 2; **Objetivos de evaluación de lectura:** R.6.1, R.8.2. La respuesta B es correcta porque el detalle explica que el ferrocarril de carga tiene bajo consumo de combustible. El bajo consumo de combustible indica que el ferrocarril no requiere mucho petróleo. El consumo de combustible no se relaciona con el costo de construir líneas de ferrocarril (respuesta A) ni con la cantidad de terreno que ocupan las vías del ferrocarril (respuesta C). Si bien usar poco combustible es eficiente, el detalle no explica la importancia de dicha eficiencia ni por qué no puede ignorarse (respuesta D).

2. **A; Nivel de conocimiento:** 3; **Objetivos de evaluación de lectura:** R.2.7, R.6.1. Lo más probable es que este dato apele a los ambientalistas, quienes apreciarían los beneficios de despejar camiones de las carreteras (respuesta A). Los otros grupos que se mencionan —políticos (respuesta B), choferes de camión (respuesta C) y oficiales de policía (respuesta D)— probablemente tengan opiniones ambivalentes o negativas acerca de despejar camiones de las carreteras.

3. **Nivel de conocimiento:** 2; **Objetivos de evaluación de lectura:** R.5.1, R.8.1, R.8.2. **Afirmación:** Debería ser posible, en síntesis, que todos los estadounidenses disfruten de los privilegios de ser estadounidenses sin importar su raza o su color. **Evidencia:** El bebé negro que nace hoy en los Estados Unidos (...) tiene aproximadamente la mitad de las posibilidades de terminar los estudios secundarios que un bebé blanco. **Evidencia:** El bebé negro que nace hoy en los Estados Unidos (...) [tiene] el doble de las posibilidades de quedar desempleado. **Evidencia:** Las dificultades en cuanto a la segregación y la discriminación existen en todas las ciudades, en todos los Estados de la Unión. **Conclusión:** Han pasado cien años de retraso desde que el presidente Lincoln liberó a los esclavos y, sin embargo, sus herederos, sus nietos, no son completamente libres.

La afirmación es la idea principal del pasaje y la conclusión pide al público que piense de determinada manera. La evidencia citada respalda la afirmación principal.

4. **C; Nivel de conocimiento:** 2; **Objetivos de evaluación de lectura:** R.5.2, R.5.4. El propósito principal de la autora es persuadir a los lectores de que la financiación de las investigaciones sobre tuberculosis es decisiva en la lucha contra el SIDA. Con este fin, el párrafo 2 destaca el número de pacientes de VIH que mueren de tuberculosis y la amenaza de que la tuberculosis multirresistente podría revertir los progresos hechos contra el VIH/SIDA. Por lo tanto, la respuesta C es correcta. La respuesta A es incorrecta porque aun cuando la autora sí menciona el VIH, la tuberculosis y la malaria, no explica los síntomas de estas enfermedades. La respuesta B es incorrecta porque el autor no informa a los lectores acerca de los tratamientos para el VIH. Aunque los párrafos 3 y 4 presentan las intenciones del Fondo Mundial, esta información no es el foco del pasaje; por lo tanto, la respuesta D es incorrecta.

5. **D; Nivel de conocimiento:** 2; **Objetivos de evaluación de lectura:** R.6.2, R.8.1. La cita del secretario Kerry indica que la "tuberculosis es curable" y puede ser eliminada. Esta cita respalda la afirmación del autor de que la meta de eliminar las muertes por tuberculosis en nuestra generación está a nuestro alcance. La cita no respalda las afirmaciones presentadas en las respuestas A, B y C.

6. **C; Nivel de conocimiento:** 2; **Objetivos de evaluación de lectura:** R.6.2, R.8.1. La autora afirma que, si la progresión de la tuberculosis multirresistente no se controla, podría perderse todo lo que se ganó en la lucha contra el VIH/SIDA; por lo tanto, la respuesta C es correcta. La respuesta A es incorrecta porque la autora no menciona que todavía haya muchos pacientes que mueren de VIH/SIDA, ni tampoco dice que no deban celebrarse los progresos en la lucha contra esta enfermedad. La respuesta B es incorrecta porque el pasaje indica que una de cada cuatro personas con el virus VIH muere de tuberculosis. La respuesta D es incorrecta porque el pasaje indica que el Fondo Mundial es una oportunidad para que los países donantes incrementen sus compromisos para erradicar estas enfermedades de algunas de las poblaciones más marginadas, pero el artículo no dice que no hayan hecho lo suficiente.

7. **C; Nivel de conocimiento:** 2; **Objetivo de evaluación de lectura:** R.8.6. La información brindada en el párrafo 2 se enfoca en la relación entre la tuberculosis y el VIH. Para respaldar la afirmación de que la tuberculosis y el VIH son una combinación mortal, la autora declara que la tuberculosis es la causa principal de muerte de las personas con VIH y representa una de cada cuatro muertes relacionadas con VIH. La respuesta C es correcta. Las respuestas A y B son incorrectas porque no se enfocan en la relación entre el VIH y la tuberculosis. Aun cuando la respuesta D se vincula con la relación entre el VIH y la tuberculosis, no explica cómo resulta mortal la combinación de ambas.

8. **B; Nivel de conocimiento:** 2; **Objetivos de evaluación de lectura:** R.5.1, R.5.4. El párrafo 1 da información de contexto para ayudar a los lectores a entender mejor la decisión y el argumento de Roberts. Si bien el párrafo 1 explica la afirmación del gobierno, el resto del pasaje no da evidencia para respaldarla (respuesta A). El párrafo 1 no proporciona evidencia para respaldar la afirmación de Roberts, que aparece en el párrafo 4 (respuesta C). El párrafo 1 no explica el punto de vista de los que se oponen a la ley, pero el resto del pasaje no refuta esta posición: el pasaje la respalda. La respuesta D es incorrecta.

9. **D; Nivel de conocimiento:** 2; **Objetivo de evaluación de lectura:** R.5.3. La respuesta A indica una opción y su clasificación como palabra de transición es cuestionable. La respuesta B indica una idea opuesta o contraria. La respuesta C indica información o ideas adicionales. La frase *en consecuencia* indica una relación causal: la consecuencia, o el resultado, de una causa.

10. **A; Nivel de conocimiento:** 2; **Objetivo de evaluación de lectura:** R.5.3. La palabra *entonces* indica una relación de causa y efecto. En este pasaje, *entonces* muestra cómo la interpretación de Roberts de la Cláusula de Comercio lo llevó a creer que el mandato individual es inconstitucional (respuesta A). Las otras opciones de respuesta son imprecisas porque no se relacionan con detalles conectados en una relación de causa y efecto por la palabra *entonces*. La respuesta C también es incorrecta porque se relaciona con información que no está incluida en el pasaje.

11. **C; Nivel de conocimiento:** 2; **Objetivos de evaluación de lectura:** R.2.2, R.3.1, R.8.1. La respuesta C resume mejor los pasos del argumento de Roberts. La respuesta A es incorrecta porque Roberts estaba tomando una decisión acerca del mandato individual, no acerca de la ley en general, y porque Roberts decidió que el mandato individual era inconstitucional según la Cláusula de Comercio. La respuesta B es incorrecta porque no se relaciona con la decisión de Roberts. De la misma manera, la respuesta D es incorrecta porque no se relaciona con el argumento de Roberts.

LECCIÓN 3, *págs. 120–123*

1. **D; Nivel de conocimiento:** 2; **Objetivos de evaluación de lectura:** R.4.3/L.4.3, R.6.1, R.8.2. El uso de palabras como **riesgo significativo para la salud** y **crítico** apelan a las emociones de los lectores y los hace temer los peligros de los cigarrillos electrónicos. Este lenguaje no muestra que los autores sea una fuente creíble, así que la respuesta A es incorrecta. Un lenguaje que indique una fuente creíble sería una apelación a la ética. Los autores no intentan engañar a los lectores, así que la respuesta B es incorrecta. Este lenguaje no se relaciona con el uso del cigarrillo electrónico, de modo que la respuesta C es incorrecta.

2. **C; Nivel de conocimiento:** 2; **Objetivo de evaluación de lectura:** R.8.2. La respuesta C es correcta porque apelar a la ética implica credibilidad. La respuesta A se relaciona con una apelación lógica. La respuesta B añadiría información, pero esto no estaría relacionado con la credibilidad de los autores. La respuesta D se relaciona con un argumento, no con credibilidad, aun si las opiniones discrepantes son dos fuentes creíbles.

3. **Nivel de conocimiento:** 2; **Objetivo de evaluación de lectura:** R.8.2. Lógica: **Cada voto electoral en Alaska equivale aproximadamente a 112,000 personas. Cada voto electoral en Nueva York equivale aproximadamente a 404,000 personas habilitadas.** El detalle es lógico porque puede probarse o refutarse y, por lo tanto, se considera una apelación a la razón. Emoción: **Los electores desertores en una competencia reñida podrían causar una crisis de confianza en nuestro sistema electoral. En una nación donde el derecho al voto se funda en el principio de "una persona, un voto", el colegio electoral es un anacronismo irremediable.** Los dos detalles considerados emocionales contienen lenguaje fuerte y podrían despertar en el lector sentimientos de temor ("crisis de confianza") y necesidad de cambio ("anacronismo irremediable"). Ética: **Me complace estar aquí hoy para expresar el respaldo de la Liga a una enmienda constitucional.** La apelación ética es la identificación de la oradora como representante de la Liga, lo cual infunde autoridad.

4. **A; Nivel de conocimiento:** 2; **Objetivos de evaluación de lectura:** R.8.2, R.8.3. Los autores apelan a la ética al citar una fuente creíble, un experto en adolescentes al volante del NIH. Aunque los autores citan el número de muertes causadas por accidentes de tránsito en 2018 y dan ejemplos de distracciones, estos detalles no son apelaciones a la ética. La respuesta D es incorrecta porque el autor no usa lenguaje particularmente fuerte para hacer un comentario sobre mantener la vista en el camino.

5. **B; Nivel de conocimiento:** 2; **Objetivos de evaluación de lectura:** R.5.2, R.8.2. La respuesta B es correcta porque el párrafo 10 vuelve a enunciar esta afirmación al brindar una cita de una experta. La respuesta A es incorrecta porque el párrafo no brinda datos del estudio que menciona. La respuesta C es incorrecta porque el párrafo no se opone a la afirmación. La respuesta D es incorrecta porque el párrafo no amplía la afirmación.

6. **A; Nivel de conocimiento:** 2; **Objetivo de evaluación de lectura:** R.8.2. La respuesta A es correcta porque el enunciado no puede comprobarse como verdadero o falso. Por otra parte, la información de las respuestas B, C y D puede investigarse y verificarse como acertada o desacertada.

7. **C; Nivel de conocimiento:** 2; **Objetivos de evaluación de lectura:** R.8.2, R.8.3. La respuesta C es correcta porque los autores apelan a la lógica y a la razón mediante los datos que brindan. El enunciado no es una apelación a la ética, a la emoción o a los valores.

8. **D; Nivel de conocimiento:** 2; **Objetivos de evaluación de lectura:** R.2.4, R.2.5, R.6.3. La afirmación implícita del autor es que los lobos rojos necesitan de la ayuda de los humanos para sobrevivir y dejar de estar en la lista de especies en peligro de extinción. Si bien los lobos rojos comen una variedad de animales pequeños, la evidencia no sugiere que contribuyen a que estos animales queden en peligro de extinción, por lo tanto, la respuesta A es incorrecta. Las respuestas B y C son hechos que el autor enuncia directamente en el pasaje y, por lo tanto, no pueden ser afirmaciones implícitas.

9. **A; Nivel de conocimiento:** 2; **Objetivo de evaluación de lectura:** R.8.2. Esta opinión está respaldada por el hecho de que los amantes de las actividades al aire libre, como los excursionistas y los cazadores, querrán visitar o vivir en las comunidades que apoyan y/o preservan a los lobos rojos. La respuesta C indica de qué manera las comunidades locales pueden contribuir a la protección de los lobos rojos pero no explica de qué manera los lobos rojos contribuyen a las economías locales. Los hechos de las respuestas B y D no se relacionan con la opinión.

10. **B; Nivel de conocimiento:** 2; **Objetivos de evaluación de lectura:** R.5.1, R.8.2. El enunciado usa un lenguaje fuerte para describir a los lobos rojos en el pasado y para indicar por qué están en peligro en la actualidad, por lo que apela a la emoción de preservar a los animales. Las respuestas A y D son incorrectas porque la información no incluye datos ni hechos. La respuesta C podría ser posible, pero la información no contiene una opinión.

11. **C; Nivel de conocimiento:** 2; **Objetivo de evaluación de lectura:** R.8.4. La respuesta C enuncia una afirmación que no está respaldada por evidencia del pasaje. El folleto no menciona el costo de los esfuerzos de protección y no los considera infructuosos. Las afirmaciones que se expresan en las otras opciones de respuesta están respaldadas por evidencia del pasaje. La evidencia que respalda la respuesta A aparece en la lista de viñetas del párrafo 3. La evidencia que respalda la respuesta B aparece en el párrafo 2. La evidencia que respalda la respuesta D aparece en el párrafo 1.

LECCIÓN DE ALTO IMPACTO: PREMISA DE UN ARGUMENTO, *págs. 124–125*

1. **D; Nivel de conocimiento:** 2; **Objetivo de evaluación de lectura:** R.8.6. El escritor asume que las mujeres desearán mejorar sus condiciones de trabajo en la industria y por lo tanto querrán votar. Las respuestas A, B y C están enunciadas dentro del texto, por lo que no son premisas implícitas.

2. **B; Nivel de conocimiento:** 2; **Objetivo de evaluación de lectura:** R.8.6. La premisa explícita de Addams es que hay más demanda de niños para trabajos fuera del hogar porque las máquinas no requieren de fuerza o destreza. Ella no cree que las fábricas deban emplear niños. Dice que, en el pasado, tejer requería de fuerza, de modo que solo ahora, con las máquinas, los niños pueden hacer el trabajo. No dice que la era industrial constituya una mejora sobre otras eras.

3. **D; Nivel de conocimiento:** 2; **Objetivo de evaluación de lectura:** R.8.6. Addams tiene como premisa explícita que el trabajo infantil "pauperiza a la comunidad" y también daña su moral. Aunque Addams no quiere que los niños trabajen en las fábricas, no insiste en que los lectores compartan su opinión. Hace hincapié en que espera que "nosotros", los lectores, no seamos demasiado indolentes, o perezosos, para detener el trabajo infantil, pero no enuncia que seamos demasiado perezosos. Ella no cree que el algodón barato sea más importante que el desarrollo de un niño, pero sí que aceptar el trabajo infantil confunde nuestra sensibilidad moral por lo que podríamos empezar a pensar de esta manera.

4. **A; Nivel de conocimiento:** 2; **Objetivo de evaluación de lectura:** R.8.6. La premisa implícita es que el pauperismo es algo que la gente desea evitar. Addams enuncia explícitamente que el trabajo infantil "provoca vejez prematura" en los niños. También enuncia que el trabajo infantil "corrompe nuestra sensibilidad moral y confunde nuestro sentido de los valores". No enuncia que madurar prematuramente valga la pena si los niños obtienen un empleo remunerado y tampoco es una suposición implícita.

5. **C; Nivel de conocimiento:** 2; **Objetivo de evaluación de lectura:** R.8.6. La conclusión del argumento es aquello a lo que llevan todas las premisas. En este caso, queda claro que Addams cree que el trabajo infantil debe detenerse. Aunque explica que las máquinas facilitan que los niños trabajen fuera de casa, esa no es la conclusión de su argumento. Addams también explica que el trabajo infantil confunde nuestra sensibilidad moral, por lo que podríamos empezar a pensar que el algodón barato es más importante que criar a un niño correctamente. Sin embargo, que el trabajo infantil abarate el algodón no es la conclusión de su argumento. Addams sí menciona que es una época industrial; sin embargo, esa no es la conclusión del argumento.

6. **D; Nivel de conocimiento:** 2; **Objetivo de evaluación de lectura:** R.8.6. *Lamentable* y *pauperiza* son ambas palabras emotivas, por lo que "también por la lamentable carga de que ciertamente pauperiza a la comunidad misma" es la respuesta correcta. Las otras respuestas no incluyen lenguaje emotivo en exceso.

LECCIÓN 4, *págs. 126–129*

1. **C; Nivel de conocimiento:** 2; **Objetivos de evaluación de lectura:** R.6.2, R.7.2, R.7.4. La gráfica muestra que comenzó un descenso considerable en los casos de sarampión después de que se presentara la vacuna; por lo tanto, la respuesta C es correcta. La gráfica no compara la efectividad de la higiene y la nutrición con la de las vacunas (respuesta A). Ni la gráfica ni el texto dan información acerca de enfermedades que no sean el sarampión (respuesta B). La gráfica sí muestra que los números de casos de sarampión aumentaron y disminuyeron antes de que se presentara la vacuna (respuesta D), pero esa información no se relaciona con el punto de vista de que las enfermedades como el sarampión estuvieran disminuyendo antes de la presentación de la vacuna.

2. **D; Nivel de conocimiento:** 2; **Objetivos de evaluación de lectura:** R.6.1, R.7.2., R.7.4. El año en que se autorizó la vacuna se indica en la gráfica para mostrar que la presentación de la vacuna llevó a la disminución del sarampión (respuesta D). La línea de la gráfica, y no la indicación acerca de la licencia de la vacuna, muestra la rapidez con la que disminuyeron los casos; por lo tanto, la respuesta A es incorrecta. De la misma manera, la línea muestra cuándo comenzó la disminución (respuesta B). La gráfica no prueba que la higiene y la nutrición no tengan importancia (respuesta C), sino que la vacuna fue lo que originó la disminución significativa y permanente de la enfermedad.

3. **B; Nivel de conocimiento:** 3; **Objetivos de evaluación de lectura:** R.6.3, R.7.2. El pasaje enuncia que la orden ejecutiva para la reubicación de los estadounidenses de ascendencia japonesa era un "revés fundamental para los principios estadounidenses" y la fotografía muestra a los estadounidenses de ascendencia japonesa que habían sido sacados de sus hogares y esperaban frente a las barracas. En conjunto, el pasaje y la fotografía implican que la orden de reubicación violaba los derechos civiles de los estadounidenses de ascendencia japonesa porque les quitaba gran parte de su libertad. Por lo tanto, la respuesta B es correcta. La respuesta A es incorrecta porque la foto en sí no sugiere que los estadounidenses de ascendencia japonesa temieran que la orden de reubicación pudiera ser prorrogada. La respuesta C es incorrecta porque, si bien el pasaje menciona que los estadounidenses de ascendencia japonesa hicieron contribuciones en el campo de batalla, ni el pasaje ni la foto sugieren que sea probable que los estadounidenses olviden este hecho. Ni el pasaje ni la foto sugieren que la Autoridad de Reubicación de Guerra haya suministrado alimento inadecuado; por lo tanto, la respuesta D es incorrecta.

4. **A; Nivel de conocimiento:** 3; **Objetivo de evaluación de lectura:** R.7.2. La fotografía muestra un aspecto de cómo era la vida en el Centro de Reuniones de Tanforan: en este caso, frente al comedor. La fotografía no muestra cuántos estadounidenses de ascendencia japonesa estuvieron en el centro (respuesta B) ni la manera en que los estadounidenses de ascendencia japonesa colaboraban en el campo de batalla (respuesta C). La foto no da ninguna indicación de que los puntos de vista de los estadounidenses sobre la Segunda Guerra Mundial podrían haber cambiado (respuesta D).

5. C; Nivel de conocimiento: 3; **Objetivos de evaluación de lectura:** R.6.3, R.7.2, R.8.2. El propósito de la fotografía es generar compasión y comprensión por los estadounidenses de ascendencia japonesa que fueron reubicados durante la guerra. Si bien la fotografía puede informar a los lectores acerca de un momento importante de la historia estadounidense (respuesta A), este no es su propósito principal, que es apelar a las emociones de los lectores. No hay ninguna indicación de duda acerca de la existencia de los campos; por lo tanto, la respuesta B es incorrecta. La respuesta D es incorrecta porque la fotografía podría reflejar, y no necesariamente aumentar, el enojo de los estadounidenses de ascendencia japonesa que experimentaron la reubicación. Ni tampoco es necesariamente enojo la emoción que sintieron los que experimentaron la reubicación.

6. A; Nivel de conocimiento: 2; **Objetivos de evaluación de lectura:** R.6.3, R.7.2. La fotografía muestra barracas austeras y a estadounidenses de ascendencia japonesa haciendo fila para comer, lo cual sugiere que las condiciones eran incómodas y que los estadounidenses de ascendencia japonesa no gozaban de las mismas libertades que tenían en sus hogares (respuesta A). Las respuestas B y C son incorrectas porque los lectores podrían llegar a estas conclusiones sin ver la fotografía. La respuesta D es incorrecta porque ni el pasaje ni la fotografía sugieren que los estadounidenses de ascendencia japonesa hayan sido separados de sus amigos y familiares en los campos.

7. B; Nivel de conocimiento: 2; **Objetivos de evaluación de lectura:** R.3.5, R.7.2, R.7.4. En la gráfica no se muestra el número de personas que alimentan los agricultores. La respuesta correcta es B. La gráfica respalda el enunciado de que menos agricultores son más eficientes porque el número de granjas disminuyó (respuesta A). Las respuestas C y D se corresponden con los datos numéricos de la gráfica.

8. B; Nivel de conocimiento: 3; **Objetivos de evaluación de lectura:** R.2.8, R.7.2, R.7.4. En la gráfica se muestra una disminución repentina en el número de granjas entre 1940 y 1980. El texto explica que las granjas son menos pero más eficientes gracias a la tecnología. A partir de esta evidencia, se puede concluir que los avances en la tecnología agrícola aumentaron en gran medida en esa época (respuesta B). La conclusión de la respuesta A contradice el texto. La respuesta C no es una conclusión lógica porque el número de granjas disminuyó en 1950. La respuesta D no está implícita en el texto ni en la gráfica.

9. D; Nivel de conocimiento: 2; **Objetivos de evaluación de lectura:** R.6.3, R.7.2, R.7.4. En la gráfica se muestra claramente la disminución en el número de granjas en el último siglo (respuesta D). La gráfica no muestra el número de personas a las que alimenta cada agricultor (respuesta A). Aunque en la gráfica se muestra el número de granjas en 1900, ese no es el propósito general de la gráfica. La gráfica no resulta relevante para la información de la respuesta C.

10. A; Nivel de conocimiento: 3; **Objetivos de evaluación de lectura:** R.2.8, R.7.2, R.7.4. En la gráfica se muestra una disminución repentina en el número de granjas si se compara con las granjas de principios del siglo XX (respuesta A). No se muestran ni el número ni el porcentaje de agricultores, solamente se muestra el número de granjas; por lo tanto, la respuesta B es incorrecta. Los enunciados de las respuestas C y D no se representan en la gráfica.

11. D; Nivel de conocimiento: 2; **Objetivos de evaluación de lectura:** R.7.2, R.7.4. Los datos citados en la pregunta indican que el número de trabajos que requieren trabajadores de las áreas de STEM aumentará con mayor rapidez que otros empleos. Por lo tanto, los trabajadores de las áreas de STEM tienen menos probabilidad de experimentar desempleo que otros trabajadores. Los porcentajes dados están relacionados con la probabilidad de experimentar desempleo, por lo cual, las respuestas A y B son incorrectas. Los datos no respaldan la respuesta C.

12. B; Nivel de conocimiento: 2; **Objetivos de evaluación de lectura:** R.7.2, R.7.4. La tabla muestra que en cada categoría, los trabajadores de las áreas de STEM ganan más que aquellos que trabajan en otras áreas. Los datos no respaldan a la respuesta A. La diferencia más grande de ingresos ocurre entre trabajadores de las áreas de STEM y los de otras áreas que tienen certificado de secundaria, por lo cual, la respuesta C es incorrecta. Los datos no identifican cuántos trabajadores tienen certificado de secundaria o inferior, por lo que la respuesta D es incorrecta.

LECCIÓN 5, *págs. 130–133*

1. C; Nivel de conocimiento: 2; **Objetivos de evaluación de lectura:** R.8.3, R.8.5. La respuesta C es correcta. El autor presenta un solo punto de vista de este argumento: que las dietas libres de gluten son una moda pasajera sin sentido. El hecho de que el autor no aborda puntos de vista o evidencia opuestos sugiere parcialidad. La respuesta A es incorrecta porque el autor no incluye testimonios y observa que las personas famosas no son expertas en nutrición. El autor no usa lenguaje fuerte para asustar a los lectores (respuesta B) ni respalda la afirmación con una relación de causa y efecto falsa (respuesta D).

2. D; Nivel de conocimiento: 2; **Objetivos de evaluación de lectura:** R.8.2, R.8.5. La respuesta D es correcta porque el detalle sugiere que los lectores deberían formar parte de un grupo en particular. Las otras respuestas son incorrectas porque enumeran detalles que no se relacionan con la necesidad de las personas de pertenecer a un grupo.

3. C; Nivel de conocimiento: 2; **Objetivo de evaluación de lectura:** R.8.5. La respuesta correcta es C porque el autor enuncia que los votantes (el trabajador, el hombre de negocios, el ama de casa) decidieron deshacerse de los agentes de bebidas alcohólicas para tener más dinero para "la educación de los niños" y "los ciudadanos mayores". Esto sugiere una relación de opciones inexacta entre los agentes de bebidas alcohólicas y la provisión de fondos para las escuelas y los ciudadanos mayores. El autor no sugiere una relación de causa y efecto entre su elección y las fábricas exitosas (respuesta A). El autor se refiere a los agentes de bebidas alcohólicas en el párrafo 1; por lo tanto, la información es relevante (respuesta B). El autor no hace una apelación a lo popular para alentar a los votantes a que respalden sus políticas (respuesta D).

4. **A; Nivel de conocimiento:** 3; **Objetivos de evaluación de lectura:** R.3.2, R.4.3/L.4.3, R.6.4, R.8.5. El autor hace una conexión con las generaciones anteriores para que el público, compuesto en su mayor parte por sus seguidores en Alabama, se sienta patriótico y orgulloso. No es probable que el público haya sentido las emociones que se mencionan en las respuestas B y D. Si bien el público de seguidores de Wallace puede sentirse satisfecho y optimista ante la victoria de Wallace, estas palabras no despiertan satisfacción y optimismo por el futuro, sino patriotismo y orgullo por el pasado.

5. **B; Nivel de conocimiento:** 2; **Objetivos de evaluación de lectura:** R.4.3/L.4.3, R.6.4, R.8.5. El autor usa este lenguaje provocativo para despertar el enojo del público sobre la desegregación (respuesta B). Este lenguaje no pretende despertar la tolerancia (respuesta A) ni hacer que el público se lamente de la segregación (respuesta D). Este lenguaje no apela al sentido de vergüenza del público (respuesta C).

6. **A; Nivel de conocimiento:** 2; **Objetivos de evaluación de lectura:** R.4.3/L.4.3, R.6.4, R.8.3, R.8.5. La respuesta A es correcta porque el autor usa la exageración: compara caminar por Washington D. C., con volar un bombardero B-29 durante la Segunda Guerra Mundial. El autor no provee de hechos ni datos; por lo tanto, la respuesta B es incorrecta. Si bien se refiere a una experiencia personal, lo hace con el fin de exagerar; por lo tanto, la respuesta C es incorrecta. El autor no cita un ejemplo de cómo la abolición de la segregación influyó en la violencia (respuesta D).

7. **B; Nivel de conocimiento:** 2; **Objetivos de evaluación de lectura:** R.4.3/L.4.3, R.6.1, R.8.6. La respuesta B describe mejor el tono y su efecto en los lectores. El tono no es intimidatorio; por lo tanto, la respuesta A es incorrecta. La respuesta C es incorrecta porque el tono no es amenazante, y el efecto no hace que los lectores sientan temor de comprar productos estadounidenses. La respuesta D es incorrecta porque el tono no es liviano, y el propósito del pasaje es mostrar que el origen de los productos tiene importancia.

8. **C; Nivel de conocimiento:** 2; **Objetivos de evaluación de lectura:** R.2.5, R.3.2, R.5.1, R.8.5. El detalle que sería más probable que hiciera que los lectores sintieran temor de comprar productos extranjeros es que hay niveles tóxicos de plomo en decenas de millones de juguetes enviados a los Estados Unidos (respuesta C). Si bien los lectores podrían sentirse culpables o disgustados por los estándares de trabajo extranjeros, es improbable que este detalle haga que los lectores sientan temor; por lo tanto, la respuesta A es incorrecta. Es probable que la respuesta B haga que los lectores se sientan bien por comprar productos estadounidenses, pero es improbable que les haga sentir temor de los productos extranjeros. La respuesta D podría hacer que los lectores se sintieran ansiosos acerca del futuro, pero es poco probable que este detalle haga que los lectores sientan temor de comprar productos extranjeros.

9. **D; Nivel de conocimiento:** 2; **Objetivos de evaluación de lectura:** R.8.2, R.8.5. El autor sugiere que, si los lectores no compran productos estadounidenses, habrá muchos menos puestos de trabajo para los estadounidenses. Esta sugerencia genera una situación inexacta, porque muchos factores afectan el desempleo en los Estados Unidos. La respuesta D es correcta. El autor no sugiere que los Estados Unidos vayan a quedar retrasados tecnológicamente; por lo tanto, la respuesta A es incorrecta. La respuesta B es incorrecta porque, si bien el autor sugiere que los productos extranjeros podrían ser perjudiciales para los niños, no sugiere que los lectores compren productos estadounidenses o de lo contrario sus niños resultarán perjudicados por sus juguetes. La respuesta C es incorrecta porque el autor no sugiere que los lectores compren productos estadounidenses o, de lo contrario, las condiciones nunca mejorarán para los trabajadores extranjeros.

10. **C; Nivel de conocimiento:** 2; **Objetivos de evaluación de lectura:** R.8.2, R.8.5. El autor apela a los temores de los lectores sobre la posición de liderazgo de los Estados Unidos al sugerir que la falta de capacidad de los Estados Unidos de fabricar productos es poco sana desde un punto de vista estratégico (respuesta C). Las otras opciones de respuesta no se relacionan con el liderazgo de los Estados Unidos.

11. **D; Nivel de conocimiento:** 2; **Objetivo de evaluación de lectura:** R.8.5. La respuesta correcta es D porque el autor comienza por señalar que las mujeres carecen de poder para imponer leyes. Las respuestas A y C son incorrectas porque el autor no habla de la economía o la inteligencia de las mujeres en el párrafo 1. La respuesta B es incorrecta porque si bien el autor establece que la exención del servicio militar convertiría a las mujeres en votantes irresponsables, no dice que no se hayan ganado el derecho al voto.

12. **D; Nivel de conocimiento:** 3; **Objetivos de evaluación de lectura:** R.8.4, R.8.5, R.8.6. No es un razonamiento correcto predecir efectos a partir de algo que no ocurrió, que es lo que hace el enunciado. La respuesta D expresa mejor por qué el razonamiento del enunciado es incorrecto. El enunciado responde al argumento de que las mujeres deberían tener el derecho al voto, lo cual sugiere que las mujeres quieren el voto para avanzar moral, intelectual y económicamente; por lo tanto, la respuesta A es incorrecta. Los autores no usan lenguaje amenazante; por lo tanto, la respuesta B es incorrecta. La respuesta C es incorrecta porque el enunciado es una respuesta al argumento de que las mujeres deberían tener el derecho al voto.

13. **A; Nivel de conocimiento:** 3; **Objetivo de evaluación de lectura:** R.8.5. Este enunciado es un ejemplo de razonamiento incorrecto porque sugiere que, para ser bueno para algo, debe ser bueno para todo (ser una "panacea para los males existentes"). El autor no sugiere que el derecho al voto haya causado males, sino solo que el voto no ha sido una panacea para los "males existentes"; por lo tanto, la respuesta B es incorrecta. La respuesta C es incorrecta porque el enunciado no es una apelación a la popularidad ni a la necesidad de pertenencia de los lectores. La respuesta D es incorrecta porque el autor no sugiere que el derecho al voto genere males entre los hombres.

14. **B; Nivel de conocimiento:** 3; **Objetivo de evaluación de lectura:** R.8.5. La evidencia no aborda razones específicas de por qué las mujeres podrían querer el sufragio. Un argumento más efectivo respondería a la evidencia de puntos de vista opuestos. Por lo tanto, la respuesta B es correcta. El autor no comparte historias personales; por lo tanto, la respuesta A es incorrecta. La respuesta C es incorrecta porque el autor no incluye testimonios. El autor no usa lenguaje patriótico; por lo tanto, la respuesta D es incorrecta.

LECCIÓN 6, *págs. 134–137*

1. **D; Nivel de conocimiento:** 2; **Objetivos de evaluación de lectura:** R.8.2, R.8.3. El autor afirma que los problemas de la energía eólica superan a los beneficios. La respuesta D es correcta porque es un ejemplo de uno de los problemas de la energía eólica. La respuesta A no es válida porque no es relevante para la afirmación. Si los ambientalistas respaldan o no respaldan la energía eólica no incide en la eficiencia de la energía eólica ni en si se debería subsidiar el desarrollo de este tipo de energía. De la misma manera, la respuesta B enuncia información irrelevante. La respuesta C es incorrecta porque el autor no proporciona información específica para mostrar que la energía eólica es una tecnología no madura.

2. **C; Nivel de conocimiento:** 3; **Objetivos de evaluación de lectura:** R.8.3, R.8.4. La inclusión de datos adicionales que muestren el alto costo de construir parques eólicos (respuesta C) proporcionaría más evidencia de las desventajas financieras de los parques eólicos. Si bien incluir ejemplos de algunos de los beneficios de la energía eólica podría ayudar al autor a mostrar equilibrio, esto no reforzaría la afirmación sobre las desventajas de la energía eólica (respuesta A). La respuesta B no es relevante para la afirmación. Los relatos de las personas que deben depender de la energía eólica no reforzarían la afirmación como lo hacen las respuestas a los beneficios percibidos de la energía eólica. La respuesta D es incorrecta.

3. **C; Nivel de conocimiento:** 2; **Objetivos de evaluación de lectura:** R.8.3, R.8.6. La Dra. Feng es cirujana de trasplante y, por su profesión, el lector supone que tiene experiencia en trasplantes de órganos. La respuesta A es incorrecta porque la Dra. Feng no describe varias cirugías. Las respuestas B y D son incorrectas porque incluir estadísticas o brindar datos de distintas fuentes pueden realzar la validez general del argumento, pero no figuran en las citas de la Dra. Feng.

4. **B; Nivel de conocimiento:** 2; **Objetivos de evaluación de lectura:** R.8.2, R.8.3, R.8.5. La respuesta B es correcta porque decidir en vida si deseas ser donante de órganos o no es un alivio para tu familia, ya que no tendrán que tomar esa decisión por ti. Esto aliviaría el peso de tu familia de tener que decidir por ti. Las otras respuestas presentan información que no es relevante para la afirmación.

5. **C; Nivel de conocimiento:** 2; **Objetivos de evaluación de lectura:** R.8.2, R.8.5. La respuesta C es correcta porque los datos que muestren los tipos de riesgos que surgen de las cirugías de donación de órganos y las tasas de supervivencia serían un respaldo importante para la afirmación de que para donar ciertos órganos se necesita una cirugía mayor, que conlleva riesgos. Las citas de investigadores sobre familiares que se registran para ser donantes de órganos (respuesta A) no se relacionan directamente con los riesgos de la cirugía. La respuesta B es incorrecta porque la duración de las cirugías mayores no se relaciona específicamente con la cirugía de donación de órganos. La respuesta D es incorrecta porque los relatos de familiares que donaron órganos a otros familiares representarían solamente una pequeña muestra de los tipos de riesgos.

6. **D; Nivel de conocimiento:** 2; **Objetivos de evaluación de lectura:** R.4.3/L.4.3, R.6.3, R.6.4, R.8.3, R.8.5. En la respuesta D se usa lenguaje emotivo ("donación", "gran impacto", "recordará" y "gratitud") para fomentar la donación de órganos. Las respuestas A y B son incorrectas porque no incluyen lenguaje emotivo. La respuesta C usa datos, no lenguaje emotivo, para fomentar la donación de órganos.

7. **A; Nivel de conocimiento:** 2; **Objetivo de evaluación de lectura:** R.8.3. Este es un ejemplo de evidencia incompleta porque el autor no incluye datos sobre la reducción general en los accidentes. La respuesta B es incorrecta porque el Instituto de Seguros para la Seguridad Vial es una fuente relevante en el tema. La respuesta C es incorrecta porque el párrafo no menciona la velocidad de los vehículos. La respuesta D es incorrecta porque el enunciado es relevante para la afirmación.

8. **D; Nivel de conocimiento:** 3; **Objetivos de evaluación de lectura:** R.5.1, R.5.4, R.8.2, R.8.3. El costo de una rotonda es irrelevante para la afirmación que establece que las rotondas son más seguras. Las respuestas A, B y C son relevantes para la afirmación.

9. **C; Nivel de conocimiento:** 2; **Objetivos de evaluación de lectura:** R.5.1, R.5.4, R.8.2, R.8.4. La información de la Administración Federal de Carreteras respalda la afirmación de que las rotondas son más seguras. La información no respalda las afirmaciones de las respuestas A, B y D.

10. **B; Nivel de conocimiento:** 3; **Objetivos de evaluación de lectura:** R.2.8, R.6.3, R.8.3, R.8.4. Los autores incluyen información sobre lo rápido que se deterioran las películas y sobre cómo sobreviven pocas películas antiguas. La evidencia indica que la necesidad de preservar las películas antiguas es urgente. La respuesta A es incorrecta porque la evidencia no sugiere que el cine sea la manera más eficaz de plasmar la historia. La respuesta C es incorrecta porque, si bien los autores afirman que las películas de Hollywood en general no están en peligro, no sugieren que Hollywood contribuya a la pérdida de películas. La respuesta D es incorrecta porque la evidencia no sugiere que salvaguardar películas huérfanas pudiera producir recompensas financieras.

11. D; Nivel de conocimiento: 2; **Objetivos de evaluación de lectura:** R.5.1, R.8.3, R.8.5. El párrafo 1 se refiere al inventor estadounidense Thomas Edison y contiene lenguaje emotivo y patriótico ("generaciones de estadounidenses", "soñaron", "salvamos un siglo de historia") para persuadir a los lectores. Este lenguaje emotivo no es evidencia válida. La respuesta A es incorrecta porque los autores sí enumeran maneras conocidas en las que se usan las películas. La respuesta B es incorrecta porque, si bien los autores no presentan puntos de vista opuestos, esta respuesta no es la mejor explicación de por qué parte de la evidencia es inválida. La respuesta C es incorrecta porque el párrafo no incluye un homenaje a Thomas Edison.

12. A; Nivel de conocimiento: 2; **Objetivos de evaluación de lectura:** R.8.2, R.8.3, R.8.5. La respuesta A es correcta porque la Biblioteca del Congreso es una fuente confiable y la información es directamente relevante para la afirmación del artículo de que la necesidad de preservar las películas antiguas es urgente. Las respuestas B, C y D son incorrectas porque no son descripciones precisas de la evidencia y su propósito.

13. C; Nivel de conocimiento: 3; **Objetivos de evaluación de lectura:** R.8.2, R.8.3, R.8.4. La respuesta C es correcta porque una tabla que compare los recursos para preservar las películas de Hollywood en comparación con las películas huérfanas reforzaría la afirmación de que las películas huérfanas tienen una necesidad mayor de preservación. Dicha tabla probablemente mostraría que se gasta mucho menos en preservar las películas huérfanas. Las respuestas A y D no proporcionarían evidencia relevante para la afirmación. Un profesor de historia del cine sería una fuente confiable, pero un enunciado acerca de la importancia de las películas huérfanas no sería relevante para la afirmación, que se refiere a contrastar los recursos para preservar las películas de Hollywood frente a las películas huérfanas.

LECCIÓN DE ALTO IMPACTO: EVALUAR RESPALDO Y EVIDENCIA, *págs. 138–139*

1. D; Nivel de conocimiento: 2; **Objetivo de evaluación de lectura:** R.8.3. Inhofe usa la bola de nieve para respaldar su argumento de que el calentamiento global no es real, pero es evidencia insuficiente porque el calentamiento global se refiere a una tendencia en el tiempo y no puede juzgarse por un solo suceso. Inhofe no argumenta que el calentamiento global sea real o que cause tormentas de nieve sin precedentes, de modo que las respuestas A y B son incorrectas. Aunque Inhofe insinúa que el calentamiento global está basado en la histeria, una bola de nieve no es evidencia suficiente para respaldar esta afirmación, así que la respuesta C es incorrecta.

2. A; Nivel de conocimiento: 2; **Objetivo de evaluación de lectura:** R.8.3. Inhofe usa la frase "Expreso siberiano" para describir el clima actual. Una vez más, está intentando mostrar que el calentamiento global no puede ser real cuando en la actualidad hace frío. No hay nada en el discurso que sugiera que el calentamiento global causa condiciones climáticas sorprendentes. Inhofe no sugiere que los medios intenten asustar a los estadounidenses con el clima frío (acusa a Obama de intentar asustar a los estadounidenses con el calentamiento global). No hay nada en el discurso que sugiera que Inhofe piensa que el clima de Estados Unidos se está pareciendo demasiado al de Rusia.

3. B; Nivel de conocimiento: 2; **Objetivo de evaluación de lectura:** R.8.3. Mediante la frase "agenda extrema del cambio climático", Inhofe usa lenguaje emotivo y muestra que puede que él y su argumento sean parciales. El lenguaje no es eficientemente persuasivo. No es lenguaje fáctico; muestra la opinión del orador. No apela al sentido de la justicia de los oyentes; apela a sus emociones.

4. D; Nivel de conocimiento: 2; **Objetivo de evaluación de lectura:** R.8.3. Inhofe enfatiza su convicción de que las opiniones de Obama acerca del cambio climático son irracionales, al señalar que Obama dice que el cambio climático es un riesgo mayor que el terrorismo. Este argumento se apoya en la suposición de que el terrorismo es una amenaza inmediata terrible para los estadounidenses. Inhofe no cree que Obama no esté lo suficientemente preocupado por el cambio climático. Sí menciona varios atentados llevados a cabo por terroristas, pero estos sirven como evidencia para la idea de que el terrorismo es una amenaza grave. Inhofe sí enuncia que Obama está desconectado de las realidades que enfrentan los estadounidenses, pero eso no explica por qué sus opiniones sobre el cambio climático son irracionales.

5. A; Nivel de conocimiento: 2; **Objetivo de evaluación de lectura:** R.8.3. Inhofe incluye la lista de atentados terroristas para respaldar su punto de que el terrorismo es una amenaza más grande para los estadounidenses que el cambio climático. No ofrece evidencia para la idea de que los atentados terroristas se incrementan por el cambio climático. No cree que Obama tenga razón acerca del cambio climático y entonces no es por ello que incluye la lista. Inhofe critica a Obama, pero la lista por sí sola no respalda la idea de que Obama tenga miedo de lidiar con la amenaza del terrorismo.

6. B; Nivel de conocimiento: 2; **Objetivo de evaluación de lectura:** R.8.3. La mejor evaluación es que la lista de atentados es evidencia insuficiente para probar que el terrorismo es una amenaza más grande que el cambio climático. Para demostrarlo, Inhofe tendría que hacer referencia a los peligros actuales y futuros del cambio climático, lo que no hace aquí. Aunque la lista es suficiente para mostrar que los estadounidenses se enfrentan al peligro del terrorismo, no hace referencia en su totalidad al argumento principal de Inhofe: que Obama se equivoca al pensar que el cambio climático es una amenaza más grande que el terrorismo. La lista de atentados no es relevante para la afirmación de que Obama está desconectado de la realidad; los atentados podrían ocurrir sin importar qué tan comprometido está Obama. La respuesta D es incorrecta porque la lista de atentados es relevante para la idea de que el terrorismo supone una amenaza para los estadounidenses. Sin embargo, ese no es el argumento principal de Inhofe.

1. **A; Nivel de conocimiento:** 2; **Objetivos de evaluación de lectura:** R.5.2, R.5.3. La expresión de transición *sin embargo* indica un contraste. En este caso, el contraste es entre los beneficios y las desventajas de pagar a los estudiantes (respuesta A). Si bien el autor observa una relación entre la paga y las calificaciones de las pruebas (respuesta B), la frase de transición *sin embargo* no señala una relación de causa y efecto. El punto de vista del autor es que pagar a los estudiantes tiene aspectos positivos y negativos; entonces, la información que introduce la frase de transición *sin embargo* no es evidencia que contradiga el punto de vista del autor; por lo tanto, la respuesta C es incorrecta. El autor no presenta estrategias alternativas a las de pagar a los estudiantes; por lo tanto, la respuesta D es incorrecta.

2. **D; Nivel de conocimiento:** 2; **Objetivos de evaluación de lectura:** R.5.4, R.6.1, R.8.1. El autor quiere reconocer algunas de las desventajas asociadas con pagar a los estudiantes por sus logros, y usar una estructura a favor/ en contra es la manera más efectiva que tiene para hacerlo. La respuesta D es correcta. El pasaje no incluye un llamado a la acción; por lo tanto, la respuesta A es incorrecta. El pasaje comienza con información de contexto y un enunciado de la afirmación, no con evidencia de respaldo; por lo tanto, la respuesta B es incorrecta. La afirmación del autor no se basa en mostrar la falsedad de otra afirmación; por lo tanto, la respuesta C es incorrecta.

3. **C; Nivel de conocimiento:** 2; **Objetivos de evaluación de lectura:** R.5.1, R.8.1, R.8.2, R.8.3, R.8.5. El Consejo Nacional de Investigaciones es una fuente confiable; por lo tanto, una razón por la que el autor incluye la referencia es para mostrar que el ejemplo proviene de una fuente confiable (respuesta C). La respuesta A es incorrecta porque el autor no sugiere que la evidencia del Consejo Nacional de Investigaciones sea incorrecta. La respuesta B es incorrecta porque el pasaje no incluye información acerca de la variedad de estudios que realiza el Consejo Nacional de Investigaciones ni su propósito. La respuesta D es incorrecta porque el autor no sugiere que la mayor parte de las investigaciones sea realizada por organizaciones gubernamentales.

4. **D; Nivel de conocimiento:** 2; **Objetivos de evaluación de lectura:** R.5.2, R.8.1, R.8.3. El autor incluye la información acerca de los índices de homicidios en Canadá para mostrar más evidencia de que los índices de homicidios no se relacionan con la aplicación de la pena de muerte. La respuesta D es correcta. La respuesta A es incorrecta; si bien Canadá no aplica la pena de muerte, el autor no incluye el ejemplo para mostrar esta diferencia. La respuesta B es incorrecta porque el ejemplo no muestra que la pena de muerte es innecesaria en Canadá. La respuesta C es incorrecta porque la afirmación es que la pena de muerte es ineficaz.

5. **B; Nivel de conocimiento:** 2; **Objetivos de evaluación de lectura:** R.5.1, R.5.4, R.8.1. En el párrafo 9, el autor da una explicación de por qué el índice de homicidios en los Estados Unidos ha disminuido (como resultado de acciones distintas de la pena de muerte). La respuesta B es correcta. La respuesta A es incorrecta porque el autor no proporciona más evidencia de la ineficacia de la pena de muerte. La respuesta C es incorrecta porque el párrafo 9 no incluye un relato personal. La respuesta D es incorrecta porque el párrafo no identifica a quiénes proporcionaron al autor información sobre los índices de homicidios.

6. **A; Nivel de conocimiento:** 3; **Objetivos de evaluación de lectura:** R.5.4, R.6.1, R.6.2, R.8.1. En este pasaje, el autor afirma que aquellos que argumentan que la pena de muerte evita los delitos están equivocados. Esta afirmación se basa en mostrar que otro punto de vista es incorrecto; por lo tanto, una estructura de refutación/comprobación es un formato efectivo. El autor no enumera los aspectos positivos y los aspectos negativos de aplicar la pena de muerte; por lo tanto, la respuesta B es incorrecta. La respuesta C es incorrecta porque el autor presenta evidencia igualmente sólida. La respuesta D es incorrecta porque el pasaje comienza presentando el punto de vista que el autor quiere refutar.

7. **A; Nivel de conocimiento:** 2; **Objetivos de evaluación de lectura:** R.5.2, R.5.4, R.6.2, R.8.1. La respuesta A es correcta porque la autora usa una estructura de refutación/comprobación. La respuesta B es incorrecta porque Anthony no ofrece puntos a favor y en contra sobre la cuestión de si las mujeres tienen el derecho a votar; de hecho, para Anthony, no hay puntos en contra. La respuesta C es incorrecta porque la autora no usa una estructura sándwich para su argumento. La respuesta D es incorrecta porque Anthony no comienza con la evidencia más sólida para su argumento. Comienza con un resumen de su conclusión y luego presenta los argumentos que la respaldan.

8. **D; Nivel de conocimiento:** 2; **Objetivos de evaluación de lectura:** R.5.1, R.8.1. La respuesta D es correcta porque la cita del preámbulo ayuda a Anthony a establecer que los derechos de los ciudadanos, incluido el derecho a votar, fueron otorgados a todas las personas de los Estados Unidos, incluidas las mujeres, en la Constitución. La respuesta A es incorrecta porque la cita no se refiere a las mujeres ni a derechos específicos que les pertenecen directamente. Las respuestas B y C son incorrectas porque el pasaje no explica el significado de la Constitución de los Estados Unidos ni discute la división entre los poderes estatales y los federales.

9. **B; Nivel de conocimiento:** 2; **Objetivos de evaluación de lectura:** R.4.3/L.4.3, R.5.1, R.5.2, R.5.4, R.8.1. La respuesta B es correcta porque Anthony usa este párrafo para establecer que una persona que está dentro de los Estados Unidos y tiene ciertos derechos es un ciudadano y que los ciudadanos tienen el derecho a votar. Esta definición organiza el argumento del párrafo siguiente, en el que Anthony enuncia que, como nadie puede negar que las mujeres son "personas" que están en los Estados Unidos y tienen ciertos privilegios, entonces son ciudadanas y, por lo tanto, tienen el derecho a votar. La respuesta A es incorrecta porque el párrafo explica que las "personas" son ciudadanos; la conexión con las mujeres no aparece en este párrafo. La respuesta C es incorrecta porque el párrafo confirma las definiciones de Webster, Worcester y Bouvier. La respuesta D es incorrecta; si bien el párrafo ayuda a organizar el argumento a favor del derecho de las mujeres a votar, no menciona específicamente la Constitución de los Estados Unidos ni a las mujeres.

10. **C; Nivel de conocimiento:** 2; **Objetivos de evaluación de lectura:** R.5.1, R.6.1, R.6.3. En el párrafo 1, el autor presenta hechos y opiniones sobre los efectos negativos del abuso de bebidas alcohólicas y, de esta manera, presenta evidencia y apela a la razón. En el párrafo 2, el autor manifiesta expresamente que la prevención de los patrones iniciales del consumo indebido de alcohol permitirá disminuir los "costos" asociados con el alcoholismo y el abuso de bebidas alcohólicas. La respuesta correcta es C. El pasaje no presenta beneficios; por lo tanto, la respuesta A es incorrecta. El argumento del autor no está implícito; por lo tanto, la respuesta B es incorrecta. El autor no comparte una historia personal en el párrafo 1; por lo tanto, la respuesta D es incorrecta.

11. **D; Nivel de conocimiento:** 2; **Objetivos de evaluación de lectura:** R.5.3, R.8.1. La frase *por ejemplo* indica que, a continuación, se dará evidencia específica; por lo tanto, la respuesta correcta es D. *Por ejemplo* no indica diferencia ni relación de causa y efecto; por lo tanto, las respuestas A y B son incorrectas. La respuesta C es incorrecta porque la segunda oración no habla sobre el lado negativo de un argumento.

12. **B; Nivel de conocimiento:** 2; **Objetivos de evaluación de lectura:** R.5.4, R.8.1. La respuesta B describe mejor la estructura del argumento. La respuesta A es incorrecta porque en el pasaje no se establecen las ventajas y las desventajas de la afirmación. La respuesta C es incorrecta porque, aunque el autor finaliza el párrafo 1 con su afirmación, el pasaje no termina con una conclusión. La respuesta D es incorrecta porque el autor no cuenta una historia personal.

LECCIÓN 8, págs. 144–147

1. **C; Nivel de conocimiento:** 2; **Objetivo de evaluación de lectura:** R.6.4. La yuxtaposición de opuestos enfatiza la importancia de los soldados que "dieron su vida" por el bien de la nación. La respuesta C es correcta. Las respuestas A y B son incorrectas porque la yuxtaposición no se refiere a la violencia ni a los seres queridos de los soldados. La respuesta D es incorrecta porque el autor no se refiere a cuántos soldados murieron y porque el propósito de la yuxtaposición no es enfatizar números.

2. **A; Nivel de conocimiento:** 2; **Objetivo de evaluación de lectura:** R.6.4. El paralelismo se centra en la idea de que el gobierno perseverará en la guerra y, de hecho, termina la oración que enuncia esta determinación. Por lo tanto, el paralelismo enfatiza la determinación de Lincoln de perseverar hasta el fin de la guerra. El lenguaje que usa Lincoln no transmite tristeza ni ira; por lo tanto, las respuestas B y C son incorrectas. Si bien la respuesta D parece posible, Lincoln no se refiere a la Constitución de los Estados Unidos; por lo tanto, no es la mejor opción.

3. **D; Nivel de conocimiento:** 2; **Objetivo de evaluación de lectura:** R.6.4. Al usar la misma estructura pero invirtiendo el orden de las frases, la autora enfatiza la conexión entre los derechos de las mujeres y los derechos humanos. La respuesta D es correcta. La respuesta A es incorrecta porque el propósito de la oración no es decir que vale la pena luchar por los derechos humanos, sino que los derechos de las mujeres y los derechos humanos son lo mismo. De la misma manera, el enunciado de la autora no es que ella sienta respeto por los derechos de las mujeres, sino que los derechos de las mujeres son derechos humanos. La respuesta B es incorrecta. La respuesta C es incorrecta porque el enunciado no implica que a la mayor parte de las mujeres se les nieguen sus derechos humanos.

4. **B; Nivel de conocimiento:** 2; **Objetivos de evaluación de lectura:** R.6.1, R.6.3, R.6.4. El propósito del enunciado calificativo del párrafo 4 es sugerir que no permitir la participación plena de las mujeres en la conferencia es tan malo como no dejarlas asistir (respuesta B). La oración comienza enunciando que es inadmisible que a muchas mujeres no se les haya permitido asistir a la conferencia. El enunciado calificativo incluye en la descripción a las mujeres a quienes no se les permitió la participación plena. La respuesta A es incorrecta porque el enunciado calificativo no celebra que tantas mujeres hayan podido asistir. La respuesta C es incorrecta porque el enunciado es mucho más fuerte que observar que la conferencia está incompleta. La respuesta D es incorrecta porque el enunciado se refiere a las mujeres que no pudieron asistir, no a las mujeres que superaron desafíos para asistir.

5. **C; Nivel de conocimiento:** 3; **Objetivos de evaluación de lectura:** R.6.1, R.6.3, R.6.4. La autora aclara que la libertad tiene definiciones claras que no cambian en función de quién es o dónde vive una persona. La respuesta C es correcta. La respuesta A es incorrecta porque el propósito de la enumeración no es mostrar cómo cambiaron los derechos de las mujeres, a pesar de las referencias al pasado. La respuesta B es incorrecta porque el propósito de la enumeración no es mostrar que la autora ha estudiado la obra de los líderes de los derechos civiles; no se menciona a los líderes de los derechos civiles. La respuesta D es incorrecta porque el propósito de la enumeración no es sugerir que las personas no comprenden qué es en realidad la libertad.

6. **A; Nivel de conocimiento:** 2; **Objetivo de evaluación de lectura:** R.6.4. La autora dice: "También se nos recordó, durante la celebración del Día de la Victoria sobre Japón el fin de semana pasado, el bien que se origina cuando hombres y mujeres se reúnen para combatir a las fuerzas de la tiranía y construir un mundo mejor". Comparar la lucha por los derechos de las mujeres con el día de la Victoria sobre Japón, es un ejemplo de una analogía.

7. **A; Nivel de conocimiento:** 2; **Objetivos de evaluación de lectura:** R.4.3/L.4.3, R.6.1, R.6.4. Los navegantes del barco perdido no se dan cuenta de que disponen de agua dulce. El autor sugiere que, de la misma manera, es posible que los afroamericanos no comprendan que existen oportunidades en las comunidades donde viven. La respuesta B es incorrecta porque el autor no está alentando a los afroamericanos a abandonar el Sur, sino a quedarse y aprovechar las oportunidades del lugar donde están. La respuesta C es incorrecta porque el autor usa un viaje por mar como una analogía; no da consejos sobre navegación. La respuesta D es incorrecta porque la analogía y el resto del párrafo sugieren que los americanos de todas las razas deben ser amigos.

8. **D; Nivel de conocimiento:** 2; **Objetivos de evaluación de lectura:** R.5.1, R.6.4. La enumeración presenta el párrafo, que trata sobre la variedad de trabajos que pueden hacer los afroamericanos. La respuesta D es correcta. La respuesta A es incorrecta porque la enumeración no contradice el resto del párrafo. La respuesta B es incorrecta porque la enumeración no refuerza la información. La respuesta C es incorrecta porque, si bien la lista comienza con una referencia a la analogía del párrafo anterior, el propósito de la enumeración es presentar el resto del párrafo.

9. **B; Nivel de conocimiento:** 2; **Objetivos de evaluación de lectura:** R.4.3/L.4.3, R.5.1, R.5.2, R.6.3, R.6.4. La respuesta B es correcta porque el autor incluye un llamado a la acción en los párrafos 1 y 2. La frase enfatiza el llamado y unifica el pasaje al continuar con el fraseo enérgico de la analogía. Si bien el autor específicamente menciona ocupaciones en el párrafo 2, la analogía propiamente dicha no es aplicable a esas ocupaciones. El autor se refiere a tareas, pero no como parte de la analogía. La respuesta D es incorrecta porque la prosperidad futura surgirá como resultado de la acción y, por lo tanto, es un paso que se ha eliminado del lenguaje de la analogía y el llamado a la acción.

10. **A; Nivel de conocimiento:** 2; **Objetivos de evaluación de lectura:** R.4.3/L.4.3, R.6.4. El autor usa esta yuxtaposición de opuestos para decir que cada uno es responsable del trabajo que debe hacer para superarse. La respuesta A es correcta. Las respuestas B, C y D son interpretaciones incorrectas de la yuxtaposición de opuestos.

11. **D; Nivel de conocimiento:** 2; **Objetivo de evaluación de lectura:** R.6.4. Cuando el autor dice: "Celebramos hoy, no la victoria de un partido, sino la celebración de la libertad, símbolo tanto de un fin como de un comienzo, que significa una renovación y, a la vez, un cambio", usa frases gramaticalmente similares para presentar su argumento.

12. **C; Nivel de conocimiento:** 2; **Objetivo de evaluación de lectura:** R.6.4. Al yuxtaponer *pobreza* y *vida humana* como cosas que el hombre tiene el poder de abolir, el autor enfatiza lo mejor y lo peor del ingenio humano. La respuesta C es correcta. La respuesta A es incorrecta porque la yuxtaposición sí se relaciona con el avance del hombre, pero no ilustra cuánto ha avanzado desde el punto de vista tecnológico ni indica que esté "retrasado". La respuesta B es incorrecta porque la yuxtaposición pretende sugerir que existen pocos problemas que superan el alcance de la creatividad humana. La respuesta D es incorrecta porque la yuxtaposición no sugiere nada acerca de la posición del presidente.

13. **A; Nivel de conocimiento:** 2; **Objetivo de evaluación de lectura:** R.6.4. La respuesta A es correcta porque el autor se refiere a la Guerra de Independencia para que el público se sienta orgulloso y conectado con la historia. La respuesta B es incorrecta porque el autor no indica nada acerca de que la libertad se vea amenazada. La respuesta C es incorrecta porque el propósito de la referencia no es que el público sienta decepción. La respuesta D es incorrecta porque la intención de la referencia no es que el público sienta entusiasmo y esperanza, si bien el público puede reaccionar con estas emociones en cualquier otra parte del discurso.

14. **A; Nivel de conocimiento:** 2; **Objetivos de evaluación de lectura:** R.4.3/L.4.3, R.6.4. La enumeración de características hace que la "nueva generación de estadounidenses" suene firme y determinada. El tono de la enumeración es de esperanza (respuesta A). Si bien las características y el tono general del discurso indican sinceridad (respuesta B), el fraseo se enfoca más en la esperanza para el futuro; por lo tanto, la respuesta A es más específica. Las respuestas C y D son incorrectas porque el temor y la duda no reflejan el tono.

15. **C; Nivel de conocimiento:** 2; **Objetivo de evaluación de lectura:** R.6.4. El autor repite las frases e incluye la palabra *cualquier* para enfatizar que no hay ningún desafío que los Estados Unidos no puedan superar. No se menciona nada específico, pero la repetición evoca patriotismo y un sentido de unidad. El propósito de la repetición no es enfatizar las amenazas (respuesta A) ni enfatizar las victorias de los Estados Unidos (respuesta B), ninguna de las cuales se mencionan aquí. El autor no se refiere a la distancia recorrida por los Estados Unidos durante el siglo pasado (respuesta D).

LECCIÓN 9, *págs. 148–151*

1. **D; Nivel de conocimiento:** 3; **Objetivos de evaluación de lectura:** R.9.1/R.7.1, R.9.2. Freeman sugiere que los padres que no pueden hacer la transición de espectadores a padres podrían tener un impacto negativo sobre sus hijos, mientras que Torres dice que los "padres fanáticos de los deportes" afectan de manera negativa a sus hijos; por lo tanto, la respuesta D es correcta. Freeman no sugiere que los padres autoritarios sean incomprendidos; Torres expresa frustración ante los "padres fanáticos de los deportes"; por lo tanto, la respuesta A es incorrecta. Ninguna de las dos autoras dice que los atletas necesiten padres apasionados por los deportes para alcanzar el éxito, de manera que la respuesta B es incorrecta. Freeman no sugiere que los atletas exitosos tienen padres prepotentes; Torres no menciona la frecuencia con la que ella se encuentra con padres prepotentes.

2. **A; Nivel de conocimiento:** 2; **Objetivo de evaluación de lectura:** R.6.1. Freeman explica de qué manera las actitudes de los padres apasionados y bienintencionados durante y después de los partidos pueden tener un efecto negativo sobre los niños porque "resulta más fácil estar fuera del campo de juego" (respuesta A). Freeman no proporciona relatos entretenidos; por lo tanto, la respuesta B es incorrecta. Freeman no menciona a los atletas universitarios de manera directa; por lo tanto, la respuesta C es incorrecta. Freeman no menciona nada sobre comentar problemas con los padres.

3. **D; Nivel de conocimiento:** 3; **Objetivos de evaluación de lectura:** R.9.1/R.7.1, R.9.2. Freeman describe a los padres como "bienintencionados" y "apasionados", mientras que Torres se enojó durante un juego de su hijo, a pesar de sus buenas intenciones. Freeman sugiere que los padres analicen hasta qué punto se involucran en el deporte, pero no sugiere que los entrenadores deban promoverlo; tampoco Torres toca este punto. Por lo tanto, la respuesta A es incorrecta. Ninguno de los textos sugiere que la cultura deportiva no pueda cambiar; por lo tanto, la respuesta B es incorrecta. Tampoco hablan directamente sobre los efectos de los padres que no "regañan" a sus hijos durante los partidos; por lo tanto, la respuesta C es incorrecta.

4. **B; Nivel de conocimiento:** 3; **Objetivos de evaluación de lectura:** R.9.1/R.7.1, R.9.2 Freeman usa el razonamiento lógico para respaldar su afirmación de que los padres apasionados y bienintencionados afectan de manera negativa a sus hijos; Torres relata una narrativa personal con partes divertidas, que incluyen expresiones emotivas. El lenguaje de Freeman es directo y el que usa Torres es divertido y personal; las respuestas A y C son incorrectas. Freeman no incluye anécdotas divertidas; por lo tanto, la respuesta D es incorrecta.

5. **D; Nivel de conocimiento:** 2; **Objetivos de evaluación de lectura:** R.2.2, R.6.1. Riley dice que los artistas "forjan conexiones entre el pasado y el presente", y "vislumbran el futuro". Riley no menciona la estimulación del diálogo. Sugiere que las artes cruzan los límites, no lo contrario. No sugiere que se creen lazos emocionales entre las generaciones de estudiantes.

6. **C; Nivel de conocimiento:** 2; **Objetivo de evaluación de lectura:** R.6.1. Iyo dice que: "Toda comunidad necesita de las artes y el teatro es de la comunidad. La prosperidad teatral traerá consigo entusiasmo y mejorará la actividad comercial de las proximidades", por lo tanto la respuesta C es correcta. Iyo resalta que las artes benefician la economía de las comunidades, por lo que la respuesta A es incorrecta. Iyo no dice que el teatro pueda prevenir la guerra, por lo tanto, la respuesta B es incorrecta. La respuesta D es incorrecta porque Iyo no afirma que los beneficios sociales de las artes resulten afectados si la gente se enfoca en los beneficios económicos y, de hecho, destaca que los beneficios económicos de las artes son positivos.

7. **A; Nivel de conocimiento:** 1; **Objetivos de evaluación de lectura:** R.2.1, R.6.1. Riley escribe para oponerse a la decisión del Consejo de Educación de cerrar la escuela; escribe para persuadir al consejo para que reconsidere su decisión. El propósito de Riley no es entretener a los lectores con detalles biográficos, porque no hay ninguno. Sugiere brevemente un contraste entre las escuelas secundarias tradicionales y las alternativas para respaldar una afirmación mayor, pero esta comparación no es su foco principal. Riley explica el rol de la escuela en el vecindario para respaldar una afirmación mayor.

8. **B; Nivel de conocimiento:** 2; **Objetivo de evaluación de lectura:** R.6.3. Iyo argumenta que contribuir a las compañías de teatro es importante para ayudar a que produzcan trabajo innovador y para ayudar a la comunidad, por lo que la respuesta B es correcta. Iyo menciona una conocida compañía de teatro, pero no es su enfoque principal, por lo tanto, la respuesta A es incorrecta. Iyo menciona la Royal Shakespeare Company, pero no es parte del propósito principal de la carta, por lo que la respuesta C es incorrecta. La respuesta D es incorrecta porque Iyo no promueve oportunidades específicas de recaudación de fondos.

9. **A; Nivel de conocimiento:** 2; **Objetivo de evaluación de lectura:** R.2.2. Iyo considera que contribuir a las compañías de teatro ayudará a que los teatros sean exitosos, que a su vez, generará beneficios económicos y artísticos. Por lo tanto, la respuesta A es correcta y la respuesta B es incorrecta. Las respuestas C y D son incorrectas porque Iyo no enfatiza la importancia general de donativos caritativos de empresas, ni menciona los beneficios para el gobierno local.

10. **B; Nivel de conocimiento:** 2; **Objetivos de evaluación de lectura:** R.2.1, R.5.1, R.5.4, R.6.1. Riley enumera varias razones para respaldar su afirmación e incluye una lista de razones que explican por qué los estudiantes necesitan flexibilidad. La respuesta A es incorrecta porque Riley dice que una escuela combinada es inaceptable. El aspecto económico es una apelación lógica, no una apelación emocional o ética. Riley no menciona nada acerca de que se deba reformular el propósito de la escuela.

11. **C; Nivel de conocimiento:** 3; **Objetivos de evaluación de lectura:** R.7.4, R.9.1/R.7.1. La respuesta C es correcta porque los dos autores enfatizan que los negocios, como los hoteles y los restaurantes, cercanos a los centros culturales o artísticos se benefician económicamente. No se menciona nada acerca de un apoyo financiero para las artes; por lo tanto, las respuestas A y D son incorrectas. No se menciona nada acerca del precio de los boletos; por lo tanto, la respuesta B también es incorrecta.

12. **D; Nivel de conocimiento:** 3; **Objetivos de evaluación de lectura:** R.7.4, R.9.1/R.7.1. La respuesta D es correcta porque Riley menciona a profesionales que asistieron a una escuela secundaria especializada en artes que los ayudó a prepararse para sus carreras profesionales; Iyo menciona a artistas como ejemplos de aquellos que podrían perfeccionar su trabajo en teatros antes de volverse famosos. La respuesta A es incorrecta porque Riley no menciona conocer a ninguno de los artistas, ni Iyo se enfoca en el linaje. Riley sí menciona que los artistas jóvenes necesitan instrucción, pero no menciona qué instrucción debería ser; lo más probable es que considera que los artistas de todas las edades aprenden unos de otros. Si bien Riley deja implícito que la decisión del Consejo acerca de la escuela afectará negativamente a los estudiantes, no enuncia que las personas no aprecien a los artistas jóvenes. Los artistas específicos que menciona Iyo no son nombrados por apoyar al teatro sino por ser actores en el teatro.

13. **D; Nivel de conocimiento:** 3; **Objetivos de evaluación de lectura:** R.9.1/R.7.1, R.9.2. Los dos autores sienten un respeto profundo por las artes; por lo tanto, la respuesta D es la mejor opción. Los dos autores tienen fuertes sentimientos sobre la importancia y relevancia del arte; por lo tanto, ninguno de ellos tiene un tono irónico, negativo o resignado.

LECCIÓN 10, *págs. 152–155*

1. **D; Nivel de conocimiento:** 3; **Objetivos de evaluación de lectura:** R.7.2, R.7.3, R.9.1/R.7.1. Tanto el artículo como la tabla muestran que la Luna tiene recursos útiles. La respuesta A es incorrecta porque la rentabilidad no se menciona en la tabla. La respuesta B es incorrecta porque, ninguno de los textos insinúa que alguno de estos minerales no se halle en la Tierra. La respuesta C es incorrecta porque la minería lunar no se menciona en la tabla.

2. **Ambos, Pasaje, Pasaje:** 3; **Objetivos de evaluación de lectura:** R.7.2, R.7.3, R.7.4, R.9.1/R.7.1. La tabla y el pasaje mencionan la edad mínima. Solo el pasaje incluye información sobre la duración de los períodos y el número de senadores.

3. **A; Nivel de conocimiento:** 2; **Objetivos de evaluación de lectura:** R.5.1, R.5.4. Si bien el artículo trata específicamente sobre la jardinería de Jefferson, el autor admira los talentos, los logros y los diversos intereses de Jefferson. El párrafo 1 enfatiza este aspecto de Jefferson: a pesar de todo lo que hacía como líder político, tenía tiempo para buscar más logros. La respuesta B es incorrecta porque el párrafo 2 presenta la jardinería de Jefferson como experimental. La respuesta C es incorrecta porque los motivos de Jefferson para dedicarse a la jardinería no se explican en el párrafo 1. La respuesta D es incorrecta porque la idea principal del artículo no es que la jardinería esté plagada de fracasos o dificultades, ni tampoco el párrafo 1 menciona el fracaso.

4. C; Nivel de conocimiento: 2; **Objetivos de evaluación de lectura:** R.5.1, R.6.3, R.6.4. El autor cita a Jefferson para ilustrar que se enfrentaba tanto con fracasos como con éxitos en su jardinería experimental. La respuesta A es incorrecta porque las citas son fragmentos del diario de Jefferson; no son anécdotas. La respuesta B puede ser posible, pero no refleja tanto el propósito del autor como lo refleja la respuesta C. La respuesta D es incorrecta porque las citas del párrafo 3 indican fracasos; sin embargo, la última cita del párrafo 4 muestra optimismo.

5. A; Nivel de conocimiento: 3; **Objetivos de evaluación de lectura:** R.7.3, R.9.1/R.7.1. La respuesta A es correcta porque sus notas detalladas sugieren que ejercía la jardinería de la manera en que trabajaría en un laboratorio. La respuesta B es incorrecta ya que el párrafo 2 respalda la idea de que veía su jardinería como un laboratorio. El texto del párrafo 2 no respalda las respuestas C y D.

6. A; Nivel de conocimiento: 2; **Objetivo de evaluación de lectura:** R.5.4. Las notas de jardinería tienen las características de las entradas de un diario porque Jefferson comete errores de puntuación y ortografía en su escritura; escribe con una taquigrafía personal, usa oraciones incompletas y abreviaturas, y enumera las entradas por fecha. La respuesta B no corresponde a la escritura de un diario. Las respuestas C y D pueden corresponder o no a la escritura de un diario.

7. D; Nivel de conocimiento: 3; **Objetivos de evaluación de lectura:** R.5.4, R.6.3. Las notas de jardinería conservan de manera efectiva la información sobre el jardín de Jefferson para su propia referencia porque son claras y concisas y están organizadas por fecha. La respuesta A es incorrecta porque el texto contiene transiciones no tradicionales. La respuesta B es incorrecta porque aparecen pocos encabezados en las notas de jardinería. La respuesta C es incorrecta porque los números indican fechas, no los pasos de un proceso.

8. B; Nivel de conocimiento: 3; **Objetivos de evaluación de lectura:** R.7.3, R.9.1/R.7.1. Tanto el artículo como las notas de jardinería muestran que la jardinería, aunque gratificante, puede ser una misión difícil que presenta tanto fracasos como éxitos. La respuesta A es incorrecta porque no se menciona ni se insinúa nada acerca de la importancia de tomar notas. La respuesta C es incorrecta porque las notas de Jefferson no mencionan cultivos exóticos. La respuesta D es incorrecta porque solo el artículo aborda la creencia de Jefferson de que incorporar plantas útiles a nuestra cultura es un gran servicio.

9. C; Nivel de conocimiento: 3; **Objetivos de evaluación de lectura:** R.7.3, R.9.1/R.7.1. El propósito del artículo es informar a los lectores sobre la experimentación de Jefferson con la jardinería, en tanto que las notas de jardinería fueron escritas por el mismo Jefferson para tener un registro de su jardín basado en sus observaciones para su propia referencia. La respuesta A es incorrecta porque las notas no dan instrucciones. La respuesta B es incorrecta porque el artículo y las notas abordan tanto sus fracasos como sus éxitos. La respuesta D es incorrecta porque ninguno de los pasajes es educativo para alguien que está aprendiendo sobre jardinería o que intenta practicarla.

10. A; Nivel de conocimiento: 3; **Objetivos de evaluación de lectura:** R.7.3, R.9.1/R.7.1. El artículo está escrito para un público general, en tanto que las notas de jardinería estaban escritas para uso propio de Jefferson. La respuesta B es incorrecta porque "los visitantes del jardín de Jefferson" es un público demasiado reducido. La respuesta C es incorrecta porque cualquiera podría considerar que el artículo es interesante, y las notas de jardinería eran para uso propio de Jefferson. La respuesta D es incorrecta porque ninguno de los textos ofrece información suficiente para mostrar a los lectores cómo plantar un jardín.

11. B; Nivel de conocimiento: 3; **Objetivos de evaluación de lectura:** R.7.4, R.9.1/R.7.1. Los dos textos revelan que Jefferson era organizado, paciente y un aprendiz entusiasta. Anotaba meticulosamente sus observaciones sobre la jardinería, disfrutaba experimentar con plantas nuevas y estaba dispuesto a aceptar tanto el fracaso como el éxito. La respuesta A es incorrecta porque el artículo indica que Jefferson era un hombre ocupado. La respuesta C es incorrecta porque en ninguno de los textos está implícito que Jefferson estuviera tranquilo o incómodo con otras personas. La respuesta D es incorrecta porque, aunque era inteligente y, al mismo tiempo, un observador agudo, en ninguno de los textos se indica que Jefferson fuera poco práctico.

LECCIÓN 11, *págs. 156–159*

1. A; Nivel de conocimiento: 3; **Objetivos de evaluación de lectura:** R.9.1/R.7.1, R.9.2. Reagan asocia a la Gran Sociedad con las altas tasas de pobreza, que atribuye a la gran expansión de los programas gubernamentales. A través de esta asociación, los lectores pueden determinar que Reagan asocia a la Gran Sociedad con un gobierno invasivo. Por lo tanto, la respuesta A es correcta. No la asocia con el progreso económico (respuesta B), ni con la riqueza estadounidense (respuesta C), ni con los peligros del progreso social (respuesta D). Las descripciones de Johnson muestran a la Gran Sociedad de manera positiva, pues Johnson la asocia con el compromiso con la gran comunidad (respuesta A), no con una comunidad local (respuesta D), ni con un enfoque individual (respuesta C). Si bien Johnson menciona el comercio, no se enfoca en él; por lo tanto, la respuesta B es incorrecta.

2. D; Nivel de conocimiento: 2; **Objetivos de evaluación de lectura:** R.6.1, R.6.3. Reagan da razones y ejemplos para persuadir a su público de que un gobierno grande es problemático, entonces la respuesta D es correcta. El propósito principal de Reagan no es informar, entonces las respuestas A y C son incorrectas. Reagan usa ejemplos de gastos federales para demostrar que los grandes programas gubernamentales son problemáticos, no para persuadir a su público de que se necesita más supervisión del gobierno. Por lo tanto, la respuesta B es incorrecta.

3. B; Nivel de conocimiento: 2; **Objetivos de evaluación de lectura:** R.5.1, R.5.2. Reagan usa ejemplos para demostrar de qué manera los gastos y los impuestos excesivos pueden resultar problemáticos; por lo tanto, la respuesta B es correcta. Reagan no da ejemplos de inflación, de manera que la respuesta A es incorrecta. Reagan no se enfoca en principios económicos; por lo tanto, la respuesta C es incorrecta. Tampoco se enfoca en las tasas de interés, de manera que la respuesta D es incorrecta.

RESPUESTAS

4. **A; Nivel de conocimiento:** 2; **Objetivos de evaluación de lectura:** R.4.3/L.4.3, R.5.1, R.6.1. El lenguaje del primer párrafo contiene metáforas; por lo tanto, la respuesta A es correcta. Johnson no usa ejemplos concretos en su texto; por lo tanto, la respuesta B es incorrecta. El lenguaje es elocuente y metafórico; no es simple y directo ni informal y coloquial; por lo tanto, las respuestas C y D son incorrectas.

5. **C; Nivel de conocimiento:** 3; **Objetivos de evaluación de lectura:** R.9.1/R.7.1, R.9.2. Reagan se muestra crítico hacia las políticas y los puntos de vista opuestos a lo largo del texto (respuesta C). Johnson usa lenguaje e ideas inspiradores a lo largo de su texto; por lo tanto, su tono refleja optimismo (respuesta C). Reagan no es sentimental y, si bien Johnson es positivo, su tono no es alegre; por lo tanto, la respuesta A es incorrecta. El tono de Reagan es apasionado; por lo tanto, no es indiferente; si bien Johnson puede mostrar orgullo, las dos partes de la respuesta deben ser correctas, lo cual no sucede en la respuesta B. El tono de Reagan no es triste y el de Johnson no es irónico; por lo tanto, la respuesta D es incorrecta.

6. **D; Nivel de conocimiento:** 3; **Objetivos de evaluación de lectura:** R.2.7, R.9.1/R.7.1, R.9.2. La respuesta D es correcta porque Reagan se opone a un gobierno federal grande y no defendería otro gran programa de gastos. En el párrafo 3, Johnson enuncia que la "solución para estos problemas no descansa en un programa masivo en Washington". La respuesta A es incorrecta porque Johnson no menciona al sector privado. Ninguno de los autores respalda que los gobiernos locales asuman un mayor control. Reagan se opone a que el gobierno regule la economía y Johnson indica que los gobiernos locales tienen recursos limitados. Reagan estaría de acuerdo con la respuesta C, pero es muy probable que Johnson no.

7. **A; Nivel de conocimiento:** 2; **Objetivo de evaluación de lectura:** R.5.3. La respuesta A es correcta porque la palabra *Pero* indica que el autor está dando evidencia de que los sistemas de energía renovable independientes no benefician solamente a las personas que viven en áreas alejadas; las personas que viven cerca de una red de energía eléctrica usan sistemas independientes para ayudar a proteger el medio ambiente y evitar tener trato con las compañías de energía eléctrica. El autor no muestra desacuerdo con la práctica tradicional de obtener energía eléctrica de un proveedor de energía; por lo tanto, la respuesta B es incorrecta. El autor sugiere que los sistemas de energía renovable independientes son rentables; por lo tanto, la respuesta C es incorrecta. La palabra de transición *pero* no indica acuerdo; por lo tanto, la respuesta D también es incorrecta.

8. **D; Nivel de conocimiento:** 2; **Objetivos de evaluación de lectura:** R.6.1, R.6.3. El autor muestra que aquellos que viven lejos de las redes de energía eléctrica, al igual que los que viven cerca, pueden beneficiarse con el uso de sistemas de energía renovable independientes; por lo tanto, la respuesta D es correcta. El autor no indica que los sistemas independientes sean costosos, inadecuados o poco confiables; por lo tanto, las respuestas A y C son incorrectas. El autor nunca indica que los sistemas independientes sean subestimados; por lo tanto, la respuesta B es incorrecta.

9. **B; Nivel de conocimiento:** 2; **Objetivos de evaluación de lectura:** R.6.1, R.6.3. El autor explica por qué los consumidores querrían un sistema de energía renovable independiente, por qué dicho sistema es beneficioso, cómo funciona y qué se necesita para que funcione; por lo tanto, la respuesta B es correcta. El autor no es persuasivo, sino meramente informativo; por lo tanto, las respuestas A y C son incorrectas. El autor se enfoca en los sistemas de energía renovable independientes y no en reducir los costos de energía y minimizar los inconvenientes; por lo tanto, la respuesta D es incorrecta.

10. **C; Nivel de conocimiento:** 2; **Objetivos de evaluación de lectura:** R.6.1, R.6.3. La respuesta C es correcta porque el autor explica cómo funciona un sistema de energía renovable con conexión a la red, cómo dicho sistema ayuda a ahorrar dinero y qué se necesita para que funcione. El autor no es persuasivo, sino meramente informativo; por lo tanto, las respuestas B y D son incorrectas. Si bien el autor sí menciona que los proveedores de energía tienen requerimientos de conexión a la red, el autor no proporciona muchos detalles y no se enfoca únicamente en este tema.

11. **D; Nivel de conocimiento:** 3; **Objetivos de evaluación de lectura:** R.9.1/R.7.1, R.9.2. La respuesta D es correcta porque los dos autores indican que los sistemas de energía renovable ayudan a ahorrar energía, dinero y protegen el medio ambiente. La respuesta A es incorrecta porque ninguno de los autores indica que los consumidores deberían cambiarse ellos mismos de sistemas de energía. La respuesta B es incorrecta porque los autores no explican que cambiarse a los sistemas de energía renovable sea costoso o inconveniente. La respuesta C es incorrecta porque el autor del segundo pasaje enuncia los beneficios de tener acceso a las redes de energía.

12. **A; Nivel de conocimiento:** 3; **Objetivos de evaluación de lectura:** R.9.1/R.7.1, R.9.2. La respuesta A es correcta; el autor del segundo pasaje se refiere a los sistemas de energía que obtienen la energía eléctrica tanto de fuentes de energía renovable como de una red. El primer pasaje se refiere solamente a los sistemas de energía renovable independientes. La respuesta B es incorrecta porque en los dos pasajes se discute sobre los sistemas amigables con el medio ambiente. La respuesta C es incorrecta porque los dos pasajes enumeran lo que los consumidores necesitan comprar. La respuesta D es incorrecta porque los dos pasajes indican cuándo tiene sentido usar cada sistema de energía renovable.

13. **B; Nivel de conocimiento:** 3; **Objetivos de evaluación de lectura:** R.9.1/R.7.1, R.9.2. Los dos autores usan lenguaje directo y evidencia basada en hechos, como detalles específicos y ejemplos; por lo tanto, la respuesta B es correcta. Ninguno de los autores usa un tono agresivo ni lenguaje de advertencia; por lo tanto, la respuesta A es incorrecta. Ninguno usa lenguaje emotivo o figurativo; por lo tanto, la respuesta C es incorrecta. Ninguno incluye anécdotas; por lo tanto, la respuesta D es incorrecta.

14. **C; Nivel de conocimiento:** 3; **Objetivo de evaluación de lectura:** R.9.1/R.7.1. La respuesta C es correcta; los dos autores explican los beneficios de usar sistemas de energía renovable y mencionan que su uso tiene sentido en empresas pequeñas, dado que ayudan a ahorrar costos. Las respuestas A, B y D son incorrectas porque en los pasajes no se insinúa nada acerca de las profesiones, los hogares o las empresas de los autores.

15. D; Nivel de conocimiento: 3; **Objetivo de evaluación de lectura:** R.9.1/R.7.1. La respuesta D es correcta; la información de los dos pasajes sugiere que el propietario de una casa que es frugal y experimenta estaciones impredecibles se beneficiaría más con un sistema conectado a la red, de manera que podría contar con la red de energía cuando no dispusiera de viento, agua o energía solar. Las respuestas A y B son incorrectas porque un propietario que se preocupa por el medio ambiente o que vive lejos de una red de energía probablemente elegiría un sistema independiente. La respuesta C es incorrecta porque el primer pasaje explica que quienes eligen no tener que tratar con proveedores de energía también preferirían un sistema independiente.

LECCIÓN 12, *págs. 160–163*

1. A; Nivel de conocimiento: 3; **Objetivos de evaluación de lectura:** R.7.3, R.7.4. El discurso de Obama indica que las acciones de Parks "desafiaron la injusticia" y tuvieron un profundo impacto en el mundo. El texto de las preguntas frecuentes revela que Parks se negó a ceder su asiento a una persona blanca y, como resultado, fue arrestada. El texto de las preguntas frecuentes también proporciona información sobre los sucesos que siguieron a esa acción. Se puede sacar la conclusión de que el acto de Parks ayudó a que otros siguieran su ejemplo porque precipitó un "cambio" en el mundo. Las respuestas B, C y D son incorrectas porque en ninguno de los pasajes se indica que Parks haya ocasionado otros disturbios públicos, que ya estuviera actuando como parte de una protesta ni que sus acciones no fueran típicas de ella. Recuerda que las opciones de respuesta deben provenir de los textos, no solo del conocimiento previo. Por lo tanto, aunque sepas que las acciones de Parks no fueron espontáneas, la información de estos pasajes no respalda esta información.

2. Nivel de conocimiento: 2; **Objetivo de evaluación de lectura:** R.7.3. El presidente Obama rinde honor a Rosa Parks: **Un acto de desobediencia civil cambió una nación. Los actos valientes de gente común conducen al cambio.** Preguntas frecuentes sobre Rosa Parks: **Las personas deberían creer en sí mismas y en sus ideales. Todas las personas merecen las mismas oportunidades.** Estos enunciados son paráfrasis de los dos pasajes.

3. D; Nivel de conocimiento: 2; **Objetivo de evaluación de lectura:** R.6.1. El propósito del pasaje de los recuerdos es entretener a los lectores con un relato interesante acerca de la sopa de pollo. La respuesta A es incorrecta porque el narrador no intenta alentar a los lectores para que preparen su propia sopa de pollo. La respuesta B es incorrecta porque en este pasaje no se menciona la sopa de pollo comprada en tiendas. La respuesta C es incorrecta porque el narrador no explica cómo se hace la sopa. Solo menciona algunos ingredientes de la sopa.

4. B; Nivel de conocimiento: 3; **Objetivo de evaluación de lectura:** R.7.3. Si bien hace referencia a una receta de sopa de pollo, el pasaje de los recuerdos no proporciona una lista de pasos de un proceso. El pasaje de los recuerdos está escrito en forma de párrafo, mientras que la receta se presenta como una lista numerada de pasos para que los lectores puedan seguir. La respuesta A es incorrecta porque el pasaje de los recuerdos no aparece como una lista de pasos, y la receta no sugiere que una idea sea más importante que otra. La respuesta C es incorrecta porque el pasaje de los recuerdos no hace comparaciones y contrastes, y la receta aparece como una lista de pasos. La respuesta D es incorrecta porque el pasaje de los recuerdos no se basa en relaciones de causa y efecto.

5. C; Nivel de conocimiento: 2; **Objetivos de evaluación de lectura:** R.5.1, R.5.3. La frase *en consecuencia* señala una relación de causa y efecto: lo que sigue a la frase es un resultado, o una consecuencia, de la información que la precede. La respuesta A es incorrecta porque una señal de contradicción podría ser *sin embargo* o *por otro lado*. La respuesta B es incorrecta porque una frase de transición siempre se relaciona con información que aparece antes o después de ella. La respuesta D es incorrecta porque una palabra que indique una secuencia podría ser *luego* o *finalmente*.

6. B; Nivel de conocimiento: 3; **Objetivo de evaluación de lectura:** R.7.3. Si bien en el pasaje de los recuerdos se mencionan algunos de los ingredientes que usaba la abuela del autor y se describe parte del proceso, la receta abarca todo el proceso con mayor detalle, de modo que el lector realmente puede seguir las instrucciones para preparar el jarabe. La respuesta A es incorrecta porque la receta no deja ningún hueco de información. La respuesta C es incorrecta porque la receta no explica cómo se utiliza el jarabe. La respuesta D es incorrecta porque los dos pasajes brindan una introducción y contexto para el remedio.

7. A; Nivel de conocimiento: 3; **Objetivos de evaluación de lectura:** R.4.3/L.4.3, R.7.3. Aunque esta respuesta en realidad es una opinión, es la que mejor responde a la pregunta. La informalidad y el estilo de escritura directo hacen que los dos pasajes sean entretenidos y fáciles de seguir, incluida la receta real del jarabe. La respuesta B es incorrecta; si bien se menciona la enfermedad, ni el contexto ni el tono son sombríos, y los remedios parecen ser útiles, no desagradables. Si bien el autor hace una advertencia a los lectores al final de la receta, ninguno de los pasajes tiene un tono de advertencia; por lo tanto, la respuesta C es incorrecta. La respuesta D es incorrecta porque no se incluye ninguna investigación específica, excepto por una referencia en el pasaje de los recuerdos, y ninguno de los autores intenta persuadir a los lectores para que usen estos remedios.

8. C; Nivel de conocimiento: 2; **Objetivos de evaluación de lectura:** R.2.8, R.6.1, R.6.3. La respuesta C es correcta porque la actitud del autor hacia las viejas costumbres de la abuela parece suponer que los lectores tampoco prestarán atención a las supersticiones. La respuesta A es incorrecta porque nada sugiere que el autor espera que los lectores sepan cómo preparar la sopa. El propósito no es dar una receta. La respuesta B es incorrecta porque las explicaciones que da el autor sobre las palabras y las prácticas griegas reflejan la suposición de que los lectores no están familiarizados con la cultura griega. La respuesta D es incorrecta porque, si algo supone el autor, es que los lectores tratan las enfermedades virales con medicinas de venta libre.

9. A; Nivel de conocimiento: 3; **Objetivo de evaluación de lectura:** R.7.3. Si bien el pasaje de los recuerdos explica que la sopa de pollo potencia el sistema inmunológico, no explica por qué los remedios naturales son alternativas más saludables que las medicinas de venta libre para el resfriado y la gripe como lo hace la receta. La respuesta B es incorrecta porque el pasaje de los recuerdos no menciona si preparar la sopa de pollo es sencillo. La respuesta C es incorrecta porque el pasaje de los recuerdos no indica nada acerca de las medidas de seguridad. La respuesta D es incorrecta porque el autor del pasaje menciona ingredientes poco comunes.

10. B; Nivel de conocimiento: 3; **Objetivo de evaluación de lectura:** R.7.3. Los dos pasajes señalan que los remedios naturales pueden ser tan efectivos como las medicinas modernas para tratar las infecciones virales. La respuesta A es incorrecta porque ninguno de los pasajes menciona que se deba consultar con el médico antes de usar el remedio (excepto en el caso de controlar la dosis del jarabe en niños). La respuesta C es incorrecta porque ninguno de los pasajes compara el remedio casero con el mismo remedio comprado en tiendas. La respuesta D es incorrecta porque el pasaje de los recuerdos no menciona la falta de seguridad al utilizar medicinas de venta libre.

11. B; Nivel de conocimiento: 3; **Objetivos de evaluación de lectura:** R.2.7, R.7.4. A partir de las ideas y las prácticas de la abuela, lo más probable es que use el jarabe de bayas de saúco como medida preventiva. La respuesta A es incorrecta porque la abuela está a favor de los remedios caseros. La respuesta C es incorrecta porque no se menciona ni se insinúa nada acerca de su confianza en los médicos para curar todas las enfermedades. Si bien la respuesta D puede parecer correcta —y está cerca de serlo—, no es la mejor respuesta. El autor enuncia que el *kako mati* sirve para protegerse contra la envidia de los otros y no directamente contra una enfermedad.

LECCIÓN 13, *págs. 164–167*

1. D; Nivel de conocimiento: 3; **Objetivo de evaluación de lectura:** R.7.4. El artículo indica que una persona puede ganar un ingreso y mantener lazos con la fuerza laboral. De esta manera, se puede suponer que el destinatario debe aceptar el puesto y seguiría buscando un puesto de tiempo completo permanente. La respuesta A es incorrecta porque la carta dice que el destinatario no recibirá beneficios. La respuesta B es incorrecta porque en la carta está implícito que el destinatario tiene algunas destrezas y experiencia en trabajos editoriales, de manera que la edición no es un campo nuevo. La respuesta C es incorrecta porque nada en la carta indica intervalos en su currículum.

2. Nivel de conocimiento: 3; **Objetivos de evaluación de lectura:** R.7.4, R.9.1/R.7.1. Brinda: **experiencia en el campo deseado, adquisición de contactos profesionales, oportunidades de cartas de recomendación;** No brinda: **beneficios de seguro, salario elevado, vacaciones pagas.** El artículo anima a los lectores a aceptar puestos de medio tiempo para ganar más experiencia en su campo de interés, para obtener contactos profesionales a través del trabajo y para tener más gente a la que pedir cartas de recomendación, todo lo cual ayudará a conseguir trabajo a los buscadores de empleo. La carta indica que un empleo de medio tiempo posiblemente no incluya beneficios, salario elevado o vacaciones pagas.

3. C; Nivel de conocimiento: 3; **Objetivos de evaluación de lectura:** R.7.4, R.9.1/R.7.1. La respuesta C es correcta porque el arroz salvaje se menciona como un grano integral. Las respuestas A y D son incorrectas porque los productos pueden o no estar hechos con granos integrales. La respuesta B es incorrecta porque ningún texto equipara *orgánico* con *granos integrales*. No hay ninguna indicación de que las papas fritas estén hechas con granos integrales.

4. B; Nivel de conocimiento: 3; **Objetivos de evaluación de lectura:** R.7.3, R.9.1/R.7.1. Los dos pasajes fueron escritos para informar a los lectores que las etiquetas de los alimentos pueden ser engañosas y para proporcionar información acerca de cómo leerlas correctamente. La respuesta A es incorrecta porque no se menciona nada acerca de cultivar alimentos ni de los beneficios de los productos orgánicos. En ninguno de los textos se cuentan anécdotas; por lo tanto, la respuesta C es incorrecta. Si bien la respuesta D es posible, los pasajes se enfocan en las etiquetas más que en los valores nutricionales. El hecho de que la refinación elimine las porciones más nutritivas del grano se menciona una vez, y su implicancia es clara; sin embargo, comparar valores nutricionales no es el propósito de ninguno de los autores.

5. A; Nivel de conocimiento: 3; **Objetivos de evaluación de lectura:** R.7.3, R.7.4. Los dos pasajes indican que las etiquetas de los alimentos usan un lenguaje engañoso y confuso y, por lo tanto, no son confiables. La respuesta B es incorrecta porque el primer pasaje indica que no todas las etiquetas estén reguladas ni que los términos estén definidos legalmente. La respuesta C es incorrecta porque las etiquetas de los alimentos no siempre indican a las personas lo que necesitan saber y, por lo tanto, pueden ser engañosas. La respuesta D es incorrecta porque las etiquetas de los alimentos no necesariamente informan datos verdaderos, de acuerdo con los pasajes.

6. C; Nivel de conocimiento: 3; **Objetivos de evaluación de lectura:** R.7.3, R.7.4. Tanto el primer pasaje como la tabla explican los significados de los términos que se usan comúnmente en las etiquetas de los alimentos para que los consumidores puedan elegir mejor. La respuesta A es incorrecta porque ni el primer pasaje ni la tabla abordan el escepticismo de los consumidores. La respuesta B es incorrecta porque el primer pasaje no menciona el Sello de Grano Integral. La respuesta D es incorrecta porque los productos de "granos naturales" no necesariamente son mejores que los alimentos "multicereal".

7. B; Nivel de conocimiento: 3; **Objetivo de evaluación de lectura:** R.7.4. Una barra de pan de grano integral orgánico sería la opción más nutritiva. De acuerdo con el primer pasaje y la tabla, las opciones de las respuestas A, C y D podrían contener conservantes o carecer de los nutrientes beneficiosos de los productos de grano integral.

8. C; Nivel de conocimiento: 3; **Objetivos de evaluación de lectura:** R.7.3, R.7.4. Tanto el primer pasaje como la tabla indican que los granos refinados pierden sus nutrientes beneficiosos. Las respuestas A y B son incorrectas porque los granos refinados no necesariamente contienen conservantes, sustancias no naturales o colorantes. La respuesta D es incorrecta porque el jarabe de maíz no está reservado para granos refinados únicamente.

9. D; Nivel de conocimiento: 3; **Objetivo de evaluación de lectura:** R.7.4. A partir del contenido y la fuente de los dos pasajes, la respuesta D es la opción más probable. El público del primer pasaje no se limita a los agricultores; de acuerdo con la fuente del segundo pasaje, es probable que el autor sea miembro del Consejo de Granos Integrales, pero nada sugiere que haya ayudado a crear el sello. Por lo tanto, la respuesta A es incorrecta. Parte de la información de las respuestas B y C puede ser precisa, pero se basa en generalizaciones o conclusiones que no tienen suficiente respaldo en los pasajes.

10. **A; Nivel de conocimiento:** 3; **Objetivo de evaluación de lectura:** R.7.4. La respuesta A es la mejor opción. El artículo y la tabla indican que los productores de alimentos están dispuestos a valerse de engaños en las etiquetas de los alimentos promocionándolos como saludables para que las personas los compren. La respuesta B es incorrecta porque en la tabla no se menciona la regulación. La respuesta C es incorrecta porque en ninguno de los textos se comenta el interés de la industria alimentaria por sus consumidores. La respuesta D no es la mejor opción porque en ninguno de los textos se comenta específicamente sobre los productores orgánicos ni los defensores de alimentos de granos integrales y sus opiniones acerca del Sello de Grano Integral.

11. **B; Nivel de conocimiento:** 3; **Objetivo de evaluación de lectura:** R.7.4. La respuesta B es correcta porque la harina de avena es un grano integral. Los alimentos mencionados en las respuestas A, C y D no son productos de granos integrales, de acuerdo con las etiquetas de los alimentos y con la información de los pasajes.

12. **C; Nivel de conocimiento:** 3; **Objetivo de evaluación de lectura:** R.7.4. La respuesta C es correcta porque los dos pasajes abordan la falta de precisión o el engaño de las etiquetas. La respuesta A es incorrecta porque contradice las opiniones de los dos autores. La respuesta B es incorrecta porque el primer pasaje menciona que las etiquetas pueden ser engañosas en otras clases de alimentos. La respuesta D es incorrecta debido a la generalización de que todos los productos orgánicos o naturales están mal etiquetados. Si bien algunos, o incluso muchos, pueden estar mal etiquetados, no todos lo están.

UNIDAD 3 RESPUESTA EXTENSA

LECCIÓN 1, *págs. 170–173*

1. **A; Nivel de conocimiento:** 3; **Objetivos de evaluación de lectura:** R.9.2, R.9.3. La respuesta correcta es A porque Clemmitt afirma que los medios de comunicación sociales afectaron "el aprendizaje y el razonamiento", mientras que Leung dice que los medios de comunicación sociales tienen efectos positivos sobre la lectoescritura y la comunicación. La respuesta B es incorrecta porque Clemmitt apenas indica un cambio; todavía no queda del todo claro que su afirmación será negativa. Por otro lado, Leung afirma que los medios de comunicación sociales están cambiando positivamente la manera de comunicarse de las personas. La respuesta C no es correcta porque es Leung, no Clemmitt, quien menciona los efectos positivos de los medios de comunicación sociales; Leung menciona el enojo como parte de un enunciado que respalda su afirmación. La evidencia dice que los mensajes de texto significan más que molestar a otros. La respuesta D es incorrecta porque Clemmitt no hace ningún enunciado positivo sobre los medios de comunicación sociales, mientras que Leung afirma que dichos medios tienen un efecto positivo, no negativo, sobre el aprendizaje.

2. **B; Nivel de conocimiento:** 3; **Objetivos de evaluación de lectura:** R.9.2, R.9.3. La respuesta correcta es B porque Clemmitt cita un estudio de investigación que se centra en los efectos de los medios de comunicación sociales sobre las funciones del cerebro, mientras que Leung cita un estudio de investigación que se centra en los efectos de los medios de comunicación sociales sobre la comunicación. La respuesta A es incorrecta porque solamente Clemmitt cita un estudio que se centra en el cerebro. La respuesta C es incorrecta porque solamente Leung cita un estudio que se centra en las interacciones sociales. La respuesta D es incorrecta porque el estudio que cita Leung se centra en las interacciones sociales, no en las emociones.

3. **D; Nivel de conocimiento:** 3; **Objetivos de evaluación de lectura:** R.9.2, R.9.3. La respuesta correcta es D porque Clemmitt cita a un investigador que dice que los cambios constantes de la atención que causan los medios de comunicación sociales aumentan el estrés, mientras que Leung cita a una maestra que afirma que las notificaciones de mensajes de texto pueden ayudar a aliviar el estrés de los estudiantes. La respuesta A es incorrecta porque solamente Clemmitt afirma que los medios de comunicación sociales pueden aumentar el estrés. La respuesta B es incorrecta porque es Clemmitt quien afirma que los medios de comunicación sociales aumentan el estrés, mientras que Leung afirma que dichos medios alivian el estrés. La respuesta C es incorrecta porque solamente Leung afirma que los medios de comunicación sociales alivian el estrés.

Tabla; Nivel de conocimiento: 2; **Objetivos de evaluación de lectura:** R.5.1, R.5.3, R.5.4, R.6.1, R.6.2, R.6.4. Clemmitt
Punto de vista de la autora: "Algunos creen que (...) los medios de comunicación sociales (...) ya están cambiando la manera en la que piensan y aprenden las personas...". La afirmación de la autora es que los medios de comunicación sociales tienen efectos negativos en el cerebro.
Reconocimiento y respuesta a un punto de vista conflictivo o afirmación contraria: "Cuando [aparecieron] los primeros dispositivos electrónicos, algunas personas esperaban que enseñaran a una nueva generación a realizar varias tareas al mismo tiempo mucho mejor que las generaciones anteriores.
Pero las investigaciones [muestran] que quienes crecieron con dispositivos electrónicos 'en realidad no pueden realizar varias tareas al mismo tiempo', dice (...) Larry Rosen, profesor de psicología de la Universidad Estatal de California, Dominguez Hills". La autora reconoce que algunas personas esperaban que la tecnología mejorara la capacidad de realizar varias tareas al mismo tiempo pero refuta esa idea diciendo que las investigaciones no respaldan esa esperanza.
Estrategia retórica: Enunciado calificativo: "Si bien se desconocen los efectos de este comportamiento a largo plazo, las investigaciones han demostrado que 'las interrupciones frecuentes del sueño hacen que sea más difícil para el cerebro consolidar el aprendizaje y los recuerdos del día', afirma la profesora". La cláusula introductoria califica, o debilita, la información que sigue.
Razón de apoyo o idea clave: "Los trastornos del sueño que [acompañan] a la tecnología de los medios de comunicación sociales pueden ayudar a explicar los cambios [mentales], dice (...) Kaveri Subrahmanyam, profesora de psicología de la Universidad Estatal de California, en Los Ángeles (...)" El efecto de la falta de sueño sobre el cerebro como resultado de los medios de comunicación sociales es una de las razones que menciona la autora para afirmar que los medios de comunicación sociales afectan negativamente al cerebro.
Lenguaje de transición o palabras indicadoras que señalan relaciones: Causa y efecto: "Como resultado, la típica persona obsesionada por la tecnología ahora presta 'atención parcial continua' a prácticamente todo y atención plena a casi nada". La frase *como resultado* indica una relación de causa y efecto entre las ideas.

Tabla; Nivel de conocimiento: 2; **Objetivos de evaluación de lectura:** R.5.1, R.5.3, R.5.4, R.6.1, R.6.2, R.6.4. Leung
Punto de vista de la autora: "Algunos estudios han demostrado que los mensajes de texto mejoran las destrezas de comunicación". La afirmación de la autora es que los mensajes de texto mejoran la comunicación.

Reconocimiento y respuesta a un punto de vista conflictivo o afirmación contraria: "No se ha demostrado que sean verdaderas las críticas recientes de que el lenguaje de los mensajes de texto, que incluye abreviaturas y contracciones, por ejemplo, pueda aparecer en la escritura formal. La Dra. Plester llega a la conclusión de que el lenguaje de texto sigue las reglas generales del idioma y que las personas 'tienen una comprensión sofisticada del uso apropiado de las palabras'". La autora reconoce las críticas y afirma que las críticas no son válidas según la investigación.

Estrategia retórica: Apelación a lo popular: "En un estudio realizado por el Centro de Investigaciones Pew, se descubrió que, en promedio, los adolescentes más grandes envían aproximadamente 60 mensajes de texto por día y usan ese servicio como su 'medio de comunicación diario predominante'. En comparación, los adultos no están tan lejos respecto de esta tendencia creciente. Quizás la próxima vez que haya que llamar a la familia a cenar, podría ser más eficiente enviar un mensaje de texto grupal". La autora cita una estadística que muestra la popularidad de los mensajes de texto y luego sugiere que los lectores se unan a esa tendencia.

Razón de apoyo o idea clave: "En la realidad, quienes envían mensajes de texto pueden estar mejorando sus destrezas de lectoescritura". Esta razón respalda la afirmación de la autora de que los mensajes de texto mejoran la comunicación.

Lenguaje de transición o palabras indicadoras que señalan relaciones: Adición: "Es más, enviar mensajes de texto es una manera rápida y conveniente de comunicarse con los demás". La frase *es más* es lenguaje de transición que muestra la adición a una idea previa.

LECCIÓN 2, *págs. 174–177*

1. **D; Nivel de conocimiento:** 3; **Objetivos de evaluación de lectura:** R.9.2, R.9.3; **Objetivos de evaluación de escritura:** W.1, W.2. La indicación pregunta qué posición del artículo está mejor respaldada. Por lo tanto, debes decidir qué artículo tiene un argumento más firme. Plantear sencillamente que los dos argumentos están respaldados por igual o que son igualmente débiles (respuestas A y C) no responde la indicación. Plantear que Clemmitt no menciona los beneficios de los medios de comunicación sociales (respuesta B) tampoco responde la indicación, aunque puede ser un punto válido para el desarrollo de tu respuesta. La mejor respuesta es D.

Organizador gráfico; Nivel de conocimiento: 2; **Objetivos de evaluación de lectura:** R.8.1, R.8.2.
Afirmación: Los medios de comunicación sociales están cambiando la manera en la que piensan y aprenden las personas.
Primera razón: Se pueden hacer más tareas al mismo tiempo.
Evidencia: Citas basadas en un estudio de investigación que realizó el profesor de psicología Larry Rosen
Segunda razón: Los trastornos del sueño provocan cambios mentales.
Evidencia: Citas de la profesora de psicología Kaveri Subrahmanyam

Organizador gráfico; Nivel de conocimiento: 2; **Objetivos de evaluación de lectura:** R.8.1, R.8.2.
Afirmación: Los mensajes de texto mejoran las destrezas de comunicación.
Primera razón: Lectoescritura

Evidencia: Citas basadas en un estudio de investigación que realizó la Dra. Beverly Plester
Segunda razón: Rapidez y conveniencia
Evidencia: Cita de la maestra de las artes del lenguaje y la lectura Elsa Turner

2. **Nivel de conocimiento:** 3; **Objetivo de evaluación de lectura:** R.8.3. Respuesta posible: Una fortaleza del argumento de Clemmitt es que lo respalda con evidencia basada en una investigación. Una debilidad de su argumento es que parte de la evidencia basada en la investigación es limitada, lo que indica incertidumbre. Por ejemplo, "los medios de comunicación sociales (...) ya están cambiando la manera en la que piensan y aprenden las personas" y "se desconocen los efectos de este comportamiento a largo plazo".

3. **Nivel de conocimiento:** 3; **Objetivo de evaluación de lectura:** R.8.3. Respuesta posible: Una fortaleza del argumento de Leung es que presenta evidencia basada en una investigación y en experiencia práctica. Una debilidad de su argumento es que usa una retórica que apela a lo popular en su conclusión.

Marcación del texto; Nivel de conocimiento: 2; **Objetivos de evaluación de lectura:** R.5.3, R.6.2, R.6.4, R.8.1, R.8.2, R.9.3. Debes marcar correctamente un ejemplo de cada elemento del texto en cada pasaje. En el recuadro de la página 156, aparecen ejemplos del pasaje de Leung; debes intentar ubicar ejemplos secundarios en el pasaje, cuando sea posible. Los siguientes son ejemplos de marcaciones del pasaje de Clemmitt:
Afirmación (entre corchetes): Algunos creen que (...) los medios de comunicación sociales (...) ya están cambiando la manera en la que piensan y aprenden las personas.

Razón 1 (círculo y número): Hacer muchas tareas al mismo tiempo
Evidencia (subrayado): La naturaleza misma del cerebro parece decretar que, para muchas actividades, la gente sencillamente no pueda hacer dos o más tareas al mismo tiempo. Además, si bien el cerebro puede cambiar rápidamente de una tarea a otra, hacerlo hace que lleve más tiempo realizar esas tareas.
Técnicas retóricas (colocar texto en recuadros y rotular la técnica: en este caso, una yuxtaposición y un enunciado calificativo: (yuxtaposición de opuestos) La típica persona obsesionada por la tecnología ahora presta "atención parcial continua" a prácticamente todo y atención plena a casi nada; (enunciado calificativo) Si bien se desconocen los efectos de este comportamiento a largo plazo...
Punto de vista opuesto (usar subrayado con línea ondulada): Pero las investigaciones [muestran] que quienes crecieron con dispositivos electrónicos "en realidad no pueden realizar varias tareas al mismo tiempo", dice (...) Larry Rosen, profesor de psicología de la Universidad Estatal de California, Dominguez Hills.
Relación (colocar triángulo alrededor de "Como resultado"): Como resultado, la típica persona obsesionada por la tecnología ahora presta "atención parcial continua" a prácticamente todo y atención plena a casi nada. "Nunca se hace nada en profundidad", continúa.

Diagrama de red; Nivel de conocimiento: 3; **Objetivos de evaluación de escritura:** W.1, W.2.
Respuestas posibles:
Clemmitt respalda su argumento mejor de lo que Leung respalda el suyo porque Clemmitt persuade a los lectores para que piensen en el tema de los medios de comunicación sociales de otra manera.

Leung da un argumento más firme que Clemmitt porque presenta una variedad de evidencia.

Mientras que Leung argumenta que los medios de comunicación sociales son beneficiosos, Clemmitt da un mejor argumento en contra de los medios de comunicación sociales porque cita a científicos creíbles y también cita sus investigaciones.

Leung respalda mejor su afirmación porque no califica la incertidumbre en su evidencia como lo hace Clemmitt.

LECCIÓN 3, *págs. 178–181*

1. **A; Nivel de conocimiento:** 3; **Objetivos de evaluación de lectura:** R.5.3, R.9.2; **Objetivos de evaluación de escritura:** W.1, W.2. La respuesta correcta es A porque el lenguaje de transición es otro punto en común entre los dos pasajes. Las dos autoras usan lenguaje de transición para presentar sus argumentos. Hacer muchas tareas al mismo tiempo (respuesta B) y el trastorno del sueño (respuesta D) son razones que menciona Clemmitt, pero no Leung. La lectoescritura (respuesta C) es una razón que menciona Leung, no Clemmitt.

Organizador gráfico; Nivel de conocimiento: 3; **Objetivos de evaluación de lectura:** R.9.1/R.7.1, R.9.2, R.9.3; **Objetivos de evaluación de escritura:** W.1, W.2. Asegúrate de haber mencionado tres puntos lógicos de comparación y de haber elegido evidencia del texto que sea pertinente, específica y suficiente para cada punto de cada pasaje. Por ejemplo, puedes elegir **Afirmación/Punto de vista**, **Razones** y **Tono** para tus tres puntos de comparación/contraste. En **Afirmación/Punto de vista**, puedes escribir que la afirmación de Clemmitt es que los medios de comunicación sociales están cambiando la manera en la que piensan y aprenden las personas, mientras que la afirmación de Leung es que los mensajes de texto pueden ayudar a mejorar la lectoescritura. En **Razones**, puedes escribir que Clemmitt menciona razones como la capacidad de realizar varias tareas al mismo tiempo y el trastorno del sueño para respaldar su afirmación, mientras que Leung menciona la exposición a las palabras escritas y la facilidad de la comunicación. En **Tono**, puedes decir que el tono de Clemmitt es preocupado y prudente, mientras que el tono de Leung es agradable e informal.

Organizador gráfico; Nivel de conocimiento: 3; **Objetivos de evaluación de lectura:** R.9.1/R.7.1, R.9.2, R.9.3; **Objetivos de evaluación de escritura:** W.1, W.2. Asegúrate de haber mencionado tres puntos lógicos de comparación y de haber elegido evidencia del texto que sea pertinente, específica y suficiente para cada punto de cada pasaje.

Por ejemplo, puedes elegir **Propósito**, **Argumento contrario** y **Evidencia** para tus tres puntos de comparación/contraste. En **Propósito**, puedes decir que el propósito de Clemmitt es advertir a los lectores de los posibles efectos mentales negativos que pueden tener los medios de comunicación sociales sobre los usuarios, mientras que el propósito de Leung es informar a los lectores sobre los beneficios de los mensajes de texto para la lectoescritura. En **Argumento contrario**, puedes escribir que Clemmitt y Leung usan citas directas de expertos para refutar sus respectivos argumentos opuestos (en el caso de Clemmitt, el argumento de que los medios de comunicación sociales enseñan a realizar varias tareas al mismo tiempo; en el caso de Leung, la crítica de que los mensajes de texto no siguen las convenciones gramaticales y ortográficas del español). En **Evidencia**, puedes decir que Clemmitt y Leung usan citas de expertos para respaldar sus afirmaciones y que Leung también cita estadísticas de un estudio realizado en el Centro de Investigaciones Pew.

2. **Nivel de conocimiento:** 3; **Objetivos de evaluación de escritura:** W.1, W.2. Asegúrate de haber seleccionado tres de los seis puntos de los organizadores gráficos que aparecen en las dos páginas anteriores.

3. **Nivel de conocimiento:** 3; **Objetivos de evaluación de escritura:** W.1, W.2. Asegúrate de ofrecer explicaciones válidas y lógicas para tus elecciones concentrándote en las relaciones entre los puntos y su relación con el enunciado de tesis que elegiste.

4. **Nivel de conocimiento:** 3; **Objetivos de evaluación de escritura:** W.1, W.2. Asegúrate de ofrecer explicaciones válidas y lógicas para tus eliminaciones concentrándote en las relaciones entre los puntos y su relación con el enunciado de tesis que elegiste.

LECCIÓN 4, *págs. 182–185*

1. **C; Nivel de conocimiento:** 3; **Objetivos de evaluación de escritura:** W.1, W.2. En una estructura de tema por tema, después de la primera mención de un punto sobre estrategia retórica, debes presentar evidencia del primer tema (en este caso, el pasaje de Clemmitt); por lo tanto, la respuesta correcta es C. Debes presentar evidencia de los dos pasajes únicamente si usaste una estructura de punto por punto; por lo tanto, la respuesta B es incorrecta. Además, no debes presentar ni explicar puntos adicionales hasta que hayas presentado la evidencia para el primer punto; por lo tanto, las respuestas A y D son incorrectas.

Diagrama de red; Nivel de conocimiento: 2; **Objetivos de evaluación de escritura:** W.1, W.2. Las respuestas variarán. Asegúrate de haber copiado correctamente los tres puntos de comparación o contraste que definiste en la Unidad 3, Lección 3, y de haber ordenado los puntos del más importante al menos importante. Por ejemplo, si los puntos que elegiste fueron **Afirmación/Punto de vista**, **Razones** y **Tono**, podrías ubicar **Afirmación/Punto de vista** como el más importante (1), **Razones** como el siguiente punto más importante (2) y **Tono** como el menos importante (3).

2. **Nivel de conocimiento:** 3; **Objetivos de evaluación de escritura:** W.1, W.2. Las respuestas variarán. Asegúrate de haber explicado por qué este punto será el más convincente para respaldar tu enunciado de tesis. Por ejemplo, si elegiste **Afirmación/Punto de vista** como el punto de comparación más importante, menciona que el punto de vista de la autora es el más importante porque compone el argumento central de cada pasaje.

3. **Nivel de conocimiento:** 3; **Objetivos de evaluación de escritura:** W.1, W.2. Las respuestas variarán. Asegúrate de haber explicado por qué este punto será convincente para respaldar tu enunciado de tesis. Por ejemplo, si elegiste **Razones** como el segundo punto de comparación más importante, menciona que las razones son los argumentos individuales que respaldan la afirmación central de cada autora.

4. **Nivel de conocimiento:** 3; **Objetivos de evaluación de escritura:** W.1, W.2. Las respuestas variarán. Asegúrate de haber explicado por qué este punto será menos convincente para respaldar tu enunciado de tesis.

Por ejemplo, si elegiste **Tono** como el punto de comparación menos importante, explica que el tono es un elemento estilístico de la escritura y no es tan persuasivo como la evidencia concreta.

5. **Nivel de conocimiento:** 3; **Objetivos de evaluación de escritura:** W.1, W.2. Las respuestas variarán. Puedes elegir **más importante a menos importante** porque tu propósito es persuadir a los lectores con un argumento lógico y razonable, y no perder su atención o distraerlos colocando el punto más importante al final.

Organigrama; Nivel de conocimiento: 3; **Objetivos de evaluación de escritura:** W.1, W.2. Las respuestas variarán. Repasa tu plan para que la progresión de las ideas sea lógica y tenga sentido, con evidencia que se ajuste perfectamente a tus puntos más importantes. Asegúrate de haber elegido una estructura organizacional efectiva que combine bien con el enunciado de tu tesis y el propósito de la escritura.

Un ejemplo del organizador tema por tema sería:
Tema/Pasaje 1: Clemmitt
Punto 1: Afirmación/Punto de vista; **Evidencia:** La afirmación de Clemmitt es que los medios de comunicación sociales ya están cambiando la manera en que piensan y aprenden las personas.
Punto 2: Razones; **Evidencia:** Clemmitt menciona razones como la capacidad de realizar muchas tareas al mismo tiempo y el trastorno del sueño para respaldar su afirmación.
Punto 3: Tono; **Evidencia:** El tono de Clemmitt es preocupado y prudente.
Tema/Pasaje 2: Leung
Punto 1: Afirmación/Punto de vista; **Evidencia:** La afirmación de Leung es que los mensajes de texto pueden ayudar a mejorar la lectoescritura.
Punto 2: Razones; **Evidencia:** Leung menciona razones como la exposición a las palabras escritas y la facilidad de comunicación para respaldar su afirmación.
Punto 3: Tono; **Evidencia:** El tono de Leung es agradable e informal.

Organigrama; Nivel de conocimiento: 3; **Objetivos de evaluación de escritura:** W.1, W.2. Las respuestas variarán. Repasa tu plan para que la progresión de las ideas sea lógica y tenga sentido, con evidencia que se ajuste perfectamente a tus puntos más importantes. Asegúrate de haber elegido una estructura organizacional efectiva que combine bien con el enunciado de tu tesis y el propósito de la escritura.

Un ejemplo de la tabla punto por punto sería:
Punto 1: Afirmación/Punto de vista; **Evidencia del tema/Pasaje 1:** La afirmación de Clemmitt es que los medios de comunicación sociales ya están cambiando la manera en que piensan y aprenden las personas; **Evidencia del tema/Pasaje 2:** La afirmación de Leung es que los mensajes de texto pueden ayudar a mejorar la lectoescritura.
Punto 2: Razones; **Evidencia del tema/Pasaje 1:** Clemmitt menciona la capacidad de realizar varias tareas al mismo tiempo y el trastorno del sueño para respaldar su afirmación; **Evidencia del tema/Pasaje 2:** Leung menciona la exposición a las palabras escritas y la facilidad de comunicación para respaldar su afirmación.
Punto 3: Tono; **Evidencia del tema/Pasaje 1:** El tono de Clemmitt es preocupado y prudente; **Evidencia del tema/Pasaje 2:** El tono de Leung es agradable e informal.

1. **B; Nivel de conocimiento:** 2; **Objetivo de evaluación de lectura:** R.5.1; **Objetivos de evaluación de escritura:** W.1, W.2. La respuesta B es un ejemplo de conclusión con un hecho o estadística sorprendente porque da datos numéricos (60 mensajes de texto por día) sobre el hábito de los adolescentes de enviar mensajes de texto. Las respuestas A y D son ejemplos de la estrategia de conexión, en la cual el razonamiento final de la conclusión relaciona el tema del ensayo con la vida de los lectores. La respuesta C, que describe una escena a la hora de la cena en la casa de los Martínez, es un ejemplo de conclusión con una anécdota.

Tabla de introducción; Nivel de conocimiento: 2; **Objetivo de evaluación de lectura:** R.5.4; **Objetivos de evaluación de escritura:** W.1, W.2. **Acción:** "Llamas a tu hijo, a tu hija o a tu esposo para cenar". *Llamar* es una acción física, no mental; por lo tanto, esta introducción es un encabezado de acción. Observa que aunque esta introducción no contiene un diálogo, técnicamente se inicia con una acción.
Diálogo/Cita: "'Ahora, con las redes sociales y otras herramientas de Internet, (...) 500 millones de personas tienen una manera de decir lo que piensan y se hacen oír', dice Mark Zuckerberg, el fundador de Facebook". Esta introducción se inicia con una cita del fundador de Facebook, Mark Zuckerberg; por lo tanto, es un encabezado de diálogo o cita.
Reacción: "El [atractivo] de socializar en línea ha creado una nación de [fanáticos de los] dispositivos móviles...". Un *atractivo* es algo que el cerebro procesa; por lo tanto, esta introducción es un ejemplo de encabezado de reacción. Observa que no es una acción física (encabezado de acción) ni un ejemplo de discurso (encabezado de diálogo/cita).

Tabla de conclusión; Nivel de conocimiento: 2; **Objetivo de evaluación de lectura:** R.5.4; **Objetivos de evaluación de escritura:** W.1, W.2 **Anécdota:** "Durante la cena, en la casa de los Martínez, los miembros de la familia se sientan a la mesa y envían mensajes de texto a sus amigos y compañeros de trabajo". La autora termina con una historia corta, o una situación, sobre la hora de la cena en la casa de los Martínez; por lo tanto, esta conclusión es una anécdota.
Conexión: "Quizás la próxima vez que haya que llamar a la familia a cenar, podría ser más eficiente enviar un mensaje de texto grupal". La autora da una sugerencia a los lectores que relaciona el tema del pasaje con sus propias vidas. La autora no presenta un hecho ni cuenta una historia.
Hecho/Estadística: "Si bien se desconocen los efectos de este comportamiento a largo plazo, las investigaciones han demostrado que...". La referencia a las investigaciones sugiere que este pensamiento final es un hecho, no una conexión ni una anécdota.

2. **Nivel de conocimiento:** 3; **Objetivos de evaluación de escritura:** W.1, W.2; **Objetivo de evaluación del lenguaje:** L.1.9. Las respuestas variarán. Asegúrate de usar verbos de acción en la introducción.

3. **Nivel de conocimiento:** 3; **Objetivos de evaluación de escritura:** W.1, W.2; **Objetivo de evaluación del lenguaje:** L.2.4. Las respuestas variarán. Asegúrate de usar las comillas, las rayas de diálogo y las acotaciones del narrador correctamente en la introducción.

4. **Nivel de conocimiento:** 3; **Objetivos de evaluación de escritura:** W.1, W.2; **Objetivo de evaluación del lenguaje:** L.1.9. Las respuestas variarán. Asegúrate de usar verbos de reacción como *pensar, preguntarse* o *soñar* en la introducción.

5. **Nivel de conocimiento:** 3; **Objetivos de evaluación de escritura:** W.1, W.2; **Objetivo de evaluación del lenguaje:** L.1.9. Las respuestas variarán. Asegúrate de elegir lenguaje de transición adecuado que relacione el encabezado que elegiste con tu enunciado de tesis.

6. **Nivel de conocimiento:** 2; **Objetivos de evaluación de escritura:** W.1, W.2; **Objetivo de evaluación del lenguaje:** L.1.9. Las respuestas variarán. Asegúrate de volver a escribir el enunciado de tesis que definiste en la Unidad 3, Lección 2. Puedes revisar tu enunciado aquí para comprobar que sea claro y que suene natural.

7. **Nivel de conocimiento:** 2; **Objetivos de evaluación de escritura:** W.2; **Objetivo de evaluación del lenguaje:** L.1.9. Las respuestas variarán. Algunos ejemplos de lenguaje de transición finales incluyen *En resumen, Para finalizar* y *Por último*.

8. **Nivel de conocimiento:** 3; **Objetivos de evaluación de escritura:** W.1, W.2. Las respuestas variarán. Asegúrate de que tu resumen incluya únicamente la evidencia y los puntos más importantes. Usa diferentes expresiones de las que usaste previamente en las tablas de planificación de la Unidad 3, Lecciones 3 y 4.

9. **Nivel de conocimiento:** 3; **Objetivos de evaluación de escritura:** W.1, W.2. Las respuestas variarán. En tu anécdota, asegúrate de hacer referencia a personajes y sucesos reales o imaginarios.

10. **Nivel de conocimiento:** 3; **Objetivos de evaluación de escritura:** W.1, W.2. Las respuestas variarán. Asegúrate de relacionar de alguna manera tu tema con la vida de tus lectores.

11. **Nivel de conocimiento:** 3; **Objetivos de evaluación de escritura:** W.1, W.2. Las respuestas variarán. Como no podrás realizar otra investigación durante la prueba, puedes usar un hecho o una estadística de uno de los pasajes y después comentar ese hecho o estadística.

12. **Nivel de conocimiento:** 3; **Objetivos de evaluación de escritura:** W.1, W.2. Las respuestas variarán. Asegúrate de encerrar en un círculo uno de los pensamientos de la conclusión que escribiste para los ejercicios 9 a 11.

LECCIÓN 6, *págs. 190–193*

1. **B; Nivel de conocimiento:** 2; **Objetivo de evaluación de lectura:** R.5.3; **Objetivo de evaluación de escritura:** W.2; **Objetivo de evaluación del lenguaje:** L.1.9. El elemento V del resumen marca la transición del primer tema (pasaje de Clemmitt) al segundo tema (pasaje de Leung). Las dos autoras abordan el tema de los medios de comunicación sociales, pero sus ideas son opuestas. Por lo tanto, el lenguaje de transición *por otro lado* (respuesta B) introduce mejor las ideas de Leung y muestra que difieren de las de Clemmitt. La respuesta A muestra un contraste pero no usa una transición. La respuesta C implica que los autores están de acuerdo. La respuesta D usa la transición equivocada (*además*) para mostrar contraste.

Estructura; Nivel de conocimiento: 3; **Objetivos de evaluación de escritura:** W.1, W.2; **Objetivos de evaluación del lenguaje:** L.1.9. Usa las Pautas de calificación para la respuesta extensa de Razonamiento a través de las Artes del Lenguaje de GED® para la Característica 1 (Redacción de argumentos y uso de la evidencia) y la Característica 2 (Desarrollo de ideas y estructura organizacional) para corregir tu borrador. Puedes encontrar estas pautas en las páginas 295–297. También puedes consultar el ejemplo de respuesta extensa con comentarios de la Unidad 3, Lección 7.

LECCIÓN 7, *págs. 194–197*

1. **D; Nivel de conocimiento:** 2; **Objetivos de evaluación de escritura:** W.1, W.2; **Objetivo de evaluación del lenguaje:** L.1.4. La respuesta correcta es D porque *las gaseosas, el café y los alimentos con alto contenido en grasas* es una frase más específica y formal que *las cosas malas*. Además, establece una conexión con la palabra *dieta* de la siguiente oración, lo que crea un paralelo lógico entre los malos hábitos alimentarios y los malos hábitos tecnológicos. El resto de las opciones de respuesta (*las cosas insalubres, los alimentos y las bebidas* y *los elementos que son perjudiciales para ellas*) son frases más generales que no son tan convincentes ni específicas como la respuesta D.

Tabla de revisión; Nivel de conocimiento: 3; **Objetivo de evaluación de escritura:** W.2; **Objetivos de evaluación del lenguaje:** L.1.4, L.1.8, L.1.9. Usa las Pautas de calificación para la respuesta extensa de Razonamiento a través de las Artes del Lenguaje de GED® para la Característica 2 (Desarrollo de ideas y estructura organizacional) y la Característica 3 (Claridad y dominio de las convenciones de uso del español) para evaluar tu tabla. Puedes encontrar estas pautas en las páginas 295–297. También puedes consultar el ejemplo de respuesta extensa con comentarios que aparece a continuación.

Tabla de revisión; Nivel de conocimiento: 2; **Objetivo de evaluación de escritura:** W.2; **Objetivos de evaluación del lenguaje:** L.1.6, L.1.8, L.1.9, L.2.2. Usa las Pautas de calificación para la respuesta extensa de Razonamiento a través de las Artes del Lenguaje de GED® para la Característica 2 (Desarrollo de ideas y estructura organizacional) y la Característica 3 (Claridad y dominio de las convenciones de uso del español) para evaluar tu tabla. Puedes encontrar estas pautas en las páginas 295–297. También puedes consultar el ejemplo de respuesta extensa con comentarios que aparece a continuación.

Tabla de revisión; Nivel de conocimiento: 2; **Objetivo de evaluación de escritura:** W.2; **Objetivos de evaluación del lenguaje:** L.1.1, L.1.2, L.1.3, L.1.5, L.1.7, L.2.1, L.2.3, L.2.4. Usa las Pautas de calificación para la respuesta extensa de Razonamiento a través de las Artes del Lenguaje de GED® para la Característica 2 (Desarrollo de ideas y estructura organizacional) y la Característica 3 (Claridad y dominio de las convenciones de uso del español) para evaluar tu tabla. Puedes encontrar estas pautas en las páginas 295–297. También puedes consultar el ejemplo de respuesta extensa con comentarios que aparece a continuación.

1 La autora usa una estrategia de acción para captar la atención de los lectores e introducir el enunciado de tesis.

4 La autora establece una estructura organizacional punto por punto y usa lenguaje de transición para mostrar las relaciones lógicas entre las ideas.

6 La autora aplica las convenciones del lenguaje al usar correctamente la mayúscula en el nombre propio.

7 La autora muestra una progresión lógica y un desarrollo de ideas estrechamente relacionadas con la tesis.

10 La autora integra la evidencia del texto con fluidez.

1 Elegiste cinco artículos para comprar en el supermercado. Estás apurado por llegar a casa, así que eliges la caja rápida. Hay dos clientes delante de ti. **2** El cajero termina de atender a la primera persona pero la segunda no se adelanta. ¡Está enviando un mensaje de texto! Si esta situación te parece conocida, no estás solo. En todos lados, las personas hacen muchas tareas al mismo tiempo y no las hacen bien. **3** Aunque los autores como Kristine Leung elogian los medios de comunicación sociales, Marcia Clemmitt presenta un argumento más firme en contra de dichos medios en su artículo "Los medios de comunicación sociales se convierten en una distracción".

4 Si bien Leung y Clemmitt respaldan sus puntos de vista con evidencia clara, la evidencia de Clemmitt se basa en la ciencia. La autora cita una investigación de dos profesores de psicología de mucha reputación. **5** El profesor de psicología Larry Rosen de la Universidad Estatal de California explica que los medios de comunicación sociales interfieren con la capacidad del cerebro para concentrarse. La profesora de psicología Kaveri Subrahmanyam de la Universidad Estatal de California propone que los medios de comunicación sociales interrumpen los patrones de sueño y comprometen la capacidad del cerebro para procesar el aprendizaje y la memoria. En contraste, Leung cita evidencia relacionada con los efectos de los medios de comunicación sociales sobre la lectoescritura. La investigadora de la Universidad Coventry, Dra. Beverly Plester, dice que la exposición a palabras escritas nos hace más cultos, lo que es probablemente cierto, pero las fuentes de la palabra escrita no se limitan a los medios de comunicación sociales. **6** Leung cita evidencia sobre la rapidez y la conveniencia de los medios de comunicación sociales a partir de los dichos de una maestra de clases y es anecdótica, no científica.

7 Las dos autoras responden a argumentos contrarios pero, una vez más, Clemmitt lo hace de manera más efectiva. Clemmitt reconoce la esperanza de una generación tecnológica: el aumento en la capacidad para realizar muchas tareas al mismo tiempo. La autora **8** refuta esta afirmación con la investigación de Rosen. Las múltiples distracciones e interrupciones que provocan los medios de comunicación sociales en realidad comprometen la capacidad de una persona para hacer una cosa bien. **9** Por el contrario, Leung reconoce un temor social de que el lenguaje de los mensajes de texto pueda comenzar a aparecer en la escritura formal. La autora refuta esta afirmación y la niega, pero no presenta evidencia que respalde esta negación. En cambio, presenta la conclusión de la Dra. Plester, pero no los hallazgos de la investigación en los que se basa la conclusión.

Por último, cada autora emplea estrategias retóricas para convencer a los lectores de su punto de vista. **10** Clemmitt usa enunciados calificativos como: "se desconocen los efectos de este comportamiento (dormir con teléfonos celulares) a largo plazo". Esta estrategia es efectiva porque las investigaciones sobre el cerebro respecto de los medios de comunicación sociales son nuevas y todavía están en curso. Los investigadores, como Subrahmanyam, no afirman saber todo, pero están compartiendo los hallazgos actuales. Por otro lado, en su conclusión, Leung usa una estrategia común de apelación a lo popular: "la próxima vez que haya que llamar a la familia a cenar, podría ser más eficiente enviar un mensaje de texto grupal". En esencia, parece que la autora dice que los medios de comunicación sociales deben de ser buenos porque todos los usan, un enunciado que demuestra una lógica incorrecta.

En conclusión, Clemmitt presenta un argumento más firme en contra de los medios de comunicación sociales al citar evidencia científica creíble de Rosen y Subrahmanyam sobre los efectos de los medios de comunicación sociales, que pueden provocar trastornos en el cerebro, entre ellos trastornos en los patrones del sueño y en la capacidad del cerebro para concentrarse. En comparación, la evidencia anecdótica de Leung sobre una maestra de las artes del lenguaje y la lectura se desvanece. **11** Aunque a las personas puede atraerle la conveniencia de los medios de comunicación sociales, deben resistirse a la simplificación excesiva que presenta la tecnología en la cultura moderna mientras todavía tengan el poder del cerebro para hacerlo.

2 Con esta oración compuesta, la autora demuestra diversidad en la estructura de las oraciones. Esta diversidad crea fluidez en toda la respuesta.

3 La tesis de la autora constituye un argumento basado en un texto, establece un propósito que está conectado con la indicación y demuestra tener conciencia del público a la que se dirige.

5 La autora cita evidencia pertinente, específica y suficiente para respaldar la tesis y los puntos.

8 La autora muestra una elección de palabras intencional y un vocabulario avanzado.

9 La autora evalúa la validez de un pasaje.

11 Después de resumir las ideas principales, la autora deja una reflexión final para los lectores.

UNIDAD 4 EDICIÓN

LECCIÓN 1, *págs. 198–201*

1. **D; Nivel de conocimiento:** 1; **Objetivo de evaluación del lenguaje:** L.2.1. La palabra *leys* se debe cambiar a *leyes*. Para formar el plural de una palabra que termina con *-y* precedida de vocal, normalmente se añade *-es*. Las respuestas A y B son incorrectas porque se usan mayúsculas en palabras que no son sustantivos propios. La respuesta C contiene un error ortográfico.

2. **B; Nivel de conocimiento:** 1; **Objetivo de evaluación del lenguaje:** L.2.1. El plural de *manatí* se forma añadiendo *-es*. *Manatices* se debe cambiar por *manatíes*. Las respuestas A y D contienen un error ortográfico. *Costera* no comienza con mayúscula.

3.1. **D; Nivel de conocimiento:** 1; **Objetivo de evaluación del lenguaje:** L.2.1. El nombre de una universidad es un sustantivo propio y debe comenzar con mayúscula. La respuesta correcta es *Universidad Warner*. Las demás respuestas no reflejan un uso correcto de las mayúsculas.

3.2. **C; Nivel de conocimiento:** 1; **Objetivo de evaluación del lenguaje:** L.2.1. El plural de *tornado* se forma añadiendo *-s*. La respuesta correcta es *tornados*. Las otras opciones de respuesta contienen errores de ortografía.

3.3. **A; Nivel de conocimiento:** 1; **Objetivo de evaluación del lenguaje:** L.2.1. *Miembros* es plural, pero *cuerpo estudiantil* permanece en singular porque hay un solo cuerpo estudiantil en la universidad. *Cuerpo estudiantil* es un sustantivo colectivo; los *miembros* actúan de manera individual.

3.4. **C; Nivel de conocimiento:** 1; **Objetivo de evaluación del lenguaje:** L.2.1. La frase *oficiales de policía del campus* no es un sustantivo propio porque es una descripción general. Por lo tanto, ninguna de las palabras debe comenzar con mayúscula. Las demás opciones contienen un uso incorrecto de las mayúsculas para los sustantivos comunes.

4.1. **A; Nivel de conocimiento:** 1; **Objetivo de evaluación del lenguaje:** L.2.1. El sustantivo común *gobierno* no debe comenzar con mayúscula ni debe escribirse en plural porque el escritor se refiere a un gobierno: el que es responsable del juicio. Además, las opciones que están en plural no concordarían con el verbo en singular y *están* escritas de manera incorrecta.

4.2. **B; Nivel de conocimiento:** 1; **Objetivo de evaluación del lenguaje:** L.2.1. Estos son sustantivos propios. Siempre se escribe con mayúscula inicial cualquier referencia a la *Constitución de los Estados Unidos*, incluso en la frase *la Constitución*. *Estados Unidos* siempre comienza con mayúscula. Por lo tanto, B es la única respuesta correcta.

4.3. **D; Nivel de conocimiento:** 1; **Objetivo de evaluación del lenguaje:** L.2.1. El sustantivo *jurados* es incorrecto porque hay un solo jurado en el pasaje. Además, el plural está escrito de manera incorrecta en la respuesta C. *Jurado* es un sustantivo colectivo porque es un grupo compuesto por más de una persona y actúa como una unidad: *El jurado toma su decisión basándose en los hechos presentados en un caso*.

4.4. **C; Nivel de conocimiento:** 1; **Objetivo de evaluación del lenguaje:** L.2.1. Tanto el nombre como el apellido son sustantivos propios y los dos deben comenzar con mayúscula. La respuesta C es la única opción correcta.

5.1. **C; Nivel de conocimiento:** 1; **Objetivo de evaluación del lenguaje:** L.2.1. El plural de *cantidad* se forma añadiendo *-es*. La respuesta correcta es *cantidades*.

5.2. **A; Nivel de conocimiento:** 1; **Objetivo de evaluación del lenguaje:** L.2.1. El plural de *lote* se forma añadiendo *-s*. En este caso, *pescado* permanece en singular. La respuesta A es la única en la que las dos palabras están escritas correctamente.

5.3. **D; Nivel de conocimiento:** 1; **Objetivo de evaluación del lenguaje:** L.2.1. El plural de *estante* y el plural de *producto* se forman añadiendo *-s*. Por lo tanto, la respuesta correcta es *estantes* y *productos*.

5.4. **A; Nivel de conocimiento** 1; **Objetivo de evaluación del lenguaje:** L.2.1. El plural de *durazno* y el plural de *fresa* se forman añadiendo *-s*. Por lo tanto, la respuesta correcta es *duraznos* y *fresas*.

LECCIÓN 2, *págs. 202–205*

1. **C; Nivel de conocimiento:** 1; **Objetivo de evaluación del lenguaje:** L.1.3. *Papá y yo* debe reemplazarse con el pronombre sujeto plural *nosotros*. La respuesta A suena extraña y repetitiva, y coloca el pronombre de primera persona en la posición incorrecta (al igual que la respuesta D). *Nos* es un pronombre objeto. *Mí y papá* es incorrecto porque *mí* es un pronombre objeto; además, cuando se usa el pronombre *yo* como parte de una frase, el pronombre se escribe al final; por ejemplo, *papá y yo* es correcto, pero no *yo y papá*.

2. **D; Nivel de conocimiento:** 1; **Objetivo de evaluación del lenguaje:** L.1.3. *El auto de ellos* debe reemplazarse por la frase *su auto*. La respuesta A es incorrecta porque el pronombre *suyo* se usa para reemplazar un sustantivo, no para acompañarlo. *Sus* es incorrecto porque no concuerda en número con el sustantivo *auto*. *Ellos* es incorrecto porque es un pronombre sujeto, no un pronombre posesivo.

3.1. **A; Nivel de conocimiento:** 1; **Objetivo de evaluación del lenguaje:** L.1.3. Debe usarse el pronombre sujeto plural *ellos*. *Ellos* reemplaza a *la comunicación vía satélite, las redes sociales, las aplicaciones y el uso de internet*. *Él* es singular y no puede reemplazar a un sujeto compuesto. *Nosotros* se refiere a personas, no a cosas. *Ellas* es incorrecto porque uno de los sustantivos del sujeto compuesto que reemplaza el pronombre es masculino.

3.2. **D; Nivel de conocimiento:** 1; **Objetivo de evaluación del lenguaje:** L.1.3. Al sustantivo singular *persona* le corresponde el adjetivo posesivo *su* cuando el sustantivo *televisión* es la cosa que se posee. *Suyo* es incorrecto porque es un pronombre posesivo que se usa para reemplazar al sustantivo, no para acompañarlo. *Tuyo* es incorrecto porque es un pronombre de segunda persona (que se refiere al oyente). *Sus* es incorrecto porque no concuerda en número con *televisión*.

3.3. **D; Nivel de conocimiento:** 1; **Objetivo de evaluación del lenguaje:** L.1.3. Debe usarse el pronombre objeto plural *ellas*. *Ellas* reemplaza a *algunas personas famosas*. *Ustedes* y *ti* son pronombres de segunda persona (que se refieren al oyente). *Ella* es incorrecto porque no concuerda en número con *personas*.

3.4. **B; Nivel de conocimiento:** 1; **Objetivo de evaluación del lenguaje:** L.1.3. El pronombre sujeto *nosotros* capta el sentido del sustantivo colectivo *sociedad*, que incluye al hablante y al oyente. *Ellos* es incorrecto porque no incluye ni al hablante ni al oyente, lo que es necesario en el contexto de la oración. Las respuestas C y D son incorrectas porque no son pronombres sujeto.

4.1. **A; Nivel de conocimiento:** 1; **Objetivo de evaluación del lenguaje:** L.1.3. El pronombre sujeto *ellos* es la mejor opción porque concuerda con *sus compañeros*. Las otras opciones de pronombres sujeto en las respuestas B y C no concuerdan con *sus compañeros*, y *mí* (respuesta D) es un pronombre objeto.

4.2. **D; Nivel de conocimiento:** 1; **Objetivo de evaluación del lenguaje:** L.1.3. *Con él* es la respuesta correcta porque concuerda con *su supervisor*. *Conmigo* no concuerda con el sustantivo porque es un pronombre de primera persona y *consigo* se usa como reflexivo (*Habla consigo mismo*). *A él* no es la mejor opción, porque el verbo *hablar* suele ir seguido de la preposición *con*.

4.3. **C; Nivel de conocimiento:** 1; **Objetivo de evaluación del lenguaje:** L.1.3. Todas las opciones pueden usarse como pronombres sujeto, pero solo *usted* concuerda con el destinatario del texto (segunda persona formal del singular).

4.4. **B; Nivel de conocimiento:** 1; **Objetivo de evaluación del lenguaje:** L.1.3. La respuesta correcta es *les*, que es la forma de objeto indirecto que concuerda con *los empleados*. *Los* y *las* son las formas correctas del objeto directo, que no es correcto en este caso. *Me* no concuerda en persona y número con *los empleados*.

5.1. **B; Nivel de conocimiento:** 1; **Objetivo de evaluación del lenguaje:** L.1.3. La respuesta correcta es el pronombre sujeto *yo*. *Nos*, *mí* y *conmigo* son respuestas incorrectas porque no son pronombres sujeto.

5.2. **D; Nivel de conocimiento:** 1; **Objetivo de evaluación del lenguaje:** L.1.3. El pronombre objeto *me* es la respuesta correcta porque concuerda en el contexto con el pronombre *yo*, que es el destinatario del pedido en la oración. *Se*, *les* y *te* no concuerdan con la persona de este pronombre y no tienen sentido en la oración.

5.3. **A; Nivel de conocimiento:** 1; **Objetivo de evaluación del lenguaje:** L.1.3. La respuesta correcta es *ella* porque reemplaza a *mi esposa*, que es el sujeto de la oración anterior. *Él* y *ellos* no concuerdan con *mi esposa*, y *los* es incorrecto porque no es un pronombre sujeto.

5.4. **A; Nivel de conocimiento:** 1; **Objetivo de evaluación del lenguaje:** L.1.3. La respuesta correcta es *mí*, porque el contexto indica que llevaron al escritor al hospital, junto con su esposa. *Nosotros* y *ellos* no tienen sentido en el contexto y *yo* es incorrecto porque se necesita un pronombre objeto, no un pronombre sujeto.

LECCIÓN 3, *págs. 206–209*

1. **A; Nivel de conocimiento:** 1; **Objetivo de evaluación de la escritura:** W.3. La oración indica que el viaje será la semana próxima, por lo que *viajé* debe reemplazarse por el verbo en tiempo futuro *viajaré*. *Viajaré* también es coherente con el verbo en tiempo futuro *visitaré* de la oración.

2. **C; Nivel de conocimiento:** 1; **Objetivo de evaluación de la escritura:** W.3. La oración indica que el cepillado de dientes antes de ir a dormir sucede en el presente, así que el verbo en tiempo presente *cepilla* es la opción correcta. *Cepilla* también es coherente con el verbo en tiempo presente *llega*. Las otras opciones de respuesta reflejan el tiempo o la forma verbal incorrecta.

3.1. **A; Nivel de conocimiento:** 1; **Objetivo de evaluación de la escritura:** W.3. La recepción de comentarios ocurrió en el pasado, así que la respuesta correcta es *recibimos*. *Recibimos* es coherente con el tiempo del verbo *ayudaron* de la oración. Las demás opciones de respuesta no son verbos en tiempo pasado o no están en la forma verbal correcta.

3.2. **C; Nivel de conocimiento:** 1; **Objetivo de evaluación de la escritura:** W.3. La remodelación ocurrirá en el futuro, así que la forma correcta es *haremos*. *Haremos* va con el tiempo del verbo *mejoraremos* en la siguiente oración. Las respuestas A y B están en el tiempo verbal incorrecto, y la respuesta D no es un verbo conjugado.

3.3. **D; Nivel de conocimiento:** 1; **Objetivo de evaluación de la escritura:** W.3. El comedor exterior se construirá en el futuro, así que la forma correcta es *incluirá*. *Incluirá* es coherente con el verbo *habrá* que figura antes en la oración. Las respuestas A y B están en el tiempo verbal incorrecto, y la respuesta C no es un verbo conjugado.

3.4. **B; Nivel de conocimiento:** 1; **Objetivo de evaluación de la escritura:** W.3. El escritor indica que su aprecio por los comentarios se aplica al presente o al pasado (cuando recibió los comentarios). La forma verbal *apreciamos*, en este caso, es la forma correcta para *nosotros* tanto en presente como en pasado. Por lo tanto, la respuesta correcta es B. La respuesta D está en tiempo presente, pero no concuerda con el sujeto.

4.1. **D; Nivel de conocimiento:** 1; **Objetivo de evaluación de la escritura:** W.3. Esta construcción requiere el verbo en tiempo presente *es*. Los otros tiempos verbales no tienen sentido porque el pasaje está escrito en el tiempo presente. Aunque la respuesta C está en tiempo presente, es una forma verbal incorrecta.

4.2. **C; Nivel de conocimiento:** 1; **Objetivo de evaluación de la escritura:** W.3. Esta construcción también requiere el tiempo presente para ser coherente con el pasaje. Por lo tanto, *sobresale* es la forma correcta. Aunque la respuesta A está en tiempo presente, es una forma verbal incorrecta.

4.3. **A; Nivel de conocimiento:** 1; **Objetivo de evaluación de la escritura:** W.3. Esta construcción requiere un verbo en imperativo para tener sentido. Por lo tanto, *mantenga* es una forma correcta. Aunque la respuesta B está en imperativo, es una forma verbal incorrecta. La respuesta C es incorrecta porque el verbo está en pasado y D es incorrecta porque no es un verbo conjugado.

4.4. **C; Nivel de conocimiento:** 1; **Objetivo de evaluación de la escritura:** W.3. Este suceso ocurrirá en el futuro, después de que los lectores comiencen a cambiar el aceite con frecuencia, así que el verbo debe estar en tiempo futuro. La respuesta C es la única opción correcta.

5.1. **B; Nivel de conocimiento:** 1; **Objetivo de evaluación de la escritura:** W.3. El éxito de los Días de Mercado de Agricultores ya ha ocurrido, así que el verbo en tiempo pasado *generaron* es la respuesta correcta. Las otras opciones de respuesta no son formas en tiempo pasado.

5.2. **B; Nivel de conocimiento:** 1; **Objetivo de evaluación de la escritura:** W.3. La oración indica que las fortalezas son actuales, por lo que el verbo en tiempo presente *reflejan* es la respuesta correcta. *Refleja* está en tiempo presente, pero es una forma verbal incorrecta.

5.3. C; Nivel de conocimiento: 1; Objetivo de evaluación de la escritura: W.3. El texto del informe está actualizado, por lo que el tiempo presente es la forma correcta. *Incluye* está en tiempo presente, pero es una forma verbal incorrecta.

5.4. D; Nivel de conocimiento: 1; Objetivo de evaluación de la escritura: W.3. Los cambios en la tienda de comestibles ocurrirán en el futuro (el mes próximo), así que el verbo en tiempo futuro *implementaremos* es la respuesta correcta. Las otras opciones de respuesta no son verbos en tiempo futuro.

LECCIÓN 4, *págs. 210–213*

1. D; Nivel de conocimiento: 1; Objetivo de evaluación de la escritura: W.3. La oración describe una acción que finalizará en un momento específico en el futuro: *para el final de esta semana*. Por lo tanto, la única respuesta correcta para la primera persona es el futuro perfecto *habré viajado*.

2. C; Nivel de conocimiento: 1; Objetivo de evaluación de la escritura: W.3. La suspensión de la carrera ocurrió en el pasado, pero después de otro suceso pasado (haber corrido dos millas). El pretérito pluscuamperfecto *había corrido* es la única respuesta correcta. Primero corrí y después se suspendió la carrera.

3.1. D; Nivel de conocimiento: 1; Objetivo de evaluación de la escritura: W.3. El aprendizaje de la empresa comenzó en el pasado y es actual, es decir, continúa en el presente. El pretérito perfecto *ha aprendido* es la opción correcta. Las respuestas A y B son incorrectas, porque el aprendizaje no es futuro, ni es anterior a un suceso en el pasado. *Aprende* tampoco es correcto porque no tiene en cuenta que el aprendizaje comenzó en el pasado.

3.2. B; Nivel de conocimiento: 1; Objetivo de evaluación de la escritura: W.3. El pasaje describe la experiencia de esta empresa y alude a la de otras empresas incipientes de fines de la década de 1920. Las otras empresas experimentaron fracasos anteriores al del Ayudante Hogareño, por lo cual el tiempo verbal correcto es *había sucedido*. Las otras respuestas no encajan en el contexto de la oración.

3.3. C; Nivel de conocimiento: 1; Objetivo de evaluación de la escritura: W.3. Los productos comenzaron a funcionar bien en el pasado y siguen funcionando bien. Por lo tanto, la forma correcta es el pretérito perfecto *han funcionado*. *Han funcionado* también es coherente con la idea de que los productos siguen teniendo aceptación.

3.4. A; Nivel de conocimiento: 1; Objetivo de evaluación de la escritura: W.3. El pasaje expresa la esperanza de que en un momento específico del futuro (100 años), los productos de la empresa habrán sido usados por millones de personas más. Por lo tanto, el tiempo futuro perfecto *habrán usado* es la forma correcta.

4.1. D; Nivel de conocimiento: 1; Objetivo de evaluación de la escritura: W.3. El proyecto de ley está siendo considerado actualmente y cuenta con el apoyo de los conductores de todoterrenos. La votación para aprobar o rechazar el proyecto se realizará en el futuro, antes de que comience el próximo mes. Las respuestas A, B y C son incorrectas porque no reflejan que la votación es una acción futura.

4.2. C; Nivel de conocimiento: 1; Objetivo de evaluación de la escritura: W.3. La encuesta realizada recientemente se hizo en el pasado, pero es reciente y sus resultados aún son relevantes y actuales. Por lo tanto, la forma correcta es el pretérito perfecto *ha revelado*.

4.3. B; Nivel de conocimiento: 1; Objetivo de evaluación de la escritura: W.3. El escritor dice que las personas ya han expresado que desaprueban la presencia de todoterrenos en los parques estatales, y esta desaprobación continúa en el presente. Por lo tanto, la forma correcta es el pretérito perfecto *han dejado*. *Han dejado* también es coherente con el tiempo presente *no quieren* de esta oración.

4.4. D; Nivel de conocimiento: 1; Objetivo de evaluación de la escritura: W.3. Los acres de minas de carbón comenzaron a atraer a los conductores de todoterrenos en el pasado y continúan atrayéndolos en el presente. Por lo tanto, la forma correcta es el pretérito perfecto *han atraído*. La respuesta A es exclusiva del pasado, y las respuestas B y C, del futuro.

5.1. C; Nivel de conocimiento: 1; Objetivo de evaluación de la escritura: W.3. La oración expresa el hecho de que, antes de este momento, las personas que tienen armarios desorganizados no se imaginaron que pudiera existir una solución. Expresiones como "nunca" o "hasta ahora" suelen combinarse con el pretérito pluscuamperfecto. Por lo tanto, la forma correcta es el pretérito pluscuamperfecto *había imaginado*.

5.2. A; Nivel de conocimiento: 1; Objetivo de evaluación de la escritura: W.3. La decisión de comprar un organizador de armario ha ocurrido en el pasado reciente y se mantiene en el presente. Por lo tanto, la forma correcta es el pretérito perfecto *ha convencido*, que es la única respuesta que tiene sentido en la oración.

5.3. D; Nivel de conocimiento: 1; Objetivo de evaluación de la escritura: W.3. La lectura de las instrucciones ya ha ocurrido, pero el trabajo en el armario continúa en el presente aplicando lo leído en las instrucciones. Por lo tanto, la forma correcta es el pretérito perfecto *ha leído*. Las demás respuestas no tienen sentido en el contexto del pasaje.

5.4. B; Nivel de conocimiento: 1; Objetivo de evaluación de la escritura: W.3. Después de que finalice la acción futura de "una pequeña inversión de tiempo y dinero", el cliente habrá creado el resultado de un armario totalmente nuevo. Por lo tanto, la forma correcta es el futuro perfecto *habrá creado*.

LECCIÓN 5, *págs. 214–217*

1. B; Nivel de conocimiento: 1; Objetivo de evaluación del lenguaje: L.1.1. La respuesta B es correcta porque *practicar* es una palabra aguda que no termina en *n*, *s* ni en vocal; por lo tanto, no lleva tilde. Las otras opciones de respuesta contienen errores de acentuación.

2. A; Nivel de conocimiento: 1; Objetivo de evaluación del lenguaje: L.1.1. La respuesta A es correcta porque *olímpicos* es una palabra esdrújula y este tipo de palabras siempre llevan tilde. Las otras opciones de respuesta contienen errores de acentuación.

3.1. D; Nivel de conocimiento: 1; Objetivo de evaluación del lenguaje: L.1.1. La respuesta D es correcta porque *adopción* es una palabra aguda que termina en *n*; por lo tanto, lleva tilde. Las otras opciones de respuesta contienen errores de acentuación.

3.2. C; Nivel de conocimiento: 1; Objetivo de evaluación del lenguaje: L.1.1. La respuesta C es correcta porque las palabras terminadas en *-mente* conservan la acentuación de su base. *Actual* es una palabra aguda que no termina en *n*, en *s* ni en vocal; por lo tanto, no lleva tilde. Las otras opciones de respuesta contienen errores de acentuación.

3.3. B; Nivel de conocimiento: 1; Objetivo de evaluación del lenguaje: L.1.1. La respuesta B es correcta porque *atención* es una palabra aguda que termina en *n*; por lo tanto, lleva tilde. Las otras opciones de respuesta contienen errores de acentuación.

3.4. C; Nivel de conocimiento: 1; Objetivo de evaluación del lenguaje: L.1.1. La respuesta C es correcta porque *última* es una palabra esdrújula y este tipo de palabras siempre lleva tilde. Las otras opciones de respuesta contienen errores de acentuación.

4.1. C; Nivel de conocimiento: 1; Objetivo de evaluación del lenguaje: L.1.1. La respuesta C es correcta porque *época* es una palabra esdrújula y este tipo de palabras siempre llevan tilde. Las otras opciones de respuesta contienen errores de acentuación.

4.2. B; Nivel de conocimiento: 1; Objetivo de evaluación del lenguaje: L.1.1. La respuesta B es correcta porque *entrevista* es una palabra llana que termina en vocal; por lo tanto, no lleva tilde. Las otras opciones de respuesta contienen errores de acentuación.

4.3. C; Nivel de conocimiento: 1; Objetivo de evaluación del lenguaje: L.1.1. La respuesta C es correcta porque *impresión* es una palabra aguda que termina en *n*; por lo tanto, lleva tilde. Las otras opciones de respuesta contienen errores de acentuación.

4.4. A; Nivel de conocimiento: 1; Objetivo de evaluación del lenguaje: L.1.1. La respuesta A es correcta porque *después* es una palabra aguda que termina en *s*; por lo tanto, lleva tilde. Las otras opciones de respuesta contienen errores de acentuación.

5.1. A; Nivel de conocimiento: 1; Objetivo de evaluación del lenguaje: L.1.1. La respuesta A es correcta porque *desempolvar* es una palabra aguda que no termina en *n*, en *s* ni en vocal; por lo tanto, no lleva tilde. Las otras opciones de respuesta contienen errores de acentuación.

5.2. C; Nivel de conocimiento: 1; Objetivo de evaluación del lenguaje: L.1.1. La respuesta C es correcta porque *precaución* es una palabra aguda que termina en *n*; por lo tanto, lleva tilde. Las otras opciones de respuesta contienen errores de acentuación.

5.3. A; Nivel de conocimiento: 1; Objetivo de evaluación del lenguaje: L.1.1. La respuesta A es correcta porque *tómese* es una palabra esdrújula y este tipo de palabras siempre llevan tilde. Las otras opciones de respuesta contienen errores de acentuación.

5.4. B; Nivel de conocimiento: 1; Objetivo de evaluación del lenguaje: L.1.1. La respuesta B es correcta porque *aspirantes* es una palabra llana que termina en *s*; por lo tanto, no lleva tilde. Las otras opciones de respuesta contienen errores de acentuación.

1. C; Nivel de conocimiento 1; Objetivo de evaluación del lenguaje: L.1.1. La palabra homófona *rebelará* debe cambiarse por *revelará*, que significa que se dará a conocer. *Rebelarse* significa "oponer resistencia, levantarse contra la autoridad". Las otras palabras están bien usadas en la oración.

2. D; Nivel de conocimiento 1; Objetivo de evaluación del lenguaje: L.1.1. La palabra homófona *maza* debe cambiarse por *masa*, que es una mezcla de ingredientes como harina, huevos y azúcar. *Maza* es un instrumento de madera parecido al martillo. Las otras palabras están bien usadas en la oración.

3.1. D; Nivel de conocimiento: 1; Objetivo de evaluación del lenguaje: L.1.1. La expresión *de hecho* significa "efectivamente, en verdad", por lo que la palabra correcta es *hecho*. La palabra homófona *echo* proviene del verbo *echar*, que significa "despedir, arrojar". Las otras opciones de respuesta no tienen sentido en la oración.

3.2. A; Nivel de conocimiento: 1; Objetivos de evaluación del lenguaje: L.1.1. La palabra correcta es *gusto*, que en este caso se refiere a la preferencia de comer ciertos alimentos. Las otras opciones de respuesta no tienen sentido en la oración.

3.3. C; Nivel de conocimiento: 1; Objetivo de evaluación del lenguaje: L.1.1. La palabra correcta es *provienen*, que se refiere al lugar de origen o procedencia. La palabra parónima *previenen* deriva de *prevenir*, que significa "impedir que suceda algo negativo". *Prever* significa "conjeturar lo que va a suceder", y *proveer* significa "proporcionar".

3.4. B; Nivel de conocimiento: 1; Objetivo de evaluación del lenguaje: L.1.1. La palabra correcta es *parece*, que se usa para expresar una opinión. *Perece* significa "muere"; *párese* es la forma imperativa de *pararse* y *padece* proviene de *padecer*, que significa "sufrir".

4.1. A; Nivel de conocimiento: 1; Objetivo de evaluación del lenguaje: L.1.1. La palabra correcta es *Concejo*, que es el comité de legisladores (llamados concejales) a nivel local. La palabra homófona *consejo* se refiere a un órgano que asesora o informa al gobierno sobre determinadas materias. Las otras opciones de respuesta no tienen sentido en la oración.

4.2. C; Nivel de conocimiento: 1; Objetivo de evaluación del lenguaje: L.1.1. La recomendación estará en *vigencia* hasta que el agua sea segura, es decir que la recomendación seguirá en efecto o en vigor o será aplicable hasta ese momento. Las otras opciones de respuesta no tienen sentido en la oración.

4.3. B; Nivel de conocimiento: 1; Objetivo de evaluación del lenguaje: L.1.1. La recomendación se ha *emitido*, es decir que se ha dado a conocer al público. La palabra parónima *admitir* es aceptar o permitir algo; *dimitir* es renunciar a un puesto o cargo y *omitir* es abstenerse de decir o hacer algo.

4.4. D; Nivel de conocimiento: 1; Objetivo de evaluación del lenguaje: L.1.1. Para que el agua sea potable, es importante que *hierva*, es decir, que supere el punto de ebullición en el que mueren las bacterias. La palabra homófona *hierba* significa una planta pequeña. Las otras opciones de respuesta no tienen sentido en la oración.

5.1. B; Nivel de conocimiento: 1; Objetivo de evaluación del lenguaje: L.1.1. El Sr. Thompson es cliente de la empresa desde hace cinco años, es decir que lo ha sido durante los *pasados* cinco años. La palabra parónima *pesados* se refiere a que algunas cosas pesan mucho. Las otras opciones de respuesta no tienen sentido en la oración.

5.2. D; Nivel de conocimiento: 1; Objetivo de evaluación del lenguaje: L.1.1. La empresa ofrece al cliente un precio especial si *extiende* el contrato con la empresa. *Extiende* significa "renueva, alarga". La palabra parónima *entiende* se deriva de "entender". Las otras opciones de respuesta no tienen sentido en la oración.

5.3. A; Nivel de conocimiento: 1; Objetivo de evaluación del lenguaje: L.1.1. El cliente podrá hacer llamadas internacionales a un precio reducido, es decir, tendrá *acceso* a este descuento. Las otras opciones de respuesta no tienen sentido en la oración.

5.4. C; Nivel de conocimiento: 1; Objetivo de evaluación del lenguaje: L.1.1. Al cliente solo se le cobrará una parte del costo normal del Plan para Clientes Exclusivos, es decir, pagará una *fracción* del costo. *Facción* es un bando o un partido. Las otras opciones de respuesta no tienen sentido en la oración.

LECCIÓN 7, *págs. 222–225*

1. C; Nivel de conocimiento: 1; Objetivo de evaluación del lenguaje: L.1.2. El sujeto es plural (*Mis primos*) y lleva un verbo en plural. La respuesta A cambia el plural correcto a singular y, por lo tanto, es incorrecta. La respuesta B está en tiempo pasado y no tiene sentido en el contexto. La respuesta D contiene una forma y un tiempo verbal incorrectos.

2. A; Nivel de conocimiento 1; Objetivo de evaluación del lenguaje: L.1.7. *Cantan* concuerda con el sujeto *Roberto y su hermana*. Cuando el sujeto está compuesto por dos sustantivos (*Roberto y su hermana*) unidos por la conjunción *y*, el número del verbo es plural. El tiempo presente es correcto porque la acción está programada para hoy, es decir, es inminente. El otro verbo de la oración, *debuta*, concuerda con el sustantivo *coro* al que se refiere.

3.1. D; Nivel de conocimiento: 1; Objetivo de evaluación del lenguaje: L.1.2. El verbo *dan* concuerda con *árboles*, el sujeto plural de la oración. El tiempo presente es correcto porque la acción ocurre en el presente, y también se usa este tiempo en la oración siguiente. *Dio* está en pasado, y *dado* es una forma verbal incorrecta.

3.2. A; Nivel de conocimiento: 1; Objetivo de evaluación del lenguaje: L.1.7. El sujeto compuesto de la oración, *los residuos y las ramas*, lleva el verbo plural *dañan*. *Ha dañado*, *daña* y *dañó* son formas singulares del verbo.

3.3. C; Nivel de conocimiento: 1; Objetivo de evaluación del lenguaje: L.1.7. *Ha usado* concuerda con el sustantivo singular *ardilla*, aunque el número también podría ser plural porque es un sujeto compuesto por dos sustantivos unidos por *o*. El verbo está en pretérito perfecto porque es una acción pasada que ocurrió recientemente. Las demás opciones de respuesta están en el tiempo verbal incorrecto.

3.4. B; Nivel de conocimiento: 1; Objetivo de evaluación del lenguaje: L.1.2. *Evalúan* concuerda con el sujeto plural *miembros*. *Han evaluado* y *habrán evaluado* están en el tiempo verbal incorrecto, porque la acción no es pasada ni futura. *Evalúa* es una forma singular del verbo.

4.1. C; Nivel de conocimiento: 1; Objetivo de evaluación del lenguaje: L.1.2. *Desean* concuerda con *personas*, que es el sujeto de la oración. *Deseará* y *desea* son formas singulares, por lo que son incorrectas. *Desearán* está en tiempo futuro, que es no es coherente con el otro verbo de la oración, que es *piden*.

4.2. D; Nivel de conocimiento: 1; Objetivo de evaluación del lenguaje: L.1.7. El sujeto compuesto *sus comentarios y sus aportes* lleva el verbo plural *son*. *Fue* y *es* son formas singulares. *Fueron* no tiene sentido porque la escritora sigue recibiendo comentarios y aquí no está refiriéndose a comentarios específicos que haya recibido en el pasado, sino que expresa su agradecimiento por los aportes que recibe en general de parte de sus lectores.

4.3. A; Nivel de conocimiento: 1; Objetivo de evaluación del lenguaje: L.1.7. El verbo *interesen* concuerda con el objeto plural *otros libros*. Los demás verbos están en la forma singular.

4.4. B; Nivel de conocimiento: 1; Objetivo de evaluación del lenguaje: L.1.2. El sujeto de la oración es *su apoyo y su generosidad* y concuerda con el verbo plural *significan*. *Habrá significado* y *significa* son formas singulares del verbo. *Habrán significado* no tiene sentido porque la autora no está refiriéndose a una acción que se habrá completado en un momento del futuro.

5.1. D; Nivel de conocimiento: 1; Objetivo de evaluación del lenguaje: L.1.2. El sujeto de la cláusula son dos sustantivos unidos por la conjunción *o*, por lo que son correctas tanto la forma verbal *supera* como la forma *superan*. *Superas* no concuerda con el sujeto. Las demás opciones de respuesta están en el tiempo verbal incorrecto.

5.2. B; Nivel de conocimiento: 1; Objetivo de evaluación del lenguaje: L.1.2. El sujeto *anuncios emergentes* es plural y concuerda con la forma plural del verbo *aparecen*. *Habrá aparecido* y *aparece* son singulares, y *habrá aparecido* está en un tiempo verbal incorrecto. *Habrán aparecido* está en el tiempo verbal incorrecto.

5.3. D; Nivel de conocimiento: 1; Objetivo de evaluación del lenguaje: L.1.2. *La mayoría de las personas* es un sujeto compuesto de un núcleo, *mayoría*, y un modificador que incluye otro sustantivo, *personas*. El verbo puede concordar con cualquiera de los dos sustantivos. En este caso, la oración se refiere al tiempo presente. *Miran* es consistente con el verbo *sintonizan* de la oración anterior. Las demás opciones de respuesta están en el tiempo verbal incorrecto.

5.4. A; Nivel de conocimiento: 1; Objetivo de evaluación del lenguaje: L.1.2. *Son* concuerda con el sustantivo *ustedes* y con el sustantivo *culpables*. Aunque el sujeto *Nadie más que ustedes* podría llevar un verbo en singular que concordase con *nadie*, la frase que sigue, *los culpables*, exige que el verbo esté en la forma plural. Las demás opciones de respuesta son verbos en singular.

LECCIÓN 8, *págs. 226–229*

1. B; Nivel de conocimiento: 1; Objetivo de evaluación del lenguaje: L.2.1. El sustantivo *Independencia* comienza con mayúscula porque es un sustantivo propio. Las demás palabras de la oración no contienen errores en el uso de las mayúsculas.

2. **C; Nivel de conocimiento: 1; Objetivo de evaluación del lenguaje:** L.2.1. El sustantivo *río* se debe escribir con minúscula porque es un sustantivo común. Las demás palabras de la oración no contienen errores en el uso de las mayúsculas.

3.1. **C; Nivel de conocimiento: 1; Objetivo de evaluación del lenguaje:** L.2.1. *The Beatles* es el nombre del grupo musical y se escribe con mayúscula (es un sustantivo propio). *Botsuana* es un sustantivo propio que corresponde al nombre de un país y debe comenzar con mayúscula. En las demás opciones de respuesta, el uso de las mayúsculas no es del todo correcto.

3.2. **A; Nivel de conocimiento: 1; Objetivo de evaluación del lenguaje:** L.2.1. *Submarino amarillo* es el título de la canción. Es un sustantivo propio. En las demás opciones de respuesta, el uso de las mayúsculas no es del todo correcto.

3.3. **C; Nivel de conocimiento: 1; Objetivo de evaluación del lenguaje:** L.2.1. *Facebook* y *Craigslist* son títulos de sitios web y son sustantivos propios, por lo que comienzan con mayúscula.

3.4. **B; Nivel de conocimiento: 1; Objetivo de evaluación del lenguaje:** L.2.1. La respuesta correcta es B. *Seguridad Social* es el nombre de un programa del gobierno y, por lo tanto, se debe escribir con mayúscula.

4.1. **C; Nivel de conocimiento: 1; Objetivo de evaluación del lenguaje:** L.2.1. *Lana Little* es el nombre de una mujer específica, por lo que se escribe con mayúsculas como sustantivo propio. *Recursos Humanos* se escribe con mayúscula porque es un sustantivo propio referido a un departamento de la empresa, mientras que *directora* se escribe con minúscula porque es un cargo.

4.2. **B; Nivel de conocimiento: 1; Objetivo de evaluación del lenguaje:** L.2.1. Los días de la semana y los meses se escriben con minúsculas, por lo que *martes* y *febrero* se escriben con minúsculas: *martes 20 de febrero*.

4.3. **B; Nivel de conocimiento: 1; Objetivo de evaluación del lenguaje:** L.2.1. *Hospital del Condado de Garland* es el nombre del hospital y es un sustantivo propio. Todas las palabras del nombre, excepto las preposiciones *del* y *de*, comienzan con mayúscula.

4.4. **D; Nivel de conocimiento: 1; Objetivo de evaluación del lenguaje:** L.2.1. La respuesta correcta es D porque los sustantivos comunes no se escriben con mayúscula. Lo nombres *blogs* y *redes sociales* no son sustantivos propios. Describen tipos de sitios de internet. Por lo tanto, se escriben con minúscula.

5.1. **D; Nivel de conocimiento: 1; Objetivo de evaluación del lenguaje:** L.2.1. *Liga Nacional de Hockey* es un nombre propio; todas las palabras que lo componen, excepto la preposición *de*, comienzan con mayúscula. *Liga* forma parte del nombre. Es una liga específica.

5.2. **C; Nivel de conocimiento: 1; Objetivo de evaluación del lenguaje:** L.2.1. *Sr.* comienza con mayúscula porque es la abreviatura de una fórmula de tratamiento (*señor*). *Elton Royce* se escribe con mayúsculas porque es un sustantivo propio. Por lo tanto, la respuesta correcta es *Sr. Elton Royce*.

5.3. **B; Nivel de conocimiento: 1; Objetivo de evaluación del lenguaje:** L.2.1. *Lucha al límite* es el nombre de un artículo periodístico. Según la regla, solo la primera palabra del título de un artículo comienza con mayúscula (excepto cualquier sustantivo propio incluido en el nombre), por lo que la respuesta correcta es B.

5.4. **C; Nivel de conocimiento: 1; Objetivo de evaluación del lenguaje:** L.2.1. La palabra *presidente* se escribe con minúscula, porque es el nombre de un cargo. En cambio, todas las palabras de *Marketing Deportivo Leonard* comienzan con mayúscula porque forman parte del nombre de la empresa. Por lo tanto, la respuesta correcta es C.

LECCIÓN 9, *págs. 230–233*

1. **A; Nivel de conocimiento: 1; Objetivos de evaluación del lenguaje:** L.2.1, L.2.2, L.2.4. La oración está incompleta porque no tiene verbo ni sujeto. Debe insertarse un sujeto (que puede ser implícito) y un verbo. Por lo tanto, la respuesta A es correcta.

2. **C; Nivel de conocimiento: 1; Objetivos de evaluación del lenguaje:** L.2.1, L.2.2, L.2.4. La primera oración es un fragmento, y debe combinarse con la segunda. La respuesta C combina las dos oraciones correctamente, y ya no contiene un fragmento. Las respuestas A, B y D son incorrectas porque no resuelven el problema del fragmento. Además, en las respuestas A y D se escriben signos de exclamación e interrogación de cierre donde no hay signos de apertura.

3.1. **D; Nivel de conocimiento: 1; Objetivos de evaluación del lenguaje:** L.2.1, L.2.2, L.2.4. La respuesta D es correcta; la puntuación es correcta y no se crea un fragmento de oración. La respuesta A es incorrecta porque la primera palabra de una nueva oración debe comenzar con mayúscula. La respuesta B es incorrecta porque la primera oración es una afirmación, no una pregunta. La respuesta C es incorrecta porque es una oración seguida.

3.2. **C; Nivel de conocimiento: 1; Objetivos de evaluación del lenguaje:** L.2.1, L.2.2, L.2.4. La respuesta C es correcta porque la primera oración tiene sujeto y verbo (una oración completa), y luego la puntuación es correcta. La respuesta A, *Cuatro columnas con títulos claros*, y la respuesta D, *Las cuatro columnas con títulos claros*, son incorrectas porque ambas son fragmentos. No especifican qué contiene a las cuatro columnas. Es necesario añadir el sujeto *el formulario*. La respuesta B es incorrecta porque después del punto se usa minúscula.

3.3. **A; Nivel de conocimiento: 1; Objetivos de evaluación del lenguaje:** L.2.1, L.2.2, L.2.4. Las dos partes de esta oración deben combinarse de manera que la segunda parte no sea un fragmento. La respuesta A es la única que cumple con esta condición. En las demás opciones de respuesta, se crea un fragmento de oración y la puntuación es incorrecta.

3.4. **B; Nivel de conocimiento: 1; Objetivos de evaluación del lenguaje:** L.2.1, L.2.2, L.2.4. La respuesta B es correcta. La oración es correcta y completa sin dividirla en dos partes ni añadir signos de puntuación. La respuesta correcta debe leerse así: (...) *el seguimiento cuando los clientes* (...). Las otras opciones de respuesta son incorrectas porque se crean fragmentos de oraciones.

4.1. **A; Nivel de conocimiento:** 1; **Objetivos de evaluación del lenguaje:** L.2.1, L.2.2, L.2.4. La respuesta A es correcta porque *Aunque no planeamos cambiar la ubicación de cada elemento fijo del baño* es una cláusula introductoria y debe separarse del resto de la oración con una coma. Si se separa la cláusula con un punto (respuesta B) o un signo de exclamación (respuesta C), se crea un fragmento. La respuesta D es incorrecta porque después de una coma, *sí* se debe escribir con minúscula.

4.2. **D; Nivel de conocimiento:** 1; **Objetivos de evaluación del lenguaje:** L.2.1, L.2.2, L.2.4. La respuesta D es correcta porque es la única opción en la que no se crea un fragmento. En las demás opciones de respuesta se crean fragmentos de oraciones.

4.3. **B; Nivel de conocimiento:** 1; **Objetivos de evaluación del lenguaje:** L.2.1, L.2.2, L.2.4. La respuesta B es correcta porque une las dos partes de la oración con la conjunción *y* para crear una oración compuesta. En las respuestas A, C y D, la puntuación es incorrecta y se crean fragmentos de oraciones.

4.4. **B; Nivel de conocimiento:** 1; **Objetivos de evaluación del lenguaje:** L.2.1, L.2.2, L.2.4. La respuesta B es correcta porque une el fragmento a una oración completa. Las respuestas A, C y D crean un fragmento, y las respuestas C y D muestran otros errores en el uso de mayúsculas y la puntuación.

5.1. **A; Nivel de conocimiento:** 1; **Objetivos de evaluación del lenguaje:** L.2.1, L.2.2, L.2.4. La respuesta A es correcta porque la primera oración debe terminar con un signo de interrogación ya que se trata de una pregunta al lector. La respuesta correcta se lee así: *¿Tiene usted un niño menor de 14 años que quiera unirse a una liga de fútbol? Actualmente, estamos sumando miembros para la Liga de Fútbol Juvenil de la Ciudad de Jamestown.* La segunda oración requiere una forma conjugada del verbo *estar*, ya que *sumando* no es un verbo conjugado. La respuesta B es incorrecta porque le falta un signo de interrogación de cierre. La respuesta C omite la forma conjugada de *estar*. La respuesta D usa un signo de exclamación incorrectamente para terminar la primera oración.

5.2. **C; Nivel de conocimiento:** 1; **Objetivos de evaluación del lenguaje:** L.2.1, L.2.2, L.2.4. La respuesta C es correcta porque tiene sujeto y verbo y, junto con el fragmento siguiente, forman una oración completa. La oración debe leerse así: *El fútbol es un deporte genial para los atletas jóvenes.* Las respuestas A, B y D omiten el verbo, *es*, que completa la oración. Añadir palabras descriptivas no hace que la oración esté completa. La respuesta A añade una coma incorrectamente, y tampoco tiene un verbo.

5.3. **B; Nivel de conocimiento:** 1; **Objetivos de evaluación del lenguaje:** L.2.1, L.2.2, L.2.4. La respuesta B es correcta porque *Considere también ser entrenador de un equipo o réferi voluntario* forma una oración completa y debe finalizar con un punto porque es un enunciado, no una pregunta. La segunda oración debe comenzar con mayúscula e incluir un verbo: *hay*. La respuesta A es incorrecta porque la primera oración termina con un signo de interrogación. La respuesta C es incorrecta porque omite el verbo. La respuesta D es incorrecta porque la primera palabra de la segunda oración comienza con minúscula.

5.4. **A; Nivel de conocimiento:** 1; **Objetivos de evaluación del lenguaje:** L.2.1, L.2.2, L.2.4. La respuesta A es correcta porque muestra dos oraciones separadas con la puntuación correcta: *La defensa se encarga precisamente de defender. Los mediocampistas actúan de manera tanto ofensiva como defensiva.* La respuesta B es incorrecta porque en la segunda oración falta el sujeto, *los mediocampistas*. La respuesta C es incorrecta porque se omite el verbo. La respuesta D es incorrecta porque se omite el sujeto.

LECCIÓN 10, *págs. 234–237*

1. **A; Nivel de conocimiento:** 1; **Objetivo de evaluación del lenguaje:** L.1.6. El fragmento *para que sea más fácil operar la máquina nueva* no expresa una idea completa, y debe unirse al resto de la oración con una coma; por lo tanto, la respuesta A es correcta. La respuesta B es incorrecta porque falta la coma. La respuesta C es incorrecta porque la conjunción coordinante *y* no es la forma correcta de unir las dos oraciones. La respuesta D es incorrecta porque la oración ya tiene una conjunción subordinante, *para que*, y no necesita otra.

2. **C; Nivel de conocimiento:** 1; **Objetivo de evaluación del lenguaje:** L.1.6. Cuando la oración subordinada se añade al final de la oración independiente, no hace falta usar un signo de puntuación; por lo tanto, la respuesta C es correcta. En las demás opciones de respuesta, se agrega una conjunción innecesaria o se usa la puntuación incorrecta.

3.1. **A; Nivel de conocimiento:** 1; **Objetivo de evaluación del lenguaje:** L.1.6. La respuesta A es correcta porque la oración requiere una conjunción subordinante que exprese causa. La automatización del sistema facilita y agiliza la presentación de impuestos. Las conjunciones de las demás opciones de respuesta no tienen sentido en el contexto.

3.2. **C; Nivel de conocimiento:** 1; **Objetivo de evaluación del lenguaje:** L.1.6. La respuesta C es correcta porque la oración requiere una conjunción subordinante que exprese un contraste. Si el sistema rechaza la planilla presentada por encontrarle errores, el cliente podría abandonar el intento de presentar su declaración de impuestos de esa manera. Las conjunciones de las demás opciones de respuesta no tienen sentido en el contexto.

3.3. **B; Nivel de conocimiento:** 1; **Objetivo de evaluación del lenguaje:** L.1.6. La respuesta B es correcta porque la oración requiere una conjunción subordinante que exprese un propósito. El representante ayudará al cliente a detectar los errores de la planilla *para que* el cliente pueda rehacerla y presentarla sin problemas. Las conjunciones de las demás opciones de respuesta no tienen sentido en el contexto.

3.4. **D; Nivel de conocimiento:** 1; **Objetivo de evaluación del lenguaje:** L.1.6. La respuesta D es correcta porque la oración requiere una conjunción subordinante que exprese tiempo: el paso final de un proceso. Primero, el cliente presenta su declaración por internet. A continuación, presenta otros papeles necesarios para completar el trámite. Las conjunciones de las demás opciones de respuesta no tienen sentido en el contexto.

4.1. D; Nivel de conocimiento: 1; **Objetivo de evaluación del lenguaje:** L.1.6. La respuesta D es correcta porque la oración requiere una conjunción subordinante que exprese una condición. Es posible que los distintos departamentos de la empresa tengan pendientes proyectos de fotocopiado. De ser así, el anuncio es importante para ellos. Las conjunciones de las demás opciones de respuesta no tienen sentido en el contexto.

4.2. B; Nivel de conocimiento: 1; **Objetivo de evaluación del lenguaje:** L.1.6. La respuesta B es correcta porque la oración requiere una conjunción subordinante que exprese un propósito. Será necesario planificar las tareas con el fin de tener listas las fotocopias que necesite cada departamento. Las conjunciones de las demás opciones de respuesta no tienen sentido en el contexto.

4.3. B; Nivel de conocimiento: 1; **Objetivo de evaluación del lenguaje:** L.1.6. La respuesta B es correcta porque la oración requiere una conjunción subordinante que exprese causa. El proceso de instalación de las fotocopiadoras nuevas llevará tiempo, y posiblemente eso haga que no haya servicio de fotocopias durante la semana próxima. Las conjunciones de las demás opciones de respuesta no tienen sentido en el contexto.

4.4. C; Nivel de conocimiento: 1; **Objetivo de evaluación del lenguaje:** L.1.6. La respuesta C es correcta porque la oración requiere una conjunción subordinante que exprese tiempo: el paso final de un proceso. Después de que las nuevas máquinas estén instaladas, todos los empleados estarán conformes.

5.1. D; Nivel de conocimiento: 1; **Objetivo de evaluación del lenguaje:** L.1.6. La respuesta D es correcta porque la oración requiere una conjunción subordinante que exprese una alternativa. La mudanza puede ser un cambio de casa dentro de la misma ciudad o dentro del país. Las demás conjunciones no tienen sentido en el contexto.

5.2. A; Nivel de conocimiento: 1; **Objetivo de evaluación del lenguaje:** L.1.6. La respuesta A es correcta porque la oración requiere una conjunción subordinante que exprese tiempo. La organización y la paciencia son necesarias cada vez que una persona tiene que trasladar sus pertenencias. *Mientras* también es una conjunción de tiempo, pero no combina bien con la expresión *se trata de*. Las demás conjunciones no tienen sentido en el contexto.

5.3. B; Nivel de conocimiento: 1; **Objetivo de evaluación del lenguaje:** L.1.6. La respuesta B es correcta porque la oración requiere una conjunción subordinante que exprese un propósito. La persona que se muda deberá dar su nueva dirección con el propósito de que las cuentas y cartas personales le lleguen al domicilio correcto.

5.4. C; Nivel de conocimiento: 1; **Objetivo de evaluación del lenguaje:** L.1.6. La respuesta C es correcta porque la oración requiere una conjunción subordinante que exprese consecuencia o resultado. La persona que se muda necesitará usar algunos artículos básicos el día de la mudanza, por lo que es muy importante tenerlos a mano.

LECCIÓN 11, *págs. 238–241*

1. C; Nivel de conocimiento: 1; **Objetivo de evaluación del lenguaje:** L.2.4. La frase *mi vecino* es una aposición explicativa del sujeto, que es *el señor López*. Las aposiciones van separadas por una coma al inicio y otra al final. Por lo tanto, la respuesta correcta es C.

2. A; Nivel de conocimiento: 1; **Objetivo de evaluación del lenguaje:** L.2.4. Se debe eliminar la coma después de *acción*, ya que el último elemento de una serie va unido al resto por la conjunción *y*, no por una coma. Las demás comas de la oración están usadas correctamente.

3.1. C; Nivel de conocimiento: 1; **Objetivo de evaluación del lenguaje:** L.2.4. La oración comienza con una frase introductoria (*En lugar de pagar una tarifa plana*), después de la cual debe escribirse una coma. La respuesta A tiene una coma adicional, que está colocada incorrectamente. La respuesta B omite la coma necesaria. En la respuesta D, la coma está colocada incorrectamente.

3.2. B; Nivel de conocimiento: 1; **Objetivo de evaluación del lenguaje:** L.2.4. Las comas separan los elementos de una serie: *entre ellos el plan básico, el plan de alta velocidad y el plan de súper alta velocidad*. La respuesta A añade una coma incorrecta después de la *y*. La respuesta C añade una coma incorrecta antes de la *y*. La respuesta D omite la primera coma de la serie.

3.3. C; Nivel de conocimiento: 1; **Objetivo de evaluación del lenguaje:** L.2.4. La oración está compuesta por dos cláusulas. Sus dos partes están conectadas por la palabra de enlace *pero*. Debe escribirse una coma después de las palabras *plan de súper alta velocidad*. La respuesta A omite esta coma necesaria. La coma está colocada en el lugar incorrecto en las respuestas B y D.

3.4. A; Nivel de conocimiento: 1; **Objetivo de evaluación del lenguaje:** L.2.4. La oración comienza con la frase introductoria *desde este mes*, que debe separarse del resto de la oración con una coma. *Todos los suscriptores de Datos Nacional* es el sujeto de la oración, y la frase no debe dividirse con comas ni debe escribirse una coma para separarla del predicado. La coma está colocada en el lugar incorrecto en las respuestas B y D y omitida en la respuesta C.

4.1. C; Nivel de conocimiento: 1; **Objetivo de evaluación del lenguaje:** L.2.4. La oración comienza con la frase introductoria *sin embargo*, que debe separarse del resto de la oración con una coma. La frase *gracias a sus instalaciones* y *al personal del hotel* también es una frase introductoria y debe ir entre comas. La respuesta A incluye una coma incorrecta. Las respuestas B y D omiten una coma necesaria.

4.2. A; Nivel de conocimiento: 1; **Objetivo de evaluación del lenguaje:** L.2.4. Las comas separan los elementos de una serie. Esta oración enumera cuatro artículos diferentes que el escritor encontró en la habitación de su hotel. Deben colocarse comas después de los primeros dos elementos; entre el tercero y el cuarto no se escribe coma: *como jabón, champú, agua mineral y café*. Las respuestas B y D añaden una coma antes o después de la conjunción *y*. La respuesta C omite la primera coma.

4.3. B; Nivel de conocimiento: 1; **Objetivo de evaluación del lenguaje:** L.2.4. La respuesta B es correcta: se necesita una coma antes de la palabra de enlace *y* que conecta cláusulas con diferentes sujetos, y otra coma entre los dos primeros adjetivos que describen la ducha, ya que se enumera una serie de tres cualidades. Las otras opciones de respuesta omiten comas necesarias o las insertan incorrectamente.

4.4. A; Nivel de conocimiento: 1; **Objetivo de evaluación del lenguaje:** L.2.4. La oración comienza con la frase introductoria *para concluir*. Se requiere una coma después de *concluir*. Las respuestas B y D añaden una coma en el lugar incorrecto. La respuesta C omite la coma necesaria.

RESPUESTAS

5.1. **D; Nivel de conocimiento: 1; Objetivo de evaluación del lenguaje:** L.2.4. La oración comienza con la cláusula introductoria *después de que los testigos finalicen sus testimonios.* Se requiere una coma después de *testimonios.* La respuesta A omite la coma necesaria y coloca una coma incorrecta después de *juez.* La respuesta B incluye una coma incorrecta después de *juez.* La respuesta C omite la coma necesaria.

5.2. **C; Nivel de conocimiento: 1; Objetivo de evaluación del lenguaje:** L.2.4. La oración incluye una frase descriptiva (una aposición) que debe ir entre comas. La frase *el miembro que preside el jurado* se separa entre comas porque nombra de otra manera y define al *presidente.* La respuesta A omite la coma necesaria. En la respuesta B falta una coma al final de la frase y la respuesta D tiene comas incorrectas.

5.3. **D; Nivel de conocimiento: 1; Objetivo de evaluación del lenguaje:** L.2.4. La oración comienza con una frase introductoria, *En un caso penal.* Se requiere una coma después de *penal.* La respuesta A omite la coma. Las respuestas B y C insertan comas de más.

5.4. **B; Nivel de conocimiento: 1; Objetivo de evaluación del lenguaje:** L.2.4. La frase *después de largas deliberaciones* interrumpe la oración y debe separarse de la oración con una coma después de *jurado* y una coma después de *deliberaciones.* La respuesta A omite la segunda coma. La respuesta C omite las dos comas. La respuesta D omite la primera coma.

LECCIÓN 12, *págs. 242–245*

1. **B; Nivel de conocimiento: 2; Objetivos de evaluación del lenguaje:** L.1.6, L.1.8. La respuesta B elimina el exceso de palabras que causa repetir dos verbos que en el contexto significan lo mismo. Las otras opciones de respuesta repiten palabras innecesariamente o cambian el sentido de la oración. Por ejemplo, la oración no dice que hay muchas computadoras. Tampoco se expresa un contraste entre la variedad de libros y la existencia de computadoras.

2. **C; Nivel de conocimiento: 2; Objetivos de evaluación del lenguaje:** L.1.6, L.1.8, L.1.9. La respuesta C conecta las ideas de las dos oraciones con una explicación de que el hambre de Carl lo llevó a prepararse un emparedado. *Carl se preparó un emparedado porque tenía hambre.* La respuesta A no conecta las dos ideas. La conjunción *y* en la respuesta B no establece una relación de causa y efecto. La respuesta D separa las dos ideas con punto y coma y la palabra *además*, que no tiene sentido en el contexto de las oraciones.

3.1. **C; Nivel de conocimiento: 2; Objetivos de evaluación del lenguaje:** L.1.6, L.1.9. La respuesta C establece la conexión lógica entre las dos ideas (viste la foto de un gato por Internet, pero puede que necesites pedir que te lo muestren en el refugio porque tal vez no esté en exhibición). La respuesta B omite el punto y coma necesario antes de *sin embargo.* La respuesta A sugiere una relación comparativa que no tiene sentido en la oración. El uso de *y* en la respuesta D no conecta las dos ideas correctamente.

3.2. **B; Nivel de conocimiento: 2; Objetivos de evaluación del lenguaje:** L.1.6, L.1.9. La respuesta B establece la relación correcta entre las dos ideas: algunas personas desean un gato relajado y faldero, *pero* otras quieren un compañero de juegos lleno de energía. La respuesta A no combina las dos ideas y repite una parte del sujeto (*potenciales adoptantes*) que es innecesaria. Las respuestas C y D no relacionan correctamente las dos ideas, de modo que las oraciones combinadas no tienen sentido.

3.3. **A; Nivel de conocimiento: 2; Objetivos de evaluación del lenguaje:** L.1.6, L.1.8, L.1.9. La respuesta A es la que mejor conecta las dos ideas, ofreciendo dos razones por las que el temperamento de un gato puede ser importante. La respuesta B tiene un exceso de palabras y repite el sujeto. Las respuestas C y D no expresan conexiones lógicas entre las ideas.

3.4. **B; Nivel de conocimiento: 2; Objetivos de evaluación del lenguaje:** L.1.6, L.1.8, L.1.9. La respuesta B crea una oración compuesta que conecta lógicamente las dos ideas, mostrando dos opciones de lo que podría suceder. La respuesta A expresa una relación de causa incorrecta. Las respuestas C y D no conectan las dos ideas y no contribuyen a que el texto se lea bien.

4.1. **A; Nivel de conocimiento: 2; Objetivos de evaluación del lenguaje:** L.1.6, L.1.8. La respuesta A usa una coma y la conjunción *pero* para crear una oración compuesta y establecer la relación lógica entre las dos ideas. La respuesta B no expresa una conexión entre las ideas, y la oración combinada suena entrecortada y poco fluida. La respuesta C tampoco relaciona las ideas, y el efecto es similar. La respuesta D no usa una palabra de enlace lógica, y la oración combinada no tiene sentido en el contexto.

4.2. **C; Nivel de conocimiento: 2; Objetivos de evaluación del lenguaje:** L.1.6, L.1.8. La respuesta C elimina el exceso de palabras al colocar las palabras relacionadas en una serie. Se crea una estructura paralela usando comas y la palabra *y*. Las respuestas A y D repiten el verbo innecesariamente y tienen un exceso de palabras. La respuesta B tiene un exceso de palabras y usa una conjunción, *pero*, que no tiene sentido en la oración.

4.3. **B; Nivel de conocimiento: 2; Objetivos de evaluación del lenguaje:** L.1.6, L.1.9. La respuesta B elimina el exceso de palabras y une correctamente las dos ideas con la conjunción *y*. La respuesta A contiene un exceso de palabras ya que repite el verbo. Las respuestas C y D usan conjunciones que no tienen sentido en la oración.

4.4. **D; Nivel de conocimiento: 2; Objetivos de evaluación del lenguaje:** L.1.6, L.1.8. La respuesta D elimina el exceso de palabras uniendo las dos oraciones de manera sencilla: *¡Ayudarás a tu comunidad y aprenderás algunas cosas muy interesantes!* Las respuestas A y C no conectan las ideas de manera adecuada. La respuesta B corta el flujo del texto al crear dos oraciones muy cortas.

5.1. **C; Nivel de conocimiento: 2; Objetivos de evaluación del lenguaje:** L.1.6, L.1.8, L.1.9. La respuesta C elimina el exceso de palabras y conecta las dos ideas de manera lógica. Se le pregunta al lector si desea hacer dos cosas: aprender sobre una carrera y tener experiencia de primera mano. La respuesta A repite innecesariamente el verbo y la frase *una posible carrera.* Las respuestas B y D no establecen una conexión lógica entre las dos ideas.

5.2. **A; Nivel de conocimiento: 2; Objetivos de evaluación del lenguaje:** L.1.6, L.1.8. La respuesta A es la que usa menos palabras y combina las ideas de manera lógica. El uso de *pero* no tiene sentido en la oración en la respuesta B. Las respuestas C y D repiten innecesariamente parte de la frase verbal.

5.3. **D; Nivel de conocimiento: 2; Objetivos de evaluación del lenguaje:** L.1.6, L.1.8, L.1.9. La respuesta D evita repetir palabras innecesarias y conecta las ideas de manera lógica: deben hacerse ambas cosas, no una o la otra. La respuesta A sugiere que puede hacerse una cosa o la otra. Las respuestas B y C no conectan las ideas de manera lógica.

5.4. B; Nivel de conocimiento: 2; **Objetivos de evaluación del lenguaje:** L.1.6, L.1.9. La respuesta B muestra la relación lógica de secuencia entre las ideas: *Puede que sea difícil hacer arreglos para observar a un empleado después de que hayas identificado un trabajo que quieres observar.* Aunque puede parecer que la oración tiene un exceso de palabras, todas las palabras son necesarias para la claridad. Las respuestas A y C no conectan las ideas de manera lógica. La respuesta D no establece ninguna conexión entre las ideas, y las dos oraciones no se leen de manera fluida.

LECCIÓN 13, *págs. 246–249*

1. A; Nivel de conocimiento: 2; **Objetivo de evaluación del lenguaje:** L.2.2. Dos oraciones completas combinadas hacen que esta sea una oración seguida. Para corregir el error, añade una coma y una palabra de enlace entre las dos oraciones: *Sabía que la colección de tarjetas de béisbol de mi padre tenía cierto valor, pero nadie sabía que valía tanto.* Insertar solo una coma o solo una palabra de enlace no corrige la oración seguida. Aunque la respuesta D incluye una coma y una palabra de enlace, la palabra de enlace no tiene sentido en la oración.

2. C; Nivel de conocimiento: 2; **Objetivo de evaluación del lenguaje:** L.2.2. La oración es una oración seguida porque las dos ideas están conectadas solo con una coma. La mejor corrección es que cada idea esté expresada en una oración independiente: *La película tiene grandes actuaciones y un guión inteligente. Creo que ganará varios premios.* Conectar las dos ideas con una coma y la palabra *pero* es correcto gramaticalmente, pero no tiene sentido. La respuesta B crea una oración seguida sin ninguna puntuación. Añadir una coma después de *actuaciones* no corrige la oración seguida y crea un error en el uso de las comas en la oración.

3.1. A; Nivel de conocimiento: 2; **Objetivo de evaluación del lenguaje:** L.2.2. Cada idea debe expresarse en una oración independiente: *[Las enfermedades cardíacas] Ocurren como resultado del depósito de placas de grasa en las arterias que llevan la sangre al corazón. Esos depósitos hacen que las arterias se angosten y se endurezcan.* Combinar las dos ideas solo con una coma crea una oración seguida. Aunque podría usarse una coma y una palabra de enlace, las respuestas C y D usan palabras de enlace que no tienen sentido en la oración.

3.2. C; Nivel de conocimiento: 2; **Objetivo de evaluación del lenguaje:** L.2.2. Estas oraciones pueden escribirse como una oración si se usa una coma y la palabra *y*: *Sin embargo, existe una manera sencilla de reducir su riesgo de enfermedad cardíaca, y no requiere medicación.* Insertar solo una coma crea una oración seguida, y lo mismo sucede si no se usa ningún signo de puntuación. La respuesta D crea una oración muy corta y esto hace que el texto suene entrecortado.

3.3. B; Nivel de conocimiento: 2; **Objetivo de evaluación del lenguaje:** L.2.2. Expresa cada idea en una oración independiente: *Además, usted debe comer grasas poliinsaturadas y monoinsaturadas. Estas grasas "buenas" se encuentran en los aceites vegetales, el pescado y las nueces.* Combinar las dos ideas solo con una coma crea una oración seguida. Combinar las ideas con una palabra de enlace y una coma no queda bien en este caso. La respuesta C usa una palabra de enlace que no tiene sentido en el contexto. La respuesta D usa una palabra de enlace que no suena natural.

3.4. A; Nivel de conocimiento: 2; **Objetivo de evaluación del lenguaje:** L.2.2. Expresa cada idea en una oración independiente: *También debe evitar las grasas saturadas. Estas grasas "malas" se encuentran en algunos tipos de carne y productos lácteos.* Conectar las dos ideas solo con una coma, solo con *y*, o sin ningún signo de puntuación crea una oración seguida.

4.1. D; Nivel de conocimiento: 2; **Objetivo de evaluación del lenguaje:** L.2.2. La mejor manera de escribir las dos ideas es combinarlas con una coma y la conjunción *y*: *Represento a los futuros asistentes a la convención que provienen de toda América del Norte, y estoy pidiendo información a distintos hoteles sobre alojamiento, servicios para los huéspedes y costos.* La respuesta A omite la palabra de enlace *y*, lo que crea una oración seguida. La respuesta B no tiene una palabra de enlace ni un signo de puntuación, y es una oración seguida. La respuesta C usa una palabra de enlace que no tiene sentido en la oración.

4.2. B; Nivel de conocimiento: 2; **Objetivo de evaluación del lenguaje:** L.2.2. La mejor manera de escribir las dos ideas es combinarlas con una coma y la conjunción *pero*: *Necesitaremos dos salas grandes de reuniones para las presentaciones, pero solo una sala deberá tener capacidad para proyectar videos.* Las respuestas A y C omiten la coma y crean oraciones seguidas. La respuesta D omite la palabra de enlace y crea una oración seguida.

4.3. A; Nivel de conocimiento: 2; **Objetivo de evaluación del lenguaje:** L.2.2. Cada idea debe expresarse mediante una oración independiente: *Además, le pido detalles sobre sus opciones de menú. Las opciones de menú saludables para el corazón son importantes para nuestros miembros.* Combinar las dos ideas solo con una coma crea una oración seguida. Aunque podría usarse una coma y una palabra de enlace, la respuesta C no tiene sentido en la oración. La respuesta D crea una oración seguida al omitir la coma.

4.4. C; Nivel de conocimiento: 2; **Objetivo de evaluación del lenguaje:** L.2.2. La mejor manera de escribir las dos ideas es combinarlas con una coma y la conjunción *así que*: *Naturalmente, estamos buscando el mejor precio posible, así que por favor infórmenos sobre cualquier descuento especial que pueda ofrecer a nuestro grupo.* La respuesta A usa una palabra de enlace que no funciona bien en la oración. Las respuestas B y D omiten la coma y crean oraciones seguidas.

5.1. B; Nivel de conocimiento: 2; **Objetivo de evaluación del lenguaje:** L.2.2. La mejor respuesta es B, conectar las oraciones con punto y coma: *Ubicaste un nuevo lugar donde vivir; encontraste un nuevo trabajo (…).* Combinar las dos ideas solo con una coma o sin ningún signo de puntuación crea una oración seguida. Aunque podría usarse una coma y una palabra de enlace, la respuesta D no tiene sentido en la oración.

5.2. D; Nivel de conocimiento: 2; **Objetivo de evaluación del lenguaje:** L.2.2. La mejor manera de escribir las dos ideas es combinarlas con una coma y la conjunción *así que*: *Puedes encontrar cajas económicas si comparas precios, así que busca los lugares que tengan las mejores ofertas.* Las respuestas A y B omiten la coma y crean oraciones seguidas. La respuesta C usa una conjunción que no tiene sentido en la oración.

5.3. **C; Nivel de conocimiento:** 2; **Objetivo de evaluación del lenguaje:** L.2.2. La mejor manera de escribir las dos ideas es combinarlas con una coma y la conjunción *pero: Las cajas pueden resultar muy costosas si las compras nuevas, pero las cajas usadas pueden ser gratuitas y ¡contribuir a salvar los árboles!* La respuesta A omite la coma y crea una oración seguida. La respuesta B establece una relación de causa y efecto incorrecta. La respuesta D omite la palabra de enlace y crea una oración seguida.

5.4. **D; Nivel de conocimiento:** 2; **Objetivo de evaluación del lenguaje:** L.2.2. Cada idea se expresa mejor con una oración independiente: *Usa cinta de empaque transparente o marrón en lugar de cinta adhesiva de papel para sellar las cajas. La cinta de empaque pega mejor que la cinta adhesiva de papel, especialmente si las cajas pueden calentarse o enfriarse durante el traslado.* Combinar las dos ideas solo con una coma o sin ningún signo de puntuación crea una oración seguida. Aunque puede usarse una coma y una palabra de enlace, la respuesta B no tiene sentido en la oración.

LECCIÓN 14, *págs. 250–253*

1. **D; Nivel de conocimiento:** 2; **Objetivo de evaluación del lenguaje:** L.1.5. La frase *Al comprar ropa* es un modificador sin sujeto. El sujeto gramatical de la oración *es una sola talla* y la frase introductoria se refiere a las personas que compran ropa. La mejor revisión es la respuesta D, que deja claro que los clientes son los que compran ropa, y las tallas son las que no quedan bien. Las opciones A, B y C no resuelven el problema del modificador sin sujeto y son difíciles de entender.

2. **B; Nivel de conocimiento:** 2; **Objetivo de evaluación del lenguaje:** L.1.5. La frase *en 1999* debe escribirse cerca de la palabra que modifica: *obtuvo su título*. La respuesta B es correcta porque deja claro en qué año obtuvo su título Carla. Las demás respuestas sugieren que Carla obtuvo su título en otro momento y que la contrataron en 1999. Además, *la contrataron en una empresa importante* ya tiene una referencia temporal, *rápidamente*, y la frase *en 1999* debería ir antes que esta.

3.1. **A; Nivel de conocimiento:** 2; **Objetivo de evaluación del lenguaje:** L.1.5. La respuesta A es correcta porque solo en algunos estados se le pide a la población que separe su basura. Las respuestas B y C sugieren que la población tiene que llevar su basura a otros estados donde hay reciclaje. La respuesta D sugiere que en todos los estados se pide a *algunas* personas que separen su basura.

3.2. **B; Nivel de conocimiento:** 2; **Objetivo de evaluación del lenguaje:** L.1.5. Para evitar el modificador sin sujeto, se debe agregar *estos productos* a la frase introductoria. La respuesta correcta es B: *Cuando estos productos se dejan separados en el borde de la acera, la población colabora con el esfuerzo de reciclaje.* Las demás opciones de respuesta no tienen un sujeto en el modificador.

3.3. **C; Nivel de conocimiento:** 2; **Objetivo de evaluación del lenguaje:** L.1.5. La palabra *gastados* modifica a *neumáticos*, y debe ponerse detrás de esta palabra. El escritor dice que el fabricante de zapatos aprovecha los neumáticos viejos para hacer suelas de zapatos con este material. La única respuesta en la que se expresa esta idea de manera correcta y concisa es la C. Las respuestas A y B cambian el sentido de la oración y la respuesta D contiene un exceso de palabras.

3.4. **C; Nivel de conocimiento:** 2; **Objetivo de evaluación del lenguaje:** L.1.5. La palabra *solo* modifica a la totalidad de la frase introductoria, por lo que debe anteponerse a ella: *Solo con el esfuerzo de las personas y las empresas, podremos lograr cambios sustentables.* La respuesta A sugiere que solamente las personas y las empresas deberán esforzarse (y no los gobiernos, por ejemplo). Las respuestas B y D sugieren que resolver el problema es sencillo, y que bastará con un poco de esfuerzo, y esto contradice lo expresado en el resto del texto.

4.1. **D; Nivel de conocimiento:** 2; **Objetivo de evaluación del lenguaje:** L.1.5. La respuesta correcta es D porque *solo* modifica a *una* y debe colocarse delante de esta palabra para evitar confusión. *Solo* no modifica a *comprar*. Aunque *solo* podría modificar a *propósito*, en el sentido de que el único propósito del cliente es comprar una cosa, la estructura de la oración no favorece esta interpretación y las opciones de respuesta no son tan claramente correctas como la respuesta D.

4.2. **B; Nivel de conocimiento:** 2; **Objetivo de evaluación del lenguaje:** L.1.5. Para evitar un modificador sin sujeto, se deben evitar el gerundio y el infinitivo, que no indican quién es la persona que entra en la tienda. La respuesta correcta es B: *Desde que entramos a la tienda, los estímulos a comprar están por todas partes.* En las demás opciones de respuesta, no se menciona al cliente que recibe el estímulo a comprar.

4.3. **A; Nivel de conocimiento:** 2; **Objetivo de evaluación del lenguaje:** L.1.5. La respuesta correcta es A porque incluye el sujeto de la larga frase introductoria y coincide con el de la oración principal. En las respuestas B y D el sujeto *usted* es incorrecto, ya que fueron *los diseñadores de la tienda* y no *usted*, los que decidieron la ubicación de estos artículos, según se indica en el pasaje. La respuesta C no dice quién ubicó los artículos en ese lugar ni a quién se obliga a atravesar la tienda.

4.4. **B; Nivel de conocimiento:** 2; **Objetivo de evaluación del lenguaje:** L.1.5. Para evitar un modificador sin sujeto, se debe añadir el sujeto, *los vendedores*, a la oración principal. La respuesta correcta es B: *Para ayudar a los clientes a comprar, los vendedores ponen carteles brillantes de ofertas en los estantes de la tienda.* En la respuesta A no hay un verbo conjugado, por lo que se desconoce el sujeto. En la respuesta C, el sujeto es *carteles*, lo que no tiene sentido. La respuesta D incluye un modificador mal colocado, ya que no son brillantes las ofertas, sino los carteles.

5.1. **C; Nivel de conocimiento:** 1; **Objetivo de evaluación del lenguaje:** L.1.5. El adverbio *creativamente* modifica al verbo *expresarte*, y debe escribirse detrás de este. La respuesta correcta es C: *Modificar tu auto puede ser una excelente manera de expresarte creativamente y dar estilo a tu vehículo.* En las demás opciones de respuesta, *creativamente* es un modificador mal colocado.

5.2. **A; Nivel de conocimiento:** 1; **Objetivo de evaluación del lenguaje:** L.1.5. El adverbio *exactamente* modifica a los verbos *se vea* y *funcione*, y debe escribirse detrás de estos verbos: *Diversas opciones pueden hacer que tu vehículo se vea y funcione exactamente como tú lo deseas.* En las demás opciones de respuesta, *exactamente* es un modificador mal colocado.

5.3. C; Nivel de conocimiento: 2; **Objetivo de evaluación del lenguaje:** L.1.5. Para evitar un modificador sin sujeto, el sujeto de la oración debe ser *algunas modificaciones*. La respuesta correcta es C: *Por costar una fortuna, algunas modificaciones pueden resultar inalcanzables para tu presupuesto*. Las otras opciones de respuesta no tienen sentido. La respuesta A sugiere que, por el precio de las modificaciones, ninguna modificación es alcanzable. Las respuestas B y D no están redactadas correctamente.

5.4. D; Nivel de conocimiento: 1; **Objetivo de evaluación del lenguaje:** L.1.5. El adverbio *siempre* modifica a la frase verbal *debes completar*. Coloca *siempre* antes de la frase verbal: *Por ejemplo, siempre debes completar el trabajo de carrocería antes de elegir nuevos neumáticos y llantas*. En las demás opciones de respuesta, *siempre* es un modificador mal colocado.

LECCIÓN 15, *págs. 254–257*

1. B; Nivel de conocimiento: 2; **Objetivo de evaluación del lenguaje:** L.1.7. La respuesta correcta es B porque *a quien* debe reemplazarse con el pronombre *que*. El pronombre *que* introduce una parte de la oración que da más detalles sobre el representante pero que está separada del verbo mediante la frase *después de dos semanas*. La respuesta A es incorrecta porque se sabe quién es la persona. La respuesta C es incorrecta porque se sabe quién es la persona, y el pronombre modifica a *representante* en una cláusula adjetiva. La respuesta D es incorrecta porque *con quien* no tiene sentido en el contexto.

2. C; Nivel de conocimiento: 1; **Objetivo de evaluación del lenguaje:** L.1.7. La respuesta correcta es C porque el pronombre sujeto *yo* debe reemplazarse por el pronombre objeto *mí*. Las respuestas A y D son incorrectas porque el pronombre sujeto *yo* debe reemplazarse por el pronombre objeto *mí*. La respuesta B es incorrecta porque el pronombre *me* se usa antes de un verbo, no detrás de la preposición *a*.

3.1. A; Nivel de conocimiento: 1; **Objetivo de evaluación del lenguaje:** L.1.7. El pronombre sujeto *yo* completa correctamente esta oración. Las respuestas B y C son incorrectas porque *mí* es un pronombre objeto. En este caso, se necesita un pronombre sujeto porque el pronombre es parte del sujeto. La respuesta D es un sujeto plural, y se necesita un pronombre sujeto singular.

3.2. C; Nivel de conocimiento: 1; **Objetivo de evaluación del lenguaje:** L.1.3. La respuesta C es correcta porque se necesita un pronombre neutro que reemplace todo lo que se expresó en la oración anterior. Las demás opciones de respuesta llevan un pronombre masculino. Además, la respuesta D tiene un pronombre relativo. Los pronombres relativos, como su nombre lo indica, relacionan dos cláusulas, y no es el caso en este ejemplo.

3.3. C; Nivel de conocimiento: 2; **Objetivo de evaluación del lenguaje:** L.1.3. La respuesta correcta es C porque el pronombre se refiere al sujeto de la oración anterior, *nuestras piezas*, que es femenino y está en plural. Las respuestas A y B son incorrectas porque los pronombres están en singular. La respuesta D es incorrecta porque *quienes* se usa para personas, no para cosas.

3.4. B; Nivel de conocimiento: 2; **Objetivo de evaluación del lenguaje:** L.1.7. El pronombre *quienquiera* completa esta oración porque la oración requiere un pronombre sujeto y porque el autor se refiere a alguien desconocido (*quienquiera*). El pronombre sujeto *quienquiera* es el sujeto del verbo *atienda*. La respuesta A es incorrecta porque *a quien* es un pronombre objeto. Las respuestas C y D son incorrectas porque *quien* y *comoquiera* no tienen sentido en el contexto.

4.1. B; Nivel de conocimiento: 2; **Objetivo de evaluación del lenguaje:** L.1.3. La respuesta B es correcta porque *quien* es el sujeto de *se incorpora*. Las respuestas A y D son incorrectas porque son pronombres objeto y la respuesta A no tiene sentido en el contexto. La respuesta C es incorrecta porque *cual* no se usa en la frase *el cual* o *la cual* y no tiene sentido en el contexto.

4.2. D; Nivel de conocimiento: 2; **Objetivo de evaluación del lenguaje:** L.1.3. La respuesta D es correcta porque la palabra *eso* se refiere a toda la idea expresada en la oración anterior. Las respuestas A y C crean fragmentos de oraciones. La respuesta B es incorrecta porque se necesita un pronombre en género neutro, y *esa* está en género femenino.

4.3. C; Nivel de conocimiento: 2; **Objetivo de evaluación del lenguaje:** L.1.7. La respuesta C es correcta porque *a quien* es el objeto de *le gustaría*. El sujeto implícito de *le gustaría* es *usted*. La respuesta A es incorrecta porque *cual* se usa en la frase *el cual* o *la cual* y no tiene sentido en el contexto. La respuesta B es incorrecta porque se necesita un pronombre objeto, no un pronombre sujeto. La respuesta D es incorrecta porque se sabe quién es la persona: uno de los médicos.

4.4. A; Nivel de conocimiento: 2; **Objetivo de evaluación del lenguaje:** L.1.7. La respuesta A es correcta porque en esta oración, la autora se refiere a sí misma y al Dr. Hernández. Como la autora y el Dr. Hernández realizan la acción (acordar), la frase que combina los pronombres sujeto *él* y *yo* es correcta. La opción D invierte el orden correcto de los pronombres sujeto. Las opciones B y C contienen pronombres objeto (*me y mí*).

5.1. D; Nivel de conocimiento: 1; **Objetivo de evaluación del lenguaje:** L.1.7. La respuesta correcta es D. En esta oración, el autor se refiere a él y a su esposa. Como el sustantivo y el pronombre están precedidos por la preposición *a*, el pronombre objeto *mí* es correcto. La respuesta A es incorrecta porque *me* se usa como pronombre antes de un verbo, no detrás de la preposición *a*. Las respuestas B y C son incorrectas porque *yo* es un pronombre sujeto.

5.2. D; Nivel de conocimiento: 1; **Objetivo de evaluación del lenguaje:** L.1.3. La respuesta correcta es D. En esta oración, el autor se refiere a él y a su esposa. Se necesita un pronombre objeto que concuerde con el otro pronombre, *nos*. La preposición *a* es necesaria antes del pronombre objeto *nosotros*, por lo que la respuesta A es incorrecta. La respuesta B es incorrecta porque *nuestro* es pronombre posesivo, no objeto. La respuesta C es incorrecta porque *a ellos* no concuerda con *nos*.

5.3. B; Nivel de conocimiento: 1; **Objetivo de evaluación del lenguaje:** L.1.7. La respuesta correcta es B porque el autor compara a otras personas con él mismo. Después de la palabra *como*, que indica una comparación, siempre se escribe un pronombre sujeto. Las respuestas A, C y D son pronombres objeto.

5.4. A; Nivel de conocimiento: 2; **Objetivo de evaluación del lenguaje:** L.1.3. La respuesta A es correcta porque *los dueños de perros* se convierte en el sujeto de la oración y este tipo de oraciones subordinadas se unen a la oración principal mediante la conjunción *que*. La respuesta B es incorrecta porque *a quienes* es un pronombre objeto. La respuesta C es incorrecta porque no tiene sentido en el contexto.

LECCIÓN 16, *págs. 258–261*

1. B; Nivel de conocimiento: 1; **Objetivo de evaluación del lenguaje:** L.1.7. El sujeto *cada* siempre lleva un verbo en singular. *Eran, han sido* y *somos* son formas plurales del verbo, por lo que las respuestas A, C y D son incorrectas.

2. B; Nivel de conocimiento: 1; **Objetivo de evaluación del lenguaje:** L.1.7. Los sujetos compuestos unidos por *ni* llevan un verbo en plural. Las respuestas A, C y D son formas singulares del verbo, por lo que son incorrectas.

3.1. C; Nivel de conocimiento: 1; **Objetivo de evaluación del lenguaje:** L.1.7. El sujeto de la oración, *una casa atestada de cosas*, es singular y lleva un verbo en singular: *es*. El largo comentario y la palabra *decoraciones* que está al lado del verbo no deben tenerse en cuenta. Las demás opciones son verbos en plural.

3.2. A; Nivel de conocimiento: 1; **Objetivo de evaluación del lenguaje:** L.1.7. El sujeto es *cada*, que lleva un verbo en singular. Las respuestas B y C son verbos en plural. La respuesta D cambia el tiempo al pasado y, aunque la concordancia es correcta, el cambio de tiempo no lo es. Por lo tanto, A es la mejor opción de respuesta.

3.3. C; Nivel de conocimiento: 1; **Objetivo de evaluación del lenguaje:** L.1.7. El sujeto está compuesto de tres verbos en infinitivo que se consideran como una unidad: *suprimir, organizar y deshacerse de objetos* es parte del mismo proceso, por lo que el verbo va en singular; esto se ve en el uso del adjetivo *fundamental* usado en singular. El contexto requiere que la oración esté en tiempo presente. La opción correcta es C porque *es* está en presente singular. Las respuestas A y D están en tiempo pasado, y la respuesta B está en plural.

3.4. C; Nivel de conocimiento: 1; **Objetivo de evaluación del lenguaje:** L.1.7. El sujeto, *la mayoría de los potenciales compradores*, lleva el verbo en plural *prefieren*, porque los compradores no piensan en conjunto sino individualmente, y cada uno tiene su propia preferencia. Las otras opciones están en singular.

4.1. D; Nivel de conocimiento: 1; **Objetivo de evaluación del lenguaje:** L.1.7. El sujeto de la oración está compuesto por dos cláusulas unidas con *ni*, por lo que lleva un verbo en plural. Las respuestas A, B y C están en singular.

4.2. B; Nivel de conocimiento: 1; **Objetivo de evaluación del lenguaje:** L.1.7. *El costo* es un sujeto en singular y lleva un verbo en singular. Las palabras que están entre el sujeto y el verbo no afectan la relación entre el sujeto y el verbo. Las otras opciones están todas en plural.

4.3. A; Nivel de conocimiento: 1; **Objetivo de evaluación del lenguaje:** L.1.7. El sujeto, *cada gerente*, es singular y lleva el verbo en singular *probará*. El comentario no afecta la concordancia entre el sujeto y el verbo. Las respuestas B y C están en plural. Las respuestas C y D están en el tiempo incorrecto.

4.4. C; Nivel de conocimiento: 2; **Objetivo de evaluación del lenguaje:** L.1.7. El sujeto, *número de auriculares*, es simple y lleva la forma singular, *es*. Las otras opciones están todas en plural.

5.1. D; Nivel de conocimiento: 1; **Objetivo de evaluación del lenguaje:** L.1.7. La respuesta correcta es D, donde *pueden exhibir* concuerda con el sujeto *los empleados y contratistas de Wavelength*. En la respuesta A, el uso de la voz pasiva requiere concordancia con el sujeto pasivo, *formas de identificación*, y *exhibidos* es masculino. Debe usarse el presente porque la oración dice "actualmente".

5.2. D; Nivel de conocimiento: 1; **Objetivo de evaluación del lenguaje:** L.1.7. El sujeto, *miembro del personal*, lleva un verbo en singular. La palabra *miembro* es singular. Las respuestas A y B están en plural. El contexto de la oración requiere el tiempo presente. La respuesta C está en tiempo pasado.

5.3. C; Nivel de conocimiento: 1; **Objetivo de evaluación del lenguaje:** L.1.7. El sujeto, *un empleado*, es singular y lleva un verbo en singular; *exhibe* es correcto. Debe usarse el tiempo presente porque la oración dice "actualmente". Las respuestas A y D son formas pasadas. La respuesta B está en plural.

5.4. D; Nivel de conocimiento: 1; **Objetivo de evaluación del lenguaje:** L.1.7. La oración lleva un sujeto de dos partes unidas por *ni*. En este tipo de construcciones, el verbo siempre va en plural. *Pueden* es correcto. Las respuestas A y B están en singular. La respuesta C está en el tiempo incorrecto.

LECCIÓN 17, *págs. 262–265*

1. B; Nivel de conocimiento: 2; **Objetivo de evaluación del lenguaje:** L.1.6. Como está escrita, la oración no muestra paralelismo. *El estudio* debe cambiarse por *estudiar* para que coincida con la forma del verbo *andar: Chris apartó tiempo para andar en bicicleta y estudiar para la prueba*. Las otras opciones de respuesta no tienen estructuras paralelas ni son gramaticalmente correctas.

2. D; Nivel de conocimiento: 2; **Objetivo de evaluación del lenguaje:** L.1.6. Como está escrita, la oración no muestra paralelismo. *Si ponemos* debe cambiarse por *se pone* para que coincida con la forma de los verbos *se rompe* y *se pierde*. Las otras opciones de respuesta no tienen estructuras paralelas ni son gramaticalmente correctas.

3. C; Nivel de conocimiento: 2; **Objetivo de evaluación del lenguaje:** L.1.6. Para mantener el paralelismo, las formas de *buscar* e *inventar* deben ser paralelas. La única opción que muestra los verbos en la misma forma es la C. La oración correcta se lee así: *En consecuencia, muchos padres han comenzado a buscar o inventar nuevas formas de cuidado de los niños que sean confiables y económicas*. Las respuestas A y B no tienen formas verbales paralelas. La respuesta D no es gramaticalmente correcta ni tiene estructuras paralelas.

4. **C; Nivel de conocimiento:** 2; **Objetivos de evaluación del lenguaje:** L.1.6, L.1.8. La oración requiere paralelismo para describir a los tres tipos de personas que los padres han convocado para el cuidado de los niños. Para crear este paralelismo, debes revisar la tercera categoría, *las personas que viven en el vecindario*, para que coincida con los otros dos elementos, *amigos* y *familiares*. La mejor manera de revisar esta frase es reemplazarla por la palabra *vecinos: Una opción económica para cuidar a los niños consiste en pedir a amigos, familiares o vecinos que cuiden a los niños pequeños*. Además de crear paralelismo, la revisión elimina el exceso de palabras. El significado de la oración es distinto en la respuesta A. La respuesta B sugiere que todas las personas viven en el vecindario, lo cual no está enunciado en la oración original. La respuesta D no tiene estructuras paralelas.

5. **B; Nivel de conocimiento:** 2; **Objetivos de evaluación del lenguaje:** L.1.6, L.1.8. La oración no es paralela porque se usan diferentes formas de los verbos. La forma correcta de la oración se lee así: *Algunos padres intercambian labores de cuidado de niños con otras familias o forman cooperativas de amigos y vecinos*. La respuesta A cambia el sentido de la oración. Las respuestas C y D no son paralelas.

6. **D; Nivel de conocimiento:** 2; **Objetivos de evaluación del lenguaje:** L.1.6, L.1.8. La oración no tiene estructuras paralelas porque tiene una mezcla de adjetivos y cláusulas adjetivas. La forma correcta de la oración debe decir *Una niñera en casa para niños en edad escolar puede ser otra opción económica de cuidado de niños*. La respuesta A usa cláusulas adjetivas pero cambia el sentido de la oración y genera exceso de palabras. Las respuestas B y C no tienen estructuras paralelas y no tienen el mismo significado.

7. **A; Nivel de conocimiento:** 2; **Objetivos de evaluación del lenguaje:** L.1.6, L.1.8. Las palabras que modifican al sustantivo *trabajo* (*flexible* y *se puede hacer de manera informal*) no tienen una estructura paralela. Sustituir la frase *se puede hacer de manera informal* por el adjetivo *informal* crea paralelismo y elimina el exceso de palabras: *Como este tipo de trabajo es flexible e informal, muchas personas jóvenes cuidan niños por tarifas muy bajas*. Las otras opciones de respuesta no crean paralelismo.

8. **C; Nivel de conocimiento:** 2; **Objetivos de evaluación del lenguaje:** L.1.6, L.1.8. La respuesta C es correcta porque es el enunciado más claro, y los tres tipos de ventas están expresadas con una estructura paralela en una serie. La respuesta A no tiene estructuras paralelas. La respuesta B cambia el sentido de la oración. La respuesta D es demasiado concisa; aunque elimina palabras repetidas, estas son necesarias para la claridad del mensaje.

9. **A; Nivel de conocimiento:** 2; **Objetivos de evaluación del lenguaje:** L.1.6, L.1.8. Las dos ideas paralelas que se presentan en la oración son (1) dormir hasta tarde el sábado es agradable y (2) tener un poco más de dinero en el bolsillo es una alternativa más útil. No están presentadas con estructuras paralelas porque el verbo en infinitivo *dormir* no coincide con la forma verbal de *si tienes*. La mejor opción de respuesta también incluye la forma comparativa de agradable para enfatizar la relación entre las ideas. La respuesta A elimina el exceso de palabras y crea estructuras paralelas y un énfasis adecuado. *Dormir hasta tarde el sábado es agradable, pero tener un poco más de dinero en el bolsillo es agradable también*. Las respuestas B y C tienen un exceso de palabras y no usan estructuras paralelas. La respuesta D no tiene sentido.

10. **B; Nivel de conocimiento:** 2; **Objetivo de evaluación del lenguaje:** L.1.6. En esta oración, las dos ideas paralelas son (1) puedes gastar y (2) gastas. No están presentadas con estructuras paralelas porque las formas verbales de *puedes gastar* y *gastas* no coinciden. El segundo verbo debería estar subordinado al primero. Es decir, para corregir esta oración, cambia la segunda idea para que la forma coincida con la de la primera: *Puedes gastar un dólar en el mismo libro usado, y gastar los otros nueve dólares en distintos artículos*. Las otras opciones de respuesta no tienen estructuras paralelas.

11. **B; Nivel de conocimiento:** 2; **Objetivos de evaluación del lenguaje:** L.1.6, L.1.8. Aunque *Un escritorio macizo, una silla de oficina o un armario que se usa para archivar cosas* son casi paralelas, una mejor versión reemplazaría el tercer elemento de la serie por *archivador*, que es más cercano a las demás palabras y usa menos palabras: *Un escritorio macizo, una silla de oficina o un archivador pueden durar años*. Las otras opciones de respuesta no crean paralelismo. Las respuestas C y D no son paralelas y llevan más palabras que el original.

12.1. **A; Nivel de conocimiento:** 2; **Objetivos de evaluación del lenguaje:** L.1.6, L.1.8. La lista de escuelas de la oración debe mantener una estructura paralela, y esto se logra conectando la *Academia Clifton* al resto de las escuelas con la conjunción *y: Los estudiantes de tres escuelas del condado de Westchester —la Escuela Secundaria Daley, la Escuela Media Ryder y la Academia Clifton— colaborarán ayudando a recaudar dinero para los niños necesitados locales*. La respuesta B es incorrecta porque usar *como también de* rompe el paralelismo de la serie. Las respuestas C y D tienen un exceso de palabras y no incluyen estructuras paralelas.

12.2. **D; Nivel de conocimiento:** 2; **Objetivo de evaluación del lenguaje:** L.1.6. Las actividades para recaudar fondos se enumeran en una estructura paralela: *el lavado de autos, la venta de comidas, un servicio de corte de césped*. Por lo tanto, para mantener el paralelismo, la actividad final debe escribirse de la misma forma: *un servicio de poda de árboles*. Las demás opciones de respuesta no incluyen estructuras paralelas.

12.3. **B; Nivel de conocimiento:** 2; **Objetivos de evaluación del lenguaje:** L.1.6, L.1.8. El precio de cuatro galletas o una porción de pastel será $1. Para que esta oración tenga estructuras paralelas y para evitar el exceso de palabras, la oración debe leerse así: *Por ejemplo, puede comprar cuatro galletas o una porción de pastel por $1*. Las demás opciones de respuesta no incluyen estructuras paralelas y tienen un exceso de palabras.

12.4. **C; Nivel de conocimiento:** 2; **Objetivo de evaluación del lenguaje:** L.1.6. La oración menciona algo que puedes hacer en cada escuela en el día organizado para recaudar fondos. Esas actividades deben escribirse de la misma manera: *Puede comprar excelentes comidas horneadas en la Escuela Secundaria Daley, pedir que le laven el auto en la Escuela Media Ryder o anotarse para los servicios de corte de césped en la Academia Clifton*. Las otras opciones de respuesta no reflejan paralelismo.

1. B; Nivel de conocimiento: 1; **Objetivo de evaluación del lenguaje:** L.1.9. Como las dos oraciones muestran un contraste, la mejor transición es usar *sin embargo*. Esta frase expresa lo que piensa la persona. Por un lado, cree que la tasa de interés de su hipoteca es demasiado alta. Por otra parte, no califica para una tasa más baja. *A pesar de* también indica contraste, pero necesitarías añadir más palabras para que la oración tuviera sentido. *Además* y *por ejemplo* no muestran un contraste.

2. C; Nivel de conocimiento: 1; **Objetivo de evaluación del lenguaje:** L.1.9. Las oraciones muestran un contraste entre el hecho de tener dos autos y no conducir con frecuencia. La mejor transición es *a pesar de* porque muestra que hay una diferencia entre las dos ideas. Juan tiene dos autos y es sorprendente que no maneje con frecuencia. *En cambio* y *al contrario* también expresan contraste pero no tienen sentido en el contexto de las oraciones. *Además* no muestra un contraste.

3.1. C; Nivel de conocimiento: 1; **Objetivo de evaluación del lenguaje:** L.1.9. La frase de transición *para empezar* ofrece una transición lógica entre las oraciones. Significa "así comienza el proceso", e indica una transición entre el contenido del párrafo 1 y el 2: *Para empezar, sigue estos consejos para que tu currículo quede arriba de la pila.* Las transiciones temporales *antes* y *después de eso* no tienen sentido en el contexto. *De la misma manera* no tiene sentido porque no se describe ninguna similitud.

3.2. B; Nivel de conocimiento: 1; **Objetivo de evaluación del lenguaje:** L.1.9. La frase de transición *en consecuencia* es la que mejor encaja. Como "los empleadores tienen poco tiempo para leer cada currículo", debes elegir "la información más relevante". Las otras opciones de respuesta no muestran la relación de causa y efecto necesaria.

3.3. C; Nivel de conocimiento: 1; **Objetivo de evaluación del lenguaje:** L.1.9. La palabra de transición *pero* es la que mejor encaja en este contexto porque advierte al lector sobre un posible error. Se lo anima a dar información pero no demasiada: *Sé exhaustivo en tu descripción de tu experiencia laboral previa, pero no sobrecargues tu currículo con todo lo que has pensado, dicho o hecho.* Las otras opciones de respuesta no dejan claro cuál es la relación entre los dos enunciados.

3.4. A; Nivel de conocimiento: 1; **Objetivo de evaluación del lenguaje:** L.1.9. La frase de transición *por lo tanto* resume lo que ya se ha dicho y encaja perfectamente al comienzo de la oración final de este párrafo. Las otras opciones de respuesta no tienen sentido en el contexto del párrafo.

4.1. A; Nivel de conocimiento: 1; **Objetivo de evaluación del lenguaje:** L.1.9. La transición *por esta razón* explica por qué el escritor está interesado en comenzar a trabajar como aprendiz (porque está próximo a graduarse). Las otras opciones de respuesta no tienen sentido en el contexto del párrafo.

4.2. D; Nivel de conocimiento: 1; **Objetivo de evaluación del lenguaje:** L.1.9. La palabra de transición *además* es la que mejor funciona porque el candidato da una razón adicional de por qué su experiencia laboral es valiosa: *Además, tengo experiencia práctica y comprendo cómo los profesionales de la construcción usan los dibujos técnicos.* Las otras opciones de respuesta incluyen palabras de transición que expresan un contraste con la oración anterior en lugar de añadir razones al argumento.

4.3. C; Nivel de conocimiento: 1; **Objetivo de evaluación del lenguaje:** L.1.9. La frase de transición *por consiguiente* es una pista de que la información que se da en la oración debe ser el resultado de algo que se expresó en una oración anterior. La información *Soy puntual y trabajador* pertenece a la oración anterior y es la que mejor reúne estos criterios. Las otras opciones de respuesta incluyen palabras de transición que expresan un contraste en lugar de indicar un resultado.

4.4. A; Nivel de conocimiento: 1; **Objetivo de evaluación del lenguaje:** L.1.9. La frase que mejor encaja en la oración es *desde ya*. La respuesta correcta se lee así: *Desde ya, me pongo a su disposición para una entrevista.* Las palabras de transición que dan las respuestas B, C y D no funcionan en el contexto. *A pesar de todo* implicaría que lo que se dijo antes es algo negativo. *En otras palabras* resumiría algo que se dijo antes, y no se está haciendo eso en esta parte del texto. *En primer lugar* da comienzo a una serie de explicaciones, lo que tampoco es el caso en esta parte del texto.

5.1. C; Nivel de conocimiento: 1; **Objetivo de evaluación del lenguaje:** L.1.9. La frase de transición *por ejemplo* establece la conexión con la descripción de los pagos atrasados; la oración que sigue da detalles de apoyo de cómo se calcularán las multas por mora. Las palabras de transición *sin embargo* y *por el contrario* muestran contraste, no detalles de apoyo. La palabra de transición *además* presenta una nueva idea, no un ejemplo.

5.2. C; Nivel de conocimiento: 1; **Objetivo de evaluación del lenguaje:** L.1.9. La frase de transición *en ese momento* es la que mejor funciona porque establece la conexión con lo que sucede en el momento en que se entrega la lista de control: *En ese momento, el arrendador tendrá tres días para reparar todos los problemas mencionados en la lista de control de ingreso.* Las demás palabras de transición se refieren a momentos que no tienen sentido en el contexto del párrafo.

5.3. B; Nivel de conocimiento: 1; **Objetivo de evaluación del lenguaje:** L.1.9. La frase de transición *Además, al* es la que mejor funciona porque establece la conexión con lo que sucede cuando los arrendatarios dejan el inmueble y se suma a la responsabilidad de la lista de control de ingreso: *Además, al dejar el inmueble, el arrendatario acuerda entregar al arrendador una lista de control de egreso donde se documente el estado de la propiedad.* Las otras palabras de transición no establecen la conexión con la responsabilidad adicional y el tiempo, ni tienen sentido en el contexto.

5.4. A; Nivel de conocimiento: 1; **Objetivo de evaluación del lenguaje:** L.1.9. La palabra de transición *además* es la que mejor funciona porque indica que el contrato de arrendamiento está introduciendo otro tema (en este caso, una serie de políticas incluidas en el arrendamiento): *Además, el arrendatario acuerda usar el inmueble solo de la siguiente manera.* La frase *sin embargo* muestra un contraste, no una idea adicional. *De la misma manera* muestra que dos ideas son similares. *Después de eso* muestra una secuencia de tiempo.

1. B; Nivel de conocimiento: 2; **Objetivo de evaluación de escritura:** W.2; **Objetivo de evaluación del lenguaje:** L.1.9. Elimina la oración 2 porque no tiene relación con el tema. En la oración 2 se comenta el costo de visitar a un médico para recibir vacunas contra la alergia, pero el tema del párrafo es la invención de la vacuna contra la alergia. La oración 2 interrumpe la fluidez del texto y rompe la conexión entre la oración 1 y la oración 3, por lo que se destruye la unidad del párrafo. Moverla a otro lugar no mejora el párrafo.

2. **C; Nivel de conocimiento:** 2; **Objetivo de evaluación de escritura:** W.2; **Objetivo de evaluación del lenguaje:** L.1.9. La oración 4 debe ir después de la oración 5 porque la oración 5 trata sobre la extracción del polen. Lógicamente, este paso viene primero en la secuencia que se describe en el párrafo. Administrar el extracto no puede ocurrir hasta que este se haya extraído. Mover la oración 4 corrige la secuencia en el párrafo.

3. **Nivel de conocimiento:** 2; **Objetivo de evaluación de escritura:** W.2; **Objetivo de evaluación del lenguaje:** L.1.9. Oración 1: La **oración C** introduce el tema del memorando y el párrafo: se ha establecido una nueva política de viajes para controlar los costos de la empresa.

Oración 2: La **oración B** es la segunda oración porque respalda la oración principal al proporcionar contexto sobre la nueva política. La oración B presenta la idea de que se formó un equipo para estudiar la cuestión de la política de viajes. La palabra *esta* indica que la política ya se ha mencionado, por lo que la oración B no puede ser la primera oración.

Oración 3: La **oración E** es la opción lógica porque la oración B indica dos metas de la evaluación. La frase de transición *la primera meta* y el contenido de la oración indican que esta es la primera de las metas.

Oración 4: La **oración A** es la opción lógica porque es la segunda meta, y esto lo indica el contenido y la frase de transición *la segunda meta*.

Oración 5: La **oración D** es la oración final conclusiva del párrafo porque explica el resultado del trabajo del equipo: se presentó una recomendación y la empresa aprobó esa recomendación. La secuencia de ideas del párrafo requiere que esta oración esté después de las otras oraciones. Además, esta oración ofrece una conclusión lógica al párrafo.

4. **A; Nivel de conocimiento:** 2; **Objetivo de evaluación de escritura:** W.2; **Objetivo de evaluación del lenguaje:** L.1.9. La oración 5 explica lo que ocurrió *en el pasado*, y la oración 4 dice lo que ocurre *actualmente*. La secuencia lógica es colocar la oración 4 después de la oración 5 porque la palabra de transición *actualmente* requiere una referencia de contraste: *actualmente* en comparación con *el pasado*. El párrafo puede fluir de manera menos lógica si el orden de las oraciones no se invierte. Ninguna otra ubicación tiene sentido en el párrafo, y no existe ninguna razón para eliminar la oración.

5. **B; Nivel de conocimiento:** 2; **Objetivo de evaluación de escritura:** W.2; **Objetivo de evaluación del lenguaje:** L.1.9. La oración 9 es la oración principal porque introduce la idea de que las cuentas son el mejor material para comenzar a hacer joyas. Aunque es la oración principal, no corresponde al principio del párrafo porque responde la pregunta que plantea la oración 6. Ninguna otra ubicación en el párrafo es lógica para la oración 9.

6. **D; Nivel de conocimiento:** 2; **Objetivo de evaluación de escritura:** W.2; **Objetivo de evaluación del lenguaje:** L.1.9. La oración 16 va después de la oración 13 porque forma parte de un ejemplo de lo que encontrarás cuando busques información en sitios web sobre cómo hacer joyas. La frase de transición *por ejemplo* de la oración 13 te da una clave, y las oraciones que explican el ejemplo se deben colocar una al lado de la otra. La oración 16 está estrechamente relacionada con la información del párrafo y no debe eliminarse.

7. **D; Nivel de conocimiento:** 2; **Objetivo de evaluación de escritura:** W.2; **Objetivo de evaluación del lenguaje:** L.1.9. La oración 18 es la oración principal porque introduce la idea de que es importante encarar proyectos simples cuando una persona comienza a hacer joyas. Las otras oraciones continúan la idea de encarar proyectos simples y, al ir adquiriendo más experiencia, avanzar a proyectos más difíciles.

8. **C; Nivel de conocimiento:** 2; **Objetivo de evaluación de escritura:** W.2; **Objetivo de evaluación del lenguaje:** L.1.9. La oración 22 debe ser colocada después de la oración 20, ya que da seguimiento y amplía el sujeto de la oración 20. No está conectada al párrafo anterior, por lo cual la respuesta A es incorrecta. La respuesta D no es el mejor lugar para la oración ya que está más conectada a la idea que va antes. La respuesta B es incorrecta porque no fluye con la progresión natural del párrafo y la paciencia necesaria para obtener la habilidad mencionada en la oración.

9. **C; Nivel de conocimiento:** 2; **Objetivo de evaluación de escritura:** W.2; **Objetivo de evaluación del lenguaje:** L.1.9. La oración 7 es la oración principal porque introduce el alto costo de la cobertura COBRA y, lógicamente, su lugar es al comienzo del párrafo. Sin ella, el párrafo es difícil de entender.

10. **D; Nivel de conocimiento:** 2; **Objetivo de evaluación de escritura:** W.2; **Objetivo de evaluación del lenguaje:** L.1.9. La oración 11 va después de la oración 9 porque da una explicación adicional sobre la fecha a partir de la cual puede estar vigente la cobertura COBRA. Ninguna otra ubicación tiene sentido. La oración no se debe eliminar porque brinda información importante y relevante.

11. **D; Nivel de conocimiento:** 2; **Objetivo de evaluación de escritura:** W.2; **Objetivo de evaluación del lenguaje:** L.1.9. La oración 14 va después de la oración 16 porque explica que los beneficios del plan valen la pena aunque el plan sea costoso.

12. **B; Nivel de conocimiento:** 2; **Objetivo de evaluación de escritura:** W.2; **Objetivo de evaluación del lenguaje:** L.1.9. La oración 17 debe eliminarse del párrafo D. El contenido del párrafo y del pasaje no dice que COBRA hace que, al final, las personas ahorren dinero. De hecho, en el párrafo se indica que COBRA es costoso. La ventaja de COBRA no es el ahorro financiero sino la "tranquilidad".

13. **C; Nivel de conocimiento:** 2; **Objetivo de evaluación de escritura:** W.2; **Objetivo de evaluación del lenguaje** L.1.9. La oración 20 debe ir al final del párrafo E, y que es el pensamiento final. Con toda la información proporcionada, si el destinatario todavía necesita asistencia, debe comunicarse con el escritor de la carta. Los otros lugares no tienen sentido, ya que el destinatario recibe más información después de cada uno de aquellos lugares.

LECCIÓN 20, *págs. 274–277*

1. **B; Nivel de conocimiento:** 1; **Objetivos de evaluación del lenguaje:** L.2.2, L.2.4. A la cita del diálogo le faltan guiones largos antes y después de ella; por lo tanto, la respuesta B es correcta. La respuesta A es incorrecta porque no se necesita una coma después del signo de interrogación de cierre. La respuesta C es incorrecta porque para introducir un diálogo no se usan comillas sino guiones largos. La respuesta D es incorrecta porque no existen razones para agregar un guión, que indica una palabra compuesta.

2. **C; Nivel de conocimiento:** 1; **Objetivo de evaluación del lenguaje:** L.2.4. Los escritores a menudo usan paréntesis para separar partes de una oración que no son necesarias para comprender el significado pero que ofrecen información adicional. En esta oración, la frase *si nada lo impide* es información adicional y debe separarse del resto de la oración. La oración corregida debe decir: *El próximo lunes (si nada lo impide) comenzaré mi dieta*. La frase no debe aparecer entre comillas porque el escritor no está citando a otra persona (el escritor habla en primera persona). Usar dos puntos o punto y coma no es la manera correcta de separar la frase.

3.1. **B; Nivel de conocimiento:** 1; **Objetivo de evaluación del lenguaje:** L.2.4. Las palabras *tranquilidad nacional* forman parte de una cita de la Constitución de los Estados Unidos y deben colocarse entre comillas. El punto se coloca después de las comillas de cierre. La oración incluye las comillas iniciales al comienzo de la cita. Deben colocarse comillas de cierre para cerrar la cita. La oración correcta se lee así: *Los fundadores de la nación redactaron la Constitución de los Estados Unidos "con el objeto de formar una unión más perfecta, establecer la justicia [y] asegurar la tranquilidad nacional".*

3.2. **D; Nivel de conocimiento:** 1; **Objetivo de evaluación del lenguaje:** L.2.4. El modificador *teórico-práctico* lleva guión porque forma una palabra compuesta. La oración correcta se lee así: *El proceso de votación es como realizar un curso teórico-práctico*. El guión está omitido en la respuesta A y está puesto en el lugar incorrecto en la respuesta B. La respuesta C tiene un espacio en lugar del guión en la palabra compuesta.

3.3. **B; Nivel de conocimiento:** 1; **Objetivos de evaluación del lenguaje:** L.2.2, L.2.4. Las dos oraciones se deben combinar con punto y coma, y este se debe colocar antes de la frase de transición *por lo tanto*. Después de *por lo tanto*, debe escribirse una coma. La oración correcta se lee así: *Ten en cuenta que un escritor puede mostrar parcialidad a favor o en contra de un candidato o un tema de interés; por lo tanto, debes leer distintas fuentes para formarte un punto de vista imparcial*. La respuesta A crea una oración seguida. La respuesta C omite la coma, y la respuesta D usa dos puntos en lugar de punto y coma.

3.4. **A; Nivel de conocimiento:** 1; **Objetivo de evaluación del lenguaje:** L.2.4. Los dos puntos se usan para introducir una lista. En esta oración, se enumeran tres formas de identificación. La oración correcta se lee así: *Cuando vayas al lugar de votación el día de elecciones, no olvides llevar las siguientes formas de identificación: una licencia de conducir, un documento militar de identidad o la factura de un servicio público a tu nombre*. Las respuestas B y C tienen puntuación incorrecta. La respuesta D omite la puntuación correcta.

4.1. **B; Nivel de conocimiento:** 1; **Objetivo de evaluación del lenguaje:** L.2.4. El modificador *científico-técnico* lleva guión porque es una palabra compuesta. La oración correcta se lee así: *A pesar del progreso científico-técnico en la elaboración industrial de alimentos, no se puede competir con los productos caseros bien preparados*. El guión está omitido en las respuestas A y C. Además, la respuesta A incluye un par de comillas que no están usadas correctamente. La respuesta D tiene la palabra compuesta escrita toda junta.

4.2. **C; Nivel de conocimiento:** 1; **Objetivo de evaluación del lenguaje:** L.2.4. Los dos puntos introducen una lista. En esta oración, se enumera una serie de ingredientes. La oración correcta se lee así: *Espera unos cinco minutos, y luego añade los siguientes ingredientes: 1 1/2 tazas de ketchup, 1/2 taza de vinagre de manzana, 1/4 taza de salsa inglesa, 1/3 taza de azúcar moreno oscuro y una cucharada de chile en polvo*. Las otras opciones de respuesta usan puntuación incorrecta.

4.3. **A; Nivel de conocimiento:** 1; **Objetivo de evaluación del lenguaje:** L.2.4. Las dos oraciones se deben combinar con punto y coma. El punto y coma se debe colocar antes de la frase de transición *sin embargo*. Esta frase debe ir seguida de una coma. La oración correcta se lee así: *Si sirves un tipo de carne, de seguro impresionarás a tus invitados; sin embargo, los mejores maestros de la barbacoa saben servir dos o más tipos`de carne*. Las respuestas B, C y D tienen puntuación incorrecta.

4.4. **D; Nivel de conocimiento:** 1; **Objetivo de evaluación del lenguaje:** L.2.4. La respuesta D es correcta porque los paréntesis están completos y ubicados correctamente. A la respuesta A le faltan los signos de puntuación final. La respuesta B usa solo comillas de apertura, así que, aunque las comillas fueran necesarias, la respuesta sería incorrecta. A la respuesta C le falta el paréntesis de apertura.

5.1. **A; Nivel de conocimiento:** 1; **Objetivo de evaluación del lenguaje:** L.2.4. La pregunta está expresada como una cita directa y debe ir entre comillas. Los signos de interrogación deben colocarse dentro de las comillas. La oración correcta se lee así: *Pregúntese lo siguiente: "¿Estoy preparado para un huracán?"*. En la respuesta B, se omiten las comillas. El signo de pregunta está colocado en la posición incorrecta en la respuesta C. La respuesta D no incluye el signo de interrogación de apertura ni las comillas de cierre.

5.2. **C; Nivel de conocimiento:** 1; **Objetivo de evaluación del lenguaje:** L.2.4. El modificador *climático-meteorológico* lleva guión porque es una palabra compuesta. La oración correcta se lee así: *No es necesario tener un gran conocimiento climático-meteorológico, pero sí es importante manejar conceptos básicos*. En la respuesta B, falta el guión. Las otras opciones de respuesta tienen puntuación incorrecta.

5.3. **B; Nivel de conocimiento:** 1; **Objetivo de evaluación del lenguaje:** L.2.4. Los dos puntos introducen una lista. En esta oración, la lista contiene cuatro peligros de los huracanes. La oración correcta se lee así: *Aprenda acerca de estos peligros de los huracanes: marejada ciclónica, vientos fuertes, tornados e inundaciones*. El punto y coma en la respuesta A es incorrecto porque no se debe separar un enunciado completo y una lista. A la respuesta C le faltan los dos puntos, y la primera coma en la respuesta D es incorrecta.

5.4. **D; Nivel de conocimiento:** 1; **Objetivo de evaluación del lenguaje:** L.2.4. Los escritores a menudo usan paréntesis para separar partes de una oración que no son necesarias para comprender su significado pero que dan información adicional. En esta oración, no es necesario que el lector sepa cuáles son los elementos de un kit para casos de desastres. Esta es información adicional. La oración correcta se lee así: *Arme un kit para casos de desastres (que contenga baterías, agua envasada y linternas)*. Las otras opciones de respuesta tienen puntuación incorrecta.

MERCADOTECNIA, VENTAS Y SERVICIOS

1.1. D; Nivel de conocimiento: 1; Objetivo de evaluación de la escritura: W.3 La oración está dando información sobre qué hacer en el presente, así que se requiere el tiempo presente *avanza. Avanzará* y *avanzó* son tiempos verbales incorrectos y *avanzando* una forma verbal incorrecta en el contexto.

1.2. B; Nivel de conocimiento: 1; Objetivo de evaluación de la escritura: W.3 La palabra *comedias* es la correcta en este contexto. *Comedia* es incorrecto porque el contexto pide un plural. Las palabras *comediante* y *comediantes* no corresponden por su significado.

1.3. A; Nivel de conocimiento: 1; Objetivos de evaluación del lenguaje: L.1.1, L.1.3 El adjetivo posesivo *su* es correcto. *Sus* es incorrecto porque la palabra factura está en singular. *Suya* es un posesivo que no puede usarse delante de un sustantivo. El adjetivo posesivo *tu* es incorrecto porque el texto se dirige a una forma usted.

1.4. C; Nivel de conocimiento: 2 Objetivos de evaluación del lenguaje: L.2.2, L.2.4 Estas cláusulas pueden combinarse usando la conjunción *y. Tenga en cuenta que no perderá dinero probando el canal y puede cancelar cuando quiera. Puede* no tiene sentido en el contexto. Usar *el canal puede* crea una oración seguida. Las respuestas B y D crean oraciones seguidas. El uso de la coma en lugar de *y* crea una oración seguida.

HOTELERÍA Y TURISMO

2.1. B; Nivel de conocimiento: 2; Objetivo de evaluación del lenguaje: L.1.5 *Cuidadosamente* modifica al infinitivo revisar. El adverbio debe colocarse después del pronombre objeto *las. Las regulaciones para los impuestos difieren de un país a otro, por lo tanto tómese el tiempo de revisarlas cuidadosamente.* En las otras opciones de respuesta, el modificador *cuidadosamente* está mal ubicado.

2.2. D; Nivel de conocimiento: 2; Objetivo de evaluación del lenguaje: L.1.7 El sujeto es plural y el verbo en plural concuerda con él. Además el contexto requiere que sea un tiempo presente. *Son* es la forma correcta. *Era* es incorrecto porque es singular y tiempo pretérito. *Eran* es pretérito y *es* está en singular.

2.3. C; Nivel de conocimiento: 2; Objetivo de evaluación del lenguaje: L.1.9 La frase de transición *Por ejemplo* establece la conexión con errores comunes. Reembolsar el costo entero de un viaje cuando los impuestos no son reembolsables es un ejemplo de un error común. *Posteriormente* indica que el reembolso ocurrirá después de los errores comunes. *En consecuencia* indica que el reembolso será el resultado de los errores comunes. *Aunque* indica un contraste entre dos ideas.

2.4. A; Nivel de conocimiento: 1; Objetivo de evaluación del lenguaje: L.2.4 La oración comienza con una oración subordinada introductoria — *Cuando los ladrones de identidad acceden a las tarjetas de crédito de las víctimas*—, después de la cual se debe colocar una coma. Colocar la coma después de *tarjetas* o de *crédito* es incorrecto. Omitir la coma también es incorrecto.

Índice

ÍNDICE

ÍNDICE

ÍNDICE